글쓰기 교육의 이론적 탐색

Theoretical Exploration in Writing Education

글쓰기 교육의 이론적 탐색

Theoretical Exploration in Writing Education

정희모 지음

경진출판
Kyungjin Publishing Co.

　글을 잘 쓰는 것과 글을 잘 쓰는 것을 연구하는 것은 어떤 차이가 있을까? 문학을 공부하고 글쓰기 이론을 오랫동안 연구했는데 글을 잘 쓰는 원리에 관한 시원한 답을 찾지는 못한 것 같다. 글쓰기에 관한 많은 이론들이 있지만 그런 이론들을 현장에서 바로 쓸 수 있는 것은 아니다. 글을 쓰는 데는 개인의 인지적 문제만이 아니라 이보다 훨씬 폭넓고 복잡한 문제들이 개입하기 때문이다. 개인의 경험이나 지식뿐만 아니라 성향, 태도, 세계관, 쓰기 환경, 문화적 배경 등 우리가 알 수 없는 다양한 것들이 포함된다. 모르긴 해도 우리가 알 수 없는 우리 삶의 전체, 그 무엇인가가 우리 글쓰기에 관여할 것이다.

　쓰기 이론을 공부하면서 내가 느낀 것은 이론을 파고들면 들수록 그 실체를 알기가 어려워진다는 사실이다. 쓰기 과정을 때로는 논리적 방법으로 따지고, 때로는 통계적으로 검증하고, 때로는 관찰하며 추론해보기도 하지만 결국 모든 것은 확증할 수 없는 전체의 한 부분이고 전체의 한 양상에 불과하다는 생각이 들었다. 쓰기 현상이란 무엇일까? 쓰기를 과학적으로 규명할 수는 없을까? 요즘은 정약용의 말처럼 문장은 영혼의 표상과 같아서 하늘과 땅의 이치를 알 때 내면에서 쏟아져 나온다는 말을 믿고 싶다. 비유적인 말이지만 좋은 글을 쓰기 위해서는 온 우주와 온 세상이 함께 해야 하는 것처럼 보인다. 어떤 하나의 요인으로만 풀 수 없는 것이 글쓰기를 통해 텍스트를 만드는 일이다. 그래서 쓰기 현상을 과학적으로 규명하기란 현재로선 요원한 것처럼 보인다. 그럼에도 우리가 연구를 멈출 수 없는 것은 아마 쓰기의 복잡한 이론 속에서 뒤엉킨 실타래를 한 가닥이라고 풀고 싶은 마음 때문일 것이다.

이 책은 지난 10년 동안 글쓰기를 연구하면서 발표했던 논문 중 일부를 모아 엮은 것이다. 이미 발표한 것을 모아서 뭐하겠느냐는 생각이 들었지만 유사한 연구들을 묶어 보면 연구의 방향과 앞으로의 과제를 가늠할 수도 있겠다는 생각이 들었다. 아울러 글쓰기 교육 연구의 척박한 현실을 생각할 때 차후 연구를 위한 디딤돌로 삼을 수 있겠다는 생각도 하였다.

이 책의 1부에서는 글쓰기 교육 연구의 성격, 이론의 방향과 전망 등을 담는 논문을 실었다. 글쓰기 교육의 이론적 배경과 연구 방향, 앞으로의 과제, 디지털 시대에서의 전망 등을 다루었다. 2부에서는 글쓰기 교육의 학술적 성격을 검토했다. 글쓰기 교육은 사고와 표현의 측면에서 학술적 내용의 기초적 토대를 반영하고 있으며, 다양한 학술적 연구를 지원한다. 글쓰기 교육에서 학습 전이의 문제가 주요한 과제로 등장하는 것도 이 때문이다. 3부에서는 글쓰기 연구의 주요 세부 항목들을 다루었다. 여기서는 과정 중심 이론, 독자 이론, 문법 및 문장 교육, 비판적 담화분석, 활동 이론 등을 다루었다. 4부에서는 글쓰기 텍스트의 분석 문제와 평가 문제를 다루었다. 이 책에서 '작문'과 '글쓰기'라는 말을 원문 그대로 병행해서 사용했다. 여기서는 의미상 큰 차이가 없음을 밝힌다.

이 책을 내면서 감사할 사람은 많으나 의례적인 인사 같아 생략하고자 한다. 다만 나와 같이 10년 이상 읽기와 쓰기 이론에 관해 해외 논문을 읽어 온 글쓰기 이론 세미나의 동료 교수와 제자 및 학생들에게 진심으로 감사함을 전한다. 어느 시인의 말을 빗대 나의 공부의 팔 할은 이들 덕분이다. 이들과 함께 논문을 읽고, 토론을 하고, 책을 엮은 일들은 나의 공부에서 가장 큰 부분을 차지했다. 마음을 담아 고맙다는 말을 다시 전한다. 마지막으로 경진출판 양정섭 사장께도 감사하다는 말씀을 드린다. 오랜 시간 여러 책을 작업하면서 신뢰와 우정을 보여주셨다. 같이 책에 대해 이야기를 나눌 때면 학문의 동지임을 새삼스럽게 느낄 수 있었다. 어려운 시기에 책을 출간할 수 있도록 해주었기에 손해만 끼치지 않았으면 하는 마음 간절하다.

2020년을 시작하며
신촌 학교 교정에서
정희모

목차

2부 글쓰기 교육의 학술적 성격과 내용

3부 글쓰기 연구의 세부 국면

4부 글쓰기 텍스트의 분석과 평가

제1부 글쓰기 연구의 이론적 배경

작문 연구의 방향과 전망

: 대학 작문에서 인지적 연구의 필요성과 방향

1. 대학 작문 연구와 주변 학문

대학 작문 연구는 그 동안 독자적인 학문 영역으로 발전하면서 주변 학문의 영향을 강하게 받아왔다. 쓰기 행위가 개인의 인지 활동 및 사회적 영향의 복합적 산물임을 고려할 때 이는 당연한 일이라 할 수 있다. 그렇지만 이런 영향들이 때로 대학 작문의 독자성을 위협하고 대학 작문 교육의 현실을 왜곡하는 결과를 낳을 수가 있어 문제가 된다. 예를 들어 포스트모더니즘의 등장은 텍스트의 의미 고정성과 의미 전달성을 부정하기 때문에 작문 연구와 작문 교육의 정체성을 위협한다. 바흐찐의 영향은 언어의 다성성과 대화성을 통해 규범적인 글쓰기(good writing)를 지향하고자 하는 교육적 의미를 약화시킨다. 다양한 학술적 동향의 영향력은 때로 긍정적 기능도 하지만 때로 부정적인 결과를 미치기도 했다. 그렇기 때문에 초중등과 다르게 대학 작문 교육에서는 여러 외적인 영향력 속에 어떻게 작문 연구 방향을 설정해야 하는지가 매우 중요해진다.

이런 외적인 영향력 중에 최근에 가장 큰 관심을 끌고 있는 것이 '비판적 문식성'의 관점이다. 비판적 문식성은 인지적 연구가 차츰 영향력을 잃어 가던 1980년대 중반부터 시작되었다. 작문 연구에서 사회적 관점(Social perspective)이 대두되면서 비판적 문식성의 입장도 본격화되었다. 사회적 관점은 필자의 의미 구성을 개인의 인지 활동이 아니라 담화 공동체나 사회적 환경에 의한 것으로 보기 때문에 당연히 작문에서 사회적 책임감, 의무를 중시하는 입장이 강화될 수밖에 없었다. 비판적 문식성의 입장은 모든 텍스트는 이념적이기 때문에 글쓰기 자체가 사회와 무관한 순수한 행위가 될 수 없다는 것이다.

여기서 한 가지 기억해야 할 것은 사회적 관점의 도입과 함께 초기부터 작문 연구의 주요 방법이었던 언어적 방법과 인지적 방법이 사라진 것이다. 초기의 언어적 방법이나 인지적 방법은 대학 교실 현장에서 작문 교육을 위한 좋은 방법이 되었다. 그러나 사회적 관점의 성장과 함께 이런 연구 방법들은 자연스럽게 위축되었다. 한국 대학의 현실에서는 대학 작문 교실 현장의 양적, 질적 성장이 필요한 시점이다. 그렇기 때문에 교수 학습적 측면에서 언어적, 인지적 방법의 연구가 필요한 실정이다.

이 글은 작문 연구가 대학 교육을 중심으로 성장했던 미국의 초기 학술적 동향을 살펴보고 국내 대학 작문 연구에 언어적 방법과 인지적 방법의 성장이 필요하다는 입장을 취한다. 이를 위해 미국 대학 작문 연구에서 사회적 관점이 대두된 배경을 검토하고, 언어적 방법과 인지적 방법이 위축된 이유와 언어적 연구와 인지적 연구를 수행할 때 주의해야 할 점 등을 알아본다. 그리고 국내에 이러한 연구가 필요한 이유와 연구 방향을 검토해 볼 것이다.

2. 비판적 문식성 관점의 대두

1990년대에 들어와 인기를 얻고 있는 CDA(Critical Discourse Analysis)의 대표적 필자 Fairclaugh는 자신의 책에서 이렇게 말하고 있다.

> 언어교육의 중점은 언어 자체에 대한 인식(awareness)에 있지 않고, 담화의 산출자와 해석자로서 학습자(children)들의 언어능력 발달에 필수적으로 수반되는 것에 대한 인식에 있다. 여기서 나는 개별 학습자의 언어능력을 발전시키는 것뿐만 아니라, 억압받는 사회집단의 학습자들에 대한 집단적인 언어능력을 향상시키는 것까지 언급하고 있다. 나는 이를 언어교육의 일차적 해방 과제로 간주할 것이다. 해방적인 담화는 억압받는 사회적 집단들이 지배 권력에 저항하는 투쟁의 한 영역으로서, 지배적인 담화 질서에 도전하고, 이를 돌파하며, 마침내 변형시키게 되는 담화이다. 비판적 언어인식은 이런 해방적 담화의 촉진자가 된다.[1]

최근 미국 언어교육에서 자주 볼 수 있는 이런 언급은 Paulo Freire나 Henry Giroux가 주장했던 비판적 문식성의 관점을 엿볼 수 있다. 이런 관점에서는 자유로운 인간의 의식과 사고가 교육 제도와 같은 국가 이데올로기의 틀에 의해 왜곡되고 제약된다고 생각한다. 그래서 교육적 현장을 개선하고 탈억압적 교육과정을 실천함으로써 인간과 사회의 해방을 촉구해야 한다고 주장한다.

우리가 사용하는 언어, 개념, 가치들이 Giroux의 말처럼 지배 권력의 통제를 통해 구성된 것이라면, 그리고 그것이 교육을 통해 지배적 사회 관계를 재생산하는 데 기여한다면 문제는 간단치가 않다. 언어교육이 개별 텍스트를 다루는 수준에서 거대 담론의 구조에 관여해야 하는 사

---

1) Fairclaugh, N. (2001), *Language and Power*, Person Education Limited, p. 198.

태가 발생하는 것이다. 이런 문제에 무관심하다가는 정정호가 말한 대로 "억압체와 공모하는 지식기능공"[2]이 되어 버리기 쉽다. 그러나 여기서 말하고자 하는 것은 언어교육에서 이런 사회적 관점의 대두가 어제 오늘의 일은 아니었다는 점이다.

Richard Fulkerson은 2005년 미국의 작문 교육의 전반에 대해 진단을 내린 바 있다. 주로 대학 교육을 중심으로 하지만 미국 작문 교육의 전반적인 현황을 알 수 있는 중요한 자료이다. 이 논문에서 그는 1980년 이후 20여 년간 작문 연구(교육)의 변화를 이끌어온 것은 '사회적 관점으로의 전환(social turn)'이라고 말했다. 그는 최근 미국 작문 연구(교육) 분야의 세 가지 주된 흐름을 사회적 관점과 표현주의적 관점, 수사적 관점으로 분류하고, 이 중 가장 주된 흐름을 사회적 관점, 즉 비판적 문화 분석(Critical Cultural Studies)의 경향이라고 말하고 있다. 다시 말해 현재 작문 연구에서 가장 많은 관심을 받는 분야가 바로 언어교육을 사회적 관점에서 재해석하는 비판적 교육학의 한 경향이라고 보고 있다.[3]

비판적 문화 분석의 수업들이 중점을 두는 것은 사회적 불평등에 관한 문화적 텍스트를 읽고, 불평등한 권력 관계를 분석하며, 권력 이양의 수사적 가능성을 탐색하는 글을 쓰는 것이다. 예를 들어 TV나 대중음악에 나타난 권력 담론의 양상을 주제로 삼거나, 사회적 소수자, 페미니즘의 문제를 주제로 삼아 언어 담론에 나타난 권력 양상을 분석하고 이를 비판하는 텍스트를 작성한다. 그래서 이들은 수업의 주된 목표가 글쓰기 능력의 향상에 있지 않으며, 지배 담론으로부터 의식의 해방, 인식의 해방을 유도하는 것이라고 말한다(Fulkerson, 2005: 659~661).

---

2) 정정호(2004), 「언어, 담론, 그리고 교육: 전지구화 복합문화시대의 '비판적' 언어교육을 위한 예비적 논의」, 『국어교육』 115, 한국어교육학회, 49쪽.

3) Fulkerson, R. (2005), "Composition at the Turn of the Twenty-First Century", *College Composition and Communication*, Vol. 56, No. 4, p. 659.

Fairclaugh의 말처럼 해방의 인식이 필요한 것은 모든 담론에는 사회적 권력 관계가 내재되어 있고, 개인적으로 형성된 지적 자원조차 이를 벗어날 수 없다고 믿기 때문이다.

사실 작문 이론에서 담화 자체의 사회적 근원을 묻는 이런 질문법은 매우 오래된 배경을 가지고 있다. 인지주의가 융성하던 1984년에 Kenneth Bruffee는 우리의 생각과 사고를 정신의 내재적 본질로 취급하지 않고, 사회적 관계에 의해 창조된 인공물로 규정한 바 있다. Bruffee는 Firsh의 견해를 인용하면서 우리의 사고 형태와 정신적 작용은 몇몇 다른 해석 공동체에 근원이 있으며, 언어를 통해 생산된 '의미'들의 원천도 이들 사회 공동체라고 주장하였던 것이다.[4] Bruffee에 따르면 글쓰기는 사회적 대화를 텍스트로 옮겨 놓은 것이 되고, 그 원천은 사회적 공동체와 그 관계가 된다.

1988년에 James Berlin은 우리가 사용하는 언어 자체가 이데올로기적 실천이라는 점을 분명히 했다.[5] 존재에 대한 질문, 정체성에 대한 탐색, 진리와 가치에 대한 인식은 모두 사회적 관계 속에서 구체적인 경험을 통해 역사적으로 규정되는 것이기 때문에 언제나 이데올로기일 수밖에 없다. 그리고 이런 이데올로기는 언어를 통해 주체와 주체의 관계, 주체와 물질의 관계를 규정하게 되므로, 언어적 담론은 언제나 사회적 산물이고 이데올로기적 산물이라고 본 것이다. 따라서 Berlin은 글쓰기와 같은 수사학은 이데올로기의 문제로부터 벗어날 수가 없으며, 언제나 지배 권력에 대항하여 현실 폭로적이 될 수밖에 없다고 말하고 있다. Berlin의 이런 관점은 작문 교육이 비판적 교육학의 색채를 띠게 되는 중요한 근거가 된다.

작문 교육(담화 교육)의 비판적 이데올로기성에 대해서는 Trimber나

---

4) Bruffee, K. A. (1984), "Collaborative Learning and the 'Conversation of Mankind'", *College English*, Vol. 46, No. 7, pp. 639~640.

5) Berlin, J. (1988), "Rhetoric and Ideology in the Writing Class", *College English* Vol. 50, No. 5.

Faigley, McComisky를 통해 지금까지 이어지고 있다. Fairclaugh의 주장처럼 우리가 텍스트를 생산할 때 기억자원과 맥락적 환경을 이용하지만, 이것이 모두 사회적 권력의 구조적 산물이라면 이데올로기로부터 벗어날 방법이 없어진다. Fairclaugh는 기억 자원의 배경으로서 우리 인식 밑바탕에 있는 상식(common sense)조차 사회적으로 형성된 것으로 보고 있다. 이를 그는 자연화된 것이라고 지칭하면서 우리 의식 밑에 작용하는 사회 권력 구조의 결정 인자를 인정해야 한다고 말하고 있다.

Paulo Freire나 Henry Giroux의 관점에서 비판적 문식성의 작문 교실은 현장 자체가 권력 작용의 관계(교사-학생, 교육당국-교사·학생) 속에 있게 되며, 또 이런 권력 관계를 폭로해야 하는 정치 실천의 현장이 된다. 매우 당혹스러운 결과이지만 언어가 개인적 형성물이 아니라 사회적인 관계의 산물임이 틀림없다면, 또 Foucault의 말처럼 지식과 담론이 언어를 통해 형성되며, 이를 통해 사회적 관계가 수행된다면, 언어 속에 담긴 권력의 장(場)을 부정하기도 어렵다. 그렇지만 그렇다고 쉽게 교실 현장을 권력 폭로의 장으로 만들기도 어렵다. "언어는 이미 언제나 정치적이며 정치학의 장이다"(정정호, 2004: 57)라는 말과 '언어는 도구적이고, 가치중립적이다'는 말 사이에서 우리는 어떤 입장을 취해야 할까.

국내에서도 최근 작문 분야에서 비판적 문식성에 대한 인식이 필요하다는 논의가 나오기 시작했다. 이재기는 작문 공동체에서 그동안 수사적 접근법이 일방적인 독주를 해 왔다고 평가하고 대학 작문 교육에서라도 비판적 문식성의 접근이 필요하다는 입장을 취했다.6) 옥현진은 21세기 지식기반사회에서 작문 능력의 핵심은 실천력(literacy in practices)으로 간주되고 있다면서 우리나라 대학생들의 경우 현실에 대한 인식과 사회적 의미 구성 참여에 대한 의지가 매우 낮은 편임을 감안할 때 비판

---

6) 이재기(2008), 「작문 연구의 동향과 과제」, 『청람어문교육』 38, 청람어문교육학회, 204쪽.

적 문식력에 대한 관점도 필요하다는 견해를 피력했다.[7] 물론 이들의 입장이 이데올로기적 실천을 의미할 만큼 강한 입장은 아니라고 판단된다. 그러나 수사적 관점이 강한 한국 현실에서 비판적 문식성에 대한 관점이 등장한 것은 주목해 볼 만한 것이라고 판단된다. 반면에 대학 작문이 완전히 자리 잡지 못한 우리 현실에서 교육적 효과가 없이 현실 참여만 강조하는 것이 가능할 수가 있을까 하는 의문이 드는 것도 사실이다.

3. 언어적 방법과 인지적 방법의 몰락

작문 교육에서 사회적 입장이 강화된 것은 20세기 후반 인문사회과학에 영향을 미친 학문적 경향과 궤도를 같이 한다. 후기 맑스적 영향에 따라 권력 해부적 경향이 강화되거나, 포스트모던의 영향에 따라 담화 해체적 경향이 강화되었다. 인문사회과학을 장악한 이 두 경향은 흥미롭게도 언어를 권력의 도구로 보거나, 반대로 언어를 해체시키고자 한다. 말하자면 언어교육에서 비판적 문식성의 영향을 강화시키거나 아니면 언어교육에서 의미를 해체시키고자 한 것이다. 미국의 작문 교육에서 비판적 문화연구(CCS)가 융성하고, 작문의 후기 과정운동(해체적 관점)이 일어난 것도 이런 경향과 관련이 있다.

그런데 여기서 내가 관심을 갖고 있는 것은 작문 교육에서 1970, 80년대 융성했던 언어적 관점과 인지적 관점이 어떻게 그렇게 쉽게 무너졌는가 하는 점이다. 우리가 잘 알다시피 1970년대와 1980년대 가장 융성했던 작문 연구는 언어적 방법과 인지적 방법이었다. 1970년대 작

---

7) 옥현진(2011),「작문 연구의 국제 동향 분석과 대학작문교육을 위한 시사점」,『반교어문연구』 31, 반교어문학회, 278~280쪽.

문 연구는 학생들이 텍스트를 작성할 때 필요한 언어적 방법을 찾는 데 중점을 두었다. Connors(2000)에 의하면 이 당시 유행했던 언어적 방법으로는 '문장의 생성수사학'이나 '모방 훈련', '문장 결합 교수법'등이 있었다고 한다.8) 이들 방법 중에서 생각에 따라 문장들을 확장해 가는 문장의 생성 수사학과 핵심적 문장을 연결시켜 내용을 확장하는 문장 결합 훈련이 유행했다.

학생들은 작문 수업을 통해 이런 언어적 방법을 반복적으로 수행함으로써 쓰기 능력을 숙달시킬 수 있었다. 또 학생들은 이런 문장 작성 방법들을 통해 실제 텍스트를 구성해 볼 수도 있었다. 물론 이런 방법들이 규범적인 문장, 텍스트 작성 방법의 일환으로 전개된 것이기에 작문에 관한 초보적인 학습 방법이었다는 점을 부정할 수가 없다. 또 이와 함께 모범적인 작가의 규범적인 텍스트를 모방하도록 했기 때문에 언어 생성이나 텍스트 작성에 대한 복잡한 과정을 반영한 것이 아니었다. 그렇기 때문에 규범적인 문장 생성 외에는 큰 기대를 하기가 어려운 것도 사실이다. 그러나 실제 교실 현장에 사용할 수 있는 방법들을 탐구했다는 점에서 큰 의미가 있었다. 수업에서 학생들은 문장 작성과 단락 쓰기 연습을 하면서 자신들의 쓰기 능력을 향상시킬 수가 있었던 것이다.

인지주의는 인지 심리학의 도움을 받아 글쓰기의 과정을 탐구하고자 했던 것으로 잘 알려져 있다. 인지주의는 의미 생산의 주체를 인간 내면의 사유 체계로 인식했고, 이들의 표상 형식을 탐구하고자 했다. 작문 과정에서 우리가 사유를 계획하고 조직하는 단계에서부터 언어를 생산되고 완성되는 단계까지, 일련의 사유 체계 흐름을 분석하여 이를 형식 모델로 구성하고자 한 것이다. 잘 알려진 Flower와 Hayes의 쓰기

---

8) Connors, R. J. (2000), "The Erasure of the Sentence", *College Composition and Communication*, Vol. 52, No. 1 (Sep., 2000), p. 98.

과정의 인지 모형이 이러한 형식의 모델이다. 인지주의는 작문 연구에 엄청난 영향을 끼쳤다. 인지적 접근을 통해 쓰기 현상을 학문적인 영역으로 접근시켰을 뿐만 아니라 쓰기 과정을 과학적으로 탐구해 볼 수 있는 길을 열어주었다. 쓰기에서 필자의 목적과 태도 문제, 쓰기 용량의 문제, 우수 필자와 열등한 필자의 인지적 차이, 쓰기 과정의 분석, 계획하기와 수정하기의 세부적 과정 등, 인지주의적 관점과 관련된 작문 연구는 매우 다양했고, 좋은 성과도 얻었다. 뿐만 아니라 지금과 같은 작문 수업이 가능할 수 있었던 것도 인지주의와 무관하지 않다. 쓰기 과정을 계획하기와 번역하기(집필하기), 점검하기(수정하기)의 단계로 나누고, 계획하기도 화제, 주제, 내용 생성처럼 다양한 과정으로 분리한 것이 쓰기 학습을 조직화할 수 있는 계기를 만들어 준 것이다. 이렇게 본다면 인지주의 관점은 작문 연구와 작문 교육을 서로 연계된 과정으로 묶어 줄 수 있는 매우 훌륭한 연구 방법 중의 하나였다고 말할 수 있다.

그렇다면 이런 언어적 방법과 인지적 방법이 왜 사회적 관점과 포스트모던의 대두 속에서 그렇게 빠르게 몰락의 길을 걷게 되었을까? 그 과정을 모두 알 수는 없지만, 가장 큰 영향은 1980년대 이후의 학술적 상황(사회적 관점의 대두, 포스트모더니즘의 대두)과 밀접한 관련이 있다. Connors의 말처럼 1980년대 이후 사회적 관점에 대한 관심과 함께 점차 증가하는 반형식주의, 반행동주의, 반경험주의의 경향이 이런 관점(언어적, 인지적 방법)을 순식간에 몰락하게 만들었던 것이다(Connors, 2000: 96). Hayes(1996)는 인지주의의 몰락을 유행만 쫓아가는 학술계(영문학계)의 잘못된 풍조 때문이라고 한탄했는데, 사실 그런 면이 있는 것을 부정할 수는 없다. 그렇지만 이를 무작정 유행의 문제만으로 볼 수만은 없다고 생각한다. 이 속에는 반형식주의, 반행동주의, 반경험주의가 주는 비판의 의미가 담겨 있기 때문이다. 언어적 방법이나 인지적 방법은 그 자체로 작문 연구나 작문 교육을 위해 좋은 방법이 되었다.

그렇지만 이들 방법이 언어 발화와 언어 생산에 대해 매우 고정적이고, 편협된 생각을 가지고 있었다는 점도 알아야 한다.

예를 들어 Christensen의 문장수사학을 살펴보자. Christensen의 문장 수사학은 짧은 문장을 기본으로, 수식적인 절과 구를 붙여 점차 누적 문장을 생성해 가도록 지도하는 문장교수법이다. 이 방법은 하나의 문장, 하나의 단락에 그치지 않고, 전체 텍스트 생성에까지 영향을 미치는 방법으로 확대되었다. Christensen은 짧은 문장이 차츰 긴 문장으로 확장되는 과정을 생각이 생성되는 과정으로 생각했다. 문장을 통해 생각을 키우는 방법을 강구했던 것이다(Connors, 2000: 98~107).[9] 그런데 많은 교실 현장에서 사용했던 이 방법은 1980년대 이후 순식간에 자취를 감추게 된다.

이런 몰락의 원인 중 하나는 작문에 대한 연구들이 진척되면서 한 편의 글을 완성하는데, 문장 이외의 엄청난 자원들이 동원된다는 사실이 밝혀졌기 때문이다. 뿐만 아니라 인간의 사고와 언어 생산에는 단순히 언어 자원뿐만 아니라 수많은 삶과 사회적 자원들이 함께 사용된다는 사실이 차츰 드러난 것도 한 원인이 되었다. 작문 연구를 통해 맥락, 담화 공동체, 독자, 상호텍스트, 담화 소통과 같은 다양한 요소들이 등장하면서 문장 학습이 텍스트 생산의 핵심 인자(단 하나의 요소)가 될 수 없다는 사실을 많은 교수자들이 알게 되었다. 마치 좋은 물감과 좋은 붓만 있다고 해서, 또 훌륭한 붓터치 기술을 배운다고 해서 좋은 그림을 만들 수 없는 것처럼, 텍스트 생산에는 문장 이외에도 매우 복잡한 요소들이 융합되어 있음을 많은 교수자가 비로소 인식하게 된 것이다. 사회적 관점의 여러 작문 이론들이 이런 생각을 할 수 있도록 이론적 배경을 제공했음은 두말할 나위가 없다.

---

9) 문장 수사학을 한국어에 적용하여 글쓰기 프로그램을 만든 것으로 이재성·이윤빈(2008)의 논문이 있다. 이 논문 속에 문장을 이용한 학습 프로그램에 대한 자세한 설명이 있으니 참고할 것.

인지주의에 대한 비판도 이와 같은 연장선에서 생각해 볼 수 있다. 인지주의는 언어적 방법처럼 효율성을 추구한 것이 아니라 사고와 언어에 대한 보편적이고 불변적인 구조를 찾고자 했다. Flower와 Hayes가 글쓰기를 문제 해결의 과정으로 묘사하고 쓰기 과정을 계획하기, 번역하기, 점검하기의 3단계로 나눈 것은 작문 과정에 대한 보편적 원리를 찾기 위해서였다. 우리는 Flower와 Hayes가 언어정보 이론의 도움을 받아, 쓰기 과정을 입력 → 산출 → 출력의 매우 세련된 과정으로 구성했음을 잘 알고 있다. 이런 방식을 통해 쓰기 과정을 구성적 입장에 파악할 수 있게 해주었다. 그러나 다른 한편으로 생각하면 이런 구성 방식은 복잡한 쓰기 현상을 매우 단순하고 획일적인 것으로 규정한 것이다. 그뿐만 아니라 Flower와 Hayes가 문제 해결 과정이라고 보았던 쓰기 과정에서 상위 목표가 하위 목표의 진행을 어떻게 규제하는지 우리는 정확히 알지 못한다. 또 사고가 언어로 번역되는 과정을 지금도 알지 못한다.

Bizzell은 인지주의의 보편성 탐구 특성을 '확실성(certainty)에 대한 집착'으로 설명했다.[10] 그는 인지주의자들을 작문 과정의 보편적 모델을 찾기 위해 이데올로기를 넘어서는 강력한 원칙들을 찾아 헤매는 사람들로 판단했다. 인지주의자들은 논쟁을 넘어서 과학에 근접하는 확실성의 어떤 규칙들을 찾고 싶어 했다. 그리고 이를 통해 교육의 패러다임을 바꾸고 싶어 했다. Bizzell은 인지주의자들이 왜 그렇게 자신들의 연구에 서둘러 권위를 부여하고, 이를 교육에 적용하고자 했는지 그 이유를 설명했다. 학술공동체 속에서 초기 작문 연구자가 지녔던 불안정함, 교실에서 작문 교육의 불확실한 상황, 작문 교육에 관한 교사들의 정서적인 요구들이 이와 같은 "신성(Deity, 확실성)에 대한 기원의 수사적 기능"

---

10) Bizzell, P. (1992a), "Cognition, Convention, and Certainty", *Academic Discourse and Critical Consciousness*, University of Pittsburgh Press, pp. 96~98.

을 실행시켰다고 보았다. Bizzell은 인지주의자들이 찾았던 확실성의 형식들은 사실상 우리가 소유할 수 없는 것들이라고 확신했다.

이런 평가는 상당 부분 옳다고 판단할 수 있다. 그렇지만 초기 인지주의 연구가 잘못 되었다고 해서 인지주의 연구 경향이 잘못되었다고 판단되지는 않는다. 예컨대 이런 질문이 가능하다. 작문 연구가 아무런 과학적 결과를 가지고 있지 못할 때 인지주의가 첫발을 내디딘 것에 대해 이렇게 부정적으로만 평가할 수가 있을까? 모든 학술적 발전은 발달상의 어떤 단계를 거쳐야만 이룰 수 있는 것이 아닌가? Berlin은 Flower와 Hayes가 인간의 마음을 합리적인 구조 형태, 예컨대 개인의 마음이 목표 달성이 가능하고, 적응할 수 있으며, 재배열도 가능한, 그런 합리적인 구조로 되어 있다고 믿는 것을 비판했지만,11) 모든 학술적 작업에는 그와 같은 가정이 초기 단계에서 필요한 것이 아닌가? 이렇게 생각하면 언어적 방법과 인지적 방법은 작문 연구와 작문 교육을 가능하게 했던 초기의 가능한 방법이었다고 생각한다. 지금에 와서 보면 많은 부분에서 단순성과 획일성, 순진함으로 가득 차 있지만 작문 연구와 작문 교육이 학술적인 자리를 차지할 수 있도록 한 것은 이들의 업적이 있었기에 가능했다.

4. 텍스트 작성의 복합성과 인지 연구

그렇다면 이제 언어적 방법과 인지적 방법의 몰락을 보면서 우리가 얻을 수 있는 교훈은 무엇일까? 먼저 우리는 언어적 방법과 인지적 방법의 몰락을 통해 작문 연구가 작문 교육과 멀어졌으며, 이것이 바람직

---

11) Berlin, J. (1988), "Rhetoric and Ideology in the Writing Class", *College English* Vol. 50, No. 5, p. 482.

한 것이 아니라는 사실을 깨닫게 되었다는 점을 지적해야 한다. 앞서 말한 Henry Giroux나 James Berlin의 비판적 언어교육이나 Derrida식의 후기 과정 작문 이론, Bakhtin류의 대화주의 작문 이론 등은 작문 연구를 추상적인 것으로 만들었고, 교실 현장에 적용 불가능한 것으로 만들었다. 특히 미국과 다른 우리 상황에서 포스트모던의 영향을 받은 추상적인 원리를 교수 학습 방법에 바로 적용하기는 어려운 일이다.12) 대체로 이런 원리들은 지나치게 이데올로기적이거나, 아니면 해체적이고 다차원적이다. 그렇기 때문에 실용적인 작문 교육을 지향하든, 내용적인 작문 교육을 지향하든, 교육과정과 교육 평가가 요구되는 교육적 환경에서 이를 적용하기란 쉬워 보이지 않는다.

그런데 이보다 더 중요한 교훈은 인간에게 언어적 현상이 얼마나 복잡하고 다양한 과정인가를 알 수 있게 해주었다는 점이다. Chomsky의 변형생성문법의 영향 때문인지 인지주의자들은 인간에게 사고를 전달하는 보편적인 규칙체계가 있다고 믿었다. 그리고 알다시피 Flower와 Hayes가 찾은 것은 문제해결구조였다. 이 방식은 앞서 말한 대로 사회적 관점의 학자들로부터 많은 비판을 받았다. 사회적 관점의 학자들은 텍스트를 작성하는 인간 심리의 과정을 일관된 하나의 원리로 설명할 수는 없다고 보았다. 언어 사용 현상이 매우 복잡해서 우리는 그 일부만 추정할 수 있을 뿐이다. 이를 하나씩 살펴보자.

우선 Bizzell이 비판하고 있듯이 인간 사유가 상당 부분 언어에 의존하고 있는 것은 틀림없다. 그리고 Vygotsky의 말대로 그것이 사회화 과정의 한 부분인 것도 맞는 말이다. 그렇기 때문에 Bizzell은 Flower와 Hayes가 계획하기와 번역하기를 나눈 것 자체가 모순이라고 비판한다. 어차피 이 모든 과정은 사고와 언어의 변증법을 통해 이루어지는 일이기 때문이다. 그런데 Bizzell의 비판 중에 중요한 것은 작문의 과정이 Flower

---

12) 이에 대한 상세한 내용에 대해서는 정희모(2011나)의 논문을 참고할 것.

와 Hayes가 생각했던 것보다 훨씬 복잡하고 다차원적이라는 점이다. 우선 기억 자원만 생각해 보자. 우리는 언어를 통해 지식을 습득하고, 이를 기억 체계(장기기억, 기억자원…) 속에 저장하여 상황에 따라 기능적으로 사용한다. 우리의 기억 체계는 담화공동체나 해석공동체의 자원을 담고 있으면서 개인의 사회화 과정과 그 역사를 축적한다. 필자는 기억 체계를 이용해 다양한 상황에서 목적에 따라 적절한 대응을 하게 된다. 예컨대 우리는 건의문을 쓰더라도 선생님께 쓰는 것과 관공서에 쓰는 것을 구분하여 쓰기 국면에 맞게 적절한 쓰기 대응을 할 수 있다. 문제는 매우 미세한 국면에서 이런 차이를 자연스럽게 형성해내는 필자의 인지 체계를 우리가 아직 알아내지 못하고 있다는 점이다.

이와 함께 우리가 담화 공동체의 영향을 받고 있다는 사실도 부정할 수가 없다. 우리의 사고 태도뿐만 아니라 쓰기 습관도 이런 공동체의 영향 아래 있다. 많은 논문들이 학술적 공동체에 따라 다른 담화 특징들이 나타나는 양상을 분석한 바 있다. 문학을 전공하는 사람과 역사를 전공하는 사람의 쓰기 관습은 비슷하면서도 매우 다르다. 같은 전공 안에서도 세부 영역에 따라 쓰기 관습이 다를 수 있다. 다음으로 우리는 쓰기 현상이 장르의 영향을 강하게 받는다는 사실도 기억해야 한다. 예를 들어 "시계가 열두 시를 가리켰다"라는 표현은 아무런 정보가 없더라도 탐정 소설과 연애 소설에서는 각자 다르게 해석될 것이다. 독자는 사전 정보가 없어도 장르 지식과 배경 상식만으로 판단과 해석을 수행한다. 이처럼 장르에 대한 우리의 인식은 글의 작성과 해석에 많은 영향을 끼친다.

텍스트 작성과 해석에 독자가 강한 영향을 미칠 것이라는 것도 틀림 없는 사실이다. Nystrand는 작가가 어떻게 독자와 의미 협상을 하면서 텍스트를 진술하는지를 자세히 분석한 적이 있다. 필자는 주제를 정하거나 문장을 쓰면서 예상 독자가 자신의 의도를 파악할 수 있도록 조정한다. 그리고 문제 근원(trouble source)을 인지하고, 내용의 수정 정도와 상세화(elaboration)의 정도를 설정한다. 필자와 독자의 상호 작용은 매우 복잡한 인지 작용이어서 성공과 실패를 예측하기가 어렵다. Nystrand는 주제 차원에서 이런 상호작용이 실패하면 난해한 텍스트가 되고, 진술 차원에서 실패하면 모호한 텍스트가 되며, 장르 차원에서 실패하면 오독을 낳게 된다고 말한다.13) 텍스트의 의미가 문자 속에 담재하는지, 독자의 해석 행위 속에 존재하는지 여전히 논란거리로 남아 있지만, 독자 영역이 텍스트의 작성에 상당 부분 관여한다는 것은 틀림없는 사실이다.

이렇게 보면 텍스트 생산에 관해 관여하는 요소는 매우 복잡하고 다양하다. 크게는 기억 자원, 담화 공동체, 장르, 독자의 영역이 관여하겠지만 세밀한 부분에 들어가면 이보다 많은 자원과 요소들이 투입된다. Grabe & Kaplan은 텍스트를 구성하는 요소로 언어학적 한계 내의 것과 언어학적인 한계 밖의 것으로 나누었다. 언어학적인 한계 내의 것으로 필자의 상황 및 세계 배경지식, 필자의 기억, 감정, 자각, 필자의 의도, 수사적 유형 등이 있다면 언어학적인 내의 것으로 표상 차원(문장 차원), 텍스트 차원(전체 텍스트 수준), 독자-필자 차원이 있다.14) 이들에 의하면 텍스트는 세계, 필자, 독자, 텍스트 정보 사이의 매우 복잡한 상호작용 속에 있다. 각각의 요소 속에는 엄청난 하위 요소들을 품고 있다. 그리고 이런 복잡한 요소들이 개인의 특성에 따라 서로 융합하면서 각각 또 다른 특징들을 만들어 내게 된다.

지금까지 해석된 복잡한 인지 과정은 사실 초기의 매우 단순한 투입과 산출의 모형에서 출발했다. 그리고 이에 대한 학술적 정보가 늘어나면서 차츰 우리는 작문 행위에 대한 복잡한 양상을 이해할 수 있게 되

---

13) Nystrand, M. (1989), "A Social-Interactive Model of Writing", *Written Communication*, Vol. 6, No. 1, pp. 78~80.

14) 윌리엄 그레이브·로버트 카플란, 허선익 옮김(2008), 『쓰기 이론과 실천 사례』, 박이정, 116~119쪽.

었다. 그렇기 때문에 우리는 문법적 방법과 인지적 방법이 가졌던 초기의 단순한 시각들을 그렇게 잘못된 것으로 볼 필요가 없다. 초기 단계가 있었기 때문에 이후의 연구가 가능할 수 있었던 것이다. 앞으로 작문 과정의 복잡한 현상을 보다 심층적으로 연구하기 위해서 언어적 연구와 인지적 연구가 필요할 것으로 판단된다. 아울러 효과적인 교육을 위해서라도 이런 연구가 요구된다.

걱정인 것은 비판적 언어학의 확대와 포스트모더니즘의 확대가 언어적 연구와 인지적 연구를 가로막고 있지는 않은가 하는 점이다. 언어가 처음부터 사회적 담론(권력 담론)이었다고 해서, 언어 속에 담긴 의미가 불안정(해체적)하다고 해서 학생들에게 언어를 가르치지 않을 수는 없다. 학생들은 수준 높은 언어 표현을 통해 자신의 삶을 풍요롭게 할 권리가 있다. 언어적 방법과 인지적 방법은 작문 능력을 성장시키는 데 매우 중요한 기능을 담당할 수 있을 것이다. Hayes(1996)는 많은 학자들이 "인지적 연구는 끝났어"라고 확신하듯이 말을 하는 것을 안타까워했다. 그는 인지적 방법을 연구하지 않는 것은 바보 같은 목수가 "나는 해머를 발견했기 때문에 다시는 칼을 사용할 수는 없어"라고 말하는 것과 같다고 주장했다.15) 사회적 방법이 옳다면 인지적 방법도 옳을 수 있다.

5. 대학 작문에서 인지적 연구의 방향

국내 대학 작문 분야에서 언어적 방법과 인지적 방법에 대한 심도 깊은 연구는 드문 것 같다. 대학 작문의 연구자도 드물 뿐만 아니라

---

15) Hayes, J. R. (2000), "A New Framework for Understanding Cognition and Affect in Writing", Roselmina Indrisano and James R. Squire (eds.), *Perspectives on Writing: Research, Theory, and Practice*, Information Reading Association, pp. 21~22.

연구 환경도 부족한 점이 많다. 국내 작문 연구는 특히 작문 교육을 통해 이루어지는 경우가 많기 때문에 언어적 연구와 인지적 연구를 필요로 한다. 그렇지만 외부적 환경은 우호적이지 않다는 것이 문제이다. 인문학과 교육학은 포스트모던이나 탈식민주의 이론의 영향 아래 놓여 있다. 언어교육 분야에도 사회적 관점을 도입해야 한다는 소리가 심심치 않게 들려온다. 중요한 점은 언어적 방법과 인지적 방법이 이전과 같은 실패를 반복하지 않게 언어 생산과 쓰기 과정을 매우 복합적으로 해석하고 조심스럽게 접근해야 한다는 것이다. 섣불리 어떤 하나의 현상이 모든 것을 결정짓듯이 판단해서는 안 된다.

예컨대 한 동안 문법을 기능적으로 학습시켜야 한다는 통합교육론이 제시된 바가 있다.16) 문법을 통해 국어 사용 능력을 높이겠다는 것이다. 그러나 언어 사용에는 수많은 요소가 관여하기 때문에 하나의 요소를 통해 언어 사용 능력이 좋아진다는 보장이 없다. 언어 사용에 있어 문법은 훨씬 근원적인 차원의 문제이지 기능적으로 접근할 것은 아니다. 사고력에 대한 문제도 마찬가지이다. 사고 능력만 키운다고 작문 능력이 좋아지는 것은 아니다.17) 표현만 학습하는 것도 마찬가지 결과를 가져올 것이다. 언어 사용은 개인과 환경, 맥락과 관습이 모두 관여하는 매우 복합적인 현상이기 때문에 이에 대한 분명한 인식이 있어야 한다.

이런 관점에서 대학 작문에서 할 수 있는 언어적 방법과 인지적 방법의 연구로는 어떤 것이 있을까? 언어적 연구와 인지적 연구의 대상은 독자-필자 차원, 텍스트 차원(전체 텍스트 수준), 표상 차원(문장 차원)에 폭넓게 퍼져 있다. 우리는 작가의 의도가 어떻게 문장 단위로 표상되는

---

16) 이에 대해서는 신명선(2006), 「통합적 문법 교육에 관한 담론 분석」, 『한국어학』 31, 한국어학회 참고.

17) 이에 대해서는 정희모(2005가), 「대학 글쓰기 교육과 사고력 학습에 관한 연구」, 『현대문학의 연구』 25, 한국문학연구학회 참고.

지에 대한 정확한 과정을 모르고 있다. 또 문장과 문장을 통해 어떻게 의미가 연결되고 독자가 이를 인지하는지에 대해서는 잘 모른다. 우수한 필자가 언어 지식과 전문 지식을 이용하여 글을 구성해내고 표현해내는 구체적인 과정을 알지 못한다. 그렇기 때문에 순수하게 작문 현상과 관련하여 연구할 과제 항목만으로도 엄청나게 많다고 말할 수 있다. 그리고 이런 과제들은 단일한 연구 대상일지라도 궁극적으로 쓰기에 관련된 모든 현상과 연결되어 있다. 대학 작문에서 이와 관련된 필요한 연구 과제를 몇 가지 제시하면 다음과 같다.

필자의 의도, 사고, 지식들이 어떻게 텍스트에 영향을 미치는가를 연구하는 항목들이 있다. 이와 같은 연구 대상들은 아직까지 필자의 인지 활동에 대해서 많은 것이 알려지지 않았기 때문에 제한적인 방법으로 가능하다. 예를 들어 주제에 대한 필자의 전문 지식들의 질과 양이 텍스트의 수준에 어떤 영향을 미치는지 혹은 담화 지식에 관한 필자의 지식들이 텍스트의 수준에 어떤 영향을 끼치는지, 필자의 과제에 대한 인식들이 텍스트 작성에 어떤 영향을 미치는지, 이와 관련된 연구 과제 중 국내 연구로는 과제 표상에 관한 것이 있다.[18] 과제 표상에 대해서는 미국의 연구를 보면 전공에 따라, 또 능숙한 필자와 미숙한 필자에 따라 과제 표상의 내용이 달라진다는 사실을 발견한 것이 있다. 국내 연구에서도 능숙한 필자와 미숙한 필자가 과제를 어떻게 판단하느냐에 따라 텍스트의 구성 방식과 텍스트의 질이 달라졌다. 학생들이 쓰기 과제를 받고 이에 대해 판단하는 표상의 문제가 텍스트의 양상에 큰 영향을 미친다는 사실이 확인된 것이다. 이런 연구는 학생들의 쓰기 능력을 향상시키기 위한 좋은 방법이다. 아울러 국내 연구 중에서도 필자의 전문 지식이 텍스트의 질을 높이는 데 중요한 근거가 된다는

---

18) 이윤빈·정희모(2010), 「과제 표상 교육이 대학생의 학술적 글쓰기 수행에 미치는 효과」, 『국어교육』 131, 한국어교육학회.

사실을 확인한 것도 있다.[19)]

필자가 계획하기나 수정하기에 사용하는 방법이나 전략에 의해 텍스트가 어떻게 변화하는지를 연구하는 논문들도 있다. 필자 사전 지식이 계획 과정에 어떻게 투입되는지, 학생들이 쓰기 계획을 어떻게 설정하는지, 학생에 따라 쓰기 계획의 방법이나 구성이 어떻게 다른지 연구할 수 있는 항목들이다. Flower & Schriver의 연구를 보면 학생들의 계획하기 과정이 지식에 의해, 인지적인 스키마에 의해, 구성적인 과정에 의해 달라진다고 한다.[20)] 수정하기에 대한 연구도 외국에는 많지만 국내는 드문 편이다.[21)] 오류를 진단하는 과정, 수정 전략, 필자의 인지 지식이 수정에 미치는 과정 모두가 연구 대상이 된다.

문장이나 텍스트 차원의 연구도 매우 중요하다. 어떻게 문장 결속을 통해 의미 연결을 해 가는지, 또 문장의 의미가 단락이나 텍스트 전체의 의미와 연관을 맺는 방식 등 모든 면에서 아직 알려지지 않은 것이 많다. 학생들을 지도하다가 항상 만나는 문제는 문장 연결에 있어 단절이 생기는 문제인데, 그 원인이 어디에 있는지 아직 정확하게 밝혀져 있지 않다. 분명한 것은 필자의 의도와 독자의 해석이 문장 단절에 영향을 미치는데, 이를 찾아내기가 어렵다는 점이다. 필자는 문장 연결에 인지적 오류를 발견하지 못하지만, 독자는 그렇지 않다. 이런 인식의 차이가 필자의 문제인지, 텍스트의 문제인지, 독자의 문제인지 정확히 알려져 있지 않다.

이런 점에서 보면 문장의 의미 생성이나 의미 연결이 필자의 인식이

---

19) 이윤빈(2010), 「대학생의 학술적 비평문 쓰기수행에 대한 연구: 비평문 텍스트의 질과 필자·텍스트 변인들의 상관 분석을 중심으로」, 『국어교육』 133, 한국어교육학회.

20) Linder S. Flower, et al. (1992), "The Cognition of a Constructive Process", *NWP Technical Report* No. 34.

21) 미국에서 작문의 수정 과정을 종합한 연구로는 Linda S. Flower, et al. (1986), "Detection, Diagnosis, and Strategies of Revision", *College Composition and Communication*, Vol. 37, No. 1이 있다.

나 독자의 예상에 얼마나 중요하게 작용하는지 알 수 있다. 중요한 것은 문장을 생성하고, 의미를 연결시키며, 텍스트를 구성해내는 것이 단순히 언어적 방법에 해당하는 사항만이 아니라는 것이다. 궁극적으로 이것은 결국 필자나 독자의 인식 체계와 연결되어 있다. 앞서 대학 작문 연구와 관련하여 인지 연구가 독자-필자 차원, 텍스트 차원(전체 텍스트 수준), 표상 차원(문장 차원)에 폭넓게 퍼져 있다고 말한 바 있다. 중요한 점은 이런 연구 대상들이 상호 관련되어 있다는 점이다. 앞으로의 연구는 이런 점을 폭넓게 수용해야 한다.

한국의 대학 작문 연구는 아직 초창기에 있다. 대학 작문 교육이 시작한 지 얼마 되지 않기 때문에 미국의 교육 상황과 비교할 수가 없다. 국내 대학 작문 교육은 대체로 학생들에게 대학 교육에 필요한 쓰기 능력을 함양하기 위해 최근에 도입되었다. 그렇기 때문에 역사가 오래되었고, 수업 시수가 많은 미국 대학의 교육 배경을 바로 비교하기가 어려울 것이다. 미국에서 비판적 문식성의 관점, 표현주의 관점, 수사학 관점 등 대학 작문 교육에 관한 다양한 시각과 철학이 가능한 것도 우리와 다른 미국의 교육 환경 덕분이다. 지금 한국의 대학 작문 교육을 위해 우리가 할 수 있는 방법은 쓰기 능력을 향상시키기 위한 다양한 연구 자료와 교수 방법을 마련하는 일이다. 대학 작문 교육을 위해 인지주의 연구가 필요하다고 주장하는 것도 이와 연관이 있다. 앞으로 대학 작문 분야에도 많은 학자들이 나와 많은 연구가 있기를 기대한다.

디지털 시대 주체 회복을 위한
대학 글쓰기 교육의 필요성

1. 서론: 대학의 위기와 글쓰기 교육

대학에서 인문학의 위기가 어제 오늘의 일은 아니지만, 최근 그 위기의 심각성은 더 깊어진 것 같다. 지식 정보화 시대가 도래하고, 글로벌 경쟁이 본격화되면서 경제성과 생산성이 모든 학문의 가치 기준이 되어 버렸다. 애플의 스티브 잡스 등장 이후 융·복합 지식이 학문의 중심이 되어 버렸고, 이에 따라 중·고등학교 교육과정도 이제 융·복합 교육의 방향으로 개정 작업을 하고 있다. 교육부는 2015년 문·이과 통합교육과정을 시도하면서 "학교 교육을 통해 모든 학생들이 인문학적 상상력과 과학기술 창조력을 갖춘 창의 융합형 인재로 성장할 수 있도록 우리 교육을 개혁"[1]하고자 하는 것이라고 말하고 있다. 대학의 교육도 빠르게 창의·융합적인 과목 중심으로 재편될 가능성이 높다. 실제 공학

---

1) http://www.moe.go.kr/agenda/mainpolicy/surve15.html

과 예술을 결합한 STEAM(Science Technology Engineering Arts Mathematics) 교육이 대학에서 활발하게 연구되고 있다.[2]

이뿐만 아니라 교육부는 대학 입학 정원 감축과 부실 대학 퇴출을 위해 '대학구조개혁법' 제정을 추진하고 있다. 대학의 구조 조정을 통해 앞으로 9년 동안 16만 명의 정원을 줄이겠다고 생각이라는 것이다[3]. 최근 교수신문의 교수 설문조사(785명)에 의하면 정부가 추진하는 대학 정원감축과 학과 개편에 대해 '학문 생태계가 붕괴될 것'이란 우려를 표명한 교수가 전체의 75.8%를 넘어섰다.[4] 대학입학 정원의 감소에 따라 취업률이 떨어지는 인문, 사회, 예술 전공의 학과들이 사라질 위기에 직면했으며, 교양교육의 축소나 개편도 이루어질 가능성이 높다. 대학 교양교육 중에서도 주요 교육과목으로 자리를 잡고 있는 대학 글쓰기 교과목의 경우에도 이에 대한 논의와 검토가 시급하게 되었다.

대학에서 인문학의 위기와 대학 글쓰기 교육은 어떤 함수 관계에 있을까? 대학에서 인문학의 위기는 곧 대학 글쓰기 교육의 위기를 의미하는 것일까? 대학의 실용화, 상업화, 기업화가 대학 글쓰기 교육에 어떤 영향을 끼치게 될까? 이런 질문에 대한 정확한 답을 하기는 어렵지만 한 가지 확실한 것은 지금 우리가 그 대답을 찾아야 한다는 점이다. 물론 대학 글쓰기 교육이 매우 다양한 성격을 함유한 만큼 그 대답을 찾기가 쉽지는 않을 것이다. 그렇지만 지금이 그런 질문에 대해 고민해야 할 시점인 것은 분명한 것 같다.

---

2) 예를 들어 이명숙은 국어와 공학, 기술을 융합한 STEAM 융합교육 모형을 개발하여 소개하고 있다. 이런 과목을 통해 전통적인 학문 경계를 넘어 타 학문과의 융합을 통해 창의성을 증진시켜 미래의 인적 자원을 육성하고자 하는 목표를 가지고 있다. 이명숙(2012), 「STEAM 교육을 위한 수업적용 방법 연구」, 『2012년 한국컴퓨터교육학회 하계 학술발표 논문지』 16(2), 249쪽.

3) 김기중(2015), 「대학구조개혁을 보는 불편한 시선」, 『전남일보』, 2015.4.21.

4) http://www.edaily.co.kr/news/NewsRead.edy?SCD=JG21&newsid=03286566609336776& DCD=A00702&OutLnkChk=Y

2. 교양교육의 정신과 대학 글쓰기 교육

　대학 글쓰기 교육의 위기와 성격을 논하기에 앞서 여기서는 대학의
이념, 대학 교양교육의 성격, 글쓰기 교육이 등장 배경 등을 먼저 살펴
보고자 한다. 이를 통해 대학 글쓰기 교육이 추구하는 방향과 성격을
알 수 있기 때문이다. 우리는 근대 대학의 이념이 자유와 이성을 추구
하는 근대 인문학적 철학 속에서 나왔음을 잘 알고 있다. 예컨대 근대
대학 철학자인 훔볼트(Humboldt)는 대학을 국가권력으로부터 독립시키
고, 대학이 추구하는 학문을 직업, 실용 목적보다 개개인의 정신 및 도
덕 함양에 두도록 권장한 바 있다(김철, 2006: 36). 근대 교육학자 뉴먼
(Newman)은 대학이 지식을 소유함으로써 얻는 이익으로부터 초월해야
하며, 인간 본성이 요구하는 지식, 탐구 자체가 목적인 지식을 추구해
야 한다고 강조했다(뉴먼, 지방훈 옮김, 1985: 26~27). 이들은 대학을 상업
적 이익, 실용적 목적으로부터 분리시키고, 삶과 진리에 대한 탐구, 학
문 자체가 목적인 학문을 지향해야 한다고 본 것이다. 칸트(Kant) 역시
자유와 자율성이 개인과 사회를 보다 나은 발전을 이끈다고 보아, 대학
을 자유, 이성, 자율성을 추구하는 인문학적 공간으로 인식했다. 이런
학자들의 관점을 보면 근대 계몽기의 대학이 얼마나 인간의 이성을 믿
고 지성과 자유, 인간 보편성을 주요 가치로 강조했는지 알 수가 있다.
대학의 주요 이념을 자유와 이성과 연관시키는 것은 근대 대학의 주된
이념적 철학이었다(김철, 2006: 35~36).

　교양교육으로서 대학 글쓰기 교육도 이런 근대 대학의 이념 속에 있
는 것이 틀림없다. 대학 글쓰기 교육을 통해 학생들은 다양한 인문학적
지식을 습득하며, 또 이를 통해 자기 표현을 학습하기 때문이다. 그래
서 대학 글쓰기 교육이 교양교육의 핵심으로 교양 정신을 실현하는 중
심에 있다고 말할 수 있다. 교양교육의 이념이 '자유교육'과 '일반교육'
의 정신 속에 있음은 이미 잘 알려져 있다. 자유교육은 특정한 이념이

나 종교, 이익으로부터 벗어나 자유롭게 보편적인 전인 교육을 실시하는 것을 말한다. 특히 자유교육은 실용적 목적으로부터 벗어나 교양적인 성숙된 인간을 교육시키는 것을 목표로 한다. 우리는 자유교육을 통해 사상의 편견으로부터 벗어나 객관적인 입장에서 타인의 사상을 경청하고, 자신의 견해를 피력할 학술적 배경을 얻게 된다. 자유교육은 '비판을 주고받는 언술 행위'(이태수, 1994: 65)와 밀접하게 관련되어 있는 것이다. 대학은 자유교육을 통해 비판적 지성을 형성하고, 사회는 이런 비판적 지성을 통해 발전하고 진보한다.

일반교육은 특정한 전공 분야에 치우치지 않고 보편적 교양지식을 습득하는 것을 의미한다. 대학 교육에서 하나의 전인적 인간을 형성하는 것은 특정한 전문 지식을 통해서 이루어지는 것이 아니다. 다시 말해 대학은 전문 직업인을 양성하는 곳이 아니며 다양한 지식 습득을 통해 능동적인 주체적인 인간을 양성하는 곳이라 할 수 있다. 일반교육은 편협한 지식 습득을 지양하고 보편적인 지식을 추구함으로써 인간을 전인적 존재, 총체적 존재로 보고자 한다. 그리고 이런 관점은 근대적 인간관의 핵심이기도 하다. 교양교육은 이렇게 자유교육과 일반교육의 이상에 따라 인간과 세계를 전체적이고 종합적으로 사유하고 판단하고자 하는 이성적 계몽사상의 영향 속에서 나왔다. 뉴먼이 주장했듯이 이런 관점이 선입견이나 편견으로부터 벗어나 인간과 사회에 관해 전체적 관점을 취하게 함으로써 개인과 사회의 발전에 긍정적 역할을 하게 된다(유재봉·정철민, 2010: 122).

글쓰기는 이런 전인적 인간 형성과 밀접하게 맞닿아 있다. 글을 쓴다는 것은 개인이 자아를 어떻게 바라보는가, 타자와 공동체를 어떻게 생각하는가와 연결되어 있다. 우리는 글을 쓰면서 자신을 반성하고, 타자를 의식하며, 세계를 인식하고 분석하게 된다. 글을 쓰는 행위가 내면적 성숙을 통해 우리를 개인적 주체, 사회적 주체로 성장시켜 주는 것이다. 이런 점은 대학 교양교육의 중심인 글쓰기 과목이 근대 교양정신의 개인 성장과 매우 깊게 연관되어 있다는 점을 보여준다. 예를 들어 정영진은 대학 글쓰기 교육을 근대 계몽주의의 교양 정신과 밀접하게 맞닿아 있는 것으로 인식한다. 교양정신이 정신적, 육체적으로 미성숙한 개인이 성숙한 개인으로 성장하여 사회 속에 자기실현을 완수해 나가는 것을 말한다면 글쓰기 교육이 대학에서 바로 그런 개인의 내면적 성장을 맡고 있다는 것이다(정영진, 2014: 265).

이처럼 대학 글쓰기 교육을 개인의 내면적 성장으로 보는 시각은 꽹장히 널리 퍼져 있다. 글쓰기 교육이 대학 신입생들에게 글쓰기를 통해 자신과 대면하고, 자기 목소리를 찾도록 도와주어야 한다는 생각이나(김미란, 2013: 319), 글쓰기가 자신을 재발견하고 자아 존중감을 회복시켜 주는 것이라고 주장하는 것(김성철, 2012: 98)은 대학 글쓰기 교육이 자기 발견과 자기 성장을 얼마나 중시하는가를 보여주고 있다. 물론 이들 논문들이 글쓰기를 단순히 자기 성장, 자기 치유에만 머무는 것이라고 주장한 것은 아니었다. 이들 학자들은 대체로 글쓰기를 통한 개인의 발견과 성장이 사회적 주체의 형성으로 발전할 수 있다는 사실을 인정하고 있다. 그리고 이런 점들은 대학 글쓰기 교육이 전통적인 근대 철학의 교양 정신과 맞닿아 있다는 사실을 보여준다. 경희대의 후마니타스 교육은 '나를 발견하는 글쓰기'에서 '사회를 성찰하는 글쓰기'로 발전할 수 있도록 구성되어 있다(경희대 후마니타스 칼리지, 2012). 글쓰기를 통한 자기 발견과 자기 탐색이 개인적 주체를 형성하게 만들고, 그것은 우리 사회를 건전한 시민 사회로 성장시키는 데 밑거름이 된다.

3. 인문학적 사고와 담화 능력

대학 글쓰기 교육을 근대적 교양 정신의 개념 속에 둘 수 있는 것은 글쓰기와 서사(이야기)가 자기 탐색과 개인 성장을 위한 좋은 도구가 되기 때문이다. 글쓰기는 다양한 개념들을 모으고 기록할 뿐만 아니라 스스로 자기 개념들을 창안해낸다. 글 읽기와 글쓰기를 통하지 않고서는 자기를 인식하고 자기를 성장시킬 방법이 없는 것이다. 그런데 한 가지 간과해서 안 될 점은 글쓰기의 방법이 특별히 기호로 된 언어를 조작하고 조직하여 사용한다는 점이다. 대학 글쓰기 교육이 인문학 과목과 유사하면서도 인문학 과목과 다른 것이 언어적 조작을 통해 형성되는 개념을 다룬다는 점일 것이다. 대학 글쓰기 교육은 다양한 인문학 문헌들을 이용하면서, 이런 문헌들이 가진 내용을 언어적 질료로 분석하고 재구성하는 작업을 거친다. 우리는 글을 쓰면서 다른 사람의 생각을 만나고, 그 생각을 정리하며, 그로부터 자신의 생각을 만들어 낸다. 이런 과정에서 인문학과 다른 것은 언어라는 언표적 감각으로 인식과 사유를 다룬다는 점이다. 말하자면 글쓰기 교육 속에는 지식과 개념 외에 언어적 표현과 관련된 다양한 법칙과 규칙이 포함된다. 그런 점에서 대학 글쓰기 교육은 인문적 교양 속에 속하면서도 표현적 교육의 특성을 가지고 있는 것이다.

대학 글쓰기 교육이 한 편으로 인문적 교양을, 다른 한 편으로 언어 표현을 다루기 때문에 교양교육 속에서 특수한 위치를 가지게 된다. 대학 글쓰기 교육은 개인의 내면적 성장과 시민적 주체 형성이라는 인문학적 목적을 가지고 있다. 또 이와 함께 언어적 기술과 표현력 신장을 중시하는 실용적 목적도 가지고 있는 것이다. 대학 글쓰기 교육의 이런 이중적 특성은 기술산업사회에서 교양교육이 가진 이중적 성격과 맞닿아 있다. 20세기 들어 산업사회가 본격화되면서 지성과 자유, 이성 중심의 인문학적인 교양은 경제성, 효율성 중심의 합리적 교양으로 전환된다. 교양적 인간을 추구하는 근대적 계몽의 논리는 합리성과 효율성의 경제적 논리로 차츰 바뀌면서, 전인적 인간의 자리는 경제적 인간이 차지하게 된다. 교양교육은 교양 정신과 직업 정신의 이중적 논리 속에 놓이게 된 것이다. 흥미롭게도 대학 글쓰기 교육은 이런 교양교육의 이중적 속성을 그 속에 담고 있다.

　　대학현장에서 교양교육이 처한 이런 이중적 딜레마는 시대 현실의 변화와 함께 그것에 적합한 교육모형을 찾지 못했기 때문이다. 다시 말해 전인적 인간이란 계몽적 사고와 기술적 인간이란 산업화 사고 사이에서 이에 적합한 교육 목표를 찾지 못하고, 기존의 커리큘럼, 기존의 제도적 형식 속에 안주했기 때문이기도 한 것이다. 교양과목으로서「글쓰기」역시 이런 딜레마에 놓여 있는데, 한편으로는 문화, 문학 교육을 통한 교양적이고 창의적인 인간 계발이라는 전통적 교양정신이 강조되고, 한편으로는 어법과 문장력을 통한 표현 기술력의 강화라는 실용적이고 도구적인 효용이 강조되기도 한다. 사실 이 두 요소는 다른 교양과목에서와 같이 언제나 대립되고, 상충된 교육 목표로서「글쓰기」과목의 성격을 규제하고 있다. (정희모, 2001: 186)

대학 글쓰기 교육이 교양교육의 딜레마를 안고 있다는 이 말은 오늘날 대학 글쓰기 교육이 처한 현실적 모습을 잘 보여준다. 앞 장에서 말했다시피 한편으로 자기 개발을 통해 전인적 인간을 추구하면서 다른 한 편으로 실용적이고 경제적인 기술적 인간을 추구해야 한다. 대학 글쓰기 교육이 양쪽의 목표를 담지하고 있다는 점은 부정할 수 없는 현실의 모습인 것이다.

대학 글쓰기 교육에 관한 논문에서 한 필자는 대학 글쓰기 교육이 외국어교육과 마찬가지로 의사소통교육으로 분류되고 있는 것에 대해 강한 이의 제기를 한 바가 있다. 글쓰기가 영어의 읽기, 쓰기, 말하기와 같이 의사소통교육으로 분류됨으로써 기초교육에 불과한 것이 되고 있다는 것이다. 이 필자는 대학 글쓰기 교육이 언어교육적 목표가 아니라 인문학적 사고의 실천을 목표로 해야 한다고 강하게 주장했다(김주언, 2014: 115~118). 물론 이런 주장은 대학의 글쓰기 교육이 외국어교육과 같이 단순한 의사소통 교육이 될 수 없다는 점에서는 나름대로 타당성을 가지고 있다. 그렇지만 대학 글쓰기 교육이 지닌 특수한 성격과는 차이가 있을 뿐만 아니라 교육 현장의 실제적인 모습과도 거리가 있다.

우리는 교양교육이 과학과 기술의 발전에 따라 여러 변화가 있어 왔다는 사실을 잘 알고 있다. 18~19세기의 교양교육은 아리스토텔레스의 고전적 세계관을 기반으로 하는 추상적 인문학에서 차츰 구체적이고 실증 가능한 지식 체계로 대체되었다. 전통적인 인문학 중심에서 사회과학과 자연과학이 자유교육의 교과 속에 포함되었으며 형이상학적이고 추상적인 추론 계계는 차츰 구체적이고 실제적이며, 실용적인 추론 체계로 바뀌어가게 된 것이다. 세계 분석에 관한 과학적 방법의 도움으로 추상적이며 형이상학적인 문제 해결 방식은 차츰 위력을 잃어 갔고, 실제적이고 검증 가능한 문제 해결 방식들이 자리를 차지하게 되었다. 이것은 자유교육의 개념이 형이상학적이고 신학적인 추상적 사유에서 차츰 인문과 사회, 자연과 과학이 융합된 통합적 사유로 바뀌어 왔음을 의미한다(이창수 외, 2014: 97~101). 말하자면 현재의 교양교육에서는 인문학적 가치체계를 추구하는 것과 함께 실제적이고 현실적인 기능적 문제해결능력도 중시하고 있다는 것이다.

이와 함께 언어 표현과 규범은 고전적인 중세철학에서도 강조하던 과목이었다는 점도 알아야 한다. 문법·수사학·논리학과 같은 과목은 3학(trivium)이라고 하여 형이상학과 합목적성을 중시하던 중세의 자유교육에서도 매우 중요하게 생각했다. 언어를 올바르게 사용하는 능력, 설득력 있게 주장을 펴는 능력, 논리적으로 내 생각을 주장할 수 있는 능력은 '교양인'과 '자유인'이 가질 수 있는 핵심적인 능력이라고 보았던 것이다(이창수 외, 2014: 97). 따라서 이런 능력들을 꼭 인문학적 능력과 대립되는 기능으로 볼 필요는 없다고 생각한다. 앞서 한 필자가 오로지 인문학의 틀 속에서 글쓰기 교육을 바라보고자 한 것은 그렇게 타당한 시각이라고 보이지는 않는다.

학술적 글쓰기 논쟁에서 볼 수 있듯이 대학에서 글쓰기 교육을 도입한 것은 전공학습에 도움이 되기 위해 쓰기 능력을 강화하고자 한 목적 때문이었다. 학술적 담화는 고등학교와 다른 대학의 특유한 학술적 공동체의 언어 관습, 사유 체계, 수사적 태도 등을 포괄하는 의미로 대학생들이 좋은 글을 쓰기 위해 반드시 숙지해야 하는 쓰기 방법이다.5) 대학에서 글쓰기 교육을 도입한 것은 이런 학술적 쓰기 능력을 배양하기 위해서였다. 우리 대학교육에서 글쓰기 교육을 도입한 것도 이런 목적과 다르지 않을 것이다. 전공학습에 쓰기 능력이 필요하다는 사실 때문에 글쓰기 과목이 필수교양으로 자리를 잡게 된 것이다. 만약 글쓰기 교육이 순수하게 인문학적 과목이라면 대학 행정가들이 교양교육에 이를 포함시킬 리가 없다. 이미 여러 인문학 강좌가 교양교육에 자리를 잡고 있기 때문이다. 대학 교양교육의 분류표에서 대학 글쓰기 교육을 의사소통교육이나 언어교육으로 분류하고 있는 것도 나름대로 이유가 있는 것이다.

나는 대학 글쓰기 교육이 인문학적 성격을 가지는지, 언어교육적 성격을 가지는지 굳이 구별할 필요는 없다고 생각한다. 대학 글쓰기 교육은 이 둘의 성격을 모두 가지고 있기 때문이다. 우리가 다 알다시피 인문학을 이루기 위해서는 책을 읽고, 문자로 표현하는 의사소통 행위가 필요하다. 인간이 문화를 만들고 문화를 전달하는 것은 언어의 창조적 기능과 전달적 기능이 있었기 때문이다. 글을 쓴다는 것은 이전의 사상에 대한 해석학적 작업일 뿐만 아니라 새로운 사상을 만들어 내는 창조 작업이기도 하다. 다시 말해 글쓰기는 인간이 인류가 보존한 높은 문화적 산물과 정신적 가치를 만나는 과정이며, 개인적 삶의 지평에서

---

5) 대학의 학술적 글쓰기 문제에 대해서는 Mahala, D. and Swilky, J. (1996)의 "Academic discourse"(In P. Heilker, and P. Vandenberg (eds.), *Keywords in Composition Studies*, NH: Boynton/Cook Publishers)와 이윤빈(2013)의 「과제 표상 교육에 의한 대학생 필자의 담화 종합 수행 변화 양상」(『국어교육학연구』 48, 국어교육학회), 그리고 정희모(2014나) 등을 참고할 것.

세계에 대한 자기 생각을 완성해 가는 과정인 것이다 그렇기 때문에 글을 읽고 쓰는 것이야말로 교양적 지식인이 되기 위한 필수적인 과정이라 할 수 있다. 또 주체적인 자기를 완성해 갈 수 있는 핵심적 과정이라고 말할 수 있다.

쇼펜하우어는 "중요한 생각을 누구나 이해할 수 있게 표현하는 것만큼 어려운 일은 없다."[6]고 말했다. 깊은 인문학적 지식일수록 표현이 간결하고 명쾌해야 하며, 쉽게 전달되어야 한다는 것이다. 좋은 생각의 글은 좋은 표현을 통해 나타난다. 그뿐만 아니라 좋은 표현이 좋은 생각을 만들어 내기도 한다. 수사학에서는 좋은 연설을 위해 다섯 가지 규범이 필요하다고 말한다. 발상, 배열, 표현, 발표, 기억이 그것인데 좋은 글을 쓰기 위해서는 이 중에서 발상, 배열, 표현이 필요하다. 관련 쟁점을 정리하고, 주제를 잡아 이에 관한 주장과 근거를 찾아내야 한다(발상). 또 그 주제를 어떤 순서로 어떻게 구성해야 할 것인지를 결정해야 한다(배열). 표현은 좋은 문장과 여러 수사법을 이용해 독자가 쉽게 읽을 수 있도록 글을 작성하는 것이다(표현). 이런 요소들은 글의 목적, 독자 인식, 설득 전략 등과 글을 쓰는 주요 규범적 요소들로 작용할 것이다. 아울러 이런 규범적 요소가 작용해야 주제 지식과 주제 개념도 새롭게 형성된다. 형식이나 규범이 내용의 규정에 영향을 미치게 되는 것이다. 이를 다른 말로 하면 쓰기 능력이 개념과 사상의 생산에 영향을 미칠 수 있다는 것이다. 모국어의 경우 글쓰기의 능력이 뛰어난 사람이 더 나은 사유와 통찰을 보여주며 훌륭한 문헌들을 보편적으로 잘 만들어 낸다. 미국의 언어심리학자 캘로그(Kellogg)는 그 동안 이루어진 학생들의 글쓰기 능력에 관한 다양한 실험 결과를 소개한 적이 있다.

---

6) Schopenhauer, A. (1986), "Parerga und Paralipomena II", in A. Schopenhauer, Sämtliche Werke, Bd.V, hrsg. von Frhr. von Löhneysen, Frankfurt a.M., p. 586. 여기서는 김정현 (2012), 「철학의 글쓰기와 글쓰기의 철학」, 『열린정신 인문학연구』 13(2), 원광대학교 인문학연구소, 283쪽에서 재인용.

그는 주제지식, 장르지식, 담화지식(언어지식)들이 학생들의 텍스트 질에 미치는 영향 관계를 조사했다. 흥미롭게도 담화지식이 학생들의 텍스트 질을 높이는 데 가장 큰 상관관계가 있었다. 나머지 주제 지식과 장르 지식은 자동화되어 텍스트를 효율적으로 생산하는 데 기여했다. 주제에 관한 지식이 많은 필자들은 남들보다 빠르게 텍스트를 작성했지만 텍스트 질과의 상관성은 높지 않았다. 언어를 다룰 줄 아는 필자들이 수준 높은 텍스트를 쓸 줄 알았던 것이다(Kellogg, 1994: 91~96).

오랫동안 저술 작업에 종사한 문필가들은 어휘를 선택하는 데 있어서, 또 문장을 배열하고, 텍스트의 구조를 만드는 데 있어서 뛰어난 능력을 발휘한다. 전문 필자들에게 텍스트를 다루는 지식(담화지식)은 오랜 숙련을 통해 축적되어 있을 가능성이 높으며, 이들은 이런 능력을 통해 뛰어난 텍스트들을 생산해낸다. 린다 플라워(Linda S. flower)도 전문적 필자는 자신의 글에 관한 독자의 반응을 잘 예상하며, 글의 목표를 독자와 공유하기 위해 어떻게 글을 변형해야 하고 구조화해야 하는지를 잘 알고 있다고 말했다(Bartholomae, 1985: 139). 사실 뛰어난 인문학자들은 뛰어난 저술가이기도 했다. 이들은 반복된 언어 사용을 통해 자신만의 언어 표현 관습을 가지고 있으며, 이를 통해 새로운 생각들을 만들어 낸다. 이들에게 언어와 지식은 서로 분리될 수 없으며, 서로 교류하고, 서로 융합한다. 쓰기 능력(담화 지식)은 인문학적 지식 실천과 인문학적 지식 생산에 가장 중요한 역할을 하는 것이다. 그렇기 때문에 대학 글쓰기 교육에서 의사소통적 실천과 인문학적 실천을 굳이 대립적이고 충돌적인 것으로 볼 필요가 없다. 대학 글쓰기 교육은 언어교육을 통해 인문학적 사고의 실천을 수행한다.

4. 디지털 시대와 글쓰기 교육의 과제

앞에서 인문학적 실천과 의사소통능력(표현능력)의 강화가 결코 대립되는 문제가 아님을 살펴보았다. 대학 글쓰기 교육이 인문학에서도 중요한 이유는 그것이 의미 생산과 관련된 언어의 문제를 다루기 때문이다. 대학 글쓰기 교육은 사유를 조직하고 의미를 생산하는 언어의 조직 과정을 다룬다. 그리고 다른 한 편으로 인문학적인 문헌들을 읽고 그의 내용에 대해 토론을 하기도 한다. 대학 글쓰기 교육은 매우 통합적이고 복합적인 교육이라고 볼 수가 있는 것이다. 대학 글쓰기 교육은 (1) 비판적 사고력을 통한 성숙한 교양인의 양성, (2) 이를 위한 지적, 도덕적 정서의 함양, (3) 대학의 학문 활동에 기본이 되는 자기 표현력의 신장 (정희모, 2001: 191)을 모두 포함한다. 우리의 경우 문제는 글쓰기 교육이 차지하는 시간적인 비율이 그렇게 크지 않다는 점이다. 미국 MIT를 보면 글쓰기 교육을 이전에는 교양 2과목, 전공 2과목을 이수 했으나[7] 최근 이를 3과목으로 줄였다고 한다. 대체로 많은 미국 대학들은 글쓰기와 관련해 여러 과목을 이수하고, 1~3단계에 이르는 수준별 교육을 받고 있다. 우리 대학들은 그렇지 못 하다. 대체로 글쓰기 과목으로 2학점 내지 3학점을 배정받고 한 학기 수업을 하는 경우가 많다. 그래서 이렇게 짧은 시간에 다양한 대학 글쓰기 교육의 목적을 수행하기가 어려운 것이다.

대학 글쓰기 교육이 본래의 목적을 수행하기 위해 앞으로 복합적인 프로그램을 개발하는 것이 필요하다. 다양한 텍스트를 읽고 내 생각을 정하고 이를 명료하게 표현하는 것이 중요하다. 지금도 좋은 프로그램을 수행하는 곳이 많지만 앞으로는 이보다 더 나은 교육 방식을 개발하

---

7) MIT 글쓰기 교육 시스템에 관한 자세한 정보는 정희모(2004), 「MIT 대학 글쓰기 교육 시스템에 관한 연구」(『독서연구』 11, 한국작문학회)를 참고할 것.

기 위해 노력할 필요가 있다. 최근 디지털 환경의 확장, 융·복합교육 방식의 대두로 인해 대학의 교육 환경이 이전과는 급격하게 달라지고 있다. 지금 진행되고 있는 디지털 매체 혁명은 글쓰기의 주체와 독자, 전달 매체와 방식, 인문학적 지식의 의미 등을 바꾸어 놓고 있다. 전통적인 지식에서 보았던 개인성과 전문성의 아우라는 없어지고, 일시성과 반복성의 무한한 확장만 가득 차게 된다. 앞으로 이런 지식 세계와 매체 환경이 교육 현장을 바꾸어 놓을 것이다.

글쓰기 교육과 관련하여 지금 무엇보다 중요한 것은 활자 중심의 텍스트에서 디지털 중심의 텍스트로 바뀌고 있는 현상이다. 디지털 매체를 통한 하이퍼텍스트의 등장은 우리로 하여금 쓰기 주체의 문제, 소통의 문제, 인문적 교양의 문제 등을 다시 돌아보게 한다. 이에 대해 지금 우리는 준비를 하고 대응을 해야 한다. 여기서는 이와 관련하여 대학 글쓰기 교육이 해야 할 몇 가지 과제들을 살펴보고자 한다. 첫째는 쓰기 주체의 정립 문제이다. 디지털 시대의 쓰기 주체에 관한 문제는 몇 가지로 나누어 생각해 볼 수 있다. 먼저 달라진 쓰기 주체의 성격 문제가 있다. 전통적인 쓰기 필자는 문자 문화, 저술 문화와 긴밀하게 연결되어 있고, 문자를 통해 개인과 세계에 관해 분석과 탐색을 견지한 사람들이었다. 글을 쓴다는 것은 나의 내면과 나의 외부 세계와의 대화나 소통을 의미했고, 그것은 자기반성과 자기성찰을 통해 근대적 인문학과 연결되어 있었다. 디지털 시대의 글쓰기 필자들은 그렇지 않다. 디지털 매체의 등장으로 지금은 누구나 필자가 될 수 있고, 누구나 저자가 될 수 있다. 쓰기 주체의 민주화는 긍정적으로 글쓰기 현상을 확대시키고 있지만 상대적으로 자아와 세계에 대한 반성과 성찰, 비판적 사유능력은 급격히 위축되고 있다. 글쓰기 필자는 더 이상 텍스트에 대한 책임과 소유권을 가지지 않는다. 그래서 디지털 시대의 필자를 분산되고, '해체되는 주체'라고 말하기도 한다(강내희, 2009: 440). 대학 글쓰기 교육은 글쓰기의 민주화에 대응해 책임 있는 인문적 필자를 다시 생산할 필요가 있다. 글을 쓴다는 것은 표현교육의 문제이기도 하고, 인문학 교양의 문제이기도 하며, 윤리적 책임의 문제이기도 하다.

둘째로 디지털 시대에 지식의 연성화와 관련된 문제가 있다. 디지털 시대의 지식은 문자가 아니라 기호로 전파된다. 무한히 복제가 가능하며, 디지털 매체가 있는 한 이곳저곳 변환이 가능하다. 디지털로 전파되는 정보의 수는 무한하기 때문에 지식의 함량이나 지식의 진위성은 중요하지가 않다. 반대로 지식은 가벼워지고(경량화) 부드러워진다(연성화).[8] 또 많은 사람의 손을 거치면서 내용이 바뀔 수도 있기 때문에 지식의 정체성도 모호해진다. 디지털 시대에 근대적 지식관의 소멸은 글쓰기 교육 자체를 어렵게 만들고 모호하게 만든다. 대학생들이 하이퍼텍스트 속에서도 자기 정체성을 유지하고, 인문학적인 자기 성찰이 가능하도록 글쓰기 교육의 프로그램이 달라져야 한다.

셋째로 가속화되는 융·복합 교육 시대에 글쓰기 교육이 어떻게 대응해야 하는가에 관한 문제이다. 서두에도 이야기했지만 지금 중등교육에서는 융합형 인재를 양성하기 위해 문·이과 통합교육과정의 개정이 한창 진행 중이다. 다양한 국책기관(한국교육개발원, 한국교육과정평가원, 한국과학창의재단)에서 학생들이 갖추어야 할 미래 핵심역량에 관한 연구가 진행되었거나, 현재 진행되고 있다.[9] 한 연구 프로젝트는 미래 사회 대비 핵심 역량으로 11개(창의력, 비판적 사고력, 문제해결능력, 자기

---

8) 최근 베스트셀러의 전체 순위나 인문 순위에서 상위권을 형성하고 있는 책이 바로 『지적 대화를 위한 넓고 얕은 지식』(채사장, 2015, 한빛비즈)이다. 이 책은 넓은 범위의 사상들을 한 권의 책으로 풀어 독자들이 쉽게 접근할 수 있도록 하고 있다. 최근에는 이와 유사한 종류의 책들이 많이 팔리고 있다.

9) 이런 연구로는 이광우(2009), 『미래 한국인의 핵심 역량 증진을 위한 초·중등학교 교육과정 설계 방안 연구』, 한국교육과정평가원; 이근호 외(2013), 『미래 사회 대비 핵심역량 함양을 위한 국가 교육과정 구상』, 한국교육과정평가원; 최상덕(2013), 『미래 인재 양성을 위한 핵심역량 교육 및 혁신적 학습생태계 구축』, 한국교육개발원; 최상덕(2011), 『21세기 창의적 인재 양성을 위한 교육의 미래전략 연구』, 한국교육개발원; 황선욱 외(2013), 『국어와 수학 통합 교수·학습 자료 개발』, 한국과학창의재단 연구보고서 등이 있다.

주도성, 의사소통능력, ICT 활용능력, 협업능력, 글로벌 시민의식, 진로개척능력, 사회적 책임의식, 인성함양)를 들고 있다(최상덕, 2013: 194). 박영민은 중등 작문과목의 핵심역량으로 1차 역량(의사소통능력, 기초학습능력)과 2차 역량(창의력, 정보처리능력, 문제해결능력, 대인관계능력)을 나누어 제시한 바 있다(박영민, 2014:117). 이런 역량들이 과연 기존의 학습 능력들과 얼마나 다른지 알 수 없지만 대체로 융합 지식을 위한 기초 능력으로 인식하고 있는 듯하다.[10]

지금 현재 논의되고 있는 이런 핵심역량에 관한 문제는 조만간 대학에도 직·간접적으로 강요될 가능성이 크다. 사실 대학에서도 융·복합 인재를 양성해야 한다는 논의가 조금씩 나타나고 있다. 아마 교양교육에서도 현재의 중핵 과정을 융·복합 교육과정으로 개편하자는 이야기가 곧 나오게 될 것이다. 대학 글쓰기 교육은 이런 융·복합적 교육과정과 하이퍼텍스트의 도전에 대응해야 한다. 특히 디지털 시대 글쓰기 교육이 한 편으로 필자의 정체성을 탐색하고 자기 성찰을 돕는 기능을 해야 하겠지만 다른 한 편으로 디지털 매체를 이용한 여러 융합적 교육 방법을 개발할 수 있도록 노력해야 한다. 이미 필자로서 학생들은 다양한 디지털 매체를 이용하여 글쓰기를 할 뿐만 아니라 이런 글쓰기 방식에 익숙하다. 자기 탐색과 자기 성찰의 글쓰기 수업도 이제 디지털 매체를 이용하여 할 수밖에 없으며, 다양한 학문을 융합하는 글쓰기 프로그램도 디지털 매체가 바탕이 될 수밖에 없는 것이다.

---

10) 융·복합 교육과 작문 교육의 대응에 관해서는 정희모(2015), 「창의 융합 과정으로서 작문과 작문교육」, 『독서연구』 35, 한국작문학회를 참고할 것.

5. 결론: 디지털 시대와 쓰기 주체의 회복

지금까지 나는 디지털 미디어와 융·복합 교육의 시대에 대학 글쓰기 교육이 어떻게든 대응할 방법을 찾아야 한다는 점을 강조했다. 그리고 디지털 미디어 시대에 적응할 수 있는 교육적 프로그램을 찾을 수 있도록 노력해야 한다고 말했다. 여기서 중요한 것은 디지털 시대에 대응하는 교육 방법이 인문학적 교양 정신의 회복과 크게 다르지 않다는 점이다. 디지털 미디어 시대일수록 창조적이며 비판적인 사유 능력이 필요하며, 이는 인문학적 교양 정신의 회복과 같은 의미이기 때문이다. 특히 디지털 매체 시대에 인문학적 교양을 되살리기 위해 가장 중요한 것은 쓰기 주체성의 문제이다.

디지털 텍스트의 동시성과 복제성은 근대적인 시·공간의 개념을 넘어서기 때문에 때로 분절적이고 때로 단절적이어서 필자의 정체성을 확보하기란 쉽지가 않다. 이뿐만 아니라 자기 내면과 대면하고 세계와 관계 맺기 위한 자기 탐색과 자기 성찰도 불가능한 경우가 많았다. 글쓰기 교육은 이러한 상황에서 다양한 텍스트를 비판적으로 읽어내고, 안정된 위치에서 자기 생각을 창조해낼 수 있는 필자 주체성을 회복시킬 필요성이 있다. 학생들이 쓰기 주체로서 자기 판단력과 문제의식을 기르고, 비판적인 대안과 창의적인 해결책을 표현할 수 있도록 글쓰기 교육이 도와주어야 한다. 학생들이 다양한 디지털 매체를 만나면 만날수록 이런 자기 성찰의 정신은 필요하다.

학생들은 앞으로 융·복합 지식의 시대에 탈경계적인 텍스트, 다양한 복합적 지식들을 만나게 될 것이다. 고전적인 지식들은 물론 그보다 훨씬 복잡한 사유와 관점, 문제의식, 지식들을 만나게 된다. 이런 환경 속에서 정말 중요한 것은 주체적인 인식과 주체적인 표현의 문제들이다. 학생들 스스로가 나의 생각과 나의 표현의 주인이 되는 것은 디지털 시대에 대학 글쓰기 교육이 학생들에게 주지시켜야 할 목표라 할 수 있다. 인문적 교양의 회복도 학생들이 글쓰기 필자로서 자기 주체성을 회복할 때 가능할 수 있을 것이다.

작문 이론의 구체성과 실천성

: 작문 이론의 구체화와 교육적 접근에의 필요성

1. 작문 이론의 사회적 경향

미국에서 작문 교육의 역사는 꽤 오래 되었다. 1632년에 개교한 하버드 대학은 18세기부터 정규 교육과정에서 작문 교육을 실시했고, 19~20세기에는 절정을 이루었다. 미국의 많은 대학들은 19~20세기에 이미 작문 교육을 대학의 필수 교양과목으로 삼았다. 반면에 대학에서 작문 연구의 역사는 20세기 중반에 와서야 비로소 시작되었다.

J. Berlin은 현대 작문 연구가 20세기 자본주의 시장 경제에 부응하는 대학교육의 시스템을 통해 시작되었다고 말했다. 그는 작문 교육이 융성하게 되고, 작문 연구가 본격화된 배경에는 신흥 중산층 계급의 가치관을 반영한 20세기 초의 대학 분위기와 밀접하게 관련이 있다고 보았다. 18~19세기 대학이 교회와 국가의 엘리트만을 양산하던 때와 달리, 20세기 초 대학은 과학적 지식과 실용적 지식에 바탕을 둔 신흥 자본가 계급을 양산하는 기관으로 바뀌었다. 대학은 자연스럽게 이성주의, 합

리주의, 과학주의의 가치관을 중시했고, 합리성과 효율성에 바탕을 둔 실용적 지식인을 배출했다. Berlin은 글쓰기 교육이 융성해지고, 글쓰기 연구가 하나의 학문으로 자리 잡게 된 배경에는 이처럼 실용성을 중시한 당시의 대학 분위기와 관련이 있다고 보았다.[1]

Berlin의 연구에서 작문 교육 및 연구는 언제나 사회 변화나 이데올로기적 동향과 결합된다. Berlin의 표현대로 말하자면, 작문 교육이나 수사학은 항상 이데올로기적이기 때문이다. 작문(수사학)은 언제나 특별한 담화구조의 형식을 띤다. 그리고 그런 담화 형식은 일반적인 보편성을 넘어 항상 특정한 경제·사회·정치적 입장을 띠게 된다. Berlin은 작문이나 수사학 분야가 특정한 이념적 주장에 대해 결코 순수할 수 없으며, 그래서 어떤 현상에 대해서도 무관심한 중재자가 될 수 없다고 보았다(Berlin, 1988: 477). Berlin은 언제나 작문 연구가 작문 외부의 사회적 영향에 눈을 돌려야 하며, 그것이 옳은 행동이라고 판단했다.

Berlin의 이런 주장은 최근 작문 연구가 처한 특별한 현실을 잘 대변해준다. 최근의 작문 연구는 작문 과정이나 작문 교육에 대한 탐색보다 작문 외부의 이데올로기에 관한 탐구나 메타 담론에 대한 탐색에 더 집중하고 있다. 작문 연구자들은 교수 학습 방법을 탐색하는 것보다 언어의 불완전성이나 해체성을 탐색하는 데 더 열중한다. 또 많은 학자들은 문화 텍스트나 문화 담론에 담긴 지배계급의 이데올로기를 비판하는 데 초점을 둔다. 이처럼 최근에 와서 작문 연구는 교육학적 담론보다 인문학적 학술 담론에 더 많은 영향을 받고 있다. 그리고 이런 현상의 배경에 1980년대 이후 교육을 포함한 모든 인문, 사회 학술 담론에 영향을 끼치고 있는 포스트모던 철학(후기 구조주의, 해체주의)이 있음은 두말할 나위가 없다.

---

1) Berlin, J. (1988), "Rhetoric and Ideology in the Writing Class", *College English*, Vol. 50, No. 5, p. 480.

작문 이론가 Fulkerson(2005)은 20세기 이후 변화된 작문 연구와 작문 교육의 지형도를 한 논문을 통해 밝힌 바 있다. Fulkerson은 작문 교육(연구)의 경향이 1980년대 수사학 중심에서 2000년 이후 사회학적 관점으로 대거 이동했다고 밝히면서, 새롭게 제기된 작문 교육 분야로 "문화 연구와 작문(Cultural Studies and Composition)", "비판적 교육학(Critical Pedagogy)", "페미니스트 교육학(Feminist Pedagogy)", "공공서비스 교육학(Community Service Pedagogy)"을 들고 있다.2) 이런 분야들을 보면 이전과 달리 작문 교육(연구) 분야에 새롭고 다양한 경향들이 속속 등장하고 있음을 알 수 있다. 물론 이런 작문 교육(연구) 경향들은 포스트모던 철학, 페미니즘, 탈식민주의 연구들이 작문 분야에 일정하게 영향을 미쳤기 때문에 가능했다.

Fulkerson(2005)의 문헌 조사에 따르면 이 중에서도 가장 중심이 된 분야는 비판적 문화 연구(Critical Cultural Studies) 분야이다. 비판적 문화 연구(CCS)에서는 문화 담론 속에 내재된 지배적 이데올로기를 폭로하고, 대안적 담론을 구성하는 것을 주된 연구 방법으로 삼는다. 교육 방법도 학생들이 주요 문화 담론에 내재한 이념적 내용을 분석하고, 이에 대한 비판적 대항 담론을 작성하는 것이다. 이 수업에서는 학생의 쓰기 능력보다 현실에 대한 비판 의식이 더 중요하다. 이처럼 비판적 문화 연구의 연구 경향과 교육 방법을 살펴보면 최근 작문 교육에서 비판적 사회학의 관점이 더 중요하게 취급되고 있음을 알 수 있다. Greenbaum 은 비판적 문화 연구를 포함하여 비판적 교육학, 페미니즘, 탈식민주의 방식을 "작문 분야의 해방적 운동(emancipatory movement in composition)"이라고 부르고 있다(Fulkerson, 2005: 659).

작문 교육에서 인지적 관점, 수사학적 관점에 익숙한 우리는 이런

---

2) Fulkerson, R. (2005), "Composition at the Turn of the Twenty-First Century", *College Composition and Communication*, Vol. 56, No. 4, p. 657.

사회 비판적 관점에 익숙하지가 않다. 물론 미국의 작문 교육 환경과 우리의 작문 교육 환경이 다르다는 것을 인정하여야 하겠지만, 그럼에도 불구하고 이와 같은 연구 경향을 우리 현실에서 쉽게 받아들이기가 어려울 것이다. 미국의 작문 연구를 수입하여 온 우리 입장에서 보면 앞으로 이런 추세를 거부하기가 어려울 수도 있다. 미국은 작문 교육의 역사가 오래 되었고, 연구 분야도 다양하며 연구 인력도 많다. 초, 중등 교육에서부터 읽기와 쓰기 교육을 중시하기 때문에 대학에 오면 기초 과정보다 중급 이상의 과정을 배우고 있다. 미국 대학의 작문 교육이 주로 문화 강좌나 철학 강좌처럼 주제나 테마 중심으로 이루어지는 것도 이런 교육 환경과 연관이 있다. 반면에 우리는 주로 대학에서 기초 과정의 글쓰기 교육(basic writing courses)을 배우고 있다. 사회적 관점이 강한 미국의 최근 작문 경향은 초·중등의 작문 교육이 강한 미국적 교육 상황과 관련이 있다.

이와 함께 이런 점도 생각해 보아야 한다. 최근 작문 연구에 사회적 관점이 강한 것은 작문 연구가 다른 학문보다 늦게 시작하여 인접 학문의 영향을 많이 받게 되었다는 점과 관련이 있다. 주지하다시피 작문 연구는 1960~70년대에 텍스트(결과물)를 중시했고, 1970~80년대에는 작문 과정(process)을 중시했으며, 1980년대 이후에는 사회적 상황(social context)을 중시했다.3) 텍스트를 중시하던 시기에는 언어학의, 그리고 작문 과정의 시기에는 인지심리학의, 그리고 사회적 과정을 중시하던 때는 문학과 철학의 영향을 강하게 받았다. 이런 특성은 특정한 작문 교육의 경향에도 나타난다. 표현주의는 문학의 낭만주의의 영향을 받았으며, 대화주의는 바흐찐 철학의 영향을 받았고, 후기 과정주의는 해체주의 철학의 영향 아래서 자신의 이론을 확대했다.

---

3) Freedman, S. W., et al. (1987), "Research in Writing: Past, Present, and Future", *Technical Report* No. 1, National Center for The Study of Writing, p. 1.

이런 특성은 작문 교육과 연구가 문식성을 중시하는 타 학문과의 밀접한 교류 관계에 있음을 보여주는 것이기도 하지만, 그만큼 다른 학문의 영향을 받을 수 있다는 위험성도 함께 내포한다. 그리고 적절한 작문 교육을 위하여 작문 연구와 작문 이론의 경향을 항상 검토해 보아야 한다는 사실도 알려준다. 이 논문은 미국의 작문 연구 동향을 중심으로 작문 이론 속에 내포된 추상적 한계성을 살펴보고 가능한 대안적 방법을 검토해 보는 것을 목표로 삼는다. 논문에서 다루는 것은 주로 미국의 작문 연구 동향이지만 국내 연구 역시 이런 흐름을 바탕으로 이루어지기 때문에 우리 현실과 일정하게 관련이 있다고 생각한다. 우리 역시 작문 교육의 입장에서 작문 이론의 관념성에 대응하고자 하는 논의가 있었으며, 작문 이론과 작문 교육의 괴리 문제가 논의의 초점이 되기도 했다. 이런 논의를 통해 국내에서도 작문 연구가 앞으로 어떻게 진행되어야 할지 검토할 수 있는 계기가 될 수 있을 것이다.

2. 작문 이론과 작문 교육의 괴리

작문 이론이 교육적 담론보다 사회적 담론에 더 관심을 두는 것은 작문 교육을 담당하고 있는 입장에서는 문제가 될 수 있다. 교육적 관점과 사회적 관점은 서로 연구 방향과 목적이 달라 세부 항목의 개념과 원리에 혼란이 올 수 있기 때문이다. 국내 연구에서도 이런 문제를 제기한 적이 있다. 박영민(2001)은 작문 이론과 작문 교육이 다루는 개념과 층위가 달라 이를 분리해서 취급해야 한다고 주장했다. 작문 이론은 '작문이 무엇인가'라는 작문의 본질을 규명하기 위해 존재하며, 작문 교육은 학생 필자의 작문 능력을 신장시켜 주기 위해 존재하기 때문에 두 이론 간에 차이가 있다는 것이다. 두 이론은 목적이 다르며, 사용하는 방법과 원리도 다르다. 작문 이론은 과학적 목적을 지향하며, 작문

교육은 실용적 목적을 지향한다. 박영민은 그렇기 때문에 작문 교육에 적합한 작문 교육 이론을 새롭게 정립해야 한다고 보고 있다.[4]

작문 교육에 참여한 사람이라면 작문 이론을 작문 교육에 실제로 적용하기가 쉽지 않다는 사실을 잘 알고 있다. 작문 이론은 작문의 본질적인 속성을 과학적으로 규명하고, 기본적인 이해나 원리를 제공하는 것을 목표로 삼기 때문에 그 개념을 교육 현장에 바로 적용하기가 어렵다. 게다가 작문 이론은 작문에 관한 교수·학습 방법보다 작문이 형성되는 인지적 배경과 원리에 관심을 쏟을 때가 많다. 뿐만 아니라 작문 이론은 자주 교육적 담론보다 언어, 의미, 사회와 같은 메타적 담론에 관심을 가지기도 하며, 이를 분석하기도 한다. 그래서 작문 이론과 작문 교육이 다루는 개념에는 차이가 있으며, 원리와 방법에도 거리가 있다. 박영민(2001, 2008)이 작문 이론과 별개로 작문 교육 이론이 필요하다고 말하는 것도 이와 같은 이유가 있다.

그러나 이는 작문 분야만이 가진 문제라고 볼 수는 없다. 인문과학이나 사회과학에서도 대상의 본질이나 근원에 대한 탐색을 중시하며, 현상을 개념화하고, 보편화하고자 하는 것도 일반적이다. 중요한 것은 이론적 일반화를 배척할 것이 아니라 적용 가능한 교수 방법으로 전환하는 일이다. 어떤 이론이나 방법이든 교수·학습 과정에 적용하기 위해서는 응용의 과정이 필요하다. 교수자는 이론과 실천의 괴리를 풀어 학습의 상황에 적용시킬 책임이 있는 것이다. 우리가 전공 지식 외에 교육 방법을 배우는 것도 이런 응용의 과정이 필요하기 때문이다. 따라서 이론과 교육이 다른 층위에 있다거나, 순수 이론과 교육 이론은 분리되

---

4) 이에 해당하는 논문은 다음과 같다.
박영민(2001), 「작문 이론과 작문 교육의 대응」, 『한국어문교육』 9권, 고려대학교 한국어문교육연구소; 박영민(2008), 「작문 교육 이론의 구성 요인과 과제」, 『학습자중심교과교육연구』 8(1), 학습자중심교과교육학회; 차호일(2008), 「작문이론의 교육적 접근」, 『한국초등국어교육』 21, 한국초등국어교육학회; 이재승(2010), 「작문 이론의 변화와 작문 교육에서의 수용」, 『국어교육』 131, 한국어교육학회.

어야 한다는 주장은 꼭 합리적인 견해라고 볼 수는 없다.

그런데 박영민의 논의를 통해 우리가 정말 관심을 가져야 할 문제는 작문 연구와 작문 교육의 괴리 문제이다. 그가 작문 교육 이론이 필요하다고 말한 이유도 작문 이론을 작문 교육에 적용할 수 없다고 보았기 때문이다. 작문 이론은 다른 인문학과 달리 교육과 밀접하게 관련될 수밖에 없는데 최근의 작문 이론은 그렇게 보이지 않는다. 작문 이론이 보다 어려워지고, 심리학·문학·철학의 방법틀을 많이 사용하기 때문이다. 그밖에 최근 작문 이론이 작문 교육과 분리되어 보이는 데는 몇 가지 이유가 있다. 그 이유는 이론에 대한 우리의 인식 때문에 생긴 것도 있으며, 상이한 교육의 목적 때문에 생긴 것도 있다. 이제 이 문제들을 하나씩 살펴보도록 하자.

첫째, 작문 이론을 보면 앞서 말한 대로 작문 수행의 특성과 속성을 밝히고자 하는 연구들이 주를 이룬다. 이런 이론들은 교육의 원리나 방법을 다룬 것도 있지만, 이론 그 자체만을 위한 것도 있다. 중요한 것은 순수 이론이라 하더라도 우리가 이를 어떻게 응용하는가에 따라 작문 교육에 도움이 될 수도 있다는 점이다. 따라서 이런 이론들이 꼭 작문 교육과 분리되어 있다고 볼 수는 없다.

예컨대 인지심리학자들의 쓰기 과정에 대한 실험 연구들은 글쓰기 교육과는 아무 상관이 없는 것처럼 보이기도 한다. 그러나 꼭 그렇다고 볼 수만은 없다. Kellogg는 우리가 글을 작성할 때 인지적 처리 과정상에 나타나는 작업 기억의 수행 과정과 용량을 분석한 바 있다. 작업기억(Working Memory)은 읽기와 쓰기의 인지적 작업을 수행할 때 장기기억(Long-term Memory)의 정보를 불러오거나 수행 중 단기간에 생긴 정보를 처리하는 기능을 담당하는 인지적 기제이다. Kellogg는 초등학생들의 쓰기 과정을 통해 아이디어를 수합하고, 문장을 서술하며, 글을 점검할 때 일어나는 일시적 저장과 처리 용량을 산출하였다.[5]

이런 실험들은 글쓰기 과정에 담긴 비밀을 푼다는 측면에서 유용하다. 이런 실험들을 통해 쓰기 행위가 어떤 기능과 속성으로 이루어지는 지를 밝히게 되는데, 우리는 이를 통해 필요한 교육적인 지침을 얻을 수가 있다. 이처럼 연구 방법과 연구 결과를 직접 교육에 사용할 수 없다고 해서 교육과 상관없는 이론이라고 말할 수는 없다. 따라서 굳이 작문 이론을 작문 교육과 분리하고, 새롭게 작문 교육 이론을 만들 필요는 없을 것이다.

둘째, 작문 교육과 관련되어 있음에도 불구하고 교육 목적이나 교육적 방향이 우리와 상이할 때는 그런 분리된 감정을 느낄 수 있다. 이런 이론의 대표적인 것은 앞서 말한 Berlin의 이론과 비판적 문화 연구 (critical culture studies)이다. Berlin의 이론과 비판적 문화 연구의 이론들은 기존의 작문 교육 이론과 다른 것처럼 보인다. 그것은 아마 이 이론들이 우리가 그동안 생각했던 작문 교육의 방향과 차이가 있기 때문일 것이다. Fulkerson은 1990년만 하더라도 사람들 사이에 작문 교육의 목적과 방법에 대해 동의와 합의가 가능했다고 말했다. 당시 사람들은 작문 교육의 목적을 학생들이 좋은 글을 쓸 수 있도록 교사들이 돕는 것으로 보았다. 뿐만 아니라 '좋은 글'에 대한 합의도 가능했다. 당시 '좋은 글'이란 '독자나 상황에 대해 수사적으로 효과적인 글'을 의미했다(Fulkerson, 2005: 655).

그런데 지금은 작문 교육의 목적과 방법에 대해 동의와 합의가 불가능한 것 같다고 한다. 작문 교육의 목적에 대해 합의할 수 없을 뿐만 아니라, 좋은 글에 대한 정의도 더 이상 합의가 불가능하다. '좋은 글은 어떤 글인가?'에 대한 가치론적인 질문(axiological question)이 새롭게 제기되고 있으며, 이에 대한 대답도 철학과 관점에 따라 달라지고 있기 때문이다. 비판적 문화 연구가들은 교육 목표를 쓰기 능력의 향상에

---

5) Kellogg, R. T. (1996), "A Model of Working Memory in Writing", in C. M. Levy, and S. Ransdell (eds.), *The Science of Writing, Theories, Methods, Individual Differences and Applications*, Lawrence Erbaum Associates.

두지 않고, "지배 담론으로부터 해방시키는 것"에 둔다(Fulkerson, 2005: 660). 또 이들이 볼 때 좋은 글이란 지배 담론을 해체하고 대안적 담론을 형성하는 글이다. 그래서 글쓰기 수업은 학생들에게 정치적 불평등이나 다국적 자본주의, 매스미디어의 불공정에 대한 통찰적 혜안을 제공하고, 학생들로 하여금 비판적 담화를 생산하도록 권유한다. 이들은 학생들이 자신의 성역할에 대해, 인종적인 편견에 대해, 거대 산업의 불공정 행위에 대해 의문을 품을 때 비로소 올바른 담론 인식이 가능해진다고 믿으며, 또 스스로 자율적인 주체로 성장할 수 있게 된다고 믿는다. 이처럼 비판적 문화 연구에서 읽기와 쓰기는 이데올로기적 행위로 간주된다.

비판적 문화 연구의 수업 방식도 우리 교육과 차이가 있다. 이들의 수업 방식은 글쓰기 수업이 아니라 마치 문화론의 수업처럼 보인다. 학습의 중심 활동은 해석과 쓰기이지만, 쓰기보다는 해석을 중시한다. 문화 이론에 관한 텍스트나 개인이 직접 겪은 문화 경험, 또 주위에서 흔히 보는 문화적 장치(광고, TV쇼, 가요 등) 등을 분석하며, 주요 테마(가족, 노인, 인종, 여성, 베트남 전쟁 등)에 대해 대안적 글을 작성한다. 수업에서 중시하는 것은 글쓰기 과정이 아니라 숨겨진 억압에 대한 발견적 통찰이다.

비판적 문화 수업 방식에 대해 국내에서는 아직 본격적인 논의가 되고 있지 않다. 다만 이재기(2008)는 우리 작문 교육이 너무 수사학적 방식만으로 이루어지고 있어, 교육적 방식의 다양화를 위해서라도 비판적 문화 연구를 활성화할 필요가 있다고 주장했다. 그는 우리의 경우에도 '어떻게 가르칠 것인가'에 관한 교육론적 논쟁에 앞서 '어떤 글이 좋은 글인가'에 대한 가치론적 논쟁이 필요하다고 판단한다. 문화론적 시각에서 볼 때 지금 우리의 작문 교육은 도구성, 효율성의 담론에 묶여 있어 각종 편견과 불평등을 재생산하는 도구로 이용될 수가 있다는 것이다.[6]

현실과 개인을 사회적 환경과 이데올로기 속에서 파악하는 이런 관점들은 기존의 교육학적 가정들과 여러 면에서 차이가 난다. 비판적 문화 연구자들이 볼 때 좋은 글은 지배 담론을 해체하고, 새로운 비판적 담론을 형성하는 글이다. 맥락과 상황을 고려해 독자를 설득하는 수사학적 담론은 그들이 볼 때 순진한 가정에 불과하다. Freire의 비판처럼 교육이 지배 권력을 뒷받침하거나 재생산할 수는 없다고 보기 때문이다. 비판적 교육론, 비판적 문화 연구의 입장 역시 좋든 싫든 현재 유행하는 작문 이론의 한 부분이다.

3. 후기 과정 운동과 작문 이론의 추상성

최근 작문 이론의 동향을 살펴볼 때 빠질 수 없는 것이 작문 연구의 '후기-과정 운동(post-process movement)'이다. 비판적 문화 연구가 텍스트의 이데올로기적 성격을 탐구했다면, 작문의 후기 과정 운동은 텍스트의 인식적 조건을 해체적으로 살펴보는 것이 특징이다. 여기서 '후기-과정'이라고 언급했는데, '후기'의 의미는 '후기 구조주의', '탈식민주의' 처럼 앞선 운동에 대해 회의하고 비판하며, 그 이론을 넘어 이론적 관점을 새롭게 설정한다는 뜻이다.

후기 과정 운동은 1988년 Thomas Kent의 논문에서 출발했다. Kent는 자신의 논문에서 플라톤과 아리스토텔레스의 체계적 수사학을 계승한 현대 작문 이론을 비판했다. 플라톤과 아리스토텔레스는 실용주의적이며 탈중심화되었던 소피스트의 이론에 대항하여 인식론의 중심에 '체계로서의 수사학' 개념을 수립했다. Kent는 이런 체계 중심의 수사학이

---

6) 이재기(2008), 「작문 연구의 동향과 과제」, 『청람어문교육』 38, 청람어문교육학회, 203~204쪽.

지금까지 현대 작문 이론에 이어져 왔다고 보고 있다. Kent가 말한 '체계 중심의 수사학'은 담론 생성 과정을 유기체적 구조주의로 설정하고, 이를 통해 작문 과정을 통제하는 것을 의미한다. 예컨대 텍스트의 부분과 부분은 전체를 구성하고, 전체는 유기체적 관계로 부분을 통제한다. 논리적 규범과 법칙은 이런 체계를 엮어 가는 기본 뼈대가 된다.

Thomas Kent가 자신의 논문에서 비판하고자 한 것은 단순한 '쓰기 과정(writing process)'이 아니다. Kent는 플라톤과 아리스토텔레스의 고대 수사학적 패러다임이 지금 창안(invention), 배열(arrangement), 문체(style)라는 개념을 통해 글쓰기 과정 속에 다시 살아나고 있다고 보았다. 따라서 Kent가 비판하고자 하는 '과정'은 글쓰기를 어떤 체계나 중심으로 설명하고자 하는 관념이라고 할 수 있다. 그리고 이 관념이 바로 그가 비판한 '체계적 수사학'에 해당한다.

Kent는 현대 작문 이론의 대부분이 관점과 방향이 달라도 근본적으로 모두 '체계적 수사학' 속에 있다고 보았다. 그는 현대 작문 이론을 칸트적 접근(주로 표현주의), 신실증적 접근(주로 인지주의), 사회-기호학적 접근(주로 사회적 관점)으로 나누었는데 외관상 서로 달라 보여도 이들은 같은 가설을 공유하고 있다고 판단했다. 이들은 각각 정신적 구성, 현상적 지식, 사회적 관습에 기반을 두고 있지만, 모두 담론 형성을 논리적·체계적 방법으로 체계화할 수 있다고 가정한다.[7]

Kent의 후기 과정주의 이론을 읽어 보면 이성을 기반으로 한 서구의 형이상학 체제 전체를 총체적으로 해체하고자 한 데리다의 관점을 느낄 수 있다. 작문 이론들도 하나의 완결성을 지닌 형이상학적 체계 속에 있으며, 그 체계 내에 기원을 두고 중심을 향해 닫힌 구조를 만들어 왔다. 작문 이론들은 모두 현상 내면에 잠재된 공통된 체제나 방법, 법칙

---

7) Kent, T. (1989), "Beyond System: The Rhetoric of Paralogy", *College English*, Vol. 51, No. 5, pp. 492~495.

을 찾고 있기 때문에 잘못된 가정에 근거하고 있다는 것이다. 텍스트 해석에서 필자부터 독자까지 동일한 의미를 공유하고, 동일하게 의미를 전달한다는 생각은 후기 과정주의자들이 볼 때 너무 순진한 관념이다.

그렇다면 이러한 해체적 관점에서 보았을 때 작문 교육을 도대체 어떻게 해야 할까? 이런 의미 불가역성을 밀고 나가면 글쓰기 교육은 물론, 글쓰기 평가까지도 불가능해질 것이다. 글쓰기를 교육과정으로 분리할 수 없을 뿐 아니라 일반화된 교수법도 불가능해진다. Kent의 이론이 많은 학자들로부터 교실 환경을 고려하지 않았다고 비판을 받고, 교수법이나 교수전략을 제출하라고 강요를 받은 것[8]도 후기 과정주의가 지닌 이와 같은 문제점 때문일 것이다. 후기 과정주의자인 Dobrin은 '후기 과정 운동'은 적어도 지금은 순수한 기획으로 남아 있을 필요가 있기 때문에 너무 교육학적 요구는 하지 말아야 한다고 말한다(MeComiskey, 2000: 51). 그러나 우리의 입장에서 작문 교육을 송두리째 부정할 수도 있는 이런 관점을 그냥 받아들일 수는 없다.

Kent의 논의에 따라 저자와 독자 간의 해석학적 전략이 불가능해지고, 중심 체계도 세울 수 없다면 작문 연구는 어려워질 수밖에 없다. 뿐만 아니라 글쓰기와 관련된 여러 교수·학습 상황을 다시 재검증해야 하는 문제도 생길 수 있다. 예컨대 이광모(2005)는 해체론자(데리다, 리오따르)들의 주장처럼 텍스트에 고정된 의미를 담을 수 없다면 작문 평가가 어떻게 가능할 수 있을까를 문제 삼고 이를 해명하고자 했다.[9] Kent의 말처럼 필자와 독자 사이에 최소한의 합의된 해석학적 전략이 불가능하다면, 작문 평가가 이루어질 수 없기 때문이다. 이광모는 리쾨

---

8) MeComiskey, B. (2000), *Teaching Composition as a Social Process*, Utah State University Press, p. 51.

9) 이광모(2005), 「글쓰기 평가규범의 해석학적 근거」, 『해석학 연구』 15, 한국해석학회; 정희모(2010), 「글쓰기 평가에서 객관-주관주의 대립과 그 함의」, 『우리어문연구』 37, 우리어문학회, 228~231쪽.

르의 '설명'과 '이해' 개념을 끌어와 해체론 시대에도 작문 평가는 가능할 수 있음을 궁여지책으로 증명하고자 했다. 텍스트의 논리적 구조를 분석하고, 종합하며, 사회 문화적 의미로 반성하는 행위를 통해 작문 평가가 가능할 수 있다고 본 것이다. 데리다의 주장처럼 텍스트의 의미가 고정되지 않고 기표의 사슬에 따라 매번 변화한다면 학생들에게 작문 평가가 공정할 수 있다는 사실을 설명하기가 어려울 것이다. 중요한 점은 작문 연구에서 후기 과정 이론의 등장은 이전에 당연하게 보였던 기존 논의까지 다시 검토해야 하는 국면을 만들고 있다는 점이다.

최근 작문 이론이 이처럼 낯설고 추상적으로 보이는 것은 인지심리학이 후퇴하고 사회적 관점이 대두되면서 문학과 철학의 메타 담론들이 많이 들어왔기 때문이다. 대화주의, 비판적 문화 분석, 페미니즘 담론, 비판적 교육론, 후기 과정주의 속에는 기존의 권위나 질서를 부정하고, 중심에 대항해 주변부를 강화하고자 하는 해체주의적 메타 담론이 자리 잡고 있다. 문제는 이런 논의가 작문 교육에는 매우 불리하고 적용된다는 것이다. 예컨대 이들 이론들은 텍스트에 의미를 부여하거나, 텍스트를 경계 짓는 '주체'의 역할에 대해 매우 부정적이다. 개인으로 표상된 주제와 객체의 역할을 부정함에 따라 텍스트의 의미 전달성은 사라진다. 텍스트는 단일 의미를 포기하고 다의적이고 다층적인 간텍스트성으로 분화된다. 이들 논의 속에 글쓰기 과정(writing process)과 수정(revision), 텍스트(text)를 중시하는 작문 교육의 전략적 방법과 교수·학습은 자리를 잡기가 어렵다. 그래서 MeComiskey조차 후기 과정 운동을 어떠한 글쓰기 교수법이나 교육 전략도 제공하지 않는, 완전한 '부정의 변증법(a negative dialectic)'이라고 비판한 바 있다(MeComiskey, 2000: 51).

다음으로 이와 같은 작문 이론들은 작문을 위한 이론들임에도 불구하고, 핵심되는 개념들을 교육 방법으로 전환하기가 쉽지 않다는 문제점이 있다. 대체로 이런 이론들은 작문 과정을 일반화하고 보편화한 것이 아니라, 작문의 기본 환경, 즉 언어, 문화, 사회 등의 개념을 해체하고자 한 것이기 때문에 이를 다시 작문 교육의 일반 원리로 환원하기가 쉽지 않다. 예를 들어 작문 이론으로 최근 각광을 받고 있는 대화주의 이론을 한번 살펴보자. 알다시피 대화주의는 바흐찐의 이론을 작문에 적용시킨 것으로, '대화적 상호작용'이나 '간텍스트성', '다성성'을 중시하는 이론이다. 대화주의 이론은 작가와 독자, 담화공동체와 같은 다중 대화 주체들이 역동적으로 상호작용하는 문화적 생산10) 개념으로 작문 교육에 적용할 수 있다. 수업에서는 '대화', '다성성'의 개념을 통해 언어 학습 활동의 원리를 풍부하게 만들어 줄 수가 있다. 그러나 실상 '대화적 상호작용'이나 '간텍스트성', '다성성'의 개념을 작문 교육에 적용하기란 쉽지 않다. 연구자들이 제안하는 대화주의 작문 방법으로는 대화를 통한 협동작문 활동11)이나 '소통 중심의 대안적 교실 모형(대화 교실)'12) 등이 있지만 이런 방법이 실제 바흐찐 이론이 추구한 철학을 담지한 것이라고 생각하지는 않는다.

바흐찐 언어철학의 핵심은 소쉬르와는 다른, 언어의 다원성에 있다. 그가 사용한 대화나 다성성의 개념은 언어가 인간들 간에 상호작용을 통해 환원되는, 일상의 원리에 가깝다. 다시 말해 그의 이론은 규범적이고 공시적 언어 체계를 비판하고, 일상 속 언어 속에 담긴 대화성이나 다성성을 중시했다. 따라서 바흐찐의 이론은 맥락적이고 역동적이면서 상황적 가변성을 지니고 있다. 이를 작문 교실에 적용하면 어떻게 될까? 최인자는 바흐찐의 이론을 "고정된 것, 불변의 것이 아니라 학습자의 수행에 의해 그때마다 새로이 만들어지는 활성화된 원리(activating

---

10) 최인자(2001가), 「대화주의 이론과 작문교육의 '문화생산'모델」, 『국어교육연구』 7, 서울대 국어교육연구소, 398쪽.

11) 전은아(1998), 「대화주의 작문이론 연구: Bakhtin의 대화주의를 적용하여」, 한국교원대학교 석사논문, 79쪽.

12) 이재성(2009), 「문장 능숙도에 따른 대학생 글의 문장 특성 연구」, 『작문연구』 9, 한국작문학회, 186~220쪽.

principle)"로 보고 있다. 다성적 코드들은 옳고·그름, 높고·낮음, 잘됨·못됨의 위계적 구도로 파악될 수 없고 다양한 가치들의 차원에서만 접근될 수 있다는 것이다. 작문 수업에서 수행자 각각의 문화적 정체성은 서로 다름이 인정되어야 하며, 수행자의 글은 다성성의 차원에서 읽혀져야 하고, 특정 장르의 다성성도 인정되어야 한다. 결국 작문 교육은 "언어 문화를 'good writing'과 'bad writing'의 이분법으로 보는 것을 해체하고 다양한 문화의 실천으로 이해되어야 한다"는 것이다(최인자, 2001가: 414). 나는 이런 입장이 바흐찐의 언어철학을 올바르게 적용한 것으로 생각한다. 그러나 이런 경우 작문의 교육과정이나 교육 평가는 불가능해진다.

4. 이론의 체계와 실천의 체계

최근 작문 이론에서 왜 메타 담론이나 거대 이론(Theory)이 작은 이론(theory)보다 중심을 차지하게 되었을까? 이런 질문에는 정확한 답이 없을 것이다. 분명한 것은 작문 이론은 인문학이나 교육학처럼 인접 학문과 밀접하게 연결되어 있고, 또 영향도 많이 받았기 때문이다. 1970~80년대에 작문 이론은 언어학과 인지심리학의 영향을 많이 받았고, 최근에는 문학과 철학의 영향을 많이 받고 있다. 작문 영역에서도 명증한 주체. 단일한 텍스트를 부정하고 언어의 불안정성을 강조하는 포스트모던의 거친 조류를 비켜가기가 힘들었을 것이다. 또한 이런 조류들은 1970년 이후 인문과학에 불어오던 반실증주의적 경향, 반행동주의, 반개인주의적 경향과도 맥을 같이 한다.

작문 교육에서 문장 교수법, 인지 심리학의 실험들이 점차 사라진 것은 이런 시대적 조류와 무관하지 않다. Connors(2000)는 생성 수사학(the generative rhetoric), 모방 훈련(imitation exercises), 그리고 문장 결합

(sentence-combining) 교수법들이 1980년대 이후 점차 증가한 반형식주의, 반행동주의, 반경험주의 경향 때문에 순식간에 사라졌다고 주장했다.13) Hayes(2000)는 작문연구에서 인지적 방법에 대한 거부는 미국 영문학 연구의 일시적 유행을 쫓는 유감스러운 경향에 진정한 원인이 있다고 언급했다. 그는 인지적 방법을 버리는 것은 바보 같은 목수가 "나는 해머를 발견한 이상 절대로 칼을 사용하지 않겠어"라고 말하는 것과 같다고 비판했다.14)

Connors나 Hayes는 작문 연구에 언어학적 관점이나 인지적인 관점이 여전히 유용하며, 이를 복원시킬 필요가 있다고 생각한다. 언어학적 관점이나 인지적 관점이나 작문 교육에 필요한 많은 방법들이 탈구조주의(해체주의)의 유행 때문에 원치 않게 약해졌다. 몇몇 작문 교육적 방법의 약세나 소멸은 교육적인 요구나 필요성에 의한 것이 아니었다. 학자들은 교실 현장보다 연구 공간을 더 선호했다. Faigely는 과정 중심이나 인지주의에 대한 비판이 1980년대까지는 전면화되지 않았다고 말했다(MeComiskey, 2000: 52). 이론의 재편은 포스트모던의 논의를 따라 1990년대 이후에 본격화되었다. 그리고 언어로 '진리'를 보증하는 모든 논의들이 새롭게 검토되기 시작했다.

이런 연구 경향이나 방향은 작문 교육의 입장에서 문제가 된다. 작문 교육은 필자 중심의 의미 생성과 의사소통을 인정하지 않으면 성립될 수가 없다. 텍스트 의미 생산과 의미 소통은 최소한 작문 활동의 기본 전제에 해당한다. 비판적 문화 연구에서도 필자의 의미 생성과 의미 전달은 인정한 바 있다. 그렇지 않으면 사회 비판이나 문화 비판은 불가

---

13) Connors, R. J. (2000), "The Erasure of the Sentence", *College Composition and Communication*, Vol. 52, No. 1. (Sep., 2000), p. 96.

14) Hayes, J. R. (2000), "A New Framework for Understanding Cognition and Affect in Writing", Roselmina Indrisano and James R. Squire (eds.), *Perspectives on Writing: Research, Theory, and Practice*, Information Reading Association, p. 21

능해질 것이다. 물론 더 이상 단일한 주체나 명증한 진리를 주장하는 것은 불가능할지 모른다. 그러나 작문 연구에서는 최소한 문식성 활동의 중심으로 '주체(필자)'를 복원하고, 생산적 소통과 의미적 소통의 공간을 확보할 필요가 있다. 이런 복원은 Connors(2000)와 Hayes(2000)가 생각했듯이 작문 연구에서 문장 연구와 인지주의 연구를 되살리는 길이다. 그리고 박영민이 주장했듯이 작문 교육에 입각한 이론적 방법을 되살리는 것이다.

필자가 볼 때 미국이나 한국의 작문 연구에서 필요한 것은 구성주의 관점을 새롭게 정립하는 것이다. 구성주의는 후기 과정 운동과 다르게 주체로서 필자의 의미 생산과 텍스트의 의미 소통을 인정하고 있기 때문에, 구성주의로의 복원은 작문 교육의 관점으로 돌아가는 주요한 과정으로 볼 수 있다. 물론 여기서 말하는 구성주의를 이전의 인지적 구성주의로 생각할 수는 없다. 인지적 구성주의는 필자의 의미 생산은 인정하지만 쓰기 과정의 구조 내로 몰입되는 경향이 있었다. 의미 소통에 있어 최소한의 불안정성조차 염두에 두지 않았고, 상황이나 맥락, 사회적 경향에도 무관심했다. 새롭게 구성주의로의 복원은 인지와 사회적 관점을 포괄하되 이론이나 과정의 일반화에 반대하는 후기 과정 주의자들이 비판을 받아들일 필요가 있다. 새로운 구성주의는 후기 구조주의의 비판적 관점을 생산적 관점으로 돌리면서, 후기 구조주의의 탈중심적 경향과 경쟁하는 방식을 취하게 된다.

Spivey(1997)는 최근 구성주의를 후기 구조주의의 특성을 포괄하는 구성주의로 규정했다.15) 이와 같은 구성주의는 텍스트의 의미 구성,

---

15) 이러한 측면에서 구성주의를 재구성한 사람은 Spivey(1997)이다. 그녀는 구성주의가 후기 구조주의 이후에 나타났다며 후기 구조주의를 비판적 성과를 생산적 측면에서 잘 반영하고 있다고 보았다. 그녀가 제시하는 구성주의는 인지적 구성주의나 사회적 구성주의와 다른 새로운 시기의 구성주의이다. Spivey, N. N. (1997), *Constructivist Metaphor, Reading, Writing and The Making Meaning*, Academic Press. 여기서는 나이즐 스피비, 신헌재 외 옮김(2004), 『구성주의와 읽기·쓰기』, 박이정, 189~206쪽.

지식의 구성과 같은 적극적 생산은 인정하면서 맥락이나 상황에 따라, 구성 방법이나 과정에 따라, 응축과 확장은 가능한 것으로 규정한다. 다시 말해 텍스트를 생산하는 의미 주체를 인정하면서 구성적 상황, 이데올로기적 효과, 맥락적 의미 이해와 같은 부드럽고 열린 소통 개념을 포함한다.

이와 함께 구성주의 관점은 메타 담론과 같은 큰 문제와 교수·학습 같은 작은 문제도 함께 다룰 수 있어야 한다. 후기 과정 운동과 같은 큰 이론은 작은 과제를 다루기 어렵다. 세부적인 문제(local problems)는 언제나 곳곳에서 일어나기 때문에 일반화를 중시하는 큰 이론으로는 설명하기 어려운 것이다.[16] 뿐만 아니라 교실 현장은 교실 특유의 시간과 공간이 특수성이 있기 때문에 일반화로 설명하기 어렵다.

MeComiskey(2000)의 말처럼 성공적인 글쓰기 연구와 교육은 작문의 세 수준, 즉 텍스트적 수준, 수사학적 수준, 담론적 수준 모두가 포괄되어 있다. 만약 어느 한 부분이 부족하거나 어느 한 부분만 다룬다면 연구자가 학생들에게 제한적이고, 불균형적이며, 부정확한 관점을 제공하게 되는 것이다. 작문 이론은 이와 같은 세 수준에서 다양하게 제시되는 것이 바람직하다.

다음으로 우리는 작문과 관련된 이론들은 이론 중심의 패러다임과 교육 중심의 패러다임으로 나누어 볼 필요가 있다. 이론들이 각각 텍스트적 수준, 수사학적 수준, 담론적 수준을 다룬 것이라 하더라도 패러다임으로 나뉠 수 있다. 패러다임은 이론의 크기를 말하는 것이 아니라 추구하는 목적과 경향을 의미한다. 이론적 패러다임은 작문 과정의 일반화나 보편화를 추구하는 것, 작문 현상의 개념화를 추구하는 것, 방

---

16) Dobrin(1997)은 보편화와 일반화만을 추구하는 큰 이론(Theory)은 아무리 그 설명과 해석이 유용하다 하더라도 세부 문제(local problems)를 답하기 어렵다고 말한 바 있다. Dobrin, S. I. (1997), *Constructing Knowledge: The Politics of Theory-Building and Pedagogy in Composition*, State University of NewYork Press, Albany, p. 11.

법이나 이론에 대한 비평을 포함한다. 반면에 교육적 패러다임에는 창작방법이나 교수 방법에 대한 이론들이 포함될 것이다. 중요한 것은 이 두 패러다임이 상호 교류가 가능할 수 있도록, 또 서로 영향을 주며 발전할 수 있도록 서로 인정하고 돕는 일이다.

한국의 현재 작문 현실은 매우 열악하다. 중·고교의 작문 교육은 입시 교육에 밀려 자리를 잡지 못하고 있다. 대학의 작문 교육은 전공 교육에 밀려 허약한 입지를 구축하고 있다. 그렇기 때문에 우리에게 무엇보다 필요한 것은 학생들의 작문 능력이 향상되는 것과 함께 읽기·쓰기의 문식성 환경을 구축하는 일이다. 우리의 현실에서는 이론적 패러다임도 중요하지만 교육적 패러다임이 더욱 향상되고 발전할 필요가 있다. 작문 연구의 다양성은 중요하지만 교육적 효율성을 높일 수 있는 교육적 측면의 연구가 더욱 중요한 것이다. 그래서 문장 이론, 텍스트 이론, 교수 방법에 관한 이론들이 활성화되는 것이 지금으로서는 시급한 과제라고 생각한다.

대학 글쓰기 교육과 연구 과제

: 소통과 토론의 확대를 위하여

> 인간의 차이가 글쓰기의 원료이다. 이것이 우리가
> 소통을 바라는 이유이다. 소통을 통해 우리는 사회와
> 수사학의 중요한 기본 가치를 창조한다. 이렇게 하려
> 면 우리는 역설적이지만 소통하려는 동기를 가로막
> 는 장애를 극복해야 한다.
>
> —Young, Becker, Pike

1. 글쓰기 이론의 역사: 대립과 소통

미국 대학 글쓰기 교육의 이론가인 Fulkerson은 2005년도 한 논문에서 급변하는 글쓰기 교육의 시각에 대해 언급한 적이 있다. 그는 20년 전과 지금을 비교하면서 글쓰기 연구가 이전보다 훨씬 더 다원적이고 경쟁적이 되었다고 말한다. 그는 이런 변화를 설명하기 위해 두 가지 책을 예로 들었다. 한 권은 1980년에 발표된 Donavon & McClelland의 『글쓰기 교수법의 8가지 접근(*Eight Approaches to Teaching Composition*)』이며, 다른 한 권은 2001년에 발표된 Gary Tate 등이 쓴 『글쓰기 교육에 대한 안내(*A Guide to Composition Pedagogics*)』이다. 편서인 두 책은 글쓰기 교육에 관한 각각의 관점을 제시하고 있다.

『글쓰기 교수법의 8가지 접근』(1980)
1. 과정으로서 글쓰기

2. 산문 모델 접근

3. 경험주의적 접근

4. 수사학적 접근

5. 인식적 접근

6. 기초 글쓰기

7. 글쓰기 협의

8. 종합적 커리큘럼으로서의 글쓰기

『글쓰기 교육에 대한 안내』(2001)

1. 과정 교수법

2. 표현적 교수법

3. 수사학적 교수법

4. 협력적 교수법

5. 문화연구와 글쓰기 교수법

6. 비판적 교수법

7. 페미니즘 교수법

8. 사회봉사 교수법

9. 범교과 글쓰기 교수법

10. 글쓰기센터 교수법

11. 학술적 배경: 기초 글쓰기 교수법

12. 기술과 글쓰기 교수법

미국의 교육 배경과 우리의 교육 배경은 다르겠지만, 위의 표를 보면 대학 글쓰기의 다양한 교육적 관점이 어떻게 변화해 왔는지 알 수 있다. 1980년도 책을 보면 8개의 항목으로 되어 있다. 그리고 그 주된 흐름은 과정 중심과 수사학이었다. 1980년만 하더라도 과정 중심 방법은 상당히 새로운 관점이었고, 그런 경향이 이 책의 중심을 차지하고 있다. 반면에 2001년도 책에서는 과정 중심의 경향을 넘어 내용이 보다 폭넓어 지고 다양해졌다. 20년이 흐르면서 대학 글쓰기 교육의 중심에는 5번부터 8번까지 새로운 학문 경향이 자리 잡고 있다. 특히 최근에 와서 비판적·문화적 관점(critical·cultural studies)은 포스트모더니즘, 페미니즘, 문화 연구의 영향을 받아 대학 글쓰기 연구의 중심을 차지하게 되었다(Fulkerson, 2005: 657).

20년의 차이를 두고 이와 같이 나타난 글쓰기 연구 경향을 살펴보면, 미국 대학 글쓰기 연구가 매우 역동적이고 논쟁적으로 전개되고 있음을 알 수 있다. 과정 중심의 등장도 이전의 결과 중심적인 글쓰기 경향을 비판하면서 새롭게 전개된 것이다. 1982년 Maxine Hairston은 이전의 글쓰기 교육 경향을 격렬히 비판하면서 과정 중심의 등장을 글쓰기 교육에 있어 '패러다임의 전환'이라고 예찬한 적이 있다(Hairston, 1982: 76~88). Hairston은 전통적인 글쓰기 교육을 1970~80년대 우리 교육이 그랬듯이, 주제를 던지고 결과물에 대한 수정(revision)만 하는 것으로 보았다. 과정 중심 방법은 이런 글쓰기 교육을 획기적으로 변화시킨 것이었다. 교사가 글쓰기 과정을 나누고, 그 과정을 하나하나 학습하며, 수사학의 원리를 도입하여, 독자 개념을 성립시킨 것은 과정 중심 교육 방법이 던진 획기적인 성과였다.

반면에 1987년 Freedman et al.은 글쓰기 연구사를 개관하는 한 논문에서 과정 중심 교육 방법의 문제점을 제시하고, 논문의 상당 부분을 사회적 관점을 도입하는 데 할애했다. 과정 중심 방법이 도입된 지 얼마 되지 않아 벌써 비판의 목소리가 높아진 것이다. 이들은 쓰기 과정의 연구가 텍스트에 관한 연구로부터 분리되고 있으며, 학교 교재들로부터도 멀어지고 있다고 보았다. 연구와 교육의 괴리가 사실상 심화되고 있었던 것이다. 또 이들은 과정 중심 방법의 탈사회적 경향도 문제를 삼았다. 글쓰기는 생산적인 측면에서 보면 개인의 잠재적 능력에 의존하지만, 사용과 목적은 광범위한 사회적 현상과 결부되어 있다. Freedman et al.은 글쓰기의 사회적 성격을 받아들여 글쓰기 연구가 담화공동체, 교실현장, 사회공동체와 결합하는 방향으로 나아가야 한다고 주장했다 (Freedman et al., 1987: 11).

Fulkerson(2005)이 파악했듯이 글쓰기 연구의 역사는 논쟁과 경쟁의 역사이기도 하다. 이런 논쟁은 대학 행정가나 출판계 등 글쓰기 외부에서 일어나기도 하지만, 특히 글쓰기 내부의 연구자나 교육자에게서 많이 일어난다. 그리고 이런 내부적인 대립과 논쟁을 통해 대학 글쓰기의 목적과 방법, 그리고 결과를 변화하기도 한다. 따라서 Fulkerson(2005)은 글쓰기의 교육 경향을 판단할 때는 다음과 같은 네 가지 질문을 던져보아야 한다고 말했다.

첫째, 무엇이 텍스트를 좋은 글로 만드는가? (가치적 질문)
둘째, 텍스트는 어떻게 만들어지는가? (과정에 관한 질문)
셋째, 특별히 명제적 지식보다 절차적 지식이 필요한 대학생들을 어떻게 하면 효과적으로 글쓰기를 가르칠 수 있을까? (교육적 질문)
넷째, 모든 질문의 답에 밑바탕이 되는 것으로, 그것에 대해 어떻게 생각하는가? (인식론에 관한 질문)

첫 번째 질문은 글에 관한 가치적인 관점의 질문(The axiological question)이다. 이는 "좋은 글의 요소는 무엇인가?, 과연 당신은 어떤 글을 좋은 글이라고 생각하는가?"와 같은 글의 선호도에 관한 질문이다. 우리는 정치적인 글을 좋아할 수도 있고, 표현적인 글을 좋아할 수도 있다. 그것은 개인의 가치에 속한다. 두 번째는 과정에 관한 질문(The process question)으로, 좋을 글을 쓰려면 어떤 절차를 밟아야 하는가에 대한 것이다. 세 번째는 교육학적인 질문(the pedagogical question)으로, 목표에 이르기 위한 효과적인 교수 학습 방법이 무엇인가에 관한 것이다. 마지막은 인식론적인 질문(the epistemology question)으로 글쓰기의 근저에 깔려 있는 지식의 배경과 성격에 관한 것이다. Fulkerson은 글쓰기 이론에 접근할 때는 이와 같은 네 가지 질문을 해 보아야 한다고 말하고 있다 (Fulkerson, 2005: 654~659).

Fulkerson의 질문 네 가지를 살펴보면 글쓰기 이론이 얼마나 복잡한 것인지 알 수 있다. 우선 좋은 글에 대한 판단 하나도 사람마다 다를 수 있다. 예컨대 Roman과 Wleck은 '좋은 글'의 기준을 '진정성(integrity)'에 둔 바 있다. Donald Stewart도 쓰기 교육의 목적은 학생들이 '진정성' 있는 글을 쓰는 것이라고 말했다. 그는 '돈은 흔히 생각하는 것처럼 가치 있지 않다'라는 글을 쓴 학생을 잘못된 경우로 꼽았다. 이 학생의 잘못은 자신이 믿지 않는 사실을 말했기 때문이다. 아니면 자신이 믿지 않는다는 사실조차 자신이 깨닫지 못하고 있기 때문이다(Faigley, 1986: 529). 이런 측면은 표현주의자들이 글의 진실성과 고결성을 얼마나 높이 평가하고 있는지를 알게 해주는 대목이다. 이와 상반되게 Linda Flower는 좋은(유능한) 글은 독자들의 요구를 만족시키기 위해 자기 생각을 다양한 기술로 변형시킨 것이라고 주장했다. 인지주의자들은 수사적 목적에 맞게 글을 다듬어 제시하는 것을 좋아한다. 반면에 James Berlin은 경제적, 정치적인 평등을 위해 학생들이 지배담론에 저항하는 글을 쓰도록 하는 것이 대학 글쓰기의 목적으로 생각했다(Fulkerson, 2005: 650). 이처럼 어떤 텍스트가 좋은 글인가는 텍스트를 보는 관점에 따라 얼마든지 달라질 수 있다.

텍스트에 대한 평가는 틀림없이 위의 네 가지 질문 중에서 첫 번째 가치의 문제에 해당한다. 어떤 글이 좋은 글인가라는 것은 전형적으로 가치 판단의 문제에 속한다. '좋은'이란 어휘는 절대적 판단이 아니라 상대적 판단을 요구하기 때문이다. 미적으로 아름다운 글이 있을 수 있고, 논리적으로 잘 구성된 글이 있을 수 있다. 우리는 이런 글들을 보면서 '좋다', '싫다'라고 판단을 하게 된다. 피카소의 그림이 좋다, 싫다는 주어(대상)의 문제가 아니라 술어(판단)의 문제이다. 그런데 글쓰기는 술어(판단)가 아니라 주어(어떤 글)가 문제가 될 수 있다. 즉, 글 혹은 텍스트에 대한 사람들의 판단은 정치적·사회적·경제적·미적 영역에 걸쳐 매우 다양할 수가 있다.

글쓰기 이론의 역사는 이처럼 텍스트(글)에 대한 수많은 논쟁의 역사이다. 텍스트의 존재나 텍스트의 성립에 대한 생각의 차이는 수많은 이론과 관점을 만들어 낸다. 그리고 그런 관점은 글쓰기 교육에 영향을 미치고 학생들의 텍스트를 바꾸게 놓게 된다. Faigley는 '과정 이론들의 경쟁'을 설명하면서 텍스트에 대한 생각의 차이에 따라 이론들이 어떻게 달라지는 가를 설명한 바 있다. 표현주의자들은 개인이 텍스트(언어)를 통해 자신을 발견한다는 관점을 가진다. 반면에 인지주의자들은 개인이 텍스트(언어)를 통해 현실을 구성할 수 있다고 주장한다. 사회적 관점의 학자들은 비고츠키의 생각처럼 텍스트를 구성하는 언어 속에 이미 사회적 현실이 들어 있다고 말한다(Faigley, 1986: 535). 텍스트의 존재, 성격, 위치는 여러 관점을 만들어 내고, 이런 관점이 글쓰기에 대한 교육적인 접근이 되고, 학생들의 텍스트에 영향을 미치게 된다. 그래서 글쓰기 이론을 평가할 때는 나는 다음과 같은 질문도 해야 한다고 생각한다. 글쓰기는 사고가 생성되고 난 이후에 기록되는가? 동시에 기록되는가? 글쓰기를 설명할 보편적 법칙이 존재할 수가 있는가? 글쓰기는 개인적인 산물인가, 사회적인 결과물인가? 텍스트의 의미는 텍스트 안에 존재하는가, 텍스트 밖에 존재하는 것인가? 글쓰기 이론의 역사는 이런 질문에 따라 수없이 분화되며, 글쓰기 교육 철학과 교육 방법 역시 이런 질문에 따라 바뀌게 된다.

글쓰기 이론의 역사는 경쟁과 논쟁을 통해 분화하고 통합했다. 그 분화와 통합은 때로 큰 그림으로 그려지기도 했다가, 다시 작은 그림으로 나누어지기도 했다. 또 학자마다 글쓰기 역사의 그림을 다르게 그리기도 했으며, 분화를 주장하기도 하고, 통합을 주장하기도 했다 우리가 알다시피 '형식적 접근-과정 중심적 접근-사회 중심적 접근'이란 큰 그림 역시 수많은 논쟁을 통해 만들어진 것이다. 학술적인 논쟁과 학술적인 담론은 필연적인 관계를 가진다. 논쟁은 대립을 통해 형성되지만, 소통을 통해 유지되기도 한다. 소통과 대립은 새로운 담론을 만들어낸다. 그리고 새로운 담론은 새로운 학술적 진보를 가져오게 된다.

2. 소통 부재의 현실: 과정 중심 방법과 학술적 글쓰기

한국의 글쓰기 교육에서는 생산적인 소통과 토론이 없는 편이다. 이는 전문적인 연구자가 부족하기 때문이라고 할 수도 있지만, 실제 글쓰기 교육 종사자는 너무나 많기 때문에 꼭 그렇게 말할 수만은 없다. 글쓰기 교수자들은 글쓰기 교육을 담당하면서 글쓰기 교육에 관한 소통과 토론을 기피한다. 대체로 각자 자기 영역에 안주하거나, 아니면 교육과 연구를 분리하여 생각하기도 한다. 한국의 글쓰기 교육에서 소통 부재의 예로 다음과 같은 두 가지 경우를 들어보고자 한다.

한국의 글쓰기 교육에서 과정 중심을 도입된 시점은 1990년대 중반부터이다. 국어교육을 전공한 여러 사람들이 미국의 글쓰기 교육 이론을 소개했고, 그 중심에 인지주의적 이론이 포함되어 있었다. 한국에 과정 중심 교육을 대표적으로 소개한 사람은 이재승 교수이다.[1] 그는 여러 편의 논문을 통해 미국의 글쓰기 교육의 연구동향을 설명했고, 국내에도 과정 중심 교육이 필요하다는 점을 강조했다. 이재승 교수는 과정

---

1) 이재승 교수가 과정 중심에 대해 소개한 논문들은 다음과 같다.
   이재승(1997), 「쓰기 과정에서의 자동성과 통제성」, 『국어교육』 95, 한국어교육학회
   이재승(1998), 「쓰기 과정에서 교정의 의미와 양상」, 『국어교육』 97, 한국어교육학회
   이재승(1998), 「과정 중심 쓰기 교육의 구현 방안」, 『청람어문학』 20, 청람어문학회
   이재승(1998), 「국어교육: 쓰기 과정 연구의 전개 양상과 지향점」, 『새국어교육』 56, 한국국어교육학회
   이재승(2001), 「과정 중심의 작문 교육 프로그램 개발 및 적용」, 『새국어교육』 62, 한국국어교육학회

중심을 '완성된 글 자체보다는 그 글을 완성하기까지의 일련의 과정을 강조하'는 관점으로 정의했다. 이 방법을 사용하면 쓰기 과정, 즉 아이디어를 생성하고 조직·기술·교정하는 일련의 과정을 거칠 수 있기 때문에 쓰기교육을 조직화하고 체계화할 수가 있다(이재승, 1998: 93~94). 과정 중심 교육 방법은 1990년대 이후 한국의 교육 현장에 많은 영향을 끼치게 되었다.

미국의 글쓰기 교육에 과정 중심 방법이 도입된 것은 이전의 형식주의적, 혹은 결과 중심적인 교육 방법과 관련이 있다. 학교 현장에서 글쓰기 교육은 텍스트 중심이나 결과 중심이었기 때문에 체계적인 교육 방법을 사용할 수가 없었던 것이다. Hairston(1982)도 과정 중심 방법을 통해 교사가 학생들에게 간섭할 계기를 마련했으며, 부분적인 전략을 수립할 수 있게 되었고, 글의 목적, 필자의 의도, 독자와 같은 수사학적 요소를 도입할 수 있게 되었다고 말했다(Hairston, 1982: 86). Faigley도 1980년대 중반 미국의 초·중등, 대학의 많은 글쓰기 교사들이 과정 중심을 내면화했으며, 거의 모든 대학의 교재에서도 과정 중심이 중심을 차지하고 있다고 말한 바 있다(Faigley, 1986: 529).

이와 같은 과정 중심 방법은 2000년도 이후 미국에서 차츰 다른 교육 방법에 자리를 내어주게 된다. 그러나 한국의 교육 현장에서 과정 중심은 여전히 주도권을 잡고 있으며, 권위를 확보하고 있는 것으로 보인다. 초, 중등 교과서에 과정 중심이 이미 반영되어 있으며, 2000년도 이후 발간된 대부분 대학 교재에서도 적어도 한 장 이상 쓰기 과정을 학습하도록 배치되어 있다. 한국에서 과정 중심 방법은 글쓰기 교수 방법의 핵심이 되어 버린 것이다. 그런데 의외적인 것은 과정 중심 교육 방법에 대한 효과나 검증에 관한 연구가 드물다는 것이다. 미국의 경우 과정 중심 교육의 긍정적 효과에 대해서는 이재승 교수의 논문에서 소개된 바 있다. Calkins(1981), Goldstein et al.(1996), Davilin & Riggle(1988), Monteith(1991) 등이 연구를 했고, 그 효과를 검증받았다(사실상 많은 연구가 제한된 실험 연구였고, 또 대부분 초등 중심의 연구들이었다). 그러나 한국에서 과정 중심 교육의 효과에 관한 논문은 드물어서 매우 의외인 것으로 보인다. 특히 초등의 경우 국정교과서에 반영되어 있는 교수 방법의 효과를 검증하는 논문이 드물다는 것은 학술적 소통에 약한 우리의 현실을 대변해준다.

대학에서의 과정 중심 방법에 대해서는 많은 연구와 검증이 필요하다. 특히 과정 중심 교육 방법이 인지적 연구를 통해 나왔기 때문에, 교육적 방법과 전략에 대한 세부 연구가 약하다. Flower & Hayes(1980)는 글쓰기 과정을 계획하기와 번역하기, 점검하기로 나누었지만 이에 대한 교육적인 세부 내용은 설명하지 않았다. 우리는 글을 쓸 때 어떻게 계획을 세우는가?, 그 계획은 글을 쓰는 과정 중에 어떻게 실현될 수 있는가?, 개요쓰기는 학생들에게 실제 도움이 되는 것인가? 우리의 생각은 정말 문자로 표현될 수가 있는가? 생각이 문자로 표현되는 과정은 어떠한가?, 학생들은 어떤 방법으로 텍스트를 수정하고 있는가? 수정이 효과가 있다는데, 실제 얼마나 효과가 있는가? 과정 중심 방법에서 이런 질문들에 대한 교육적 연구는 매우 약하다.

Nystrand(1989)는 Flower & Hayes의 과정 모델을 보면서 인식과 텍스트 사이에 설명이 없다고 비판했다. 쓰기를 과정으로 나누는 것은 우리 생각이 텍스트로 만들어지는 섬세한 과정에 대한 해명이 없으면 효력이 없다. 생각이 계획하기를 거쳐 문장으로 번역되어(translate) 텍스트로 전환될 때 어떤 과정이 전개되는가? 이에 대한 인지적인 설명이 없으면 과정 중심에 대한 교육 역시 해명하기 어려운 것이 된다. 그래서 쓰기 결과보다 쓰기 과정을 중시한다는 원칙은 있지만, 그 원칙에 따른 세부 내용에 대해서는 아무런 합의가 없는 것이다. Faigley의 말했듯이 과정으로서의 글쓰기 개념이 이론가들마다 천차만별인 이유가 여기에 있다(Faigley, 1986: 527).

국내 대학에 과정 중심의 교육 방법이 많이 도입되어 있으면서도 이에 대한 연구와 분석이 없는 것은 몇 가지 원인이 있다. 하나는 과정 중심 방법이 원래 쓰기 과정에 대한 인지적인 연구에서 출발했으나 국내에서는 거의 교육적 방법으로 소개되었기 때문이다. 그래서 쓰기 연구자들이 쓰기 과정에 대한 인지적 연구보다 과정교육 프로그램을 만드는 데 더 주력했다. 대학 글쓰기 관련 논문에서도 쓰기 과정은 주로 프로그램 개발의 한 방편으로 취급되었다. 학자들의 관심은 쓰기 과정을 이용해 어떻게 교육 프로그램을 잘 만들 것인가에 있었다. 또 다른 원인은 역시 글쓰기 분야에 전문적인 연구자가 부족한 우리 현실 때문이다. 글쓰기 교육종사자는 모두 그 분야의 연구자가 되어야 하지만 아직 우리 현실은 그에 미치지 못하고 있다.

소통 부재, 논쟁 부재의 또 다른 공간은 논증적 글쓰기와 관련된 분야이다. 최근 논증적 글쓰기와 관련된 논문들은 여럿 나오고 있지만 대체로 사회과학 및 철학 분야의 학술지에 한정되어 있어, 타 영역 간의 소통과 대화는 잘 이루어지고 있지 않다. 논증적 글쓰기와 관련된 논문들에 대해서는 전공이 달라도 글쓰기 교육을 담당하는 사람들이라면 모두 관심을 가질 수밖에 없다. 그러나 이에 대한 학술적인 소통이나 대화가 없는 것이 지금의 현실이다. 학술적인 대화나 소통이 어려웠던 또 다른 이유도 있는데, 그것은 때로 학술적 담론보다 정책 담론('글쓰기 교육을 누가 담당해야 하는가' 등)에 가까운 글들이 있어 이에 대한 반응이 어려웠기 때문이기도 하다.

기존의 글쓰기 교육을 비판하고, 논증과 논리에 입각한 글쓰기 교육을 주창하고자 하는 것은 나름대로 이유가 있을 것이다. 대학에서 학술적 능력을 배양하기 위해 비판적 사고나 창의적 사고, 문제해결력, 논증력 등이 반드시 필요하고 논증적 글쓰기 교육이 이런 필요성을 잘 충족시켜 줄 수 있다고 여기기 때문이다. 대학에서 학술적 능력을 배양하기 위해 텍스트를 해석하고, 논점을 파악하고, 주장과 근거를 세우는 훈련은 반드시 필요하다, 그런 점에서 볼 때 논증적 글쓰기 교육이 도움이 될 것은 분명하다. 그러나 텍스트에 대한 이해력을 키우고 논리적 판단을 하며 창의적 사고를 키우는 데 논증적 글쓰기만이 유일무이한 것은 아니라고 본다. 논리적 규칙을 사용하지는 않지만 많은 대학 글쓰기 교육에는 이런 학술적 요소에 관한 내용들을 이미 반영되어 있다.[2]

논증은 종합적 판단력이나 창의적 사고력을 키우는데, 자칫 잘못하면 역효과를 불러올 수도 있다. 명제 간의 논리성이나 타당성을 문제 삼을 때 복잡한 사회적 문제나 심리적인 상황 판단, 미적인 가치 판단은 개입될 여지가 없으며, 오히려 학생들의 사고능력 역시 좁아질 우려가 많다. 논증이란 규칙이 학술능력을 좌지우지한다는 생각도 위험하다. 사실 어떤 개념이나 명제에 대한 진리 판단과 진술은 논리적 규범이나 형식적 언어 규범만으로 이루어지는 것은 아니다. 오히려 그 개념과 명제에 대한 기본적 이해와 지식이 중요한 요소로 작용할 경우가 많으며, 지식 공동체의 상황과 배경, 맥락이 더 중요한 역할을 할 수가 있다.[3] 그래서 McPack 같은 학자도 모든 학문의 타당성을 검증해줄 단일 시스템은 없으며, 한두 개의 논리적 법칙으로 모든 추론을 잡아내기에는 인간의 경험 범위가 너무 다양화되어 있다고 말하고 있다(McPeck, 1981: 31).

글쓰기의 방법으로 논리적 사고, 비판적 사고를 규범화하는 것도 위험하다. 좋은 글을 쓰기 위해 어떤 규범을 법칙화해서는 안 된다고 생각한다. 이런 생각은 학생들의 자유로운 상상력과 표현력을 억압하고, 표현의 자연스러운 흐름을 방해하게 된다.

---

2) 미국이나 한국의 글쓰기 교재에서는 최근 논증의 방법이 아니더라도 텍스트 해석과 이해, 주장과 논점, 근거나 반론 등 다양한 학술적 능력을 키울 수 있는 단원을 적절하게 배정하고 있다.

3) 이에 대해서는 정희모(2005가), 「대학 글쓰기 교육과 사고력 학습에 관한 연구」, 『현대문학의 연구』 25, 한국문학연구학회, 429~439쪽 참고할 것.

이런 맥락에서 '비판적 사고'에 기초한 '문제해결적 글쓰기'는 글쓰기의 과정에 개입해 들어오는 글쓰기의 수사적 상황을 고려하지 않음으로써 '논증적 글쓰기'를 '비판적 사고'의 내용을 담는 '문제해결적 글쓰기'라는 규범적 실천으로 바라보는 인식론적 편향을 노정하게 된 것이라 평가할 수 있다. (…중략…) 문제는 글쓰기가 이루어지는 수사적 상황에 대한 구체적인 고려 없이 '방법'으로서의 '비판적 사고'를 특권화할 수밖에 없다는 점에 있다. 규범화된 '논증적 글쓰기'교육을 통해서는 논증적 '글쓰기'능력의 향상을 기대하기 어렵다. 그리고 이것은 결국 '태도'로서의 '비판적 사고'의 신장을 제약하는 요인으로 작용할 수 있다. (김병구, 2009: 20)

위의 지적처럼 어떤 방법을 너무 과대평가할 때 그것 자체가 하나의 도그마가 되어 때로 주체를 억압할 수가 있다. 논증과 관련하여서는 논증적 글쓰기를 주장하는 내부에서도 문제 제기가 있다. 이광모는 Crosswhite의 논의를 빌어서 논증을 명제들의 간의 논리적 관계로 보지 말고, 타당성 주장을 주제화하고, 그것을 논거를 통해 찬성, 비판을 시도하는 '대화 형태'로 파악하자고 말한다. 이렇게 하면 논증에서 취약한 담화 맥락, 대화 맥락이 가능해지며, 사회, 역사적 현실도 개입할 가능성을 얻게 된다(이광모, 2008: 282~286). 이광모의 논의는 수사학적 관점에서 논증에 상황과 맥락의 관점을 부여하고자 했다.

논증적 글쓰기에 대한 담론은 최근 활발하게 진행되었으나 영역을 넘어 서로 소통의 장으로 나가지는 못했다. 논증과 관련해서는 쓰기 이론, 수사학, 논리학, 텍스트 언어학 등에서 서로 학술적인 소통과 토론이 가능하다. 예컨대 수사학에 기반한 '대화'에 대해서는 수사학 입장에서는 찬성하겠지만, 쓰기 이론에서는 반대할 것이다. 대화는 필자와 독자를 전제로 한다. 쓰기 이론에서는 독자를 필자가 불러내는 '허구' 내지 '관념'의 개념으로 보기 때문에 수사학적 '대화'가 발생할 여지가 적다(독자는 책을 읽는 순간 발생하는 존재론적 개념이다. 따라서 엄밀한 의미에서 글을 쓰는 순간 독자는 존재할 수 없다. 정희모, 2008: 397~403). 그렇지만 이광모가 말한 '대화'의 개념은 연구해 볼 만한 가치가 있다고 본다. 논증의 협소한 규범을 맥락이나 상황으로 확대할 수 있기 때문이다. 우리는 여기서 어쨌든 어떤 접점을 찾을 수 있을 것이다. 이처럼 생산적인 토론은 학술적 담론을 풍성하게 하고. 더 나은 글쓰기 교수 방법을 찾게 해준다. 어쨌든 지금은 자기들만 소통하는 학술지를 통해 자기주장을 나열하는 방식을 극복할 방안을 찾아야 한다.

3. 산적한 연구 과제들: 소통의 확산을 위하여

서두에서 Fulkerson이 말했듯이 미국에서 글쓰기 이론의 역사는 텍스트 중심에서 필자 중심, 사회적 관점으로 가는 길을 걷게 된다. 1990년대 중반 이후 글쓰기 이론은 포스트모더니즘, 포스트콜로리얼리즘의 영향으로 로컬리즘이 강화된다. 많은 미국 학자들은 이런 큰 그림을 가지고 논쟁을 벌였다. 그러나 우리가 오히려 주목해야 할 곳은 작은 그림 속에 있다. 예컨대 수정(revision)이나 독자(audience), 교수학습 방법(teaching methods), 담화 분석(discourse analysis), 평가(assessment), 장르(genre), 읽기와 쓰기(reading and writing), 글쓰기와 컴퓨터(writing and computer) 등 좁고 세밀한 연구들이 우리에게는 매우 실제적이고 유용한, 그리고 논쟁적인 과제가 된다. 예컨대 이런 작은 그림의 한 예로 여기서는 담화 분석과 평가의 영역만 살펴보도록 하자.

우선 담화 통합이나 담화 분석에는 다양한 연구가 있다. Linda Flower와 카네기 멜린 대학 교수들의 공동연구였던 과제 분석 연구(Flower et al., 1990)나, Spivey나 Mathison이 연구했던 담화통합 연구가 이에 해당한다(Mathison, 1996). 과제 분석 연구는 학생들이 과제 해석에 따라 어떻게 텍스트를 달리 작성하는지를 분석했다. 담화 통합 연구는 자료 텍스트를 읽고 학생들이 정보를 어떻게 통합하여 텍스트를 작성하는지를 분석한 것이다. 그런데 무엇보다 우리가 급하게 관심을 가져야 할 것은 텍스트 자질을 변별해줄 분석 도구에 관한 것이다.

분석 도구로는 t-unit나 화제, 응집성 요소 등이 사용된다. 이런 도구를 사용하여 텍스트를 분석 연구하면 우수한 텍스트와 미숙한 텍스트 사이에 어떤 차이가 있는지를 분석할 수 있다. 외국의 연구나 국내의 연구를 살펴보면 우수한 텍스트가 화제 당 t-unit수가 많고, t-unit당 어휘 수도 많은 것으로 나와 있다(Wltte, 1983; 정희모·김성희, 2008). 한 화제 당 의미 단위가 더 많은 것은 내용이 더 상세하고 풍부했다는 뜻이 되고, t-unit 당 어휘수가 많은 것은 문장의 길고 상세하다는 뜻이 된다. 짧은 문장을 선호하는 우리글에서 t-unit 당 어휘수가 많은 것이 좋은 평가를 받았다는 것은 뜻밖의 결과이다. 영어나 불어의 경우 긴 문장을 선호하지만 우리글의 경우 짧은 문장을 더 선호한다. 영어에서는 유창한 글일수록 종속절이 더 많이 사용되고 삽입되는 부분이 더 많아지는 현상이 일어나지만(유재임, 2005: 271), 우리글을 그렇지 않다. 짧은 문장을 쓰면서 좋은 내용의 글을 만들어 내는 작가들이 많다. t-unit나 화제와 달리 응집성 요소는 영어와 달리 우리글에서는 우수한 텍스트와 미숙한 텍스트를 나누는 유효한 기준이 되지 못 했다.

그런데 사실 연구와 논쟁이 필요한 부분은 분석 도구에 관한 것이다. t-unit이나 화제, 응집성 요소 등은 대체로 영어에서 사용하는 지표로서 이것이 한국어에 적합한지에 대해서는 지금까지 연구된 바가 없다. t-unit이란 의미를 이루는 최소 단위를 말한다. 통상 영어에서는 종속절을 포함한 하나의 문장으로 나타난다. 한국어 문장으로 설명하면, '그의 희망은 이번 경기에서 승리하는 것이다' 하나의 t-unit인 반면, '그는 영화를 좋아하고, 나는 독서를 좋아한다'는 두 개로 의미단위로 t-unit이 두 개가 된다. t-unit은 전체 텍스트의 의미 단위를 측정하기 위해 매우 좋은 단위이다. 문제는 이런 도구가 한국어에 적합한지 정확히 연구되지 않았다는 점이다. 한국어 문장 측정에 t-unit을 이용하지만, 실제 이에 대한 적합성을 연구한 것은 거의 없다. 텍스트를 연구할 때마다 불안한 마음이 드는 것을 숨길 수 없다. 이와 정반대의 경우도 있다. 응집성(cohesion)에 관한 것으로, 이에 대한 한국어 연구는 너무 많다. 응집성 요소(cohesive ties)에 관해서는 국어교육이나 텍스트언어학 전공의 연구자들이 많은 분류를 해 두었는데, 오히려 많다보니 어떤 단위가 측정 도구로 적합한지에 대해서 알기가 어렵게 되었다.

텍스트 분석 방법은 이로운 점이 매우 많다. 우수한 텍스트와 미숙한 텍스트의 질적 차이를 알 수 있을 뿐 아니라, 특정한 텍스트에서 부족한 자질이 무엇인지를 판명해줄 수가 있다. 학생들도 자신의 텍스트에서 부족한 요소를 깨달을 수 있어 글쓰기 교육에 유용한 측면이 있다. 반면에 텍스트 분석은 주로 텍스트의 언어적 요소를 도구로 삼기 때문에 내용 측정에 어려움이 있다. 어떤 학생이 문장이 좋고, 결속 관계도 탄탄하나 사회적으로 동의하기 힘든 내용의 글을 쓸 경우가 있는데, 이런 점을 측정하기가 어렵다. 실제 문장이나 구성 면에서 아주 뛰어난 텍스트였지만 사회적 소수자가 경쟁에 낙오된 사람이기 때문에 도와줄 필요가 없다는 내용의 텍스트도 있었다. 외국에서는 컴퓨터를 이용하여 내용적 측면을 양적으로 측정할 수 있는 도구를 개발하고 있다. 언어학, 사회학, 문화인류학, 정치학 등에서 텍스트 연구에 사용한다고 한다. 글쓰기 분야에서도 연구가 시급하다.

다음에 우리가 주목해야 할 작은 그림으로 평가에 관한 연구가 있다. 글쓰기 평가 부분은 글쓰기 교육을 담당하는 사람의 입장에서 매우 중요한 분야이다. 모두가 직접 글쓰기 수업에서 평가를 담당하기 때문이다. 그러나 국내에서 이에 관한 연구는 그렇게 많지 않다. 글쓰기 연구가 앞서 있는 미국에서는 글쓰기 평가에 관한 다양한 논쟁들이 있었다. 논쟁의 초점은 글쓰기 평가에서 고전주의적인 평가 방법을 고수할 것인지, 아니면 글쓰기의 특성과 성격에 맞는 새로운 평가 방법을 개발할 것인지에 관한 것이었다. 특히 포스트모더니즘의 영향으로 1990년대 중반 이후 전통적인 글쓰기 평가 방법을 거부하려는 움직임이 다양하게 일어났다. 전통적인 평가 방법은 평가의 객관성과 평가자 간 일치성(신뢰성)을 중요하게 여긴다. 글쓰기의 특성을 중요하게 보는 연구자들은 신뢰도를 중시하는 이런 분위기가 글쓰기의 창조성과 다양성을 떨어뜨린다고 보아서 전통적인 평가 방법을 수정하고자 했다.

사실 전통적인 평가 방법에 많은 문제가 있음을 부정하기는 어렵다. 전통적인 글쓰기 평가는 텍스트의 질(quality)과 쓰기 능력(writing ability)이 무엇인지에 대해 합의가 가능하고, 이를 수치화할 수 있다고 본다. 다시 말해 평가자가 합의하면 객관성 있는 점수를 산출할 수 있다고 전제하는 것이다. 그러나 지금까지 텍스트의 질이나, 쓰기 능력에 대해 학자 간의 합의를 본 것은 거의 없다. 앞 장에서 나왔듯이 어떤 글이 좋은 글인가? 문장이 수려해야 하는가, 아이디어가 참신해야 하는가? 학자마다 제시하는 다양한 쓰기 평가의 준거를 살펴보면 쓰기의 질을 판명할 절대적 기준은 없는 것으로 보인다. 쓰기 능력의 부분을 살펴보면 문제는 더 심각하다. 무엇이 쓰기 능력인가? 쓰기 능력이란 글을 쓸 수 있는 지식, 기능, 전략이 얼마나, 또 어떻게 존재하는가를 의미하는데, 이에 대한 측정 기준은 정해진 것이 없다. 뿐만 아니라 이와 같은 지식, 기능, 전략은 우리의 정신 속에 내재되어 있어 물리적으로 측정하기가 어렵다. 우리는 단지 하나의 텍스트를 통해 그것이 일회적으로 발현되는 한 현상만을 볼 수 있을 뿐이다(정희모, 2010: 232).

쓰기능력을 검사하고 이를 수량화하는 것에 대해서도 많은 논란이 있다. 글쓰기 평가에서 사용하는 척도는 순서척도나 평정척도에 가깝다. 이런 척도를 물리적인 척도로 사용할 수는 없다. 글쓰기의 측정은 단지 샘플 텍스트를 평가자의 판단에 의해 순위대로 나열한 것이기 때문에 물리적인 척도(등간척도나 비율척도)에 비해 상당한 오차나 오류가 있다. A+와 A0의 차이가 B+와 B0의 차이와 같지 않으며, 오늘의 평가가 내일의 평가와 다를 수 있다. 글쓰기 평가척도는 매우 임의적이고, 가상적이며, 추상적이다. 이런 임의적인 척도를 마치 절대적인 척도처럼 사용하여 현실의 실재를 반영하는 것처럼 말하는 것은 허구에 가깝다(정희모, 2010: 235).

그렇다면 어떻게 글쓰기를 평가해야 할까? Hout나 Elbow는 평가에 맥락과 상황을 반영하는 것, 평가 척도를 줄이고 장점과 단점을 설명하는 해석적 평가를 늘리는 것, 학생이 참여하는 공동체적 평가 집단 등을 대안으로 세우고 있다. 그렇지만 이런 방법들이 우리 현실에 쉽게 적용될 것으로 보이지는 않는다. 글쓰기 교수자가 알아야 할 사실은 지금 우리가 행하는 평가 방식이 결코 옳지 않다는 것이다. 신뢰성도 높지 않고, 타당성도 거의 없다. 글쓰기 평가자들은 항상 그런 고민을 안고 있어야 한다. 그리고 더 나은 평가 방식을 찾기 위해 서로 소통하고 토론할 필요가 있다. 내가 아는 어떤 글쓰기 교수 한 분은 매학기 수업을 시작하면서 학생들의 평가 방식을 토의한다. 그리고 학생들과 함께 평가 준거를 만들고 그것을 학생들과 토의하여 평가한다. 해석적 평가는 교수자에게 많은 시간적 노력을 요구하지만 잘못된 평가로부터 벗어나 새로운 대안적 평가의 가능성을 엿볼 수 있게 해준다.

4. 소통과 토론의 확대를 위하여

앞서 말한 대로 글쓰기 연구의 큰 그림은 글쓰기 연구의 축적이 있어야 가능한 일이다. 그러나 작은 그림은 글쓰기를 가르치는 교수자는 누구나 고민하고 연구해야 할 문제로 생각한다. 그러기 위해서 교수자와 교수자, 집단과 집단의 건전한 소통이 필요하고, 그것이 글쓰기 연구와 글쓰기 교육을 발전시킬 수 있다고 생각한다.

글쓰기에 종사하는 많은 교수자들은 글쓰기를 자기 전공으로 생각하지 않는다. 그러나 글쓰기를 가르치는 순간, 글쓰기 연구에 참여할 수 있고, 참여해야만 한다고 생각한다. 교육적 효과는 결국 연구를 통해 향상되고 발전되기 때문이다. 미국의 많은 글쓰기 연구자들은 문학이나 언어학 전공자들이다. 유명한 글쓰기 이론가 Breffee만 하더라도 한 학기에 로마시와 글쓰기 이론을 같이 강의한다고 한다. 글쓰기 교육을 담당하는 교수자는 결국 글쓰기라는 학습활동에 대해 고민하고, 연구하며, 실험하여, 강의에 적용할 수밖에 없다. 그것이 교육과 연구의 과정이며 결과인 것이다.

앞서 말한 여러 연구 과제와 유사한 과제들은 미국과 유럽, 호주, 한국의 글쓰기 교육의 연구에서 진행되어 왔고, 지금도 진행되고 있다. 여기에 나타난 논문들은 수많은 토론과 논쟁의 결과로 축적된 것들이다. 글쓰기가 독립된 전공이 아니라고 논증적 글쓰기를 다룬 어느 학자가 지적했던데, 외국의 수많은 글쓰기 이론 논문들과 독립되어 있는 〈글쓰기와 수사학과〉에 대해 그 사람은 무엇이라 답을 할지 모르겠다. 국내에도 글쓰기에 관해 상당한 논문의 양이 축적되어 있으며, 지금도 진행 중이다.

최근 글쓰기 교육 주체와 관련하여 많은 논란도 있었다. 당위론을 앞세우는 정책적인 담론에 대한 토론은 불가능하겠지만 글쓰기 학습과 관련된 학술적인 토론은 필요하다고 생각한다. 미국의 경우 일반적으로 필수 교양(requirement)의 글쓰기 과목(Basic writing)은 영문과나 글쓰기센터, 혹은 영문과나 글쓰기센터를 중심으로 한 위원회가 관장하는 것이 일반적이다. 전공 글쓰기(WAC)는 글쓰기 센터의 도움으로 대체로 개별 학과가 맡는 것이 원칙이다. 글쓰기 교육에 관해서는 지금처럼 담당 주체 논쟁을 해서는 안 된다고 생각한다. 누구든 좋은 관련 과목을 개설하고, 높은 교육적 효과를 얻어 필요성을 인정받으면 될 것이다. 궁극적으로 글쓰기 교육은 글쓰기에 관한 교육적 성과와 효과를 얻기 위해 부단히 노력하는 사람들의 교육적 공간이 되어야 한다. 그렇기 위해서 글쓰기 교수자 간의 의사소통과 학문적 토론이 필요하며, 타 학술공동체와도 교류가 필요하다. 또 글쓰기 교육 방법을 개선하기 위해 논문을 읽고 스스로 공부하는 것도 반드시 필요할 것이다.

대학 글쓰기 연구 과제는 매우 폭넓고 다양하다. 미국 연구를 보면 글쓰기에 관해 음소 단위의 언어학에서부터 바르트나 데리다의 언어 이론까지 폭넓게 다루고 있다. 쓰기 현상에 관한 인지적 관점의 연구도 있으며, 교수·학습에 관한 교육학적 연구도 있다. 발달 단계에 따라 초등(elementary), 중고등(secondary), 대학(college)의 연구로 구분되며, 각각의 전문 연구자가 있으나 대체로 대학 글쓰기에 관한 연구자가 많다. 대학 글쓰기에는 60년의 역사를 자랑하는 전문 학술지 『*College Composition and Communication*』가 있으며, 이 외에 다양한 학술지를 통해 수많은 글쓰기에 관한 많은 논문들이 나오고 있다. 또 글쓰기에 관한 전공자가 많기 때문에 석사·박사논문도 많이 나온다. 또 쓰기 교육은 L2교육 및 언어교육과 밀접하게 연관되어 있으며, 양쪽을 같이 연구하는 학자도 많다. 최근에는 디지털과 글쓰기, 컴퓨터와 글쓰기에 관해 많은 연구를 하고 있다.

한국의 대학 글쓰기 교육은 역사도 짧고 전문 연구자도 드물다. 아직은 시작 단계이기 때문에 연구자 모두가 활발하게 학술적 담론에 참여할 필요가 있다고 생각한다. 자신의 교육현장에서 고민하는 문제가 연구 과제가 되며 그것에 대해 서로 소통하고 토의를 할 필요가 있다고 생각한다. 그렇게 할 때 대학 글쓰기의 연구도 활성화될 것이며, 학문도 발전할 것으로 생각한다.

제2부 글쓰기 교육의 학술적 성격과 내용

창의 융합 과정으로서 작문과 작문 교육

1. 서론

최근 5~6년 사이에 여러 국책 기관에서 미래 사회를 분석하고 교육적 대안을 모색하는 연구가 봇물처럼 등장했다. 한국교육개발원, 한국교육과정평가원, 한국과학창의재단, 한국정보화진흥원 등이 주축이 되어 미래에 다가올 사회 변화와 교육 변화를 탐색하고 대안을 모색하는 연구들을 진행했다.[1] 이들이 제시하는 미래의 변화에는 세계화 및 경제 통합, 인구 고령화와 노동시장의 변화 등이 있다. 그렇지만 이보다 더 중요

---

[1] 이에 관한 연구로는 이광우(2009), 『미래 한국인의 핵심 역량 증진을 위한 초·중등학교 교육과정 설계 방안 연구』, 한국교육과정평가원; 이근호 외(2013), 『미래 사회 대비 핵심 역량 함양을 위한 국가 교육과정 구상』, 한국교육과정평가원; 최상덕(2013), 『미래 인재 양성을 위한 핵심역량 교육 및 혁신적 학습생태계 구축』, 한국교육개발원; 최상덕(2011), 『21세기 창의적 인재 양성을 위한 교육의 미래전략 연구』, 한국교육개발원; 황선욱 외(2013), 『국어와 수학 통합 교수·학습 자료 개발』, 한국과학창의재단 연구보고서 등이 있다.

한 것은 첨단 기술의 발달로 인한 디지털 혁명과 지식정보사회의 등장이라 할 수 있다. 디지털로 인한 사회 변화의 중심에 정보 기술 융합과 그 혁신이 포함되어 있다. 커뮤니케이션 기술과 정보통신 기술이 융합되어 지식의 생산과 운용을 디지털 정보세계 속에 편입시켰을 뿐만 아니라, 시간과 공간의 한계를 넘어 이전에는 경험하지 못한 지식경쟁 체제 속으로 들어가게 만들었다. 디지털 혁명을 통한 융합 기술의 발전은 앞으로도 계속 될 것이다. 정보 기술(IT)과 생명공학 기술(BT), 나노 기술(NT)들을 융합한 다양한 혁신 기술들이 미래 사회를 이끌어 갈 것이고, 그 변화의 속도는 우리가 생각한 것보다 훨씬 빨라질 것이다.

교육부가 '창의적 인재 육성'의 가치를 내건 것은 이런 사회적 변화와 관련이 있다. 그리고 2015년 새 교육과정이 제기된 것도 이런 시대 변화를 배경에 깔고 있다. 2015년 문·이과 통합형 교육과정 개정 총론의 첫머리에 "학교 교육을 통해 모든 학생들이 인문·사회·과학기술에 대한 기초 소양을 함양하여 인문학적 상상력과 과학기술 창조력을 갖춘 창의 융합형 인재로 성장할 수 있도록 우리 교육을 근본적으로 개혁하려는 것"[2]이라고 말하고 있다. '문·이과 통합형'이라는 말이 품고 있듯이 교육과정 개정 총론은 과목의 경계를 넘어 기술이 융합하듯 교육을 융합시켜 창의적인 인간을 만들고 싶다는 바람을 뚜렷이 드러내고 있다. 또 이런 언급을 통해 이번 개정은 창의성보다 융합성에 더 가치를 두고 있음을 알 수가 있다. 총론에서는 '인문·사회·과학기술', '인문학적 상상력과 과학기술 창조력', '창의 융합형'이란 말을 표 나게 강조하여 융합적 가치를 내세우고 있다.

우리 교육에 창의성이 중시된 것은 이미 오래 되었다. 제6차 교육과정 때부터 창의성 교육을 강조해 왔고, 제7차 교육과정에서는 '기초능

---

2) 교육부, 『문·이과 통합형 교육과정』, http://www.moe.go.kr/agenda/mainpolicy/surve15.html.

력을 토대로 창의적인 능력을 발휘하는 인간상'을 추구한다고 분명히 밝혀, 창의성 개발·신장을 교육의 최우선 상위 목표로 삼는다는 입장을 분명히 밝혔다.3) 제7차 교육과정의 이런 목표 때문인지 이후 국어 창의성 개념을 밝히기 위해 여러 논문들이 나온 바4)도 있다. 이런 사정을 감안하면 이번 교육개정이 새삼 창의성을 다시 반복하기 위해서 나온 것이 아니라는 점을 알 수 있다. 교육부가 이번 개정을 통해 원하는 것은 창의성과 융합을 결합하는 것이다. '창의 융합형 인재'라는 말을 통해서도 알 수 있듯이 교육부는 창의와 융합을 결합할 수 있는 새로운 인간형 창조를 교육의 목표로 삼고 있다.

손진웅·나지연은 창의와 융합이 동시에 교육의 목표로 사용되지만 실제 서로 다른 차원의 문제라는 점을 언급한 바 있다. "창의가 달성하고자 하는 목표나 상태라면, 융합은 그러한 목표나 상태에 도달하기 위한 방안"5)이라는 것이다. 20세기에 들어 지식과 기술, 산업과 예술, 학문 분야의 통합과 융합이 가속화되면서 미래 산업 경쟁이 융합을 통하지 않으면 안 될 것 같은 위기의식이 이런 방법론적 통합을 가능하게 만들었다. 이 속에는 교과목의 통합이 지식의 통합, 기술의 통합으로 이어질 수 있다는 생각이 포함되어 있다. 그러나 '창의 융합'은 다양한 교육적 맥락에서 추상적 목표로서 기능할 수 있지만 그 의미와 범위는 여전히 명확하지 않고 모호하고 막연하다(손진웅·나지연, 2014: 831). 교

---

3) 정종진(2003), 「창의성의 본질과 교육」, 『초등교육연구논총』 19(1), 대구교육대학교 초등교육연구원, 2쪽.

4) 이와 관련된 국어 창의성 개념에 관한 주요 논문은 다음과 같다. 김은성(2003), 「국어과 창의성 교육의 관점」, 『국어교육학연구』 18, 국어교육학회; 김미혜(2004), 「국어적 창의성의 구성 요소에 관한 연구」, 『국어교육학연구』 20, 국어교육학회; 정혜승(2004나), 「국어적 창의성 계발을 위한 교재 구성 방안」, 『한국초등국어교육』 24, 한국초등국어교육학회; 이경화(2003), 「창의성 신장을 위한 국어과 교수학습분석」, 『청람어문교육』 26, 청람어문학회; 신명선(2009), 「국어적 창의성 개념 정립에 대한 연구」, 『국어교육학연구』 35, 국어교육학회.

5) 송진웅·나지연(2014), 「창의융합의 과학교육적 의미와 과학 교실문화의 방향」, 『교과교육학연구』 18(3), 이화여자대학교 교과교육연구소, 832~833쪽.

육의 목표로서 창의성이 무엇인지, 거기에 도달하기 위한 융합적 방법은 어떠한지, 만약 창의·융합을 한 단어로 사용할 수 있다면 그것을 내포한 '창의·융합형 인재'는 어떤 사람을 말하는 것인지 정확히 알기가 어렵다.

특히 '창의·융합'과 관련하여 기초 과목에 해당하는 독서 교육, 작문 교육의 입장에서는 어떤 교육목표와 교육 방법을 찾아야 할지 가늠하기가 어렵다. 국어 교과는 문·이과 통합 대상이 아니어서 한 걸음 벗어나 있다고 말을 하지만,6) '창의적 사고력', '비판적 사고력'을 대상으로 한 국어과 핵심역량에 관한 연구들이 나오고 있는 것을 보면 이를 무시할 수 없다고 생각한다. 교육과정 개정과 관련하여 국어과에서는 교육과정 하위 영역의 분류와 배치에 논의의 초점을 모으고 있지만, 정작 중요한 문제는 과학에서부터 비롯되는 융합의 여파가 어떻게 초, 중등, 대학의 국어교육에 영향을 미칠 것인지를 살펴보아야 한다는 점이다. 앞으로도 다양한 분야의 지식 융합이 일어날 것이고, 인문학이나 교육학도 여기에서 예외일 수는 없다. 인지 과학은 이미 인지종교학, 인지인류학, 인지경제학, 인지신경과학, 인지공학 등으로 확대되고 있다. 앞으로 다양한 학문의 분화와 융합이 가속화될 것이다.

이렇게 본다면 독서 교육이나 작문 교육은 단지 국어교육의 하위 영역으로 재배치의 문제보다 더 본질적인 문제, 즉 융합 학문의 시대에 과목의 성격과 교수 방법 등을 검토해볼 필요가 있다. 한 편으로 융합 과목의 대상이 아니면서도 교육과정의 개정에 어쩔 수 없이 참여해야 하는 불편한 측면도 있지만, 그렇다고 해서 교육환경의 변화를 마냥 보고만 있을 수 없는 측면도 존재한다. 기초 학문으로 안주하고 있는 사이에 언제 융합 학문적인 입장과 방법을 우리에게 요구할지 알 수

---

6) 박영민(2014나), 「중학교 통합 국어과 교육과정 및 교과서 개발 방안」, 『청람어문교육』 51, 청람어문교육학회, 66쪽.

없기 때문이다. 그뿐만 아니라 기술 과학의 발전은 이제 언어와 문화, 예술의 경계를 넘고 있다. 이런 시대에 작문과 작문 교육의 성격과 특성, 방법에 대해 한번 검토해 보는 것도 의미가 있을 것으로 판단한다.

2. 미래 사회의 도래와 핵심 역량

먼저 논의의 진전을 위해 융합교육이 강조되고 창의·융합 인재형이 교육과정에 등장한 배경을 살펴보도록 하자. 특히 여러 학자들이 미래 사회를 어떻게 보고 있는지, 이에 따라 교육적 변화가 어떠하며, 어떻게 교과적 대응을 해야 하는지를 검토해야 작문교과가 미래에 대비하는 교육과정(방법)을 구상해 볼 수 있다. 이를 위해서 최근에 발표된 미래 사회 대비 핵심 역량에 관한 몇 가지 보고서를 참고해 볼 수가 있다. 이 보고서들[7]에서는 미래 사회의 변화와 이에 대한 교육적 대응으로 핵심역량의 문제를 다루고 있다. 핵심역량의 내용을 살펴보면 국어(작문) 교과의 창의·융합성과 그 특성, 교수학습 방법 등을 어느 정도 가늠해 볼 수가 있다.

핵심 역량의 개념이 등장한 것은 미래 지식 사회의 급격한 변화와 관련이 있다. 주지하다시피 기존 교육이 지향하는 지식은 경험적 진리에 기반을 두고 보편성과 객관성을 추구한 항구성의 담론이다. 이런 지식은 대중으로부터 타당성을 검증받으면 여러 세대를 거쳐 지속되는 초역사적이고 탈상황적인 것이었다. 그러나 지식 정보화 사회에서 이런 보편적 지식 개념은 점차 사라지고 있다. 디지털 기술은 시간과 공간을 섞어 놓을 뿐만 아니라 정보의 복제, 융합, 유통을 가능하게 해 새로운 지식을 다양하게 만들어 내고 있다. 앞으로 새롭고 다양한, 복합적 지식

---

7) 이광우(2009), 이근호 외(2013), 최상덕 외(2013), 황선욱 외(2013).

들이 등장하게 될 것이며, 학생들은 이런 다양한 지식들을 경험하고 이에 적응해야 한다. 이런 환경의 변화 때문인지 이근호 외는 '불확실한 미래를 예측해야 하는 생존적 필요성' 때문에 창의성이 요구된다는 점을 밝히고, 미래 사회를 대비하기 위해 교육의 방향을 핵심역량 중심으로 재구성해야 한다고 말하고 있다(이근호 외, 2013: 2~5, 58~60).

이런 논의를 통해 우리는 핵심역량이 미래사회의 변화에 대비하여 학습자가 갖추어야 할 주요 능력을 의미한다는 것을 알 수가 있다. 다시 말해 창의, 융합의 핵심적 가치 아래 미래 사회에 생존하기 위해 학생들이 배워야 할 주요 능력이 핵심역량이라는 것이다[8]. 우리나라에서는 OECD의 DeSeCo(Defining and Selecting Key Competencies) 프로젝트 이래로 교육과정을 기존의 교과 중심에서 미래 핵심역량 중심으로 바꾸고자 하는 시도를 계속 해 왔다. 문제는 핵심 역량의 구체적 내용이 무엇이며 교과교육(작문교육)과 관련하여 과연 정합성이 있느냐 하는 점일 것이다.

우리가 미래 사회의 변화에 동의한다면 핵심역량의 교육 내용은 당연히 거기에 합당해야 한다. 정말 미래를 위해 필요한 능력이 무엇인지, 이런 능력은 어떻게 얻을 수 있는지, 이런 역량을 얻기 위해 인간의 인지적 능력이 대응할 수 있는지 여기서 이런 질문들이 가능하다. 그러나 실제 여러 연구보고서에서 규정한 핵심역량을 보면 기존의 지식 능력과 크게 달라진 것 같지가 않다. 이광우 외는 미래 사회 대비 핵심역량으로 10개(자기관리능력, 기초학습능력, 진로개발능력, 의사소통능력, 시민의식, 국제사회문화이해, 대인관계능력, 창의력, 문제해결능력, 정보처리능력)를 제시했고(이광우, 2009: 128), 이근호 외는 델파이 조사를 통해

---

8) 이근호 외(2013)에서는 핵심 역량을 "선천적으로 타고나는 것이 아니라 학습될 수 있는 것으로, 지적 능력, 인성(태도), 기술 등을 포괄하는 다차원적 개념으로, 향후 직업세계를 포함한 미래의 삶에 성공적으로 대처하기 위해 필수적으로 요청되는 능력"으로 규정하고 있다. 이근호 외(2013: 61).

이를 7개(창의력, 문제해결능력, 의사소통능력, 시민의식, 대인관계능력, 기초학습능력, 국제사회 문화이해)(이근호 외, 2013: 64)로 줄였다. 최상덕 외는 이보다 많은 11개(창의력, 비판적 사고력, 문제해결능력, 자기주도성, 의사소통능력, ICT 활용능력, 협업능력, 글로벌 시민의식, 진로개척능력, 사회적 책임의식, 인성함양)를 들고 있다(최상덕 외, 2013: 194). 여기에 해당하는 역량들을 분석해 보면 경계가 모호할 뿐만 아니라 구체적인 내용도 알기가 어렵다. 특히 기존의 사고능력과 어떻게 다른지, 또 교과학습능력과 핵심역량이 어떤 관계를 가지고 있는지 판단하기 쉽지 않다.

국어교과와 관련된 핵심역량으로 이광우 외는 "의사소통능력, 기초학습능력, 창의력"을 들었으며, 이근호 외는 "의사소통능력, 기초학습능력, 비판적 사고력"을 들고 있다. 국어교과의 핵심역량들을 보면 작문교과의 그것과 크게 다르지 않을 것으로 보인다. 작문교과는 국어교과의 하위 영역이면서 핵심역량의 많은 부분을 공유하고 있다. 작문은 의사소통을 위한 과정이며, 여러 학과에서 기초학습능력으로 기능한다. 글을 잘 쓰기 위해 비판적 사고력과 창의적 사고력, 문제해결력이 필요하며, 또 글을 쓰는 것을 통해 비판적 사고력과 창의적 사고력, 문제해결력을 기르기도 한다. 이처럼 작문교과의 핵심역량은 언어 사용과 언어 활용이라는 측면에서 국어교과의 그것과 상당 부분 일치하며, 연구 방법, 연구 결과에서도 같은 특성을 소유한다.

박영민은 작문교과의 핵심역량으로 1차 핵심역량(의사소통능력, 기초학습능력)과 2차 핵심역량(창의력, 정보처리능력, 문제해결능력, 대인관계능력)을 나눈 바 있다. 1차는 작문의 본질이나 특성과 관련된 능력이고, 2차는 작문을 잘 하기 위해서, 또는 작문을 통해 실현할 수 있는 속성과 관련된 능력이다.[9] 박영민이 제시한 핵심역량은 국어교과의 핵심역량 중 작문 활동과 관련된 역량들을 우선적으로 분류해낸 것들이다. 다만

---

9) 박영민(2014가), 「미래 핵심역량과 중등 작문교육」, 『작문연구』 20, 한국작문학회, 117쪽.

이런 역량들이 구체적으로 무엇을 말하는지 규정하지는 않았다. 어쨌든 여러 연구자들이 제시한 핵심역량들은 몇 가지 문제를 가지고 있다. 하나는 핵심역량 하나하나의 구체적인 내용이 무엇이며 그것이 과연 적합한 것인가라는 문제이며, 다른 하나는 이를 어떻게 교과 교육 속에서 실현하느냐의 문제이다. 첫 번째 문제에 대해서 답변을 한 연구자는 드문 데, 이는 어느 정도 이유가 있는 것 같다. 이에 대해서는 두 번째 문제에 대해 검토하고 다시 언급하고자 한다.

두 번째 문제는 이런 핵심역량을 어떻게 실현하느냐의 문제이다. 핵심역량과 교과교육을 연계하는 방법으로는 몇 가지를 제시할 수 있다. 하나는 핵심역량 중심으로 기존의 교과 교육을 새롭게 재편하는 것이며, 다른 하나는 핵심역량을 총론 수준에서 제시하되 교과 교육 내에서 자율적으로 이를 적용하는 것을 말한다.10) 후자의 방식은 여러 가지 문제점을 가지고 있다. 우선 핵심역량의 내용이 구체적이지 않아 학습 내용, 평가 방식에서 혼란이 있을 수 있다. 무엇이 의사소통능력이고 기초학습능력인지 구별이 되지 않을 뿐만 아니라 그것을 어떻게 평가할지 알기도 어렵다. 두 번째, 중등 교육의 경우 국어교과뿐만 아니라 선택과목까지 모두 핵심역량으로 재구성될 경우 세부교과별(독서, 작문, 화법 등) 차별이 어려워질 수 있다. 여기에 덧붙여 가장 문제가 되는 것은 작문교과가 이왕에 가지고 있던 의사소통능력, 기초학습능력, 창의력 등은 핵심역량의 그것과 어떻게 다르냐는 점이다. 핵심역량에서 말하는 의사소통능력이 작문교과가 지닌 기존의 의사소통능력과 근본적으로 다른 것은 아닐 것이다.

이와 관련하여 박영민이 제안한 방식은 매우 의미가 있다. 박영민은 작문능력이 핵심역량에서 말하는 의사소통능력, 기초학습능력, 창의력 등을 포괄한다고 보는 관점을 취하자고 말한다. 다시 말해 작문교육을

---

10) 이광우(2009: 104); 이근호 외(2013: 63).

통해 미래 핵심역량을 기르는 것이 아니라 작문능력 신장이 곧 미래 핵심역량으로 이어진다고 보자는 것이다(박영민, 2014가: 120). 이런 방식을 적용하면 기존의 작문교육 체제를 유지하면서도 핵심역량의 도입이 쉬워진다. 교육목표를 핵심역량 중심으로 바꾸어도 기존의 학습내용을 유지할 수 있기 때문이다. 이와 같은 박영민의 생각을 중요하게 생각할 필요가 있다. 박영민의 이런 생각은 작문교육이 가지고 있던 기존의 본질적인 속성과 깊은 연관이 있다. 다시 말해 핵심 역량에서 말하는 의사소통능력, 기초학습능력, 창의력 등은 이미 작문교과에서 누누이 말해 왔던 기본적인 학습 능력과 크게 다르지 않다는 것이다. 모든 교과에서 쓰기 학습을 중시하고, 대학에서 작문을 필수 교양으로 삼은 것도 핵심 역량의 여러 요소들이 글쓰기 속에 들어 있다고 이미 생각했기 때문이다. 중등 및 대학의 여러 작문 교과서와 교재에서는 작문의 목적 속에 의사소통능력의 향상과 기초학습능력의 증진, 창의력 함양을 포함하고 있다.

3. 작문의 기초학습능력과 창의성

핵심역량에 포함되어 있는 다양한 능력들이 기존의 작문교육의 목표와 내용에 포함되어 있다고 해서, 핵심역량의 취지와 의미를 완전히 부정할 수는 없을 것이다. 미래사회를 대비하자는 의미에서 핵심역량을 도입한 취지는 작문교과에서도 받아들일 필요가 있다고 생각한다. 그러나 이를 위해 새로운 요소를 도입하기보다 기존의 속성을 미래사회 대비라는 취지에 맞게 변화시키는 것이 더 타당하다고 본다. 이와 관련하여 이 장에서는 핵심역량과 관련된 작문의 근원적 속성들을 몇 가지 검토해 볼 것이다.

모든 교과목에서 작문(글쓰기)이 한 편으로 의사소통의 기능으로, 다른 한 편으로 기초학습능력으로 사용되고 있다. 수학, 역사, 사회, 과학에 이르기까지 경중의 차이는 있겠지만 모두 국어를 사용하고, 또 작문(글쓰기)을 이용한다. 초·중등 교육현장에서 작문은 여러 학습의 도구가 된다. 대학의 경우 인문·사회과학에서 작문은 학습 능력을 평가하는 중요한 잣대가 되기도 한다. 쓰기를 이용하지 않으면 내용의 확장과 생각의 발전도 없기 때문에 핵심역량의 도입 여부와 상관없이 작문은 모든 학습에서 핵심적인 기능을 맡고 있다. 작문(글쓰기)이 교과교육에서 중요한 기초능력이 되는 것은 애플비(Applebee)의 국가적 단위 연구 조사를 통해 알아 볼 수가 있다. 애플비는 9학년(중3)과 11학년(고2) 교실에서 글쓰기가 사용되는 양상을 연구하기 위해 미국 전역에서 여섯 개 과목(영어, 과학, 사회, 외국어, 실업, 수학)의 수업을 관찰하고(220시간), 교사 754명으로부터 설문지 답안과 글쓰기 샘플을 수집했다.

애플비의 연구에 따르면 교육현장에서 학생들은 다양한 종류의 글을 사용하고 있었다. 예를 들어 단답형의 글, 받아쓰기, 빈칸 채우기, 노트 필기, 요약, 분석, 보고서, 일기, 시험 답안 등 구성 개념이 없는 한 두 어휘, 혹은 문장에서부터 구성 개념이 들어간 정보 전달의 글, 개인적인 글, 서사적인 글까지 모든 수업에서 학생들은 다양한 글쓰기를 수행하고 있었다. 관찰을 통해 볼 때 전체 수업시간의 약 40% 이상의 활동에서 글쓰기가 포함되었다. 심지어 과학 수업의 경우에도 수업 시간의 48%가 적어도 단어 묶음 혹은 문장 수준의 언어 기술을 요구하는 활동이 포함되었다. 전체 교사들의 절반 이상은 빈번하게 짧은 답이나 빈칸 채우기 활동을 하고 있었으며, 전체 교사의 1/3 이상은 한 단락 이상의 쓰기를 학생들에게 요구했다.

주목할 것은 교과학습에서 쓰기 활동이 매우 다양한 기능을 수행하고 있다는 점이다. 교사들은 학생의 학습 결과를 평가하기 위해, 학생들의 이해도를 확인하기 위해, 중요한 내용을 기억하기 위해, 학습에 대한 스스로의 생각을 유도하기 위해 글쓰기를 이용했다. 글쓰기는 교과 내용을 명료하게 할 뿐만 아니라 관련 지식을 통합하고 재구성한다. 교과 학습에서 쓰기 과제는 학습에 도움을 줄 뿐만 아니라 재구성과 발견의 과정을 포함한다. 그래서 애플비는 "쓰기 과제가 끝났을 때 우리는 비로소 필자(학생)가 무언가를 배웠다고 말할 수 있다"고 언급하기도 했다.11) 이런 쓰기 활동은 대체로 개별 학과의 교과 지식을 바탕으로 한다. 교과지식은 쓰기 과정을 통해 전달되고 학습되며 평가된다. 그렇기 때문에 교과활동의 글쓰기에는 내용지식뿐만 아니라 담화지식(언어지식)까지 포함된다고 볼 수가 있다. 대부분의 교사(영어 88%, 과학 63%)들이 과제에 대한 반응과 평가에서 단어나 문장 수준의 오류 등을 지적한다고 말하고 있어 작문 능력이 내용 구성과 과제 평가에 영향을 끼치고 있다는 사실을 알 수가 있다. 교과 학습에서 쓰기 과제에는 내용지식과 담화지식(언어지식), 독자에 관한 지식이 함께 포함되어 수행되고 있다.

작문(글쓰기)은 단어를 조합하여 새로운 의미를 만들고, 문장과 문장을 결합하여 새로운 텍스트를 만들어 낸다. 작문의 이런 특성 때문에 이전부터 작문은 창의적 사고, 논리적 사고, 문제해결적 사고를 가지는 것으로 인정받았다. 우리 모두가 알다시피 언어가 창의적 사고를 가진다는 것은 오래된 생각이다. 훔볼트(Humbolt)나 데카르트(Descartes), 촘스키(Chomsky)는 언어의 창의성을 인간의 근원적 속성으로 보았다.12) 인간은 제한된 언어 조합을 가지고 무한한 생각과 무한한 감정을 표현해낼 수가 있기 때문이다. 인간은 단어와 단어의 조합, 문장과 문장의

11) 애플비(N. Applebee)의 조사 연구 내용은 다음 논문을 참고할 것. Applebee, N. (1982), "Writing and Learning in School Settings", Martin Nystrand, *What Writers Know: The language, process, and structure of written discourse*, New York (etc.): Academic Press, Inc, pp. 365~381.

12) 이병민(2013), 「창의성 및 언어의 창의성 개념과 외국어 교육에서의 함의」, 『국어교육연구』 31, 서울대학교 국어교육연구소, 146~154쪽; 아드리아나 벨레티·루이지 리쩌 편집, 이두원 옮김(2003), 『촘스키-자연과 언어에 관하여』, 박이정, 63~76쪽.

결합을 통해 이전에 경험해 본 적이 없는 다양한 생각과 개념들을 만들어 낸다. 동물과 다른 인간의 속성은 언어를 통해 끊임없이 새로운 생각을 만들어 내는 창조성에 있다. 도킨스(Dawkins)는 유전자의 측면에서 보았을 때 인간은 동물과 하등 차이가 없는 존재라고 말한 바 있다. 그는 그럼에도 불구하고 인간을 동물과 구분시켜 주는 유일한 이유는 '문화적 진화' 때문이라고 언급했다. 캘로그(Kellogg)는 도킨스가 말하는 '문화적 진화'는 바로 언어의 창의성을 지칭한다고 단언했다.13)

작문의 창의성은 언어의 창의성 중에서도 '의미 만들기'와 밀접하게 관련되어 있다. '의미 만들기'는 인간의 생각과 행동, 공동체와 문화의 성격을 언어로 규정하고, 설명하는 것을 말한다. 인간은 자신의 삶에서 가치가 있다고 생각하는 것을 다른 사람과 공유하기 위해 특정한 기호로 의미를 생산한다. '의미 만들기'는 동물과 다른 호모 심볼리피쿠스(Homo Symbolificus)의 본질적 특성이라 할 수 있다. 엘렌 랑거(Ellen Langer)는 성인들의 행동 양식이 대부분 무의식과 반복된 관습적 범주에 기반을 두고 있음을 밝혔다. 반면에 인간은 새로운 것, 창의적인 것을 생산할 때 고도의 집중력을 발휘하고 많은 인지적 용량을 사용한다. 종종 일상적 일에 대해서는 백치나 다름없는 교수가 창의적인 일에 천재성을 발휘하기도 하는 것이다. 작문 활동과 같은 논리화, 추상화의 작업은 일상적 삶의 입장에서는 매우 힘든 일이고 이례적인 일이다. 그래서 캘로그(Kellogg)는 "글쓰기 행위는 가장 의식적인 상태에 있는 인간의 정신을 드러낸다"고 말을 했다.14) 작문은 인간의 깨어 있는 상태, 의식화 상태, 문화적 각성의 상태를 가장 잘 보여준다.

이처럼 작문은 언어의 창의성을 대표적으로 보여주는 행위이다. 작문은 구어활동과 달리 생각을 모으고 생각을 정리 할 수 있는 기회를

---

13) Kellogg, R. T. (1994), *The Psychology of Writing*, Oxford University Press, pp. 222.
14) 엘렌 랑거(Ellen Langer)나 캘로그(Kellogg)의 말에 대해서는 아래 저서를 볼 것. Kellogg, R. T. (1994), *The Psychology of Writing*, Oxford University Press, pp. 203~223.

가질 수 있다. 작문은 흩어져 있는 생각들을 모으고, 정리할 뿐만 아니라 그로부터 새로운 생각으로 얻어낸다. 그래서 지식을 변환시키고 지식을 확장하는 것이 작문을 통해 가능한 것이다. 작문이 모든 지식 교과의 도구가 되는 것은 이런 창의적 성격 때문이라 볼 수 있다. 그런데 지금 우리가 직면한 과제는 작문의 이런 창의적 속성이 미래역량의 담론 속에서 어떤 기능을 할까라는 점이다. 이와 관련하여 우리는 작문이 단순한 전달 도구가 아니라는 점, 담화지식이나 언어지식이 내용과는 또 다른 생산적 기능을 담당한다는 점을 먼저 기억해야 한다. 이는 언어적 창의성의 본질적 속성이기도 하고 특성이기도 한데, 여기서는 이와 관련된 몇 가지 문제를 검토해 볼 것이다.

우선 언어적 창의성이 무엇인지를 규명하기 위해 애쓰기보다 언어적 창의성의 기능과 수행이 어떠한지에 대해 더 관심을 쏟을 필요가 있다. 그 동안 창의성 교육이 거론될 때마다 창의성이 무엇인지, 국어 창의성이 어떠한지를 규명하기 위해 여러 논문들이 나온 바 있다. 그렇지만 대다수의 논문들이 정작 창의성이나 국어 창의성이 무엇인지 명확한 규정을 내리기보다 그것의 조건이나 환경을 설명하는 데 치중했다. 예컨대 이경화가 국어 창의성이 개념을 언어적 창의성의 개념 안에서 찾아야 한다고 설명한 것이라든지(이경화, 2003: 183), 신명선이 국어적 창의성의 개념 규정에 정서적이고 문화적인 요소를 반영할 것을 제안하고 있는 것이 이런 사례에 해당한다(신명선, 2009: 315~322). 대체로 많은 학자들이 국어과 창의성을 규정해야 한다는 생각에는 동의하지만 이를 명료하게 규정할 방법을 찾지 못하고 있다. 김은성이 "국어과에서 창의성은 정체모를 중요한 보따리일 뿐"(김은성, 2003: 81)이라고 언급하거나, 신명선이 "국어적 창의성 개념 자체가 불분명한 상황에서 실천적 담론을 개발하는 것은 공허할 수밖에 없다"(신명선, 2009: 302)고 말하는 것도 이런 이유가 있는 것이다.

국어 창의성을 명확히 규정하지 못하는 것은 창의성을 일반적인 사고능력과 관련해서만 생각하기 때문이다. 사고력 교육에서 항상 문제가 되었던 것은 사고가 일반적인 것이냐, 아니면 영역 특수적인 것이냐에 관한 논쟁이다. 일반적 사고는 구체적 영역을 초월하여 어디서나 보편적으로 적용될 수 있는 사고 기능을 의미한다. 그런데 만약 이런 사고가 존재한다면 우리는 이를 통해 국어, 수학, 과학 등 모든 학문에서 뛰어난 사고 능력을 발휘하는 학생을 키울 수가 있다. 그러나 창의성이나 문제해결능력과 같은 복합적 사고 능력은 대체로 영역 특수적으로 발현된다고 보는 것이 맞다. 실제 창의력이나 문제해결능력은 교과영역보다 더 하위, 즉 과제 중심적으로 발현된다고 보는 것이 더 타당할 것이다.[15] 교육학자 맥펙(McPeck)은 "모든 학문의 타당성을 검증해줄 단일한 논리적 시스템은 세상에 없다"고 말하고 있다.[16] 이 말은 개별 학문의 지식 체계를 넘어 전체를 규명할 보편타당한 사고능력과 추론 방식은 없음을 의미한다. 그렇기 때문에 국어 창의력, 작문의 창의성과 같은 말은 가능하지만 보편적인 정의 규정이나 일반적인 내용 설정은 어려운 것이다. 따라서 국어 창의성은 여러 교과를 통해 나타나며 그 구체적인 모습은 다를 수밖에 없다. 지금까지 창의성에 대한 규정이 '새로움'(독창적, 독특한, 신선한, 예기치 못한), '적절성'(유용한, 가치 있는, 의미 있는) 범주에서 한 걸음도 나아가 못한 것도 이런 특성과 관련이 있다.[17]

다음으로 생각해 볼 것은 우리가 작문에서 창의성을 규명할 때 이를 꼭 사고력(thinking)의 문제만으로 생각할 필요가 없다는 점이다. 작문이론에서는 초기 인지주의 영향 때문인지 작문 활동을 사고 활동으로 보는 경우가 많다. 린다 플라워(Linda S. flower)는 작문 과정을 고도의

---

15) 정희모(2005가), 「대학 글쓰기 교육과 사고력 학습에 관한 연구」, 『현대문학의 연구』 25, 한국문학연구학회, 435쪽.

16) McPeck, J. E. (1981), *Critical Thinking and Education*, Martin Robertson·Oxford, p. 31.

17) 송진웅·나지연(2014: 830); 이병민(2013: 145).

사고 과정, 또 목표 지향적인 문제 해결 과정으로 규정한 바 있다. 그녀는 작문의 쓰기 과정(계획하기-서술하기-점검하기)을 기본적인 정신 활동으로 규정하고 상위의 문제 해결 과정과 하위의 문제 해결 과정을 연결시켜 하나의 사고시스템으로 만들고자 했다. 그래서 그녀는 텍스트 작성을 정신활동의 내용을 문자로 번역하는 것(translating)으로 설명했다.18) 플라워의 이런 생각은 작문 학습을 사고, 생각의 학습으로 인식하게 만든다. 작문 과정에 다양한 사고력(창의성, 비판적 사고, 논리적 사고, 문제해결력)이 동원되는 것은 맞지만, 그렇다고 하여 작문 활동을 정신적 사고 활동만을 의미한다고 말하기는 어렵다.

인지적 의미에서 보았을 때 작문 과정은 매우 복잡한 활동이다. 이 속에는 필자의 정신활동, 언어 기능, 독자의 사고, 공동체, 문화 등의 다양한 요소가 복합적으로 관여한다. 다시 말해 작문 활동에는 개인의 정신과 육체, 맥락과 문화, 공동체와 세계가 모두 관여하게 된다. 그런데 이 중에서 가장 핵심적인 것은 역시 담화지식(언어지식)이다. 그레이브와 카플란(Grabe & Kaplan)은 텍스트의 구성 요소로 표상 차원(문장 차원)과 텍스트 차원, 필자-독자 차원으로 나눈 바 있다.19) 표상 차원이 어휘-문장의 문제를 다룬다면, 텍스트 차원은 통사 결속의 문제를 다루고 있다. 이를 보면 텍스트 산출과 관련하여 중요한 요소들은 언어 기능 속에 있음을 알 수 있다. 작문 과정에서 사고 능력 못지않게 중요한 것이 담화 능력이다. 캘로그(Kellogg)의 인지 실험에 의하면 계획하기, 내용지식, 언어지식 중에서 텍스트 질에 가장 큰 영향력을 미친 것은 언어지식이었다. 문장을 만들어내고 적절하게 구성을 조직해내는 능력은 좋은 텍스트를 만드는데 내용 지식보다 더 중요한 역할을 했다

---

18) Flower, L. S. and Hayes, J. R. (1981), "A Cognitive Process Theory of Writing", *College Composition and Communication*, Vol. 32, No. 4 (Dec. 1981), p. 366.

19) 윌리엄 그레이브·로버트 카플란, 허선익 옮김(2008), 『쓰기 이론과 실천 사례』, 박이정, 119쪽.

(이에 반해 내용 지식은 작문의 효율성을 높이는 데 기여했다)(Kellogg, 1994: 71~96). 언어 능력이 텍스트를 생산하는 핵심 요소로 작용을 한 것이다. 우수한 필자들은 오랜 세월의 쓰기 활동을 통해 자기만의 '관습적인 쓰기 목록과 능력'을 소유하고 있을 확률이 높다.20) 그것은 중요한 언어 능력으로 필자가 뛰어난 주제와 내용을 만드는 데 밑거름이 된다.

캘로그의 실험을 보면 작문에서 좋은 텍스트를 만들어 내는 것은 사고력뿐만 아니라 언어능력(담화능력)이 함께 작용하는 것을 알 수 있다. 작문의 창의성은 사고력만을 의미하는 것이 아니라 텍스트를 형성하는 언어지식이 포함되어 있다. 그리고 이 언어지식 속에는 언어만이 지니는 사유 방식과 표현 방식이 내포되어 있다. 예를 들어 체이프(Chafe)는 언어와 의식 간의 관계에 대해 설명하면서 문어 텍스트의 경우 표현내용의 의식과 표현의식이 서로 구별하여 작용한다고 말하고 있다.21) 체이프는 우리가 텍스트를 작성할 때 사고 과정으로 내용지식이 존재하지만 이와 다르게 언어를 표현하는 언어의식도 존재한다고 보았다. 어휘가 다른 어휘를 요구하고, 문장이 또 다른 문장을 요구하여 텍스트 자체의 의미를 구성해 가는 것이다. 그래서 인간이 언어를 조직하여 새로운 것을 만들어 내는 것은 사고의 창의성이 아니라 언어의 창의성이라고 말을 할 수가 있다. 독자들이 텍스트를 보면서 이해할 수 있는 것도 언어 속에 담지된 이와 같은 언어 의식(텍스트 의식)의 기능 덕분이라 할 수 있다. 작문의 창의성을 사고 과정과 다르게 보아야 하는 이유도 여기에 있다.

---

20) 이에 대해서는 정희모(2013가), 「작문에서 문법의 기능과 역할」, 『청람어문교육』 47, 청람어문학회, 153쪽 참고.
21) 웰레스 체이프, 김병원·성기철 옮김(2006), 『담화와 의식과 시간: 언어의식론』, 한국문화사, 273쪽.

4. 작문교과의 융·복합 교육과 방법

최근 작문교과에서도 창의적 융·복합 교육에 대한 관심이 늘어나고 있다. 정보사회의 변화와 관련하여 창의 교육, 융합 교육에 대한 관심이 커진 탓이다. 그러나 사회교과나 과학교과에 비해 작문교과에서는 융·복합 과목에 관한 연구가 아직까지 많은 편은 아니다. 아무래도 작문이 기초학습능력으로 인식되고 있고, 학습 도구로서 기능을 하고 있기 때문일 것이다. 사실 융·복합 과목에 대한 관심이 공학 교육에서 출발했음은 모두 잘 알고 있다. 대표적인 융·복합 인재교육인 STEAM (과학, 기술, 공학, 예술, 수학) 교육만 하더라도 공학에서 창의성의 부족을 메우기 위해 예술을 결합한 교육이다. 스티브 잡스 등장 이후 이와 같은 공학과 예술의 융합 교육이 강조되어 왔다. 그러나 국내외에서도 STEAM 교육은 아직 부분적으로 진행되고 있으며, 전반적인 프로그램이나 교육과정은 개발되어 있는 것 같지 않다. 오히려 융·복합 교육은 공학 내의 통합 과목으로서 STEM(과학, 기술, 공학, 수학) 교육이 더 활발하게 진행되고 있다.[22] 아직까지 거리가 먼 전공과 전공의 결합은 방법이나 효과 면에서 연구가 덜 되어 있다고 보아야 한다.

작문교과는 독서 과목과 함께 기초과목이나 도구과목에 해당한다. 기초 교과목의 입장에서 융·복합 교육에 대응하기란 쉽지가 않을 것이다. 앞서 말한 대로 독서나 작문 모두 언어 사용을 기반으로 하고 있으며, 언어는 모든 교과에서 지식 전달 도구로서 기능하기 때문이다. 그래서 언어의 도구적 성격과 분리하여 과목 대 과목으로서 다른 과목과 결합하는 것은 그렇게 용이한 일은 아니라고 판단된다. 또 창의·융합 교육이 아직 본격적인 궤도에 오르지 않은 점도 고려해 보아야 한다.

---

22) 김성원 외(2012), 「융합인재교육(STEAM)을 위한 이론적 모형의 제안」, 『한국과학교육학회지』 32(2), 한국과학교육학회, 388~390쪽.

창의성과 융합을 교육과정에 반영하고자 하는 경향이 세계적인 추세이기는 하지만 아직까지 그 개념과 방법이 뚜렷하게 설정된 것은 아니며, 그 효과도 검증되어 있지 않다. 이에 대한 예로 송진웅·나지연(2014)은 한국과학창의재단이 발표한 STEAM교육과 비STEAM교육의 특성을 비교 분석한 것을 들고 있다. 한국과학창의재단의 발표에 따르면 STEAM교육의 특성으로 '학생의 미래를 준비하는 교육', '연속적으로 연계되고 이어지는 교육', '체험, 지식활용, 문제해결 위주의 교육', '원리를 깨우치는 교육' 등 19가지를 들고, 비STEAM교육의 특성으로 '입시 시험에만 대비하는 교육', '단원마다 분절된 교육', '지식 습득 위주의 교육', '원리를 전달 받는 교육' 등 19가지를 들고 있다. 비교 항목에는 여러 가지가 있었지만 특별히 STEAM교육의 특성으로 뚜렷이 드러나는 것은 없었다. 송진웅·나지연(2014: 831~833)은 두 개 항목(관련된 교과가 자연스럽게 연계되고 융합되는 교육, 교사가 협력하여 준비하고 실행하는 교육)만 제외하면 기존의 권장 교수학습 방법과 별 차이가 없다고 지적했다. 창의·융합 교육은 그 필요성은 널리 홍보되었지만 원리와 방법, 효과에 대해서는 아직 검증된 것이 거의 없다. 창의·융합 교육의 교수학습 방법을 세밀하게 규정하지 않으면 자칫 흥미 위주의 수업에 그칠 위험성이 많은 것이다.

다음으로 생각해 보아야 할 것은 창의·융학 교육과 언어적 창의성과의 관계 문제이다. 국어과목과 타 과목을 결합한 융·복합 과목을 살펴보면 대체로 국어 분야의 언어 창의성을 이용한 것들이 많다. 언어 자체가 이미 창의성이 풍부한 영역이기 때문에 언어활동을 이용할 가능성이 높은 것이다. 국어와 수학의 융합과목 프로그램을 만든 황선욱의 연구를 보면 국어과 학습에 도움이 되는 내용도 있지만 대체적으로 수학과 학습에 국어과의 읽기, 쓰기 기능이 도움을 주는 내용이 더 많다. 프로그램 개발자도 '수학의 개념적 요소는 국어의 읽기를 통한 분석적 독해 능력과 관련성이 큰 데 비하여, 수학의 기능적 요소는 국어의 쓰기를 통한 작문 능력과 관련성이 크다'고 밝히고 있다.[23] 국어와 수학의 결합에서 중점이 되는 것이 수학의 문제해결능력과 추론 요소에 작용할 국어의 언어 기능이라고 말할 수 있다.

문학과 경제 융합 교육 방법을 개발한 서명희·김종철(2014)의 연구에서도 언어 기능은 연구의 주요 도구가 된다. 이 연구를 보면 사회와 과학 과목에서 언어 기능을 어떻게 개념 학습에 이용하는지 알 수가 있다.

> 경제와 문학 수업의 융합을 꾀할 때 '개념'과 '이야기'는 두 영역을 결합하는 언어적 연결고리이면서 동시에 언어적 창의성을 작동하게 하는 지점이 된다, 경제적 사태를 규정하고 인식하는 언어인 '개념'은 경제 교육의 핵심이면서 동시에 현실 문제를 바라보는 언어적인 틀이다.[24]

여기서 개념과 이야기(서사)는 경제를 이해하기 위한 주요 방법이 되는데, 둘 다 언어 기능과 언어의 창의성을 이용하는 것이다. 과학 교육에서도 언어 기능을 이용하는 것은 타 과목과 크게 다르지 않다. 김성원 외에서는 과학 교과 기반 통합 역량으로 "정보의 수집 및 평가, 자료의 분석 및 해석, 패턴 인식 및 패턴 형성, 설계 및 모델링, 시연 및 시각화, 증거 기반 사고, 의사소통" 등을 들고 있다(김성원 외, 2012: 393). 이 중에서 직접적으로 언어 기능과 관련이 있는 것은 '정보의 수집 및 평가', '자료의 분석 및 해석', '의사소통능력' 등이지만 나머지도 상당 부분 언어 기능에 의존하고 있다. 특히 자료를 모아 정리하고, 분석하며, 해석하는 기능은 작문의 기능을 빌리지 않을 수가 없다. 앞서 말한

---

23) 황선욱 외(2013), 『국어와 수학 통합 교수·학습 자료 개발』, 한국과학창의재단 연구보고서, 연구 요약 부분.

24) 서명희·김종철(2014), 「창의적 문제 발견 능력 함양을 위한 문학·경제 융합 교육」, 『학습자중심교과교육연구』 14(7), 학습자중심교과교육학회, 82쪽.

대로 언어가 단순히 전달의 기능만을 맡은 것이 아니라면 타 과목의 교수 학습 방법에도 어느 정도 언어 능력의 창의성과 결합되어 있다고 보는 것이 타당할 것이다.

이처럼 작문교과에서는 작문의 언어 도구적인 성격을 이용하여 결합된 통합 과목들이 여럿 있다. 예를 들어 〈과학 글쓰기〉 과목은 과학과 작문이 결합한 과목이 아니라 과학적 문서를 작성하기 위해 과학적 표현 방식을 배우는 기초학습 과목이라 할 수 있다. 〈범교과 작문(WAC)〉 같은 경우 다양한 교과와 결합하여 작문 능력을 향상할 수 있도록 도와주고 있다. 이런 경우 다양한 교과나 전공의 학습 내용을 작문의 주제나 내용으로 삼기 때문에 교과 내의 기초학습으로 특성을 발휘하고 있다. 이런 학습은 모두 언어의 표현력과 언어의 창의성을 기본 바탕으로 한 통합 교육이라 할 수가 있다.

그렇다면 작문교과에서 학생들이 쓰기능력을 향상시키기 위해 주도적으로 융·복합 과목을 설계하고 교육에 적용할 방법은 없을까? 서영식(2012)은 융·복합 과목의 개발을 한편으로 인문·사회계와 자연계가 만나는 거시적 차원의 것과 다른 한편으로 인문·사회계나 자연계 내부에서 서로 상관성이 있거나 유사한 주제로 연결되는 미시적 차원의 것으로 나눈 바 있다.[25] 작문교과의 경우 작문을 학습 도구로 보지 않고 하나의 전공으로 보기 때문에 타 교과와 융합을 하는 것은 쉽지가 않을 것이다. 타 교과와 통합을 통해 작문 주제의 창안, 쓰기 과정의 학습, 문장 쓰기, 교정하기 등을 학습한다는 것은 흥미롭지만 이에 대한 연구가 더 필요한 일이다. 앞서 말한 대로 작문교과와 타 교과의 융합은 언어 기능의 활용성과 언어의 창의성에 바탕을 두는 것이 지금으로서는 타당할 것이다. 우리가 작문교과를 통해 학생들의 작문 능력을 향상시켜야 하는 이유도 다양한 학습 영역에서 학습 도구로서 효과를 얻게

---

25) 서영식(2012), 「융복합 교육을 위한 철학적 고찰」, 『철학논총』 67(1), 새한철학회, 146쪽.

하기 위해서이다.

융·복합 교육에 관한 오해 중 하나는 융·복합 교육이 복수의 교과 간 통합만을 전제로 한다는 점이다. 융·복합 교육은 여러 교과 간의 통합도 가능하지만 단일 교과 영역 내에서의 통합적 접근도 얼마든지 가능하다. 교과 내에서도 학생들이 새롭게 접근 가능한 주제나 방법이 있다면 이를 기존의 것과 연결할 수 있으며, 분리되어 있는 개념, 방법들도 서로 결합할 수가 있다. 이런 방법을 통해 학생들은 교과에 관한 이해의 깊이를 더 할 수 있으며, 학습의 효과도 높일 수가 있다.26) 작문 교과의 경우 앞으로 국어 영역 내부 안에서 다양한 통합적 학습 방법을 개발할 필요가 있다고 본다. 특히 독서(읽기)와 작문(쓰기)의 결합, 토론과 작문(쓰기)의 결합, 화법(말하기)과 작문(쓰기)의 결합, 총체적 언어교육의 방법, 일상생활과 작문의 결합 등에서 기존의 방법을 넘어 더 융·복합에 가까운 학습 방법을 만들어 갈 수가 있다.

융·복합 교육에서 '통합성'의 원리는 교과의 주제, 개념들과 여러 학습 내용들을 통합하여 학생 스스로 지식과 대화적 관계를 형성하도록 만드는 것이라고 한다. 학생들은 이를 통해 학습과 삶을 일체가 되도록 해야 한다(차윤경 외, 2014: 39). 학습을 통해 형성한 다양한 지식들을 연결하여 이를 생활과 일치시키는 것은 매우 바람직한 교육의 모습이라고 할 수 있다. 작문교과와 같이 언어 기능을 학습하는 교과는 특히 일상생활의 현장과 결합하는 것이 필요할 것이다. 그러나 통합의 원리와 방법들에 관한 연구가 없으면, 이런 결합들은 단지 흥미나 재미를 돋우는 장치로 그칠 가능성도 많기 때문에 주의해야 한다. 앞으로 융·복합 교육에 관한 연구가 더 필요한 이유도 여기에 있다.

---

26) 차윤경 외(2014), 『융복합교육의 이론과 실제』, 학지사, 25쪽.

5. 결론

앞서 살펴본 바대로 작문교과는 기초과목으로서 다양한 교과의 창의적 능력을 발휘하는 것을 돕는 역할을 한다. 많은 창의성 함양 과목이나 융·복합 과목들이 글쓰기를 주요 학습 도구로 사용하기 때문이다. 그래서 작문교과는 융복합 과목을 개발하더라도 주로 타 교과의 학습 능력을 향상시켜 주는 역할을 맡게 된다. 작문 교과의 융복합 교육 방법이 기존의 학습과 완전히 달라질 수 없는 이유가 여기에 있다. 역사·사회·과학 교과에서 융복합 과목을 개발하더라도 작문(글쓰기)을 이용할 수밖에 없으며, 상당 부분 언어의 창의성에 의존하게 된다. 개별 교과의 학습 내용들이 언어로 구성되며, 언어로 개념을 형성하기 때문이다.

이 논문에서는 작문교과의 융·복합 교육으로 국어 교과 내의 통합교육을 강화하는 것을 제안하고 있다. 기존에도 다양한 시도가 있었지만 앞으로는 테크놀로지를 이용하면 보다 강화된 통합교육 프로그램을 만들어 낼 수가 있게 될 것이다. 예를 들어 인터넷이나 모바일을 통해 다양한 언어 기능(읽기, 듣기, 쓰기, 말하기)을 결합한 통합적 언어교육 프로그램을 만들 수가 있다. 다양한 블로그들을 이용하여 인문학적 글쓰기를 유도할 수도 있을 것이다. 또한 실시간 메신저를 이용해 토론 프로그램과 글쓰기가 결합한 창의적 프로그램도 가능하다. 이처럼 앞으로 작문교과에서는 하이퍼텍스트 환경을 이용하면 보다 다양한 창의적 쓰기 프로그램을 개발해낼 수가 있을 것이다.

마지막으로 창의 융합 교육에서 작문교과는 기초 도구과목으로서 창의적 문화환경을 조성하는 일을 도울 수 있다는 점을 강조하고 싶다. 김왕동은 창의적 융합 인재 양성에서 무엇보다 중요한 것이 창의성 유발 문화를 만들어 내는 일이라고 말한다. 창의적인 환경과 문화 속에 창의적 인재를 만들어질 수가 있다는 것이다.27) 창의성 유발 문화의 중심에 독서와 작문이 있다. 학생들이 많은 책을 읽을 수 있고, 이에 대해 텍스트로 자신의 의견을 표현할 수 있을 때 다양한 교과의 창의성도 개발될 수 있을 것이다. 창의적 교육 환경에서 무엇보다 중요한 것은 학생들이 자신의 생각을 자유롭게 표현해낼 수 있는 능력이기 때문이다.

---

27) 김왕동(2012), 「창의적 융합인재에 관한 개념 틀 정립: 과학기술과 예술 융합 관점」, 『영재와 영재교육』 11(1), 한국영재교육학회, 103쪽.

작문과목의 내용제시 방법

1. 서론

이 논문은 작문과목의 교수설계를 위해 내용요소의 제시 방식을 단일한 원리와 절차로 통합하기 위하여 작성되었다. 중등 및 대학의 일선 현장에서 실시되는 작문수업의 교수활동은 매우 다양한 내용과 방법으로 이루어진다. 이런 다양한 내용과 방법은 학습목표에 따라 달라지기도 하지만, 교수의 취향과 선택에 따라 달라지는 경우도 많다. 이 논문에서는 이렇게 복잡한 교수 활동을 단일한 원리로 통합하고 일반화하기 위한 방법을 찾는 것이 목적이다. 다시 말해 학습목표를 달성하기 위해 작문과목이 취하는 내용제시 방식에 대해 통합적인 기본 원리를 제시하고자 하는 것이 이 논문의 중심적 목표이다.

교과내용 체계와 원리에 관한 연구로는 교육학자인 Merrill의 내용요소제시 이론(CDT: Component Display Theory)과 Reigeluth의 정교화 이론(Elaboration Theory)이 있다. Merrill의 내용 요소제시 이론은 학습목표를 향해 최고의 학습 결과를 산출해낼 수 있는 교과내용 제시요소가 무엇인가를 밝히고자 만들어졌다. 이 이론은 가능한 학습 유형을 분류하고 이 유형의 학습에 어떤 형태의 내용들이 제시되고, 어떻게 전개될 수 있는가를 분석한다.

반면에 Reigeluth의 정교화 이론은 효과적인 학습 결과를 산출하기 위해 학습내용을 선정하고 조직하는 일반적 원리를 찾고자 한 이론이다. 특히 정교화 이론은 기존의 교수설계 이론이 수업의 전체 과정을 부분으로 쪼개 학습 원리로 삼는 것을 지양하고, 전체와 부분의 상호관계를 살려 생동감 있는 교수 전달 원리를 제시하고자 했다. 이 방법은 학생들에게 교과내용의 범위와 계열에 대한 권한을 강화시켜 주는 학습자 중심의 학습과 관련이 있다(Reigeluth, 1984: 477).[1]

그런데 주목해야 할 점은 Merrill과 Reigeluth의 이론이 작문과 같은 창안 학습을 대상으로 한 것이 아니라는 사실이다. Merrill과 Reigeluth의 이론에 '발견하기'와 같은 기능이 들어 있지만, 이것이 지식을 구성하고, 의미를 생산하는 활동까지 포함된 것은 아니다. 예컨대 Merrill의 이론은 "파이(pi)의 값은 얼마인가?", "지구표면을 지도로 만들 때 필요한 세 가지 투사기법을 설명하라"(Merrill, 1983: 289)와 같은 인지 학습을 대상으로 한 것이지 창안 학습을 대상으로 한 것은 아니다.

Merrill과 Reigeluth의 이론이 작문과 같은 창안 학습을 포함하지 않은 것은 지식의 구성주의 관점에 대해 생소했던 당시의 분위기와 관련이

---

[1] 일반적으로 Merrill의 내용 요소제시 이론은 학습의 미시적 전략을 Reigeluth의 정교화 이론은 거시적 전략을 다루고 있다고 말한다. 여기서 미시적 전략이란 단일한 아이디어, 즉 단일한 개념이나 원리 등에 관한 교수 조직을 말하며, 거시적 전략이란 가르칠 아이디어를 예습과 복습을 포함하여 계열화, 종합하는 것으로 하나 이상의 아이디어와 관련을 맺고 있는 수업 국면을 조직하기 위한 것이다(양일호 외, 1994: 242). 이 논문에서는 Merrill의 내용 요소제시 이론을 단지 단일한 아이디어만을 조직하는 것으로 보지 않으며, 수업의 전체적 내용과 관련하여 주요 아이디어를 조직하고 배열하는 것으로 본다. 특히 Merrill의 이론은 수업 내용을 체계화하여 조직함으로써 작문과목의 교수설계에 기여할 수 있는 요소가 많다고 생각한다.

있다. 예컨대 분류학의 원조로 볼 수 있는 Bloom의 학습목표 분류를 보면, 학습 종류는 지식·이해력·적응력·분석력·종합력·평가력 여섯 개에 불과하다(Bloom, 정법모역, 1968). 여기에는 복잡한 구성이나 창안과 관련된 항목이 포함되어 있지 않다. Bloom의 분류에서 구성적 관점에 관한 항목은 훨씬 후 개정판(2001)에 포함되어 있다. Bloom의 분류학 개정판을 보면 비로소 '보고서 쓰기'와 같은 창안 학습 항목들이 포함되어 있고, 그 세부 내용도 분석되어 있다(앤더슨, 강현석 외 옮김, 2015: 238~260).

Merrill과 Reigeluth의 이론이 작문과 같은 과목을 염두에 두지 않았다는 사실은 그들이 만든 교수학습의 분류를 보아도 분명하다. Merrill은 교수학습의 분류로 '축어적 기억하기', '변환하여 기억하기', '일반성 사용하기', '일반성 발견하기'로 나누었고, Reigeluth는 '정보암기', '관계이해', '기술적용', '일반적 기술의 적용'으로 분류했다(Reigeluth & Moore, 1999: 54~55). 그러나 이 속에 작문과 같은 구성적 과목에 적합한 학습 항목은 포함되어 있지 않다. 작문과 같은 구성적 수업과 가장 가까운 것이 〈일반성 발견하기〉와 〈일반적 기술의 적용〉이다. 이 둘은 일반성이나 고차원적인 과정의 발견과 관련이 있지만 주로 인지적 과목의 절차나 구성의 발견과 관련이 깊은 항목이다. 예컨대 "물이 샘에 모이는 이유를 설명할 모델을 구상해 보라"와 같이 인지적 '발견'과 관련된 내용들이다.

그러나 이 모든 사실에도 불구하고 Merrill과 Reigeluth의 이론은 교수 학습내용을 제시하는 방법에 놀라울 만큼 이로운 통찰을 준다. 특히 Merrill의 이론은 교과의 세부 내용이 정교화되어 확장되는 과정을 이론적으로 매우 잘 설명해준다. 그의 이론은 거시적인 학습목표에서 미시적인 보충자료까지 교과내용이 전개되는 원리를 설명하고자 했다. 그리고 이런 원리를 응용하면 작문과목의 내용제시 방식도 이론적으로 규명해 볼 수가 있다.[2] 이 논문의 구체적 목표도 Merrill의 방법을 응용하여 작문과목의 내용·제시 방법에 대한 원리를 얻는 것이다.

Merrill의 이론이 모든 교과목에서 잘 응용될 수 있는 이유는 그의 이론이 구체적인 학습내용(콘텐츠)을 다루는 것이 아니라, 일반적인 학습 원리를 다루기 때문이다. 그가 말하는 내용제시 방법은 학습목표에 따라 교과내용이 제시되는 원리를 규정한 것으로, 구체적인 학습내용과는 차별된다. 예컨대 Merrill의 분류 중에 '발견'이 있는데, 이는 일반적 내용을 구체적인 것에 적용하여 새로운 내용을 얻는 것을 말한다. 다시 말해 콘텐츠가 무엇이든 기존의 지식을 가지고 새로운 지식을 산출하면 '발견'에 해당한다. Bloom의 새로운 규정에서는 이를 '창안'으로 부른다. 이처럼 이 논문에서 말하는 내용요소의 원리에 관한 항목들은 학습 내용의 일반적 성격을 말하기 때문에, 한 단원의 전개 원리가 무엇인지 쉽게 이해할 수가 있다.

이 논문에서 규명하고자 하는 작문의 내용제시 방법은 작문 학습의 교수설계에 도움을 줄 수 있다. 이 논문에서는 학습목표 수준의 큰 요소부터 예시, 첨삭(피드백)에 이르는 작은 요소까지 모두 다루기 때문에 어떤 수준에서든 작문 수업을 손쉽게 설계하는 데 응용할 수 있다. 뿐만 아니라 내용제시 방법은 교과서에도 그대로 적용되기 때문에 교과서를 제작하는 데도 유용하게 이용될 수 있다. 작문 교과서는 일정한 학습 내용을 선정하고 배열하는 것을 기본 원칙으로 하기 때문이다.

---

2) 이 논문에서 Merrill과 Reigeluth의 논문은 1983년에 발간한 Reigeluth 편저 『*Instructional-Design Theories and Models: An Overview of their Current Status*』(Lawrence Erlbaum Associates)를 기본으로 사용했으며, 1999년 개정판 『*Instructional-Design Theories and Models: A New Paradigm of Instructional Theory*』도 참고하였다. 한국어 번역판도 있으나 참고용으로만 사용하였다. 한국어 번역판의 용어가 적절하다고 생각되면 이를 따랐으나, 그렇지 않다고 생각하면 새롭게 번역했다.

2. 작문과목의 목표 설정

1) 작문과목의 내용-수행 수준

일반적으로 특정 교과목의 내용체계는 교과내용을 선정하는 것과 교과 내용을 계열화하는 것으로 구성된다. 교과내용의 선정은 가르칠 교수 항목을 결정하는 것을 말한다. 교수 항목을 결정해야 수업전개 방식을 정해 수업설계를 할 수 있다. 교과내용의 계열화는 유사한 목적에 따라 한 방향으로 학습을 묶어 순서를 정하는 작업이다.

교과내용의 선정과 계열화는 서로 밀접한 관련이 있다. 모든 학습은 '무엇'을 '어떻게' 전달할 것인가와 관계가 있기 때문에 교과학습의 중심에 두 요소가 있다. 다시 말해 학생에게 무엇을 가르칠 것인가, 학생은 무엇을 필요로 하고, 무엇을 요구하는가와 관련된 것이 교과내용의 선정이라면 그 내용을 어떤 원리로, 어떤 순서에 의해 가르칠 것인가를 결정하는 것이 계열화이다. 따라서 교수 학습 과정의 가장 큰 두 축은 교과내용의 선정과 계열화라고 말할 수 있다.

Bloom의 개정판에서는 이를 교과내용의 '패키지화'라고 부르고 있다. 일반적으로 교과의 내용은 해당 분야의 여러 경험 있는 학자들이 합의한 지식, 즉 '역사적으로 공유된 지식'으로 결정된다. 그러나 이처럼 '역사적 합의한 공유 지식'이 그대로 교과 내용이 되는 것은 아니다. 교과 내용이 되기 위해서는 교과 지식을 학습에 유용하게 어떤 식으로 다시 재가공되어야 한다. 다시 말해 그 지식을 학생들의 경험과 배경, 능력의 다양한 차이를 감안해 적응적인 형태로 재구성해야 하는데, 이를 지식의 '패키지화'라고 부른다. 지식의 '패키지화'에서 가장 중요한 것이 '내용을 선정하고 조직하는 것'이다(앤더슨, 강현석 외 옮김, 2015: 15). 결국 지식이 많더라도 이를 선정하고 계열화하지 않으면 학습 설계는 불가능하다는 뜻이다.

그렇다면 '교과내용의 선정'은 어떤 방식으로 가능할까? 교과의 내용 선정은 학습목표(학습 결과)와 밀접하게 관련된다. 학생들이 무엇을 목표로 하며, 어떻게 배울 것인가를 알지 못하면 학습내용을 선정할 수가 없다. 또 학습 수행에 따라 학습 결과가 어떻게 나올지도 예상해야 적절한 교과 내용을 수립할 수가 있다. 학습목표와 학습 결과는 궁극적으로 학생이 한 단위의 학습을 마쳤을 때 무엇을 할 수 있을까에 대한 예상된 행동을 지칭하게 된다. 학습목표에는 학생이 개발해야 할 행동(수행)과 그 행동이 수행하게 될 내용(토픽)이 모두 포함되는 것이 일반적이다.

Merrill은 학습목표를 범주화하기 위해 학습 결과를 '내용 유형'과 '수행수준'으로 나누었다. 내용 유형으로 '사실(fact)'·'개념(concept)'·'절차(procedure)'·'원리(principle)'를 두었고, 수행수준으로 '기억하기(remember)'·'활용하기(use)'·'발견하기(find)'를 두었다. 그리고 아래와 같은 표를 만들어 학습목표를 구분했다(이런 학습목표는 학습 유형이 될 수 있다). 아래 표를 보면 Merrill이 의도한 학습목표(학습 유형)는 10가지가 된다. 예컨대 〈사실-기억하기〉, 〈개념-기억하기〉, 〈개념-활용하기〉, 〈개념-발견하기〉, 〈절차-기억하기〉, 〈절차-활용하기〉, 〈절차-발견하기〉, 〈원리-기억하기〉, 〈원리-활용하기〉, 〈원리-발견하기〉와 같은 유형이 그것이다. 다만 교과학습에서 '사실'은 기존의 지식을 의미하므로 '기억하기'만 가능하지, '활용하기' '발견하기'는 불가능하다(Merrill, 1983: 285~289).

〈표 1〉 Merrill의 내용-수행표

〈 수행수준 〉	발견하기				
	활용하기				
	기억하기				
		사실	개념	절차	원리
			〈 내용 유형 〉		

그런데 위와 같은 분류를 작문과목과 비교해 보면 분명한 차이가 있다. 우선 '수행 수준'을 살펴보자. Merrill은 수행 수준을 '기억하기', '적용하기', '발견하기'로 나누었다. 그런데 작문교과는 암기과목과 다르기 때문에 어떤 내용을 '기억하기'에 목표를 둘 수 없다. 또 글을 쓰는 과정이 '발견하기'와 유사하기 때문에 이것도 뺄 수밖에 없다. 대신 작문교과에서는 '이해하기(Comprehend)', '구성하기(compose)', '점검하기(Monitor)'를 두는 것이 필요하다. 작문에서는 어떤 지식을 기억하는 것이 필요한 것이 아니라 이해하는 것이 필요하다. 배경 지식이나 쓰기 과정을 이해해야 좋은 글을 쓸 수 있다. '구성하기'는 이론의 예를 들거나 실제 작문을 수행하는 것을 말한다. 작문 수업에서는 작문 과정 원리를 적용해 글의 부분을 구성해 보는 것도 있고, 전체를 구성해 보는 것도 있다. 예컨대 〈절차-구성하기〉라면 절차(과정)의 한 부분(ex, 주제, 구성 등)을 구성해 보는 것이다. '점검하기'는 작문에서 매우 중요한 부분으로, 필자가 글을 쓰는 과정을 점검하고 검토하는 것을 말한다. 글쓰기 과정은 다른 교과학습과 다르게 쓰기 과정을 점검하는 것이 매우 중요한 영역 중의 하나이다.

〈표 2〉 작문과목의 내용-수행표

∧ 수행 수준 ∨		지식	절차	언어표상
	이해하기			
	구성하기			
	점검하기			

〈 내용 유형 〉

다음으로 작문의 '내용 유형'에 대해 살펴보자. 일반적으로 작문학습은 기존지식을 이용해 새로운 의미를 구성하는 것과 관련이 있다. 그래서 어떤 개념을 숙지하는 암기학습보다 의미 생산과 관련된 수업이 많다. 다시 말해 작문학습에는 '개념-기억하기', '개념-활용하기', '개념-발견하기'처럼 하나의 개념을 세부적으로 학습하는 과정은 많지 않지만, 상대적으로 의미 생성이나 의미 구성과 같이 창안을 수행하는 세부 학습이 많다.3) 다시 말해 직접 글을 쓰고 수정하는 것과 관련된 수업이 많은 것이다. 따라서 작문 학습은 Merrill이 내용으로 제시한 사실, 개념, 절차, 원리를 사용될 수는 있지만 아무래도 절차와 관련된 학습이 많을 수밖에 없다.

위의 표에서 보듯 작문과목의 내용 영역을 '지식·절차·언어(표상)'으로 설정했다. '지식'은 글을 작성하기 위해 사용하는 지식(사실) 모두를 포함한다. 이 속에는 Merrill의 '내용 수준'에 나오는 사실, 개념, 원리에 관한 지식도 포함된다. 이들은 모두 좋은 글을 쓰기 위한 주요한 스키마로 작용한다. 지식 영역에는 '이해하기'가 가능하지만 '구성하기'는 불가능하다. 지식을 배우고 이해하는 것은 좋은 글을 쓰기 위해 반드시 필요하지만 작문에서 지식(사실)을 직접 구성할 필요는 없다. 또 지식을 구성할 필요가 없기 때문에 이에 대한 '점검하기'도 불가능하다.

'절차'는 주로 작문의 과정을 학습하는 것이다. 작문의 절차는 복잡하고 하위 과정도 많다. 화제 찾기, 주제 찾기, 구성하기, 내용 생성하기, 고쳐 쓰기 등은 모두 작문의 과정에 해당한다. 이런 과정을 이론으로 학습할 수 있고(절차-이해하기), 직접 한 부분을 작성해서 실행해 볼 수도 있다(절차-구성하기). 또 작성한 것을 점검해 볼 수도 있다(절차-점검하기).

---

3) 예컨대 Bloom의 개정판에는 화산활동을 탐구하는 과학 수업과 미국사에 대한 보고서를 쓰는 작문 수업을 Bloom의 분류표(기억, 이해, 적용, 분석, 평가, 창안)를 가지고 분석한 논문이 있다. 이를 살펴보면 인지 영역 면에서 차이가 확연히 드러나 보인다. 과학수업은 주로 '기억'과 '이해' 과정에 학습 활동이 집중되어 있는 반면, 작문 수업은 주로 '분석'과 '창안' 과정에 집중되어 있다(Anderson, 2005: 230, 241).

언어(표상)는 사고를 문자로 재현(representation)하는 행위 전체를 의미한다. 언어(표상) 속에는 어법, 표현법, 비유법, 띄어쓰기 등 이론으로 학습하는 영역도 있으며(언어(표상)-이해하기), 직접 한 단어, 한 문장을 꾸며 글을 만드는 과정도 있다(언어(표상)-구성하기). 또 작성된 텍스트를 점검하고 수정할 수 있다(언어(표상)-점검하기). 언어(표상)는 과제를 수행하면서 직접 글을 쓰는 행위와 연관된다.

위의 표를 보면 작문의 '내용-수행 영역'은 약 7개로 구분할 수 있다. 지식에서는 구성 영역과 점검 영역을 설정할 수 없기 때문에 〈지식-구성하기〉, 〈지식-점검하기〉를 빼면 나머지 모든 영역이 작문학습 목표에 해당한다. 그리고 이것은 작문학습을 통해 얻을 수 있는 수행 결과가 되는 동시에 학습 유형이 된다. 작문과목은 이 7개의 학습목표를 중심으로 운영된다.

2) 학습목표의 상세화

이 논문에서 작문과목의 학습목표로 7개의 영역을 설정했다. 〈작문과목의 내용-수행표〉에서 보듯 작문의 학습목표는 7개이며, 이는 작문 수업에서 나타날 수 있는 학습 유형이 그러하다는 말과 동일하다. 학습목표는 학생이 학습을 통해 수행해야 할 학습 유형을 결정한다. 또 Gagne의 말처럼 학습목표가 달라지면 이를 습득하는 학습 조건이 달라지며, 학습 유형도 달라진다.

'학습목표의 상세화'는 이를 하나의 문장으로 기술(記述)하는 것을 말한다. 학습목표를 기술함으로써 학습 조건과 학습 유형이 보다 조건화되고 구체화된다. 학습목표의 기술은 특정한 학습 방법을 한정하고 규정하는 의미를 지닌다. 따라서 교수설계에서 학습목표의 기술은 빠질 수 없는 주요 과정이다. 학습목표의 기술 방법에 대해서 많은 학자들은 여러 방법을 제시했다. Gagne(1998)는 학습목표를 기술하기 위해 수행 환경(조건), 행동 단어나 동사, 행동이 가해질 대상, 수행 준거가 필요하다고 말했다. Merrill(1983)은 학습을 통해 할 수 있는 행동(behavior), 학습자가 학습을 수행할 조건(condition), 학습자의 수행을 평가할 준거(criterion)를 학습목표 기술에 필요한 세 가지 요소로 꼽았다(월터 딕 외지음, 최수영 외 옮김, 2003: 124; Merrill, 1983: 289~291). 이 논문에서는 Gagne(1998)와 Merrill(1983)의 것을 종합하여 작문의 〈내용-수행표〉에 있는 학습목표를 구체적으로 기술한다.

〈표 3〉 작문과목의 학습목표 기술

	대상	준거	행동
지식-이해하기	사상, 주장	내포된 의미와 내용에 맞게	발표하기, 기술하기
절차-이해하기	쓰기 과정	원리와 원칙에 적합하게	발표하기, 기술하기
절차-구성하기		원리와 기능에 부합되게	적용하기, 표현하기
절차-점검하기			확인하기, 수정하기
언어(표상)-이해하기	언어 규범	규범과 규칙에 적합하게	발표하기, 기술하기
언어(표상)-구성하기	언어 표상	주제와 내용에 부합하게	적용하기, 표현하기
언어(표상)-점검하기			진단하기, 수정하기

이 논문에서는 학습목표의 기술(記述) 요소로 '대상', '준거', '행동'을 설정했다. '대상'은 교육하게 될 내용을 의미한다. 교수적 행동이 가해질 교수 항목이 이에 해당한다. 다음으로 '준거'는 학습자 행동을 평가하는 데 사용될 기준을 의미한다. 적합성, 타당성, 규범성 등과 같은 행위의 수준을 평가할 항목이다. 마지막으로 '행동'은 학습자가 할 수 있는 수행형태를 지칭한다. '발표한다', '요약한다' 등과 같이 구체적이고 명확해야 한다. '알다', '느끼다'와 같은 모호한 단어는 피해야 한다.

〈표 2〉의 〈작문의 내용-수행표〉에서 본 것처럼 작문의 학습목표는 7가지이다. 학습목표는 실제 학습 과정에 따라 구체적인 교수목표나

수업목표로 바뀔 수 있을 것이다.[4] 내용수준의 지식영역에는 이해하기가 가능하다. 이 영역에서 학습목표는 학생들이 작문의 배경지식이 될 만한 특별한 사상이나 주장에 대해 그것이 내포된 실제 의미에 맞게 이해하고 있는가를 살펴본다. 또 이를 작문 주제에 융합시켜 적절히 응용할 수 있는 것인지를 검토한다. 학생들은 다양한 텍스트를 읽어야 하며, 그 텍스트의 이론과 내용을 자신의 스키마와 결합시켜야 한다. 〈지식-이해하기〉는 이 모든 과정의 학습에 해당한다. 〈지식-이해하기〉의 학습에서는 자신이 배운 내용을 발표하거나 기술(記述)하는 것을 목표 수행 과정으로 본다.

절차 영역의 '이해하기, 구성하기, 점검하기'는 작문 과정을 학습하는 단원이다. 글쓰기의 절차는 주로 쓰기 과정과 관련되어 있다. 〈절차-이해하기〉의 학습목표는 원리와 원칙에 적합하게 작문의 과정을 이해하는 것이다. 학습은 주로 절차를 이해하여, 이를 기록하고 발표하는 것으로 진행된다. 작문에는 계획하기로부터 작성하기, 수정하기에 이르기까지 다양한 과정이 있으며, 이들 과정이 회귀적이라는 사실을 학생들은 이해하고 이를 적용할 수 있어야 한다.

직접 어떤 주제를 작문의 한 과정에 적용해 보는 것은 〈절차-구성하기〉에 해당한다. 〈절차-구성하기〉는 과정 학습을 부분적으로 직접 수행하는 것을 말한다. 주제찾기, 구성하기, 고쳐쓰기 방법들을 연습하는 것이 바로 이 경우에 해당한다. 학생들은 '작문 과정의 원리와 그 기능에 부합되게' 이를 적용하고 글로 표현해야 한다. 또 이런 부분적인 과정 학습이 잘 이루어졌는지를 검토하는 과정이 〈절차-점검하기〉이다.

---

4) 앤더슨(Anderson)은 목표의 영역은 매우 일반적인 것에서부터 아주 명세적인 것에 이르기까지 하나의 연속체를 이루고 있다고 말했다. 그는 이런 연속체 속에서 총괄목표, 교육목표, 수업목표라는 세 가지 영역에 대해 설명하고 있다(앤더슨, 강현석 외 옮김, 2015: 18~20). 작문의 학습목표는 교수학습의 행위 속에는 교수목표, 수업목표로 전환될 수 있다.

언어(표상) 영역은 사고를 문장으로 표상하는 것과 관계되는 학습 영역이다. 여기서는 부분적인 규범 학습과 문장 학습, 표현 학습, 그리고 텍스트 수정 학습이 모두 포함된다. 예컨대 〈언어(표상)-이해〉는 국어 어법과 문장 규범을 배우는 학습으로, 그 내용을 기술하거나 발표된다. 반면에 〈언어(표상)-구성하기〉는 일정한 주제를 가지고 자신이 원하는 글을 써가는 과정이다. 특히 원하는 주제에 맞춰 적절한 표현 형식을 찾아 글을 작성하는 것은 작문 과정에서 가장 중요한 부분이다. 학생들은 계획하기를 통해 구상한 것을 적절하게 적용하고 표현할 수 있어야 한다.

〈언어(표상)-점검하기〉에서는 작성한 텍스트를 점검하여 수정하는 것이다. 텍스트 수정은 텍스트의 문자를 고쳐 쓰는 과정으로 어법이나 문장 규칙뿐만 아니라 주제와 맥락까지 모두 알고 있어야 한다. 〈언어(표상)-점검하기〉의 학습목표는 '글의 주제와 내용에 부합하여 글의 잘못을 진단하고, 이를 바르게 고치는 것'으로 기술할 수 있다.

3. 작문과목의 내용제시 방식

1) 일차적 내용제시 방식

앞에서 〈작문의 내용-수행표〉를 통해 작문과목에서 일어날 수 있는 학습의 형태를 7가지로 분류했다. 주제와 내용에 따라 작문수업은 다양하게 전개되겠지만, 대체로 이 7가지 유형 속에 들어가게 된다. 〈작문의 내용-수행표〉에서는 거시적 수준에서 작문교수 활동에서 나타날 수 있는 학습의 성격을 규정하였다.

다음으로 살펴볼 것은 작문과목의 구체적 수준에서 내용을 제시하는 방법이다. Merrill(1983)은 학습내용의 제시 방법을 일반화하고 원론화하여 제시했다. 모든 교수학습은 내용(자료)을 제시하여 수행된다. 학습 내용은 일반적으로 교과서 형태로 제시되지만, 때에 따라 부교재 형태로 제시되기도 한다. 이 외에도 유형, 무형의 다양한 부속적 자료가 이용되기도 한다. 특히 작문은 다양한 읽기자료 및 보충자료를 사용한다. 작문의 교수 행위는 이런 내용(자료)의 제시형태에 따라 달라질 수 있기 때문에 교수설계에 이를 반영한다.

이 논문에서 내용제시 방식은 Merrill(1983)의 형식처럼 일차적 내용제시 방식(Primary presentation forms)과 이차적 내용제시 방식(Secondary presentation forms)으로 나눈다.5) 여기서 일차적 내용제시 방식은 보다 상위 수준에서의 자료제시 방법을 말하며, 이차적 내용제시 방식은 보다 하위 수준에서의 자료제시 방법을 말한다. 이차적 내용제시 방식은 일차적 내용제시 방식을 보완하고 보충하는 것이다.

작문과목의 일차적 내용제시 방식은 내용적인 측면과 진술적인 측면을 함께 고려한다. 여기서 내용적인 측면은 자료의 내용이 담고 있는 성격적인 면을 말한다. 작문과목에서 내용적인 측면은 일반성(Generalities) 과 예시(example)로 나눈다. 일반성(G)이란 작문학습에 필요한 기본적 지식이 원론 차원에서 진술되는 것을 말한다. 일반적으로 교과학습은 사물이나 사건에 대한 정의나 절차, 원리를 설명함으로써 시작한다. 작문교과 역시 이와 같이 정의나 절차, 원리에 대한 일반적 진술로부터 학습을 시작한다. 학생들은 설명 방식과 논증 방식에 대한 정의와 원리를 알아야 하며, 그것의 절차를 알아 다른 진술 방식과 비교할 줄 알아야 한다. 학생들은 교사의 설명이나 예시를 통해 이런 일발적인 원론들을 습득하고 이해해야 한다. 인지영역에 관한 모든 다른 교과와 마찬가지로 작문 역시 이런 원론적 진술(일반성 G)을 통해 학습을 시작한다.

---

5) Merrill의 이론에 관한 한국어 번역판에는 이를 자료제시방식으로 번역했으나 이 논문에서는 내용제시방식으로 사용한다.

한편 자료에는 원론에 관한 것 이외에 실제 그 원론을 구체적인 현상에 적용한 것도 있다. 예컨대 '고기'라는 대상을 일반적인 정의로 설명할 수도 있고, '고등어', '참치', '멸치', '송어', '숭어', '상어' 등 구체적인 사물로 설명할 수도 있다. 전자가 추상적이라면 후자는 구체적이다. 또 후자는 전자에 대한 사례, 보기, 적용이라고 부를 수 있다. 작문에서 구체적인 사례를 매우 유용하게 사용한다. 묘사에 대한 설명을 일반적인 정의나 원리로 설명할 수 있지만, 오히려 직접 예문을 통해 보여주는 것이 더 이해하기 편할 수 있다. 특히 작문과목이 문장을 다루기 때문에 추상적 진술보다 예시문을 통해 보여주는 것이 더 효과적일 경우가 많다. 작문수업은 다른 인지교과보다 훨씬 구체적인 예문을 많이 이용한다.

〈표 4〉 작문과목의 일차적 내용제시 방식

	설명식(E)	탐구식(I)	과제식(T)
일반성 (G)	설명식(Expository) or 말하기(Tell) EG (설명식 일반성) TG (일반성 알려주기)	탐구식(Inquisitory) or 질문하기(Question) IG (탐구식 일반성) QG (일반성 질문하기)	GT (일반성-과제)
구체성 (예시 ex)	Eex (설명식 예시) Tex (예시 알려주기)	Iex (탐구식 예시) Qex (예시 질문하기)	ExT (예시-과제)

다음으로 진술 방법적인 측면을 살펴보자. 여기서는 진술 방법의 측면으로 '설명식(E)'과 '탐구식(I)', '과제식(T)'을 둔다. '설명식'은 작문에 관한 지식, 원리, 절차를 말로 알려주거나 글로 설명하는 방식이다. '설명식'에는 작문에 관한 일반화(지식, 원리, 절차)를 직접 설명하는 것과 예시를 통해 설명하는 것이 모두 가능하다. 예컨대 논증의 정의·절차·원리를 문장으로 설명할 수도 있고, 직접 예시를 통해 설명할 수도 있다.

'탐구식(I)'은 학생 스스로에게 작문 지식을 탐색하거나, 해답을 찾아

진술하는 방식을 말한다. 교수설계, 혹은 교과서에서 학습내용을 일방적으로 설명하지 않고, 학생 스스로 찾도록 요구하는 구성 방식은 모두 이에 해당한다. 예컨대 학생들에게 논증문에 적합한 구성 방식을 찾아보도록 몇 가지 원리만을 제시해주었다면 이 경우는 바로 탐구식에 해당한다(탐구식 일반성). 학생들은 원리들을 검토하면서 논증문에 적합한 구성 방법과 구성 원리를 발견해야 한다. '탐구식'에는 질문 형식이나 과제 형식으로 요구하는 경우가 많다. 만약 위의 경우라면 학생들에게 논증을 위해 가장 좋은 구성 방식을 찾으라고 직접 질문을 할 수가 있다. 학생들은 질문에 대한 답을 찾으면서 논증에 적합한 구성 방식을 발견하게 될 것이다(일반성 질문하기).

'탐구식(I)'은 구체성(예시)의 항목에도 가능하다. 〈탐구식 예시(Iex)〉는 여러 다양한 예시를 통해 학생 스스로 작문지식이나 작문 원리를 깨우치게 하는 방식이다. 예컨대 관련된 예시문을 주고 학생 스스로 묘사가 어떤 것인가를 발견하게 하는 것도 이에 해당하며, 또 두괄식, 미괄식의 두 예시문을 주어 학생 스스로 글의 구성 방식과 그 특성을 발견하게 하는 것도 〈탐구식 예시〉에 해당한다. 탐구 방식은 작문과목이 지식전수형의 교과가 아니기 때문에 자주 등장하는 형식이다. 위의 표에서 〈예시 질문하기(Qex)〉는 예시를 통해 간단한 연습 문제를 주어 해답을 요구하는 경우이다.

일차적 자료제시 방식의 마지막 형식으로 '과제식(T)'이 있다. '과제식'은 작문과목에만 있는 방식으로, 수업에서 내용 제시가 '한 편의 글을 쓰라'는 쓰기 과제로 제시되는 방식을 말한다. 이는 작문학습이 직적 글을 쓰는 수행 중심의 수업으로 이루어지는 것과 연관이 있다. 작문학습은 인지적 교과학습의 지식 전수 방식과 다르게 쓰기과제를 수행하고 점검하는 과정과 결합되어 있다. 학생들은 자기점검이나 동료 협력 방법을 통해 과제를 수행하며 학습한다. 또 쓰기 과제를 통해 다양한 텍스트를 산출하고 이를 학습자료로 이용한다. 점검(review)과 수정(revision)에 관한 학습은 학생들이 작성한 텍스트가 있어야 가능하다. 따라서 '과제식'은 작문과목에서 뺄 수 없는 수업 진행의 한 부분이다.

사실 '탐구식'과 '과제식'은 질문과 물음의 형식을 함께 사용하기 때문에 매우 비슷하다. 그러나 작문의 교수학습을 볼 때 이 둘은 충분히 구분이 가능하다. '탐구식'은 어떤 원리나 법칙을 설명하지 않고 학생이 깨우치도록 하는 것으로, '설명식'의 반대 개념이다. 반면에 '과제식'은 원리나 지식 습득보다 쓰기 과정을 반복하여 작성능력을 키우고자 하는 것과 관련이 있다. 즉 '탐구식'이 이론 및 원리 학습과 연관된다면 '과제식'은 텍스트 작성과 관련된다. '탐구식'은 질문의 형식뿐만 아니라 암시, 유추, 유도, 단계화 등을 사용한다. 반면에 '과제식'은 분량의 차이는 있지만 완결된 한 편의 글을 쓰기 위한 과제이다.

'과제식'의 제시 형태는 〈일반성 과제(GT)〉와 〈예시 과제(ExT)〉가 있다. 〈일반성 과제(GT)〉는 작문의 이론이나 원리를 응용해 한 편의 글을 쓰는 과제를 말한다. 주로 어떤 배경 설명이나 원리 설명을 통해 한 편의 글을 쓰게 하는 단독 과제가 이에 해당한다. 예컨대 "논증의 원리를 적용하여 학교 주변의 환경을 정화하자는 호소문을 써보자"와 같은 과제가 이에 해당한다. 〈예시 과제(ExT)〉는 예문과 결합된 과제 형식을 의미한다. 작문교과는 논술시험처럼 예문과 함께 과제가 제시되는 경우가 많다. 예문을 이용한 과제는 예문을 통해 쓰기 과제를 다양하게 만드는 효과가 있다. 또한 '탐구식'처럼 학생 스스로 예문을 통해 과제의 성격을 찾아가게 하는 효과도 있다. 그래서 작문의 과제는 자주 예문과 함께 제시된다.

2) 이차적 내용제시 방식

앞서 설명한 일차적 내용제시 방식은 작문수업의 기본적인 내용전개 형식을 표현한 것이다. 이 방식은 어떤 단원이든지 작문수업이 형성되는 교실 현장에서 기본적으로 적용할 수 있다. 그뿐만 아니라 글쓰기 교재에서도 기본적인 단원전개 방식으로 사용할 수 있다. 이제 다음에 살펴볼 것은 이런 일차적 내용제시 방식을 보다 정교화하는 방법이다. 이차적 내용제시 방식은 일차적 내용제시 방식을 보충하여 내용을 보다 상세하게 꾸미거나 보충할 때 기능하는 방식이다. 예를 들어 '설명식'에 맥락을 부여하여 이론 배경을 상세하게 설명하거나 '탐구식'에 피드백(정답)을 제공하여 학습의 편의를 도모하는 것과 같은 것이다 (Merrill, 1983: 307~308).6)

작문의 이차적 내용제시 방식은 작문의 특성을 반영하여 결정해야 한다. 이 논문에서는 작문의 이차적 내용제시 방식으로 '맥락적 정교화', '정리 정교화', '부가적 정교화', '점검 정교화', '피드백 정교화', '표상법 정교화' 등을 둔다.

'맥락적 정교화'는 어떤 원리나 절차, 혹은 과제가 어떤 배경에서, 어떤 환경에서 일어났는지 추가적으로 밝히는 것을 말한다. 교사가 작문 이론을 설명한 이후 그 이론이 어떤 배경에서 일어났는지 추가 정보를 통해 제공해줄 수 있다. 과제에도 '맥락적 정교화'가 적용된다. 교사가 학교 환경 개선에 대한 글을 쓰라고 과제를 주었다면 이 과제가 왜 지금 필요한지를 학생에게 제공해줄 수 있다. '맥락적 정교화'는 작문교

---

6) Merrill은 이차적 자료제시 방식으로 '필수학습의 정교화(prerequisite elaboration)', '맥락적 정교화(contextual elaboration)', '기억부호 정교화(mnemonic elaboration)', '도움 정교화(mathemagenic elaboration)', '표상적 정교화(representation elaboration)', '피드백 (feedback elaboration)' 등을 들고 있다. Merrill의 이차적 자료제시 방식을 보면 기초적 인지학습에 유용하다는 사실이 잘 드러난다. '필수학습의 정교화'나 '맥락적 정교화', '도움 정교화'는 지식 습득과 지식 암기에 매우 유용한 방식이다. 예컨대 평등과 정의를 배우는 단원에서 이에 관한 사전적 정의를 제공하거나(필수학습의 정교화), 유전법칙에 관한 학습 시간에 진화론의 등장 배경과 역사적인 영향관계를 보충해서 설명해주거나 (맥락적 정교화), 중세사 시간에 학생들이 암기하기 쉽도록 주요 항목에 붉은 표시를 해주거나(도움 정교화) 등이 Merrill의 이론이 갖는 특징을 잘 보여준다. 그러나 암기 능력 보다 구성 능력을 중시하는 작문 교과에서 Merrill과 같은 분류를 그대로 받아들이기는 어렵다(Merrill, 1983: 305~310).

과에서 가장 많이 사용되는 이차적 내용제시 방식이다.

〈표 5〉 작문과목의 이차적 내용제시 방식

	설명식 일반성 (EG)	설명식 예시 (Eex)	탐구식 일반성 (IG)	탐구식 예시 (Iex)	일반성 -과제 (GT)	예시 -과제 (ExT)
맥락 (context)	EG/e	Eex/c	IG/c	Iex/c	GT/c	ExT/c
정리 (arrangement)	EG/a	Eex/a	–	–	–	–
부가적 (added)	EG/ad	Eex/ad	–	–	–	–
점검 (review)	–	–	IG/r	Iex/r	GT/r	ExT/r
표상법 (representation)	EG/rp	Eex/rp	–	–	–	–
피드백 (feedback) co/정답 h/도움	–	–	IG/FBco IG/FBh	Iex/FBc Iex/FBh	GT/FBh	ExT/FBh

'정리 정교화'는 설명한 내용을 이해시키기 위해 정리나 요약을 해주는 것으로, 일반적으로 일반성 설명 뒤에 붙어 개조식으로 나오는 경우가 많다. 예컨대 글쓰기 교재에서 주제찾기에 관한 브레인스토밍 방법을 설명했다면, 박스(box)를 통해 이에 대한 정리를 해주는 것이 여기에 해당한다.

'부가적 정교화'는 '설명식' 방식 이후 본문과 관련된 추가적 내용을 제공하는 경우인데, 교재에서는 흔히 팁(tip)이나 박스(box)로 나온다. 예컨대 주제를 설명하는 단원이라면 박스를 만들어 부가적으로 주제와 화제의 차이를 설명해줄 수 있다. '점검 정교화'는 교사가 부가적인 설명이나 지시를 통해 학생 스스로 과제 진행을 검토해 보도록 지시하는 경우에 해당한다. 글쓰기 교재에서는 과제를 제시하고 이후 표를 이용해 과제 수행 상태를 점검하도록 하는 경우가 있는데, 이것이 '점검 정교화'에 해당한다. '표상법 정교화'는 일반성을 돕기 위해 다이어그램, 차트, 공식, 표 등을 이용하는 것을 말한다. 작문에 흔하지는 않으나 과제의 예문에서 사용되기도 한다. '피드백 정교화'는 탐구식이나 과제식에서 과제나 연습에 대해 정답을 제공하거나 암시해주는 것을 말한다. 예컨대 어떤 주제에 대해 개요를 작성하라는 과제가 있다면 모범적인 개요에 관한 힌트를 제공해 줌으로써 정답을 유도하는 경우가 이에 해당한다. 작문과목에서는 이와 같은 이차적 내용제시 방식을 사용할 수 있다.

이차적 내용제시 방식이 전개되는 형식은 위의 표와 같다. '설명식'에는 '맥락 정교화(EG'c, 혹은 Eex'c)'와 '정리 정교화(EG'a 혹은 Eex'a)', '부가적 정교화(EG'ad, 혹은 Eex'ad)', '표상적 정교화(EG'rp, 혹은 Eex'rp)'가 모두 가능하다. 예컨대 인터넷에서 자료찾기를 학습하면서 그 배경을 설명할 수 있으며(맥락정교화), 자료 찾는 순서를 정리해줄 수 있고(정리정교화), 유효한 사이트를 팁으로 제공해줄 있다(부가적 정교화). 반면에 '점검 정교화(/r)'나 '피드백 정교화(/fbc, /fbc)'는 질문이나 과제에 수반되는 정교화 과정이기 때문에 '설명식'에는 나올 수 없다.

'탐구식'과 '과제식'에는 흔히 '점검 정교화(/r)'와 '피드백 정교화(/fbco, /fbh)'가 사용된다. '점검 정교화'는 탐구 과정이나 과제수행 과정에서 교사의 지시를 통해 자신의 학습 과정을 검토하는 과정이다. 이런 점검 과정은 상위인지 활동과 유사하지만, 과제수행에 부가적으로 제시된다는 점에서 이차적 내용제시 방식에 해당한다.

'피드백 정교화'는 두 가지로 나누어진다. 하나는 학생들의 탐구 활동과 과제 활동에 대해 직접 정답을 제시해주는 '피드백-정답(fb/co)'이 있으며 다른 하나는 직접 정답을 말해주지 않고 암시나 도움만 주는 경우는 '피드백-도움(fb/h)'이 있다. 탐구식과 과제식은 학생 스스로 문제를 풀거나 글을 쓰는 과정이기 때문에 교사가 사용하는 정교화 과정(정리, 부가적, 표상법 정교화)은 사용할 수가 없다. 반면에 '맥락 정교화'

는 설명식과 탐구식, 과제식 모두에 사용될 수 있다. 맥락은 제시되는 내용에 대해 부가적으로 배경과 환경을 설정하는 것이기 때문에 어떤 방식에도 추가적으로 정보 제공이 가능하다. 예컨대 학생들에게 환경에 대한 글을 쓰도록 과제를 준다면 부가적으로 이에 대한 배경과 맥락을 설명해줄 수 있다.

4. 결론

일반적으로 Merrill의 이론은 단일한 개념과 원리에 의해 교수 내용의 미세한 측면을 조직하고 상세화하는 것으로, 미시적 관점으로 분류된다. 그렇지만 이 말이 교과 내용의 부분적 측면만 다룰 뿐이지 전체와는 관련이 없다는 뜻은 아니다. 오히려 Merrill의 말처럼 다른 교수 도구와 독립되어 있기 때문에 다양한 교과에 다양한 교수학습요소와 결합할 수 있다(Merrill, 1983: 284). 작문교과에서 Merrill의 이론이 훌륭하게 접목될 수 있음은 두말할 나위가 없다. 다만 작문은 Merrill이 대상으로 삼은 과목과는 차이가 있기 때문에 이를 응용하기 위해 세밀한 창안 과정이 요구된다.

작문의 내용제시 방법은 다양한 내용을 다양한 방법으로 제시해줄 수 있다. 특히 교수활동과 교과서 제작에서 내용이 전개되는 방식에 대한 원리를 제공해줄 수 있기 때문에 학술적인 응용가치가 높다. 작문의 교수활동이 어떤 식으로 이루어지는지, 작문 교재의 내용전개가 어떠한지, 작문의 내용 제시 방법은 이에 대한 이론적 토대를 마련해줄 수 있다. 예컨대 어떤 강의(교재)가 '설명식'을 위주로 하는지, 아니면 '탐구식'을 위주로 하는지, 또 '탐구식'에도 정답이 제시되는지, 도움이나 암시만 제시되는지, 이 이론을 사용하면 쉽게 인지할 수가 있다.

뿐만 아니라 이 이론을 이용하면 '설명식'이나 '탐구식', 혹은 '과제식'을 중심으로 다양한 내용제시모형을 구상해 볼 수 있다. 만약 '설명식'으로 내용제시를 한다면 맥락이나 '정리 정교화'가 매우 중요할 것이다. 또 '탐구식'으로 내용제시를 한다면 점검 과정이나 피드백 과정이 중시될 것이다. 물론 이런 모형들은 교수설계의 경우와 교재개발의 경우가 각각 다를 것이다. 이런 모형들을 간략하게 제시하면 다음과 같다.

가) 교수학습의 경우: EG, TG, EG/C, Tex, EG/a, GT, GT/FBh
(설명식 일반성→일반성 알려주기→설명식 맥락→예시 알려주기→설명식 정리→일반화 과제→피드백 도움)

나) 교재의 경우: EG, EG/C, Eex1, Eex/a, Iex, Iex/co, ExT, Eex/FBh
(설명식 일반성→설명식 맥락→설명식 예시→설명식 정리→탐구식 예시→탐구식 정답→예시 과제→예시 도움)

위에서 교수설계의 경우 '일반성'으로 시작했다. 먼저 교사는 '일반성'에 대한 설명식 자료를 제시할 것이다(EG), 다음 교사는 이에 대한 설명을 하면서(TG) 맥락을 제공해줄 수 있다(EG/C). 또 이에 대한 예시를 학생들에게 알려줄 수 있을 것이다(Tex). 예컨대 브레인스토밍 방법을 학생들에게 말로 알려줄 수 있다. 다음으로 정리된 내용을 칠판에 적을 수 있을 것이다(EG/a). 그리고 학생들에게 이와 관련된 과제를 주고(GT), 이에 대한 간단한 힌트를 줄 수가 있다(GT/h).

교재의 경우 '말로하기'는 들어가지 않고, 대부분 설명식 자료로 제공되거나 예문으로 제공된다. 교재에는 예시가 많은 것이 바로 이 때문이다. 위에서 보듯 교재에서는 〈설명식 예시〉와 〈탐구식 예시〉와 〈예시 과제〉를 모두 사용했다.

Sari와 Reigeluth(1982)는 학생들이 내용제시의 원리를 알면 자신의 학습을 통제하고 조절할 수 있다고 말했다. 예컨대 학생들은 〈설명식 예시〉를 학습하다가 다시 앞으로 돌아가 〈설명식 일반성〉의 의미를 확인할 수 있으며, 반대로 앞의 내용을 생략하고 바로 〈설명식 예시〉로 갈 수도 있다(Sari & Reigeluth, 1982: 59). 내용제시 원리를 알면 학습의 전개 과정을 어느 정도 안다는 말과 일치할 것이다.

그런데 내용제시 방법이 더 필요한 것은 교사이다. 교사는 교수학습을 설계하거나 교재를 개발할 때 한 교과의 단원이 어떻게 전개될 것인가에 대한 종합적인 시각을 가지고 있어야 한다. 한 단원에 대한 설계도로서 내용제시 이론은 교사들에게 이에 관한 충분한 정보를 제공해 줄 수가 있다. 또 이런 시각을 가져야 다른 단원과 결합하거나 다른 절차를 만들어 낼 수 있을 것이다. 특히 작문교과에서는 교수설계와 교과서에 대한 연구가 상대적으로 적다. 앞으로 이에 관한 자세한 연구들이 나와서 작문에 대한 이론적 연구가 풍성해지기를 기대한다.

대학 작문 교육과 학술적 글쓰기의 특성

1. 서론

2006년 한 논문에서 대학 작문교재를 '학술적 글쓰기(academic writing)'
와 '일반적 글쓰기(general writing)'로 나눈 것을 본 적이 있다.[1] 이 논문
에 의하면 학술적 글쓰기는 비판적 사고 능력을 함양한 교재를 일컫는
말이고, 일반적 글쓰기는 기존의 '작문'강좌를 이어받은 것을 말한다고
한다. 당시에는 이와 유사한 분류를 하는 것을 여러 논문에서 볼 수가
있었다. 지금에 와서 보면 이런 분류 방식이 잘못되었다는 것을 알 수
있지만 '대학 작문'이 '교양 국어'를 이어받아 생겼고, 학술적 글쓰기를
개설하는 대학이 이와 다른 전통 속에 나왔기 때문에 그 나름의 이유는
있었다고 생각한다.

---

[1] 박나리(2009), 「학술논문에 나타난 응집성(coherence)과 응결성(cohesion)의 사상 양상」,
『국어학』 56, 국어학회, 114쪽.

미국에도 이와 유사한 분류가 있었다. 표현주의 이론가로 잘 알려진 Peter Elbow는 대학에서 학습하는 글쓰기를 '학술적 글쓰기'와 '비학술적 글쓰기(nonacademic writing)'로 나눈 바가 있다. 그는 학술적 담화와 학술적 언어로 사용한 글을 학술적 글쓰기라고 불렀고, 그 밖의 다양한 일상적인 쓰기 양식들을 비학술적 글쓰기로 지칭했다. 대학의 담화를 이렇게 양분되게 분류한 것은 대학의 담화가 일상의 담화에 기초하면서도 이와 다른 인식적·형식적 차이가 있기 때문이다. 미국에서도 대학 담화와 학술적 글쓰기의 성격에 대해 오랫동안 학술적 논쟁을 진행해 왔다. 어떤 담화가 대학의 담화인지, 또 어떤 담화가 학술적 담화인지, 학술적 담화는 정말 효과가 있는 것인지, 대학 담화와 일상 담화는 어떻게 다른지, 꼭 대학에서 학술적 담화를 가르쳐야 하는 것인지 1970년대부터 2000년대에 이르기까지 오랫동안 이에 관해 논쟁을 이어왔다. 이 논쟁에는 대학에서 학문을 다루는 글쓰기는 일상의 담화와 뭔가 달라야 한다는 학자들의 권위 의식이 밑바탕에 깔려 있다.

학술적 글쓰기는 매우 다양한 논쟁의 함의를 내포하고 있다. 학술적 글쓰기는 대학의 담화 공동체를 대변하는데 정작 대학의 학문 활동이 너무 다양하여 무엇이 담화 공동체인지 알기 어려울 뿐만 아니라, 어떤 방식으로 학술적 글쓰기를 학습해야 대학의 학문 활동에 도움이 될 것인지에 대해서도 합의점을 찾기가 어렵다. 그리고 학술적 글쓰기가 실제 전공 글쓰기 학습에 도움이 되는지 회의적인 사람도 많다. 뿐만 아니라 많은 사람들은 읽고, 쓰는 문식성 자체가 평생 학습의 대상이므로 대학만을 위한 글쓰기 학습이 꼭 필요한 것인지 문제를 제기하는 사람들도 있다.

이 논문에서는 한국의 대학 작문 교육에서 학술적 글쓰기가 자리를 잡게 된 과정을 살펴보고, 이어 학술적 글쓰기와 관련된 다양한 쟁점들을 검토한 후 이에 대한 문제점들을 토의한다. 특히 미국학자 Wardle이 제기한 학술적 글쓰기의 효용성 문제(전이 문제)와 관련하여 대학에서 실시하고 있는 학문적 글쓰기에 어떤 문제들이 담겨 있는지를 상세히 검토해 볼 것이다. 이 논문에서 제시하는 '학술적 글쓰기' 개념은 대학의 학문 활동을 수행하기 위해 필요한 기초적 글쓰기의 개념을 포함한 넓은 의미의 것임을 미리 밝혀 둔다.

2. 대학 작문 교육과 학술적 글쓰기

국내 대학 작문이 2000년도 이후 '대학 국어'를 대체하여 등장한 것은 잘 알려져 있다(정희모, 2005나; 나은미, 2008; 최시한, 2009). 이들 학자들은 기존의 '대학 국어'를 '대학 작문'이나 '대학 글쓰기'로 대체하게 된 배경으로 '지식 정보화 시대의 도래', '학문의 실용화 바람과 도구적 필요성' 등을 거론하고 있다. 말하자면 지식 중심의 디지털 시대에 다른 무엇보다 정보 전달의 방식이 중요하게 여겨졌던 것이다. 디지털의 등장과 함께 표현 매체가 다양화됨으로써 의사소통교육 중 '쓰기 교육'의 필요성과 중요성이 한층 강화된 것이다.

모든 학문이 마찬가지이겠지만 새로운 학문은 기존의 학문으로부터 구성과 체계를 이어받게 된다. 초기 대학 작문 교육은 한편으로는 기존의 교양교육의 특성에, 다른 한편으로는 중등 교육과정의 작문 교육 방식에 영향을 받았다. 이런 영향 때문인지 대학 작문 교육에는 '기술인(기능인)'과 함께 '교양인'이 강조되는 경우가 많았다. '비판적 사고력을 통한 성숙한 교양인의 양성', '글쓰기의 기초적이고 기술적인 측면의 연마' 등과 같은 것2)이 교육의 목표에 포함되었고, 언어 능력이 '도구'라는 주장과 함께, 글이 '삶의 성숙, 삶 그 자체'3)라는 주장도 자주

---

2) 정희모(2001), 「글쓰기 과목의 목표 설정과 학습 방안」, 『현대문학의 연구』 17, 한국문학연구학회, 190~191쪽.

3) 최시한(2009), 「대학 글쓰기 교육의 방향」, 『시학과 언어학』 16, 시학과 언어학회, 12쪽.

나타났다.

반면에 주된 교육 내용은 기존의 전통적 교육 방식과 크게 차이가 없었다. 대학 작문의 교육 내용은 중등 쓰기 교육과정에 포함되어 있는 수사적인 문제(맥락, 주제, 독자), 어법과 표현(문장, 단락), 진술 방식(묘사, 서사, 논증 등) 등을 기본적으로 포함했다. 그리고 여기에 대학에 적합한 장르(자기소개서, 학술에세이, 문화서평, 실험보고서 등)가 추가되었고, 학술적 담론에 필요한 몇 가지 사항이 추가되었다. 예컨대 발표와 토론, 주장과 논거, 요약과 종합, 인용과 주석 등이 그러한 것들이다.

초기 대학 작문 교육에 부과된 이런 이중성(성숙된 교양인의 양성, 효율적인 기술인의 양성)은 지식 정보화 사회로 변화한 과도기적 현실 상황과 밀접하게 관련된다. 전통적인 자유교육의 사상에 정보화 사회가 요구하는 의사소통의 능력이 필요해진 것이다. 대체로 모든 교양 과목이 이런 딜레마를 경험하지만 이 점에 대해서는 '대학 작문'도 예외는 아니었다. 특히 '대학 국어'로부터 '대학 작문'으로 바뀐 현실에서, 이름에 걸맞은 적절한 교육모형을 찾기는 어려웠을 것이다. 무엇보다 무엇이 시대 현실에 부합하면서, 대학 교육과 대학 신입생에 적합한 교육인지 생각하기 쉽지 않았던 것이다. 그 때문인지 초기부터 대학 작문 교육에 관해서 많은 문제 제기가 있었다. 예컨대 '글쓰기 과목의 성격과 정체성이 뚜렷하지 못해 생기는 교육 내용의 부실'(정희모, 2001: 183)을 제기했고, '교육 프로그램에 대한 제시가 없어 교수자가 개인적인 차원에서 방법론을 개발할 수밖에 없는' 문제가 지적되었으며,[4] '이론적 연구가 미비하여 전문적인 강사가 없다는 점',[5] 대학 작문 교재를 살펴보고 난 후 '대학 교재로서의 특징이라 할 만한 내용이 없다는 점, 교재 구성을 관통할 원리가 없다는 점'[6]과 같은 문제 제기가 나오기도 했다.

---

[4] 김승종(2003), 「한국 대학 작문 교육의 실태와 발전 방향」, 명지대 인문과학연구소 편, 『인간은 어떻게 말하고 쓰는가』, 월인, 16쪽.

[5] 이재승(2005), 「작문 교육의 현황과 발전 과제」, 『작문연구』 창간호, 한국작문학회.

대학 작문의 이런 초기 상황과 관련시켜 보면 '학술적 글쓰기'를 표 방하고 나온 논문들은 매우 특별한 것이었다.[7] 대학에서 사용하는 텍 스트와 정보를 '학술적인 글'이라는 정체성 속에 뚜렷이 그 특성과 성 격을 묶어 주었기 때문이다. "학술적인 글이란 주어진 자료를 근거로 그 주제에 관한 자신의 주장이나 견해를 피력하거나 기존의 견해에 대 해 새롭게 해석, 비평하는 글"(손동현, 2006: 541)로 규정하거나, "어떤 주장이나 근거를 적절한 근거들과 함께 제시함으로써 그것의 옳음을 객관적으로 밝히는 글"(원만희, 2005: 129)로 규정하여 대학 작문이 다루 어야 할 장르적인 속성을 한정해주었다. 초기의 혼란된 상황을 두고 볼 때 이런 장르적 규정은 그 나름대로 의미를 가지고 있다.

예컨대 이런 장르적 규정은 독자나 필자들이 글을 읽거나 쓸 때 경 험과 형식을 일치시킬 의사소통적 시스템을 학생들에게 제공해준다. 글을 읽고 해석할 때, 또 새로운 의미를 창조하고 표현할 때 학생들은 학술적 담론 공간에서 소통하는 방법과 장르적인 통로를 얻게 된다. 초창기 대학 작문에서 학술적 글쓰기 개념은 학생들에게 긍정적인 지 원자의 역할을 했다고 생각한다. 예를 들어 '요약-논평-학술에세이' 로 구조화되어 있는 성균관대학교의 학술적 글쓰기 교육과정은 주장 과 논거를 개념적 명확성, 사실적 정확성, 합리적 수용 가능성 등 학술 적 담화의 속성을 단계적으로 학습하도록 규정되어 있다(손동현, 2006: 542~544). 학생들은 이런 학술적인 담론의 방법과 전략을 통해 대학생 이 다루어야 할 표현과 방법을 익힐 수가 있다.

그렇지만 이런 논문들에서는 대학 작문 교육에 관한 논의를 위해 필

---

6) 나은미(2008), 「대학에서의 글쓰기 교육 현황 분석」, 『우리어문연구』 32, 우리어문학회, 28쪽.
7) 이런 논문으로 다음과 같은 것들이 있다. 손동현(2006), 「교양교육으로서의 '학술적 글쓰기' 교육」, 『철학논총』 42, 새한철학회; 원만희(2005), 「대학에서의 글쓰기 교육의 위상과 학술적 글쓰기 모델」, 『철학과 현실』 65, 철학문화연구소; 원진숙(2005), 「대학생들의 학술적 글쓰기 능력 신장을 위한 작문 교육 방법」, 『어문논집』 51, 민족어문학회.

수적으로 생각해 보아야 할 한 측면이 빠져 있다. 대학에서 학문적인 텍스트를 읽고 글을 쓰는 것은 한 편으로 형식이나 장르의 문제일 뿐만 아니라 다른 한 편으로 세계관의 문제가 되기도 한다. 다시 말해 대학을 구성하는 공동체의 생각과 사고, 규칙과 관습이 공통된 가치관으로 존재하는 것이다. 그래서 대학 작문을 논할 때 우리가 반드시 생각해야 할 문제가 바로 '담화 공동체'에 관한 논의이다. 그것이 앞으로 대학 작문에서 정말 무엇을 가르쳐야 할지, 어떤 교육을 해야 할지를 탐구할 때 필요한 논의의 중심이 되기 때문이다. 대학 작문 교육의 초창기 원진숙(2005)의 논문에서 이를 잘 지적하고 있다.

> 대학에서의 작문 교육은 단순히 쓰기 기술을 가르치는 것이 아니라 학습자로 하여금 학문적 담화 공동체의 구성원으로서 생각하고 소통하는 방식을 가르치는 것이어야 한다. 학생들이 특정 담화 공동체의 구성원으로 참여하기 위해서는 무엇보다 그 해당 담화 공동체의 사회적 목적에 기반을 둔 특정 사고 방식과 소통양식을 익힐 필요가 있다. 해당 담화 공도에의 사회적 맥락 안에서 상황을 해석하고, 핵심을 파악하고, 앞선 텍스트에 반응하고, 목표를 설정하고, 정보를 선택하고, 구성하고, 연결짓고, 추론하고, 의도한 바를 글쓰기를 통해서 실현하는 방식을 핵심적인 교육 내용으로 삼아야 한다. 예컨대 국어학도라면 전문적인 국어학자처럼, 법학도라면 전문적인 법학자처럼, 공학도라면 전문적인 과학기술자처럼 말하고, 생각하고, 글쓰기 방식을 배워야 한다. (원진숙, 2005: 57)

이런 설명은 결국 대학 작문 교육 속에 장르의 문제뿐만 아니라 사고와 전통, 관습과 세계관의 문제가 포함되어 있음을 말해준다. 학생들이 고등학교를 졸업하고 대학의 학술 공동체에 진입할 때 그들은 새롭게 생각하고 소통하는 방식을 배운다. 인용문에서 보듯 대학만이 가지는 '특정 사고 방식과 소통 방식'을 배우는 것이다. Bartholomae는 대학생이 필자로서 권위를 가지기 위해 대학의 담화공동체 속에 자신을 위치시켜야 하며, 이를 잘못 학습하면 창안(invention)과 발견의 학습이 아니라 모방과 패러디의 문제가 된다고 말한 바 있다.[8] 글쓰기를 입문하는 학생들은 대학 속에 들어가 진정으로 대학 공동체가 사용하는 생각 방식, 통상적인 화제들, 표현 방식, 관습과 제스처, 설득의 기술 등을 익혀야 하는 것이다. 이것은 학술적 담화 공동체 속에서 '자기 삶을 해석해 내는 방식'과 '자신의 경험을 구성하는 방식'을 새롭게 습득하는 것을 말한다. 원진숙(2005)의 논문에 이르러 비로소 대학 작문이 "대학 학술 공동체"의 문제가 되었고, 삶과 사고, 관습과 표현의 문제가 되었으며, 그 중심에 '학술적 글쓰기'가 놓여 있음을 보여준 것이다.

이후에 전개되는 많은 논문들은 '학술적 글쓰기 교육'이 대학 작문의 중심에 있다는 사실을 인정하고 있다. 미국도 그렇지만 한국도 대학 작문 교육에서 학술적 글쓰기가 빠질 수 없는 주요 내용이 되었다. 예컨대 박정하(2006)은 대학 작문이 대학교육의 기초로서 학적 탐구에서 요구되는 것을 학습해야 하므로 '학술적 글쓰기'를 주요 교육 대상으로 삼아야 한다는 점을 지적하고 있다.[9] 박규준(2010)은 대학생이 사회 담화 공동체와 대학 담화 공동체에 같이 속해 있다는 점에서 학술적 글쓰기로 논리적 글쓰기와 지식 생산적 글쓰기를 함께 해야 한다고 말했다.[10] 김옥영(2011)은 대학 작문 교육이 대학에서의 학문 활동을 효율적으로 수행하기 위한 기초적 교육과정이기 때문에, '학술적 글쓰기'를 원활하게 이행할 수 있는 교육 내용을 포함해야 한다고 말하고 있다.[11]

---

8) Bartholomae, D.(2009), "Inventing the University", in Susan Miller (ed.), *The Norton Book of Composition Studies*, W. W. Norton and Company, Inc., p. 614.

9) 박정하(2006), 「학술적 글쓰기, 어떻게 가르칠 것인가」, 『교양논총』 1, 중앙대학교 교양교육연구소.

10) 박규준(2010), 「담화 공동체 관점에서의 대학 글쓰기 교육」, 『우리말글』 50, 우리말글학회, 10~11쪽.

11) 김옥영(2011), 「학술적 글쓰기를 위한 대학에서의 글쓰기 교육」, 『어문학교육』 42, 부산

특별히 주목할 것은 원만희(2005)와 이윤빈(2012)의 학술적 글쓰기에 관한 논문이다. 원만희(2005)는 바람직한 학문적 목적의 글쓰기 교육은 특정한 학문 분야의 탐구 과정 전반을 글쓰기를 통해 구현하는 방식이 최선이라고 보아 교양교육의 글쓰기와 함께 전공 분야의 글쓰기 교육 (WAC)이 필요하다고 보았다. 국내 WAC(Writing Across Curriculum) 교육에 대한 연구 기반이 없음을 고려해 볼 때 이런 연구는 무척 중요하다고 볼 수 있다. 이윤빈(2012)은 미국에서 오랫동안 전개된 학술적 글쓰기 논쟁에 관한 이론적 흐름을 개괄하고, 우리 대학의 신입생 학술적 글쓰기 장르로서 '복수 자료 읽기 쓰기 형식'을 제안하고 있다. 이윤빈의 연구는 학술적 글쓰기에 관한 미국 논쟁의 다양한 흐름을 분석하여 소개함으로써 차후 학술적 글쓰기에 대한 다양한 연구와 논쟁들이 가능할 수 있도록 길을 열어 주었다.12)

3. 학술적 글쓰기에 관한 여러 쟁점들

앞에서 대학 작문이 고등학교와 다른, 대학의 '학술 공동체'를 바탕으로 한다고 설명했다. 그렇기 때문에 대학 작문 교육이 적든 많든 학술적 글쓰기 교육과 관련을 맺을 수밖에 없다고 말했다. 그런데 문제는 각 대학의 성격이 각자 다르듯, 학술적 글쓰기에 대한 정의도 다양할 뿐만 아니라, 학술적 글쓰기의 내용을 규정하는 요소들도 제각각 다르

교육학회, 46쪽.

12) 이윤빈은 미국에서 진행된 학술적 글쓰기 논쟁의 흐름을 다음과 같이 정리했다. 첫째, 학술적 담화 개념이 부각되고 교육의 당위성이 제기되는 시기(1970년대 중후반~1980년대 중반), 둘째, 복수의 담화공동체들과 복수의 학술적 담화들이 강조된 시기(1980년대 중후반~1990년대 초반), 셋째, 단일한 학술공동체와 담화를 부정하고 신입생 글쓰기 교육을 다양하게 모색한 시기(1990년대 초중반~현재). 이윤빈(2012), 「대학 신입생 대상 학술적 글쓰기의 장르적 의미와 성격」, 『작문연구』 14, 한국작문학회, 9쪽 참고.

다는 점이다. 그렇기 때문에 학술적 글쓰기에 대한 이런 저런 논쟁도 많을 뿐만 아니라 이에 대한 비판도 적지 않다. 미국에서는 오랜 기간 동안 학술적 글쓰기 교육에 대한 논쟁이 있었으며, 우리의 경우에도 아직 합의되지 않은 제각각의 목소리들이 생겨나고 있다. 이 장에서는 미국에서의 논쟁과 국내에서 일어난 개별적 논의들을 참고하여 학술적 글쓰기와 관련된 쟁점들을 하나씩 검토해 보도록 하겠다.13)

먼저 대학 작문 교육이 학술적 글쓰기를 중심으로 해야 한다는 것은 대학의 문식성 활동이 학술적 공동체에 의존하고 있다는 생각에서 출발한다. 앞서 원진숙(2005)의 논문에서 보듯 대학에서 작문 교육이 대학의 학술 공동체가 지닌 소통 방식을 배우는 것이라면 무엇보다 대학의 학술공동체가 무엇인지, 어떠한 성격을 담고 있는지에 대한 검토가 필요하다. 그렇지만 문제는 여러 학자들이 합의할 수 있는 단일한 학술 공동체 개념을 만들기가 어렵다는 점이다. 사실 대학은 무수한 전공 영역의 집합체로서, 서로 다른 목적과 이에 도달하는 과정, 소통 방식 등을 가지고 있다. 예를 들어 사학과의 사유 체계와 소통 방식이 생물학과의 사유 체계와 소통 방식과 같을 수 없다. 그뿐만 아니라 '특정한 학문 영역, 특정한 대학의 학부도 다양한 주장들이 공존하는 장소'14)가 된다. 사실 하나의 작문 연구 공동체만 하더라도, 인지주의, 사회문화

---

13) Zamel(1993)은 학술적 글쓰기에 관한 쟁점으로 세 가지를 제시하고 있다. 첫째 학술적 담화 공동체를 단일한 실체로 규정할 수 있는가? 둘째, 학술적 담화가 개인적 담화보다 우월한가? 셋째, 학술적 글쓰기 강좌와 전공 영역의 강좌가 서로 연계성을 가질 수 있는가? Harris(1989)는 학술적 글쓰기에 관한 쟁점으로 첫째 학술적 공동체를 매우 광범위하고 애매하게 다루고 있는 것, 둘째 대학의 담화를 대부분의 학생들에게 전적으로 낯선 것으로 제시해 왔다는 점, 셋째 쓰기 논의를 학술적 담화와 개인적 담화로 양극화해 왔다는 점을 들었다. Harris, J. (1989), "The idea of community in the study of writing", *College Composition and Communication*, Vol. 40, No. 1, p. 12; Zamel, V. (1993), "Questioning academic discourse", in V. Zamel, and R. Spack (1998), *Negotiating academic literacies: Teaching and learning across languages and cultures*, Routledge, pp. 187~193.

14) Hines, E. (2004), *High quality and low quality college-level academic writing: Its discursive features*, Doctorial dissertation of University of Colorado at Boulder, p. 9.

주의, 대화주의, 장르주의 등 다양한 이론이 서로 섞인 하나의 집합체라 말할 수 있다.

　담화공동체의 특성과 범위를 정하기에 대학이라는 집단은 너무 이질적이고 다양한 성격을 가진다. 다양한 학문 영역들이 가지는 그만한 숫자의 작은 담화공동체와 그 담화공동체들이 내재화하고 있는 담화관습들을 '대학'이라는 막연한 범주에서 일반화시킬 방법은 없어 보인다. 실제로 대학의 담화공동체는 학문 단위로 이루어지는 일이 가장 많으므로, 학문적 글쓰기는 해당 학문의 소통 방식과 사유 방식에 의존하게 된다. (…중략…) 대학 안에서도 각 계열, 혹은 전공 별로 지켜온 담화 관습의 차이가 있으며, 이들 담화 관습이 대학 글쓰기라는 포괄적인 개념 속에서 동일한 기준으로 담아지지 않을 수 있다는 점은 지금까지의 글쓰기 교육의 틀을 넘어서는 새로운 교육 방법을 요구한다.[15]

　단일한 대학의 학문 공동체를 상정하는 것이 불가능할 것이라고 진단하는 위의 예문에서 보듯 대학은 작은 단위의 수많은 담화공동체로 나뉘어져 있고, 다양한 학술 체계와 담화 체계가 뒤섞여 있는 복잡한 공동체를 형성하고 있다. 일상 담화를 넘어서서 전공 내면의 고유한 담화 속으로 들어가면 개별적인 가치 체계와 담화 관습이 있고 학생들은 그런 수사적 목적에 맞는 문식성을 학습해야만 한다. 그래서 Zamel(1998)은 학술성 문식성이 단수가 아닌 복수(학술적 문식성들)로 표현된다[16]고 말하고 있다. 이렇게 보면 대학 작문이 다양한 학술 담화 뒤에서 일반적이고 보편적인, 단일한 문식성을 상정하는 것이 얼마나 어려운지 짐작

15) 이지양(2009), 「대학 글쓰기의 역동성 높이기를 위한 시론」, 『존재론 연구』 21, 한국하이데거학회, 206~208쪽.

16) Zamel, V. and Spack, R. (1998), *Negotiating academic literacies: Teaching and learning across languages and cultures*, Routledge, p. ix.

해 볼 수가 있다. 많은 학자들이 학술 담화를 단일한 무엇으로 정의하는 것에 대해 경고하고 있다. Linda S. Flower는 "누군가가 정의한 '학술담화'라는 플라토닉한 독립체는 없다"라고 말했으며,17) 또 Harris는 학술담화공동체를 '유토피아', 혹은 '초월적 공동체'라고 말하기도 했다.18)

이렇게 보면 사실상 우리는 대학 작문 교실을 학생, 교수자, 연구자가 모인, 다양한 언어와 문화, 담화들이 교차하는 장소(Zamel & Spack, 1998: ix)라고 지칭할 수가 있을 것이다. 학생들은 대학 작문을 통해 다양한 학술적 문식성을 배워야 하고, 작문 교수자들은 학생들이 무수한 공동체의 담화들 속에서 의사소통을 할 수 있도록 가르쳐야만 하는 특별한 상황에 만들어지는 것이다. 우리는 학술적 글쓰기를 가르칠 때 과연 이런 다양한 문식성을 포괄할 수 있는 '특별한 지점'이 있는지를 늘 고민해야만 한다. 외국학자들이나 국내 일부 학자들이 단일한 학술적 담화공동체를 부정하는 것은 대학의 복합적인 학술상황을 잘 알고 있기 때문이다.

대학 작문 교실이 다양한 학술 담화들이 섞여 있는 공간이라는 점과 함께 또 고려해 보아야 할 것은 작문 교실에서 수행되는 다양한 작업들이 언제나 특정한 수사적 목적과 함께 이루어지는 맥락의 구체성 속에 있다는 점이다. 학생들이 부여받는 다양한 과제들은 문학이나 사회학이나 정치학·생물학 등이 제공하는 특별한 구체적 맥락 속에 있고 이런 맥락은 시간과 공간에 의해 제한되고 한정된다. 그렇기 때문에 학생들이 경험하는 특별한 학술 담화가 다른 시·공간의 맥락 속에서 일정한 보편성, 연관성을 가진다고 주장하기는 어렵다는 것이다. 이런 점과 관련하여 미국학자 Wardle(2009)의 비판은 매우 날카롭고 정직하다.

---

17) Elbow, P. (1991), "Reflection on Academic Discourse: How It Relate to Freshmen and Colleagues", *College English*, Vol. 53 No. 2(Feb. 1991), p. 140.

18) Harris, J. (1989), "The idea of community in the study of writing", *College Composition and Communication*, Vol. 40, No. 1, p. 14.

Wardle은 2년에 걸쳐 신입생 대학 작문 강좌에서 사용하는 다양한 장르들, 기술들을 관찰하고 검토했다. Wardle이 내린 결론은 신입생 작문 강좌에서 사용하는 장르나 기술이 어떠한 전공 영역의 장르나 기술을 반영하지 못하며, 전이의 성과도 미비하다는 것이다. 예를 들어 Wardle은 생물학과 학생들에게 작문을 가르쳤던 Karen의 경우를 들고 있다. Karen은 강의에 앞서 생물학과의 글쓰기를 조사했는데, 생물학과 글쓰기가 매우 짧은 서론, 매우 빠른 논평 리뷰, 실험·조사, 그리고 가장 중요한 토의(discussion)로 구성되어 있다는 것을 알았다. 그렇지만 이와 같은 생물학과 학술적 글쓰기의 특성들을 학생들에게 효과적으로 가르칠 수는 없었다. 작문 수업에서는 생물학과 수업과 같은 실제적인 조사·실험과 같은 맥락, 특정한 연구 목적이 주어지지 않기 때문이다. 기껏해야 학생들은 생물학 화제나 유전학의 문제, 생물학자의 이야기를 통하여 논증의 과제를 수행하는 것이었다. Karen이 직면한 문제는 글쓰기 과제의 수사적 상황과 생물학 학술 체제 내에서 제기되는 수사적 상황이 완전히 다르다는 점이며, 실제 그녀가 그것을 감당할 수도 없다는 점이다.[19] 이런 점은 다양한 학과의 학생을 가르치는 글쓰기 교수자가 겪을 수밖에 없는 문제들이다.

신입생 글쓰기 교육의 목적은 학생들에게 이후 전공에서 사용할 글쓰기를 준비시키는 것이다. 이를 위해 글쓰기 강좌는 유사한 장르를 선택한다. 예를 들어 신입생 작문 수업에서 제시되는 과제는 목적과 장르(목적: 유전자 복제의 위험성을 대중들에게 설득한다, 장르: 설득적 글쓰기)를 대상학과(생물학과, 사회학과)와 유사하게 설정하여 학생들의 전공 진입을 염두에 둔다. 이런 연결점을 상기시키는 것에 대해 Wenger는 '경계학습(boundary practice)'이라고 불렀다. 문제는 대부분의 일학년 학

19) Wardle, E. (2009), "'Mutt Genres' and Goal of FYC: Can We Help Students Write the Genres of the University?", *College Composition and Communication*, Vol. 60, No. 4 (June 2009), pp. 772~781.

생들이 이런 연결점에 대해 생각을 하지 않는다는 점이다. 학생들은 과제의 목적, 과제의 장르가 중요하며, 이는 좋은 성적(학점)을 얻는 것과 관련되어 있다. 설사 이런 연결점을 고려한다고 하더라도 학생들은 다가올 각 개별 학과의 담화 방식을 예견할 수가 없다.

더구나 더 큰 문제는 앞서 설정한 이런 장르들이 신입생들이 진입해서 개별 학과에서 사용할 장르들과 같지 않다는 것이다. 개별 학과에서는 '정보 전달의 글', '논증적인 글'과 같은 장르를 같은 용도로 사용하지 않는다. 교수는 의미 있는 연구 결과를 얻기 위한 긴박한 수사적 목적을 가지며, 이것을 성취하기 위한 절차와 방법에 대한 자기 나름의 표현 과정을 가지고 있다. '정보 전달의 글', '논증적인 글'과 같은 글이 신입생 글쓰기 밖에서는 실제 존재하지 않는다면, 이는 정말 큰 문제가 된다. Wardle은 실제적인 구체성과 수사적 상황이 삭제된 이런 모방적 과제들에 대해 '엉터리 장르(mutt genre)'라고 지칭했다.[20] 이 과제들은 실제 전공에 진입하여 문식성을 수행할 때 아무런 도움이 되지 않는다고 보는 것이다. Wardle은 이런 장르에서 '원격의 전이(far transfer)'는 거의 일어나지 않는다고 말하고 있다(Wardle, 2009: 774~775). 이는 우리가 정말 심각하게 고민해 보아야 할 문제라고 생각한다.

끝으로 우리가 생각해 보아야 할 것은 학술적 글쓰기와 비학술적 글쓰기와의 차이와 권력의 문제이다. Harris(1989)는 학술공동체의 개념 덕분인지 그 동안 대학 작문은 학생들에게 대학의 담화를 매우 낯선 것으로 제시하는 경향이 있었다고 비판하고, 학생들에게 왜 이런 이방의 언어를 우선적으로 학습해야 하는가에 대한 의문을 불러일으켰다고 말했다. 이런 의문은 자연스럽게 대학 작문에 대한 논의를 양분화하는 경향을 만들었는데, 다시 말해 학술공동체 중심의 글쓰기를 중시할 것

---

20) 'mutt'의 사전적 의미는 '바보, 멍청이, 얼뜨기, 혼종, 잡종' 등이다. Wardle은 장르로서 실제 기능을 하지 못하는 것을 지적하기 위해 'mutt genre'란 표현을 사용했다. 여기서는 '엉터리'로 번역했다.

인지, 아니면 개인 필자의 상상력을 중시해야 할 것인지에 대한 논쟁을 불러 왔다는 것이다(Harris, 1989: 12). 대학 담화는 학생들이 이전의 공동체를 넘어 새로운 공동체로 진입하면서 그 공동체의 문화와 관습, 언어와 형식을 배워야 한다는 강압 속에 존재해 왔다. 작문 교수자는 새로운 담화에 관한 특정한 사고와 기술, 형식을 습득하도록 설득하는 역할을 맡았다. 그렇다면 대학에서는 꼭 이런 학술적 담화만을 배워야 하는 것일까?

학술적 담화만을 배워야 한다는 주장에 대해 비판적인 Peter Elbow는 그 이유로 세 가지를 들었다. 첫째, 그는 '대학은 짧고, 인생은 길다'라는 구호를 내세워 대학을 졸업한 후 대부분의 학생들이 학술적 담화를 쓰지 않는다고 주장했다. 둘째, 학생들에게 중요한 것은 비학술적인 담화라고 보았다. 학생들이 자신의 삶에서 조금 떨어져서 자신의 경험을 글로 표현할 수 있도록 만들어 주는 것이 무엇보다 중요하다고 생각했다. 셋째, 학술적 언어와 학술적 담화를 생산할 수 있도록 돕기 위해 오히려 비학술적 담화가 필요하다는 것이다(Elbow, 1991: 135~137). 여기서 흥미로운 것은 세 번째 시각이다. Elbow의 시각에서 보면 학술적인 의사소통을 정확하게 하고 자유롭게 하는 것은 학술 담화가 아니라 비학술담화이다. 학술 담화는 비학술담화의 도움을 받지 않는다면 대중적 소통은 물론 정확한 의사 전달도 되지 않을 것이다. 학술담화를 더 학술적으로 돋보이게 할 수 있는 것이 비학술담화라는 것이 Elbow의 생각이다.

학술적 담화를 필자의 억압, 권위의 시각에서 본 사람도 많다. 앞서 말한 Elbow는 학술 담화의 관습, 목소리, 어조, 문체들은 높은 권위를 가진 사람들에게 학생들이 자신을 과시하거나 높은 인상을 주기 위해서 사용한다고 말한다(Elbow, 1991: 147). 그것은 자신의 목소리가 아니라 다른 사람의 권위에 탑승하는 행위이다. 권위적 목소리는 타인을 배제할 뿐만 아니라 자신까지 배제한다.

대부분의 학생들은 자신을 글을 쓰는 '필자'로 인식하는 것이 강하지 않고, '학자의 입장'을 수용하고 내면화하고자 노력한다. 그런데 이 과정에서 많은 학생들은 '학술적 담화'가 권위를 담지한 힘의 담화라는 사실을 인지하게 된다. 이럴 경우, '학자의 입장'에 의해 '필자의 입장'이 억압되는 현상이 발생하기도 한다. 쉽게 말하면, 텍스트의 지식을 완결된 것으로 받아들이기 쉽고, 그렇게 인식하려는 읽기 모형이 작동하며, 의미를 재구성하는 필자성이 약화되면서 실제 쓰기를 추동하는 힘은 현저하게 떨어질 가능성이 생긴다.[21]

이런 이유와 관련하여 신입생 대상 대학 작문의 목표를 '자신의 목소리'를 찾는 것으로 보는 대학도 많다. 경희대가 글쓰기 교육의 목표를 '글쓰기를 통해 스스로의 자아 존중감을 회복하고 강화하는 것'[22]에 두는 것도 우선 무엇보다 필자로서 나의 주체를 되찾고자 하는 움직임과 연관된다. 중·고등학교 시절 '저자'로서 글쓰기를 경험하지 못했던 신입생의 입장에서 이는 매우 중요한 문제라 할 수 있다. 대학 작문과 관련된 여러 논문에서 대학 신입생 글쓰기를 '자아 성찰', '자기 탐색'의 관점에서 강조하는 것도 이런 이유와 관련되어 있다. 대학 작문이 신입생으로 하여금 "자신의 삶을 구성하고 있는 조건을 반성하고, 이 조건들에 의해 구성되는 사유를 대상화함으로써, 자기 성찰을"[23] 할 수 있도록 한다거나, '대학 신입생에게 자기 성찰의 글쓰기는 청소년기에 이루지 못한 자아 정체감을 형성하고, 자아실현에 이르게 하는 가장 효과적인 방법'[24]이라고 말하는 것이 이런 입장을 대변하고 있다.

21) 구자황(2012), 「대학 글쓰기 교재의 분기와 신경향」, 『반교어문연구』 32, 반교어문학회, 545쪽.
22) 경희대 교재 편찬위원회(2011), 『나를 위한 글쓰기』, 경희대학교 출판문화원, 8쪽.
23) 신현규(2010), 「글쓰기 교양 과목 교수 방법」, 『교양논총』 3, 중앙대학교 교양교육연구소, 95쪽.
24) 이국환(2008), 「전통적 교양과 대학 교양 교육으로서의 글쓰기 연구」, 『석당논총』 42, 동아대학교 석당학술원.

한국이나 미국에서는 학술적 담화에 관한 논문만큼, 필자 주체성이나 자기 성찰에 관한 많은 논문들이 나온다.25) 학술 담화 공동체와 개인의 필자성을 강조하는 대립은 작문교육의 목적과 글쓰기의 효과, 작문 교육의 실용성 등 여러 문제들과 맞물려 있기 때문에 섣불리 결론을 내기가 어렵다. 학술적 글쓰기에서는 학술 공동체적인 담화 관습만을 꼭 가르쳐야 할까? 아니면 학술적 글쓰기에서는 어느 정도 개인적 글쓰기를 허용해주어야 할까? 쉽게 해결할 수 없는 문제이기도 하다.

4. 학술적 글쓰기의 효용과 전이의 문제

앞에서 제기한 여러 문제 중 가장 중심적인 것은 단일한 학술 공동체가 불가능하다는 것, 그렇기 때문에 학술적 글쓰기를 어떻게 가르쳐야 할지에 관한 고민일 것이다. 게다가 몇몇 학자가 주장한 바대로 학습의 '원격 전이'가 되지 않는다면 작문 수업을 왜 해야 할지에 관한 '존재론적 고민'까지 해야 할 것이다. 국내든 미국이든 이런 비판에 많은 교수자가 자유롭지 않아서 학교의 공식적인 목표(학술적 글쓰기든, 일반 글쓰기이든)와 다른, 자기만의 교육을 하는 경우가 많다고 한다. 미국의 많은 작문 교수자들은 학술적 글쓰기를 가르치기보다 개인적 취향의 텍스트를 가르치거나, 학생들이 세계를 보다 비판적으로 보도록 만드는 데만 열중한다고 한다.26) 대학 작문 교육에서 무엇을 가르쳐야 효용이 있을지에 관한 문제는 여전히 큰 숙제로 남아 있다.

---

25) 표현주의와 관련하여 대학 작문의 논문에 대해서는 아래의 논문 2장을 참고할 것. 김미란(2013), 「표현주의 쓰기 이론과 대학의 글쓰기 교육」, 『반교어문학』 35, 반교어문학회.

26) Wardle, E. (2004), "Can Cross-Disciplinary Links Help us Teach 'Academic Discourse' in FYC?", *Across the Discipline*, Vol. 1, No 1.

전공 영역에 들어갔을 때 학생들에게 도움을 줄 수 있도록 하려면, 학술적 글쓰기에서 도대체 어떤 일반적인 지식을 가르쳐야 하나? 그리고 그 일반적인 지식들이 전이 될 것이라고—전적으로 그리고 유용한 방식으로—어떻게 보장하는가? (Wardle, 2009: 769)

작문 교육에 종사하는 우리로서는 Wardle의 이런 문제 제기에 어떻게든 답변을 해야 할 입장에 놓여 있다. Wardle이 제기하는 문제는 두 가지이다. 하나는 학술적 글쓰기의 교육 내용이며, 다른 하나는 그것의 전이 보장성이다. 이 문제는 앞 장에서 언급한대로 학술 담화 공동체의 문제와 밀접하게 관련되어 있다. 뿐만 아니라 장르(genre)냐, 기술 혹은 전략(skill·strategy)이냐, 교수 방법이냐의 문제와도 관련이 있다. 이제 이 문제에 대해 간략하게 생각해 보고자 한다.

우선 앞 장에서도 언급된 바 있듯이 학술적 글쓰기와 관련하여 장르적으로 접근하면 긍정적인 전이는 불가능해질 것으로 보인다. Wardle이 "엉터리 장르(mutt genre)"라고 설명했듯이 대학 작문은 실제 전공 영역에서 사용하는 장르를 학습하는 것이 아니기 때문이다. 예컨대 '설명적 글쓰기', '논증적 글쓰기', '실험 보고서' 등등은 실제 전공 영역에 가면 형식과 양식도 달라질 뿐 아니라 구체적 맥락과 배경도 완전히 다르게 된다. 앞서 말한 대로 Wardle은 대학 작문에서 쓸데없이 엉뚱한 장르를 가르치고 있다고 비판하고 있다.

사실 대학에서 고정화되고 일반화된 장르라는 것이 존재하는지도 의심스럽다. 장르를 Miller(1994)가 말하듯 '유사하게 반복되는 사회적 상황에 대한 수사적 반응'이라고 규정하면 대학에서 생겨나는 장르는 세부 전공에 따라 엄청나게 많아지게 된다. 학자의 해석에 따라 비슷하게 반복되는 학술적 유형은 모두 장르가 되기 때문에 대학에서 고정적이고 폐쇄적인 장르는 찾기 어려워질 가능성이 많다. 박태호는 전통적인 작문 교육의 잘못을 장르의 거시 분류 유형(서술, 묘사, 설명, 논증)에 따른 교육이라고 비판을 했는데 크게 보면 대학도 예외는 아니다.27) 학술적 글쓰기 교육을 장르 교육과 관련시킬 때는 실패할 확률이 높다. 단일한 학술공동체에 관한 부정적인 시각을 고려하면 다양한 학술공동체에 따른 수많은 장르를 학습하기란 불가능해 보인다. 그리고 보편적으로 통용 가능한 단일 장르도 찾기 어려워 보인다. Wardle이 대학 작문에 비판적인 것은 학술적 글쓰기가 장르적으로 학습되고 있다는 시각 때문이 아닌가 생각된다.

그렇다면 이제 우리가 살펴볼 내용은 기술이나 전략과 같은 학습들이다. 만약 대부분의 학술적 담화 공동체에 적용될 수 있는 인지적 기술이나 전략이 있다면 학술적 글쓰기 교육에서 이를 학습할 수 있지 않을까? 이를 다양한 전공들이 공유하고 있는 특정한 사고와 수행 전략(practice strategy) 같은 것으로 규정해 볼 수도 있을 것이다. 예컨대 여러 자료들 속에서 "강의 자료 조사하기, 질문을 제기하기, 비판적으로 검토하기, 새로운 연결고리 찾기, 이해의 새로운 틀 발달시키기, 능동적 의미 구성하기"(Zamel, 1993: 194), "삶에 대한 의미 있는 이슈 찾기, 다양한 관점을 탐색하기, 독자와 수사적 맥락에 부응하기, 목소리(voice)의 효과적인 사용"(Hines, 2004: 4~7), "비판적 논쟁에 대해 다른 관점 드러내기, 필자의 논증을 평가하는 방법 배우기, 다양한 자료 텍스트에서 서로 다른 주장을 연결하기, 주제에 접근하는 방법과 생각 통제하는 방법 배우기, 자료로부터 자신의 생각을 엮어 내기"(Greene, 1995: 121)28) 등과 같은 학습 전략들을 생각할 수 있다.

Linda S. Flower는 학술적 담화를 사용하는 데 뿌리가 될 수 있는 두 가지 수행 전략으로 '자료들의 정보를 필자 고유의 지식과 통합하고, 읽기 내용을 해석하고 글쓰기에 적용시키는 방법'을 제시하고 있다.29)

---

27) 박태호(2000), 『장르중심 작문교수 학습론』, 박이정, 97~101쪽 참고할 것.

28) Greene, S. (1995), "Making Sense of My Own Ideas: The Problem of Authorship in a Beginning Writing Classroom", *Written Communication*, Vol. 12, No. 2.

학생들이 '자료를 선택'하고, 자신의 '생각과 연결'하고, '텍스트를 조직'하는 것이 학술담화의 공통적인 수행 전략이라고 본 것이다. 국내의 경우도 학술적 글쓰기 교육에서는 장르보다 수행전략적 측면이 더 돋보인다. 성균관대는 '요약(주제, 핵심어, 주장, 근거)', '논평(정당화 문맥, 타당성, 합리성 등)', '학술에세이(주장과 견해의 정당성 입증)'로 된 단계 전략(손동현, 2006: 541~543)을 사용하며, 숙명여대는 '요약', '분석', '비판'을, 가톨릭대는 '분석과 비판', '문제 해결과 의사소통', '인문학·과학 글쓰기 과정'30)으로 전략화되어 있다.

Wardle은 이런 사고와 전략을 그나마 학문 영역에서 통용될 수 있는 일반적 지식(general knowledge)이라고 불렀다. 아마 전문 영역의 전문적 지식과 다르게 일반적 지식, 발견적 학습은 어느 정도 통용될 수 있는 것이라고 생각했던 것 같다. 그렇지만 Wardle 역시 이에 대해 확신을 하는 것 같지는 않다. Wardle(2009)이 조사한 바에 의하면 최근 10년 동안 신입생 작문의 전이 현상에 대한 세 편의 사례 연구들이 있었는데, 결과는 모두 전이가 쉽게 성취되지 않는다는 쪽이었다. 그는 학습 전이에 관한 여러 학자들의 부정적 견해도 소개하고 있다(Wardle, 2009: 770). 구자황은 학습용 텍스트와 현실 텍스트가 다르다는 사실을 직시하고, 현실 텍스트에서는 부분과 전체, 구성요소들이 다양한 형태로 결합되기 때문에 '요약'과 '분석' 같은 방법이 실제 글쓰기 능력을 향상시키는 데 얼마나 도움이 될지 의문스럽다고 말했다(구자황, 2012: 545). Wardle의 학습 전이에 관한 문제 제기는 학술적 글쓰기를 논하면서 가

29) Flower, L. S. (1990), "Negotiating academic discourse", In L. Flower et al., *Reading to write: Exploring a cognitive and social process*, Oxford University Press, p. 224.
　　이와 관련하여 이윤빈(2012)은 Flower의 논의에 근거하여 다양한 학술적 글쓰기가 공유하는 문식성을 교육하기 위해 구심적 장르인 '복수 자료 읽기-쓰기 형식'을 제안하고 있다. 인문, 사회 전공에는 유용한 방식이라고 판단된다.
30) 정종진(2011), 「〈인문학 글쓰기〉 교과목에서의 학제성 제고 방안」, 『사고와 표현』 4(1), 한국사고와표현학회.

장 해결하기 어려운 숙제 중 하나이다.

미국 교육학자 McPeck(1981)은 모든 학문에 통용되는 사고나 법칙은 없다고 단언한다. 그는 경험적 연구를 통해 볼 때 어떤 특정한 사고 기술이 다른 분야로 전이되기는 힘들다고 주장한다. 특정 영역의 비판적 사고는 그 영역의 내용과 맥락 속에서 가능한 것이지 그 기술이 다른 영역에도 사용되어질 수 있는 것은 아니라는 것이다.[31] 예컨대 역사학에서 창의적 사고를 발현하는 학생이 경제학에서도 그럴 것이라고 보장할 수 없다는 것이다. 이런 논리는 Wardle이 말한 "탈맥락화된 기술들과 경직된 공식"들은 학습 전이가 일어나지 않는다고 본 것과 동일하다.

그렇다면 신입생 대상의 작문 교육에서 학습 전이가 확실한 교육 방법을 찾을 수는 없는 것일까? McPeck(1981)의 말대로 모든 개념, 사고가 맥락적이고, 교과 영역적이라면 대학의 기초교육이나 교양교육은 할 필요가 없게 된다. 기초적인 학습 내용이 전문적인 학습으로 전이되지 않을 것이기 때문이다. 그러나 McPeck이나 Wardle의 주장은 어떤 구체적인 지식이나 방법이 다른 학문에 직접적으로 전이되는 것은 어렵다는 뜻이지 학습 전이가 완전히 불가능하다고 말하는 것은 아니라고 생각한다. 인지 심리학에서도 다양한 교과 학습에 사용되는 기본적인 인지 전략과 상위 인지는 허용하고 있다. 인지심리학에서는 학습 영역을 '영역 무관 기능(domain-independent skills)'과 '구체 영역 기능(domain-specific skills)'으로 구분하여 기본적인 인지 기술(영역 무관 기능)을 습득하여 다양한 교과에 활용하도록 하고 있다.[32] 작문 학습이 다른 교과 과목보다 인지적으로 훨씬 복잡한 것은 사실이지만[33] 그래도 간접적이고 복합적

---

31) McPeck, J. E. (1981), *Critical Thinking and Education*, Martin Robertson·Oxford, p. 7; 정희모(2005가), 「대학 글쓰기 교육과 사고력 학습에 관한 연구」, 『현대문학의 연구』 25, 한국문학연구학회, 429~433쪽 참고할 것.

32) 서울시 교육연구원(1993), 『사고력 교육의 이론과 실제』, 서울특별시교육위원회, 73쪽.

인 차원의 학습 전이는 가능할 수 있다고 생각한다.

대학 작문에서 전이가 가능할 수 있도록 하는 학습 방법은 어떤 기술이나 전략이든 목적과 맥락의 구체성 속에서 생성하도록 만드는 것이다. Wardle은 자신이 관련된 환경과 맥락 안에서 일반화된 학습 활동들을 만들어야 하며, 전략을 무조건 적용하기보다 자신의 사유 과정을 검토하면서 전략을 뽑아내야 한다고 말하고 있다(self-reflection, mindfulness)(Wardle, 2009: 771). 이런 것은 학생이 스스로 구체적 상황과 목적 속에서 전략을 만들고, 적용해 보는 수업을 의미할 것이다. 그러나 실제 대학의 작문 교육 현장에서 이런 방법을 얼마나 사용할 수 있을지는 알 수가 없다. 우리 현실에서 학생 스스로가 수동적인 학습에서 벗어나 자기 목적을 가지고 자기 맥락 속에서 반성적인 쓰기 학습을 수행한다는 것은 정말 어려운 일이다. Wardle의 논문은 작문 교육에 종사하는 우리들에게 자신의 교수 전략을 다시 한 번 되돌아보라고 이야기하고 있는 것 같다.

---

33) 작문 학습의 전이 문제와 관련하여 한 가지 언급할 것은 작문 과정이 인지적으로 보면 너무나 복잡하기 때문에 이 모든 것을 설명하기가 쉽지 않다는 점이다. Grabe와 Kaplan이 학생들이 텍스트를 산출하는 데 관여하는 인지적 요소를 분류했는데, 표상 차원(문장 차원)과 텍스트 차원, 필자-독자 차원 아래 수많은 요소들이 제시한 바 있다. 예를 들어 Grabe와 Kaplan은 필자-독자 영역으로 세계 배경 지식, 기억, 감정, 지각, 의도, 논리적 배열, 수사 유형, 상황 등 8가지를 제시했다. 이와 관련된 하위 요소는 엄청나게 많을 것이다. 그만큼 글을 쓰는 작문의 인지 행위는 복잡하다고 볼 수 있다. 특히 작문 행위의 하위 요소는 복합적으로 작용하는 경우가 많다. 이를테면 여러 요소들 중 어떤 것은 작용하고, 어떤 것은 작용하지 않을 것이다. 또 어떤 것은 결합하고, 또 어떤 것은 결합하지 않게 된다. 그래서 어떤 학생은 왜 글을 잘 쓰는지, 어떤 학생은 왜 그렇지 않은지를 쉽게 해명할 수가 없는 것이다. 사실 Wardle이 제시하는 전이 문제도 쉽게 해명할 수 있는 문제는 아니라고 생각한다. 윌리엄 그레이브·로버트 카플란, 허선익 옮김(2008), 『쓰기 이론과 실천 사례』, 박이정, 119쪽; 정희모(2013가), 「작문에서 문법의 기능과 역할」, 『청람어문교육』 47, 청람어문학회, 151~152쪽 참고.

5. 결론

대학 작문 교육에서 학술적 글쓰기에 관한 논의는 다양한 관점을 필요로 한다. 어떤 특정한 정답을 요구하는 문제가 아니기 때문이다. 본문에서도 논의하였듯이 학술적 글쓰기에 관해서는 다양한 논쟁의 관점들이 존재하고 있다. 대학 작문 교육이 학술적 글쓰기를 중심으로 교육과정을 운영해야 할지, 아니면 보다 확장된 교육과정이 필요할 것인지도 하나의 논쟁적 관점이며, 또 학술적 글쓰기를 수행한다면 어떤 것이 학습 전이를 보장하는 효과적인 교수 방법인지도 살펴보아야 할 주요한 쟁점이다. 이런 문제들 중에서 이 논문에서 중요하게 바라보는 것은 두 번째 쟁점이다. 학술적 글쓰기 입장에서 신입생 작문 교육을 하거나, 아니면 자기 삶을 성찰, 혹은 세상과 소통하기 위해 글을 쓴다고 하더라도 쓰기 능력이 전이되지 않는다면 교육의 의미가 없기 때문이다. 그렇기 때문에 신입생 작문 교육은 학생들로 하여금 글을 쓰는 주체, 필자로서의 관점을 세우도록 하고, 전공 교육에서, 또 사회에서 적절한 쓰기 능력을 발휘할 수 있도록 전이 가능한 학습 전략과 기술, 방법들을 개발해야 할 것이다.

이와 관련하여 Beaufort(2007)는 학생들이 차후 다양한 전공 및 사회 환경에 적응하여 훌륭한 필자로 성장하기 위해서는 신입생 작문교육에서 전이 가능한 교육과정을 개발하되, 작문에 관한 기본적이면서도 추상적인 원리들을 학습할 필요가 있다고 말한 바 있다. 그녀가 제시하는 추상적 원리들은 담화공동체에 관한 지식(Discourse community knowledge)과 주제 지식(Subject matter knowledge), 그리고 장르 지식(Genre knowledge), 수사적 지식(Rhetorical knowledge)과 쓰기 과정에 대한 지식(Writing process knowledge)들이다. 학생들이 다양한 예를 통해 이런 기본적인 지식과 기술들을 반복 습득해야 학습 전이가 가능하다고 그녀는 보고 있다.[34] 학생들은 다양한 맥락에 직면하여 쓰기의 지식과 전략들이 어떻게 활용되는지 자각하고 체득할 수 있어야 근원적인 쓰기 능력이 향상될 수 있다는 것이다. 물론 이에 관한 구체적인 교육 방법은 앞으로 더 많은 연구가 있어야 할 것이다.

학술적 글쓰기 교육 모형과 학습 전이에 관해서는 아직 연구할 분야가 많다. 신입생을 대상으로 작문 교육을 하는 국내 교수자들은 학생들이 다양한 전공으로 진입했을 때, 또 다양한 삶의 영역으로 진입했을 때 쓰기 능력을 충분히 발휘할 수 있도록 교수 전략을 개발해야 한다. 또 이를 위해서 다양한 학습 전략에 관한 연구와 실험적인 관찰 연구도 요구된다. 이와 함께 대학 작문의 교수자들은 관습적인 학습 관행을 벗어나 학생들이 자신이 학습한 맥락과 다른 상황에서도 충분히 쓰기 능력을 발휘할 수 있도록 효과적인 학습 전략을 개발할 필요가 있다. 이런 점에 관해서는 앞으로 많은 논문들이 더 나올 수 있기를 기대한다.

---

34) Beaufort, A. (2007), *College Writing and Beyond*, Utah State University Press, p. 158, p. 221.

대학 글쓰기 교육과 사고력 학습에 관한 연구

1. 머리말

최근 많은 대학에서 대학국어를 글쓰기 과목으로 개편하였다. 이와 함께 많은 대학에서 쓰기뿐만 아니라 읽기, 말하기 과목을 도입하려는 움직임이 일고 있다. 세계적으로 많은 대학이 커뮤니케이션 능력에 대한 교육과정을 강화하고 있으며, 우리나라도 이런 과정 속에 있다. 미국 MIT대학은 2001학년도부터 Writing Requirement를 Communication Requirement로 바꾸었으며, 미국의 여러 대학들도 읽기, 쓰기, 토론 과목들을 개설하고 있다. 우리나라의 대학들도 이런 움직임은 예외가 아니다. 최근 대학교양교육협의회에서 주최한 〈교양교육 세미나〉[1]의 보고서에 따르면 성균관 대학은 2005학년도부터 교양 과정에서 커뮤니

---

1) 2004년도 대학교양교육협의회 학술대회, 〈대학발전과 1학년 교육〉, 2004.10.8~9, 연세대학교.

케이션 영역을 따로 분리하여 문법적 글쓰기, 학술적 글쓰기 과목, 말하기 과목 등을 개설할 예정이라고 한다. 최근 서울대학교는 글쓰기 과목을 전공영역별로 분화하여 개설한 바 있다.

이와 함께 교양과목 개편과 관련하여 또 주목할 만한 움직임이 있는데, 그것은 사고력 교육을 확대하려는 움직임이다. 이런 움직임은 숙명여대가 의사소통개발센터를 개설하고 '글쓰기와 읽기', '발표와 토론' 과목을 개설한데서 잘 드러난다. 숙명여대는 이런 과목을 통해 '논리적 표현력과 의사소통능력, 비판적 사고력'을 체계적으로 개발할 것을 목표로 삼고 있다.[2] 숙명여대의 이런 교육 목표 속에는 언어와 논리 교육을 결합시켜 사고 교육을 확대한다는 의미가 담겨져 있다. 숙명여대가 다양한 전공의 교수를 초빙하여 학제적 성격을 강화한 것을 보더라도 이런 성격은 분명해 보인다.

가톨릭 대학은 사고력 교육을 더욱 확대하여 단일 교과 모형으로 사고력 교육과정을 개설하고 있다. 가톨릭 대학은 지식 사회의 경쟁력이 '문제를 분석하고 정의하는 능력', '문제해결의 아이디어를 조직하는 능력', '아이디어를 타인에게 전달하는 능력'에 있다고 보고, 이를 학습할 교과 모형(CAP교육모형)을 개발하고 있다. 이를 수행할 교과 과목으로는 1학년 과목으로 〈분석과 비판의 기초〉, 〈문제 해결과 의사소통〉, 2학년 과목으로 〈분석과 창의적 문제해결 심화〉 등등의 과목을 개설하고 2004학년도부터 교양필수과목으로 시행하고 있다.[3]

그런데 한 가지 주목해 볼 만한 사실은 사고력 중심의 교육 모형들이 모두 읽기와 글쓰기의 과정을 중시하고 있다는 점이다. 숙명여대만 하더라도 고전을 읽고 이를 쓰기 과정과 연결시키는 〈글쓰기와 읽기〉과

---

2) 이명실(2004), 「학제적 교양교육의 의의, 한계 그리고 가능성」, 『학제적 교양교육의 이념과 교육현장』(가톨릭 대학 주체 학술 심포지움 자료집), 2004.11.27, 20쪽.

3) 하병학(2004가), 「CAP능력계발 중심의 학제적 교양교육」, 『학제적 교양교육의 이념과 교육현장』(가톨릭 대학 주체 학술 심포지움 자료집), 2004.11.27, 35~50쪽.

목을 두고 있으며, 가톨릭 대학은 개별 사고력 교육과정에 읽기, 쓰기 과정을 포함하고 있다. 대학 1학년을 대상으로 하는 CAP 1 과목 〈분석과 비판의 기초〉만 보더라도 주어진 텍스트를 읽고 그 문제를 글쓰기 과정으로 연결시키는 것을 교육과정으로 삼고 있다. 말하자면 사고력 중심의 교육을 목표로 한다고 하더라도 모든 교육과정에 의사소통 과정을 강조하고 있으며, 또 교육의 수단으로 읽기와 쓰기를 포함하고 있다. 따라서 사고력 교육은 읽기와 쓰기를 학습하되 이를 사고력을 배양시키는 하나의 과정으로 여기고 있으며, 궁극적으로 읽기, 쓰기의 언어 기능능력을 향상시킴과 동시에 사고력을 배양하는 것을 목표로 하고 있다.

반면에 글쓰기 과목을 필수 과정을 설정하고 있는 미국의 대학들과 국내 대학들은 쓰기 능력을 향상시키는 것을 목표로 하되 사고력을 배양시키는 것을 부정하지 않는다. 프린스턴(Princeton) 대학은 글쓰기 교육에 대해 학생들에게 "독창적 사고, 복잡한 사고의 정리, 다양한 종류의 자료의 통합, 추론의 적절함과 명료함"을 학습시키는 과정으로 설명하고 있다.4) 서울대학교 학습개발센터 글쓰기 교실의 설립 목적을 보면 '합리적이고 창조적인 사고능력'을 갖추기 위해, 또 '교양과 식견'을 갖추기 위해 글쓰기 교육이 필요하다고 강조하고 있다. 또 연세대학교는 글쓰기 강좌의 여러 목표 중 하나로 "비판적 체계적 사고 능력의 함양'을 설정하고 있다.5) 이처럼 많은 대학들이 글쓰기 과목을 설정하는 이유로 사고력의 함양과 신장을 들고 있다.

이렇게 본다면 글쓰기 교육과 사고력 교육은 그렇게 멀리 떨어져 있지 않음을 알 수 있다. 문제는 사고력을 배양하는 것을 우선으로 하는

---

4) 성균관대학교 대학교육개발센터(2003), 『미국대학의 교양교육과정 비교분석』, 성균관대학교, 2003.2, 5쪽.

5) 연세대학교 학부기초과목 연구위원회(1999), 「교양국어체제 개편을 위한 연구보고서」, 4쪽.

가, 글쓰기 능력을 배양하는 것을 우선으로 하는가를 따지는 일인데, 일견 중요하게 보이지 않는 문제 같지만 그 속에는 간단치 않은 문제가 놓여 있다. 우선 사고력을 중심으로 두는 교육모형은 글쓰기를 포함하긴 하지만 아무래도 전문적인 글쓰기의 과정 학습을 시행할 여유가 적어진다. 또 쓰기 단계별 학습에 수반되는 다양한 전략을 학습할 수 없게 되며, 이에 따라 쓰기 능력을 효과적으로 신장시킬 가능성도 줄어든다. 사고력 학습에서 글쓰기가 주로 학습 결과를 평가하는 데 사용되고 있는 것도 이와 연관된다. 이렇게 본다면 사고력 교육은 역시 글쓰기와 말하기 같은 의사소통능력을 수반하지만 궁극적으로 비판 능력과 분석 능력. 문제해결능력과 같은 고등사고능력을 학습하는 데 목적이 있음을 알 수 있다. 따라서 읽기와 말하기, 쓰기와 같은 것을 학습하는 언어기능교육과 창의적 사고, 비판적 사고와 같은 것을 학습하는 사고력 교육은 분명하게 구별할 필요가 있다.

이와 함께 사고력 교육을 어떤 형식으로 할 것인가에 대해서도 여러 가지 논란이 있다. 다음 장에 자세히 살펴보겠지만 '일반적 사고'(비판적 사고. 창의적 사고, 문제해결력 등등)가 모든 교과에 적용될 공통적인 기능으로 인정받을 수 '있는가', '없는가'란 문제가 논란의 여지로 남아 있으며, 그래서 많은 연구들이 대체로 사고력 자체만을 위한 교육 프로그램보다는 특정한 전공 교과와 결합된 교육모형을 많이 사용한다.

이 글은 이와 관련하여 대학 글쓰기 교육을 통해 사고력을 향상시킬 가능성을 타진해 보는 데 목적을 둔다. 이를 위해 글쓰기 교육과정과 사고 기능과의 상관관계, 단계별 학습 전략과 사고 기능의 유사성, 글쓰기를 통한 간단한 사고력 교육의 방법 등을 살펴볼 예정이다. 간략한 단위 논문에서 글쓰기의 과정 모형 전체를 구상할 수는 없다. 또 그것을 검증할 수도 없다. 다만 이 논문은 글쓰기 과정 학습 자체가 실질적으로 사고력 학습 내용을 포함하고 있으며, 좋은 학습 모형을 계발하면 글쓰기와 사고력 향상에 모두 성공적인 효과를 거둘 수 있다는 이론적인 가능성을 타진해 보는 데 만족하고자 한다. 이런 가능성을 검토해 보는 것은 사고력 향상을 위한 단일 모형의 교육과정보다 글쓰기를 통한 사고력 교육과정이 글쓰기 및 사고력 학습을 위해 더욱 효과적이라는 것을 설득하기 위해서이다.

2. 사고력 학습을 위한 기본 전제들

사고력 교육에서 먼저 검토되어야 할 것은 '과연 일반적인 사고력이 존재할 수 있는가?'라는 문제이다. 여기서 '사고'란 일상적 차원의 '생각'을 말하는 것은 아니다. 그것은 사고를 생산하고 촉진하는 기능적 사고를 의미한다. 이런 기능적 사고를 통칭하여 '일반적 사고'라고 부른다. 중요한 점은 이런 사고가 존재할 수 있느냐란 문제와 그 기능적 내용이 무엇인가라는 문제이다. 이 점과 관련하여 이 장에서는 주로 '일반적 사고(기능적 사고)'의 존재 유무와 학습의 가능성에 대해 따져보고자 한다.

앞서 말한 대로 '일반적 사고(기능적 사고)'는 특정 교과 영역에 지식 형성에 관여하여 지식을 생산하는 데 기여하는 사고를 말한다. 말하자면 '사고를 가능하게 하는 사고'라고 할 수 있다. 그런데 이런 사고가 가능한가에 대해서는 여러 가지 논란이 많다. 사고를 촉진하는 '일반적 사고'들이 존재하며, 그런 사고를 학습하면 여러 교과 영역에서 우수한 능력을 발휘할 수 있다는 주장과 함께, 그런 '일반적 사고'는 존재할 수 없으며 일반 개별 교과의 사고만이 존재할 뿐이라는 주장도 있다. 사고력 증진이란 사고를 할 수 있는 능력을 키운다는 말인데, 우선 현재까지는 그 실체나 개념에 대해 정확한 규정을 내리지 못하고 있다.

그러나 그렇다고 하여 특정 영역의 사고를 촉진하고 그 방법적 절차를 가르쳐 주는 '일반적 사고'가 없다고 딱히 부정하기도 어렵다. 우리가 교과 학습에서 비판적 사고, 창의적 사고를 강조하고 학생들에게 이것을 요구하는 것은 이런 사고의 존재를 전제하기 때문이다. 또한 읽기나 쓰기 영역의 방법이 어떤 교과에도 적용되는 것을 보면 모든 사고 형성에 관여할 '일반적 사고'가 가능할 수도 있겠다는 생각을 가질 수 있다. 뿐만 아니라 사고의 절차와 방법을 따지는 것이 가능하다면 '일반적 사고'가 존재한다고 보아야 한다고 주장할 수도 있다. 다시 말해 우리가 어떤 생각을 할 때 그 생각이 옳은 것인지, 틀린 것인지 절차와 방법을 따져본다면 '일반적 사고'는 존재하는 것으로 보아도 무방하다는 것이다. 하지만 문제는 이런 '일반적 사고'를 개념적으로, 또 인식론적으로 명확하게 규명할 수 없다는 점이다.

그래서 보편적으로 '일반적 사고'를 논리학의 규칙들로 규정하는 경우가 있다. '일반적 사고'를 사고의 절차나 사고의 법칙으로 본다면 논리학의 여러 법칙들이 하나의 사고 법칙으로 작용할 수가 있다는 것이다. 예컨대 가정 확인하기, 상호모순 파악하기, 부적절한 결론 파악하기, 문장 오류 발견하기, 성급한 일반화 찾기 등과 같은 논리적 법칙이 '일반적 사고' 기능을 한다는 것이다.

특수한 학습 내용을 말하지 않고도 다양한 영역에서 사용 가능한 추론기술의 예는 일반적 사고 기술의 존재 가능성을 인정한다. 전제와 결론의 사이의 관련의 적절성, 오류 확인 등과 같은 기술들은 내용의 영역에 관계없이 일반적으로 적용 가능하다. 즉 전제와 결론 사이의 적절성, 오류확인의 작업은 물리학에서도, 정치학에서도, 종교에서도 적용 가능하며 그 적용의 대상의 차이성에도 불구하고 동일한 사고기술로 불러질 수 있다.[6]

---

6) 최석민(1997), 「비판적 사고 개념의 분석과 그 교육적 정당화」, 경북대학교 박사논문, 17쪽.

논리적 법칙을 '일반적 사고'로 보고자 하는 것은 특정한 명제와 진술을 생산하고 검증하는데, 그 방법이 적절하기 때문이다. 만약 우리가 '일반적 사고'를 특정 진술의 진리 여부를 평가하는 데 사용하는 것이라면 논리적 법칙은 그에 대한 평가 준거를 적절하게 제공해줄 수가 있다. 학생들은 논리학이 제공하는 판단의 준거를 활용하여 어떤 담론이나 명제, 진술의 정당성 유무를 평가할 수 있을 것이다. 따라서 사고를 점검하는 사고가 가능하며 논리적 규칙은 그런 기능을 하게 된다.

하지만 이에 대한 반론이 없는 것이 아니다. 형식 논리학의 논리적 법칙을 이용하여 누구도 의심할 수 없는 논증이 가능하다 하더라도 그 범위는 진술의 형식적 진리 여부에 있지 복잡한 사회적 문제나 가치판단을 요구하는 진술까지 확장되지 않는다. 신경숙은 여러 학자들의 견해를 종합하여 논리적 법칙을 '일반적 사고'로 보는 것은 포괄적 사회현상이나 진술이 제외되는 점, 가치판단이 요구되는 진술에는 논리적 법칙이 부적절한 것, 특정한 조작을 기능적으로 하게 되는 것, 논리적 법칙을 비판적 사고로 볼 이유와 원칙이 분명하지 않다는 점을 들어 이를 비판하고 있다.[7]

형식 논리학의 여러 규칙들을 다양한 내용교과의 진술에 적용하여 사고력을 향상시키기에는 개별교과들이 지니고 있는 지식이나. 정보의 도움 없이는 힘들 것이다. 어떤 진술의 오류는 논리적 규칙에 위배되어 일어날 수도 있지만, 내용의 무지에서 오는 경우도 많다. 따라서 내용교과의 도움 없이 형식적 논리만을 '일반적 사고'로 규정하는 것은 문제가 있다. 반면에 이런 규정상의 어려움 때문인지 '일반적 사고'를 "특정 내용 혹은 형식과 상관없이 모든 사태에 적용할 수 있는 심리적 태도 내지 성향"으로 보는 경우도 있다(신경숙, 2000: 16). 말하자면 사고력

---

7) 신경숙(2000), 「교과통합 사고교육모형에 의한 비판적 사고력 증진 수업 개발 및 적용」, 부산대학교 박사논문, 18쪽.

이 뛰어난 학생은 사물에 대한 집중력, 탐구력, 호기심에서 뛰어난 역량을 발휘한다는 것이다. 이런 경우 '일반적 사고'는 심리적 성향이 된다. 그러나 이 역시 방법론적인 사고 기능을 인정하지 않음으로써 실제 교육모형을 구체화할 수 없는 단점을 가지고 있다.

이와 반대로 '일반적 사고'에 대해 비판적인 입장이 있다.[8] '일반적 사고'에 대해 가장 비판적인 학자는 미국의 교육학자 존 맥펙(John E. McPeck)이다. 그의 책에서 볼 수 있듯이 그의 주장은 아주 강경하다. 맥펙은 사고력이란 기본적으로 개별 교과의 인식론적인 지식을 바탕으로 전개되며, 모든 영역에 통용되는 '일반적 사고'란 없거나 착각에 불과하다고 주장한다. 그는 어떤 개념이나 명제나 진술이든 그것이 다루고 있는 특정 영역에 대한 기본적 이해와 지식을 내포하고 있으며, 명제나 진술의 명확성 여부는 특정 영역 내의 합의된 지식 체계 속에서 산출된다고 보고 있다. 사실 우리가 어떤 진술의 진실 여부를 판단할 때 그 명제의 형식논리나 문법이나 사전적 지식만을 가지고 판단하는 것은 아니다. 오히려 특정한 영역 내에서 보편화된 지식내용에 평가 준거를 둘 가능성이 많으며, 또 사고의 깊이 여부도 진술 내용에 근거를 둘 가능성이 많다. 그래서 맥펙은 "모든 학문의 타당성을 검증해줄 단일한 논리적 시스템은 없다"고 주장하고, "한 두 개의 논리적 법칙으로 모든 추론을 잡아내기에는 인간의 경험 범위가 너무 다양화되어 있으며, 어떤 특별한 문제영역의 추론은 독자적이다"라고 단언하고 있다.[9] 맥펙의 주장은 개별 학문의 지식 내용 속에 그 학문에 적합한 사고 방식이나 추론 방식이 들어 있다는 것이다.

---

8) 국내논문으로는 김공하(1999), 「비판적 사고의 교과적 접근」, 『교육사상연구』 8, 한국교육사상연구회; 황희숙·신경숙(2000), 「사고교육을 위한 수업모형의 비판적 고찰」, 『교육학연구』 38, 한국교육학회; 황희숙(2000), 「비판적 사고력 증진을 위한 교과통합적 사고력 훈련의 효과」, 『교육학연구』 39(3), 한국교육학회 등이 있다.

9) McPeck, J. E. (1981), *Critical Thinking and Education*, Martin Robertson·Oxford, p. 31.

맥펙의 논의에 따르면 어떤 분야의 탁월한 사고가는 다른 분야의 탁월한 사고가가 된다는 보장이 없다. 또 특정 교과의 창의적 사고, 비판적 사고, 문제 해결력이 바로 다른 교과의 그런 사고로 전이(轉移)되기도 힘들다. 그래서 맥펙은 "어떤 한 분야의 비판적 사고가가 다른 분야에도 그럴 것이라고 믿을 만한 아무런 이유가 없다"고 주장하며, "경험론적인 연구에 의하면 비판적 사고 분야에서는 기술 습득이 다른 분야로 전이된다고 추정할 수가 없다"라고 단정 지어 말하고 있다(McPeck, 1981: 7). 이처럼 사고가 내용에 의해 규정되는 것이라면 결국 모든 사고에 적용되는 '일반적 사고'란 기대하기 힘들 것이다. 하지만 맥펙의 논의에도 문제가 없는 것은 아니다. 만약 모든 사고가 맥락적이고 교과영역적인 것이라면 인지 과정에서 지식이 습득되는 구조 모형을 만들 수 없게 된다. 개별 교과 과정의 학습에서 보이는 일반적이고 유사한 형태(설명, 이해, 분석, 유추, 일반화 등등)에 대한 이론화도 불가능하게 된다. 학생들은 교사의 설명 이외에 여러 사고 기능을 통해 더 많은 것을 유추하거나 분석하고 일반화한다. 따라서 이런 경우 학습 과정에 일어나는 인지 과정에 대한 설명은 개별 학문만큼 많아야 한다. 또 다양한 학문을 가로지르고 통합하는 학제적 사고 역시 생각하기 어렵다. 한 소설작품을 분석하는 데 동원되는 심리학적 요소, 철학적 요소, 역사적 요소, 정치적 요소도 이론적으로 설명하기 어렵게 된다. 그의 주장에 따른다면 개별 학문에는 개별 학문에 적합한 사고만이 있기 때문이다.

이런 점에 대해 최근 인지 심리학에서는 사고 기능을 일반적인 '영역 무관 기능(domain-indepent skills)'과 '구체 영역 기능(domain-specific skills)'으로 구분하여 설명하는 것 같다.10) '영역 무관 기능'은 통상 어떤 교과학습을 할 때 사용되는 기본적인 인지 전략이나 자기 조정 전략(상위 인지)

---

10) 서울시 교육연구원(1993), 『사고력 교육의 이론과 실제』, 서울특별시교육위원회, 73쪽.

등을 말하는 것이며, '구체 영역 기능'은 개별 교과에서 발현되는 실제적인 내용과 관련된 인식론적 기능을 말한다. 어떤 학습이든 텍스트를 읽기 위해 이해나 해석과 같은 기본적인 인지 기능을 수행한다. 또 어떤 학습이든 자신이 과제를 잘 이해하고 해석하는지 점검하는 상위인지 기능을 수행한다. 이것을 '영역 무관 기능'으로 본 것이다. 반면에 한 교과 내에서 사용되는 구체적인 지식 내용을 '구체 영역 기능'으로 규정한 것이다. 이런 관점을 취하면 비판적 사고, 창의적 사고를 포함한 다양한 사고 기능은 '일반적 사고'로서 교과 학습적으로 수행할 수 있는 이론적 토대를 얻게 된다. 다시 말해 모든 교과에 적용할 수 있는 기본적인 기능의 사고력 교육은 가능하며, 이를 통해 또 창의적 사고력이나 문제해결력 같은 고도의 추상적 사고 기능을 습득할 수 있고, 또 그 기능도 인정받게 되는 것이다.[11]

이 논문은 기본적으로 이해, 분석, 연역, 귀납, 일반화, 비교, 유추와 같은 기초적 사고 기능은 '일반적 사고'로 모든 교과영역에 적용될 수 있다는 관점을 취한다. 어떤 교과이든지 텍스트를 파악하기 위해 이해와 분석과 같은 사고 기능을 수행한다. 또 새로운 사고를 유추한다든지 연역이나 귀납의 방법을 통해 논지 전개를 할 수가 있다. 반면에 창의적 사고, 의사결정능력, 문제해결능력 같은 고도의 복합적 사고 기능은 그것이 일정한 형식과 체계를 가지고 있다고 하더라도 개별 내용의 구조에 따라 다르게 기능할 수가 있다. 역사학에서의 문제 해결 방식과 물리학의 문제 해결 방식이 똑같지만은 않을 것이다. 다만 인접 학문이

---

11) 이와 관련하여 한국교육개발원에서는 사고력 신장을 위해 6개년 연구 계획(1987~1992)으로 프로그램을 개발한 적이 있다. 이 프로그램은 '일반적 사고' 기능의 입장을 취하여 문제 해결 능력 중심의 복합적 사고 기능 개발을 목표로 하였다. 사고를 문제 상황에 직면하여 이를 해결하는 과정에서 나타나는 지적 활동으로 규정하고, 이의 중심을 '비판적 사고'와 '창의적 사고'에 두었다. 사고력 교육 프로그램은 대체로 초등학교용은 교과 독립적 모형으로 중학교용은 교과통합적 모형으로 이루어져 있다(한국교육개발원 (1991), 『사고력 신장을 위한 프로그램 개발 연구(V)』, 한국교육개발원, 210쪽).

라면 개별교과의 문제해결능력의 학습이 다른 교과의 학습에 영향을 끼치는 것을 부정할 수는 없다. 따라서 기초적 사고 기능과 복합적 사고 기능은 사고력 학습을 통해 다른 학습에 모두 전이(轉移) 가능하고 학습능력을 향상시킬 수 있다고 가정하되, 복합적 사고 기능은 전공 영역에 따라 전이의 정도가 기초적 사고 기능에 비해 훨씬 느슨한 것으로 파악한다.

3. 대학 글쓰기 교육의 통합교과적 성격

일반적으로 사고력과 관련된 학습 모형으로는 교과독립적 모형과 교과의존적 모형, 교과통합적 모형 등이 많이 거론된다.12) '일반적 사고'를 인정하고 전이 가능성을 믿는 학자들은 교과독립적 모형을 설정하고, '일반적 사고'를 인정하지 않고 전이 가능성을 부정하는 학자들은 교과의존적 모형을 사용하며, 이 둘을 혼합하여 절충한 것이 교과통합적 모형이다. 교과독립적 모형은 개별 교과와 상관없이 독자적인 사고력 교육 프로그램을 만들어 교육하는 것으로 기존에 개발된 여러 모형들이 있다.13) 교과의존적 모형은 사고력의 전이를 부정하고 개별 교과

---

12) 사고력 교육에 대한 학습모형에 대해서는 다양한 용어를 쓰고 있다. 황희숙은 교과독립적 수업모형, 교과의존적 수업모형, 교과통합적 수업모형으로, 박석민은 학과 중심적 접근, 학과독립적 접근, 주입적 접근, 혼합적 접근으로, 한국교육개발원은 일반모형과 교과모형, 통합모형으로 구분한다. 어떤 경우이든지 전이가능성을 인정하면 독자적인 교육 프로그램을 설정하고, 전이가능성을 부정하면 사고력 교육과 상관없는 교과내용적 프로그램을 설정한다. 또 이와 함께 모든 학자는 기존교과 내용에 사고력 프로그램을 혼합하는 절충적 프로그램을 제시하고 있다.

13) 교과독립적 모형으로서 미국의 것은 E. de Bono의 CoRT을 들 수 있고, 국내의 것으로는 1987년부터 한국교육개발원에서 개발한 사고력 신장 프로그램이 있다. 그러나 이런 독립 프로그램은 그 효과 면에서 많은 논란이 있다. de Bono의 프로그램은 필자 스스로 이 프로그램을 모든 영역에 적용하기에는 어려움이 있다고 말했으며, 한국교육개발원 프로그램은 다른 교과와 연계할 수 없어 오늘날 학교 현장에서는 거의 적용하고 있지

과정에 사고력 교육을 맡기는 것이다. 이렇게 되면 실제적인 사고력 교육은 불가능해진다. 교과통합형 모형은 개별교과 내용에 사고력 교육을 결합한 것으로 교과독립적과 교과의존적의 절충형태를 취한 것이다. 교과통합형 모형은 '일반적 사고'의 학습적 특성과 교과 내용의 지식을 결합함으로써 양쪽의 문제점을 보완한 장점이 있다.

그렇다면 대학 글쓰기 교육에서 사고력 교육은 어떤 모형을 따라야 할까? 대학 글쓰기 교육이 언어능력의 향상과 사고력 신장을 목표로 둔다면, 일단 교과의존적 모형은 논외의 문제로 설정할 수밖에 없다. 교과의존적 모형은 사고의 전이를 부정하기 때문에 사고력 교육에 대한 프로그램을 개발할 수가 없어 대학 글쓰기 교육이 취할 입장은 아닌 것이다. 앞서 말한 대로 기초 사고 기능에 해당하는 여러 기술들은 전이가능하며, 학습할 필요가 있다. 뿐만 아니라 통상 논리력, 창의력, 의사결정능력, 문제해결능력과 같은 복합적 사고 역시 학습 가능하며, 지식 습득의 방법으로 인정할 필요가 있다. 따라서 대학 글쓰기 교육은 일단 사고가 전이 가능하다는 전제에 근거를 둘 수밖에 없다.

최근 사고력 교육은 일반적인 사고력 교육과 교과 교육을 결합하는 교과통합형 모형을 더 선호하고 있다. 교과통합형 모형은 교과내용을 취하긴 하지만 일반적인 사고를 인정한다는 점에서 교과독립적 모형과는 근본적인 차이가 있다. 교과통합적 모형은 말 그대로 일반적인 사고력 교육과 교과 내용의 지식 교육을 결합하는 것이다. 그래서 하나의 단원에서 사고력 교육의 목표와 내용 지식의 목표를 같이 설정하고 교사가 두 목표를 의식하면서 학생들의 사고와 지식의 향상을 도모하게 된다.14)

않다고 한다.

　Edward de Bono (1976), *Teaching Thinking*, Maurrice Temple Smith, p. 170; 황희숙 (2000: 189).

14) 사고 교육의 '통합적 접근법'에 대한 자세한 방법은 김영채(1998), 『사고력: 이론개발과

이런 통합적 방법이 가능한 이유는 지식을 하나의 정형적인 물질로 보는 것이 아니라 하나의 과정으로 보기 때문이다. 구성주의에서는 지식이 전달되는 것이 아니라 구성되는 것이라고 본다. 세계에 대한 이해는 우리 스스로 경험한 것을 해석하고 종합함으로써 이루어진다. 그래서 학교 교육은 "지식의 구성을 중시하고 촉진시키는 방식으로 구조화"되어야 한다고 말한다.[15] 만약 개별 학과목의 내용이 축적적인 지식의 산물이라면 사고력을 포함한 학습보다 주입식이거나 내용 전달식의 학습이 더 합당할 것이다. 하지만 교과통합적 모형은 지식을 사고가 축적되는 과정으로 보기보다는 사고가 구성되고 생산되는 것으로 본다. 지식을 습득하되 그 지식을 상황과 맥락에 따라 개인 스스로 사유하고 구성하며, 학습한다는 것이다.[16] 통합형 모형의 프로그램을 만든 적이 있는 바론(J. Baron)도 교과학습에서 단순히 지식의 습득을 강조하는 것보다 지식과 관련된 생각들을 학습하는 것이 더욱 많은 것을 얻게 된다고 말하고 있다.[17] 따라서 교과통합적 모형은 단순한 지식 습득보다 지식을 얻게 되는 과정과 지식과 관련된 생각 및 사고를 강조한다고 할 수 있다.

대학 글쓰기 교육은 지식을 구성한다는 측면에서 통합적 교과 모형으로서 사고력 교육을 위한 가장 적절한 환경을 제공해줄 수 있다. 우

수업』, 교육과학사, 346~390쪽 참고할 것.

15) 재클린 브룩스, 추병완 옮김(1999), 『구성주의 교수·학습론』, 백의, 17쪽.

16) 이와 관련하여 사고를 구체적 환경에 대한 반응행동으로 본 존 듀이의 철학을 살펴볼 필요가 있다. 듀이는 사고를 인식만을 위한 정신의 활동이 아니라 환경과의 상호작용에서 생기는 환경통제를 위한 도구적 활동이라고 보았다. 다시 말해 사고는 문제 환경이 없으면 발생하지 않는다는 것이다. 결국 듀이는 사고를 맥락적이고 상황적인 것에 대한 인간의 반응활동으로 본 것이다. 임한영(1987), 『듀이철학』, 법문사, 113쪽.

17) 이와 관련하여 Baron은 교과 내용의 학습에 부가되는 사고교육의 중요성을 강조하고 있다. 그는 여러 실험을 통해 교과학습에서 많이 생각하게 하는 학습(혹은 시험)이 지식만을 중시하여 지식습득을 위주로 하는 학습(혹은 시험)보다 더 많은 것을 배우게 된다고 강조한다. Baron, J. (1994), *Thinking and Deciding*, Cambridge university press, pp. 145~147.

선 글쓰기는 언어적 기능을 조합하여 새로운 내용을 구성해내기 때문에 깊은 사고 과정을 요구한다. 뿐만 아니라 언어적 구성과 조합은 그것이 담고 있는 내용적 지식과 밀접하게 관련되어 있기 때문에 단순히 사고 자체를 학습하는 독립 프로그램과도 성격을 달리한다. 말하자면 특정 내용의 주제와 관련하여 한 편의 글을 쓰는 과정은 독립된 주제의 지식 내용을 필요로 함과 동시에 이를 분류하고, 조직하며, 생산하는 여러 사고 활동과 결합되어 있는 것이다. 따라서 한편의 글을 쓰는 과정은 바로 그 자체로 사고력 학습의 과정을 밟아 가는 것이라고 말할 수 있다.

글쓰기 이론가인 린다 플라워와 헤이즈(Linder S. Flower & John R. Hayes)는 글쓰기 과정을 사고 과정(thinking process)으로 규정하면서 다음과 같은 네 가지 관점을 제시했다.

1. 글쓰기 과정은 일련의 특별한 사고 과정으로 이해할 수 있다. 필자는 글을 쓰는 동안 사고를 조정하고 조직한다.

2. 이런 사고 과정은 계층적이며, 내포적인 것이다. 또 어떤 과정이든지 다른 과정 속에 포괄될 수 있다.

3. 작문 활동은 목표 지향적인 사고 과정(a goal-directed thinking process)이다. 이 과정은 작가의 의식 속에서 스스로 성장하여 조직화(network)하는 목표에 의해 이루어진다.

4. 필자는 두 가지 방법으로 자신의 목표를 생산한다. 첫 번째 방법은 높은 수준의 목표와 이를 뒷받침하는 부차적 목표를 일반화하는 것이다. 부차적 목표는 필자의 의식 속에 내포된 것으로 목표에 대한 감각을 점차 발전시켜 이루어진다. 두 번째 방법은 작문활동에서 배웠던 것에 의존해서 주요 목표를 변화시키거나, 아니면 아예 목표를 전체적으로 새롭게 설정하는 것이다.[18]

린다 플라워의 주장은 작문 활동이 고도의 사고 활동이라는 점, 또 목표 지향적인 문제해결 과정이라는 점이다. 글쓰기의 기본적 조건인 사고 과정은 글을 쓰는 과정의 어떤 지점에서, 또 어떤 순간에서도 일어날 수 있다. 그래서 그녀는 글쓰기 과정을 '정신적 활동(mental acts)', 내지 '인지적 과정(cognitive process)', '사고 기술(thinking skills)'이라고 규정지어 설명하고 있다. 뿐만 아니라 글쓰기 모형(model)들은 근본적으로 사고를 위한 도구로 작용한다고 말하고 있다. "a model is primarily a tool for thinking." 글쓰기 모형에 이용되는 인지 도구들은 비판적 의문을 유도해 필자로 하여금 이전에는 하지 못했던 사고를 할 수 있도록 만들어 줄 수 있다(Flower & Hayes, 1981: 368).

특히 주목해 보아야 할 점은 그녀가 작문 과정의 주요 분석의 단위(the major units of analysis)를 기본적인 정신 과정(elementary mental processes)으로 설정하고 있다는 점이다. 그녀는 글쓰는 과정을 세 개의 상위 요소(계획하기-서술하기-검토하기)와 여러 개의 하위 요소로 나누었는데, 그런 기능들을 근본적으로 정신 과정(mental processes)으로 본다. 그런 점에서 보자면 계획하기부터 교정하기까지 글쓰는 모든 과정은 생각의 연속이다. 문제는 이런 생각을 어떤 단위(unit)로 편성할 수 있느냐 하는 점이다. 그런 기능 분류는 사고 교육가들이 흔히 설정하는 사고 기능 분류(인지 조작)와 크게 다르지 않다. 또 상위, 하위 요소의 개별 단계에서 사용하는 기초 인지 도구들도 사고 교육의 기능 도구와 매우 흡사하다. 예컨대 '계획하기'라는 상위 단계 속에서 사용되는 하위 단계의 기능으로 린다 플라워는 목표 설정하기, 아이디어 생성하기, 조직하기를 두고 있는데 (Flower & Hayes, 1981: 372~373),[19] 이런 단계에 사용되는 여러 인지 기능

18) Flower, L. S. and Hayes, J. R. (1981), "A Cognitive Process Theory of Writing", *College Composition and Communication*, Vol. 32, No. 4 (Dec. 1981), p. 366.

19) Flower, L. S. and Hayes, J. R. (1977), "Problem-Solving Strategies and the Writing Process", *College English*, Vol. 39, No. 4 (Dec. 1977), pp. 453~454.

들은 사고 이론가들이 지적하는 기초적 사고 기능과 흡사하다. 대표적 사고 이론가인 폴(Paul, R. W.)도 미시적 인지 전략으로 '사실과 이상을 대조·비교하기', '유사점과 차이점 식별하기', '가정 검토하기', '가능한 추론', '인지적 결론 탐색하기' 등등을 들고 있는데(신경숙, 2000: 21), 이는 글쓰기 과정에도 요구되는 기능들이다.

이렇게 본다면 사고력 학습과 글쓰기 학습은 그렇게 동떨어져 있는 것이 아니라고 할 수 있다. 다시 말해 사고력 학습의 방법과 절차가 글쓰기 교육의 방법과 절차와 흡사한 점이 많고 공유할 특성도 많이 가지고 있다. 서울특별시 교육연구원에서 개발한 사고력 교육에 관한 〈사회〉 과목의 실제 예시 모형을 보면 '합리적 소비'라는 단원의 학습에서 사고력 교육의 주된 목표로 제시된 것은 '사실과 의견의 구분', '타당한 근거 제시', '다양한 관점의 조망' 등이다(서울시 교육연구원, 1993: 307). 그런데 사실상 이런 기능들은 글쓰기 과정의 주요한 기능이 되기도 한다.

다음으로 대학 글쓰기 교육은 특정 주제를 작성하거나 문제를 해결하는 과정을 수반하므로 사고력 교육의 통합적 모형이 가능해진다. 특히 린다 플라워와 헤이즈의 주장대로 글쓰기를 문제 해결 과정으로 설정하면 구체적 교과 내용의 학습과 사고 기능의 학습이 충분히 가능하다. 앞서 말한 대로 사고는 상황과 맥락에 의해 생성되므로 일정한 문제 해결을 위한 글쓰기는 반드시 특정 영역의 지식과 인식체계를 필요로 한다. 예컨대 인터넷 시대에 익명성에 의한 문화적 폭력 현상에 대한 문제해결식 글쓰기를 한다면, 전자 매체 시대의 특성과 장, 단점들은 내용을 생성하기 위해 반드시 알아야 할 지식(교과내용)이 된다. 사고는 이 지식을 토대로 형성되며, 사고 기능 역시 이를 중심으로 학습하게 된다.

이와 함께 대학 글쓰기 과정 통합적 모형으로 사용할 때 고려해 보아야 할 것은 내용 영역과 사고 영역의 구분이다. 글쓰기 과목에서 내용 영역으로 우선 지적할 수 있는 것은 글쓰기 특유의 지식 영역이다. 대학 글쓰기 과목은 다른 교과목과 마찬가지로 자신의 고유한 지식들을 가지고 있다. 글쓰기 과정은 언어 규범을 필요로 하며, 글쓰기 전략을 수반한다. 이런 방법은 한 편의 글을 쓰기 위한 유용한 개념들이다. 또 이들은 좋은 글을 쓰기 위해 반드시 배워야 하는 글쓰기 교과 내적인 지식이기도 하다. 이를 글쓰기 과목의 교과 내적인 지식(교과지식+전략)이라고 지칭할 수 있을 것이다. 글쓰기 교육은 이와 함께 특정 주제에 대한 내용을 가질 수도 있다. 주제별 글쓰기를 할 때 특정 주제에 대한 지식들은 글에 대한 내용 영역을 구성한다. 예컨대 앞서 말한 인터넷 문화의 부정적 경향을 해결할 다양한 지식들은 일종의 내용 영역이 된다. 이를 글쓰기 과목의 교과 외적인 지식이라고 규정할 수 있다.

반면에 한 편의 글을 쓰기 위해서는 이런 지식들을 움직이는 사고 영역이 있어야 할 것이다. 아이디어 생성에 있어 브레인스토밍을 하더라도 그 속에는 비교와 대조, 구분의 사고 과정들이 작동한다. 뿐만 아니라 타당성과 적절성, 비판성 같은 보다 사고 기능들도 참여한다. 이러한 사고 방법들은 우리의 의식 속에 글쓰기 전략(교과 내의 지식), 주제별 지식(내용 영역)과 함께 어울려져 복합적인 사고 기능으로 작동하게 되는 것이다. 따라서 글쓰기 과목의 통합적 접근법은 특정 주제에 대한 내용 생성을 강하게 요구하고 있음에도 불구하고 그 자체가 바로 사고력 교육이 될 수 있는 특성을 가지고 있다. 더구나 그 방법은 글쓰는 과정에서 절차나 내용이 분절성을 띠지 않고 체계성, 연결성을 가지고 있기 때문에 더욱 효과적이다.

4. 글쓰기 교육의 내용 체계

일반적으로 사고 활동은 세 가지 요소로 이루어져 있다고 한다. 첫째

요소는 '지식'이다. '지식'은 사고 활동이 일어날 수 있도록 하는 최소한의 특정 영역의 지식들이다. 사고는 이런 지식을 바탕으로 여러 인지 기능을 통해 이루어진다. 둘째는 '사고태도 내지 성향'이다. 사고를 잘 하기 위해서는 지적 욕구와 지적 열정이 필요하며 호기심과 민감성, 성실성 등의 태도가 요구되는데, 이것이 바로 사고 태도이다. 셋째는 '인지 조작'으로 사고의 기술을 말한다. 인지 조작은 관찰, 분류, 분석, 이해, 추론, 유추, 비교, 일반화, 종합화, 문제해결, 의사 결정과 같은 사고를 잘 하기 위해서 사용하는 사고의 방법과 기술을 의미한다(서울시 교육연구원, 1993: 4; 김영채, 1998: 26).

사고력 교육에서 대학 글쓰기가 주로 담당할 영역은 '인지 조작'으로, 이는 사고의 기술과 방법을 의미한다. 인지 조작을 구성하는 여러 요소는 학자들마다 그 분류가 다르므로 이를 일반화하기란 매우 어렵다. 베이어(Beyer)는 1) 기초적 사고 기능(발달적 사고 기능 포함)으로 관찰, 추론, 미시적 사고 기능(이해, 분석, 비교, 추론, 종합, 평가 등), 설명, 예측 등등을 들고, 2) 복합적 사고전략으로 문제해결, 의사결정, 비판적 사고, 창의적 사고 등을 들고 있다(김영채, 1998: 64). 반면에 허경철은 인지조작의 영역을 '1) 상위인지, 2) 비판적 사고, 3) 창의적 사고, 4) 사고 과정, 5) 핵심사고 기능으로 분류하였는데, 이 중 사고 과정은 문제해결, 의사결정과 같은 시간이 오래 걸리는 복합적 사고 조작을 의미하고, 핵심사고 기능은 관찰, 분류, 분석, 비교, 유추와 같은 기초 사고 기능을 의미한다.[20]

대학 글쓰기 교육과정에 요구되는 사고 기능은 기초적 사고 기능이나 복합적 사고전략이다(베이어의 분류). 또한 상위인지나 비판적 사고, 사고 과정 등도 포함된다(허경철의 분류). 그러나 무엇보다 대학 글쓰기 교육과정이 관심을 갖고 있는 것은 복합적 사고전략(허경철의 분류에

---

20) 허경철 외(1991), 『사고력 신장을 위한 프로그램 개발 연구』, 한국교육개발원, 152~153쪽.

따르면 사고 과정)이다. 복합적 사고는 기초적 사고 기능을 이용하여 복합적인 인지 기능을 수행하는 사고이다. 앞서 말한 대로 베이어는 문제해결, 창의력, 의사결정과 같은 사고를 들었고, 허경철은 거기에 개념 형성, 원리 형성, 과학적 탐구 등을 덧보태고 있다.

글쓰기를 문제해결 모형으로 본다면 대학 글쓰기 과목은 이런 복합적 사고 기능을 학습하기에 가장 용이하다. 문제를 확인하고, 이에 대한 대안을 글로 쓰는 과정 속에 복잡한 사고 과정들이 모두 포함되기 때문이다. 문제는 글쓰기 과정 중에 어떻게 사고력 학습의 모형을 체계화할 수 있는가 하는 점이다. 대학 글쓰기 과목은 사고력 교육을 위해 글쓰기 학습을 하는 것이 아니기 때문에, 글쓰기 과정이 주된 학습이 되고 사고력 함양이 부차적인 학습이 되는 프로그램이 필요하다. 이런 프로그램은 글쓰기 능력을 향상시키면서 사고력 향상에 도움이 되는 것이어야 하며, 또 그 효과가 검증된 것이라야 한다. 여기서는 이에 관한 기본적 과정만을 설명하기로 한다.

대학 글쓰기 교육이 복합적 사고 과정을 중심으로 한다는 것을 전제로 하고 이에 수반되는 교육과정 내용체계를 구성해 보자. 우선 이를 구체화하기 위해 대학 글쓰기 교육에 반드시 수반되어야 할 교육과정을 정리하면 다음과 같다. 우선 글쓰기 교육에 필요한 수사학적 측면(언어 규범, 논리성, 표현성)을 학습할 텍스트적 요인이 필요하며, 다음으로 글의 과정 구성 원리를 학습할 과정 요인, 그런 다음 종합적 과정으로 문제해결식 글쓰기나, 주제별 글쓰기를 학습할 장르적 요인, 또 글의 사회적 맥락과 배경, 독자 등을 고려할 사회적 요인이 필요하다. 이외에 이 모든 것을 총괄한 상위 인지에 대한 고려도 있어야 한다. 이를 텍스트 요인, 과정 요인, 장르 요인, 사회적 요인과 상위인지 요인으로 구분하고 그 하위 영역의 내용을 정리하면 다음과 같다.

〈표 1〉

> 1) 텍스트 요인: 언어규범, 단어, 문장, 문단, 진술 방식
> 2) 과정 요인: 계획하기, 내용생성하기, 조직하기, 표현하기, 점검하기
> 3) 장르 요인
>   (1) 다양한 글의 형식(논설문, 논문, 리포트, 실용문 등등)
>   (2) 주제별 쓰기
> 4) 사회적 요인
>   (1) 글의 목적, 독자, 상황, 맥락(텍스트 내 요인)
>   (2) 담화 공동체, 협동학습(학습 과정 요인)
> 5) 상위인지적 요인: 자기 질문하기, 자기 점검하기, 자기 통제하기

위의 분류는 바로 대학 글쓰기 학습의 교과 항목을 의미하는 것은 아니다. 그것보다 대학 글쓰기 교육에 수반되어야 할 요소들을 분류한 것으로 어떤 요소들을 중시하느냐에 따라 강의 모형이 달라질 수 있다. 필자가 보기에 대학 글쓰기 교육에서 중시해야 할 요소들은 2)의 과정 요인과 3)의 장르 요인과 4)의 사회적 요인 등이다. 1)의 텍스트 요인은 2)의 과정 요인에 포함하여 학습할 수 있다. 3)의 장르 요인은 특정 맥락에 맞게 장르를 선택하여 주제 중심의 학습에 포괄시키는 것이 더 적당하다. 장르를 글의 형식으로 보지 않고, 글의 목적과 독자, 사회적 상황에 따른 맥락의 산물로 보는 것이 필요하다.[21] 예를 들면 문제 해결 과정의 글쓰기에서 '인터넷 문화의 문제점을 홍보하는 글'은 하나의 '설득하는 글'에 대한 장르가 되는 것이다.

그렇다면 대학 글쓰기 교육에서 중점을 두어야 할 사항은 과정 요인과 주제별 학습, 협동학습 등이다. 여기서 과정 요인은 린다 플라워의 모형처럼 글쓰기를 단계별(목표설정-내용생성-조직하기-표현하기-교정하기-점검하기)로 나누고 그 과정을 전략 중심으로 학습하는 것을 뜻한

---

21) 이에 대해서 최근 글쓰기의 장르구분을 형식적 분류가 아니라 맥락적 분류로 보는 것도 주목할 만하다. 예를 들어 '기여입학제를 대중에게 설득하는 글'이 있다고 하면 이것이 하나의 맥락적 장르가 된다. 박태호(1999), 「장르 중심 작문 교육의 내용 체계」, 『국어교육학연구』 9, 국어교육학회 참고.

다. 전략 중심의 학습은 글쓰는 과정을 기능적으로 학습할 수 있을 뿐만 아니라 단계별 사고 기능을 포함 할 수 있다는 장점이 있다. 글쓰기 단계별로 나누어진 전략적 방법은 구성 하나하나가 사고 기능과 연관된다. 대학에 필요한 글쓰기 과정별 전략과 이에 수반되는 사고 기능을 구성해 보면 다음과 같다.[22]

〈표 2〉

글쓰기 과정	글쓰기 전략	기초적 사고	복합적 사고
목표설정	문제설정 및 분석 문제이해 및 분석 독자 분석하기 협의하기	• 목표 집중 기능 문제 정의하기 목표 설정하기	비판적 사고
내용생성	텍스트 이해 및 분석 자료수집 및 검토 자료 비교하기 자료 통합하기 주제 정하기 주장과 근거찾기 예시와 인용찾기 협의하기	• 정보수집 기능 관찰하기 질문형성하기 • 분석 기능 속성요소식별하기 관계양상식별하기 핵심 주제 찾기 • 이해 기능 개념파악하기 사실과 의견구분하기 타당한 근거 찾기 여러 관점에서 보기 • 생성 기능 추론하기,일반화하기, 통합하기. 정교화하기	비판적 사고 창의적 사고 의사결정 문제해결
조직하기	장르에 따른 구성짜기 구성표 짜기 협의하기	• 조직 기능 분류하기 순서화하기 표상하기	원리형성 의사결정 문제해결
표현하기	단어 선택하기, 문장 쓰기 단락 쓰기 수사적 표현	논리오류확인하기 부적절한 문장찾기 모호한 표현찾기	작품 생산

---

22) 이 표는 글쓰기 과정은 린다 플라워의 모형을, 사고력은 허경철의 분류를 참고해서 작성했다. 허경철은 주로 마자노(Marzano)의 분류를 받아들여 정리했는데, 이 분류도 이를 반영하여 내용을 새롭게 구성했다.

글쓰기 과정	글쓰기 전략	기초적 사고	복합적 사고
교정하기	평가하기 문장교정하기 내용교정하기 돌려 읽기	• 평가하기 기능 준거 설정하기 검증하기	
점검하기	자기 질문하기 자기 평가하기 자기 기록하기	• 점검하기 기능 목표달성 확인하기 방법 확인하기 평가 확인하기	상위인지

위의 표를 보면 〈글쓰기 과정〉 항목 아래에 하위 항목으로 〈글쓰기 전략〉과 〈기초적 사고〉와 〈복합적 사고〉 항목을 배정하고 있다. 글쓰기 학습은 글쓰기 과정에 따른 글쓰기 전략을 학습하는 데 목표를 둔다. 예컨대 '목표 설정'이란 글쓰기 과정 항목 아래에 '문제 이해 및 분석', '문제설정 및 분석', '독자 분석하기', '협의하기' 등의 글쓰기 전략을 학습하도록 되어 있다. 또 이와 동시에 이 항목에 적합한 사고 교육도 가능하다. 글쓰기 전략 학습에 동반된 사고 교육의 항목은 '목표 집중 기능'과 '비판적 사고' 등이다. 글쓰기 교육은 이렇게 글쓰기 과정에 따라 다양한 글쓰기 전략을 학습할 수 있을 뿐만 아니라 이와 동시에 사고력 교육을 수반하게 되어 있다. 이런 점은 여러 글쓰기 과정에서도 마찬 가지이다. '내용 생성'이나 '조직하기', '표현하기', '교정하기', '점검하기'도 각각 글쓰기 전략의 내용과 사고 학습의 내용을 가지고 있다.

그런데 위의 표를 살펴보면 특징적인 점은 글쓰기 과정의 다양한 글쓰기 전략과 사고 기능들이 서로 겹치는 부분이 많다는 것이다.[23] 예컨 대 '목표 설정' 항목에 사용하는 글쓰기 전략과 사고 기능들은 서로 비

---

23) 과정 학습에 요구되는 사고 기능들이 일반적인 사고 학습의 기능과 중첩되어 있는 것은 Beyer(1988)의 분류뿐만 아니라 Bloom(1956)의 분류, Marzano(1988)의 분류, 허경철 (1993)의 분류 등을 보더라도 확실해 보인다. 예컨대 Bloom(1956)이 제시한 여섯 가지 인지 기능(지식, 이해, 적용, 분석, 종합, 평가)은 글을 쓰는 과정을 학습하는 단계에 풍부 하게 응용될 수밖에 없는 기능이며, 그 자체로 글 쓰는 학습이자 사고 학습이 되는 것들이다. 김영채(1998: 74); 한국교육개발원(1991: 140~168) 참고.

슷한 용어와 비슷한 개념으로 사실상 분리되기 어렵다. 또 '내용생성'에서 사용되는 글쓰기 전략들은 이 항목의 사고 기능들과 여러 부분에서 중첩된다. '조직하기'나 '교정하기' 역시 그러하다. 이런 유사성은 '상위 인지'에 관련된 글쓰기 전략과 사고 기능을 비교해 보면 명확히 드러난다.

일반적으로 글쓰기에서 '상위 인지'는 글쓰기 과제 수행 단계에서 전략의 과정을 조정, 통제하는 인지를 의미한다. 작가는 글을 작성하는 매 순간마다 목표를 잘 인지하고 있는지, 독자를 고려하고 있는지, 글쓰기 전략을 잘 수행하고 있는지를 점검해야 하는데, 그 과정을 '상위 인지'라고 말한다. 이재승은 '상위 인지'의 요소로서 '자기평가전략', '자기기록전략', '자기질문전략', '자기교수전략', '자기강화전략'을 두고, 하부 항목에 점검해야 할 내용을 표로 정리하고 있다.24) 그런데 여기에 사용된 내용들은 베이어(Beyer)가 분류해 두고 있는 상위 인지 항목과 매우 흡사하다. 예컨대 베이어의 항목 중 '목표 진술하기'나 '수행할 조작 선정하기', '가능한 장애나 실수 확인하기', '이용된 절차의 적절성 평가하기' 등등은 명칭만 다르지 실제 내용에서는 글쓰기에서 규정한 상위 인지와 같은 것이다.25)

이런 점은 대학 글쓰기 교육에서 사고력을 어떻게 실행해야 하는가를 암시해주고 있다. 앞서 말한 대로 글쓰기 교육에서 사용하는 전략들은 사고력 교육의 사고 기능과 흡사한 점이 많다. 그렇기 때문에 통합적 교과모형에서 흔히 사용하는 이중적 전략, 예를 들어 교과학습의 목표와 사고력 교육의 목표를 이중적으로 설정하여 동등한 입장에서 이를 상호 병행하는 것은 학생들에게 오히려 혼란만 초래할 수 있다. 그래서 글쓰기 교육은 글쓰기 전략을 학습하는 것을 위주로 하되 사고 기능을

---

24) ·이재승(2002), 『글쓰기 교육의 원리와 방법』, 교육과학사, 129~133쪽.
25) 허경철 외(1991: 142~143).

충분히 반영하는 교과 방법을 선택하여 사고력 교육이 내면적 학습이 되도록 하는 것이 좋다. 말하자면 대학 글쓰기 교육은 어디까지나 글쓰기 능력을 신장하는 것에 목표를 두되 그것이 내면적으로 사고력을 키우는 학습이 될 수 있도록 교과 과정을 설정해야 한다는 것이다.

예컨대 글쓰기 전략의 '자료수집과 검토'에서 자료의 핵심 주제를 파악하는 것을 연습한다고 하면 먼저 글쓰기 과정으로 그 내용을 학습케 하되, 그 다음으로 그 방법을 학생들로 하여금 다른 텍스트에도 적용케 하여 독립적 사고 기능으로 인지케 할 수가 있다. 하나의 글쓰기 전략 학습이 부차적으로 사고력 학습이 될 수가 있는 것이다. 그렇게 하기 위해서는 핵심 주제를 찾는 방법도 실제적 효과가 있는 것으로 다양하게 개발하여야 한다. 핵심 주제를 단락 내의 문장 관계를 통해 찾거나, 아니면 내용 전개나 의미 전개 과정을 유추해서 찾는 방법 등과 같은 것을 만들어 낼 수가 있을 것이다. 글쓰기 과정 학습에 나타나는 여러 전략들은 이런 사고 과정과 밀접하게 연관을 가지고 프로그램화할 필요가 있다. 그리고 이는 글쓰기 전략을 설정하는 교과의 목표 설정단계에서 이루어져야 한다.

반면에 글쓰기 과정 학습이 아니라 한편의 완성된 글을 학습하는 장르 중심의 글쓰기나 문제 해결적 글쓰기의 경우에는 전체 방법적 절차와 과정을 인식케 하는 것이 필요하다. 예컨대 사고력 교육에서 문제해결 모형으로 브랜스포드(Bransford & Stein, 1984)는 다섯 단계를 설정하고 있다. 1) 문제의 확인, 2) 문제의 정의, 3) 해결대안의 탐색, 4) 계획의 실행, 5) 효과의 확인이 그것인데(김영채, 1998: 246), 각 단계는 그것에 맞는 하위 사고 기능들을 가질 것이다. 주로 단계별 과정 학습이 끝나고, 한편의 완결된 글을 작성하는 단계에서는 이런 복합적 사고의 과정적 방법과 절차를 학습케 하는 것이 바람직하다. 의사결정 모형이나 비판적 사고력 모형들이 이 경우에 해당한다. 이와 같은 교수 학습의 내용을 정리하면 다음과 같다.

> 과정 중심 학습: 글쓰기 전략 중심(기초적 사고 기능과 융합된 프로그램)
> 문제해결식(장르) 중심 학습: 절차와 방법 중심(복합적 사고의 단계와 융합된 프로그램)

이런 방법은 학기 초 전반부에 글쓰기 전략과 같은 부분 학습에 치중하다 학기말 후반부에 전체 학습으로 이행하는 단원 구성 원리에도 부합한다. 현재 대학 글쓰기 교육은 필수과목으로 주로 한 학기만 시행하는 대학들이 많기 때문에 전반부 과정 중심의 전략을 학습하는 것과 후반부 문제해결 모형의 완결된 글쓰기를 하는 것이 바람직하다. 이런 과정에 사고력 교육에 필요한 사고 기능들을 결합한 글쓰기 모형을 강구해 볼 수 있는 것이다. 그리고 구체적인 전략 내용도 대학 수준에 맞게 난이도를 조정할 필요가 있다.

5. 맺음말

현행 대학 글쓰기 교재를 분석한 논문에 따르면 대체로 각 부분이 전체와 연결되지 못하고 독립되어 있어 분절화의 오류를 범하고 있다고 한다. 교재 구성에서 중첩의 원리나 연쇄의 원리가 반영되어 있지 못한 것이 많다.[26] 이와 같은 오류는 과정 중심의 글쓰기 전략을 받아들이지 못해서 일어난 결과이다. 글쓰기 교육을 과정 중심으로 개편하면 글쓰는 과정을 단계별로 학습할 수 있을 뿐만 아니라 사고력 학습의 사고 기능과 결합할 수 있는 가능성도 열리게 된다. 또 부분에서 전체로 이행하는 교수 학습의 원리에도 부합하게 된다. 따라서 대학 글쓰기

---

26) 김승종(2003), 「한국 대학 작문 교육의 실태와 발전 방향」, 명지대 인문과학연구소 편, 『인간은 어떻게 말하고 쓰는가』, 월인, 13쪽.

교육에서 교육과정을 새롭게 검토해 보는 것이 필수적으로 요구된다고 할 수 있다.

다행히 많은 대학에서 교양 과정을 개편하면서 글쓰기와 사고력 교육을 도입할 움직임을 보이고 있다. 이 글은 이런 현재의 추세에 부응하여 글쓰기 교육이 사고력 교육의 통합적 모형으로서 기능할 수 있음을 밝혀 보고자 했다. 물론 이 논문은 글쓰기 학습의 중심에서 서술한 것이지 사고력 학습의 중심에서 서술한 것은 아니다. 또 이 논문의 의도도 글쓰기 교육이 중심이 되고 사고력 교육을 받아들일 수 있다는 점을 말하고자 하는 것이었다. 사고력 중심의 학습은 어떤 방식으로든 읽기와 쓰기를 수반한다. 그런데 사고력 학습 중심으로 읽기와 쓰기 교육을 수행할 때는 결과적으로 언어능력을 신장시키는 기능이 축소된다. 쓰기만 하더라도 쓰기 과정 학습은 불가능해지며, 이전과 같은 결과 중심주의 학습이 될 가능성이 많다. 그런 점에서 글쓰기 교육을 통한 사고력 함양은 의미 있는 대안이 될 수 있을 것이다.

이 논문은 대학 글쓰기 교육과 사고력 학습에서 주로 원리적인 측면을 다루었다. 그런 점에서 많은 약점을 가지고 있다. 짧은 분량 탓도 있지만 아직까지 이 부분에 대한 연구가 진행되어 있지 않은 탓도 있다. 앞으로는 실제 구체적인 학습 모형과 그 모형을 현장에 적용한 논문들이 나올 수 있기를 기대한다. 대학 글쓰기 교육이 자리를 잡고 있는 시점에서 다양한 학습 모형에 대한 개발은 굉장히 필요한 작업이다. 그런 작업을 수행하기 위해서는 기초 교양과목에 대한 지원과 연구가 대폭 강화되어야 하리라고 믿는다. 글쓰기 과정 모형뿐만 아니라 사고력 학습에도 다양한 강의 모형 개발과 사례 연구가 활성화될 때 수준 높은 교양학습이 이루어질 것으로 생각한다.

대학 글쓰기 교육에서 학습 전이의 문제와 교수 전략

1. 서론

현재 국내 많은 대학들이 〈대학 작문〉이나 〈대학 글쓰기〉를 교양필수 과목으로 선정하여 신입생들에게 실시하고 있다. 이처럼 많은 대학들이 신입생 글쓰기 교육을 실시하는 이유는 대체로 대학의 학술 활동에 필요한 쓰기 능력을 배양해 달라는 요구 때문일 것이다. 대학생들에게 글쓰기 교육을 실시하는 것은 여러 가지 이유가 있겠지만 지금 현재로서는 기초적인 학술적 쓰기 능력을 배양해 달라는 목표가 가장 현실적이고 중요한 것이라 할 수 있다.[1] 글쓰기 교육에 예산을 투자하는 학교 행정가의 입장에서는 졸업 후의 먼 미래보다 당장 전공 교육에서 우수한 쓰기 능력을 발휘해줄 것을 기대한다. 신입생은 대학에 진입하

---

[1] 김옥영은 대학 글쓰기의 교육 목적이 대학에서의 학문 활동을 효율적으로 수행하기 위한 기초적 교육과정이라는 것을 전제로 한다고 말하고 있다. 김옥영(2011), 「학술적 글쓰기를 위한 대학에서의 글쓰기 교육」, 『어문학교육』 42, 부산교육학회, 46쪽.

면서 글쓰기 교육을 통해 대학의 학술 공동체가 사용하는 사고 방식과 언어 관습을 배우게 되고 이런 것들이 대학 교육의 실질적인 효과로 이어지기를 원하는 것이다.

그런데 실상 신입생 글쓰기 교육이 실질적 효과를 얻고 있느냐에 대해서는 잘 알지 못하고 있다. 신입생 글쓰기 교육이 실제 어떤 내용으로 이루어지고 있으며, 이에 대한 효과는 어떠한지 구체적인 연구가 필요하나 아직 국내에서는 이에 관한 실제적인 연구는 없다. 지금 현재로는 대학 글쓰기 교육의 목표와 내용, 교육 프로그램에 관한 연구가 중심을 이루고 있어 바람직한 교육과정을 찾아가는 과정에 있는 것으로 보인다. 여기서 중요한 점은 실제 학생의 기초적인 쓰기 능력을 향상시켜, 전공에 진입하거나 사회에 진출했을 때 도움이 되어야 한다는 것이다. 이 논문이 관심을 가지는 것도 바로 이 점이다.

신입생 글쓰기 교육의 효과가 전공 교육에서, 그리고 사회 현장에서 실질적으로 발휘되고 있느냐의 문제는 학습 전이의 문제와 맞닿아 있다. 학습 전이(transfer of learning)는 어떤 학습이 이후 다른 학습에 실질적인 영향을 미치는가를 설명하는 용어이다. 대부분의 교육은 학습 전이를 기본 전제로 진행된다. 학습 전이가 불가능하다면 학습의 요구와 필요성은 감소할 것이다. 대학 글쓰기 교육에서 학습 전이의 문제가 중요한 것은 기본적으로 신입생 글쓰기 교육이 전공 교육에서 실질적인 효과로 발현될 것이라는 전제를 통해 성립되기 때문이다. 모든 교육 행정가는 이런 전제를 암묵적으로 받아들이고 있기 때문에 인적, 물적 재원을 대학 신입생 글쓰기 교육(First Year Composition, 이하 FYC)에 투자하고 있다. 그런데 과연 신입생 글쓰기 교육에서 그런 학습 전이의 효과가 일어나고 있는가? 대학 신입생들이 글쓰기 교육을 통해 전공 학과에서, 또 사회의 직업 현장에서 교육의 효과를 발휘하고 있는지에 대해서는 몇 편의 연구가 있지만 부정적이고 비판적인 견해가 많다.

신입생 글쓰기 교육의 학습 전이에 대해 부정적인 의견을 나타내는 학자로 잘 알려진 사람이 바로 Downs & Wardle(2007)이다. Wardle (2009)은 글쓰기의 목적이나 장르 사용이 특정한 수사적 상황과 실제적으로 결합되어 있지 않다면 쓰기 교육에서 전이 효과를 발휘할 수 없을 것이라고 주장한다. 다시 말해 신입생 작문 수업에서 제시되는 여러 과제들이나 장르들이 전공 수업의 실제 수사적 상황에서 사용하는 것과 차이가 있으며, 이런 장르들을 학습 한다고 해서 전공 수업에서 실제 성과를 발휘할 수 있는 것은 아니라는 것이다. 예를 들어 학생들이 글쓰기 수업에서 배우는 논증문과 전공 수업에서 실제 사용하는 논증적인 글은 같지가 않다. 글의 목적, 맥락, 상황 등이 완전히 다르기 때문이다. 학생들은 실제 효용력이 없는 엉뚱한 장르를 배우고 있는 것이다. 그래서 Wadle은 신입생 작문 교육에서 사용하는 장르들(자서전, 인터뷰, 관찰문, 논증문…)을 "엉터리 장르들(mutt genres)"이라고 말하고 있다(Wardle, 2009: 771~775). Wardle은 이런 잘못된 교육 문제를 극복하기 위해서는 교수법을 바꾸거나 교육 프로그램을 바꾸어야 한다고 주장한다.

국내에서는 아직 대학 글쓰기 교육의 전이 현상에 대한 연구가 없지만, 미국에서는 오래 전부터 이에 대한 연구와 논쟁을 진행해 왔다. 이들은 신입생 글쓰기 교육이 전공 영역에서 어떤 효과를 발휘하는지 따져보기도 하고, 대안적인 교수 방법을 찾아보기도 한다. 이 논문은 이와 관련된 여러 미국 논문들을 검토해 보고 신입생 글쓰기 교육에서 학습 전이가 가능한 교수 원리를 탐색해 보는 것을 목표로 한다. 특히 대학 신입생 글쓰기 교육의 학습 전이 양상과 집중적으로 탐색해 온 Downs & Wardle(2007), Beaufort(2007)의 연구를 중심으로 전이 가능한 학습법의 실효성을 따져볼 것이다. Downs & Wardle(2007)은 신입생 글쓰기 교육의 학습 전이 양상에 대해 다양한 이론적 논의를 전개해 왔다. Beaufort(2007)는 신입생 글쓰기 교육을 받은 학생이 전공 영역에서, 그리고 직업 영역에서 어떤 쓰기 능력을 보이는지를 장기간 살펴보는 질적 연구를 수행했다. 이 논문에서는 대학 신입생 글쓰기 교육의 학습 전이의 문제를 진단하고, 대학의 신입생 글쓰기 교육에 적용 가능한 학습 전이의 원리를 찾아보도록 한다.

2. 신입생 글쓰기 교육과 학습 전이의 문제

미국 대학에서 신입생 글쓰기 교육을 실시한 지는 100여 년 이상 되었다고 한다. 미국 대학에 진입하는 대부분의 학생은 신입생 글쓰기 교육과정을 거쳐서 전공 교육에 진입하게 된다. 국내 많은 대학들도 신입생 글쓰기 교육을 실시하고 있지만 아직 전공 글쓰기 교육까지 시행하는 학교는 많지 않다. 국내와는 달리 미국 대학들은 대체로 신입생 글쓰기 교육(FYC)에 이어 전공 글쓰기 교육(WAC)도 함께 시행하는 이중적 시스템을 가지고 있다. 그렇지만 여전히 중요하게 생각하는 것이 신입생 글쓰기 교육이다. 대체로 모든 대학들은 전공 글쓰기 교육을 준비하는 과정으로 신입생 글쓰기 교육을 시키는 것이 보편화되어 있다. 국내 대학도 신입생 글쓰기 교육을 전공 교육에서 글을 쓰는 학술 행위를 준비시키는 과정으로 인식하고 있다.

그런데 소수이긴 하지만 미국에서는 꾸준히 대학 신입생 글쓰기 교육의 목표와 내용에 대해 이의를 제기하는 움직임들이 있어 왔다. 1960년대 Kitzhaber(1960)이 그러한 연구들을 수행했고, 1980~90년대 Russell(1988, 1995)도 신입생 글쓰기 교육의 효과에 대해 비판적 입장의 논문들을 여러 편 발표했다. 2000년대는 주로 Downs & Wardle(2007)과 Wardle(2009, 2011, 2013)을 통해 신입생 글쓰기 교육의 문제들을 제시하고 있다. 이들의 입장은 신입생 글쓰기 교육을 담당하거나 연구하는 사람의 입장에서는 매우 중요한 의미가 있기 때문에 자세히 검토해 볼 필요가 있다.

이들이 신입생 글쓰기 교육(FYC)에 비판적인 이유는 다음과 같다. 신입생 글쓰기 교육에 비판적인 학자들은 우선 신입생 글쓰기 교육이 교육 목표와 방법을 제시하는 데 있어 잘못된 가정(assumptions)을 세우고 있다고 주장한다. 신입생 글쓰기 교육에서는 글의 목적이나 맥락과는 상관없이 보편적 담론이 존재하며, 이런 담론을 학습하면 전공 영역에 들어가서 쓰기 능력을 발휘하는 데 도움을 받을 수 있다고 가정한다는 것이다. 이를 다시 설명하면, 쓰기에 관한 보편적 기술이 존재하며, 이런 기술들은 무의식적으로 다른 영역, 다른 맥락 속으로 전이되거나 이행될 수 있다고 본다는 것이다. 그런데 사실 이런 이행이나 전이에 대해서는 지금까지 검증된 연구도 별로 없을 뿐만 아니라 결과도 그렇게 긍정적이지가 않다. Wardle이 조사한 바에 의하면 신입생 글쓰기 교육과 관련하여 전이 현상을 연구한 논문들은 3편 정도가 있었는데 대체로 그 결과는 부정적이었다고 한다(Wardle, 2009: 770). 신입생 글쓰기 교육의 쓰기 학습이 자연스럽게 전공 교육으로 전이될 것으로 생각한 것은 지나친 낙관론이거나 그럴 듯한 추측에 불과할 수가 있는 것이다.

신입생 글쓰기 교육에 비판적인 학자들은 글쓰기를 근본적으로 맥락 의존적이고 상황 규정적인 것으로 규정한다. 모든 글쓰기는 글의 목적과 상황이 부여하는 맥락의 조건에 따라 달라지기 때문에 보편적인 방법이나 일반적 규칙은 존재할 수 없다고 생각한다. 이들은 장르의 개념도 마찬가지로 생각한다. Wardle(2009)은 최근 장르 연구에 기대어 장르가 실생활에서 자연스럽게 발생하는 복잡한 수사적 상황과 이에 따른 긴요한 요건(exigencies)에 의해 발생하는 것으로 지극히 맥락-특정적(context-specific)인 것으로 보았다(Wardle, 2009: 767). 장르는 특별히 긴박한 목적과 구체적 상황이 요구하는 것, 그리고 그것이 반복되어 나타날 때 만들어지는 것으로, 사회적 활동과 사회적 맥락의 산물이기도 하다. 그렇기 때문에 구체적인 상황 맥락 속에 들어가 있지 않으면 장르를 올바로 발현시킬 수가 없다는 것이다. 우리가 고소장을 쓰는 것을 학습은 할 수 있지만, 실제 구체적인 사회적 맥락의 긴요함 속에 들어가 있지 않으면 장르로서 그 기능을 알기는 어렵다.

실제 맥락과 구체성을 중시하는 이런 관점들은 Russell(1995)이 제안한 행위 이론(Activity theory)을 살펴보면 구체적으로 알 수 있다(Russell, 1995: 53~56). 행위 이론은 인간 행동과 의식의 행위 시스템을 탐구하는 것으로, 인간 행동은 주체, 대상과 목적, 도구, 규칙, 역할 분담 등으로 이루어진다고 본다. 여기서 주체는 어떤 목적을 달성하기 위해 여러 도구들을 사용하게 되는 데, 이런 도구들은 공동체의 규칙이나 역할 분담, 상황과 맥락 등에 따라서 기능들이 엄청나게 달라지게 된다. 주체와 목적이 동일하더라도 상황에 따른 도구의 기능에 달라짐에 따라 다양한 행위 시스템이 만들어지다는 것이다. 장르 역시 이런 행위 시스템의 하나라고 할 수 있다.

Russell이나 Wardle이 행위 이론(Activity theory)을 끄집어내는 것은 글쓰기가 행위 이론에서 도구(tool)의 기능에 딱 맞기 때문이다. 주체와 목적이 동일하더라도 상황과 맥락에 따라 도구의 기능과 성격은 엄청나게 달라질 수 있다. 글쓰기는 그것이 실행되는 실제 맥락과 분리될 수 없으며, 개별적 상황에 따라 도구로서 수많은 종류의 텍스트가 나오게 된다. 따라서 이런 모든 텍스트는 실제 어느 행위 시스템 속의 특정 장르를 구체화한 것이라고 볼 수가 있다. 장르는 무수한 행위 시스템 속에 도구로서 등장할 수가 있고 그것은 시간과 장소, 목적, 공동체에 따라 변화하게 된다. 그래서 모든 행위 시스템을 초월하여 어떤 행위 시스템에도 적용될 수 있는 일반화된 담화를 설정하는 것 자체가 불가능한 것이다. Russell과 Wardle은 단일화된 보편적 담화 학습을 추구하는 신입생 글쓰기 교육의 문제점을 이와 같은 행위 이론의 틀을 통해 비판해 나간다.

대학 신입생 글쓰기 교육은 특정 전공 영역의 글쓰기와 달리 '일반적인 글쓰기 기술 교육(General Writing Skills Instruction: GWSI)'를 목표로 한다. 다시 말해 행위 시스템의 영향을 받지 않는 자율적이고 독립적인 문식성을 가정하고 학습하게 되는데, 이를 '보편적 교육 담화(Universal Educated Discourse: UED)'라고 지칭한다. 또 신입생 글쓰기 교육은 모든 전공 영역에 사용 가능한 학술적 담화(academic discourse)를 목표로 삼고 교육을 하고 있는데, 행위 이론의 관점에서 보자면 이런 글쓰기 학습을 상정하는 것 자체가 비현실적인 목표가 된다. 모든 행위 시스템을 포괄하는 보편적인 학술 담화는 존재하기 않기 때문이다.

학술적 담화 공동체의 관점에서 보더라도 보편적 학술 담화를 설정하는 것은 어려운 일이다. 사실 학술 담화는 수많은 학술 영역(학과, 전공…)의 특화된 행위 시스템 속에서 개별적으로 규정되고 특화된다. 그래서 Russell은 학술적인 다양한 분야의 장르들은 각 장르의 유사성보다 차이점에 의해 특징지어지며, 행위 시스템의 복잡한 조건에 의해 변형되고 최적화된다고 말하고 있다(Russell, 1995: 62). 그렇기 때문에 학술적 담화는 보편성을 향해 수렴되기보다 담화의 목적과 맥락, 도구 수단과 사용 환경에 의해 세분화되고 확산된다. 한 전공학과라 하더라도 세부 전공에 따라 용어와 서술 방식, 심지어 각주를 다는 방법까지 달라질 수 있을 뿐만 아니라, 심지어 투고하는 저널에 따라 표현 방식이나 어휘·용어가 달라지기도 한다. 따라서 이렇게 보면 모든 것을 포괄하여 학습 전이가 가능한 '보편적 교육 담화'를 설정하는 것은 얼마나 어려운 일이라는 것을 알 수 있다. Russell이나 Wardle이 볼 때 장르는 고정되어진 것이 아니라 행위 시스템의 목적과 수단에 따라 수없이 변화할 수 있는 불확정성을 대변한다.

신입생 글쓰기 교육의 문제는 각각의 행위 시스템에 참여 없이 거기에 속한 장르를 임의적으로 학습한다는 점이다. 이런 것은 실생활에서 발생하는 실제적 장르와 다를 수 있으며, 실제적 장르가 지닌 구체적 함의, 긴박한 요구와 완전히 다를 수 있다. 이런 점은 학생들이 실제 그 장르를 학습했다 하더라도 그것이 실제적인 장르로 이행될 수 있다는 보장이 없다는 점을 보여준다. Wardle은 신입생 글쓰기 교육에서 흔히 사용하는 '관찰' 과제를 하나의 예로 들어 설명하고 있다(Wardle, 2009: 774~776).

신입생 글쓰기 강좌에서 흔히 사용하는 관찰 숙제는 학생들로 하여금 어떤 사물이나 사람, 사건, 주변 사물을 관찰하고 이를 글로 쓰게 하는 것이다. 이런 과제에서 관찰은 논문의 자료로 발전되거나 논증을 뒷받침하는 증거로 사용될 수 있다. Wardle은 많은 학과들이 '관찰'을 학술적 텍스트 속에 포함하고 있다고 말한다. 과학자들은 실험을 관찰하여 보고해야 하며, 사회복지에서는 가정 방문을 하고 기록해야 한다. 문제는 이런 관찰의 초점은 모두 필자로부터 나오게 되는데, 이런 필자의 관점이 학술적 주변 환경들로 인해 달라질 수밖에 없다는 것이다. 예를 들어 같은 사람이라 하더라도 일학년 글쓰기 수업의 관찰 주체와 실체 전공 학과의 실험식에서의 관찰 주체는 환경에 따라 달라지게 된다. 실제 현장의 관찰 과정은 텍스트의 목적, 필자, 독자, 구성 방식, 서술 방식 등에서 신입생 글쓰기 교육의 관찰과 많은 부분 달라지게 되는 것이다. 사회복지학이나 생물학의 관찰 기술과 다르듯이 신입생 글쓰기 강좌의 관찰 기술은 또 다를 수밖에 없다. 이렇게 본다면 '관찰'을 하나의 보편적 기술로 보기는 어려울 것이다. 신입생 글쓰기 교육에서 '관찰' 과제는 수사적 상황과 독립된 기술이 인정받으며, 이런 기술들을 습득하면 자연스럽게 다음 교육상황에 이 기술을 적용될 수 있을 것으로 믿고 있다.

중요한 것은 신입생 글쓰기 교육에서 다루는 "정보 전달의 글", "입장을 밝히는 글", "논증적인 글" 등은 작문 교실 바깥에서는 전혀 그런 식으로 다루어지지 않는다는 점이다. 각 전공 영역의 장르들은 특정한 쓰기 목적과 수사적 상황이 요구하는 내용과 형식들을 가지고 있으며 장르를 다루는 방식 역시 다르다. 신입생들은 개별 전공 영역들이 부여하는 긴요한 수사적 상황을 가지고 있지 않으며, 글을 다루는 목적 역시 다르다. 그렇기 때문에 Russell이나 Wardle이 볼 때 신입생 글쓰기 교육에서 쓰기 학습은 처음부터 학습 전이가 불가능한 것을 학습하는 것과 다름이 없다. 이들이 글쓰기 교육 방법이나 프로그램을 바꾸어야 한다고 말하는 것도 이런 이유가 있다.

3. '글쓰기를 위한 글쓰기(Writing About Writing)' 교육과 문제점

앞서 살펴본 대로 Russell이나 Wardle, 또 그밖에 다른 학자들이 다양한 관점에서 신입생 글쓰기 교육의 문제점을 제시했다. 이들의 주장은 신입생 글쓰기 교육을 폐지하자는 것이 아니라 학생들의 쓰기 능력을 전공 글쓰기, 나아가 직업 영역의 글쓰기로 이행, 혹은 전이가 되도록 대안을 마련하자는 것이다. 이들이 계속적으로 강조하는 것은 신입생 글쓰기 교육(FYC)이 '일반적 글쓰기 기술 교육(GWSI)'에서 벗어나 '경계 학습(boundary practice)', 즉 학생들이 있는 곳(그들이 지금 쓰고 있는 것)에서 그들이 가야 할 곳(그들이 앞으로 써야 할 것)을 연결시킬 수 있는 교육을 해야 한다는 것이다(Wardle, 2009: 776). 이들은 신입생 글쓰기 교육을 개편하기 위해 글쓰기를 기본적인 것으로, 보편적인 것으로 보아서는 안 되며, 철저하게 내용과 맥락에 종속된 개별적인 수사적 상황의 산물임을 깨달아야 한다고 말하고 있다. 특히 학술적인 분야에서는 쓰기 장르가 학술적 공동체의 맥락 속에 있음을 인지해야 한다고 생각했다. 이들이 내세우는 대안들도 이런 배경 속에 있다.

앞서 말한 Russell(1995)은 신입생 글쓰기 교육의 대안으로 두 가지 정도를 제시한다. 하나는 간학문적인(interdisciplinary) 쓰기 교육을 강화해야 한다는 것이다. 신입생 글쓰기 교육에서는 구체적인 목적, 맥락이 없이 일반 교육과정의 쓰기 기술과 공통 과정을 학습한다. 그는 이런 학습을 통해서는 실제 다른 쓰기 상황과 맥락으로 쓰기 능력이 전이될 수 없다고 보고 있다. 그래서 신입생 글쓰기 교육에서 다양한 학문 영역을 아우르는 교육이 필요하다고 주장하고 있다. 그가 간학문적 쓰기 교육이 필요하다고 말하는 것은 신입생 글쓰기 교육에 다양한 세부 학문 영역의 맥락을 부여하자는 뜻으로 보인다. 그러나 대학에 갓 들어온 신입생들이 과연 이런 학술적 맥락을 이해할 수 있을지 여전히 의문이 드는 것은 사실이다. 다음으로 Russell이 제시하는 것은 쓰기(writing)라는 행위 자체에 대한 이해 능력을 강화시키자는 것이다. 학생들이 자신이 글을 쓰는 목적, 과정, 효과 등을 분석함으로써 글을 쓰는 행위가 어떻게 사회 속에 소통되는지를 학습하게 되면 다른 맥락과 상황 속에서도 쓰기 능력을 발휘할 수 있을 것으로 그는 보았다. 그래서 Russell은 글쓰기 이론과 관련하여 수사학에 대한 교육도 강조했다(Russell, 1995: 69~75).

이와 유사한 주장은 이미 1960년대 Kitzhaber(1960)가 제안한 바 있으며, 이후 Russell, Wardle에 이르기까지 비슷한 의견들이 거의 40~50년 동안 이어져 왔다. 이런 주장을 하는 배경은 여러 가지로 생각해 볼 수 있다. 앞서 말한 대로 이런 학자들은 글쓰기가 일반적 기술(general skills)만으로 성장 가능한 인지 능력이 아니며, 맥락과 상황, 목적과 배경에 종속되어 작용하는 인지 능력이라는 점을 생각하기 때문에 이런 방법이 나왔다고 볼 수 있다. 글쓰기가 순수하게 맥락에 의존하는 인지 행위라면, 맥락에 의해 진행되는 원리를 학습하면 이를 다른 맥락에 적용시킬 수 있을 것이라는 판단을 한 것이다. 또 지금의 신입생 글쓰기 교육의 방법으로는 전공 영역의 글쓰기를 대비한다는 것이 불가능하다는 것을 믿고 있기 때문에 그렇기도 하다.

Kitzhaber는 화학과나 경제학과 학생들에게 같은 정도의 학습 성숙도를 기대할 수 없을 뿐만 아니라, 일반적인 글쓰기 기술을 가르쳐 노력한 만큼 실제 효용도를 얻기는 힘들다고 주장했다. 그렇기 때문에 앞서 말한 대로 그는 학생들에게 글쓰기에 관한 수사학을 가르쳐야 한다고 주장했다. 수사학적 수업을 통해 학생들은 문어 텍스트를 사용 방법을 인지하게 되고, 각각의 행위 시스템 속에서 텍스트가 만들어지는 방법, 또 그것이 소통되는 방법을 배워 학생 스스로 각자의 행위 시스템(전공 영역) 속으로 참여할 수 있도록 해준다는 것이다(Russell, 1995: 52, 72~74). Kitzhaber가 수사학이라고 표현했지만 실제적으로 글쓰기 담론이 이론적 과정 자체를 학습한다는 뜻과 동일하다.

Wardle(2009)과 Downs & Wardle(2007) 등은 Kitzhaber와 Russell의 의견에서 한걸음 더 나아가 "글쓰기를 관한 학습(Teaching about Writing)", 혹은 "글쓰기를 관한 글쓰기(Writing about Writing, 이하 WAW)" 교육을 하자고 주장했다. 다시 말해 Wardle은 신입생 글쓰기 교육에 글쓰기 이론에 관한 학습을 도입해야 한다고 주장한 것이다. 그녀는 글쓰기에 관한 절차적 지식('how to do')과 선언적 지식('content')을 주요 내용으로 하는 신입생 글쓰기 교육의 프로그램을 제안했다. 여기에는 글쓰기 개념에 관한 지식과 읽기, 쓰기에 관한 지식, 수정(revision)에 관한 지식, 담화공동체가 어떻게 장르를 구성하는가에 관한 지식 등이 포함되며 글쓰기 과정에 관한 학습과 다른 맥락에서 글쓰기 과정이 어떻게 바뀌는지에 관한 학습도 포함된다(Wardle, 2013: 4). 중요한 것은 읽기 자료가 주로 글쓰기 이론에 관한 논문들이며, 쓰기 과제들도 글쓰기에 관한 탐색과 분석들 위주로 되어 있다는 점이다.

예를 들어 읽기 자료들로 Stephen King의 〈글쓰기란 무엇인가〉, Davis의 〈수사적 상황과 그 구성요소〉, Berkenkotter의 〈결정과 수정: 작가의 계획 전략〉, Mike Rose의 〈엄격한 규칙, 유연하지 않은 계획, 그리고 언어의 딱딱함: 글쓰기 막힘의 인지적 분석〉, Whitney Brown의 〈신입생 작문 과정에서 드러난 나의 글쓰기 과정에 대한 자기 평가〉, M. Johns의 〈담화 공동체와 실천의 공동체: 구성원, 투쟁, 그리고 분화〉 등과 같이 글쓰기 이론에 관한 것들이다.[2] 학생들은 이를 읽고 교수자가 요청하는 질문에 답을 하고 자신의 글쓰기 현상과 비교해야 한다. 이를테면 이런 텍스트를 읽고 텍스트에 대한 내용과 본인의 의견, 자신의 글과 비교해 필자의 의견과 차이점 등을 계속해서 질문하는 것이다. 이런 질문들은 쓰기 과정에 대한 자기 반성과 자기 인식을 유도해 다른 맥락과 전공에서도 충분히 쓰기 능력을 발휘할 수 있도록 유도하기 위한 것이었다.

과제도 쓰기 이론과 밀접하게 연관되어 있다. Wardle & Downs(2011)이 고안한 한 수업에서 쓰기 과제가 세 가지(수사적 분석 보고서, 쓰기 과정 보고서, 담화공동체 보고서)였다(Wardle, 2013: 30). 하나는 수사적 상황에 대한 고등학교 경험을 설명해 보는 것이다. "그래서, 왜(so, what?)의 질문 방식을 사용하여 자신의 고등학교 문식성 수업에서 작가로서, 또 독자로서 수사적 상황에 대해 무엇에 대해 배웠는지를 설명하는 것이다. 그리고 이를 분석해서 설명하도록 했다. 두 번째로 쓰기 과정에 대한 분석으로, 수사학자나 독자의 입장에서 자신의 쓰기 과정에 대해 문제점은 무엇인지, 어떻게 변해야 할지, 이러한 과정이 다른 수사적 맥락에서는 어떻게 변해야 할지를 분석해서 설명하는 것이다. 세 번째 과제는 담화공동체에 관한 것이다. 가족이라는 담화 공동체의 개념에 대해 설명하고, 실제 개인적으로 경험한 사회 현장의 담화 공동체에 대해 분석해 보도록 한다. 그리고 이처럼 담화공동체에 대한 개념을 분석하고 아는 것이 실제 학생이 사회에 나갔을 때 어떻게 적용될 수 있을지에 대해 토론해 보고, 그런 담화 공동체에서 생존하기 위해 어떻

---

2) Wardle(2013), Appendix 1 참고, Dawn & Wardle이 기획한 교재를 보면 실제 글쓰기 이론과 관련된 이론적 내용들이 더 많이 제시되어 있다. 교재에는 글쓰기 이론가로 잘 알려진 John Swales, Stuart Greene, Donald M. Murray, Linda S. Flower, James E. Poter, Ken Hyland 등이 포함되어 있다. Wardle, E., and Downs, D. (2011), *Writinf About Wrotong*, Bedford/St. Martin's 참고.

게 언어를 사용해 하는지를 검토해 보도록 하는 것이다.

Wardle은 이런 학습들이 세부적인 학술적 학문 영역에서 전문적인 담화를 서술할 수 있는 통로(gateway)를 제공해줄 수 있을 것으로 보았다. 또 Wardle과 마찬가지로 Kitzhaber, Russell, Downs는 모두 쓰기에 관한 학습들, 즉 장르와 담화 공동체 이론, 쓰기 과정의 이론들이 학생들로 하여금 개별 전공에서 쓰기 능력을 발휘할 수 있도록 기초적 토대를 마련해줄 것으로 생각했다. 이를테면 담화공동체, 장르, 쓰기 과정 등에 관한 이론적 지식을 습득하면, 학생들이 이후 다른 맥락(전공 영역, 직업 현장)에서 직면할 문서 작성에 실제적인 능력을 발휘할 수 있을 것으로 믿는 것이다. 이들은 기본적으로 쓰기에 관한 선언적 지식과 절차적 지식을 새로운 쓰기 상황에 필요한 가장 중요한 도구적 지식으로 바라보고 있다. 그녀는 글쓰기에 관한 학술적인 이론들을 학습하는 것이 오히려 새로운 쓰기 상황과 맥락에 대한 적응력을 높일 수 있다고 판단했다.

그렇다면 과연 WAW가 신입생 글쓰기 교육의 대안이 될 수 있을까? WAW가 대안이 되기 위해서는 몇 가지 문제를 극복해야만 한다. 가장 중심이 되는 문제는 글쓰기 이론 역시 하나의 특수한 상황, 맥락이 되지 않느냐 하는 점이다. 예를 들어 행동 이론(Activity theory)을 인정하여 글쓰기를 맥락 의존적이고 상황 의존적으로 볼 때, 글쓰기 이론은 다른 전공 영역처럼 하나의 전공 영역이 될 가능성이 있다. Wardle과 Downs는 글쓰기 이론을 글쓰기에 관한 기본 원리로 인정하여 다른 전공 영역 글쓰기의 밑바탕이 된다고 생각했지만 실제 그러한지를 증명하기는 쉽지 않다. Miles, et al.(2008)과 같이 WAW에 비판적인 학자들이 WAW가 전문화된 쓰기 이론 강의일 뿐이라고 비판하는 것도 이런 이유들과 연관이 있다. 꼭 글쓰기 이론을 학습해야 글쓰기의 전이 학습이 이루어진다고 말할 수는 없다는 것이다. 이들은 기존의 신입생 글쓰기 강좌들이 다양한 주제 중심의 쓰기 학습을 통해 해 왔다고 강조하면서 이를 단계적인 학습으로 전환시키면 충분히 글쓰기 학습 전이가 가능하다고 주장했다(Miles, et al., 2008: 508~509). 신입생 글쓰기 교육이 전공 학습의 환경과 맥락에서 달라 학습 전이의 효과가 없다고 주장한 것과 차이가 있는 것이다.

또 다른 문제로 그렇다면 WAW를 도대체 누가 가르쳐야 하는가라는 점이 있다. WAW 프로그램에는 전문적인 쓰기 이론의 내용들이 포함되고, 쓰기 이론에 관한 분석과 해석의 과제도 들어간다. 그렇기 때문에 이를 강의하기 위해서는 쓰기 학술적인 지식을 보유한 교수자가 필요하며, 또 실제 그런 교수자가 강의를 담당하게 된다. 최근까지도 Wardle은 신입생 글쓰기 교육의 담당 교수자로 글쓰기 이론을 어느 정도 아는 전문가로 필요하다고 말하고 있다. 다른 전공의 교수자라면 글쓰기 이론에 관해 훈련을 받아 WAW를 강의할 수 있을 것이다. Wardle은 교수자로 글쓰기 전공자를 포기하면 글쓰기 교육을 아무나 할 수 있다는 문화적인 오류 개념(cultural misconception)을 심어줄 수 있다고 말하고 있다(Wardle, 2013: 5). 그러나 글쓰기 전공자는 많지 않으며, 타전공자는 단기간의 훈련만으로 복잡한 글쓰기 이론을 수업 프로그램에 적용할 수 있을지 의문이 드는 것이 사실이다. 실제 WAW 수업에 들어가면 글쓰기 이론과 과제나 맥락이 결합하기 때문에 비전문가가 이를 적용하기가 쉽지 않을 것이다.

4. 글쓰기 전이 학습의 기본 원리와 전략

이 논문에서는 Wardle과 Dawn의 입장보다 Miles, et al.(2008)의 입장에 선다. 그러나 그렇다고 해서 Miles, et al.(2008)처럼 WAW(Writing about Writing)를 완전히 부정하는 입장에 서지는 않는다. Miles, et al.(2008)은 WAW에 대해 "생각의 오류(error of thinking)"라고 말하면서 이를 전적으

로 비판했지만 WAW에도 긍정적으로 볼 측면은 분명히 있다고 생각한다. Wardle과 Dawn처럼 극단적으로 작문 이론을 학생들에게 가르쳐야 할 필요는 없지만 그 속에는 담긴 쓰기 현상에 관한 개념들은 글쓰기 학습에도 유익한 측면이 있다. 학생들은 쓰기 이론과 쓰기 개념을 활용해 새로운 쓰기 상황에 적응할 수 방법들을 찾을 수도 있을 것이다. 그렇지만 분명한 것은 WAW처럼 어려운 작문 이론의 내용들을 읽기 자료나 학습 항목(theme)으로 삼을 필요는 없다는 점이다. 이론을 이론으로 학습하기보다 그것이 작용하는 원리로 환원하여 학습하는 것이 더 효과적이고 실제적이기 때문이다.

이 장에서는 WAW의 대안으로 신입생 글쓰기 교육에 있어 전이 가능한 학습 원리를 검토해 보도록 한다. WAW가 행위 이론(Activity theory)에 기대어 글쓰기의 전이 가능성을 부정했다면, 이 논문에서는 기존 프로그램은 그대로 두되 교수법의 방향, 교수 원리의 방향을 바꿈으로써 학습 전이의 효과를 기대할 수 있다고 판단한다. 다시 말해 WAW처럼 학습 프로그램을 완전히 새롭게 짜는 것이 아니라, 교수법의 방향, 학습 원리의 방향을 새롭게 설정하면 기존의 교육에서도 글쓰기 학습 전이의 효과를 거둘 수 있다고 보는 것이다. 많은 학자들도 글쓰기 교육에서 학습 전이가 일어나지 않는 이유를 '전이를 고무시키지 않는 교수법' 때문이라고 주장한 바가 있다(Wardle, 2009: 770). 이 논문에서는 Beaufort(2007), Driscoll(2011)의 논의를 참고하면서 전이 가능한 글쓰기의 학습 원리들을 간략히 탐구해 보도록 하겠다.

지금까지 글쓰기 전이 학습에 대해 소개 되었던 다양한 논문들을 종합해 보면 글쓰기 전이에 필요한 교수 원리로 세 가지 정도를 꼽을 수 있다. 첫째는 학생들이 전이 현상에 대해 명백하게 인식할 수 있도록 학습 과정을 구성해야 하며, 둘째는 글쓰기 과정에 필요한 원리들을 추출하여 새로운 상황에 적용하는 학습을 해야 하고, 셋째 수업 과제와 커리큘럼에 전이 교육을 위한 연속성을 부여해야 한다는 것이다. 이런 원리들은 기존의 신입생 글쓰기 학습을 유지하면서 최소한의 학습 내용과 교수법의 변화를 통해 얻을 수 있는 것들이다. 여기서 이런 내용들을 하나씩 간단히 검토해 보고자 한다.

우선 글쓰기 교육에서 전이 학습의 실패 이유로 학생들이 글쓰기의 학습 전이에 대한 필요성을 공감하지 않고, 전이 상황에 대해서도 인식을 하지 못하기 때문이라는 주장이 있다. 대학 신입생들은 학술 활동에서 자기 견해를 텍스트로 작성하는 것이 얼마나 중요한지 알지 못하며, 글쓰기 수업이 전공 학습의 다양한 글쓰기를 대비하기 위한 것이라는 사실도 알지 못한다. 학생들은 주로 좋은 평가를 받기 위해, 또 좋은 학점을 받기 위해 글쓰기 강좌를 수강한다. 그렇기 때문에 대부분의 학생들은 신입생 작문 강좌에서 학습하는 것과 나중에 자신이 써야 할 글쓰기 사이에 어떠한 연결점도 발견하지 못하게 된다. 학생들은 지금 있는 곳과 가야 할 미래를 알지 못하면 학습 전이의 효과도 떨어질 수밖에 없다. 학생들의 글쓰기 학습이 과거(고등학교)나 미래(전공학습)와 단절되어 어떤 것과 연결시키지 못할 때 글쓰기는 단절되고 지엽적이 되며, 일회성이 된다. 앞서도 말했듯이 Wenger는 지금 있는 곳과 가야 할 미래를 연결시키는 학습을 "경계학습(boundary practice)"이라고 부른 바 있다(Wardle, 2009: 776). 경계 학습은 학생들에게 이런 국면들을 이해시켜 주는 학습법이다. 학생들이 앞으로 써야 할 글쓰기를 인식한다면 지금 글쓰기를 학습하는 것도 달라질 수가 있다.

우리는 경계학습을 위해 여러 가지 학습 장치를 생각해 볼 수 있다. 먼저 학생들에게 부과되는 과제의 세부 항목에는 항상 미래와의 연결점이 고려되어야 한다. 예를 들어 "이런 장르가 앞으로 전공에서 사용될 글쓰기와 어떤 연관이 있을까요?", "이번 과제가 전공 학습과 세부 주제와 관련하여 어떤 유사성이 있다고 생각합니까?"와 같은 질문들을 할 수 있다. 이와 함께 한 걸음 더 나아가 학생들에게 자신들이 가게될 전공 영역의 문식적인 특성을 탐색하는 과제를 부과할 수 있다. "미래 전공 영역에서 자주 사용하는 특징적인 어휘 항목을 조사해 오시오", "미래 전공 영역의 논문에서 잘 나타나는 관습적인 특징을 조사해 오시오"와 같은 과제들은 자신이 직접 마주칠 미래의 쓰기 상황을 미리 예견해 볼 수 있는 이점이 있다. 학생들에게 미래의 자기 전공(직업)에 대해 조사를 시키고, 전공 담화공동체의 특징, 텍스트의 특성, 샘플 텍스트 장르 등의 수집을 요청할 수도 있다. 신입생 글쓰기 수업을 듣는 학생들이 단일 학과 학생이라면 특별히 전공 교수를 초빙하여 글쓰기에 관한 특강을 들어 볼 수도 있을 것이다. 이처럼 학습 전이를 위해서는 학생들이 스스로 경계학습의 연결점(transfer point)을 찾도록 요구하는 것 중요하며, 이를 통해 학생들은 신입생 글쓰기 수업이 미래 글쓰기를 준비하는 과정임을 분명하게 인식해야 한다.

다음으로, 글쓰기 전이 학습의 필수 요건으로 쓰기 과정에 요구되는 추상적 원리들을 학생들이 추출하고 이를 새로운 상황에 적용하는 훈련이 필요하다. 쓰기 과정에는 필히 요구되는 지식이나 원리들이 있다. 예를 들어 장르 지식이나 쓰기 과정의 전략들은 '추상적 원리'로서 학생들이 글쓰기 과정에서 사용할 수 있는 것들이다. 또 다른 글쓰기 맥락에 직면했을 때 이를 필히 사용해야만 하는 것들이다. Beaufort(2008)는 글쓰기에 추상적 원리로 작용할 글쓰기의 전문적 기술 지식(five knowledge domains in writing expertise)을 다섯 가지 설정하고 이에 대한 교수 방법을 제시하고 있다. 그는 이 다섯 가지 지식들이 학생들이 글을 쓸 때 반드시 알아야 할 '추상적 원리들(abstract principles)'이라고 규정했다(Beaufort, 2007: 221). 이 논문에서는 여기에 언어 지식(knowledge of language)을 추가로 포함하여 여섯 가지 전문 기술적 지식을 설정했다. 이런 지식들은 새로운 글쓰기 국면에서 추상적 원리로 기능하여 학생들의 쓰기 능력을 돕게 된다.

〈표 1〉 글쓰기 전문적 기술에 관한 지식 항목

	글쓰기 기술에 관한 지식 항목
담화공동체 지식	담화공동체의 지배적인 목표에 관한 지식, 강조되는 가치, 학술 영역 안에서의 초인지 담론에 관한 지식 등 …
주제 지식	특별한 화제나 중심적인 개념에 관한 지식, 문서 분석에 관한 적절한 구조 지식, 수사적 목적과 관련된 비판적 사고 지식 등…
장르 지식	학술적 담화공동체에서 사용되는 표준적인 장르에 관한 지식, 표준적인 장르들에 관한 특징(수사적 목적, 적절한 내용, 구조적이고 언어적인 특징) …
수사적 지식	수사적 상황에 관한 직접적인 지식, 특별한 청중에 관한 요구, 텍스트에 관한 특별한 목적 등 …
쓰기 과정 지식	학문 목적 글쓰기에 과제를 어떻게 수행하는가에 관한 지식, 작문에 관한 인지적 과정에 관한 지식, 쓰기 과제에 관한 단계 지식 등…
언어 지식	언어 규범 및 언어 관습에 관한 지식, 관습적인 상용적 표현에 관한 지식 등…

위에서 제시한 여섯 가지 지식 중에서 핵심적인 것은 '장르 지식 (genre knowledge)'과 '담화공동체 지식(discourse community knowledge)'이 다. 글쓰기 학습 전이를 위해서 이 두 가지 지식(장르와 담화공동체)에 관한 원리 학습이 가장 중요하다. 장르와 담화공동체에 관한 원리를 인지하면 새로운 상황에서 당황하지 않고 충분히 자신의 쓰기 능력을 발휘할 수가 있기 때문이다. 전이 학습을 위한 글쓰기 수업은 장르와 담화공동체 지식을 활용한 과제들로 구성할 수가 있다. 예를 들어 학생 들에게 장르를 학습시키는 방법은 다음과 같다. 학생들에게 여러 편의 시(소설)를 읽게 하고, 시(소설)를 시(소설)라는 장르로 만드는 속성을 찾 도록 한다. 시(소설)를 통해 장르의 개념과 속성을 이해하도록 하고, 다 음으로 장르 인식(genre mental schema)이 텍스트를 읽을 때 어떻게 작용 하는지를 찾아보도록 한다. 학생들은 장르 인식(장르 스키마)이 책을 읽 고, 글을 쓸 때 어떻게 영향을 미치는지 토의해 볼 수 있다. 이를 테면 "12시를 알리는 종소리가 들렸다"라는 표현은 탐정 소설(장르A)과 연애 소설(장르B)에서는 각각 다르게 해석될 것이다.

장르 개념 숙지에 이어 장르 기능과 역할에 대해서도 원리적인 학습이 가능하다. 예를 들어 같은 광고 장르이지만 신문에 실린 것과 여성 잡지에 실린 것을 비교해 보고, 장르 속성(수사적 목적, 전형적인 내용(typical content), 구조적 특성, 언어적 특성)을 검토하도록 할 수 있다. 학생들에게 장르 작성의 연습을 시킬 수도 있다. 학생들에게 제시된 담화공동체의 특성에 따라 직접 장르를 작성해 볼 수가 있다. 보다 직접적인 장르 적용의 효과를 얻으려면, 학생들에게 일정 기간 다른 담화공동체(온라인의 정치공동체, 소비공동체, 봉사공동체 등)에 참여하여 그 집단의 장르를 작성하도록 할 수도 있다. 이런 다양한 훈련들이 학생들로 하여금 새로운 쓰기 상황에서 글쓰기에 관한 전문적인 능력을 발휘할 수 있도록 만들어 줄 것이다.

담화공동체에 관해서도 이에 필요한 학습을 할 수 있다. 담화공동체는 학생들이 새로운 쓰기 환경에 직면했을 때 고려해 보아야 할 우선적인 필수 지식이다. 담화공동체의 성격에 따라 글의 목적, 주제, 장르의 선택이 달라질 수가 있기 때문이다. 이에 따라 학생들은 텍스트 작성에서 담화공동체에 따라 수사적인 목적, 장르의 성격 등이 어떻게 달라지는지 학습할 수가 있다. 아울러 새로운 담화공동체에 진입했을 때, 이에 맞는 장르를 선택하고, 텍스트를 작성하는 법을 배울 수가 있다. 예를 들어 학생들은 여러 담화공동체의 텍스트를 수집한 후 개별 담화공동체의 속성(수사적 목적, 수사적 관습, 전형적 장르, 매체 수단, 구성원의 특징)을 파악하도록 하는 과제를 낼 수 있다. 동일 주제이나 담화공동체가 다른 여러 텍스트(신문의 과학기사. 과학 잡지의 평론, 과학 논문)를 제시한 후 각각의 특성, 형식, 관습 등을 조사해 오도록 할 수 있다. 학생들은 자신이 경험하지 못한 온라인 동호회에 가입하여 텍스트를 작성해 볼 수 있다. 또 지역 사회의 문제에 참여하여 관공서에 건의서나 요청서를 쓰는 연습을 할 수도 있다. 이처럼 담화 공동체의 적용 방법을 익히면 학생들이 새로운 쓰기 환경에 직면하더라도 그 상황에 적절하게 대응을 할 수 있다(Beaufort, 2007: 178~179).

마지막으로 글쓰기 학습 전이에 필요한 원리로 수업 과제와 커리큘럼에서의 연속성(sequences in assignment and curriculum)을 들 수 있다. 여러 사례 연구에서 보듯 과제와 커리큘럼이 하나의 목표를 향해 이어지지 않고 단절된 경우 대체로 학습 전이가 일어나지 않았다. 예를 들어 개인적인 과제(표현주의적 과제)에서 바로 사회적인 문제나 학술적인 과제로 넘어간 경우 학생들은 새로운 상황에 적응하기를 힘들어 했다. 현장 과제(인터뷰, 조사)에서 분석 과제(읽기 자료 해석)를 함께 섞어 놓는 경우도 좋은 학습 효과를 얻지 못했다(Beaufort, 2007: 154). 그래서 글쓰기와 관련된 기술들은 발달 단계에 맞춰 구조화될 필요가 있다. 특히 커리큘럼을 조직하고 과제를 설정할 때는 학습 전이가 가능하게 적응 단계를 반드시 고려해야 한다. 하나의 과제 속에는 큰 과제를 해결하는 데 필요한 하위 기술들을 배치하고, 과제들이 연속되면서 기술의 적응 속도가 높아지도록 구조화하는 것이다. 장르의 경우를 본다면, '개념 → 속성 → 기능 → 적용' 등의 단계로 학습을 단계화하는 것이 좋다.

Berryman & Baily(1992)는 과제와 커리큘럼의 연속성 원리(principles for sequencing)로 다음 세 가지를 들고 있다.3)

- 보편적 기술 습득 후 지엽적 기술로 가기(global skills before local skills)
- 복잡성을 증가시키기(increasing complexity)
- 다양성을 증가시키기(increasing diversity)

과제와 커리큘럼은 이런 원칙에 따라 기술과 전략이 자연스럽게 발전하도록 구성할 수 있다. 위에서 "보편적 기술 습득 후 지엽적 기술로

---

3) Berryman, S. E. and Baily, T. (2007), *The Double Helix of Education and the Economy*, *Teacher College*, Columbia University. 여기서는 Beaufort(2007), p. 186에서 재인용함.

가기"는 큰 개념의 중요성을 언급한 것이다. 학생들은 담화공동체나 장르처럼 전이를 위한 큰 개념들에 관한 기술을 먼저 습득하고 세부적인 쓰기 기술을 익혀 새로운 쓰기 상황에 대처해 가야 한다. 과제나 프로그램의 연속성은 이런 기술들을 단계적으로 습득하게 하기 위한 것이라고 할 수 있다.

과제나 커리큘럼이 연속성이 왜 필요한지에 대해서는 Spear(1987)의 논문에서 잘 설명한다. Spear는 Bloom의 인지적 기술의 분류에 근거해 학생들의 인지적 사고가 계층적으로 발달하며, 이런 발달 과정에 대한 학습은 과제와 커리큘럼의 연속성을 통해 이루어진다고 말한 바 있다. 예컨대 그녀는 Bloom의 논의에 근거해 사고 발달을 지식(knowledge) 〈이해(comprehension)〈적용(application)〈분석(analysis)〈종합(synthesis)〈평가(evaluation) 순으로 규정하고, 높은 단계의 사고 능력을 얻기 위해 밑에서부터 구조화된 연계 학습이 필요하다고 보았다(Spear, 1987: 51~52). 학생들은 보다 복잡하고 높은 사유의 단계로 올라가기 위해 앞의 과정을 포함하면서 한 단계 성장하는 나선형(spiral)의 새로운 사유 과정에 대한 학습을 해야 한다. 교수자는 학생들에게 적절한 단계에서 복귀 과제와 상향 과제를 반복하면서 학생들의 쓰기 능력을 높이는 연속적인 스펙트럼의 커리큘럼을 짜야 한다. 이런 나선형의 단계 학습은 더 높은 추상화 과정을 이어주는 "사고 연결(Bridging)"의 기능을 맡게 된다. 학습 전이를 위해 과제와 커리큘럼의 추상적인 단계적 과정[4]은 매우 중요하다.[5]

---

4) 학습과제와 커리큘럼의 연속성과 관련하여 Beaufort는 자신이 구성한 수업 사례를 보여주고 있다. 전체 5단위(unit)의 수업에서 개념 학습에서부터 차츰 주제, 학술적 과제로 이어주는 구성 방식을 통해 학생들이 한 단계의 학습이 다음 단계로 포섭되면서 확장되는 구조를 보여준다. Beaufort, A. (2007), *College Writing and Beyond*, Utah State University Press, pp. 186~187.

5) 과제와 커리큘럼의 연속성은 수업 코스 전체로 확대될 수 있다. 미국의 테네시-록시빌 대학(University of Tennessee-Knoxville)의 강좌 구성은 전이 학습을 위해 신입생 글쓰기

5. 결론

2005년 이후 미국의 대학 글쓰기 교육의 중심 연구 테마는 학습 전이의 문제이다. 특히 Downs & Wardle(2007)의 WAW('Writing About Writing) 주장 이후 모든 논쟁의 중심은 대학 글쓰기 교육의 전이 문제에 집중되어 있다. 만약 이들의 주장처럼 신입생 글쓰기 교육을 통해 배운 내용들이 전공이나 사회에서 글을 쓰는데, 별 도움이 되는 것이 아니라면, 도대체 글쓰기 교육은 왜 해야 하는 것일까? Downs & Wardle(2007)의 논문을 읽어 보면 이런 의문이 드는 것이 당연해 보인다. Downs나 Wardle의 주장에는 글쓰기 행위의 보편성에 대한 부정적인 견해가 담겨져 있다. 이들은 모든 글쓰기가 실제 맥락과 실제 상황의 구체적인 종속물로 생각한다. 그렇기 때문에 일반성과 보편성을 추구하는 교양 글쓰기 교육은 근원적으로 문제를 안고 있는 것이다. 글쓰기 교육을 담당하는 사람의 입장에서는 매우 곤혹스러운 결과라 할 수 있다.

이 논문은 Downs & Wardle(2007)이 주장한 WAW를 검토하고 WAW가 등장하게 된 배경과 그 대안을 살펴보았다. 이 논문은 WAW 대신에 교수법의 방향을 바꾸면 대학 신입생 글쓰기 교육의 프로그램을 통해서도 학습 전이가 가능하다는 주장을 담고 있다. WAW의 도입 이유에 대해서 공감할 내용이 있지만, WAW 학습만이 모든 문제를 해결할 수 있다고 보이지는 않는다. 예를 들어 Russell은 보편적 글쓰기 교육의 불가능성을 언급하면서 '공 다루는 법'에 대한 비유를 한 적이 있다 (Russell, 1995: 57~60). 축구나 배구, 야구, 농구 등을 잘 하기 위해 기초 과목으로 '공 다루는 기술'을 배울 필요는 없다는 것이다. 축구나 배구, 야구, 농구에 모두 통용되는 '공 다루는 기술'은 존재하지 않기 때문이

강좌의 위계를 설정한 사례를 보여준다. Fishman, J. and Reiff, M. J. (2008), "Taking the High Road: Teaching for Transfer in an FYC Program", *Composition Forum* 18, http://compositionforum.com/issue/18/.

다. Ressell의 주장처럼 글쓰기가 정말 맥락에만 종속되는 기술이라면 보편적 기술로는 존재하기 어려울 것이다. 그러나 이 논문에서는 운전하는 법을 잘 배워두면 여러 종류의 차량을 운전하는 데 도움을 받을 수 있듯이 글쓰기에도 보편적으로 통용되는 기술이 존재한다고 생각한다.

이 논문에서는 글쓰기 학습 전이를 위해 WAW 학습을 비판하고, 전이 가능한 교수법의 원리를 제안했다. 교수법의 방향을 바꾸면 기존의 글쓰기 교육을 개편하지 않아도 학습 전이가 가능한 교육 방법을 찾을 수 있다고 보았다. 학생들에게는 학습 전이에 대한 분명한 인식이 필요하며, 교수자에게는 시각의 방향을 바꾸어 학습 전이를 고려한 교수 방법이 요구된다. 앞으로 논의가 더 발전된다면 구체적인 교육 프로그램이 생산될 수 있을 것이다. 학습 전이의 입장에서 우리는 그 동안 고려하지 않았던 미래 전공 영역과 직업 영역에서의 글쓰기에도 눈을 돌려야 한다.

신입생 글쓰기 교육(FYC)과 WAW, 학습 전이의 문제는 미국 작문학계에서 지금 활발하게 논의가 진행 중인 주제이다. 특히 학습 전이에 관한 연구는 아직 논의가 기초 단계에 있기 때문에 앞으로 이에 대해 많은 연구가 나올 것으로 예상된다. 우리 대학의 작문 교육 입장에서 이런 논쟁들은 여러 시사점을 주고 있다고 생각한다. 우리는 무의식적으로 모든 글쓰기가 전이 가능한 것으로 판단하고 있는 것은 아닌지, 우리는 우리의 글쓰기 교육이 많은 효과를 내고 있다고 확신하고 있는 것은 아닌지, 학습 전이의 문제는 우리에게 반성할 수 있는 계기를 마련해주고 있다. 앞으로 국내에서도 대학 글쓰기 교육의 학습 전이의 문제에 대해 연구하는 학자들이 많이 나올 수 있기를 기대한다.

제3부 글쓰기 연구의 세부 국면

Flower & Hayes의
과정 중심 이론에 관한 비판적 재검토

1. 서론

Flower와 Hayes(1981)의 인지주의 과정 중심 이론[1]은 미국의 중등, 대학의 작문교육에 많은 영향을 끼쳤다. 이전까지 주로 맞춤법이나 문장 교정을 중심으로 수업을 했던 전통적 작문 교육에 비로소 쓰기 과정과 쓰기 전략 수업이 가능해졌고, 유능한 필자의 쓰기 특성들을 분석하고 작문 수업에 이를 반영할 수 있게 되었다. 이 외에 과정 중심 이론은 교육 정책과 교육과정에도 큰 영향을 미쳤다. 작문을 절차(과정)에 따라 세분화하여 교육하는 것이 가능해졌기 때문에 많은 대학에서 작문 및

---

[1] Flower와 Hayes가 1981년에 발표한 과정 이론에 관한 논문의 제목은 '글쓰기의 인지과정 이론'이다. 이에 따라 Flower와 Hayes 이론의 이름을 '인지과정이론'으로 부르는 것이 타당할 것이다. 다만 국내에는 이론보다 교육방법이 먼저 소개되어 '과정중심 쓰기교육', '과정 중심 방법'으로 많이 알려져 있다. 이 논문에서는 국내 동향에 맞춰 Flower와 Hayes의 이론을 '과정 중심 이론'으로 부르도록 한다.

수사학 교육과정들이 생겼다. 과정 중심으로 구성된 작문교과서들도 연이어 출간되었고, 작문 과정을 전문적으로 연구하는 학자들도 많이 등장했다(Hairston, 1982: 86~88). 국내에서도 과정 중심 이론은 작문교육의 핵심적 패러다임으로 자리를 잡았다. 제5차 교육과정에 처음 등장한 과정 중심 방법은 이후 조금씩 자리를 잡아가다 제7차 교육과정에서 전면에 부각되어 중심적인 교육 방법이 되었다(이재승, 2007: 244). 한국에서도 과정 중심 이론은 작문학습에 주요 학습적 방법과 전략을 제공하여 작문 교과가 주요 교과로 자리를 잡는 데 크게 기여를 했다. 과정 중심 이론은 한국의 작문 교육에도 지대한 영향을 끼친 것이다.

그런데 이런 과정 중심 이론이 항상 긍정적인 평가를 받은 것은 아니었다. 과정 중심 이론은 이론이 발표 초기부터 지속적인 비판을 받아왔으며, 이론적 논쟁에 휩싸였다. 과정 중심 이론이 이렇게 비판을 받게 된 것은 우선 인간의 언어사용에 관해 학자들 사이에 의견의 차이가 있었기 때문이며, 다음으로 과정 중심 방법의 효과에 관한 다양한 질문들이 제기되었기 때문이다. 인간의 언어능력과 언어활동은 인간 인지 내부의 문제로 볼 수도 있고, 담화공동체 속의 사회적 관습의 문제로 볼 수도 있다. 언어를 어떻게 보느냐에 따라 인지주의를 바라보는 관점이 달라지고 이는 과정 중심 방법에 관해 수많은 논쟁을 낳게 되는 원인이 되었다.

이 논문은 과정 중심 이론이 작문교육에 끼친 영향과 이론적 배경을 되돌아보기 위해 Flower와 Hayes의 초기 논문(글쓰기의 인지 과정 이론)을 살펴보고, 이 논문에서 논쟁이 되었던 여러 이론적 측면들을 오늘의 관점에서 검토해 보는 것을 목표로 한다. Flower와 Hayes의 논문은 발표 당시 여러 학자들의 주목을 받았다. 긍정적인 논평도 있었고 비판적인 논의도 있었다. 중요한 것은 이런 논쟁 속에서 중요한 이론적 원리와 학술적 배경들을 살펴볼 수 있다는 점이다. 이 논문에서는 인지적 관점과 사회적 관점에 관한 논쟁, 언어에 관한 시각, 이후 쓰기 과정

이론의 변화 등을 살펴보게 될 것이다.

이 논문에서 중점적으로 살펴볼 논문은 다음과 같다. Linda S. Flower 와 John Hayes의 논문은 1981년에 발표한 「글쓰기의 인지 과정 이론(A Cognitive Process Theory of Writing)」으로 과정 중심 이론의 대표적 논문에 속한다. 이 논문이 발표된 직후 1982년 이에 관한 두 편의 리뷰 논문이 발표되었는데, 하나는 Maxine Hairston이 쓴 논문[2]이고, 다른 하나 는 Patricia Bizzell의 논문[3]이다. 두 논문은 매우 다른 성격을 띠고 있는 데, Hairston의 논문이 Flower와 Hayes의 과정 이론을 "패러다임의 전환 (paradigm shift)"이라고 극찬을 하고 있다면, Bizzell(1992)의 논문은 Flower와 Hayes의 과정 이론을 혹평을 하면서 이론의 문제점을 조목조 목 비판을 하고 있다. 이 논문에서는 과정 중심 이론의 문제점을 세밀 하게 분석하기 위해 Bizzell의 논문을 좇아가 보도록 한다. 이 논문의 2장은 Flower와 Hayes의 논문에 관한 Bizzell의 비판과 그 쟁점을 살펴 보고, 3장에서는 Flower와 Hayes의 수사학과 언어 표현에 관한 입장을 그리고 4장에서는 Flower와 Hayes가 인식하지 못했던 언어 표현의 아 이디어 생성력을 검토해 보도록 한다.

2. Bizzell의 비판: 확실성과 외재성

과정 중심 이론에 관한 비판적 논의를 살펴보기 위해 앞서 말한 대로 Bizzell의 논문을 우선 검토해 보도록 한다. Patricia Bizzell은 1982년

---

2) Hairston, M. (1982), "The winds of change: Thomas Kuhn and the revolution in the teaching of writing", *College composition and communication, Vol.* 33 No. 1, pp. 76~88.

3) Bizzell, P. (1982), "Cognition, Convention, and Certainty: What We Need to Know About Writing", *PRE/TEXT* 3.3. 여기서는 Bizzell, P. (1992), *Academic Discourse and Critical Consciousness*, University of Pittsburgh Press를 인용함.

PRE/TEXT 가을호에 「인지, 관습, 그리고 확실성: 우리가 글쓰기에 대해 알아야 하는 것(Cognition, Convention, and Certainty: What We Need to Know About Writing)」이란 논문을 발표했다. 이 논문은 Linda S. Flower와 John Hayes의 유명한 과정 중심 이론 논문 「글쓰기의 인지 과정 이론(A Cognitive Process Theory of Writing)」이 1981년 발표된 다음 해(1982년)에 나온 것으로 과정 중심 이론에 관해 흥미롭고 의미 있는 비판적 통찰을 담고 있다. 이 논문은 쓰기 과정 이론의 문제점을 날카롭게 지적하고 있을 뿐만 아니라 쟁점이 될 만한 논쟁의 문제까지 거론하고 있어 오늘의 관점에서도 충분히 검토해볼 만한 가치가 있다. 이후에 과정 중심 이론을 비판한 많은 논문들도 대부분 Bizzell의 이런 비판적 시각과 관점을 벗어나지 못했다.

과정 중심 이론에 대해 관한 Bizzell의 비판적 요점을 간략하게 요약하자면 내재성(inherence)의 문제와 확실성(certainty)의 문제라 말할 수 있다. 여기서 내재성(inherence)의 문제는 작문 과정의 여러 의사 결정을 인간의 심리 내부, 즉 인지 과정을 통해서만 찾고자 한다는 것인데 Bizzell뿐만 아니라 사회적 접근을 선호하는 학자들이 주로 인지주의를 비판하는 관점이다. 확실성(certainty)의 문제는 복잡한 작문의 전체 과정을 이론과 법칙으로 일반화, 보편화할 수 있다고 믿는 관점인데 Bizzell은 과정 중심 이론이 그러한 것을 추구한다고 보았다. 과정 중심 이론에 관한 Bizzell의 비판은 주로 이 두 문제를 중심으로 전개된다. Bizzell은 사회적 관점에 서는 학자이기 때문에 쓰기 과정에 관해 인간 내면에서 절대적 법칙을 찾고자 하는 이론에 반대하며, 특히 그것을 인간의 근원적인(생득적인) 것으로 간주하는 것에 대해서는 기본적으로 거부감을 갖고 있다.

앞서 말한 대로 Bizzell은 Flower와 Hayes의 과정 중심 이론이 쓰기 과정을 오직 인간의 인지 내부의 문제로만 보고 있다고 판단했다. Flower와 Hayes는 자신들이 논문에 필자의 '사고 과정(thinking processes)'을 연구의 기본적인 분석 단위로 삼겠다고 선언했다. Flower와 Hayes는 논문

「글쓰기의 인지 과정 이론」의 앞부분에 자신들의 이론에 관한 기본적 입장을 명제로 밝힌 바 있었다. Flower와 Hayes는 글쓰기 과정이 작가들이 창조하고 조직하는 "특별한 사고 과정의 연속(set of distinctive thinking processes)"이며, 이런 과정이 "매우 위계적이고 내포적인 조직(a hierarchical, highly embedded organization)"으로 되어 있다는 점을 밝혔다. 아울러 이런 활동은 상위 목표와 하위 목표를 생성하고 수정하는 가운데 이루어지는 매우 "목적 지향적 사고 활동(goal-directed thinking process)"이라고 말하면서, 이 모든 활동들이 인간의 '사고 과정(thinking process)'에 있다는 점을 분명히 했다(Flower & Hayes, 1981: 366).

물론 Flower와 Hayes가 왜 쓰기 과정을 '사고 과정(thinking process)'으로 한정하여 강조했는지는 이전 작문 교육의 관점을 되돌아 봐야 알 수가 있다. Flower와 Hayes는 이전의 쓰기 과정 모형인 단계 모형(stage model of writing)을 비판하면서, 그 원인으로 이전의 모형이 쓰고 있는 글 산출물(텍스트)의 발전 과정을 모델로 삼고 있을 뿐, 정작 그것을 창작해내는 개인의 내면 과정을 대상으로 하고 있지 않았다는 점을 들었다. 이전의 단계 모형에서는 쓰기 과정을 지나치게 단선적으로 평가하여 계획과 수정이 글을 쓰는 과정에서도 수시로 일어날 수 있다는 사실을 몰랐다. 글을 쓰는 단계에서도 필자는 지속적으로 계획하고 수정한다. 이런 계획과 수정을 연결하는 기본적인 활동이 사고 과정이며, 분석의 주요 단위가 된다.

단계 모형에서 분석의 주요 단위는 글 산출물의 발전 과정을 담은 완료된 단계이며, 단계는 구조의 선형적인 경로 안에 있다. 반면 과정 모형에서 분석의 주요 단위는 아이디어를 생산해내는 기초적인 정신 과정이다. 이러한 과정들은 위계적인 구조를 가지고 있는데, 아이디어의 생산(idea generation)은 계획(planning)의 하위 과정이다. 더구나 각각의 정신적 행위는 작문의 어떠한 과정에서도 항상 일어날 수 있다. (Flower & Hayes, 1981: 367)

Flower와 Hayes에게 쓰기 과정은 과제를 계획하고 내용을 생성하며, 잘못된 문제를 고쳐 나가며 글을 완성해 가는 과정이다. 글쓰기 과정에서 핵심이 되는 '계획'이나 '수정'은 아이디어를 만들고 고쳐나가는 '인지 활동'과 분리해서 생각해 볼 수는 없다. 그래서 이들은 "과정 모형의 주요 분석 단위는 아이디어를 생산하는 기초적인 정신 과정"(Flower & Hayes, 1981: 367)이라고 분명히 규정하고 있다.

'확실성'에 관한 Bizzell의 비판은 Flower와 Hayes가 과학적 연구를 표방한 것에 초점을 두고 있다. Bizzell은 과정 중심 이론가들이 '이데올로기'를 넘어서는 작문 과정의 보편적 모델을 찾고 있으며, 이를 통해 논의가 필요 없는 높은 과학적 권위를 보증받기를 원하고 있다고 판단했다. 이를테면 Flower와 Hayes는 자신의 논문 서두에서 작문 이론가들이 작문 과정을 '결정'과 '선택'의 연속으로 보고, 그러한 선택을 지배하는 기준을 찾고자 했던 점을 거론한 적이 있다. Kinneavy는 '필자의 의도', Moffett는 '필자와 독자의 관계', Britton은 '통사적 선택 및 어휘적인 선택'이라고 주장했지만 Flower와 Hayes은 '목적', '관계', '요구(exigency)', '언어' 등을 포괄할 수 있는 목적 지향적인 '사고 과정(thinking process)'을 내세웠다(Flower & Hayes, 1981: 365~366). '사고 과정(thinking process)'을 다른 학자들의 기준에 앞서 '결정'과 '선택'을 모두 포괄하는 기초적이고 보편적인 인간의 행위 능력으로 본 것이다. '사고 과정'은 작문에서 요구되는 '목적', '관계', '요구(exigency)', '언어'의 문제를 모두 포괄하며, 이를 통해 작문 과정의 다양한 국면들을 설명할 수 있다고 생각했다. Bizzell은 Flower와 Hayes가 찾고자 한 '사고 과정'이 개인, 사회, 환경 차원의 과정을 넘어 작문 과정의 다양한 국면을 설명할 '근원적이고 보편적인 정신 구조'라고 판단했다.

Flower와 Hayes에게 "생성하기(generating)"(계획하기의 하위 분류)은 공동체의 요구에 대한 개인적 차원의 응답이 아니라 발견적 교수법에 의한 아이디어 발견을 의미한다. "조직하기(Organizing)"(계획하기의 다른 하위 분류)는 공동체의 해석적 관습을 통해 합리적인 것으로 찾아낸 것이 아니라 인간의 사고 과정으로부터 나온 논리적 구조들의 범주에 아이디어를 적합하게 끼워 넣은 것을 의미한다. 다른 말로 하면, 생성하기와 조직하기에 필요한 모든 것들은 인간 인식의 불변적이고, 보편적인 구조에 접근함으로써 이루어진다. (Bizzell, 1992: 89)

Bizzell의 논문을 보면 과정 중심 이론을 유독 절대적이고 근원적이며 보편적인 언어정신 구조를 찾고자 한 이론이라고 여러 차례 강조한 부분을 발견할 수 있다. 예를 들면 "언어를 습득하게 하는 타고난 정신적 구조", "사고와 언어의 보편적이고 기초적인 구조들", "정신적 과정들의 구조적 모델", "불변의 사고 과정", "가장 완벽하고 가장 성공적인 작문 과정의 모델", "인간 인식의 불변적이고 보편적인 구조"와 같은 표현이 그러한 것인데, Bizzell은 기본적으로 Flower와 Hayes가 Chomsky Noam Chomsky처럼 언어 발생의 근원을 생득적인 것에 두고 그것의 정신구조를 찾아 작문 과정을 설명하고자 한다고 판단했다.

Bizzell이 이렇게 과정 중심 이론을 극단적으로 판단하는 것은 인지주의에 관한 기본 판단과 관련이 있다. 우선 기본적으로 외부 지향성(사회적 관점) 학자들과 달리 내부 지향성(인지주의) 학자들의 경우 "언어 습득의 구조와 초기 상태의 사고 과정"에 초점을 두고 있다고 인식한다. 이는 내부 지향성 이론가들이 외부 환경이나 사회 영역에서의 언어 사용의 차이를 어휘적 선택의 표면적인 문제로 돌리고 이를 결정하는 요인으로 기초적이고 보편적인 구조를 찾고 있다고 판단한 것이다. 인지주의자들은 보편적 구조를 어휘 선택에 대해 자립적으로 판단한다. 그래서 다양한 국면의 어휘 선택은 보편적 언어구조에 형태를 부여하는 일이 된다. Bizzell이 이렇게 인지주의자들을 선천적인 인지결정론자로 보는 이유는 한 편으로 당시 심층구조와 표층구조를 내세워 선천적 언어능력을 강조한 Chomsky의 이론이 유행한 영향(Hairstion, 1982: 81)도 있지만 다른 한 편으로 실험을 통해 증거를 찾으려는 과학주의에 반대하는 사회적 관점의 학자들의 영향도 있었다.

Bizzell이 비판했던 '확실성(certainty)'과 '내재성(inherence)'의 문제는 이후 많은 학자들이 과정 중심 이론이나 인지주의를 비판할 때 흔히 사용하는 기본적인 관점이 되었다. 과학주의를 표방하지만 인간의 내적 인지에 모든 것을 맡긴다는 인지주의자의 생각은 사회적 관점의 학자들에게는 주된 비판의 대상이 되었으며, 이후 이는 이데올로기적 비판으로 확대된다. 예를 들어 Faigley는 Giroux의 견해를 인용하여 인지주의처럼 글쓰기의 기저에서 보편적인 법칙을 발견하고자 하는 어떤 시도에 대해서도 반대하며, 글쓰기는 다른 문식성과 마찬가지로 본질상 사회적인 것으로 문화로부터 떼어낼 수가 없다고 주장한다. 그리고 인지주의는 글쓰기의 내용을 무시하고, 글쓰는 행위 자체에 내재된 갈등을 평가 절하한다고 비판한다. 아울러 인지적 관점의 교육은 다른 사회적 계급, 성, 다른 윤리적 배경을 가진 학생들이 사용하는 언어의 차이를 못보고, 경시하게 만든다고 경고한다(Faigley, 1986: 534). James Berlin은 이런 관점에서 한 걸음 더 나아가 과정 중심 이론과 인지적 수사학을 산업자본주의 이데올로기와 유사한 것으로 비판했다. 그는 인지주의가 마음(mind)을 개인의 목표를 성취하기 위해 기능적으로 재배열되고 적응하는 합리적 구조로 인식하며, 목표(goal)를 사물의 본질로서 예외 없이 자명한 것으로 규정하고 있다는 점을 들어 Flower와 Hayes의 이론이 기업가, 과학자, 필자가 추구하는 가치와 동일하다고 주장한다(Berlin, 1988: 482). 기본적으로 Berlin(1988: 484)은 과정 중심 이론과 같은 인지주의 이론을 후기 자본주의의 기술 관료적 과학의 사물화와 관계된다고 단정했다.

사회적 관점의 학자들은 Bizzell이나 Faigley, Berlin이 내린 인지주의에 관한 비판적 결론을 아마도 적절한 판단이고 당연한 결정이라고 볼 것이다. 그러나 Flower와 Hayes가 작문 과정을 설명할 '보편적 구조'를 찾고자 한 것은 동의하지만 "불변의 사고 과정", 혹은 "인간 인식의 불변적이고 보편적인 구조"를 찾고자 한 것은 정말 그러한지 검토해 볼 필요가 있다. Flower와 Hayes는 "글쓰기의 인지 과정 이론"이 5년간의 프로토콜 실험 분석을 바탕으로 작성되었다고 언급한 바 있다. 이들은 자신의 이론을 뒷받침하는 많은 증거들을 가지고 있으며, 이런 증거들이 이론의 완성이 아니라 더 깊은 연구를 하기 위한 출발점이 되기를 원한다고 밝혔다. 아울러 자신들의 이론이 다른 연구자들에게 앞으로 더 연구할 명제(과제)를 제시해줄 수 있을 것으로 생각했다(Flower & Hayes, 1982: 366). Flower와 Hayes는 자신들의 연구가 완성된 것으로 보지는 않았고 이제 시작점에 있는 것으로 보았다.

Bizzell이 비판하는 '확실성'의 문제는 사회적 관점에 기댄 다분히 이데올로기적이고 개인적인 판단으로 생각된다. 그리고 그는 자신의 논문에서 그런 인식적 판단을 여러 차례 드러낸 바 있다. 실제 논문에서 "논쟁을 넘어서 실재세계에서 이론을 증명하고자 하는" 과학적 방법에 대해 부정적이고 비판적인 언급을 여러 차례 했다. 예를 들어 그는 Flower와 Hayes가 사용한 프로토콜의 방법에 대해 몇몇 사례를 들어 비판하고, 쓰기 과정을 실험적인 연구 결과를 통해 증명하는 것을 신뢰하지 않았다. 프로토콜 분석은 실험 자체가 관찰되는 대상에 영향을 미칠 뿐 아니라 평가자에 의해서도 객관성을 얻기가 어렵다고 본 것이다. 그래서 Bizzell은 과학적 방법으로 확실성을 얻을 수 없음에도 불구하고 확실성을 추구하는 것이 인지주의의 문제라고 판단했다(Bizzell, 1992: 96~97).

3. 수사학적 맥락과 언어의 문제

과정 중심 이론에 관한 Bizzell의 비판은 많은 부분에서 정당하게 보이지만 많은 부분에서 오해와 불신의 문제를 안고 있다. 앞장에서 설명했듯이 Flower와 Hayes가 '불변의 법칙'을 찾고 있다고 본 것은 Bizzell이 인지주의자를 얼마나 불신하고 있는지를 보여준 사례이다. '내면성'의 문제에 대해서도 이와 유사한 측면이 있다. 인지주의 자체가 인간 행동을 설명할 기본적인 단위로 사고 과정과 인지구조에 주목하기 때문에 주요 분석 단위로서 '내면적 사고'는 당연한 결과라고 할 수 있다. 이를 두고 비판의 대상을 삼을 수는 없다. 다만 '내면성'을 모든 지식적 판단에 앞서 절대적 근원으로 삼을 때 문제가 된다. 앞서 말한 대로 Bizzell은 Flower와 Hayes의 인지주의 이론이 그런 것으로 판단했다.

그러나 Flower와 Hayes의 논문 "글쓰기의 인지 과정 이론"을 자세히 읽어보면 이들이 쓰기 과정을 분석하면서 내적 사고의 문제만을 다룬 것은 아니라는 사실을 알 수 있다. 우리가 알다시피 Flower와 Hayes의 쓰기 모형 속에는 '과제 환경'이 있고, 그 속에 '독자'나 '긴급한 요구(exigency)'와 같은 '수사적 문제(the rhetorical problem)' 공간이 있다. 또 Flower와 Hayes는 작문 과정의 '결정과 선택' 요인으로 '수사적인 문제 해결'을 들고 있다. 작가가 어떤 선택하도록 만드는 힘을 작가가 처한 문제 환경과 그것을 해결해야 할 현실적 과제 속에서 찾았다는 것은 자연스럽게 개인 내부의 인지가 외적 맥락과 만날 수밖에 없는 환경을 만들어 준다. Bizzell이 말하듯이 Flower와 Hayes가 맥락, 환경, 사회와 완전히 결별해 독자적인 내적 사고의 세계만을 건설한 것은 아니라고 할 수 있다. 특히 Hayes와 다르게 Flower는 1981년 논문 "글쓰기의 인지 과정 이론"이 나오기 이전부터 작문에서 수사학적인 문제를 거론한 바 있다. 1979년에 발표한 「필자 중심 산문: 글쓰기에서 문제를 위한 인지적 근거(Writer-Based Prose: A Cognitive Basis for Problem in Writing)」[4]를 보면 이미 독자의 요구, 문제 중심의 수사적 구조, 글쓰기를 둘러싼 환경 등을 이야기하면서 작문에서 수사적 문제해결 방식이 중요하다는 사실을 강조하고 있다. 작가와 독자 사이의 문제를 해결하기 위해서는 자연스럽게 쓰기 환경의 수사적 문제가 제기될 수밖에 없었던 것이다. 1988년에 와서는 Flower는 Hass와 함께 학생들의 읽기에서 수사적 인식이 얼마나 중요한가를 실험으로 증명한 바가 있다. 이 실험에서는 우수한 학생일수록 내용적이나 기능적인 측면보다 수사적인 관점으로 글을 읽는다는 점을 밝혔다. Flower가 볼 때 쓰기교육 뿐만 아니라 읽기교육에서도 여전히 수사적 관점이 중요하다고 판단했다(Hass & Flower, 1988).

수사학에 관한 관심은 필자와 독자의 상호 소통에 관심을 갖게 하고, 글의 목적을 독자의 이해에 두어 자연히 상황적 맥락을 강화하게 된다. 수사학과 접하는 쓰기 과정은 자연스럽게 필자의 상황, 독자의 상황을 인식하게 된다. 이후 Flower(1989)가 인지주의에 사회적 관점을 받아들여 '사회-인지 이론'을 제안한 것을 보면 수사학을 통해 인지와 맥락을 자연스럽게 결합할 가능성을 이미 초기부터 품고 있었다. 우리가 알다시피 쓰기 과정 속에서 인지와 맥락은 서로 분리되기 힘든 개념이다. 맥락이 인지의 배경이 되고, 인지는 맥락이 제공하는 특정한 세계를 해석하고 설명한다. 따라서 맥락 없이 인지가 가능할 수 없으며, 인지의 활동 없이 맥락이 새로운 의미를 얻기가 어렵다. '사회-인지 이론'에서 Flower는 인지와 맥락이 어떻게 상호작용하는지, 그것이 작문 과정에 어떻게 적용될 수 있을지를 설명하고 싶어 했다. 이렇게 보면 Hayes와 같이 작업을 했지만 수사학에 관심을 집중시켰던 Flower를 인간 내면만을 탐구한 학자라고 말하기는 어려울 것이다. 인지주의와 과정 중

---

4) Flower, L. S. (1979), "Writer-based prose: A cognitive basis for problems in writing", *College English*, Vol. 41 No. 1, pp. 19~37.

심 이론을 비판했던 Bizzell은 맥락과 사회를 도외시한 개인 내면의 탐구에 불과하다고 보았지만 Flower와 Hayes는 과제 환경이나 수사적 환경을 통해 최소한 필자·독자 환경을 염두에 두고 있었다는 점은 지적되어야 한다.

이런 수사적인 문제와 함께 정작 우리가 고려해 보아야 할 문제는 다른 곳에 있다. Bizzell은 '내재성'과 '확실성'의 문제를 거론했지만 어떤 확실한 이론적 근거와 논리적 타당성을 가진 것은 아니었다. 그런 점에서 그의 논의는 타당한 측면과 과장된 측면이 혼재되어 있다. 이런 측면은 앞으로 더 자세히 논의해 볼 필요성이 있다. 그런데 이와 함께 Bizzell의 비판 중 보다 깊이 검토해보아야 할 문제가 있는데, 그것은 바로 언어에 관한 Flower와 Hayes의 관점이다. 우리 모두가 알고 있다시피 Flower와 Hayes는 글쓰기 과정에서 글을 쓰는 행위를 "write"라고 표현하지 않고 "translate"라고 표현하였다. 'translate'는 결국 '번역하다', '통역하다', '바꾸다', '옮기다'의 의미를 가지는 데, 이는 '생각을 문자로 옮긴다'라는 뜻이 된다. Flower와 Hayes는 글쓰기를 생각(사고)의 문제로 보았지 언어의 문제로 보지 않았다. 전형적으로 언어와 사고를 분리해서 보는 이런 관점은 이후 Flower와 Hayes가 강조했던 아이디어 발견과 관련하여 여러 논쟁적인 쟁점들을 던져준다.

본질적으로 이것은 아이디어를 눈에 보이는 언어로 표현하는 과정이다. 우리는 이 과정을 묘사하는 용어로 "transcribe"이나 "write"가 아닌 "translate"라는 것을 선택하였는데 이것은 쓰기 과업(the task)의 특별한 자질을 강조하기 위해서이다. 계획 과정에서 생겨난 정보는 언어 외에도 다양한 상징체계를 통해서 표현될 수가 있는데, 예를 들어 이미지 혹은 운동 감각 같은 것들이다. 빙판 위의 사슴 움직임을 포착하고자 하는 것은 분명히 번역의 일종이다. '계획' 과정이 개인의 생각을 언어로 표현할 때 역시 그러한 표상은 문어로 표현된 영어의 정교한 통사 구조가 아닐 수도 있다. 그래서 작가의 과업(task)

은 의미, 즉 핵심어(Vygostky가 "관념에 포화된(saturated with sense)이라고 일컬은 것") 안에 내재되어 있는 것을 번역하는 것이고 관계의 복잡한 네트워크를 선형적인 문어 영어로 바꾸는 것이다. (Flower & Hayes, 1981: 373)

위에서 보다시피 Flower와 Hayes가 집필 과정을 "write"가 아닌 "translate"라고 쓴 것에 관한 이유는 본문에서 분명하지 않다. 사고를 표현하기 위해 문자 이외에도 이미지나 운동감각을 사용할 수 있기 때문이라고 말하는데, 실제 Flower와 Hayes의 이론에서 이미지나 기타 감각이 논의하지는 않았다. 오히려 이는 이 논문의 서두에 글쓰기를 '특별한 사고 과정의 세트(set of distinctive thinking processes)'이라고 규정했기 때문에 글쓰기의 '사고(thinking)'를 강조하기 위한 것이라고 보는 것이 옳다. 실제 Flower와 Hayes는 글을 쓰는 동안 사고 과정에서 일어날 수 있는 여러 과정들을 이론화했다. 쓰는 과정보다 '계획하기'를 강조했고 여기에 '내용 조직', '내용 생성', '목표 설정'과 같은 하위 과정을 두었다. 글쓰기에서 생각을 강조하니 자연스럽게 쓰기 과정은 약화될 수밖에 없다.

글쓰기를 사고활동만으로 보는 것은 텍스트 작성과 관련하여 여러 문제를 만들어 낸다. 언어가 사고와 맺는 복잡한 관계를 놓치게 될 우려가 클 뿐만 아니라 언어가 지닌 생성력, 생명력을 잃어버릴 가능성이 많기 때문이다. Bizzell의 논문에서도 이 문제를 지적했다. Bizzell은 Flower와 Hayes가 작성 과정을 단순히 '번역'으로 규정하여 언어가 지닌 생성력의 문제를 간과했다고 지적했다. Flower와 Hayes는 글쓰기를 의미를 쏟아 붓는 한 세트의 용기로 취급했으며, 이에 따라 잘 계획한 생각들을 만들어진 용기(생득적인 도구)에 부어넣으면 된다고 했다. 따라서 Bizzell은 Flower와 Hayes의 논문에서 '계획하기(planning)'가 가장 빽빽한 공간인 반면, '번역하기(translating)'는 가장 빈 공간이 많은 상자라고 비판했다. Bizzell은 "지식은 경험이라는 원료로 만들어진 언어"

이며, 우리는 이를 "표현하지 않고서는 아무것도 알 수 없다"라고 비판하여 생각은 언어의 생성력을 통해서 의미를 얻는다고 말하고 있다 (Bizzell, 1992: 85).

Bizzell도 논문에서 언급했지만 언어와 사고가 결코 분리될 수 없다는 생각은 Vygotsky의 관점이다. Vygotsky는 인간에게 고차원적 사고가 가능하게 된 것은 사고에 언어의 접목이 있었기 때문이라고 보고 있다. 언어와 사고는 발생의 근원은 다르지만 유아의 성장기를 통해 결합하면서 인간의 고차원적 사고 형성에 기여한다. Vygotsky는 언어와 사고가 서로 다른 발생적 기원을 가지지만 성장하면서 서로 결합하여 '언어적 사고(verbal thought)'가 되고, 이후 인간의 인지적 능력은 폭발적인 성장과 변화를 겪게 된다고 보았다. 그리고 그 중심에 단어가 있다고 말한다. 인간은 서로 다양한 경험을 가지고 있기 때문에 의사소통을 위해 어느 정도 일반화 혹은 개념이 필요하고, 그것을 단어가 담당한다. Vygotsky가 볼 때 모든 단어의 의미는 일반화 혹은 개념이다. 그것은 언어이기도 하고 사고이기도 하다. 그래서 그는 성장기에 아동이 단어의 의미를 깨쳐가면서 사회화가 이루어진다고 말했다.

사고는 단어를 통해서 태어난다. 사고가 결여된 단어는 죽은 것이고 단어로 구현되지 않는 사고는 그림자에 불과하다. 그러나 이들과의 관계는 일정한 것이 아니다. 발달 과정에서 출현하여 스스로 진보한다. (Vygotsky, 1962/ 1985: 153)

Vygotsky에 의하면 인지와 사고의 발달은 언어와 사고가 만나는 '언어적 사고'가 내면화되면서 시작된다. '언어적 사고'가 내면화되면서 인간은 비교하고 유추하면서 상상이 가능해진다. 아이들이 내면적으로 언어를 사용할 수 있게 됨에 따라 내적인 사유가 가능해지고, 이를 통해 자기 생각을 가지고 사유하는 인간으로 성장해 간다. 그래서 Vygotsky에게 언어는 사고를 만드는 공장이자, 근원에 해당한다. 그리고 언어와 사고의 관계는 변화하고 성장하고 발달하게 된다.

Bizzell은 Vygotsky의 관점을 들어 Flower와 Hayes가 생각과 언어를 쉽게 분리할 수 없다는 점을 적절하게 지적한다. Flower와 Hayes가 언어를 단지 사고를 담는 용기로 보거나 단순한 매체로 본 것은 우리의 사고가 가진 특징을 잘 모르는 관점이었다. 특히 개념, 논리 같은 고차원적인 사고는 전적으로 언어에 의존하는 경우가 많다. 그래서 우리의 복잡한 생각은 언어로 정리해야 비로소 명료하게 보일 때가 많은 것이다. Vygotsky가 고차원적 사고가 언어와의 결합을 통해 이루어진다고 본 점도 중요하지만 그것이 변화하고 성장하는 과정이라고 본 점이 더 의미가 깊다. 사고는 매 순간 변화하기 때문에 언어로 표현되면서 또 다른 사고가 만들어진다. 언어(사고)가 또 다른 언어(사고)를 낳게 되는 것이다.

'번역하기(transtrating)'에 관한 Bizzell의 비판은 '확실성'과 '내재성'에 관한 지적보다 정확하고 의미가 더 깊다. 사고와 언어를 분리하여 언어를 단순히 용기나 도구로 본 것은 Flower와 Hayes가 인지 이론을 더 발전할 수 있는 가능성을 차단한 것이었다. Bizzell은 이 점을 정확히 지적했다. 그렇지만 우리는 Bizzell의 비판이 Vygotsky의 이론 그대로를 따른 것은 아니었다는 점은 알아두어야 한다. Vygotsky의 관점은 생물학적인 관점에서 성장기의 아동을 대상으로 사고와 언어가 성장하고 변화하는 과정을 중시했다면 Bizzell은 사고와 언어의 관계를 성인 언어의 문제로 옮겨 담화 공동체의 문제 속에 그것을 고정시키고자 했다. Bizzell은 성인의 언어에서 사회적 맥락과 결부된 연결고리를 찾아야 하며, 그것이 사회 언어적 관습과 담화공동체의 문제라고 생각했다. 그래서 Bizzell의 비판은 다시 언어의 문제에서 '내재성'의 문제로 돌아간다. 여전히 Bizzell이 과정 중심 이론에 반대하는 주된 관점은 사회적 관점에 있었음을 기억해야 한다. 그러나 Flower(1979)가 1979년 논문에서 Vygotsky의 '내재적 언어' 문제를 받아들이고도 여전히 사고와 언어의 이원적 관점에서 벗어나지 못했던 것에 비하면 이보다는 나은 판단이었다.

4. 과정 이론에 관한 비판과 언어의 생성력

Flower와 Hayes는 과정 중심 이론을 전개하면서 내적 사고에 관심을 두었지만 '언어'의 생성력에 관해서는 큰 관심을 두지 않았다. Flower와 Hayes는 '생각(사고)'을 잘 하면 그 생각이 자동적으로 문자로 번역될 것으로 생각했다. 그러나 생각대로 문장이 잘 만들어지지 않을 뿐 아니라 문장을 통하지 않으면 다른 생각도 만들 수 없다. Flower와 Hayes는 생각과 단어 혹은 문장과 문장 사이에 복잡한 관계가 있음을 깨닫지 못했고 모두 사고(생각)의 문제로 단정한 것이다. 반면에 Vygotsky는 사고와 언어 사이에 복잡한 연관 관계가 있음은 인정하고 특별한 경우가 아니라면 사고는 언어의 의미와 직접 연결되어 있음을 강조했다. Flower와 Hayes가 주장한 "사고 과정(set of distinctive thinking processes)" 도 Vygotsky의 입장에서 보면 사고와 언어가 결합된 형태가 된다.

Flower와 Hayes가 잘못 판단한 것은 '사고'가 자동적으로 문자화 (translating)될 것이라고 본 점이다. 문자를 단순한 전달매체처럼 생각한 것이다. 그렇지만 사고와 문장은 한 편으로 결합되어 있으면서도 또 다른 한 편으로 서로 다른 논리와 상징의 세계를 가지고 있다. 우리는 글을 쓸 때 처음 생각하고, 계획한대로 그대로 글을 쓰는 것은 아니다. 글을 쓰면서 처음 생각이 잘못되었음을 깨닫기도 하고, 또 새로운 생각을 떠올리기도 한다. 때로는 완벽한 아이디어를 가지고 들어가지만 완성된 텍스트를 보면서 비로소 잘못된 점을 발견하기도 한다. Bizzell(1992: 85)이 Flower와 Hayes를 비판하면서 "표현하지 않고서는 아무 것도 알 수가 없다"라고 말한 점이 바로 그러한 것이다. 글쓰기에서 아이디어가 발현되는 과정은 다양하고, 과제나 상황, 개인차에 의해 달라질 것이기 때문에 이론적 차원에서 일반화하기는 어려울 것이다. 그러나 사고를 언어보다 중요하게 보는 Flower와 Hayes의 관점은 일반적인 텍스트 작성 과정에서 얻을 수 있는 많은 것을 놓치게 된다. 사고는 생각의 차원에서도 일어나지만 문장이나 텍스트 차원에서도 일어나기 때문이다.

> "언어는 생각의 시녀가 아니라 어머니이다. 단어들은 전에는 느껴보지 못했던 것을 우리에게 말해준다(W. H. Auden).", "희곡을 쓰는 것이 생각이지, 생각에 대한 생각은 아니다(Robert Bolt)", "나는 내가 말하는 것을 듣기 전까지는 내가 가진 생각을 알 수 없다(E. M. Forster)", "우리는 언어가 이끄는 데로 따라간다(Wright Morris)". 이러한 인용문들의 특징은 '생각으로부터 텍스트가 나오는 것이 아니다'고 본 것이다. 또한 Robert Bolt의 인용문은 그러한 생각의 중요성을 적극적으로 부정하는 것이라고 간주될 수도 있다. 그 대신, 그들은 생각을 구성하는 쓰기(또는 더 일반적으로 언어의) 역할을 강조한다. 이 작가들에게 '글쓰기는 발견이다'라는 문장의 의미는 텍스트 생산 과정에 무엇인가가 있다는 것이 아니라 텍스트가 생산되면서 생각이 떠오른다는 것이다. (Galbraith, 1999: 138)

위의 인용문에서 말하고자 하는 바는 생각이 아이디어를 이끄는 것이 아니라 오히려 문장 생성이 새로운 아이디어를 이끈다고 보는 것이다. 특히 위의 인용문에서 느껴지는 것은 '언어가 지닌 생성력의 힘'이다. 언어 표현이 새로운 아이디어를 생성한다는 것은 Flower와 Hayes가 미처 생각하지 못했던 측면이다.

물론 Flower와 Hayes도 글을 쓰면서 '새로운 발견'이 이루어진다는 점을 강조한 바 있다. 그러나 그들은 이런 발견을 초기 계획이 확장된 것이거나 아니면 초기 계획에 변화를 주기 위한 과정 정도로 생각했다. 텍스트가 진행되면서 나타나는 다양한 아이디어를 Flower와 Hayes는 초기 계획과 관련된 수사적 결정 과정의 결과에 해당한다고 주장한다. 예를 들어 '이렇게 표현하면 독자가 더 쉽게 이해할 수 있지 않을까? 주제를 드러내기 위해 이런 예시가 좋겠군'과 같은 아이디어는 수사적 의사결정에 의해 나타난 것이다. 수사적 문제의 결정에 따라 글을 쓰는 필자는 자신의 저장된 지식 체계 속에서 새로운 아이디어를 찾아 새롭게 내용을 조직한다. Flower와 Hayes도 표현 과정에서 나타나는 문제는 명백히 수사적 문제임을 자신의 논문에서 밝히고 있다. 이들은 1984년 한 논문에서 "산문에서 지식의 추상적 개념이 구체적으로 표현되는 것은 자동적 번역의 일종이 아니라 능동적인 수사적 결정 과정에 의한 것이다."(Flower & Hayes, 1984: 154)라고 말했다. 우리가 주목하는 논문 「글쓰기의 인지 과정 이론」에서도 텍스트 작성 과정을 "작가의 장기기억에 저장되어 있는 지식과 작문의 계획과의 경쟁하는 것, 예를 들어 주제에 대해 알고 있는 것과 독자에게 말하고 싶은 것 사이의 갈등"(Flower & Hayes, 1981: 371)으로 규정하여 새로운 내용의 생성이 작문 과정의 수사적 문제임을 밝히고 있다.

이와 관련하여 영국의 인지학자 Galbraith는 글쓰기 과정에서의 아이디어 생성을 두 개의 다른 과정에 의한 것으로 판단한 바 있다. 하나는 글쓰기 과정에서 수사적인 목표를 충족하기 위해 '평가와 검토' 과정에서 새로운 아이디어가 도입되는 경우이며, 다른 하나는 집필 과정에서 새로 형성된 문장을 통해 새롭게 아이디어가 생기는 경우이다. Galbraith는 전자의 경우는 기존 아이디어에 관한 평가와 검토 과정이 지배적이어서 내용을 재조직할 수는 있지만, 주제에 관한 새로운 발견으로 이어질 수는 없다고 보며, 후자는 형성된 문장을 통해 피드백과 같은 기능이 가능하여 주제에 관한 새로운 이해의 발전이 이어진다고 보았다(Galbraith, 1999: 146). 그는 쓰기 과정에서 만들어진 텍스트는 필자가 의도하지 못했던 개념을 드러낼 수가 있고 이를 통해 필자는 주제에 관한 자신의 생각을 발전시킬 수 있다고 주장한다. 우리가 어떤 글을 쓸 때 처음 시작은 수사적 계획에 따른 문장을 작성하게 되지만 그 다음부터는 문장이 만들어 낸 개념을 통해 기존 주제를 수정하고 새로운 내용을 전개시킬 수 있다. 그래서 표현된 문장은 우리가 기존에 계획했던 수사적 계획과 달리 미처 깨닫지 못했던 개념이나 통찰을 제공해줄 수가 있다. 또 그런 개념과 통찰은 '평가와 검토 과정'을 통해 기존의 수사적 계획에 변화를 가져올 수 있다.

Galbraith(1996: 123~124)는 다른 논문에서 흥미롭게 이런 두 가지 방식을 '고전주의'와 '낭만주의'라는 사조에 빗대어 설명한 바가 있다. '고전주의'는 Flower와 Hayes처럼 글쓰기를 '문제 해결 과정'으로 보는 고전수사학에 바탕을 두며, 자신의 생각을 수사적 목표에 따라 텍스트로 전환시키는 것을 목적으로 한다. 고전주의에서 아이디어는 수사적 문제에 관한 반응으로 생성된다. 미숙한 필자들이 단순히 화제에 대한 반응으로 아이디어가 생성되는 데 반해 교육을 받은 전문 필자들은 수사적 반응을 통해 아이디어를 생산한다. 그래서 이 방식에서 발견은 수사적 목적을 수행하는 과정에서 나타나며, 여기서 발견된 아이디어는 보다 높은 목표에 적용되어 '문제 해결'의 효율성을 높이게 된다. 이와 다른 방식인 '낭만주의'는 Elbow와 Wason의 '이중 초고 전략(dual-draft strategy)'에 바탕을 둔다. 이중 초고 전략은 좋은 글을 작성하기 위해 필자가 글의 작성 과정을 두 가지 형식으로 구분할 필요가 있다는 관점에서 나왔다. 첫째는 텍스트의 완성도는 생각하지 않고 지속적으로 자유롭게 글을 쓰면서 자신의 생각을 표현한다. 둘째는 완성된 초안을 수사적 목표에 맞게 평가하고 수정하여 상대적으로 잘 조직된 텍스트를 만드는 과정이다.

이런 이중 초고 전략의 밑바탕에는 좋은 글의 아이디어는 수사적 문제 해결보다 개인의 생각과 아이디어를 정리하는 과정에서 나온다는 표현주의의 관점이 담겨져 있다. Elbow(1973: 52)는 생각을 즉흥적으로 쓰는 것은 "생산력, 참신함, 풍부함"과 관련이 있다고 말하면서 필자의 생각 속에 텍스트의 아이디어를 뽑아낼 수 있어야 한다고 말한다. 중요한 점은 아이디어가 필자의 생각이 아니라 텍스트에서 발현된다고 본 점이다. Flower와 Hayes가 머릿속 사고의 중요성을 강조했다면 Galbraith는 사고가 언어로 표현될 때의 나타나는 개념적 의미를 중시했다. 그래서 그는 Elbow의 생각을 받아들이면서 '이중 초고 전략'의 아이디어 생성을 "필자가 화제에 관해 가지고 있는 암묵적인 성향(필자가 이해하고 구성한 주제 개념의 네트워크 관계)과 텍스트 사이의 변증법적 관계(성향적 변증법)"에서 발현된다고 보고 있다(Galbraith, 1996: 124).

언어 표현을 통해 새로운 아이디어를 생성한다는 관점은 Bizzell이 Flower와 Hayes를 비판하면서 언급을 했고 Galbraith에 와서 뚜렷한 이론적 쟁점이 되었다. 이들의 주장은 필자의 개념과 주장은 텍스트가 작성되면서 분명해지고 뚜렷해진다는 것이다. 다시 말하면 필자의 생각이 글을 쓰면서 뚜렷해지고 변화한다. 언어가 단순히 전달매체로만 머무는 것은 아니라 텍스트 전개에 따라 새로운 아이디어를 생성하고 텍스트의 의미를 만들어 가게 된다. 언어는 단순한 매체가 아니라 이보다 큰 창조적 기능을 가지는 것이다. 사실 언어가 창조적 의미를 가진다는 것은 여러 차례 논의된 바 있다. Chafe는 언어의 사용 조건을 "말하기, 글쓰기, 언어사고"로 규정한 바 있다. 앞서 말한 대로 Vygotsky도 아동기 이후 대부분의 사고는 '언어적 사고'라고 밝혔다. 언어가 사유적 논리를 가질 수 있음을 보여주고 있다.

Chafe는 인간 행동으로서 언어 행위는 의식과 직결되어 있다고 말한다. 내면 의식을 외적으로 표현할 때는 언어가 사용될 수밖에 없다. 우리가 의식을 언어로 표현할 때 의식 그 대로를 표현하는 것은 아니다. 의식은 Chafe의 말대로 단절된 토막이고, 비논리적이며, 비체계적이다. 우리가 의식을 표현하더라도 의식의 흐름대로 표현하는 것이 아니라 언어적 논리를 빌려 표현하게 된다. 그래서 언어의 표면적 구조는 언어의 흐름 속에 의미가 연결되게끔 하는 규칙을 가지게 된다. 그리고 그 규칙은 텍스트 결속성을 통해 논리의 흐름을 얻게 되고 전체 텍스트에서는 전반적인 상황 논리를 획득하게 된다. 이런 일련의 과정은 언어의 흐름을 통해 형성되는 것으로 결국 표현된 후에야 비로소 내 주장의 실제 개념을 알 수 있게 되는 것이다. 우리가 글을 쓸 때 생각의 흐름이 아니라 텍스트의 흐름에 따라 글을 쓰고 텍스트의 연결 관계를 꼼꼼히 따져봐야 이유가 여기에 있다. 텍스트에는 '필자 사유의 흐름'도 있지만 텍스트에 흐르는 '텍스트 의식'도 있다. 독자에게 전달되는 것은 '텍스트 의식'이기 때문에 텍스트 논리에 따라 글을 써야 하는 것이다.[5] 이렇게 보면 Flower와 Hayes가 주장한 쓰기 과정 중에 나타나는 수사적 문제해결은 결국 텍스트가 진행되면서 텍스트를 통해 새로운 의미가 형성되는 것을 다른 표현으로 지칭한 것과 다름이 없다.

5. 결론

이 논문은 Flower와 Hayes의 논문과 이를 비판한 Bizzell의 논문을 검토함으로써 과정 중심 이론이 담고 있는 여러 문제점들을 검토해 보았다. Bizzell은 과정 중심 이론이 안고 있는 여러 문제점을 적절하게 지적하였지만 때로 사회적 관점에 치우쳐 과정 중심 이론이 안고 있는 긍정적, 부정적 문제점을 객관적으로 살펴보는 데 실패했다. 그럼에도 불구하고 Bizzell이 지적한 여러 문제는 인지주의 이론의 발전을 위해 꼭 검토해 봐야 할 사항이었다. 이런 이론적 쟁점은 오늘의 관점에서 다시 검토되어 보다 나은 이론적 발전이 있도록 자세히 살펴보아야 한다.

---

5) Chafe는 인간 의식과 다르게 텍스트에 흐르는 의식을 "내향성 근접 의식"이라고 칭했는데 이는 표현 내용의 의식이면서 표현 과정을 수행하는 의식이라고 규정했다. 본 논문에서는 이런 의식을 '텍스트 의식'이라고 지칭한다(Chafe, 1994/2006: 274).

Bizzell이 제기한 과정 중심 이론의 핵심적 문제는 '내면성'의 문제였다. '내면성'의 문제는 작문 과정의 여러 의사결정을 인간의 내면 구조를 통해서만 찾고자 한다는 개념인데, Bizzell은 Flower와 Hayes의 이론을 그러한 경우에 해당하는 것으로 보았다. 이 논문에서는 Flower와 Hayes의 과정 중심 이론이 상대적으로 쓰기 환경에도 주의를 기울이고 있다는 측면을 지적했다. 그보다 우리가 심각하게 보아야 할 측면은 Flower와 Hayes 이론이 고전적인 정보처리론에 근거한 탓인지 너무 획일적이고 단순하다는 점이다. Flower와 Hayes는 자신의 논문에서 아이디어의 생성은 "장기기억으로부터 쓸 내용과 관련이 있는 정보를 불러오는 것"(Flower & Hayes, 1981: 372)이라고 규정한 바 있다. 이런 생각은 아이디어가 기억 저장소에 '저장(stored)'되어 있어 이를 인출함으로써 하나의 아이디어로 구현된다고 보는 관점이다(김혜연, 2015: 73). Flower와 Hayes는 정보처리 이론에 바탕을 두고 '과제 환경'과 '필자의 장기기억', '쓰기 과정' 사이에 정보 흐름이 어떻게 이루어지는지 화살표를 통해 표현했다.

최근의 정보처리에 관한 설명은 이와 다르게 언어처리가 명료한 개체로 저장·인출되는 것이 아니라 네트워크 형태로 구성되어 특정 정보 영역이 활성화된다는 연결주의 방식을 선호한다. 연결주의에서 '아이디어 생성'은 한 요소의 단선적 과정을 통해서가 아니라 여러 자극 요소 중 상대적으로 강하게 활성화되는 요소들을 통해 나타난다. 예를 들어 Galbraith 모형에서는 처음에는 '주제와 과업' 공간의 지식 명제를 통해 글을 시작하지만 문장형식이 진행되면서 그것이 다시 기존지식을 활성화시켜 새로운 아이디어를 만들게 된다.6) Galbraith(1999: 144)는 아이디어 생성을 "(문장형식으로부터의) 피드백이 네트워크에 새로운 입력자원으로 추가되어 활성화 패턴을 변화시켜" 나타나는 것으로 설명

---

6) 이에 관한 자세한 설명은 김혜연(2015: 73~75)의 논문을 참고할 것.

한다. 이런 방식은 Flower와 Hayes가 설명한 단선적인 정보 입력-출력의 모형에서 크게 벗어나 있다.

최근에는 인간의 마음과 생각을 뇌 속에서 일어나는 신경적 작용 과정으로 보지 않고 인간의 몸과 환경, 뇌가 연합하여 작용하는 '체화주의' 관점도 함께 등장했다(이정모, 2010: 38~54). 여기서는 언어와 사고와 같은 고차원적인 인지 기능이 감각과 운동, 활동의 제약과 허용 틀 안에서 함께 생성된다는 입장이다. 인지와 사고는 환경이나 행위, 육체와 통합해서 생각해 보아야 하는 것이다. Flower와 Hayes의 모형에서는 쓰기 상황과 필자의 지식은 궁극적으로 별개로 작동한다. 상황은 필자 외부에 존재하며 필자는 상황에 따라 장기기억에서 지식을 끄집어낸다. Flower와 Hayes가 논문에서 강조하는 수사적 목표에 따른 정보의 저장·출력이 아마 이런 과정을 의미할 것이다. 체화주의에서는 이런 고정된 연관 관계에 반대한다. 환경과 맥락이 수사적 상황을 구축하는 것이 아니라 필자가 쓰기 과정 동안 맥락을 해석하고 맥락을 구축한다. 맥락과 지식이 별개가 아니라 글을 쓰는 과정에서 통합된 현상으로 발현되는 것이다. Pittard(1999: 166)는 "맥락은 필자가 그것을 정의하여 실제 글쓰기에 사용하기 때문에 존재한다"고 말하고 있다. 그는 "글쓰기 행위가 내용·지식과 맥락 모두를 실현한다"고 정의한다. 이렇게 되면 필자는 쓰기 활동 중에 자신에게 필요한 맥락을 호출하게 된다. Flower와 Hayes가 '과제 환경'과 '장기기억'을 '쓰기 과정' 외부에 두고 상호 독립적인 활동으로 규정했지만 최근에는 이를 통합된 하나의 과정으로 파악하고 있다.

Bizzell(1992: 84)은 Flower와 Hayes가 다른 이론가들의 쓰기 이론을 마치 장님이 코끼리를 묘사하는 것과 같다고 폄하하고 자신들은 이와 다르게 코끼리의 전체 모습을 보여줄 수 있는 것처럼 장담한다고 비판했다. Flower와 Hayes가 전체 모습을 보여주려고 했는지는 모르겠지만 최소한 쓰기 과정의 한 모형을 보여주려고 애쓴 것은 틀림없어 보인다.

과정 중심 모형은 비교적 단순한 모형이지만 지금은 그런 모형조차 시도해 보기가 어렵게 되었다. 개인적, 사회적으로 쓰기 과정에 수반되는 인지 요소들이 단순하지가 않다는 것을 알게 되었을 뿐만 아니라 여러 이론을 통해 세부요소들의 상호 작용 과정이 매우 복잡하다는 점이 밝혀지고 있기 때문이다. 쓰기 과정의 많은 부분은 밝혀졌고 많은 부분은 더 복잡해졌다. 우리가 기억해야 할 것은 Flower와 Hayes처럼 이론을 정립하기 위해 노력하고, Bizzell처럼 그것을 비판하기 위해 애쓰는 가운데 지금과 같은 이론적 발전이 가능해졌다는 점이다. 이 논문에서 강조하고 싶은 부분은 바로 그런 점이다.

글쓰기에서 독자의 의미와 기능

1. 서론

글쓰기 연구에서 독자(audience) 문제는 중요한 연구 항목 중의 하나이다. 독자 문제는 고대 그리스 수사학의 중심적 개념이었고, 근대적인 글쓰기에서도 수사적 상황을 파악하기 위한 중점적 사항이었다. 독자(audience) 문제의 중요성은 글쓰기 교육에도 그대로 나타난다. 한국과 미국의 글쓰기 교과서들은 서두에 독자의 문제를 글의 구상 단계에서 고려해야 할 가장 중요한 학습 항목으로 규정하고 있다.1) 글쓰기 교육

---

1) 한국과 미국의 글쓰기 교재에서 독자(audience) 항목에 비교적 잘 설명되어 있는 교재를 몇 가지 소개하면 다음과 같다.

김대행 외(2008), 『고등학교 작문』, 천재교육; 한계전 외(2008), 『고등학교 작문』, 중앙교육진흥연구소; 정희모 외(2008), 『대학글쓰기』, 삼인; Harris, J. and Moseley, A.(2004), *Strategies for College Writing*, Pearson Longman; VanderMay, R., et al. (2007), *The College Writer*, Houghton Mifflin; Reinking, J. A., et al. (2002), *Strategies for Successful Writing*, Prentice Hall.

과정에서도 글의 목적과 주제, 독자 사항 등을 학생들에게 주지시키도록 명시하고 있다.

그러나 독자(audience)에 관한 중요성은 실제 교육 현장의 경험과는 차이가 있다. 일선 현장의 교사들은 학생들에게 독자를 구체적으로 설정하여 글을 쓰라고 지시하지 않으며, 독자에 대한 구체적인 교육이 좋은 글을 쓰는 데 반드시 필요한 요소라고 생각하는 것 같지 않다. 특히 대학의 경우 대부분의 쓰기 과제는 특정 독자를 대상으로 하기보다 넓은 의미의 일반 독자를 대상으로 하고 있으며, 특별한 과제가 아니면 독자 문제를 심각한 고려 대상으로 삼지 않는다. 또한 독자 문제를 교육 대상으로 삼더라도 간략한 독자 분석으로 끝나는 것이 대부분이다. 교육과정에서 독자교육의 필요성은 강조하지만 교육현장에서는 그 방법을 찾지 못하고 있는 것이 현실이다.

독자에 관한 복잡한 딜레마는 글쓰기 연구에서도 잘 나타난다. 글쓰기 연구에서는 대체로 독자 문제가 중요하다는 것과 독자 교육이 필요하다는 것을 언급한 것이 많다. 예컨대 Pfister & Petrick(1980)은 글쓰기 교사들이 작문 과정에서 없어서는 안 될 부분인 독자 교육을 무시하고 있다고 비난하고, 학생들이 독자에 대한 지식을 가지고 있지 않아 성공적인 글을 창작하는 데 실패하고 있다고 주장한다(Pfister & Petrick, 1980: 213). 박영민은 글을 쓰는 필자는 단독적으로 글을 쓰는 것이 아니라 예상 독자와 대화하고, 협의하면서 글을 쓴다고 말하고, 예상 독자 문제는 작문 과정에 중요한 영향을 미치는 요인이기 때문에 작문에 관한 논의에서 이를 다루는 것이 중요한 의미가 있다고 말하고 있다(박영민, 2003: 190).

이와 반대로 기존의 독자 연구가 잘못되었으며, 독자 교육이 불필요하다고 말하는 견해도 있다. Roth(1987)는 독자 분석에 관한 전통적인 교육 방법에 대한 무용론을 주장한다. 그는 현재의 독자 분석은 실제 텍스트의 이해 방식과 일치하지 않으며, 차라리 독자 분석이 없는 일반적인 글쓰기가 학생들에게 훨씬 도움이 될 것으로 보고 있다. 전통적인 독자 분석 방법은 수사적 상황을 고정시키고 단일하게 축소할 염려가 있는 데 반해, 보편 독자에 대한 글쓰기는 학생들에게 다양한 시각, 다양한 관점을 갖도록 유도할 수 있기 때문에 새로운 통찰을 얻도록 도와준다는 것이다(Roth, 1987: 53~54).

Walzer(1985)도 현재 많은 글쓰기 교과서에서 나타난 독자 개념이 매우 잘못되었으며, 독자 분석을 가르치는 교수법 역시 적절하지 않다고 비판한다. 일반적인 교육 모형이 독자를 단순히 텍스트 외부에 있는 독자들과 동일한 것으로 상정함으로써 깊이 있는 독자 분석에 실패하고 있다는 것이다. 특히 그는 글쓰기 교과서에서 흔히 다루는 독자 분석의 기준들(배경, 나이, 수입, 지식, 태도 등등)이 실제 독자와 맞지 않기 때문에 이를 사용하는 것이 독자 교육에 적합하지 않다고 강조한다 (Walzer, 1985: 154~155).

독자 교육의 문제가 이렇게 복잡하고 어려운 것은 독자에 개한 이론적 개념이 정립되지 않은 것과 밀접한 관련이 있다. 도대체 독자(audience)란 누구인가?[2] 실제 존재하는 사람인가? 아니면 존재하지 않는 사람인가? 작가와 독자는 무슨 관계에 있는가? 독자는 한 사람인가? 여러 사람인

---

2) 글쓰기 교육에서 독자(audience)의 용어 개념은 매우 복잡하다. Schindler(2001)는 독자와 관련된 용어를 네 가지로 정리했다. 첫 번째 수용자(recipient)라는 용어로 이는 구어적 소통과 문어적 소통에 두루 쓰이는 말이다. 두 번째로 독자(reader)란 용어를 들었는데 이는 구체적인 순간에 특정한 텍스트를 읽는 사람을 지칭한다. 세 번째 오디언스(audience) 라는 용어는 가장 일반적으로 사용되는 것으로, 구어적 소통이나 문어적 소통에 모두 해당하는 말이다. 일반적으로 쓰기 교육에서 독자라 지칭하는 것은 바로 이 오디언스 (audience)를 의미한다. 마지막으로 수신인(addressee)은 메시지를 전달받는 대상자란 의미로 Schindler는 글쓰기 과정에 사용하기에 적합한 용어라도 말하고 있다(Schindler, 2001: 4). 이 논문에서는 독자를 오디언스(audience)로 사용한다. 통상 쓰기 연구 분야에서 독자를 지칭할 때는 포괄적인 용어로서 오디언스(audience)를 많이 사용한다. 물론 이때 오디언스 는 청중을 의미하는 고대수사학의 오디언스(audience)와는 다른 개념이다. 반면에 본문에서 실제 책을 읽는 독자는 독자(reader)로 영문 표기를 병기하여 구별하였다. 다시 말하면 이 논문에서 독자(audience)는 쓰기(텍스트 생산) 단계에서 발생하는 독자 개념을 지칭한다면, 독자(reader)는 텍스트를 직접 읽는 독자를 지칭한다.

가? 예상 독자는 실제 그 글을 읽는 사람인가?

원래 고전 수사학에서 독자(reader)란 청중(audience)을 의미하는 것이었다. 고전 수사학에서 연설자는 청중을 설득하기 위해 청중에 대한 지식이 필요했고, 청중과 호흡을 같이 할 필요가 있었다. 청중에 대한 지식은 수사적 상황의 성공과 실패를 좌우했다. 그래서 청중에 대한 연구는 수사학에서는 매우 중요한 분야였다. 그러나 텍스트 분야에서 독자(reader)는 청중(audience)과 다르다. 독자는 개인이지만 청중은 집단이다. 독자의 반응은 간접적이지만 청중의 반응은 직접적이다. 고대 희랍의 경우처럼 사람을 모아 연설을 하는 경우 청중이 누구인지 분명히 알 수 있지만 텍스트를 읽는 독자가 누구인가를 추정하기란 쉽지가 않다. 근대 사회로 오면서 수사학의 관점은 텍스트(text)로 옮겨갔기 때문에 독자(audience) 문제는 한층 더 복잡해지게 되었다.

이 논문은 글쓰기 이론에서 독자의 문제를 어떻게 다루고 있는지를 살펴보기 위해 작성되었다. 아울러 이를 바탕으로 글쓰기 교육에서 독자 문제를 어떻게 다루어야 하는지를 밝혀보고자 한다. 국내에서 지금까지 쓰기 교육 분야에서 독자 문제를 다룬 논문은 많지 않다.3) 반면에 읽기 교육이나 독자 반응 이론에서 독자를 다룬 논문은 상대적으로 많이 소개되어 있다. 텍스트 생산 과정(쓰기 과정)에서 독자 문제를 다루는 것은 매우 어렵다. 텍스트가 생산되지 않은 미확정 상태에서 독자를 규정해야 하는데, 이를 이론적으로 규명하기가 까다롭기 때문이다. 국내에 쓰기 교육 분야에서 해당 논문이 드문 것도 이런 성격과 관련이 있을 것이다.

---

3) 국내에서 독자(audience)에 관한 연구는 읽기 교육 쪽에서는 활발하게 이루어지고 있으나 쓰기 교육 쪽에서는 매우 미흡하다. 쓰기 교육의 독자 연구로는 박영민(2003, 2004, 2005가, 2005나)의 연구가 잘 알려져 있다. 박영민은 Dudley-Evans(1995), Poeter(1992), Halasek (1999) 등의 논의를 바탕으로 독자를 담화공동체의 입장으로 보는 시각을 견지한다. 그는 작문을 필자와 예상 독자의 '대화', '상호작용'으로 이해하고 있으며, 이런 관점에서 작문 교육 방법을 연구했다. 이아라(2008)은 글쓰기 과정에서 독자의 기능을 조명했다. '숨은 독자' 개념을 새롭게 설정했고, 이를 글쓰기 과정을 이끄는 동력으로 규정했다.

따라서 이 논문에서는 주로 독자 이론과 독자 교육에 관한 미국 쪽 논문을 참고하되 우리 현실에 맞추어 적절하게 변용하고자 한다.

2. 독자에 관한 기존 관점

이 장에서는 올바른 독자(audience) 개념을 구축하기 위해 글쓰기 연구에서 나온 독자 관점을 몇 가지 정리해서 살펴보고자 한다. 이를 통해 기존에 나와 있는 독자 개념에 대해 구체적인 지형도를 그려볼 수 있을 것이다. 첫 번째로 독자에 관한 전통적 관점이 있다. 독자에 관한 전통적 관점은 글을 쓰는 주체와 글을 읽는 객체를 분리하여 보는 방식으로, 고전 수사학에 바탕을 두고 있다. 이 관점에서는 독자(audience)를 작가 외부에 존재하여 텍스트를 직접 읽는 사람(reader)으로 규정한다. 흔히 우리가 글쓰기에서 예상 독자라고 부르는 경우가 이에 해당한다.

기본적으로 전통적 관점은 논증과 설득을 목표로 하는 고전 수사학에서 유래했다. 고전 수사학에서는 화자와 청자가 서로 마주보고 존재하여, 화자가 청자를 설득하는 것을 수사학의 목표로 삼았다. 즉 화자가 청자에게 일정한 행위를 요청하거나, 그와 같은 확신을 주는 데 수사학의 목적이 있다고 본 것이다(Corbett, 1990). 근본적으로 수사적 상황은 서로 견해가 다른 두 대상을 전제로 한다. 개인이든 집단이든 화자와 청자는 유사한 교육, 문화적 배경에도 불구하고 서로 다른 견해와 의견을 가지고 있으며, 이런 상반된 관계가 수사적 상황을 만들게 된다. 수사적 상황은 긴장과 갈등, 설득과 동의가 있는 매우 역동적인 역학 관계의 장(場)으로 규정된다.

고전 수사학은 청자를 화자로부터 독립되어 있는 뚜렷한 하나의 대상으로 보았다. 이와 같은 관점은 글쓰기의 독자 이론에도 그대로 적용된다. 필자와 독자는 서로 독립적이며, 상대편에 존재한다. 독자는 필자가 설득해야 할 대상으로 규정되며 분석의 대상이 된다. 필자와 독자는 근본적으로 타자이며 경쟁자이다.

특별히 Long은 전통적 관점에서 필자와 독자 간의 관계를 경쟁 관계라고 규정한 바 있다. 필자는 설득을 성공해야 하는 분명한 목적을 가지고 있으며, 독자는 설득에 저항한다는 보편적인 의식을 가진다는 것이다(Long, 1980: 222). James Crosswhite도 이와 같은 유사한 견해를 제시했다. 그는 변화를 원하는 작가(화자)와 현 상태를 원하는 독자(청중) 사이에 괴리가 일어나는데, 이것이 수사적 상황의 일반적 특성이라고 보았다(Crosswhite, 1991: 169). 중요한 것은 이런 경쟁 관계가 요구하는 조건들이다. 이런 경쟁 관계는 작가와 독자 사이의 과학적 탐구 행위와 설득을 위한 기술(技術)을 요구한다. 독자는 설득되어야 할 대상이자 목표로서, 이런 독자를 설득하기 위해 수사적 기술이 요구된다. 따라서 전통적 관점의 독자 교육에서는 '청자에 대한 분석'과 '설득적인 대화 기술'을 중요하게 취급하고 있다.

독자에 관한 전통적 관점은 글쓰기 교육 분야에 많은 영향을 끼쳤다. 글쓰기의 목표 의식을 뚜렷이 하기 위해 학생들에게 독자 인식을 강조했으며, 또 학생들이 자기 주관성의 함정에 빠지지 않기 위해 독자를 항상 고려하도록 요구했다. 글쓰기 교육 방법에서도 '독자 중심의 글쓰기'가 중시되었는데, 이때 독자는 자신의 쓰기 행위를 점검하고 통제하는 기능을 의미했다. 아직도 글쓰기 교육 현장에서는 전통적인 독자관이 지배적이다. 글쓰기 수업에서 교사나 학생은 독자를 필자의 텍스트를 직접 읽을 사람으로 규정하고 있으며, 독자 분석을 글쓰기 교육의 주요 항목으로 사용하고 있다.

두 번째로 독자의 실체를 인정하지 않고 하나의 허구(虛構, fiction)로 보는 관점이 있다. 앞에서 본 독자에 관한 전통적 관점이 독자를 외적 실체로 인정하여 이를 탐구하는 데 중점을 두었다면, 이 관점은 이와 상반되게 독자를 필자가 임의로 만들어낸 상상과 허구의 산물로 본다.

독자(audience)는 실제 현실에서 책을 읽는 독자(reader)와 무관하며, 텍스트 생산 과정에서 필자의 요구에 따라 만들어진 주관적 의식의 산물이라는 것이다. 사실 엄밀한 의미에서 독자란 텍스트가 생산되고 난 뒤에 나올 수 있는 개념이다. 필자는 텍스트가 생산되기 전에 독자를 상정할 수가 없으며, 설사 독자를 상정한다고 하더라도 그것은 필자가 만들어 낸 가상의 독자에 불과하다. 그래서 모든 독자는 픽션(fiction)이거나 메타포(metaphor)에 지나지 않는다는 것이다(Park, 1982: 247).

그렇다면, 실재하지 않는 독자를 필자가 관념적으로 호출(invoked)하는 까닭은 무엇일까? 이는 실제 창작 과정에서 독자에게 부여하는 작가[4]의 기능과 관련이 있다. Walter Ong의 견해를 잠깐 살펴보자. Ong은 작가가 미래에 자신의 책을 읽을 사람을 예상하며 독자를 구상한다는 보는 것은 매우 어리석은 생각이라고 말했다. 어떤 작가가 글을 쓰면서 자신의 글을 읽을 독자를 구체적으로 호명해낼 수가 있을까? Ong은 문자적 창작 상황에서 그런 일은 있을 수 없다고 보았다. 청중이 존재하는 구술적 상황과 다르게 문자적 상황에서는 독자와 대면할 수도, 독자의 직접적인 반응도 얻어 낼 수가 없다.[5] 전통적 관점에서 말한 예상독자는 오로지 작가의 의식 속에서만 가능한 관념의 산물이다. 그래서 Ong은 "작가가 구상한 모든 독자는 언제나 허구이다(The writer's Audience is always a fiction)"라는 유명한 말을 하고 있다. 그가 볼 때 모든 텍스트의 저자들은 자신의 필요에 따라 스스로 독자를 만들어 낸다.

---

[4] Walter Ong은 문학적 관점에서 작가와 독자의 관계를 연구했다. 따라서 여기서는 필자가 아니라 작가라는 용어로 사용한다. Ong은 문학에서의 작가와 독자의 관계가 일반적인 글쓰기에도 그대로 적용된다고 주장한다(Ong, 1975: 9~12).

[5] Ong은 이와 관련하여 구술적 상황의 청중과 문자적 상황의 독자를 구별하여 설명하고 있다. 고전적 수사학에서 청중은 연설자 앞에 모여 있다. 그들은 집합적이고 통일적이어서 연설자에게 직접적인 영향력을 행사할 수 있다. 그러나 책을 읽는 독자는 분산적이며 개별적이다. 그들은 작가와 직접 대면하고 있지 않다. Ong은 고전수사학의 청중 개념을 작가와 독자 개념에 그대로 적용시킬 수 없다면서, 독서 행위에 있어 독자는 작가에 의해 구성된다는 점을 강조한다(Ong, 1975: 9~12).

뿐만 아니라 그는 텍스트 속에서 독자를 해야 할 특정한 역할까지 작가가 부여하고 있다고 보고 있다. Ong은 훌륭한 작가는 자신의 독자를 허구화시키며, 독자의 역할을 작품 속에 잘 창조하는 사람이라고 생각했다(Ong, 1975: 9~12).

Ong은 이런 생각이 문학적 창작에 관한 것이지만, 모든 글쓰기 과정에도 적용할 수 있다고 주장했다. 작가는 글을 쓰면서 독자가 어떻게 읽기를 바라고, 또 이와 관련된 내용을 구성하고 창안해낸다. 이런 과정이 독자 역할을 창안해내는 방식이다. George Dillon은 "독자를 상상하는 과정은 실제 독자들의 지식과 관점에 가까이 가기 위한 시도가 아니며" 오히려 "독자가 동의하고자 하고, 또 동의할 수 있도록 자신을 투사하는 것"이라고 말했다(Roth, 1987: 47). 이런 관점에서 보면 독자는 작가가 창작 과정상의 필요에 의해 만들어지는 사람인 것이다. 작가는 독자를 창안함으로써 텍스트의 주제와 성격, 내용과 형식을 결정한다. 전통적 관점이 독자를 필자 바깥에 존재하는 실재 대상으로 보았다는 점에서 객관주의에 가깝다면, 반면에 이런 관점은 독자가 객관세계에 존재한다는 것을 인정하지 않을 뿐만 아니라 오로지 필자의 의식 속에서만 존재한다는 점에서 주관주의에 가깝다.

세 번째로 독자(audience)에 대한 관점을 공동체적 집단, 즉 담화 공동체(discourse community)로 보는 견해가 있다. 독자를 담화공동체로 보는 것은 독자를 더 이상 개인으로 보지 않고, 특정한 언어 공동체나 문화 구성체로 보겠다는 뜻이다. 이런 견해는 글을 쓰는 것과 글을 읽는 행위를 개인적인 의사소통으로 보지 않고, 집단적인 담화 행위로 보는 사회구성주의와 밀접한 관련이 있다. 즉 언어의 의미 생산을 개인의 인지적 활동으로 보지 않고, 사회 구성원의 담화 관습적 행위로 보겠다는 것이다. 이런 관점에서 보면 의미를 생산하는 주체와 의미를 수용하는 독자를 구별하는 것은 별 의미가 없어진다. 필자와 독자가 의미를 생산하는 사회적 활동 속에 모두 포함되기 때문이다. 여기서 필자와 독자는 담화공동체에서 생산한 지식, 사고, 표현 방식 등을 유지·발전시키는 공동의 담화 생산자로 규정된다.

이런 관점을 옹호하는 학자로 Porter(1992)가 있다. Porter는 독자 개념을 창작 과정에서 내적으로, 혹은 외적으로 작가에게 영향을 미치는 사회적 영향관계로 규정하고 있다. 그는 의미 생산의 주체를 '담화공동체'나 '담화 관습'으로 규정했다. 반면에 필자나 독자는 사회가 부여하고 강제한 의미 생산의 기능을 담당하는 사람으로 인식했다. 필자란 사회가 부여한 자기 역할(글쓰기의 주체 역할, 의미생산 역할)을 수행하는 사람이며, 독자 역시 이런 의미 생산의 공동참여자라는 것이다. Porter는 글쓰기에서 독자 개념을 논리학에서 말하는 보편독자나 아니면 전통적 관점에서 말하는 실제 독자(real reader)가 아니라, 담화 공동체에 의해 규정되어 일련의 텍스트를 구체화하는 하나의 체계(a structure)로 생각했다(Porter, 1992: 83~84). 다시 말해 독자는 텍스트를 가능하게 하는 어떤 사회적 원천이나 토양이며, 또 그와 같은 기능이라고 보았던 것이다. 필자는 이런 토양을 바탕으로, 또 이와 더불어 텍스트를 생산해낸다. 필자와 독자를 공동창작자(coauthor)로 보거나 필자와 독자의 대화를 강조하는 것도 이런 생각들과 연관이 있다.

아울러 이런 관점은 글쓰기나 학교 교육을 특정 담화 집단의 전통을 학습하게 하는 과정으로 보는 Bruffee의 견해와 밀접하게 맞닿아 있음도 주목해야 한다. Bruffee는 Richard Rorty의 '정상담화(normal discourse)' 개념을 끌어들여, 일상생활의 글쓰기와 학교 교육은 모두 이런 정상담화를 배우는 과정이라고 규정했다(Bruffee, 1984: 642~643). 다시 말해 특정한 담화공동체는 자기 집단 내의 가치와 믿음, 표현 방식을 공유하는 담화 체계가 있는데, 특히 글쓰기는 이런 담화 체계를 배우는 과정이라는 것이다. 이와 관련하여 Bruffee가 강조하는 것은 대학 사회에서 볼 수 있는 학술공동체 개념이다. 특히 전문적인 담화 관습과 담화 표현을 공유하는 대학의 전공 집단이 바로 이와 같은 담화공동체의 대표적인 경우에 해당한다. 담화공동체에 관한 연구도 대체로 대학의 전문집단의 표현 방식을 비교한 것이 많다. 독자를 담화공동체로 보는 관점은 대학 글쓰기 교육에 유용하게 적용할 수 있는 것도 이런 관점과 관계가 있다.

앞에서 설명한 두 가지 독자 관점과 비교해서 이 관점이 얻을 수 있는 이점은 독자가 객관적 실체인지(객관주의), 내면적인 허구(주관주의)인지 구별할 필요가 없다는 점이다. 담화 공동체 속에 객관적 독자 개념과 내면적 독자 개념이 모두 포괄되어 있기 때문에 그런 이분법은 여기서 의미가 없다. 뿐만 아니라 독자를 담화공동체로 규정하면 전통적인 글쓰기의 구분법, 즉 작가(writer), 독자(audience), 텍스트(text)를 모두 포괄할 수 있는 장점이 있다(Porter, 1992: 84). Raforth도 독자 개념이 모호한 것을 없애기 위해 가장 좋은 방법은 독자를 담화 공동체로 규정하는 것이라고 말한 바 있다. 그는 담화 공동체의 개념을 도입하면 필자와 독자, 텍스트에 관련되는 모든 복잡한 문제를 해결할 수 있다고 주장했다(Rafoth, 1988: 131~132). 이처럼 독자 개념을 포괄적으로 해석할 수 있다는 점은 이 관점의 큰 장점이라 할 수 있다. 반면에 담화공동체와 독자 기능 사이에 모호한 단절이 있다는 점도 잊지 말아야 한다.

네 번째로 독자(audience)를 외적 대상이나 내적 대상으로 보지 않고 하나의 맥락(context)으로 보는 관점이 있다. 이런 관점을 표명한 학자는 Douglas B. Park이다. Park는 글쓰기에서 독자가 지닌 역할과 활동을 주목한 결과 독자는 항상 어떤 구체적인 맥락에서 구체적인 상황으로 등장한다고 보았다. 그는 독자를 전통적 관점처럼 대상적 존재로 생각하지 않고 특별한 수사적 상황에서 발생하는 맥락적 환경으로 규정한 것이다. 이와 같은 관점에서 우선 Park는 독자가 나타나는 수사적 상황에 주목했다. 글을 쓰는 행위에서 독자가 다양하게 나타나는 것은 풍부한 수사적 상황과 밀접한 관련이 있다. 예컨대 글쓰기에서 독자는 언제나 "X에 반대하는 사람", "월간 애틀랜틱의 독자", "교사"와 같은 구체적인 상황과 형태로 나타난다(Park, 1982: 247~248). 그는 독자를 이런 구체적이고 종합적인 상황의 산물이며, 또 이런 상황 없이 설명할 수가 없는 존재로 본 것이다.

우리는 글을 쓸 때 일반적으로 독자에 대해 무감각하다. 어떤 때는 독자가 누구인지 알 수 없을 때가 많다. 특히 일상적인 글쓰기에서 독자는 매우 모호한 존재로 나타나는 경우가 흔히 있다. 독자가 명백하게 고려되는 경우는 선생님께 편지를 쓴다든지, 상급자에게 청원서를 쓰는 경우처럼 특별한 맥락 상황에 한정된다. 매번 독자가 이렇게 달리 나타나는 것은 담화가 이루어지는 수사적 상황(rhetoric situation)이 각 상황마다 다르기 때문일 것이다. Park는 독자는 보편성 차원에서가 아니라 특수성 차원에서 해명되는 존재이며, 다양한 맥락(context) 속에서 생성되는 존재로 보고 있다. 그래서 그는 "독자를 분석하는 일은 맥락(context)의 본질을 결정하는 일"이라고 말하고 있다(Park, 1982: 253).

독자를 맥락으로 보겠다는 관점은 독자를 독자 입장에서만 보지 않고, 복합적인 쓰기 환경의 입장에서 보겠다는 점과 동일하다. 맥락은 복잡한 개념이며, 독자 개념은 그런 맥락 속에 포함된다. 예컨대 대학생들이 보고서를 쓰는 일과 회사원이 보고서를 쓰는 일은 동일하지 않다. 각각은 글을 쓰는 환경과 배경, 목적이 다른데, 독자 개념도 그런 맥락 속에 포함된다. 독자를 맥락으로 본다는 것은 쓰기 과정에서 독자뿐만 아니라 필자 요소, 환경 요소, 독자 요소를 모두 아울러 복잡한 맥락 속에서 독자 의미를 규정하겠다는 뜻이다. 이는 글의 수사적 상황과 함께 독자를 기능적으로 보겠다는 입장이다.

Park가 독자를 수사적 상황의 산물로 본다고 해서, 전통적 관점과 같이 독자를 실재하는 외적 대상으로 생각해서는 안 된다. Park가 독자를 맥락(context)으로 보라고 말하는 것은 독자를 허구(fiction)로 보는 Ong(1975)의 관점과 크게 다르지 않다. 맥락을 구성하고 맥락을 창조해내는 것은 근본적으로 필자의 관념 속에 전개되는 허구적인 것이기 때문이다. 그래서 Park는 독자를 분석해 보면 필자가 글을 창안해내는 관습과 태도를 알 수 있다고 말하고 있다.

3. 독자의 역할과 기능

이제 이 장에서 규명해야 할 것은 글쓰기 과정에서 독자(audience)란 무엇이며, 어떤 기능을 하는가에 관한 문제이다. 일반적으로 독자 연구는 해석학이나 수용미학에서 많은 관심을 끌었지만, 글쓰기 분야에서는 크게 관심을 끌지는 못했다. 글을 쓰는 필자는 독자를 자명한 대상으로 규정하여 독자의 관심을 얻는 데 노력을 기울였지, 독자의 의미에 대해서는 깊이 있게 생각하지 않았던 것이다. 글쓰기 연구 분야에서도 새로운 연구가 진척되지 못하고 전통적 관점이 지금까지 유지되고 있다. 독자를 외적 존재로 규정하는 관습이 견고하게 자리 잡고 있으며, 독자 분석을 통해 전통적인 방법으로 독자 교육을 하는 것도 여전하다.

그렇다면 전통적 관점에서 보듯 필자가 인식하는 독자가 실재(實在) 독자로서 명증한 존재가 될 수 있을까? 엄밀한 의미에서 필자가 상정하는 독자는 몇몇 특별한 경우를 제외하면 외적으로 실재하는 독자가 될 수 없다. 특정한 대상에게 편지를 보내거나, 호소문을 쓰거나, 청원서를 쓰는 경우가 아니라면 필자가 상정하는 독자는 상당히 허구적이며, 상상적이고, 가공적이다. 객관적인, 혹은 물리적인 관점에서 보더라도 허구적 성격은 명백하다. 필자가 생각하는 독자 개념은 시·공간적으로 불가능하다. 왜냐하면 독자란 근본적으로 텍스트가 구성된 이후 생성될 수 있는 개념이기 때문이다. 따라서 글쓰기에서 필자가 만든 독자 개념은 "필자가 의도적으로 만들어 낸 책 읽기 이전의 청중(pre-reading audience)"(Long, 1980: 224)이며, 말 그대로 "메타포(metaphor)가 아니면 픽션(fiction)"(Park, 1982: 252)일 뿐이다. 독자를 상상된 것,

가공된 것, 허구적인 것으로 인정하지 않는 한 독자 개념에 대한 재인식은 불가능하다.

글쓰기에서 독자를 외적 실체로 간주하는 전통적인 관점은 인식론적이고 순환적인 오류에 빠질 위험을 지니고 있다. 필자는 실재(實在)하지 않는 독자를 실재하는 것처럼 간주해서 텍스트를 작성해야 하며, 아울러 그 가상의 독자가 실제 독자가 되기 위해서 필자가 만든 텍스트를 읽어 주어야만 한다. 앞서 말한 대로 독자란 텍스트라는 실체를 만나는 순간 발생하는 존재론적인 사건이다. 독자가 텍스트의 내용을 읽어 주기까지 텍스트와 독자는 아무런 관련을 가지지 않는다. 독자란 타자가 텍스트의 내용을 자신의 의미로 소유할 때 비로소 탄생한다(김도남, 2004: 18~19). 읽지 않은 독자를 읽은 독자처럼 간주해야 한다는 사실은 인식론적으로도, 교육적으로도 많은 문제를 안게 된다.

교육현장에서 학생들은 실재(實在)하지 않는 텍스트를 두고, 예상 독자를 상정해야 한다. 실제 텍스트를 작성해 보면 몇 가지 경우(편지, 호소문, 청원서 등등)를 빼고 독자를 예상하기가 상당히 어렵다. 학생들은 글을 쓸 때 매번 '독자를 고려하라'는 요청을 받지만 실제 누구를 독자로 삼아야 할지 알 수 없는 경우가 많다. 막연히 지식인으로, 혹은 반대 견해를 가진 대학생으로, 같은 견해를 가진 일반 시민으로 규정하는 것은 불분명하고, 모호하다. 사실상 이런 개념은 글쓰기의 환경, 글쓰기의 목적이나 배경에 관한 것이라고 보는 것이 더 옳을 것이다.

독자에 관한 전통적 관점에서 가장 큰 문제점은 필자들이 생각한 독자와 텍스트 외부에 실재하는 독자를 맹목적으로 동일시한다는 점이다. 구술적 상황이라면 가능할지 모른지만, 문자 텍스트의 경우 예상 독자가 실제 독자가 되는 일은 드물다. 앞 장에서 말한 대로 독자에 관한 전통적 관점은 여전히 〈화자-청자〉 개념의 고전 수사학적 전통 속에 놓여 있다. 고전 수사학에서 청자는 필자가 직접 설득해야 하는 대상이자 실체이지만, 텍스트에서는 필자와 독자가 직접 만나는 경우는 드물거나 불가능하다.

그렇다면 가상적 독자를 실재의 독자로 상상하여 얻는 것과 잃는 것은 무엇일까? 글을 쓰는 필자가 독자를 상정하는 이유는 작성 중인 글에 대한 타당성과 보편성을 얻고자 하는 목적과 관련이 있다. 글을 쓰는 입장에서 예상 독자를 상정하고 이를 고려하는 것은 보편타당하고 합리적인 글을 쓰는 데 매우 도움이 된다. 글쓰기 과정에서 독자의 존재는 선입견이나 주관성, 혹은 자기중심성(egocentricity)을 극복하고, 소통적 객관성을 확보하는 데 밑바탕이 되기 때문이다. 반면에 이와 상반된, 명백한 단점들도 존재한다. 독자를 좁게 선정하면 글을 협소하게 만들고, 다양한 창안 활동을 불가능하게 할 수 있다. 독자를 지나치게 강조하면 글쓰기의 중요한 요소인 자기 내면과의 대화, 자기 성숙의 과정을 어렵게 할 수 있다. Elbow는 초보 필자들에게 엄격한 독자 설정을 강요하는 것은 좋은 교육 방법이 아니라고 말했다.[6] 자기 자신이 하고 싶은 말을 하기 어려워지며, 내면의 진솔한 생각들도 펼쳐내기가 어렵기 때문이라는 것이다. 많은 교과서들이 전통적 방법에 의한 독자 교육을 실시하지만 이를 좋은 방법이라고 말하기 어렵다.

이제 반대로 독자를 필자에 의해 만들어지는 하나의 '허구', 관념적 허상으로 본 Walter J. Ong(1975)의 견해를 살펴보자(Ong, 1975: 10). Ong의 관점은 창작 과정의 모든 독자는 가상(假象)의 산물이라는 점에서 합리적인 측면을 가지고 있다. 설령 독자가 텍스트를 읽을 실제 인물이

---

6) Peter Elbow는 독자 교육에 대해 매우 부정적이다. 그는 독자 교육이 글쓰기를 방해하고 제한한다고 주장한다. 때로 독자에 집중하는 것이 사고를 혼란스럽게 만들 수 있다고 말하며, 이런 경우 그는 독자를 무시하고 자기 사고에 집중해야 한다고 권고한다. 그는 흔히 '작가 중심의 글쓰기'보다 '독자 중심의 글쓰기'를 하는 사람을 인식론적으로 더 성숙된 작가로 보는 경향이 있는데 이런 주장에 반대한다고 말한다. 오히려 그는 독자인식이 글쓰기를 혼란스럽게 하거나 방해하는 경우, 독자에 대한 관심을 중단하는 것이 더 고급 기술이라고 주장한다. 좋은 작가는 독자 인식을 멈출 수 있어야 하며, 조용히 자신의 사고를 반성할 줄 아는 사람이다. 그리고 이런 사람이야말로 독립적이면서 성숙한 작가라고 말하고 있다(Elbow, 2005).

라고 하더라도 필자의 의식 속에 재현(representation)된 독자는 언제나 가상의 인물이다. 앞서 말한 대로 Ong의 입장은 필자가 상정한 모든 독자(audience)는 '허구(fiction)'라는 것이다. 이는 필자가 생성한 독자는 언제나 가상의 인물이지 현실 속의 인물은 아니라고 규정한 것이다. Ong은 이에 대한 증거로 필자가 상상한 독자가 실제 자신의 책을 사서 읽을 확률은 높지 않다는 점을 제시한다.

사실 필자가 상상한 독자와 실재하는 독자는 일치하지 않는 것은 분명하다. 따라서 Ong의 관점은 전통적 관점이 지닌 단순함과 순진함을 넘어섰다는 점에서 가치가 있다. 그러나 Ong의 관점에도 문제는 있다. 그의 관점은 작가에게 지나치게 많은 권한을 부여하고 있다. 예컨대 작자 스스로 독자의 기능을 창조한다는 것과 독자의 허구화가 문학사의 주요 관습이라고 규정한 것은 작가에게 모든 창조의 권한을 넘긴 것과 같다. 그리고 그 권한을 작가의 순수한 관념, 순수한 사유 속으로 환원시킨다. 독자에 관한 전통적 관점이 너무 순진하게 가상 독자와 실제 독자를 일치시켰다면, Ong의 관점은 지나치게 가상 독자와 실제 독자를 단절시키고, 이를 현실과 상관없는 관념적 대상으로 만들었다. Ong의 독자는 객관 세계나 담화공동체와는 상관없는 순수 사유의 산물과 같다.

이와 함께 Ong이 문학적 관점을 일반적인 글쓰기로 확대한 것도 문제가 된다. 당초 Ong의 연구는 구술문화와 문자문화를 비교하면서 문학 작품에서 독자가 생산되는 방식을 찾는 것이다. Ong은 작가는 독자에게 작품 속에 참여할 기능을 만들어 주고, 독자는 작품을 읽으면서 스스로 자신을 허구화한다고 보았다. 작가가 문학적 허구 속에 독자가 참여할 길을 만든다는 것이다. 그런데 이런 방식을 일반적인 글쓰기에도 적용할 수가 있을까? 모든 독자는 픽션(fiction)이라는 그의 생각을 이해할 수는 있지만 작품 속의 독자 기능까지 창안해낸다는 것은 이해하기가 어렵다. 텍스트의 내용을 문학 작품처럼 서사적 픽션으로 구성하지 않는다면 Ong의 관점을 일반적 텍스트로 확장하기는 어렵다. Ong은 지나치게 자신의 견해를 확대해석한다.

글쓰기 과정에서 독자를 어떻게 볼 것인가는 여전히 어려운 문제다. 수용미학이나 해석학은 텍스트와 독자와의 관계를 따진다. 그러나 글쓰기 과정은 작가와 독자, 앞으로 생산될 텍스트까지 따져야 한다. 게다가 글쓰기는 한 순간에 이루어지는 과정이 아니며, 창안부터 퇴고까지 복잡한 시간적 단계를 포함한다. 고정된 텍스트를 해석하는 독서 과정과 차이가 있는 것이다. 쓰기 과정의 문제는 고정되어 있지 않고 언제든지 변화한다. 독자 문제 역시 마찬가지이다. 편지처럼 뚜렷한 독자가 아니라면, 구상 단계의 독자는 주제 생성이나 텍스트 작성, 수정과 퇴고 단계에서 달라질 수가 있다. 분명한 것은 쓰기 과정에서 독자는 고정된 존재, 선명한 존재가 아니라 유동적(流動的)인 존재에 가깝다는 사실이다.

글쓰기 연구에서 독자 문제는 독자를 하나의 자명한 대상으로 설정할 때 실패할 확률이 높다. 텍스트 생산 과정에서 독자가 누구인가를 묻는 일은 몇몇 특별한 경우가 아니라면 어렵고 모호하기 때문이다. 전통적 관점과 Ong의 관점에서는 외부에 존재하든, 내부에 존재하든 독자를 하나의 대상적 개념으로 규정했다. 모두 독자를 책을 읽는 대상으로서만 규정했기에 해답을 얻을 수 없었던 것이다. 따라서 글쓰기 과정에서 독자 문제를 독자가 누구인가에 관한 것이 아니라 독자가 어떤 기능을 하는가에 관한 것으로 바꾸어 생각해볼 필요가 있다. 창작 과정에서 독자는 상황과 필자의 요구에 따라 자신의 모습을 바꾸기 때문이다.

독자를 담화공동체(discourse community)로 보는 시각 속에서 이런 변화의 가능성을 엿볼 수 있다. 독자를 담화공동체로 보는 관점은 앞의 전통적, 주관적 입장과 달리 어떤 대상적 관점으로 독자를 규정하지 않았다. 독자를 더 이상 개인으로 보지 않고 특정한 공동체(문화공동체,

학술공동체, 소통공동체)나 담화 군집으로 본 것이다. 주지하다시피 Ong은 구술문화의 청중(audience)과 문자문화의 독자(reader)를 엄격히 구분하면서 책을 읽는 독자는 결코 집단이 될 수 없다고 말한 적이 있다. 연설을 듣는 청중은 시간과 공간의 일치 속에서 집단으로 기능하지만 책을 읽는 독자는 개별자로서 집단으로 기능할 수가 없다는 것이다 (Ong, 1975: 11). Ong이 볼 때 청중과 독자의 차이는 집합명사냐 단수명사냐의 차이와 동등하다. 그러나 Ong은 청중과 독자를 대상으로 보았지 기능이나 역할로 보지는 못했다.

통상 필자는 한 사람의 독자를 위해 글을 쓰기보다 불특정 다수를 위해 글을 쓰는 경우가 많다. 필자는 책을 구입하여 읽는 한 개인(독자)을 위해 쓴 것이 아니라 그런 성향을 가진 집합적인 독자를 위해 쓴 것이다. 그런 독자(집합적 독자)를 과연 Ong이 말한 독자(audience)라고 할 수 있을까? 엄밀한 의미에서 이를 독자라고 볼 수는 없을 것 같다. 이는 독자라기보다 특정한 담화 소통성이라고 지칭하는 것이 더 옳다. 다시 말해 생각과 견해가 동일한 소통 관습을 필자가 받아들였다고 보는 것이 더 타당하다. 이런 경우 어떤 필자가 어떤 독자를 대상을 글을 쓴다고 할 때 그는 그 독자 집단의 담화 관습과 소통 관습을 사용하는 것을 의미한다. 여기서 독자(audience)는 수신자(addressor)나 독자(reader)가 아니라 담화 배경, 담화 관습으로 기능한다. 말하자면 이런 경우 독자를 대상(독자는 누구인가?)의 개념이 아니라 기능의 개념(독자는 어떤 기능을 하게 되는가?)으로 작용하는 것이다. 글을 쓰는 행위를 필자와 독자의 대화로 규정하고, 독자를 공동창작자(coauthor), 실제적인 참여자(virtual participant)로 보는 것이 모두 이런 생각과 밀접하게 관련된다 (Porter, 1992; Kay, 999; 박영민, 2004가, 2004나).

독자를 기능의 개념을 사용하는 가장 좋은 예는 논증의 경우에서 찾아볼 수 있다. 논증 행위에서 독자 이론은 흔히 보편청중의 개념을 사용한다. 보편청중이란 논증 행위가 이루어지는 공간에서 논리적, 이성적,

합리적 사고 행위를 할 수 있다고 합의된 청중을 말한다. 논증이 원활하게 진행되기 위해서는 기본적으로 보편적 이성의 기준에 의해 합의된 공간을 필요로 한다. 서로 이성적 기준이 다르고, 판단 기준이 다르면 논증과 설득을 진행할 방법이 없다. 보편청중의 개념은 바로 이런 이성적 소통 공간을 보장해주는 의미를 가진다. 그래서 어떤 특정한 논증이 적합한가는 보편 청중의 동의 여부로 판단되는 경우가 많다(Crosswhite, 2001: 182~187). 논증 행위에서는 보편 청중과 특정 청중의 개념은 상호 교류하면서 논증 담론의 객관성과 주관성을 보장하게 된다.

앞 장에서 독자를 맥락으로 규정한 Park의 견해도 기능적 관점에 해당한다. Park는 Ong과 마찬가지로 독자를 집단적 대상으로 보지 않고 매우 구체적인 특정 대상으로 규정하고 있는데 그것은 각각의 대상이 각각의 기능을 대신해준다고 보기 때문이다. 예컨대 독자가 "X에 반대하는 사람", "월간 애틀랜틱 독자", "교사"라면 각각은 특별한 개별적 상황을 대변하기 때문에 각각 다른 인식 방식과 표현 방식을 필요로 한다. 독자는 바로 이와 같은 특수한 상황 안에서 개별적으로 구성되는 맥락을 보여준다. Park는 독자를 보편적인 존재로 보지 않고, 특수한 맥락에 매여 있는 존재로 보고 있다. 그가 볼 때 독자가 달라진다는 것은 수사적 상황이 달라지는 것이다. 독자를 달리 규정하는 것은 글의 성격과 방법을 달리해야 한다는 것을 말한다.

이와 함께 Park는 독자의 기능 자체도 폭넓게 퍼져 있어 맥락과 유사한 기능을 하는 것으로 보고 있다. 필자들이 독자 인지를 통해 받아들이는 기능은 매우 다양하다. 글의 목적과 상황에 따라 독자들에 대해 취하는 방법과 태도가 달라진다. 우리는 일반적으로 글쓰기를 필자와 독자의 대화로 규정하고, 필자와 독자가 서로 조정하고(adjust), 타협하고(accommodate)는 것으로 설명한다. 그러나 Park는 이외에도 필자가 독자를 통해 대하는 태도는 매우 다양하며, 이것들이 글쓰기의 맥락을 구성하게 된다고 말하고 있다. 필자는 독자를 만나면, 조정하고(adjust), 타협하며(accommodate), 목표로 삼고(aiming), 평가하고(assessing), 정의내리고(defining), 내면화하고(internalizing), 해석하고(construing), 재현하고(representing), 상상하고(imaging), 특징화하고(characterizing), 창안하고(inventing), 환기하는(evoking) 활동을 하게 된다(Park, 1982: 248).

Park의 이런 규정을 살펴보면 매우 상반된 기능도 있다. 예컨대 조정과 타협, 평가는 외적인 독자를 염두에 둔 활동이라면, 정의와 내면화, 상상과 창안 등은 내적인 독자의 활동이다. 필자는 글쓰기의 상황과 배경에 따라 독자를 다양한 기능으로 사용하고 있는데, 이는 결국 독자기능이 맥락 기능과 다름없음을 보여주고 있는 것이다. 쓰기 과정에서 독자의 기능은 글쓰기의 전반적인 상황과 맥락에 영향을 끼친다. Park에게 중요한 것은 독자가 누구인가가 아니라 어떤 작용을 하는가이다.

Park는 독자가 누구인가란 질문에 대해 경계가 겹쳐진 일련의 상태(a set of overlapping boundaries)로 표현했다. 가장 바깥쪽은 문화 관습이며, 안으로 들어갈수록 개인적이고 구체적인 상황을 띠게 된다고 말한다(Park, 1982: 252).[7] 독자에 관한 필자의 인지 활동은 이처럼 넓은 범위에서 다양한 방법으로 이루어진다. 독자는 때로 글쓰기에 관한 관습적 징후를 알게 해주지만, 때로 매우 개인적이고 구체적이고 상황도 알게 해준다. 필자들은 독자 인지 활동을 통해 글쓰기가 어떻게 진행되어야 할지, 어떤 방법과 전략을 써야 할지 깨닫게 되는 것이다. 물론 이때 독자는 외부에 실재하는 책 읽는 독자(reader)가 아니라 필자가 내면의 요구에 의해 이루어지는 창안 활동으로서의 독자를 의미한다.

독자를 기능적 관점에서 해석하는 것은 독자가 누구인가를 떠나 독자에 따라 달라지는 환경과 맥락을 중시하여 본다는 동일하다. 쓰기 과정에서 독자 분석은 대상의 성격을 분석하는 데 치우치지 않고 특정

---

7) Park의 이런 표현은 담화공동체에서 말하는 담화 관습과 매우 흡사하다. Park는 독자에 대한 인식은 Porter와 비슷하지만, 독자의 기능에 대해서는 입장이 다르다. Porter는 필자와 독자의 대화를 중시했지만 Park는 글쓰기에서 독자가 만들어내는 맥락을 중시했다.

한 독자로 인해 특정한 맥락(context)이 담론 속에서 어떻게 생성되는가를 분석하는 데 초점을 두어야 한다. 이런 관점을 취하면 아주 구체적인 독자의 경우 쓰기 맥락이 어떻게 형성되며, 쓰기 과정은 어떻게 이루어지는지, 또 모호한 독자이거나, 보편 독자의 경우 쓰기 맥락과 쓰기 대응 방식이 어떠한지를 규명할 수 있다. 아울러 독자가 외적 대상(audience as addressed)인지, 호출된 대상(audience as invokes)인지를 따지는 불필요한 논쟁도 필요 없게 된다. 글쓰기는 필자의 수사학적 환경에 따라 쓰기 목적과 쓰기 방법, 쓰기 과정이 구체적으로 결정되는 매우 역동적인 과정이다. 독자는 이런 역동성의 중심에 있기 때문에 이를 단순화하려는 작업은 매우 위험하게 된다. 독자 문제의 가장 좋은 해결책은 독자를 수사학적 맥락을 형성하는 한 요소로 보되, 이를 단일화 과정이 아닌 역동적이고 생산적인 과정으로 보는 것이다.

4. 독자 이론과 글쓰기 교육

그렇다면 글쓰기 교육에서 기능 중심의 독자 교육은 어떻게 해야 할까? 분명한 점은 글쓰기 교육에서 기존의 독자 교육에 문제가 많았다는 점이다. 대부분의 글쓰기 교사나 교과서들은 독자(audience)를 외부에 실재하는 독자(reader)로 상정하는 경우가 많다. 사실 많은 글쓰기 수업도 이런 독자 개념을 전제로 하고 시작된다. 교과서 앞부분을 장식하는 '독자는 누구인가?', '독자를 고려하라'와 같은 경구는 이런 일반화된 사실들을 잘 보여준다.

Park는 독자 교육의 문제가 교사들이 독자를 텍스트 외부에 실재하는 독자로 보는, 그러한 견고한 이미지에서 비롯되었다고 보고 있다. 그리고 이런 입장이 교사와 교과서로 하여금 쓰기 환경을 정확하게 정의된 상황이거나 잘 구성된 상황을 만들도록 했다는 것이다(Park, 1982:

255). Park이 생각하는 것은 매우 열려져 있고, 다양한 접근이 가능한 수업 방식이다. 그는 어떤 고정된 틀 속에 넣어 학생들의 의식을 좁게 만드는 것을 부정적으로 보고 있다. 예컨대 수업시간에 과제물을 쓰면서 학생이 독자를 일방적으로 교수로 결정하는 경우가 그렇다. 일반적으로 우리가 수업 시간에 행하는 특정한 독자 분석이 그런 좁은 환경, 고정된 환경을 만든다. 앞에서도 강조했듯이 그가 독자를 하나의 맥락으로 보고 싶어 하는 것도 열려진 독자 교육의 방향과 밀접한 관련을 가지고 있다.

Walzer(1985) 역시 독자 문제에 관한 최근 교육 모델의 문제점으로 창작 과정의 독자(audience)와 텍스트 외부의 실재 독자(real reader)를 동일한 것으로 전제한다는 데 있다고 주장했다. 그는 필자가 의도한 독자(audience)와 실재 독자(reader)는 같지 않으며, 설사 같다고 하더라도 쓰기 과정 중에 독자에 관한 관점은 언제든지 변할 수 있기 때문에 독자 분석은 실패할 수밖에 없다고 말한다. 그가 볼 때는 독자가 누구냐가 중요한 것이 아니라 독자를 둘러싼 텍스트 환경과 텍스트 맥락이 더 중요했다. 필자는 독자를 환기하는 것이 아니라 독자와 관련된 맥락 상황을 만들어 낸다고 본 것이다. 그는 이와 관련된 실례를 하나 들어 독자 문제가 쓰기 환경과 맥락에 종속된다는 사실을 증명하고자 했다.

Walzer는 동일한 학자가 동일한 주제로 쓴 3편의 논문을 주목했다. 이 논문들은 이혼 가정의 자녀 문제를 주제로 한 것으로 세 개의 학술지에 실렸다. 세 개의 학술지는 「오늘의 심리학(Psychology)」, 「미국 정신위생학 저널(American Journal of Orthopsychiatry)」, 「미국 정신의학 저널(American Journal of Psychiatry)」로 비슷하지만 세부 전공이 다른 학술지였다. 같은 주제로 쓴 3편의 글은 조금씩 논조가 달랐는데, 그것은 독자의 성향 때문이 아니라 매체 환경과 맥락 때문이었다. 세 매체의 독자는 거의 겹쳤고, 개별적으로 특별한 성향을 보여준 것도 아니었다. Walzer는 결국 세 글의 논조가 일반적인 독자 분석의 내용, 즉 독자의 배경(예컨대 나이, 수입 등), 태도(호의적, 부정적), 요구(교육, 소개, 취미 등)에 의해 차별화된 것은 아니라고 결론을 내렸다(Walzer, 1985: 150~155). 그보다는 필자가 매체 환경에 맞추어 독자와 내용을 창안해낸 것이라고 결론을 내렸다.

　Walzer의 연구에서 중요한 것은 독자 문제를 다루되, 이를 독자에서 필자로 관심 방향을 돌렸다는 사실이다. Walzer가 볼 때 필자들은 특정한 독자에 맞춰 글을 쓴 것이 아니라 매체를 통한 특정한 공동체(담화 공동체)의 입장에서 스스로 의미를 발견해낸 것이다. 필자들은 매체의 성격에 따라 필자들이 원하는 지식을 창안하기 위해 노력했다. 필자들은 글을 독자에 맞추고자 한 것이 아니라 독자를 통해 글의 환경을, 맥락을 창안하고자 한 것이다. 이런 점은 결국 독자 교육을 '독자가 누구인가?'라는 명제가 아니라 '독자가 만들어 낸 환경과 맥락은 무엇인가?'라는 명제로 바꾸어야 한다는 사실을 보여준다. 다시 말해 독자 교육의 관점은 '독자 분석'으로부터 '맥락 분석'으로, '독자 수용'에서 '독자 창안'으로 바꿔져야 하며, 교육의 중점을 독자로부터 작가로 옮겨와야 한다는 것을 의미한다.

　물론 독자 분석과 독자 해석이 필요한 경우도 있다. 예컨대 연구용역자에게 연구 결과를 보고할 때라든지, 학교 총장에게 중요 안건을 건의할 때는 독자에 대한 분석이 필요하다. 그러나 대학 글쓰기 교육에서는 독자가 분명한 글을 쓰는 경우보다 독자가 불분명하거나, 보편 독자를 대상으로 하는 경우가 더 많다. 논리나 설득을 위주로 하는 보고서, 학술 칼럼, 논문 등은 특정한 독자를 대상으로 하는 글이라기보다 보편독자를 대상으로 하는 글이다. Roth의 연구 결과에 따르면 대체로 숙련된 학생의 경우 의도적으로 독자를 규정하는 경우가 드물며, 독자를 정확하게 표상하지 않더라도 효과적인 글을 쓸 수가 있었다고 한다(Roth, 1987: 52). 보편 독자 중심의 글을 쓰면서 독자 분석 항목을 두고 연습하는 것은 어리석은 일이다. 이는 대학 글쓰기의 경우 독자 학습에 관한 다른 학습 방법이 필요하다는 것을 의미한다. 다시 말해 독자 교육은 '독자가 누구냐?'를 찾기보다 '독자 기능을 어떻게 사용할 것인가'라는 필자 입장의 '창안(invention)' 중심으로 눈을 돌려야 한다.

또한 독자 교육을 오직 독자 분석으로만 시종하는 것도 분명 문제이다. 흔히 독자 교육에서 사용하는 방법은 자신의 글을 읽어 줄 독자를 예상하고, 독자의 성격과 특성을 분석하는 것이다. 독자 분석에 많이 사용되는 항목은 예상독자의 사회, 경제적 지위와 지적 수준, 기대 수준, 독자의 예상 반응과 같은 것이다. 학생들은 이와 같은 항목을 분석하여 독자를 예상하고 글을 계획한다. 그러나 이런 독자 분석 방법은 실제 글을 쓰는 데 큰 도움이 될 수 없다. 모든 담화 상황에 독자 분석을 적용할 수도 없을 뿐만 아니라 그와 같은 방법을 통해 실제 수사적 상황을 확인할 수도 없으며, 오히려 수사적 상황을 더 모호하게 만들 위험이 있기 때문이다 특별한 경우가 아니라면 독자 분석의 방법으로 큰 효과를 얻기는 힘들다(Roth, 1987: 55).

마지막으로 고려해야 할 것은 독자 교육이 다양한 담화 생산을 억압하는 기능을 하지 말아야 한다는 것이다. 통상 초등교육에서는 미시장르와 맥락까지 규정하여 학생들에게 과제를 주는 경우가 많다. 예컨대 "생일을 맞이하여 친구를 초대하는 편지쓰기", "교장 선생님에게 소풍장소를 건의하기" 등이 이에 해당한다. 이런 세세한 규정은 특정한 독자를 중심으로 텍스트나 장르가 정해지는 것으로 쓰기 맥락을 학습하기에 좋은 방법이 된다. 그러나 고학년으로 올라갈수록 이런 세세한 규정은 학생들이 다양하게 쓰기 맥락을 구성해낼 기회를 놓치게 만든다.

맥락은 글쓰기 행위와 관련된 외적 상황을 의미하는 것으로, 이 속에는 작가와 독자, 글쓰기의 배경과 목적, 담화 관습, 매체 요인 등을 포함되어 있다(박태호, 2000: 184). 쓰기 교육에서 독자 교육을 맥락 교육으로 바꾸고자 하는 것은 쓰기 과정에 지속적으로 영향을 미칠 수 있는 쓰기 목적, 텍스트 요인, 담화 관습 등과 관련된 다양한 맥락 학습을 폭넓게 하자는 뜻을 담고 있다. 그렇기 때문에 세밀하게 독자가 규정된 학습을 하기보다 독자 문제를 폭넓게 열어 맥락 학습을 지향하는 것이 좋다. 대학에서 독자 교육을 강조하면 담화 맥락과 쓰기 환경은 고정적, 형식적이 될 가능성이 높다. 외국의 학자들도 대학생들에게는 특정한 독자를 부여하기보다 '일반적인 독자를 대상으로', 또한 '상황에 대해 주어진 것이 거의 없고 필자가 창조할 것이 많은 비교적 덜 조직된 상황'에서 글을 쓰게 하는 것이 매우 중요하다고 강조한다(Roth, 1987: 53). 때때로 특정한 양식을 위해 독자 교육이 필요하겠지만 개인이 다양한 상황과 맥락을 창안해낼 수 있도록 풍부한 가능성을 열어두는 방법이 더 좋을 것이다.

5. 결론

글쓰기 연구자들은 독자(audience)를 매우 모호한 존재로 파악한다. 독자는 직접 텍스트를 읽을 사람이 되기도 했다가, 필자 스스로 호출한 내면적 대상이 되기도 한다. Ong은 작가인 친구에게 글을 쓰면서 독자를 생각하느냐고 물어 보았지만 비웃음만 받았다고 한다(Ong, 1975: 10). 특별한 경우가 아니라면 글을 쓰면서 독자를 생각하는 것은 일반적인 방법이 아니다. 누구도 글을 쓰면서 매번 독자를 떠올리거나 질문을 하지 않는다. 그럼에도 독자 문제는 글쓰기 교육에서 여전히 중요한 분야로 남아 있고 이에 대한 학습을 강조한다. 글쓰기 분야에서 이에 대한 연구가 잘 이루어지지 않고 있다는 반증이다.

독자(audience)는 매우 포괄적인 용어로서 작가를 둘러싼 쓰기 맥락을 규정하는 용어이다. 독자는 쓰기 환경, 쓰기 과제, 쓰기 목적, 쓰기 방법과 연결되어 있는 매우 추상적인 용어이다. 따라서 우리가 글쓰기 교재에서 흔히 사용하는 '독자를 고려하라'란 말은 매우 스펙트럼이 넓은 말로서 구체적인 '갑'이나 '을'로부터 맥락이나 환경, 담화공동체까지 모두를 포괄하고 있다. 독자 교육을 실시하기 위해서는 이렇게 복잡한 요소들을 잘 따져보아야 하는데 실제로는 그렇지 못했다. 특히 독자 교육 방법에 관한 연구가 필요한데, 그 동안 독자 분석에만 집중해 왔다. 독자 분석이 필요한 대상이 있고, 그렇지 않은 대상도 있는데 이를 고려하지 않았다.

이 논문에서는 그 동안 전개된 독자 연구에 관한 여러 이론들을 살펴보고, 독자를 대상으로 볼 것이 아니라 기능으로 볼 것을 주장했다. 그 이유는 독자(audience) 개념이 실제 독자(reader)와 차이가 있으며, 또 개인으로부터 사회구성체까지 아주 복잡하게 얽혀 있기 때문에 이를 이론적으로 규정할 방법이 없기 때문이다. 독자는 창작 과정에서 다양한 기능을 하는데 맥락의 관점에서 그 기능을 탐구하는 것이 더 효과적이란 점을 감안했다. 교육에 있어서도 건의서, 청원서와 같이 특별한 경우가 아니라면 구체적인 독자 교육을 할 필요는 없으며, 오히려 맥락 교육으로 이를 대체하는 것이 교육적 효과가 더 높을 것이다. 물론 이는 대학 글쓰기 교육이나 성인 글쓰기 교육에 해당하며, 초등 글쓰기 교육에서는 또 다르게 연구를 해 보아야 한다.

또 하나 중요하게 생각해야 할 점은 맥락과 관련된 구체적인 교육 방법이 연구되어야 한다는 점이다. 맥락은 작가 요인과 독자 요인, 사회문화적 요인이 모두 포괄되어 있는 영역이다. 지금까지는 이런 영역들은 모두 개별적으로 독립된 교육 방법을 실시하여 왔다. 글쓰기는 매우 복합적이고, 구체적인 환경을 요구하기 때문에 이런 부분 학습보다 전체 학습이 유용한 경우가 많다. 독자 교육을 맥락 교육으로 바꾸자는 점도 이 점과 관련이 있다. 독자를 기능적으로, 맥락적으로 교육시키는 방법은 앞으로 좀 더 깊은 연구를 필요로 한다. 앞으로 이에 관한 구체적인 교육 방법이 보다 자세히 연구되기를 기대한다.

작문에서 문법의 기능과 역할

1. 서론

얼마 전부터 문법 교육에 관한 여러 논의들이 있었다. 문법 교육이 실제 언어 기능 향상에 도움이 되지 못한다는 의견이 제시되었고, 문법 교육의 내용이 학생들에게 적합하지 않다는 의견도 있었다. 이충우 (2004)는 고등학교에서 〈문법〉교과를 택한 학교가 매우 적다고 지적하며, 이는 학생들이 문법을 다른 과목에 비해 중요하지 않다고 여기거나, 심화 과목으로 배울 만큼 그 내용이 깊지 않다고 여기기 때문이라고 보았다.[1] 주세형(2005가)도 〈문법〉에서 배운 지식을 학습자가 실제 언어생활에서 사용하기 어려웠다고 지적하고, 이를 혁신하기 위한 노력을 했지만 그 결과가 미비했다고 말했다.[2] 이렇듯 학교 현장에서 문

---

1) 이충우(2004), 「국어 문법 교육의 개선 방향」, 『이중언어학』 26, 이중언어학회, 271~272쪽.
2) 주세형(2005가), 「문법 교육 내용의 설계를 위한 기능 중심성 원리에 대한 연구」, 『한국어 학』 26, 한국어학회, 328쪽.

법 교육이 위축됨과 동시에 문법 교육의 내용과 효과에 대한 반성이 다양하게 일어났다.

문법 교육에 대한 여러 논의 중 가장 대표적인 것은 '통합교육론'일 것이다. 통합교육론은 문법 지식이 자체적으로 교수 학습의 가치가 있다고 본 독자론의 입장에 반대하고, 문법 지식이 국어 사용 능력의 향상에 기여할 수 있는 한에서 가치가 있다고 본 입장이다.3) 다시 말해 문법을 국어 지식 과목으로 독자적으로 가르칠 것이 아니라, 국어 사용 능력의 신장에 도움이 되는 선에서 가르치자는 입장이다. 이충우는 문법 교육의 필요성에 따라 문법의 역할이 달라진다고 보고, 중등 교육에서 문법 교육의 독자성을 강하게 주장하기보다 언어 사용 기능에 도움이 되는 선에서 문법 교육을 실시해야 한다고 주장한 바 있다. 그렇게 해야 문법 교육의 필요성도 늘어날 수 있을 뿐만 아니라 학습의 효과도 증대할 수 있다고 본 것이다(이충우, 2004: 273). 이런 입장은 문법 교육이 실제 언어능력 향상에 별 도움이 되지 않는다는 '문법 교육 무용론'에 대응하기 위해 나온 현실적 대안이었다고 말할 수 있다.

그런데 이와 같은 통합교육론에서 관심이 가는 것은 문법을 단순히 국어 지식으로만 보지 않고, 언어활동의 기능 요소로 본다는 점이다. 문법을 기능으로 보면, 문법이 체계나 규칙 이론의 성격을 벗어나 언어 생산 활동에 참여할 가능성이 생긴다. 문법이 담화 산출의 주요 기능으로 자리잡게 되는 것이다. 통합교육론에 대한 이론적 논의가 주로 작문 교육이나 문장교육을 대상으로 한 것도 이와 관련이 있다. 통합교육론에서는 문법을 문장을 생성하고, 텍스트를 산출하는 주요 기능으로 판단하고 있기 때문이다.

---

3) 문법 교육에 관한 통합적 입장, 독자적 입장은 아래 논문 참고할 것.
주세형(2007나), 「쓰기 능력 향상을 위한 문법 교육 방안」, 『청람어문교육』 36, 청람어문교육학회, 204쪽; 신명선(2006), 「통합적 문법 교육에 관한 담론 분석」, 『한국어학』 31, 한국어학회, 247~248쪽.

그러나 문법을 생산이나 기능 위주로 보기 위해서는 몇 가지 인지적인 문제들을 해결해야만 한다. 모국어 화자나 필자가 언어를 사용할 때 문법(언어 규칙과 체계)을 과연 기능으로 인식하고 있느냐의 문제이다. 모국어의 경우 의사소통의 도구로서 언어는 개념과 의미를 생산하고 전달한다. 특별히 예외적인 경우가 아니라면 규칙이나 체계를 기능이나 도구로 인식하지는 않을 것이다. 아울러 통합교육론에서는 문법의 언어 생산 기능을 중시한다고 강조하는데 실상 이 기능의 과정이 구체적으로 어떠한지 분명하지가 않다(신명선, 2006: 251). 우리가 문법을 실제 언어활동의 생산 도구로 삼으려면 그것이 기능하는 실제적인 역할을 규명해야 하고, 그래야만 기존의 문법 교육을 비판하고 새롭게 교육 방법을 설정할 수가 있을 것이다. 그러나 이에 대한 논의는 여전히 미흡하다.

그 동안 몇몇 학자들이 통합교육론에서 문법의 기능적 역할에 관해, 특히 작문 교육과 관련하여 나름대로 논의를 피력한 바 있다. 주세형의 '기능 중심적 입장'이나 '의미를 구성하는 문법 지식', 황재웅의 'TTT (task-teach-task)'교육 방식 등이 그러한 것이다. 이들 논의들은 지식 중심의 문법 교육 방법을 비판하고, 기능적 관점의 문법 교육 방법으로 전환되어야 한다는 견해를 주로 문장교육(작문 교육)과 관련하여 설명하고 있다. 이와 반대로 본 논문은 문법 교육 방법이 언어 발달이나 목적에 따라 다양할 수 있음에도 불구하고, 통합교육론에서는 기능만을 강조하게 되어 자칫 〈투입-산출〉의 모형으로 잘못 이해될 수 있다는 관점을 취한다. 또 기능 중심성의 입장이 실제 문장 작성의 산출 과정과 맞지 않으며, 학생들의 언어 능력(쓰기 능력)도 향상시킬 수 없다는 생각을 가지고 있다. 무엇보다 글쓰기의 인지적 과정에 대한 깊은 통찰이 전제되어야 하는데 기능적 관점은 그 점에 대한 천착이 없었다는 것이 필자의 생각이다.

본 논문은 기능적 입장에서 주장한 논문들의 견해를 비판적으로 검토하고, 그런 다음 작문에서 문법의 기능을 인지적 관점에서 살펴본다. 이를 통해 기능적 입장과 다른 관점에서 작문 교육에서 문법 교육이 중요하다는 사실도 주장하고자 한다. 인지적 관점을 주장한 논문들은 대체로 구어 문법보다 문어 문법, 즉 작문 교육과 연관을 맺고 있다. 본 논문은 텍스트 산출의 과정에서 문법의 기능과 역할에 대해, 또 작문 교육에서 문법 교육이 어떤 기능을 해야 하는지에 대한 통찰을 제공해줄 수 있을 것이다.

2. 작문 과정과 기능적 문법 교육

이 장에서 주요하게 다룰 것은 기능 중심의 문법 교육의 내용과 그에 대한 원리 및 문제점이다. 이에 대한 검토가 필요한 이유는 작문 교육에 합당한 문법 교육 방법을 찾기 위해 종합적인 인지적 검토가 필요하기 때문이다. 작문 교육에서 문법 교육이 문제가 된 것은 교육의 효용성과 연관이 있다. 여러 실험 연구 결과 형식적인 문법 교육이 작문 능력 향상에 큰 도움이 되지 않았다는 결과가 많았기 때문이다.[4] 문법

---

4) 문법 교육이 학생들의 글쓰기 실력 향상에 효과가 있느냐에 관한 검증은 그 동안 여러 실험을 통해 이루어졌다. 국내에는 흔하지 않지만 외국의 경우 많은 실험이 있었다. 실험의 결과는 노구치(Noguchi, 1992)의 언급대로 효과가 없다는 쪽이 효과가 있다는 쪽보다 수적으로 우세한 것으로 보인다. 예컨대 힐로크(Hillocks, 1986)는 글쓰기와 문법에 관한 메타 연구를 통해 전통적인 학교 문법은 학생들의 글쓰기 질을 향상시키는 데 아무런 효과가 없었고, 문법의 기계적인 지도는 학생들의 쓰기에 오히려 해로운 영향을 준다고 발표했다. 제니스 뉴렙(Janice Neuleib, 1977)도 다섯 편의 실험 연구를 리뷰하면서 형식 문법의 지도가 학생들의 쓰기 능력을 개선시키거나 오류를 개선하는 데 아무런 영향을 주지 못한 것으로 보인다고 결론을 내렸다. 이 외에도 수많은 연구들이 비슷한 결론을 내린 바 있다. 그렇지만 이와 달리 긍정적인 연구 결과도 상당수 있었다. 마르타 콘(Martha Kolln, 1981)의 연구, 이재성·이윤빈(2010), 유혜령·김성숙(2011)의 연구에서 긍정적 결과를 얻었다. 어쨌든 여러 연구를 통해 알 수 있는 것은 형식적인(기계적인) 문법 지도가 쓰기(읽기도 포함) 능력 향상에 도움이 되는 경우가 생각보다 많지 않았다는 사실이다. 이런 실험 결과가 소개되는 논문으로는 Noguchi(1992), Hartwell(1985), 주세형(2005가),

교육에서 통합교육론이나 기능 중심주의의 등장이 이와 같은 연구 결과들과 관련이 있다. 그렇기 때문에 이 장에서는 작문 과정과 관련하여 기능 중심적인 문법 교육의 실질적인 내용을 살펴보되 그것이 문장 생성이나 텍스트 생산에 실질적인 효용이 있을지를 검토해 볼 것이다. 만일 그렇지 않다면 언어 생산이나 텍스트 생산의 무엇 때문에 그러한지 따져보아 다음 장에서 실질적인 논의를 전개하기 위한 전제로 삼을 것이다.

주지하다시피 통합교육론은 기존의 형식적 문법 교육을 비판하고, 국어 사용 능력을 신장시키는 데 문법이 도움이 되어야 한다는 입장이다. 그 동안 문법 교육이 학생들의 국어 사용 능력 향상에 실질적 도움이 되지 못했다고 생각하여 기존의 문법 교육의 관점을 실용적, 기능적 관점으로 바꾸고자 했다. 학생들은 문법을 언어의 규칙과 체계를 익히는 데만 사용할 것이 아니라 실제 언어생활에서 문장을 만들어 내고 텍스트를 생산해내는 데 사용하고자 한 것이다. 신명선은 통합교육론의 이런 관점을 '기능 중심적'인 것이라고 규정한 바 있다(신명선, 2006: 248~250). 다시 말해 "말하거나 듣거나 쓰려는 순간 문법 지식을 '써먹을 수' 있어야 한다"고 본 것이다(신명선, 2006: 250). 통합교육론에서는 이를 '의사 소통 능력', '국어 사용 능력'을 향상시키는 데 실질적으로 참여하는 것이라고 말하고 있다.

결론적으로 모어 화자를 대상으로 하는 문법 교육에서 학습자에게 의미 있는 교육 내용이란 실제 언어생활에 직접적으로 활용할 수 있는 지식을 말한다고 할 수 있다. '규칙' 내지는 '명제'의 형태로 제공되었던 그동안의 문법 교육 내용은 학습자가 이를 '안다'고 해서 실제 언어생활에서 '사용'하기 힘들었다. 학습자가 지식을 곧바로 실제 언어 행위 과정에서 활용하기 어려웠

정병철(2011) 등이 있다.

다는 것은 곧 그들에게 의미 있는 교육 내용이 되기 어려웠다는 것으로 풀이된다. 따라서 학습자에게 의미 있는 문법 교육 내용은 학습자 스스로 실제 언어생활에 직접적으로 전이할 수 있도록 설계되어야 한다. '안다(know)' 아닌 '할 수 있다(can do)'의 기준에서 교육 내용을 탐색해야 지식의 수행성이 강화된다. (주세형, 2005가: 331)

인용문에서 보듯 통합교육론의 문법 교육은 문법을 통해 언어를 생산하는 '수행－기능'의 관점을 중심으로 한다. 그렇다면 이제 중요한 점은 문법이 언어 생산에 어떤 기능을 하는지, 또 거기에 어떤 원리가 있는지, '문법과 국어 사용 기능과의 관련성'이 어떠한지를 밝히는 것이다. 그런데 신명선이 지적한 대로 통합교육론에서는 국어사용 능력과 문법 능력이 구체적으로 어떻게 관련되는지에 대해서는 자세한 논의가 없다(신명선, 2006: 251). 문법이 언어 생산에 기능적으로 참여한다면 문법이 어떤 국면에, 어떤 원리로, 어떤 작용을 하는지가 밝혀져 이를 교육 방법으로 전환하여야 하는데 이에 대한 논의가 부족하거나 없는 것이다.

국어 생산에서 문법의 기능적인 역할에 대해 그나마 실질적인 내용을 제시한 것은 주세형의 '의미를 구성하는 문법 지식'[5]이다. 여기서 '의미를 구성하는 문법 지식'이란 문법 교육이 언어의 규칙성, 정확성만 다룰 것이 아니라 직접 의미를 구성하는 데 참여해야 한다는 입장을 뜻한다. 다시 말해 "어휘적 의미뿐만 아니라 문법적 의미도 담화 의미를 구성한다는 사실을 인지"하고 "문법을 다루는 것 자체가 의미를 구성하는 것"이 되도록 하자는 것이다. 문법 교육학의 입장에서 보면 이런 주장은 매우 새로운 것으로, 기존의 교육 체계나 교육 방향과는 다른 의미를 내포하고 있다. 이렇게 되면 교육의 내용은 형식적인 문법

---

5) 주세형(2005다), 「통합적 문법 교육 내용 설계」, 『이중언어학』 27, 이중언어학회, 206쪽.

지식과 규범적인 체계가 아니라 발화자의 문법 활용과 용례 사용이 되어야 한다.

주세형은 의미 구성력에 초점을 통합적 문법 교육을 설명하면서 주로 활용 중심의 규칙을 언급했다. 이런 언급 중 핵심적인 것은 의미를 명확히 하는데 문법 지식을 전략화하여 사용할 수 있도록 교육 내용을 재구성하자는 것이다. 이렇게 하자면 문법 교육 내용을 기존처럼 '범주별', '부문별'로 제공할 수는 없다. 의미 생성을 중심으로 문법 교육 내용을 제공해야 하기 때문에 형태소나 어미의 역할을 재해석해서 제공해야 한다. 예컨대 피동 표현이나 사동 표현이 이러한 예에 해당될 수가 있을 것이다(주세형, 2005가: 221). 그렇지만 이런 의도와는 달리 이런 내용에는 핵심적인 부분에서 이해가 되지 않는 측면이 있다. '의미를 구성하는 문법'의 주된 이론적 근거는 일상 언어에서 의미의 차이가 문법적인 차이에서 비롯된다고 보는 것이다. 어떤 사태를 해석하는 차이를 보면 문법적인 차이가 보일 수 있다. 서술어에서 어떤 양태 표현을 쓰느냐에 따라 화자의 인식이 다르다는 것을 알 수 있기 때문이다.

그런데 모어 화자의 표현에서 볼 수 있는 문법적인 차이와 이를 실제 모어 화자가 발화하는 것 사이에는 매우 다른 의미가 있다. 모어 화자의 경우 실제 언어생활에서 문법적인 이유 때문에 의미의 차이가 발생하더라도 그가 발화 과정에서 이를 구별하고 인식하는 것은 아니다. 대부분의 모어 화자들은 발화 상황의 환경과 맥락에 의해 의미를 생산하지 문법을 의식하여 발화하지 않는다. '의미를 구성하는 문법 지식'에서는 숙련된 성인 모어 화자가 "문법 지식을 전략화하여 사용하는" (주세형, 2005가: 212) 방식에 초점을 두기 때문에 이를 학습 모형으로 만들기가 어려운 것이다. 그런 문법에 관한 전략은 우리의 과학적 방법으로는 아직 밝혀내지 못하고 있다.

반면에 '의미를 구성하는 문법 지식'과 관련하여 우리가 주목해서 보아야 할 부분은 작문과 관련된 측면이다. '의미를 구성하는 문법 지식'

에서는 문장을 주요한 도구적 단위로 보고 있으며, 다루는 내용도 문장과 텍스트에 관한 것이 많기 때문이다. '의미를 구성하는 문법 지식'에서는 문장을 학습자가 텍스트를 생산해낼 때 문법 지식을 언어 전략으로 활용할 수 있는 실질적인 도구로 규정한다.6) 즉 문장을 구조주의 문법처럼 독립된 단위로 취급하지 않고 절의 단위, 명제 단위로 규정하여 단락, 텍스트와 연계시켜 의미 흐름 단위로 사용하고자 한다.7) 문장이 문법과 결합하여 '정보구조'처럼 사용되는 것이다. 만약 문장을 정보구조처럼 사용하면 필자의 표현 의도에 따라 내용을 의미 단위로 구조화할 수 있게 된다. 그래서 작문 교육의 경우 하나의 정보구조가 글 전체에 대해 가지는 기능적 관계를 파악해낼 수가 있게 되는 것이다. 이런 경우 미숙한 필자가 문장을 사용할 때 텍스트의 의미, 맥락과 관련시키는 데 도움을 줄 수가 있다.

그동안 문법 교육에서 가르쳐 왔던 문장 개념은 학습자로 하여금 형식적인 요건에 의거하여 문장을 인식하도록 할 우려가 있고 문장과 글 전체의 관계를 말해주지 않는다. 즉 그동안의 문장 개념은 의미 생성과 구조화에 어떠한 기준도 되지 못한다는 점에서 작문 과정에서도 적극적으로 활용하지 못하였다. 글쓰기 과정 중 의미를 구성하고 생성하는 단계에서 필요한 것은 하나의 문장을 쓰더라도 담화 전체를 고려하는 글쓰기를 할 수 있도록 도와주는 문장 개념이다. (주세형, 2005나: 495)

그런데 실제 절이든, 정보구조이든 작문 교육에 적용하기 위해서는

---

6) 주세형(2005나), 「쓰기 교육을 위한 대안적 문장 개념」, 『어문연구』 33(4), 어문연구학회, 495쪽; 주세형(2008), 「쓰기 교육과 문법」, 『문식성 교육연구』, 한국문화사, 762쪽.

7) 주세형(2007다), 「텍스트 속 문장 쓰기와 문법」, 『한국초등국어교육』 34, 한국초등국어교육학회, 431쪽; 주세형(2005나), 「쓰기 교육을 위한 대안적 문장 개념」, 『어문연구』 33(4), 어문연구학회, 488~492쪽.

의미 생성에 관여하는 인지적 원리를 밝혀야 하고, 이를 위해 실제적인 방법을 제시해야 하지만 그런 논의가 없는 점은 여전히 문제가 된다. 초급 필자가 아니라면 짧은 명제를 연속적으로 이어서 글 전체를 만들지는 않을 것이다. 또 문장을 정보 단위로 사용한다는 점은 이해가 가지만 그런 정보 단위에서 문법이 어떤 기능을 하는지, 이것이 어떻게 글 전체와 관련하는지에 대한 구체적인 인지 원리를 알 수가 없다. 작문 교육에서 문장이 텍스트와 관련 맺는 기능에 대해서 무관심했던 점을 고려해 보면, 의미 중심의 문법 교육에서 문장과 텍스트의 관계에 주목하고자 한 것은 나름대로 의미가 있었다고 판단된다. 그렇지만 구체적인 방법은 여전히 알 수 없으며, 인지적인 고려도 부족해 보인다. 어떤 측면에서 보면 문장 작성에서 통사적으로 주어, 목적어, 부사어 등이 의미 선택의 결정권을 지고 있다고 볼 수가 있겠지만, 실제 언어 발화나 텍스트 생성 과정에서 실제로 그 기능을 인지하기가 어렵다.

문법을 통해 생산된 많은 이론들은 언어(구어와 문어)의 원리를 규명하고 이해하기 위해서 만들어진 것으로써, 실제 발화 과정이나 문장 생성 과정에 구체적으로 적용할 수 없는 것들이다. 모국어에서 수사적 선택을 할 때 실제 문법이 작용할 가능성은 매우 적다. 실질적으로 발화 과정이나 문장 생산 과정의 인지적 원리를 염두에 두지 않았기 때문에 문법을 지나치게 확장하여 텍스트의 수사적 속성들과 연관시키고 있다. 텍스트의 수사적 속성들은 형태소, 문장과 같은 문법보다 필자와 독자의 관계망 속에서 형성될 가능성이 훨씬 많다.

이처럼 문법을 지나치게 생산적, 기능적으로 볼 때는 여러 가지 문제가 생길 수 있다. 이와 관련하여 몇 가지 문제를 검토하면 다음과 같다. 먼저, 언어교육의 경우 언어나 텍스트 생산에서 〈투입 → 산출〉 모형이 직접, 또 명료하게 나타나지 않는다. 언어(텍스트) 생산 과정은 매우 복합적이어서, 단일한 요소(문법)가 모든 것을 결정할 수가 없다. 게다가 문법 지식을 활용하여 의미 생산에 전략적으로 사용한다는 것은 모어 화자의 경우 거의 불가능한 방식이다. 모어 화자가 의미나 개념을 소리나 문장으로 전환시킬 때 어휘 지식과 문법 지식을 사용하겠지만, 이를 구체적으로 인지하는 것은 아니다. 아직 많은 것이 밝혀져 있는 것은 아니지만 국어 지식, 문법 지식이란 영역과 연동하여 기능하는 장기기억의 활동 중 하나이다. 그렇기 때문에 어휘·문법 지식은 보다 근원적이며, 습득 기간과 효과도 더디게, 또 장기간 나타나는 것이다. 문법을 학습한다고 해서 금방 말을 잘하게 되거나 글을 잘 쓰게 되는 것은 아니다.

다음으로, 언어 생산에는 매우 복합적인 요소가 관여하기 때문에 문법(언어의 규칙성, 체계성)과 같은 단일 요소로는 모든 사항을 설명하기가 어렵다는 점이 있다. 통상 인간은 외부나 내부의 세계를 지각하고, 이를 개념화하여 언어적 형태로 의사를 표현한다. 이 과정에서 발화 주체의 심리, 사고만 아니라 발화 환경과 발화 맥락이 갖는 다양한 요소(언어 형식, 언어 환경, 언어 수신자)들이 복합적으로 관여하게 된다. 그렇기 때문에 현재까지 언어 생산을 다루는 연구들에서 이를 종합하여 그 과정을 완전히 밝힌 경우는 거의 없다. 학자들은 언어 생산에서 가장 중요하다고 생각하는 관점으로 각자 그 과정을 조심스럽게 추정해 왔다. Talmy는 언어의 개념적 구조화에, Lakoff와 Johnson은 은유와 환유에, Fauconnier와 Turner는 혼성적인 정신공간에,[8] Chafe는 의식에,[9] Clark은 언어의 협동적인 과정[10]에 초점을 두고 언어의 생산 과정을 살피고 있다.

이런 점은 작문과 관련하여 텍스트 생산 과정에 한정해서 보더라도 분명하다. Grave와 Kaplan은 문장과 문장을 연결하여 텍스트를 만드는

---

[8] 비비안 에반스·멜라니 그린, 임지룡·김동환 옮김(2008), 『인지언어학 기초』, 한국문화사, 163~165쪽.
[9] 웰레스 체이프, 김병원·성기철 옮김(2006), 『담화와 의식과 시간: 언어의식론』, 한국문화사.
[10] 허버트 클라크, 김지홍 옮김(2009), 『언어사용 밑바닥에 깔린 원리』, 경진출판.

과정에 투입되는 최소한의 요소를 7개로 설명한 바 있다. 통사, 의미, 어휘, 결속성, 의미연결, 기능 차원, 비언어적 자원이 그것인데, 비언어적 자원에 속하는 하위 요소들만 꼽아도 8가지(지시표현, 세계 배경지식, 기억, 감정, 지각, 의도, 논리적 배열, 상황)가 된다. 텍스트 산출에 작용하는 요소만으로도 이렇게 많고 복잡한 것이다. 게다가 이런 요소들은 서로 상호작용을 하기 때문에 전체는 부분의 합보다 크고 복잡할 수가 있다.[11] 이런 점에서 보자면 언어 생산에서 문법 학습이 끼치는 영향을 직접적으로 규명해내기란 매우 어려운 일이라고 말할 수 있다.

마지막으로 앞의 인지적인 문제와 관련되어 있지만, 문법이 언어 생산에 어떻게 기능하느냐를 명확히 규명할 수 없기 때문에 그에 대한 적절한 교수 방법을 찾기 어렵다는 점도 문제가 된다. 사실 문법(언어의 규칙성, 체계성)은 언어 생산 과정보다 언어 사용 결과에 적용되는 경우가 많다. 인지적으로 보아 언어 생산의 복합적 과정에 문법이 작용하는 기능을 명확히 밝히기란 현재로서는 어려워 보인다. 그렇기 때문에 문법을 통해 언어 생산에 관여하는 교육적 방법을 찾는 것은 매우 어렵다. 실제 학자들이 제시한 기능적인 문법 교육 방법들도 기존의 교육 방법과 획기적인 차이가 있는 것은 아니었다. 주세형은 표현 문제에서 사태를 먼저 제시하고 문법 지식을 활용할 문제를 제시했는데(주세형, 2005다: 220~224), 기존의 문법 교과서에서 사용하던 학습 방법과 크게 다른 것 같지 않았다. 황재웅은 과제를 중시하는 TTT(task-teach-task)교육을 제안하면서, 교육방법으로 〈필수 성분으로 된 단일문 쓰기 → 확장된 단일문 쓰기 → 접속문 쓰기〉를 제시하고 있지만[12] 문장 교육을 기능적으로 바꾼 것으로 판단되지는 않는다.

---

11) 윌리엄 그레이브·로버트 카플란, 허선익 옮김(2008), 『쓰기 이론과 실천 사례』, 박이정, 118쪽.

12) 황재웅(2007), 「쓰기 능력 향상을 위한 문법 교육 방안 연구」, 『청람어문교육』 36, 청람어문교육학회, 349~358쪽.

교육 방법은 아니지만 '기능 중심성'의 근본 원리와 이에 따른 교수 항목을 제안한 것도 있었다. 주세형은 Halliday의 이론을 빌어 '사용역에 따른 대기능의 배분' 방식을 제기하고 이에 따른 문법 교육 항목들을 제시했다. 예를 들면 Halliday는 인간의 언어 사용이나 언어 발달이 유형화된 언어 형식을 통해서가 아니라 기능 체계를 통해서 이루어진다고 보았다. 그에 따르면 성인이 되면 세 가지 대기능(macrofunction) 체계를 가지게 된다고 보았는데 그것은 관념적 기능, 상호작용적 기능, 텍스트적 기능이다. 성인들은 언어를 이런 기능 체계에 맞추어 생산하게 된다는 것이다. 주세형은 기능적 문법 교육의 학습 요소를 이 기능들에 맞추는 것이 타당하다고 판단했다. 기존 문법 교육의 '규범', '규칙', '명제'와 구분하여 언어 생산 맥락의 목표 기능을 학습에 도입하고자 한 것이다.[13]

그러나 대기능 자체가 너무 큰 기능 분류이며, 이를 활용한다고 해서 언어나 텍스트 생산에 직접적 도움이 되는 것은 아니라고 판단된다. 예를 들어 대기능에서 상호작용적 기능은 수사적 기능을 말하는 것인데, 수사적 기능에 따른 문법적 요소들을 학습한다고 해서 모든 수사적 상황에 이를 적용하기는 어려울 것이다. 대기능에 따른 세 가지 분류가 너무 크고, 포괄적이기 때문에 실제 구체적인 언어 사용에 바로 적용하기란 어려워 보인다. 문장쓰기 교육에서 대기능의 하위 분류로서 학습해야 할 문법 내용을 항목화하여 설명하지만,[14] 세부적인 내용들이 구체화되지 않아 학습 방법으로 사용할 수 있을지 알 수가 없다. 지금으로서는 문법을 기능으로 전환하여 담화 교육, 작문 교육에 적용하고자 할 때 발화 과정에서 문법이 어떻게 사용되는지를 인지적으로 연구하

---

13) 주세형(2005가), 「문법 교육 내용의 설계를 위한 기능 중심성 원리에 대한 연구」, 『한국어학』 26, 한국어학회, 339~357쪽.

14) 주세형(2007다), 「텍스트 속 문장 쓰기와 문법」, 『한국초등국어교육』 34, 한국초등국어교육학회, 430쪽; 주세형(2010), 「작문의 언어학(1)」, 『작문연구』 10, 한국작문학회, 125쪽.

는 것이 더 필요할 것으로 생각된다. 문법 교육을 살리기 위해 문법의 인지적 기능을 밝혀야 하며, 이에 대한 연구는 더욱 활성화될 필요가 있다. 만약 문법이 발화 과정이나 창작 과정에서 어떤 역할을 하는지가 규명된다면 담화나 작문 교육에서 문법 교육의 역할은 보다 구체화될 수 있을 것이다.

3. 작문에서 문법의 인지적 기능

이 장에서는 작문 교육에서 기능적 입장을 탐색해 보기 위해 무엇보다 실제 텍스트 생산 과정에서 언어 규칙이 갖는 기능적인 측면을 살펴보도록 한다. 작문 교육에서 문법의 역할을 규명하기 위해 무엇보다 글을 작성하는 생산 과정에서 문법이 담당하는 역할을 인지적으로 확인할 필요가 있다. 작문에 알맞은 문법 교육 방법은 인지 과정의 실제적인 원리로부터 나올 수 있다. 우리가 알다시피 모국어 화자의 경우 대화를 하면서 문법을 크게 의식하지 않는다. 사실 문법이 구어체 담화 생산에 직접, 그리고 즉시 영향을 끼친다고 말하기는 어려울 것이다. 반면에 작문 과정에서 문법의 기능은 이와 다를 수 있다. 글을 쓸 때 필자의 성숙도에 따라 문법이 생산 과정에 작용할 가능성이 충분히 있기 때문이다. 이제 막 문식성 교육을 시작한 어린 학생이라면 글을 쓸 때 문법 규칙을 떠올려야 한다. 또 성인 필자 중에서도 미숙한 필자라면 글을 쓰면서 어법에 맞는 문장을 쓰기 위해 노력해야 한다. 그렇지만 모국어 필자라면 고등 교육과정으로 올라갈수록 문법이 작문의 의미 생산에 직접 개입할 가능성이 적어진다는 점도 분명하다. 유능한 필자라면 문장의 규범보다 주제 설정과 내용 생성에 더 많은 신경을 쓸 것이기 때문이다.

글을 쓰는 과정은 언어 생산 활동에 속한다. 그렇기 때문에 구어적인 담화 생산과 마찬가지로 문어 생산도 매우 복잡한 과정을 수반한다. 우선 구어 활동을 보면 내용 지식과 언어 지식, 뇌의 기능과 활성화, 대화 환경, 대화 상대방의 지식과 상태, 조음 기관의 활동, 화자의 의지, 정서, 비언어적인 도움 등 복잡한 과정이 수반된다. 이들은 상호 영향 관계에 있기 때문에 언어 생산에 단일한 기능이 특정한 역할을 한다고 말하기는 어려울 것이다. 인지언어학자들이 언어 생산 과정에 대해 통일된 관점을 가지지 못하는 것도 이런 복잡한 상호 활동성 때문이라고 할 수 있다.

구어 담화와 달리 문어 생산은 이보다 더 복잡하다. 특히 한 문장의 생산을 넘어 텍스트를 생산하는 과정은 매우 복합적인 과정이라 말할 수 있다. 텍스트 생산은 하나의 의미 단위를 넘어 문장과 문장을 의미적으로 연결시켜 통합된 메시지를 생산해야 한다. 그렇기 때문에 여기에 동원되는 인지 요소들은 구어보다 복잡하고 다양하다. 모두가 알다시피 텍스트는 어휘와 통사, 문장으로 구성된다. 인지 요소들은 이를 의미로 기능하게 만든다. Grabe와 Kaplan은 텍스트를 구성하기 위해 어휘적인 형식과 통사구조의 결속 관계, 의미론적 의미의 구성, 의미 연결의 구조와 해석, 문체와 관련된 여러 요소들, 비언어적인 지식 기반들과 같은 다양한 요소가 필요하다고 말했다. 그리고 궁극적으로 텍스트는 이런 요소들이 여러 겹으로 이루어진 구조물이라고 주장했다 (그레이브·카플란, 허선익 옮김, 2008: 95). 이를 종합하여 다시 말하면 텍스트 구조물을 형성하고 해석하는 데는 언어로 된 표면적인 것, 의미로 작용하는 내면적인 것, 그리고 필자와 독자, 환경과 세계로 형성된 외적 조건들이 함께 작용하게 된다는 것이다.

텍스트 생산과 관련하여 해결하기 어려운 점은 개별 어휘와 개별 통사 구조가 결합하여 의미를 생산하는 구조를 해명하는 일이다. 텍스트는 문장 하나만으로 이루어지는 것이 아니기 때문에 어휘와 어휘의 결합, 문장과 문장의 결합이 어떻게 전체 의미를 만들어 내는지가 문제가 된다. 사실 문장 속에 있는 어휘와 의미의 관계도 복잡하다. 그렇지만 그보다 문장과 문장을 결합하여 의미를 연결하는 과정은 더 복잡하여 실체를 파악하기가 쉽지 않다. 예를 들어, 필자는 독자에게 문장과 문장의 결속을 통해 어떻게 의미의 연결을 지시하는지, 독자는 어휘와 문장을 연결하여 어떻게 텍스트의 속뜻을 인지해내는지 정확한 인지 과정을 알기란 어려운 일이다. 어떤 학자는 문장 속에 의미가 있어 그것을 단순히 결합하면 된다고 하지만, 텍스트의 속뜻은 다른 경우가 많다. 다른 학자는 화용론적인 조사 분석을 통해 텍스트 원본보다 독자의 해석 체계에 의해서 의미 연결이 완성된다고 주장하기도 한다. Brown과 Yule(1983)은 담화 표상이 문장들의 연쇄 때문에 가능한 것이 아니라 오히려 문장이 어떤 사건을 기술할 것이라고 유추하는 독자의 논리적 해석 때문에 가능하다고 주장했다. 의미 연결이 실상 텍스트의 산물이 아니라 독자의 창조물이라고 본 것이다(그레이브·카플란, 허선익 옮김, 2008: 102~103). 이런 주장은 장르가 우리의 지각을 어떻게 구조화하는가를 살펴보면 어느 정도 받아들일 수가 있다. Dubrow는 '벽난로 위의 시계가 10시 30분을 가리켰다'라는 문장을 독자가 읽었을 때 그 텍스트가 탐정소설임을 알고 있을 때와 그렇지 않을 때의 해석이 완전히 달랐음을 분석한 바 있다.15) 텍스트를 해석하는 상당 부분이 독자의 인식에 의한 몫인 것은 틀림없다.

필자는 독자의 기호, 지식을 유추하고, 해석의 지표가 될 수 있는 문장 표기들을 작성한다. 독자는 언어적 기표와 지시, 암시를 따라 자신만의 의미를 해석하게 된다. 따라서 텍스트의 작성에는 필연적으로 필자와 독자의 인지적 게임이 존재하게 된다. 그리고 그러한 인지 게임에 필자, 독자의 내면적 인지 과정뿐만 아니라 텍스트 내외의 환경, 외부

---

15) Bawarshi, A. and Reiff, M. J. (2010), *Genre: An Introduction to History, Theory, Research and Pedagogy*, Parlor Press, pp. 18~19.

세계의 상황 등이 영향을 미치게 된다. 이와 관련하여 Grabe와 Kaplan은 텍스트 산출의 영향 관계를 복합적 차원에서 제시한 바 있다. 이들은 텍스트의 구성 요소로서 표상 차원(문장 차원)과 텍스트 차원, 필자-독자 차원으로 나누었다(그레이브·카플란, 허선익 옮김, 2008: 119). 표상 차원(문장 차원)은 당연히 어휘-문장과 관련된 단일한 의미 생산 문제를 다룬다. 텍스트 차원은 통사 결속을 다루는 영역으로, 의미 연결의 문제가 관여하는 부분이다. 의미가 일정한 체계를 이루어 텍스트를 구성하게 되는 것도 이 영역에서이다. 마지막으로 필자-독자 차원으로 다양한 외적 요인이 텍스트 형성에 참여한다. 가령, Grabe와 Kaplan은 세계 배경 지식, 기억, 감정, 지각, 의도, 논리적 배열, 수사 유형, 상황 등이 모두 여기에 관여하는 것으로 본다.

그런데 문제는 이런 요소들이 단일한 복합체처럼 사용되는 것이 아니라는 점이다. 이런 요소들은 어떤 것은 작용하고, 어떤 것은 작용하지 않으며, 또 어떤 것은 결합하고, 또 어떤 것은 결합하지 않기 때문에 복합적인 양상들을 다 알 수가 없다. 그래서 어떤 학생은 왜 글을 잘 쓰는지, 어떤 학생은 왜 그렇지 않은지를 쉽게 해명할 수가 없는 것이다. 글쓰기가 이런 복합적 요소로 구성된다는 점을 알면 쓰기 능력과 문법 교육의 직접적인 상관성을 찾기가 왜 어려운가를 이해할 수가 있다.16) 앞에서 말했듯이 쓰기 능력과 문법 교육에 관한 많은 실험 연구들을 보면 긍정적인 결과보다 부정적인 결과가 더 많다.

그렇다면 작문 과정 속에서 문법 지식은 도대체 어떤 기능을 담당할

---

16) 앞서 말한 대로 의미가 언어나 텍스트 속에 오로지 담겨 있는 것은 아니다. 언어 표현의 명제적 내용은 중요하지만 그 내용이 독자에게 어떻게 해석되느냐가 더 중요하다. 그렇기 때문에 의미는 매우 복합적인, 역동적인 상황을 통해 발현되는 것이다. 문법의 기능주의를 강조하는 입장에서 "숙련된 성인 모어 화자는 자신이 표현하고자 하는 의미를 명확히 하기 위해서 어휘에 대한 지식뿐만 아니라 문법지식도 전략화하여 사용한다"(주세형, 2005가)고 말하는 것은 원리적으로 맞지만 기능적으로 오해의 소지가 있다. 마치 문법이 의미와 내용, 전략을 결정하는 것처럼 여겨지기 때문이다.

까? 쓰기 능력 속에 문법 지식의 기능과 역할을 추정해야 문법 교육의 방법을 가름할 수가 있기 때문에 이에 대한 검토는 반드시 필요하다. 물론 이런 과정이 온전히 해명될 수 있는 것은 아닐 것이다. 다만 모두가 동의할 수 있는 몇 가지 가정(assumption)을 검토하면서 논의를 시작해 볼 수는 있다. 우선 사고(개념)와 언어는 매우 복합적으로 엮여 있어 선후 관계나 인과 관계를 따질 필요는 없을 것이다. 언어는 사고의 패턴을 반영한다.17) 그래서 언어를 연구하는 것은 사고(개념)의 패턴을 연구하는 것과 다르지 않다. 생각이나 사고, 개념의 본질은 언어와 관련되어 있을 뿐만 아니라 언어 그 자체이기도 하다. 그래서 우리는 작문을 할 때 개념이나 의미, 주제를 생산해내지 어휘와 문장을 생산해내는 것이 아니다. 다음으로 인식해야 할 것은 모국어 언어 사용자는 문법 지식을 수행적으로 습득하여 자동화한다는 사실이다. Evans & Green(2006)은 이에 대해 "화자의 정신적 문법(언어 지식)의 습득이 언어 사용의 상황적 실례로부터 상징 단위를 추상화함으로써 형성된다"고 지적하고, 이를 문법의 "용법토대적 정립"이라고 지칭했다. 다시 말해 모국어 화자에게 문법 지식은 언어를 사용함으로써 습득하지, 그 반대는 아니라는 것이다. 한국어 모어 화자는 한국어 어순을 학습해야 말을 할 수 있는 것은 아니다. 일본어 모어 화자나 영어 모어 화자 역시 마찬가지이다. 아일랜드어는 어순에 동사가 먼저 나오지만 아일랜드 모어 화자는 학습 없이도 이를 잘 사용한다. Michael McCarthy는 이에 대해 "담화에서는 문법을 도출해낼 수 있다. 그러나 그 반대는 성립할 수 없다"고 말하고 있다.18) 문법을 학습하여 전략화하는 것은 L2화자 학습의 전형적인 경우에나 해당한다.

이와 관련하여 한 가지 지적하고 싶은 것은 작문 활동에서는 언어로

---

17) 비비안 에반스·멜라니 그린, 임지룡·김동환 옮김(2008), 『인지언어학 기초』, 한국문화사, 5쪽.

18) 마이클 머카씨, 김지홍 옮김(2010), 『입말, 그리고 담화 중심의 언어교육』, 경진출판, 163쪽.

구성된 사고와 개념을 도구로 사용하지, 언어나 규범 자체를 도구로 사용하는 것은 아니라는 점이다. 특히 숙련된 모국어 필자의 경우 언어 지식은 자동화되어 특별한 경우가 아니라면 잘 인지되지 않는다. 대체로 필자는 과제 지식, 내용 지식을 사용하여 의미를 생산하는 데 주안점을 둔다. 그렇기 때문에 언어 지식(문법 지식)은 뛰어난 필자일수록 자동화될 가능성이 크며, 오랜 숙련을 통해 '수행적'으로, 축적되어 있을 가능성이 높은 것이다. Evans & Green(2006)이 말하는 대로 유능한 필자들은 "관습적 언어 단위의 구조화된 목록"을 잘 가지고 있을 확률이 높다. 실상 우리가 사고나 의미라고 부르는 것도 어휘−통사가 결합된 상징적 구문체의 집합이며, 사람이나 상황마다 달리 나타날 수 있는 것들이다. 그렇기 때문에 교육적 입장에서 문법을 통해 의미를 생산한다는 말은 가능할 수 있지만, 인지적 입장에서 본다면 꼭 옳은 관점이라고 보기는 어렵다.

아울러 이런 사실도 인식할 필요가 있다. 우리가 문법이라고 부르는 언어 규칙은 사실상 언어 현실에서 추출한 것으로. 절대적 규범이나 절대적 체제하고는 차이가 있다. 문법의 여러 측면에서 학자마다 견해가 다른 것은 언어 규칙에 대한 사례 선택, 인식과 해석에서 차이가 있기 때문이다. 그렇기 때문에 문법적 규범은 설사 학문 문법, 학교 문법도 주관적 선택의 범주를 벗어날 수가 없다. 문법 규칙은 결국 언어 사용을 경험적으로 해석하는 것으로, 이를 생산 기능으로 돌리는 것은 아직 충분한 연구가 되어 있지 않다고 봐야 한다.

4. 작문 과정과 문법 교육의 역할

작문 과정에서 문법이 어떤 역할을 하는지에 대해서는 지금으로서는 명확히 규정할 수 없다. 그러나 앞에서 언급한 대로 모국어 필자의 경우 최소한 문법을 몰라 글을 못 쓰거나, 텍스트를 작성하지 못하지는 않을 것이다. 모국어 필자는 대체로 한국어 문법을 내재화하여 자동화하고 있을 가능성이 많기 때문이다. 만약 한국어 어법이나 규범 때문에 글을 쓰는 데 장애가 된다면, 그런 필자는 신속히 한국어 문법을 다시 숙지해야 한다. 글을 쓰면서 주격조사 사용을 모른다면, 또 호응 관계를 모른다면 규범에 맞지 않는 문장을 고치기 위해 모든 신경을 쏟아야 할 것이다. 그런 경우 좋은 내용을 만드는 것은 불가능해지며 문법 교육을 받을 방법을 찾아야 한다.

작문 행위를 정보처리 이론으로 연구한 학자들이 관심을 가진 것도 바로 이런 인지 용량의 문제였다. 많은 실험을 거쳐 알아 낸 것은 글을 쓰는 데 사용되는 인간의 인지적 능력은 한계가 있다는 것이다. Flower와 Hayes(1980)는 글쓰기 과정을 여러 인지적 요구들과 제약들(demands and constrains)들이 한꺼번에 수반되는, 매우 역동적인 과정이라고 규정한 바 있다. 그래서 이들은 글을 쓰는 필자는 언제나 "인지적 과부하 상태에 있는 사고자(a thinker on full-time cognitive overload)"라고 지칭하고 있다. 글을 쓰는 행위에는 수많은 인지적 과정들이 한꺼번에 요구된다. Flower와 Hayes(1980)가 지적하고 있듯이 글을 쓰는 필자는 "계획을 세우기, 기억으로부터 아이디어를 꺼내기, 추론을 수행하기, 개념을 창조하기, 독자에 대한 이미지를 발전시키기, 그러한 이미지로부터 무엇을 쓸 것인지를 검토하기 등등 매우 다양한 정신적인 작동(a variety of mental operation)"을 수행해야 한다.[19] 그렇기 때문에 미숙한 필자일수록 초보적인 쓰기 과정(예컨대 철자쓰기 등)을 숙달하지 못해 인지적인 혼란을 자초하기도 한다.

인지심리학 관점에서 글쓰기 과정을 연구한 학자들은 인지 과부하를

---

19) Flower, L. S. and Hayes, J. R. (1980), "The dynamics of composing: Making plans and juggling constraints", In Gregg and Steinberg (eds.), *Cognitive processes in writing*, Lawrence Erlbaum, p. 33.

해결하는 방법으로 세 가지를 제시하고 있다. 첫째는 하위 수준의 구성 요소들을 자동화시키는 것이며, 둘째는 기억을 효과적으로 관리하는 것이며, 셋째는 다양한 쓰기 전략을 개발하는 것이다.[20] 여기서 첫째와 둘째는 연습을 통해 다양한 쓰기 요소들을 자동화하는 것과 밀접하게 관련 있다. 우리는 글을 잘 쓰기 위해 글쓰기에 필요한 인지적, 물리적 요소들을 자동화시켜 두어야 한다. 철자법이나 문법, 타이핑 방법까지 모두 자동화하는 것이 쓰기 능력을 발전시키는 데 도움이 된다. 실험을 보면 어휘 능력이 부족한 학생은 어휘를 찾는 데 시간을 소비하지만, 유능한 필자는 그렇지 않았다. 기억을 효과적으로 관리하는 것도 자동화와 관련이 있다. 장기 기억에 들어 있는 정보를 구조화하여 이를 효과적으로 이용할 수 있도록 하고, 문장 생산 능력을 강화시켜 내용이나 아이디어를 생산하는 단기기억(STM)의 용량을 늘려주는 것도 자동화와 관련이 있다. 전문적인 작가들은 어휘, 문장, 구성, 조직 등의 면에서 자동화되어 있는 경우가 많다.

대체로 많은 인지학자들이 인정하고 있듯이, 문법은 우리의 기억 속에 언어 지식으로 저장되어 기능한다. 앞서 말한 대로 모국어 필자에게 한국어 언어 규범은 오랜 언어 사용을 통해 내면화되고 자동화된다. 우리가 한국어 어순을 따로 배우지 않음에도 한국어 대화를 아무런 문제없이 할 수 있는 것도 이런 내면화 덕분이다. 외국인이 아니라면 글을 쓸 때 주로 주제와 내용에 대해 고민하지 어법과 규범에 대해 고민하지는 않는다. 모국어 언어 사용자에게 문법이 자동화된다는 것은 틀린 말은 아닌 것이다. 모국어 언어 사용자는 누구나 한국어 언어 규범이 어느 정도 자동화시켜 언어 생산과 텍스트 생산에 사용한다.

작문 교육에서 문법 교육의 기능과 역할을 매우 섬세하게 규정해야

---

20) Torrance, M. and Galbraith, D. (2006), "The Processing Demands of Writing", In Charles A. MacArthur, Steve Graham, and Jill Fitzgerald (eds.), *Handbook of Writing Research*, New York: The Guilford Press, pp. 74~77.

하는 것도 이와 연관이 있다. 작문 교육에서 문법 교육은 매우 중요하고, 필요하다고 말할 수 있다. 다만 텍스트 생산과 관련하여 단일 요인으로 무엇을 결정할 수 있다는 생각을 버려야 한다. 특히 모국어 필자에게 문법 교육을 통해 단시간에 텍스트 질에 관한 변화를 기대하기는 어렵다. 앞에서 언급했듯이 많은 실험 결과가 그것을 증명한다. 문법이 의미 생산에 기여하겠지만 그밖에 많은 요소들이 결합되어야 가능한 일이다. 문법 교육을 통해 학생들의 텍스트 생산이 금방 나아지지는 않을 것이다. 문법 교육이 언어 생산에 도움이 되어야 한다는 것은 맞는 말이지만, 학습자가 바로 '써먹을 수'(신명선, 2006: 250) 있어야 한다는 뜻은 아닐 것이다. 그런 점에서 문법은 매우 근원적인 것(인지)이고, 근본적인 것(교육)이라고 말할 수 있다.

언어생활과 관련하여 문법 교육은 당연히 필요하고, 반드시 해야 한다. 특히 유아기나 성장기는 언어 규범이 축적되는 시기이므로, 언어 사용 방식에 관한 교육(문법 교육)은 반드시 필요하다. 성장기에 언어 지식(문법)이 자동화되지 않는다면 성인이 되어서 지속적인 곤란을 겪게 될 것이다. 성인의 경우에도 문법 교육이 필요할 수가 있다. 언어 지식이 관습화되어 문어 작성에 다양한 형식으로 발현되는데, 이 속에 오류가 있다면 이에 대한 수정 교육이 필요한 것이다. 언어적 오류 수정은 Hirston이 지적하듯, 표현의 향상뿐만 아니라 내적 성장과 사회적 관계의 향상에도 도움이 된다. Hairston의 실험 연구를 보면 문법적 오류들이 사회적으로 인지 능력을 규정하는 데 상당한 영향을 끼치고 있음을 알 수 있다. 특히 전문직 종사자들은 '통사적인 오류'에 대해 강한 부정적인 반응을 드러냈는데, 이를 보면 문법적 오류가 지적 능력에 관한 '표지 기능'을 담당하고 있음을 알 수 있다.[21] 국내 대학생 문장

---

21) Noguchi, Rei R. (1992), "Grammar and the Teaching of Writing: Limits and Possibilities", *College Composition and Communication*, Vol. 43 No. 2, National Council of Teachers of English, pp. 24~30.

오류에서 가장 흔하게 보이는 것이 통사적 오류임을 감안하면[22] 국내 작문 교육에서 문법 교육이 필요한 것으로 보인다. 중요한 점은 문법 교육을 〈투입-산출〉의 모형으로 보아서는 안 되며 발달상에 따라, 교육 목적에 따라 매우 다른 교육 내용과 교수 방법이 적용되어야 한다는 점이다.

발달상의 관점에서 보면 초등, 중등, 대학·성인의 문법 교육은 상당히 다를 수 있다. 초등의 문법 교육은 학생들이 정확한 우리말 문장을 만들 수 있는 기초 문법을 제공하는 데 중점을 두어야 한다. 우리말의 기본 문형을 익히고, 여기에 맞추어 정확한 문장을 생산해내도록 반복 학습하는 것이 중요하다. 인지언어학자들은 언어에서 발견할 수 있는 체계적 구조가 우리의 개념적 구조를 반영하고 있다고 말한다(에반스·그린, 임지룡·김동환 옮김, 2008: 15). 완전히 동일한 것은 아니지만 우리의 사고 체계가 언어의 체계와 연관을 맺고 있다는 것이다. 아직 언어의 관습적 상징체계에 완전히 익숙하지 않는 미숙한 아동의 경우 문법 교육은 사고 표현에 대한 정확한 전달 방식을 익힐 수 있을 것이다. 또한 언어 체계에 대한 학습은 언어 발달과 함께 사고의 발달까지 촉진시킬 수 있을 것이다. 만약 이에 대한 문법 교육학적 연구가 진전된다면 문법 교육을 통해 언어의 '생산적 기능'을 도울 수 있는 교육이 가능할 수가 있다. 반면에 중등교육으로 올라갈수록 문법이 직접적으로 의미의 생산 기능을 담당하는 것은 불가능해질 가능성이 많다. 우리가 지닌 언어 체계를 내용 요소와 구조화(도식화) 요소로 나눈다면 문법이 작용하는 구조화나 도식화 기능은 성인이 되기 전 관습 체계로 굳어질 가능성이 많기 때문이다. 중등 교육 이상의 학생들은 이미 개념을 통해 의미를 생산한다. 감각을 통해 외부를 인지하거나 추론 기능을 통해

---

22) 정희모·유혜령(2010), 「대학생 글쓰기 텍스트에 나타난 오류 양상」, 『중앙어문』 52, 중앙어문학회, 163~164쪽.

사유한 개념들은 언어적 형식을 통해 한 편의 글로 산출된다. 그래서 문법과 같은 구조화 기능이 사유에 앞선다는 것은 아직 학자들로부터 인정을 못 받고 있다(에반스·그린, 임지룡·김동환 옮김, 2008: 22). 우리는 언어로 표현할 수 없는 많은 개념과 감정을 느끼기도 한다.

대학 및 성인에게 있어 문법 교육은 관습화(도식화)된 규칙 체계를 수정하는 것과 관련이 있다. 어휘적 요소들은 사물, 사람, 사건, 장소와 같은 내용적인 지시 기능을 가지는 데 반해 문법적 요소는 수, 시간, 어순, 정보 종류 등을 기능화해주는 역할을 맡는다(에반스·그린, 임지룡·김동환 옮김, 2008: 20). 문법적 요소는 아무래도 어휘적 요소에 비해 도식적이며 기능적이고, 폐쇄적 성격이 강하다. 모국어의 어순이 굳어지면 고치기 어려운 것도 이런 특성과 연관이 있다. 대체로 이들에게 문법은 텍스트를 작성할 때, 또 완성된 텍스트를 수정할 때 의미 전달에 관한 탐지 기능을 맡게 된다. 모국어 필자가 의미를 정확하게 전달하기 위해 문법에 관한 지식이 있어야 하며, 문법 교육이 그 역할을 담당해야 하는 것이다. 따라서 대학 및 성인에게 문법 교육은 의미 생산의 기능을 맡기보다 의미 정확성을 보완하고 확정하는 기능을 맡게 된다. 또한 기억장치에 잘못 저장된 국어지식(문법 지식)을 보정하는 역할을 담당하게 된다.

그런데 이보다 더 중요한 것은 교육 목적에 따라 적합한 문법 교육 내용을 구성하는 문제이다. 문법 교육은 자국어의 기본 특성과 체계를 익히기 위해 기초 학습으로서의 목표를 가질 수가 있고, 원활한 구어 발화나 문어 작성을 위해 언어 치료나 문장 수정 등과 같이 특정한 목표를 가질 수도 있다. 작문 교육을 위한 문법 교육은 구어 문법, 치료 문법 등과 마찬가지로 특정한 교육 목표를 수행하기 위해 필요한 것이다. 노구치(Noguchi)는 작문을 위한 문법은 쓰기 향상을 위해 효과적이고 유용한 내용 체계를 가져야 하며, 학생들이 작문 과정에서 범하는 오류들을 면밀히 살펴볼 필요가 있다고 지적했다(Noguchi, 1992: 33). 그렇기 때문에 작문을 위한 문법은 학교 문법의 주요 항목과 다를 수가 있다. 다시 말해 작문에 필요한 문법은 쓰기를 위해 필요한 문법 항목을 주된 대상으로 해야 한다. 학생들이 쉽게 범하는 오류를 감안하고 텍스트와 장르적 특성이 어휘, 통사, 문장에 영향을 미치는 것을 모두 감안해야 한다. 그렇게 볼 때 기존 문법과는 좀 더 확장된 범주 영역이 필요할 것이다. 이를테면 텍스트나 장르 요소를 문법에 끌어들여 함께 학습 요소로 삼아야 할 필요가 있는 것이다.

작문 교육을 위한 문법 교육의 최소 범주로는 표기적 요소(맞춤법, 띄어쓰기, 인용법), 통사적 요소(문장 호응, 문장 성분, 수식어, 피동·사동, 조사, 어미 등), 텍스트 요소(지시 표현, 접속 표현, 구어체, 비장르적 요소 등)를 꼽을 수 있다.23) 물론 이런 범주와 요소에 대해서는 실험과 연구를 통해 세세한 내용들이 나와야 한다. 지금까지 이에 대한 연구는 부족했다. 마지막으로 유혜령이 주장하듯이 이런 요소들이 단지 수정(고쳐쓰기)를 위한 문법자료로 활용되지 않기 위해서는 집필하기 이전 단계에 교육되어야 하고, 이에 대한 방법도 강구되어야 할 것이다(유혜령, 2011나: 273~274).

5. 결론

이 글은 작문에서 문법의 역할이 그렇게 단순하지 않다는 전제로부터 시작했다. 초등, 중등이건 대학·성인이건 글을 쓴다는 것은 매우 복잡한 인지 과정을 수반하게 된다. 어떤 한 부분의 요소가 실제 어떻게 작용하여 어떤 결과를 양산하는지에 대해 아직 알려진 바가 없다. 글을

---

23) 작문을 위한 문법 요소와 관련해서는 유혜령(2011나), 「작문 교육에서 문장 쓰기 지도의 방향」, 『문법 교육』 14호 참조.

잘 쓰기 위해 문법이 어떤 기능을 수행할 수 있을까? 문법이 직접 의미 생산을 담당할 수 있을까? 우리 언어생활에서 도대체 문법은 어떤 인지적 기능을 하고 있을까? 많은 문헌을 살펴보면 의외로 이에 대해서는 아직 알려진 바가 없는 것 같아 놀라게 된다. 인간의 사고와 언어 사용에 대해 과학적으로 해명하기에는 아직 부족한 것이 너무 많다. 분명한 것은 인간의 언어 사용은 지식, 사유, 개념, 기호, 상징이 함께 엮여져 복합적으로 기능한 결과라는 것이다. 여기에 어휘적 요소를 구조화하는 문법적 기능이 자리 잡고 있다. 그렇기 때문에 단일 요인으로 모든 것을 설명할 수 없을 뿐만 아니라 단일 요인으로 언어 산출을 해명할 수도 없다.

이 논문에서 주장하는 것은 작문에서 문법의 역할이 '기능 중심성'의 입장에서 생각하듯 바로 생산으로 전환되기는 어렵다는 것이다. 통합 교육론에서 작문에서 학습자가 문법 지식을 전략으로 사용하여 수행성을 높여야 한다고 말하지만(주세형, 2005가: 155) 암기력처럼 실제 그것이 그대로 발현되는 것은 아니다. 자칫 잘못하면 〈투입－산출〉의 기계적인 대입을 설정할 수가 있다. 지식이 수행으로 이어지고, 궁극에는 학습자가 최종적으로 얻게 될 능력으로 전환되어야 한다면,[24] 그것을 어떻게 검증할 수 있을지 알 수가 없다. 이를 위해서 필요한 것은 실제 언어 생산에 언어 규칙이나 체계가 어떻게 기능하는지 보다 심층적인 연구가 더 진척되어야 한다고 생각한다. 만약 언어 규칙이 기능하는 원리를 알아낸다면 '기능 중심적'인 교육 방법도 가능할 수가 있을 것이다.

이 논문에서 마지막으로 말하고자 하는 것은 초보 필자이건 능숙한 필자이건 문법 교육은 필요하다는 점이다. 언어 생산에서 체계나 규칙

---

24) 주세형(2007가), 「문법 교육내용 설계를 위한 기능 중심성 원리에 대한 연구」, 『한국어학』 26, 한국어학회, 329쪽.

(문법)이 작용하는 방식은 초보 필자와 능숙한 필자에게 달리 나타날 것이다. 외국인이 한국어를 배우는 과정과 유능한 한국인 필자의 언어 기능 체계는 다를 수밖에 없다. 따라서 언어 발달에 따라, 또한 언어 목적에 따라 다양한 문법적 기능이 있을 수 있으며, 다양한 교육적 방법도 있을 수 있다. 초등과 중등, 대학과 성인의 경우 언어활동에 문법은 각각 다른 기능을 하며, 교육에도 각각 다른 접근법이 필요하다. 초등 저학년의 경우 문법을 통해 문장을 작성하고 생성하는 수업이 가능할 것이다. 문법이 기능적으로 학생들의 쓰기 능력을 도와 줄 수 있을 것으로 생각된다. 그러나 성인에 올수록 텍스트 작성에서 문법은 개념 생산의 내부 속성으로 작용할 가능성이 많다.

성인인 우리는 문법을 통해 말을 하지 않듯이 문법을 통해 글을 작성하지 않는다. 우리는 어떤 내용으로, 어떤 개념으로 의미를 생산해낸다. 문법은 의미 생산의 핵심 틀로서 기억자원의 깊은 곳에서 작동한다. 특히 모국어 필자에게 문법은 잠재적인 것이지만 근원적인 것으로 작용할 것이다. 그리고 그것은 어떤 식으로든 우리가 쓰는 글을 영향을 미치게 될 것이다. 이런 원리에 대한 연구와 천착이 없으면 정말 효율적인, 생산적인 문법 교육 방법을 찾기가 어려울 것이다.

페렐만의 보편청중 개념과 작문의 독자 이론

: 페렐만(Perelman)과 파크(Park)의 논의를 중심으로

1. 서론

수사학 이론과 작문 이론은 모두 학교 현장의 작문 교육과 일정한
관련을 맺고 있다. 이들 이론은 의사소통능력이나 학술적 담론생산 능
력과 연관되어 있으며, 작문 교육에 이론적 자양분을 제공하고 있다.
반면에 두 이론은 서로 연관되어 있지만 조금은 다른 배경과 원리를
가지고 있다. 수사학 이론은 어떤 주장에 대해 합당한 수단을 찾아 청
중을 설득하는 이론으로, 고대 희랍의 플라톤(Platon), 아리스토텔레스
(Aristoteles)의 이론에서 현재의 툴민(Toulmin), 페렐만(Perelman)의 현대
수사학 이론으로 발전해 왔다. 반면에 작문 이론은 텍스트 작성과 텍스
트 교육에 관계하는 이론으로, 심리학·언어학·교육학 등의 영향을 받
아 지금의 이론으로 발전했다.

작문연구의 입장에서 보면 수사학의 영향은 여전히 크다. 작문 분야
에서는 주제 창안이나 전달, 설득, 표현 등의 교육 영역에서 수사학의

영향이 많이 남아 있다. 미국에서 작문 전공을 'Writing and Rhetoric'이라고 부르는 것도 이런 영향 관계가 있기 때문일 것이다. 이에 반해 작문 이론과 수사학 이론을 같이 연구하고 서로에게 필요한 연구 성과를 얻고자 하는 노력은 적었던 것 같다. 미국에서는 퍼거슨(Furkerson)과 같은 학자가 작문 이론의 입장에서 논증 방법 등을 연구했지만1) 국내에서는 이런 연구가 드물다. 이 논문은 두 분야에 대한 상호 이해와 접근의 필요성을 공감하고, 수사학의 청중 이론과 작문의 독자 이론을 서로 관련시켜 비교를 해 보고자 하는 목적으로 작성되었다. 그 일환으로 이 논문에서는 수사학의 대표적 학자인 페레만의 청중 이론과 이에 대한 작문 연구자들의 반응을 살펴볼 것이다.

이 논문의 주제와 관련하여 한 가지 밝힐 것은 수사학과 작문 이론 모두 청중(혹은 독자)을 매우 중요하게 생각한다는 점이다. 두 이론은 모두 의사소통을 다루기 때문에 청중이나 독자를 대상으로 한다. 수사학적 논증이나 쓰기 표현은 모두 청중을 설득하거나, 청중을 이해시키고자 하는 것을 목표로 삼는다. 그렇기 때문에, 수사학이나 작문 이론에서 모두 청중이나 독자를 중요한 이론적 근거로 사용하게 된다. 청중이나 독자는 상황적 맥락을 형성하고, 내용의 전달 유무를 판단하는 주요 기능을 맡고 있다.

그러나 실제 두 이론의 내부를 들여다보면 독자를 규정하고 다루는 방식에서 많은 차이가 있다. 수사학에서는 독자 이론을 논증의 진실 여부를 판단하는 주요 기능으로 삼고 있는 데 반해, 작문에서는 독자 이론을 텍스트의 목적과 의도, 방향을 지시해주는 과정 요소의 하나로

---

1) 예컨대 리처드 퍼거슨(Richard Fulkerson)의 논문을 보면 다양한 수사학, 논증 방법 등을 작문 교육에서 적용한 사례를 살펴보고 있다. 이 논문에서 퍼거슨(Fulkerson)은 작문 교육에는 연역, 귀납, 오류, 툴민 모형보다는 수사학의 균형 이론(stasis theory)이 더 적합하다고 주장한다. Fulkerson, R. (1988), "Technical Logic, Comp-Logic and Teaching of Writing", *College Composition and Communication*, Vol. 39, pp. 436~452.

여기고 있다. 수사학에서 청중은 주로 주장의 진위 여부나 논증의 합당성 여부를 판단하는 기능을 맡고 있다. 이를테면 수사학에서 청중은 진술 자체가 성립 가능한 것인지, 불가능한 것인지를 판명하는 이론적 판관(判官)의 역할을 맡는다. 그래서 수사학에서 청중 개념은 작문보다 선험적이고 엄격하다.

이 논문에서는 페렐만(Perelman)의 '보편청중' 개념을 중점적으로 살펴보고, 이에 대한 반응으로 작문 연구자인 파크(Park)의 '맥락(context)' 이론을 살펴보도록 한다. 페렐만은 현대 수사학에서 가장 주목받고 있는 학자이다. 페렐만의 이론은 현대 수사학의 모든 분야에 걸쳐 있지만 이 논문에서는 청중의 관점에 초점을 둔다. 페렐만의 이론은 매우 난해하고 어렵기 때문에 청중 개념만을 초점화하는 데 어려움이 많았다. 또 작문 연구자의 시각에서 조명했기 때문에 수사학의 입장에서 다른 관점이 있을 수 있다고 생각한다. 그러나 이런 연구가 활성화되어야 작문 연구의 폭도 넓어질 수 있다고 믿고 있다.

이 논문을 작성하면서 밝혀야 할 것은 용어 사용의 어려움이다. 일반적으로 영어에서 독자나 청중은 모두 audience로 표기한다. 그리고 이를 구어 담화나 문어 담화에 같이 사용한다. 페렐만이나 파크는 모두 audience라는 용어를 사용하지만, 페렐만은 주로 청중의 개념으로 사용했고, 파크는 주로 독자의 개념으로 사용했다. 이를 받아들여 논문 안에서는 페렐만의 경우는 청중으로, 파크의 경우는 독자로 표기했다. 또 청중과 독자를 함께 포괄하여 사용해야 할 경우에는 우리말로 '오디언스'로 표기했다. 이와 함께 하나 밝혀야 할 것은 두 이론가 모두 자신의 이론이 구어 및 문어 담화에 함께 적용된다고 생각했다는 점이다. 페렐만은 청중 이론을 설명하면서 여러 차례 자신의 이론이 문어 담화에도 적용된다고 밝혔다. 파크도 문어 및 구어 담론의 관점에서 페렐만의 이론을 언급하고 있다.

이 논문 2장에서는 페렐만의 논증 이론의 특징과 청중 이론의 등장 배경에 대해 자세하게 다루었다. 작문 연구자의 입장에서 페렐만의 이론이 생소할 것으로 생각했기 때문이다. 3장에서는 페렐만의 보편청중에 대한 파크의 생각을 다루고, 5장에서는 작문의 관점에서 보았을 때 페렐만의 보편청중 개념을 어떻게 해석해야 할지를 종합적으로 살펴보았다.

2. 통념의 세계와 논증의 기술

이 장에서는 『신수사학』을 주장한 차임 페렐만(Chaim Perelman)의 청중 이론을 개괄하고, 그 이론이 등장하게 된 배경을 살펴보도록 한다. 페렐만의 청중 이론은 독자적 원리에서 출발한 것이 아니라 수사학적 이론의 복잡한 과정을 품고 있고, 그것을 이해해야 작문의 독자 이론과 비교해 볼 수가 있기 때문이다. 주지하다시피 『신수사학』을 주장한 페렐만(Perelman)은 브뤼셀 대학의 법철학 교수였다. 페렐만 교수는 법적 정의를 탐구하는 작업을 수행하다 수사학적 논증을 연구하게 되었다. 수사학의 입장에서 페렐만의 이론이 조명을 받게 된 것은 중세 이후 끝없이 위축되었던 수사학을 논증과 설득이라는 측면에서 새롭게 부활시켰기 때문이다. 중세 이후 수사학은 표현술로 축소되어 아리스토텔레스의 수사학적 이론들을 더 이상 기대할 수가 없게 되었다. 프랑스의 문학비평가 주네트가 '줄어든 수사학'이라고 공언했듯이 중세 기독교 세계를 거치면서 수사학은 논거발견술, 논거배열술, 표현술과 같은 주요 요소들의 체계가 와해되어 표현술만 남아 변방의 학문, 비주류의 기술(技術)로 인식되게 된다.[2]

페렐만은 수사학을 이론적으로 부흥시켜 관심을 끌었지만, 구체적으

---

2) 이에 대해서는 박성창(2000), 『수사학』, 문학과지성사, 149~185쪽 참고할 것.

로 살펴보면 논증과 설득이라는 아리스토텔레스 수사학의 중심 개념들을 다시 현실의 장으로 끌어들였기 때문이다. 근대 낭만주의 시대 이후 수사학은 일상 담론, 현실적 담론에서 벗어나 선조적으로 규정된 형식적, 규범적 담론을 다룬다는 비판을 받아 왔다. 이런 인식 속에서 페렐만의 이론은 일상적 담론을 다루고, 개연성 있는 논리를 강조하며, 문답적 대화를 중시하는 아리스토텔레스의 고전 수사학을 다시 논의의 장(場)으로 끌어들였다. 그리고 수사학적 담론이 형식적이고, 규정적이 아니라 일상적인 사유의 원리에 바탕을 두고, 합리적인 의사 결정을 할 수 있는 타당한 방법이라는 것을 새롭게 정초하고자 했다. 특히 그가 법학자임을 눈여겨 볼 필요가 있다. 그는 법적 논쟁을 다루면서 갈등을 조정하고 합의를 도모할 수 있는 합리적인 방법이 수사적 논증임을 발견했다. 그 때문인지 페렐만의 이론은 주로 설득과 논증 중심의 아리스토텔레스 수사학을 현대적 입장에 맞게 복원하는 쪽으로 진행하게 된다.

논의의 전개를 위해 페렐만이 재해석한 현대 수사학의 특징들을 간단히 살펴보자. 먼저 그는 수사학적 추론의 대상을 일상적 담론 및 학적 담론을 포함하여 폭넓은 범위로 확대시켰다. 아리스토텔레스는 학적 인식(변증학)과 일상 담론(수사학)을 구별하여 학적 인식을 수사학에서 제외했지만 페렐만은 그렇게 하지 않았다. 페렐만은 일상 담론과 학적인 담론을 구분하지 않고 이를 모두 수사적 추론이 필요한 문제로 새롭게 규정했다. 윤리·정치·문학·역사 등 다양한 유형의 담화로부터 관찰 가능한 여러 범주의 논거들에 이르기까지 모두 설득을 필요로 하는 수사적 담론으로 본 것이다. 그는 학적인 인식 역시 대다수의 사람들로부터 '있을 법한 개연적인 것',[3] 즉 타당하거나 합당하다고 여겨지

---

3) Perelman, CH. and Olbrechts-Tyteca, L. (1969), *New Rhetoric*, University of Notre Dame Press, p. 5.

는 진술에 대해 옳고 그름의 타당성을 입증하는 영역으로 보고 있다. 예를 들어 페렐만은 법적 정의의 문제도 수사적 상황의 문제라고 판단한다. 그는 법적 정의가 어떤 절대적인 정의 아래 귀속되는 것이 아니라 당시 사회의 지배적인 가치에 따라 법관이 무엇을 정의라고 말하는지에 따라 달라진다고 보았다. 법관은 무엇이 옳은지에 대해 논증을 통해 설명해야 하며, 법관의 공정성은 이런 수사적 상황을 통해 판단되는 것이다.[4]

이처럼 그는 학문적 세계이든 윤리적 세계이든, 일상적 세계이든 어떤 현안에 대해 옳고 그름을 따지거나 수용이나 거부의 판단해야 할 경우는 반드시 논증적 추론이 발생한다고 보고 있다. 과학이나 철학도 인간 사회의 문제이며 수사적 논증의 범위 안에 있다. '진리 탐구'의 학적 인식에도 선택의 문제가 개입되며 설득이나 논증이 요구된다.[5] 페렐만이 볼 때 결국 인간의 삶, 인간 인식의 한계를 벗어나는 절대적 진리는 없으며, 그것 모두는 설득을 통해 입증해야 할 문제들이다.

다음으로 페렐만은 담화 문제를 해결하기 위해 독단적 사상이나 형식적 논리를 부정하고 통념과 대화, 소통을 중시했다. 앞서 말한 대로 페렐만은 일원론적 진리나 필연적 방법을 부정했다. 담화 상황의 다양성·다원성·일상성을 인지하고 있었으며, 일상생활에 근거한 대화와 소통을 문제 해결의 근원으로 생각했다. 예를 들어 페렐만은 아리스토텔레스의 문답술적 삼단논법을 받아들여 이를 중시했다. 절대적 '참'을 전제로 하여 형성되는 논리적 삼단논법과 달리 문답술적 삼단논법은 묻는 사람과 대답하는 사람 사이의 상호작용을 중시한다. 그리고 절대적인 진리나 전제 대신에 사람 사이에 형성되는 일상적인 통념이나 상

---

4) 김상희(2008), 「법적 정의와 보편청중」, 『수사학』 9, 한국수사학회, 208쪽.

5) 이 점에 대해서는 박성창(2000: 184)와 김혜숙(2004), 「변증법적 논증이론과 수사학: 페렐만의 '신수사학'을 중심으로」(『독일어문학』 27, 한국독일어문학회), 254~255쪽 참고할 것.

식을 판단의 근거로 삼는다.6) 페렐만이 문답술, 일상적 대화를 중시하는 것은 수사적 추론이 일상적 담화를 바탕으로 한다는 점을 강조하기 위한 것으로 보인다. 이럴 경우 학적 인식이나 가치의 문제, 사실의 문제 등 모든 담론은 일상적인 가치로부터 합당성과 정당성, 타당성의 준거를 얻게 된다. 페렐만은 어떤 견해, 선택, 주장을 정당화하거나 비판하기 위해 사용하는 추론기법이 가치와 일상의 문제에도 똑같이 적용된다고 보고 있으며(김상희, 2008: 207), 수사학적 추론 방식을 학적 및 일상 담론 전체를 해결하는 하나의 방법으로 삼고자 했다.

우리가 기억해야 할 것은 앞서 말한 대로 그가 설득을 위한 다양한 방법을 선호했음에도 불구하고, 형식적이고 고정적인 방식에 대해서는 매우 혐오적인 태도를 보였다는 사실이다. 특히 그는 형식논리학적 방식에 대해 매우 비판적이었다. 페렐만은 여러 저술에서 현대 형식 논리학이 가지고 있는 문제점들을 다루었다. 현대 형식논리학은 추론의 오류를 범하지 않기 위해 추론 과정을 수학적 계산과 연산 작용으로 체계화하여 증명의 확실성을 보장 받고자 한 방법이다(김혜숙, 2004: 253). 자연 언어의 모호성을 제거하고 순수한 사고 형식을 찾기 위해 추론의 형식적 조건을 주로 탐색했다. 형식 논리학에서는 표현들은 하나의 공리 체계 안에서 연역되어 나온 것이기 때문에 그것을 굳이 입증할 필요가 없다. 공리체계를 이끌어 가는 시스템 속에서 추론 과정의 형식적 타당성만 입증하면 된다.

페렐만은 현대 형식논리학을 삶과 유리된, 기계적인 연산 작용의 결과물로 단정하고 매우 강도 높게 비판을 했다(Perelman & Olbrechts-Tyteca, 1969: 13). 예를 들면 그는 '모든 논증은 인간 의식(minds)의 확증을 목표로 하며, 그래서 인간 공동체의 지적 접촉을 반드시 필요로 한

---

6) 양현정·박치완(2008), 「신수사학에서의 보편청중과 논증의 문제」, 『철학탐구』 23, 중앙대학교 중앙철학연구소, 261쪽.

다'고 말하기도 한다(Perelman & Olbrechts-Tyteca, 1969: 14). 인간 삶에서 유리된 논증이란 가치가 없다고 본 것이다. 페렐만에게 수사적 추론은 어떤 명제를 논증하고, 검증하는 것뿐만 아니라 그 명제의 수용, 실천 여부, 정당화의 판단, 반성 등 삶의 영역을 모두 포함한다. 문식성의 경우 텍스트를 창작하고 발표하는 행위 모두 포함된다. 어떤 주장을 창안하고, 발표하고, 설득할 뿐만 아니라 그 주장의 수용여부와 영향, 결과까지 논증의 설득 행위 속에 포함되는 것이다.

3. 보편청중과 이성에의 호소

이 장에서는 이 논문에서 중점적으로 다룰 대상, 청중(audience)의 문제를 살펴보도록 한다. 지금까지 페렐만에게 왜 청중이 중요한지, 그것이 작문의 독자 이론과 어떻게 비교될 수 있는지를 알기 위해 그의 이론에서 기본 전개 과정을 주로 탐색했다. 앞 장에서 보듯 페렐만은 현실적이면서도 다원적인 추론 과정을 선호하고, 반대로 형식화된 증명 과정들을 비판했다. 형식적 논리는 증명의 성공 여부를 형식적 체계 안에서 판단하기 때문에 외적인 판단 기준이 필요하지 않다. 반대로 수사적 추론에서는 설득의 성공 여부를 판단할 근거, 기준이 무엇인지 구체적으로 설정되어 있지 않다. 통념과 상식에 기반을 두더라도 주장이 어떻게 성립 가능한지, 왜 정당성이 있으며, 합당한지를 판단할 길이 없다. 그래서 이론적인 측면에서 추론의 정당성 유무를 판단해줄 내적 준거가 필요한데, 페렐만은 그 준거로 청중(audience) 개념을 도입한다. 논증의 목표는 청중을 설득하는 것이기에 추론의 성공 여부, 논거의 성공 여부를 청중을 통해 확인하고자 하는 것이다(Perelman & Olbrechts-Tyteca, 1969: 19). 페렐만의 이론에서 청중(audience) 개념은 설득의 성공 여부를 가늠하는 기준이 될 뿐만 아니라, 논증적 설득 행위의 합당성 정도를 판단하는 척도로서 평가 잣대가 된다(김혜숙, 2004: 256).

그렇다면 청중의 어떤 측면을 논증의 판단 기준으로 삼아야 할까? 그것은 우선 많은 인간들이 그러하리라고 판단되는 동의의 합리적 전제 조건들이다.

일정한 명제에 대하여 찬성 또는 반대하는 이유를 다루는 정당화 및 논의(argumentation)의 문제에 있어서 일반적으로 그 명제의 비판자나 옹호자는 비판의 적합성이나 옹호의 온당함을 판단하여야 할 사람들이 이미 승인하고 있는 기준, 가치, 규범이 있다는 것을 전제한다. 청중, 즉 그의 담화를 듣는 모든 사람들을 납득시키고자 하는 화자는 선결 문제 요구의 오류를 저지르지 않기 위해서는 그의 청중이 맨 처음에 허용한 원칙들에만 입각하여 논의를 행하여야 한다. (Perelman & Olbrechts-Tyteca, 1969: 132)

페렐만이 주장하듯 모든 논증은 타인의 지지를 얻을 것으로 목적으로 한다(Perelman & Olbrechts-Tyteca, 1969: 132). 그래서 자기 주장의 타당성과 합당성을 찾기 위해 청중에 대한 인식이 필요한 것이다. 청중에 대한 인식은 연설자들로 하여금 자기 주장에 대한 타당성과 설득력을 판정해 볼 수 있는 기회를 제공하게 된다. 또 청중의 종류나 특성에 따라 담론의 주장이나 근거를 새롭게 세울 기회도 준다.

원래 청중을 논증 담론의 주된 판단자로 삼은 것은 아리스토텔레스였다. 아리스토텔레스는 웅변술의 장르로 세 가지를 든 바 있다. 하나는 토론적 장르이며, 다른 하나는 사법적 장르, 또 다른 하나는 제시적 장르이다. 이들 세 장르는 설득의 대상, 즉 "말을 듣는자", 곧 청자에 의해 구분된다. 아리스토텔레스의 말에 따르면 청자는 필연적으로 관중, 또는 재판관이 되는데, 그 재판관이 과거 혹은 미래에 대해 판결을 내린다고 한다. 지난일의 옳고 그름은 사법장르에, 미래의 할 일은 토론 장르에, 그리고 현재의 일에 대해 찬사와 비난을 하는 것은 제시

장르를 통해 판결은 이루어진다.[7] 그래서 이런 담론에서는 결국 청중이 재판관이 되어 담론의 목적을 실현하게 된다. 페렐만은 아리스토텔레스의 변증론을 수용하여 청중 이론을 훨씬 확장시키고 확대한다(김혜숙, 2004: 254).[8] 아리스토텔레스가 제한적으로 청중의 권한을 설명한 데 반해, 페렐만은 청중 개념을 구체적 판단으로부터(특정 청중) 실천 이성의 권위까지(보편 청중) 폭을 넓힌다.

페렐만은 수사적 추론과 관련하여 합의적 논의에는 보편성에 대한 요구가 있다고 믿고 있다. 그는 참과 거짓을 따지는 형식 논증의 추론과는 달리 참다운 논증에는 많은 대다수의 청중이 수긍할만한 명제를 제안하고자 하는 "합리적인 인간의 신망과 여망"(Perelman & Olbrechts-Tyteca, 1969: 136)이 있다고 본다. 그리고 연설가가 취할 궁극적인 최선은 바로 이런 보편청중에 호소하는 것이라고 믿고 있다. 이런 보편 청중에 호소하는 논증은 페렐만이 말한 대로 "시간을 넘어서는 타당성을 가지며, 지역과 역사적 조건으로부터도 독립적"이다. 즉, "모든 사람에게 필연적으로 타당한, 그런 주장"이라고 할 수 있다(Perelman & Olbrechts-Tyteca, 1969: 32).

우리가 한 가지 알아야 할 사실은 페렐만의 청중 이론 속에는 사회 문제 해결을 위한 낙관론적 이성주의가 내재되어 있다는 사실이다. 페렐만의 청중 이론에서는 사람들 사이에 통용되는 합리성의 준거들을 추론의 주요 논거로 사용한다. 그리고 이런 합리성의 준거들이 통용될 수 있다는, 사회나 구성원에 대한 이성적인 낙관론이 내포되어 있다. 페렐만이 볼 때 사회 구성원이라면 개성과 환경, 교육에 상관없이 최소한의 공통된 특징으로 직관에 의해 보편타당한 진리를 판단할 능력을 갖고 있다. 또 담화를 통해 타인을 납득시키고자 할 때 소통 가능한

---

7) 아리스토텔레스, 이종오 옮김(2009), 『수사학 I』, 리젬, 75~80쪽.
8) 하병학(2004나), 「'보편 교양학'으로서의 수사학 재정립」, 『철학탐구』 16, 중앙대학교 중앙철학연구소, 366쪽 재인용.

보편적 근거를 사용할 상식을 가지고 있다. 페렐만은 이런 청중 개념을 "이성에의 호소"라고 언급하고, 또 "신망을 받고 있는 청중, 즉 보편적 청중"이라고 호칭하고 있다(Perelman & Olbrechts-Tyteca, 1969: 133).

위에서 보듯 페렐만의 청중 개념에는 복잡하고 난해한 측면이 있다. 청중 개념은 규정적인 것이 아니어서 조건에 따라 변할 수가 있다. 다양한 청중이 뒤섞여 복합청중이 될 수도 있고, 구체적 상황을 요구하는 특정 청중이 있을 수 있다(Perelman & Olbrechts-Tyteca, 1969: 35). 예컨대 두 사람이 나누는 대화와 같이 단일 청중으로 구성되었거나, 아니면 특별한 사안에 대해 같은 인식을 가진 소수의 청중이 있을 수 있다. 이런 청중을 일컬어 그는 특정한 청중(particular audience), 혹은 구체적인 청중(concrete audience)이라고 말한다. 특정청중과 보편청중은 일정한 위계관계를 이루고 있으며, 이런 청중의 조건에 따라 연설자의 주제와 논거가 바뀌기도 한다. 그러나 분명한 것은 보편청중이 특정청중보다 상위의 개념이며, 더 이상적이라는 사실이다. 무엇보다 페렐만에게 보편청중 개념은 자신의 수사학을 규정해주는 기본 조건이자 기본 가치라 할 수 있다.

4. 전달받는 독자와 호출하는 독자

페렐만(Perelman)의 보편청중 개념은 어렵고 난해하지만, 몇몇 작문 이론가가 이에 대해 관심을 표현한 바 있다. 페렐만의 청중 개념에 대한 작문 이론가의 반응은 파크(Douglas B. Park, 1982)의 논문에 나타난다. 파크의 반응은 페렐만의 청중 개념이 보편적이고 추상적이어서 작문에서 독자 기능을 수행할 수 없다는 것이었다. 그는 독자는 '필자'와 '상황'의 만남 속에서 구체적 성격을 가진다며, 독자 개념은 '보편성'이 아닌, '특수성'으로 규정해야 한다고 주장했다. 그리고 이런 특수성의 개넘으로 '맥락(context)'을 제안하고 있다. 예를 들어 실제 작문 과정에 들어가면 필자와 독자는 특별한 상황에서 만나는 구체적인 관계가 성립되지, 페렐만처럼 추상적이고 보편적인 관계가 형성되는 것은 아니라고 본 것이다.9)

페렐만에 대한 파크의 비판은 자신의 독자 개념, 즉 '맥락'을 강조하기 위한 것이지만 몇 가지 문제는 있다. 예를 들어 파크가 설정한 "맥락"에도 보편청중에 대한 개념적 단초가 들어가 있다. 파크가 설정한 '맥락' 속에는 넓게 보아 문화 관습의 의미를 포함하고 있으며, 이는 페렐만의 보편청중과 겹치는 부분이다. 또 파크는 자신의 논문에서 전통적 수사학의 청중 이론과 페렐만의 청중 이론을 구별하여 비판하는데 이것도 이유가 있다. 페렐만의 청중 이론은 전통적 수사학의 청중 이론과 차이가 있어 파크가 이를 동일시하여 비판할 수가 없었기 때문이다. 파크는 페렐만의 보편청중에 대해서는 전통적 수사학과는 다른 비판의 잣대를 동원하고 있다.

여기서 한 가지 알아야 할 것은 전통적 수사학의 청중 개념과 작문의 독자 개념에 관한 영향 관계이다. 많은 작문 연구자들은 수사학적 관점의 청중 개념이 작문의 '외적 독자' 개념을 형성하게 만들었다고 비판하고 있다.10) 초기의 작문 연구자들이 전통적 수사학의 청중 개념을 그대로 작문 이론에 적용해 사용하였기 때문이다. 그 때문에 작문 연구 분야에서는 전통적으로 '외적 독자' 개념에 근거해 독자 이론을 형성하

---

9) Park, B. Douglas (1982), "The Meaning of 'Audience'", *College English*, Vol. 44, No. 3, pp. 252~253.

10) 예컨대 롱(Long, 1980)은 초기의 작문 교재들이 전통수사학의 관점을 받아들여 독자 분석을 중시하게 되었다고 주장했다. 전통적 수사학에서는 화자와 청중 사이에 긴장이 있으며, 이런 긴장이 독자 분석을 요구하게 된다고 본 것이다. 화자들은 자신과 견해가 다른 청중에게 다가가야 하고, 이런 청중에게 동의를 구하거나 설득해야 한다. 청중의 선호도, 강점과 약점, 기질, 배경 등을 알면 화자의 설득 가능성은 높아질 수가 있다. 수사학에서 청중에 대한 분석은 성공적인 설득을 위해 반드시 요구되는 조건이라 할 수 있다.

게 된다.

작문의 전통적인 독자 관점에 따르면 글을 쓸 때 필자는 독자가 외부에 실재하는 것으로 가정하고, 그 독자를 분석하며, 그 독자의 성향에 맞춰 글을 작성하게 된다. 최근 몇몇 작문 연구자들은 이런 외적 독자 분석이 실제 작문 과정과 꼭 맞는 것은 아니라고 생각한다. 예컨대 롱(Long, 1980)은 대다수의 작문 교재들이 외부에 독자가 실재하는 것처럼 가정하고, 이에 대한 분석을 하고 있는데, 이런 관점은 현실과 맞지 않으며 효용성도 떨어지고, 학생들을 혼란케 할 우려가 있다고 주장했다.11) 발츠(Walzer, 1985)도 글쓰기 과제들이 종종 학생들로 하여금 '상상하는 독자'와 텍스트 외부에 '실재하는 독자들(readers)'을 동일시하는 오류를 범하고 있다고 지적했다. 텍스트 외부의 독자들이 실재하더라도 창작 과정의 독자는 변할 수 있기 때문에 이와 같은 독자 분석은 언제나 실패할 수밖에 없다고 판단한 것이다.12) 외적 독자 분석에 대한 비판은 이외에도 여러 학자들에 의해 제기되었다.13)

전통적인 독자 분석은 초기 작문 교재에서 매우 중요하게 다루었으며, 지금도 그런 경향이 남아 있다. 지금도 글을 쓸 때 예상 독자를 고려하라는 명제는 모든 작문 교재의 중요한 지침이 되고 있다. 롱(Long, 1980)이나 발츠(Walzer, 1985), 루스(Roth, 1987) 등은 특별한 경우가 아니라면 이런 분석은 현실과 맞지 않고, 사고력을 제한할 가능성이 많아 불필요하다고 말한다. 옹(Ong)의 말처럼 필자는 어떤 독자를 예상하고 글을 쓰지만 실제로 그 독자가 그 글을 읽을 경우는 거의 없다.14)

11) Long, C. R. (1980), "Writer-Audience Relationships: Analysis or Invention?", *College Composition and Communication*, Vol. 31, No. 2, p. 221.

12) Walzer, E. (1985), "Articles from the 'California Divorce Project': A Case Study of the Concept of Audience", *College Composition and Communication*, Vol. 36, No. 2, pp. 155~159.

13) 이런 비판을 한 학자로 파크(Park, 1982), 조세프(Joseph, 1988), 오델(Odell, 1984) 등을 더 들 수 있다.

14) Ong, W. (1975), "The Writer's Audience is Always a Fiction", *PMLA*, Vol. 90, No. 1, p. 9.

페렐만의 이론을 비판한 파크(Park)도 전통적인 독자 분석 방법에 대해 비판적인 입장을 취했다. 그는 전통적인 수사학의 청중개념은 음성 언어를 매개로 하여 형성된 것으로, 문자 텍스트와 맞지 않다고 생각했다. 그런데 문제는 앞서 말한 대로 페렐만의 청중 개념이 전통적 수사학의 청중개념과 같지 않다는 점이다. 페렐만은 음성언어를 다루었지만, 전통적인 수사학처럼 외적 독자 개념을 취하지는 않았다. 페렐만은 청중을 화자의 의식 속에서 호출되는 매우 관념적이고 주관적인 존재로 생각했다. 그는 외부에 청중이 존재하더라도 실제 화자가 생각하는 청중은 화자의 관념 속에 있다고 판단했다. 화자는 자신이 어떠하리라고 생각하는 그 청중에게 말을 건다. 그 청중은 지금 눈앞에 있는 청중과 다른 작가의 관념 속에 존재한다. 이러한 생각은 페렐만의 청중 개념이 전통적인 수사학과는 분명히 다르다는 점을 보여준다. 페렐만은 청중을 대상의 구체적 속성과 관계없이 필자 내면의 산물로 보고 있으며, 인식과 의식의 기본 속성으로 파악하고 있다.

작문 교육에서 1970~80년대 독자 연구의 관점은 두 가지로 요약할 수 있다. 하나는 독자를 '전달받는 존재(audience as addressed)'로 보는 관점이며, 다른 하나는 독자를 '호출하는 존재(audience as invoked)'로 보는 관점이다. 독자를 '전달받는 존재'로 보는 관점은 '특정한 작가의 특정한 독자'라는 보다 구체적인 '실재'를 염두에 둔 개념이다. 전통적 수사학의 독자 해석이 이런 관점에 가깝다. 독자는 외부에 실재하며 필자는 이런 독자를 대상으로 글을 쓰게 된다. 다음으로 독자를 '호출된 존재'로 보는 관점은 독자를 작가의 상상적 구성물, 즉 "창조된 허구"로 보는 것이다.15) 이 관점은 유명한 월터 옹(Ong, 1975)의 논문에서 유래된 것

---

15) Ede, L. and Lunsford A. (1984), "Audience Addressed/Audience Invoked: The Role of Audience in Composition Theory and Pedagogy", *College Composition and Communication*, Vol. 35, No. 2 (May 1984), pp. 156~160. 이 논문은 독자에 관한 두 관점을 서로 비교하여 잘 설명해주고 있다.

으로, 글을 쓰는 작가는 모두 독자를 창작 과정에서 상상적 허구로 요청하게 된다는 것이다. 옹(Ong)은 작가가 독자를 허구적으로 상상할 뿐만 아니라 그들에게 각각의 역할까지 배정한다고 말한다. 작가는 독자가 텍스트를 읽을 때 어떤 역할로, 어떤 관점으로 읽어야 할지 텍스트를 통해 지정한다. 마치 노동자가 토마스 하디의 소설을 읽는 동안 자신이 아닌 작품 속의 특정한 인물이 되는 것처럼 주어진 배역을 맡는 것이다(Ong, 1975: 12). 독자는 작품을 읽으며 작가가 요구하는 상황 속에 스스로 몰입되어 그 역할을 맡아야 한다. 옹은 소설 작품뿐만 아니라 모든 문어 텍스트의 독자 개념도 이러하다고 언급했다(Ong, 1975: 17). 그가 볼 때 모든 독자는 필자의 '상상 속 허구'이다.

글을 쓸 때 독자를 '전달받는 존재(audience as addressed)'로 보든, '호출하는 존재(audience as invoked)'로 보든 두 관점은 모두 가능할 것이다. 친구에게 편지를 쓸 때처럼 특별한 독자를 염두에 두고 글을 쓸 경우, '전달받는 독자'의 관점이 유력하다. 그러나 일반적인 글을 쓸 때 대부분 독자는 '상상의 허구'일 가능성이 많다. 인지 실험을 통해 규명된 사실이지만, 필자는 글을 쓰는 동안 독자 표상을 계속 바꾸어 간다. 작문이 진행되는 동안 글의 목표와 내용이 구체화되면서 독자의 상(像)은 변화 발전하게 된다.16) 게다가 글을 읽는 독자 역시 매체나 환경에 따라 변화한다. 발츠(Walzer)의 실험 결과에 따르면, 동일한 독자일지라도 보는 잡지에 따라 독자의 역할(기대하는 욕망)을 달리했다. 또 필자 역시 매체에 따라 다른 독자 성향을 창조해내었다.17) 그렇기 때문에 독자의 전형성을 학습하는 전통적 관점은 실제 현실과 맞지 않을 뿐 아니라 교육적 효과도 기대하기가 어렵다.

---

16) Roth, G. R. (1987), "The Evolving Audience: Alternative to Audience Accommodation", *College Composition and Communication*, Vol. 38, No. 1 (Feb. 1987), p. 50.

17) Walzer, E. (1985), "Articles from the 'California Divorce Project': A Case Study of the Concept of Audience", *College Composition and Communication*, Vol. 36, No. 2, pp. 150~155.

페렐만의 이론을 자세히 읽어보면 그가 철저하게 독자를 "호출된 존재(audience as invoked)"로 보고 있음을 알 수 있다. 페렐만은 『신수사학』을 구상하면서 전통적 수사학의 여러 관점과 결별한 바 있다. 그는 아리스토텔레스를 추종했지만 현실에 맞게 아리스토텔레스의 이론을 바꾸고자 했다. 또 당시 '문채' 중심의 수사학도 바꾸고자 했다. 그가 볼 때 연설자와 청중의 대면을 강조하는 전통적 수사학은 현대적 관점에서 보았을 때 맞지 않는 부분이 많다. 그는 자신의 책 『신수사학』에서 "연설자(speaker)가 반드시 자신의 독자에게 (자기 역할의) 기능을 부여해야 한다"(Perelman & Olbrechts-Tyteca, 1969: 21)고 말하고 있다. 뿐만 아니라 '청중'은 사실상 존재하지 않고, 연설자가 상황에 맞게 자신의 이미지 속에 만들어 내는 '허상'이라고 판단한 바 있다. 수사적 청중이라 할지라도 물리적으로 연설가의 말을 듣는 사람일 필요가 없으며, 또 그의 글을 읽는 사람이라고 동일시할 필요도 없다. 청중은 연설가가 말을 거는 상대라고 믿을 필요도 없다. 어떤 정치인이 기자와 인터뷰를 할 때 청중은 정치인이 상상한 국내외의 여론일 가능성이 많다(김혜숙, 2004: 260). 또 청중을 향하지만 실상은 자기 자신에게 말을 거는 연설자도 있을 것이다. 그뿐만 아니라 설사 구체적인 청중과 대면하고 있더라도, 그 청중은 화자 자신이 주관적으로 가지고 있는 '상상된 이미지'에 가까울 수 있다. 연설자가 청중의 성향이 이럴 것이라고 가정하기 때문이다. 따라서 화자가 청자에 대해 투영하는 이미지는 실제 청중의 즉각적이고, 구체적인 현실과는 구분된다. 그래서 페렐만은 청중은 언제나 연설자가 구축하는 것이며, '언어적 허구'에 해당한다고 규정하고 있다.[18]

모든 작가의 독자는 언제나 허구이며, 독자의 기능은 작가가 부여한다는 이런 관점은 연설자와 청중이 직접 대면했던 고전수사학의 시대를 넘어 복잡하고 다원화된 현대 사회의 독자 개념에 부합한다. 1950~60년

---

18) 루스 아모시, 장인봉 외 옮김(2003), 『담화 속의 논증』, 동문선, 57~58쪽, 83쪽.

대 전통적 수사학의 관점들이 아직 유행하던 시절 페렐만의 생각은 상대적으로 매우 진보적인 것으로 보인다. 독자를 필자 의식 속에 두어 해석의 풍부성을 확보하고, 보편청중의 개념을 통해 담론의 존재 근거를 마련하고 있기 때문이다.

5. 수사적 맥락과 담화 공동체

그렇다면 파크(Park, 1982)가 페렐만을 비판하는 관점은 전통적인 수사학적에 대한 것과는 달라야 하지 않을까? 파크도 전통적 수사학에 대해서는 외적 독자 개념을 가진다고 비판했지만, 페렐만에 대해서는 비판의 관점을 달리 해야 했다. 그가 페렐만을 비판한 것은 '화자와 청중의 직접성'이 아닌 보편청중 개념의 '추상화'와 '보편성'에 관한 것이었다. 파크는 페렐만의 보편청중 개념에서 작문에서 발현되는 '필자와 독자의 구체적 만남'을 읽을 수 없다고 주장했다. 뿐만 아니라 보편청중의 작용이 너무 관념적이어서 작문 과정에 영향을 미치는 독자의 '기능'을 찾기가 어렵다고 비판했다. 전통적 수사학이 지나치게 단순한 독자관 때문에 비판을 받았다면, 페렐만은 지나치게 복잡하고 관념화되었다고 비판을 받게 된 것이다.

페렐만의 보편청중은 논쟁과 담론에 있어 소통 가능한 보편적 근거, 즉 보편적이고 이성적인 근거를 요청하면서 발생한다. 페렐만의 보편청중 개념이 담고 있는 '보편성'은 보편적이면서도 근원적이다. 뿐만 아니라 때로 거기에는 화자가 기대할 수 있는 최고의 이성적 가치가 반영되어 있다. 파크가 페렐만의 오디언스 개념을 비판하는 것도 이런 원경(遠景)적인 생경함, 혹은 모호함에 관련되어 있다. 파크는 페렐만의 오디언스 개념이 실제 작문 과정에서 구현될 수가 없을 뿐만 아니라, 구체적인 '실재'라고 보기 어려운 점도 있다고 판단한 것 같다.19)

사실 페렐만의 보편청중 개념은 담화의 논증 방법이나 추론 방법을 넘어 그 이상의 목표를 지향하고 있다는 점에서 해석의 모호함을 가지고 있다. 페렐만은 실증주의나 비합리주의에 저항하여 정의와 도덕 같은 사회적 가치를, 법 규범의 정당성을 지키기 위해『신수사학』을 정초했다고 말한 바 있다. 자유·정의·평등 같은 가치를 정당화하기 위해서, 보편청중의 개념을 통해 합리적으로 받아들일 수 있는 체계를 만들고자 한 것이다.[20] 그렇기 때문에『신수사학』에서 보편청중의 개념은 사회의 이상적 가치에 대한 정당성을 입증하기 위해 보편적 인간이 지닐 수 있는 합리적 선의 개념을 함축한 것이라고 볼 수가 있다. 텍스트 생산의 체계 내에서 독자 문제를 해명하고자 했던 파크의 입장에서는 당연히 이런 개념을 받아들이기가 어려웠을 것이다.

　반면에 파크의 독자 개념은 페렐만의 청중 개념보다 훨씬 상황의존적이고 구체적이며, 생산적이다. 그는 주관적이고 이상적인 독자 개념보다 텍스트를 생산에 관여하는 구체적인 독자 기능에 주목했다. 그래서 독자를 페렐만보다는 실체적인 존재로 인식했으며, 구체적인 기능을 탐구하고자 했다. 예컨대 옹(Ong)은 독자 개념이 성립하기 위해서 필자와 독자가 상호 공유하는 '제재'의 이미지가 필요하다고 말했는데, 파크도 이처럼 필자와 독자의 '접촉 개념'을 받아들였다. 그래서 그는 필자와 독자가 만나는 국면을 '맥락(context)'이라고 부르고, 독자 구현의 필수 요소로 삼고 있다. 파크는 독자를 형성하는 공간이 매우 다층적이긴 하지만, 반드시 필자와 독자가 공동으로 형성하는 '맥락'이 없으면 불가능하다고 본다. 그래서 그는 사람들이 흔히 말하듯 "이 글의 독자가

---

19) 페렐만의 보편 청중 개념을 분석한 루스 아모스도 보편적 오디언스의 개념이 실제적 실체가 아니라 '이론적 사실'이라고 주장했다. 이 말에는 현실에서는 구체화될 수 없는 개념이란 뜻이 담겨 있다. 아모시, 장인봉 외 옮김(2003: 80).

20) 미에치슬라브 마넬리, 김상희·손장권 옮김(2006),『페렐만의 신수사학』, 고려대학교 출판부, 251~254쪽.

무엇이지?", "우리는 어떤 독자 개념을 사용해야 해"라는 말은 의미가 없는 것으로 생각했다. 그것은 구체적으로 실재하는 바가 없기 때문이다. 오히려 그것보다는 독자는 "X에 반대하는 사람", "월간 Atlantic의 독자"처럼 매우 구체적인 형태를 띠고 있다고 보았다(Park, 1982: 247). 이런 독자들이야말로 특수한 상황 속에서 개별적으로 구현되는 '맥락'의 의미를 보여줄 수가 있기 때문이다. 또 그래야 한 편의 글을 쓰는 필자도 분명한 목적과 방향을 얻을 수 있다. 따라서 파크에게 독자는 보편적인 존재가 아니라 '특수한 맥락에 매어 있는 존재'라고 말할 수 있다.21)

파크의 입장에서 보면 페렐만의 보편청중 개념은 매우 이상적이고 관념적이다. 페렐만은 보편청중의 개념을 개별적 수사적 상황을 넘어, 보다 근원적이고 보편적인 담론의 근거로 사용하고자 했기 때문이다. 그가 의도하는 것은 상황에 따라 변하는 개별적 담론이 아니라, 이성적인 존재로서의 모든 청중에게 말을 거는 철학적이고 과학적인 담론과 같은 것들이다. 철학자들은 모든 사람에게 타당하고 합당한 보편적 담론을 전하고자 한다. 또 시간과 공간을 초월하여 자기 스스로 근거를 형성하는, 그런 이상적 담론을 추구하고자 한다. 그에게 보편청중의 개념은 이런 담론에 가까이 갈 수 있는 구체적인 통로가 되는 것이었다. 물론 앞서 말한 대로 페렐만도 특정 시간, 특정 집단에게만 호소하는 논증 행위를 인정하고 이에 해당하는 개념으로 특정 청중을 설정한 바 있다.22) 어떻게 보면 특정 청중의 개념이 파크가 말한 수사적 상황의 청중 개념과 유사할 것이다. 그렇지만 페렐만은 여전히 특정 청중의 개념을 보편청중에 비해 하위의 개념으로 생각했다.

페렐만에게 보편청중은 이성적 존재에게 보편적 동의를 요구하는 것이

---

21) 이에 대해서는 정희모(2008), 「글쓰기에서 독자의 의미와 기능」, 『새국어교육』 79, 한국 국어교육학회, 408~409쪽 참고할 것.
22) 제임스 크로스화이트, 오형엽 옮김(2001), 『이성의 수사학』, 고려대학교 출판부, 174~175쪽.

기 때문에 당연히 특정 청중보다 우월한 개념이다. 특정 청중을 지향한 논증과 보편 청중을 지향한 논증 사이에 위계 관계가 성립하며, 이 둘 중 중요한 것은 보편 청중을 지향하는 논증이다(아모시, 장인봉 외 옮김, 2003: 80). 그는 여러 글을 통해 특정 청중과 보편 청중을 구분하면서 보편 청중의 우월성을 강조했다. 예를 들어 그는 논증에서 설득(persuading) 과 납득(convince)을 구분하면서 설명하면서, 설득은 개별 목적을 수행하는 특정 청중에게 해당되며, 납득은 이상적 가치를 수행하는 보편 청중에게 해당된다고 말했다(Perelman & Olbrechts-Tyteca, 1969: 35). 여기서 보다 근원적인 것은 납득(convince)으로, 이성적 특성에 해당하는 것이다. 납득 은 대립 당사자가 동의와 합의를 할 수 있는 밑바탕이자, 보편적인 전제에 해당하기 때문이다.

그럼에도 불구하고 우리가 유의 깊게 보아야 할 것은 페렐만이 보편 청중과 특별청중의 관계를 고정적인 것으로 보지 않았다는 점이다. 페 렐만은 특정청중이 발전하여 보편청중이 될 수 있으며, 보편청중이 상 황에 따라 특정청중이 될 수 있다고 보았다. 두 독자 개념은 유동적이 어서 상황에 따라 서로 교호할 수 있는 관계로 규정되어 있다. 크로스 화이트(Crosswhite)도 이 둘의 관계에 대해 "특정적인 것의 보편, 구체적 인 일반성"이라고 변증법적으로 규정한 바 있다(크로스화이트, 오형엽 옮 김, 2001: 184). 그는 보편청중의 개념을 오로지 보편적 담론의 형성에만 관여하는 것으로 보지 않았다. 오히려 화자는 담론의 보편적 타당성을 규명하기 위해 실제적인 구체성이 필요하며, 실제적인 구체성은 보편 적 타당성을 획득해야 합당한 것으로 규정받게 된다. 모든 수사적 논쟁 은 시간적, 역사적인 정당성을 가지기 위해 근거의 보편성을 요구한다. 크로스화이트는 보편청중의 개념이 사회적 합의 너머에 있는 '추상물' 이 아니며, 특정 시대와 집단에 통용될 수 있는 어떤 '공통 감각'을 의미 한다고 말하고 있다(크로스화이트, 오형엽 옮김, 2001: 184). 궁극적으로 보편 청중은 사회적 논쟁이 이성적 타당성을 가지기 위해서 전제로 요구하는 '판단 의식'과 유사하다고 할 수 있을 것이다. 그리고 이는 모든 개인이나 문화가 가지는 '보편성에 대한 인식'들과 흡사하다. 페렐만도 "모든 개인이나 문화는 보편적 청중에 대한 스스로의 개념을 가지고 있다"(Perelman & Olbrechts-Tyteca, 1969: 33)고 말하여 이런 보편적 특성을 잘 설명하고 있다.

보편청중의 개념을 작문 이론의 독자 관점으로 바라보면 어떠할까? 작문 이론가인 리사 에드(Ede, 1984)는 페렐만이나 존스톤(Johnstone) 같은 수사학자들의 청중개념을 분석하면서, 이들의 청중 개념들은 전통적인 독자 개념과는 다른, 자아와 의미의 구성체 안에서 화자(작가)와 공동창조자로서 존재하는 '역동적이며, 필요불가결한 힘(vatal and necessary force)'과 같은 것으로 보여진다고 말했다. 그래서 그는 이들 개념이 인지 심리학에 기반한 작문연구처럼 당장 작문 교육에 적용할 수 있는 그런 가능성은 적다고 보고 있다.[23] 페렐만의 보편청중 개념은 구체적 현장에서 발생할 수 있는 실제적인 개념이라기보다 독자 개념을 설명할 때 제기될 수 있는 이념적이고 이론적인 힘으로 규정하고 있는 것이다.

페렐만의 보편청중 개념은 담화공동체의 보편적 인식과 공통 감각이 이성적 개념으로 구현된 것으로 볼 수가 있다. 페렐만은 우리가 보편청중을 구성한다는 말은 우리 각자가 보편적 합리성을 추구하면서 지향하는 논증과 다르지 않다고 말했다. 또 개인이나 각 문화는 그 문화에 따른 보편성의 한정성을 가지고 있다고 언급했다.[24] 어떤 시대, 문화이

---

23) Ede, L. (1984), "Audience: An Introduction to Research", *College Composition and Communication*, Vol. 35, No. 2., p. 153.
24) 김상희(2008), 「법적 정의와 보편청중」, 『수사학』 9, 한국수사학회, 210쪽; Crosswhite (2001: 184).
　　이런 관점으로 보면 우리가 인류 역사에 만나는 많은 저작들은 각자 보편청중의 개념을 가지고 있다고 볼 수 있다. 다음 인용문을 보면 그것을 알 수 있다. "각 개인, 각 문화는 각자의 보편 청중 개념을 가지고 있다. 어떠한 보편청중 개념도 특정 내용을 지니고 있는데 그것은 특정 문화 간 혹은 문화 내에서 논증 행위를 가능케 하는 합의 내에서 특정 필자가 그것을 구성했다는 사실에서 기인하는 것이다. 따라서 보편청중은 순수하

건 하나의 담론을 형성할 때 그 시대에 적합한 보편적 합리성의 근거를 요청한다. 페렐만에 의하면 이런 보편적 합리성이 보편 청중에 대한 이미지로 기능하게 되는 것이다. 그래서 보편적 통념, 보편적 상식은 수사적 담론을 성공으로 이끌 수 있는 '인식론적이고 구성적인 집단 지식'[25]의 밑바탕이 된다. 다만 페렐만이 말하는 보편 청중의 의미 속에는 이성적 판단에 대한 매우 넓은, 긍정적인 가치를 전제하고 있다는 점은 꼭 기억해야 한다. 페렐만이 보편청중의 개념을 모든 수사적 담론의 보편적인 전제 조건으로 삼은 것은 특정 시기에 이성적 인간이 동의할 수 있는 '긍정적 선의 가치'가 있다는 사실을 선언하고자 하는 것과 같기 때문이다.

6. 결론

페렐만(Perelman)과 파크(Park)의 이론은 오디언스의 문제에서 여러 가지 차이가 있다. 우선 두 사람의 이론은 인식의 출발점에서 차이가 있다. 페렐만이 철학적 인식론에 바탕을 둔다면, 파크는 인지심리학의 입장에 섰다. 페렐만이 주장(가치)의 정당화에 관한 원리나 근거를 찾는 데 목적이 있었다면, 파크는 창작 과정에서 독자의 기능을 규명하는 데 목적이 있었다. 파크가 구체적 상황에 초점을 두어 독자가 창작 과정에서 필자에게 어떤 의미가 있는지, 어떤 기능을 하는지를 탐구하는 데 몰두했다면, 페렐만은 이보다 훨씬 넓은 범위에서 담론을 통한 보편

거나 초월적인 개념이 아니다. 그 안에는 언제나 경험적인 요소, 다시 말해 필자의 경험이나 문화의 전통에 기인한 어떤 것이 있기 마련이다."

25) 비젤(Bizzell, 1992b)은 담화공동체의 개념이 성립하기 위해 인식론적이고 구성적인 집단 지식에 대한 일련의 사고 핵심들을 포함하고 있어야 한다고 말하고 있다. Bizzell, P. (1992b), "What is a Discourse Community?", in *Academic Discourse and Critical Consciousness*, University of Fittsburg Press, p. 222.

과 진리의 정당성을 오디언스의 기능을 통해 탐색하는 데 집중했다. 그렇기 때문에 두 사람은 오디언스의 기능에 대해 각각 다른 출발점과 사용법을 가지고 있었다고 말할 수 있다. 반면에 페렐만과 파크는 여러 측면에서 유사한 점도 있다. 우선 오디언스를 주관적인 관념으로 생각했으며, 수사적 상황에서 담화를 듣는 집단의 이미지로 생각했다는 점도 비슷했다. 두 사람은 오디언스는 픽션이며, 메타포에 불과하다고 생각했으며, 이를 실재화할 수 없다고 생각했다. 다양한 수사적 상황에 직면하여 오디언스가 매우 모호한 실체라고 생각한 점도 유사했다.

작문교육의 입장에서도 페렐만의 이론과 파크의 이론을 살펴볼 수가 있다. 앞 장에서 보았듯이 페렐만의 수사적 이론에는 청중 개념과 함께 다양한 정당성의 원칙들을 제시하고 있다. 그의 저서를 살펴보면 여러 곳에서 연설자가 설득을 통해 청중의 동의와 합의를 끌어내기 위한 주요 방법들에 대해 설명한다. 그런 것들 중에는 청중의 동의를 기대할 수 있는 논증의 전제, 연설의 출발점이 될 적절한 명제들, 그리고 주요한 논거 목록들의 필요성 등을 강조한 부분들이 있다. 뿐만 아니라 주제와 관련하여 주요한 원인과 논거의 종류, 약한 논거, 강한 논거, 개연적인 것, 감성적인 것들을 잘 분별하도록 강조하고 있다.26) 청중과 관련하여 논증의 이런 요소들을 살펴보면 학생들에게 학습할 내용들이 많다. 이와 함께 청중이나 독자 이론의 관점에서 파크의 관점도 교육 방법으로 학습할 요소들이 꽤 있다. 독자를 '맥락' 개념으로 이해했을 때 과제 환경과 과제 배경이 중요해지기 때문에, 이를 쓰기 과정에 반영할 수 있다.27) 파크는 독자 시각에서 '맥락'의 의미를 환기시켜 줌으로써 쓰기 과정의 학습을 풍부하게 만들어 주고 있다.

지금까지 살펴보았듯이 수사적 추론과 논증은 작문 교육과 작문 연

---

26) 이에 대해서는 김혜숙(2004: 258~260)을 참고할 것.

27) 파크(Park)의 '맥락'과 관련하여 독자 교육의 내용은 앞의 정희모(2008: 410~413)을 참고할 것.

구를 다양화하고 풍부하게 하는 데 도움이 될 것으로 보인다. 독자나 맥락, 또 담화공동체의 원리를 해명하는 데 도움을 줄 뿐만 아니라 이에 대한 교육 방법을 세우는 데도 여러 방안을 제공해줄 수가 있다. 이를 위해서 서로에 대한 접근 방안이 필요하고, 더 세밀한 연구도 필요할 것이다. 페렐만의 청중 이론만 보더라도 문어적 담론 연구를 위해 매우 수준 높은 이론들을 제공해주지만, 이를 작문교육의 방법으로 전환하기 위해서는 아직 더 많은 연구가 있어야 한다. 그리고 이처럼 다양한 관점의 연구들은 작문 연구를 훨씬 풍부하게 해줄 수가 있을 것이다. 앞으로 이에 대해서도 구체적으로 연구하는 학자들이 많이 나와 작문 이론을 좀 더 풍요롭게 만들기를 기대한다.

비판적 담화 분석의 문제점과 국어교육에의 적용

: 페어클러프와 푸코의 방법 비교를 중심으로

1. 담론 연구와 국어교육

최근 비판적 담화 분석(Critical Discourse Analysis, 이하 CDA)에 관한 논문이 많이 늘었다. 2010년 이전만 하더라도 찾기 힘들었던 비판적 담화 분석에 관한 논문은 이제는 여러 학술지에서 볼 수 있을 뿐만 아니라 그 수량도 이전과 비교할 수 없을 정도로 늘었다. 특히 비판적 담화 분석에 관한 논문들을 찾아보면서 흥미로웠던 것은 매우 다양한 전공에서 이에 관한 여러 편의 논문이 나오고 있다는 점이다. 담화를 연구하는 국어학 전공자뿐만 아니라 정치학·사회학·신문방송학·사회교육 등 다양한 분야에서 비판적 담화 분석과 관련된 논문들을 발표하고 있었다. 물론 접근하는 방식과 목표는 다르지만 일단 텍스트에 관심을 쏟는다는 점에서 주목해 볼 필요가 있다. 학술 분야에서 최근 이데올로기의 문제도 결국 언어의 문제라는 점을 다시 인식하기 시작했기 때문일 것이다. 요즘 급증하고 있는 담론 분석에 관한 논문들이 이런 추세를 반영한다.

중등국어교육(이하 국어교육) 분야에도 이런 경향이 나타난다. 2010년 이전에 찾아보기 힘들었던 비판적 담화 분석에 관한 논문들이 최근 상당히 많이 등장했다. 이는 2000년 이후 시작되었던 비판적 담화 분석에 관한 이론들이 차츰 일반화되었기 때문이기도 하고, 기능적 문식성 위주의 국어교육 분야에 비판적 문식성 관점을 도입해야 한다는 의견이 대두되면서 나타난 현상이기도 하다. 전통적인 언어교육의 입장은 언어교육의 목표를 의사소통능력을 향상시키는 데 둔다면, 비판적 언어교육의 입장은 언어 사용의 사회적 맥락과 제도, 권력과의 관계에 더 중점을 둔다. 비판적 언어교육의 경우 언어를 사회적 소통의 맥락에서 이념과 권력의 관계로 보게 되는 것이다. 국어교육 분야에서 비판적 담화 분석에 관한 논문이 늘어난 것은 비판적 담화 분석의 방법들이 언어교육에 적용될 수 있다고 보았기 때문이다.

그러나 실제 비판적 담화 분석의 방법들을 국어교육(읽기, 쓰기)에 적용할 수 있을지는 면밀하게 검토해 본 후 결정해야 한다. 최근의 논의들은 대체로 주로 페어클러프(Fairclough)의 방법을 일반론에 근거하여 도입 가능성을 타진한 것들이다. 예를 들어 김유미[1]와 김누리[2]의 논문은 비판적 담화 분석 방법을 읽기 교육에 적용시키고자 했으며, 장성아,[3] 심영택[4]은 비판적 담화 분석 방법을 국어교육 일반에, 박병선[5]은 한국어교육에 적용하고자 했다. 이런 논문들은 대체로 페어클러프의 3단계 분석 층위(텍스트 층위, 담화 수행 층위, 사회문화적 수행 층위)에 맞

---

1) 김유미(2014), 「비판적 담화분석을 활용한 읽기 교육 연구」, 『독서연구』 33.
2) 김누리(2015), 「비판적 담화분석을 활용한 읽기 전략과 텍스트 분석」, 『독서연구』 35.
3) 장성아(2015), 「비판적 담화분석(CDA)을 활용한 국어 교육 내용 연구」, 『국어교육연구』 59.
4) 심영택(2013), 「비판적 언어인식 교육 방법 연구」, 『국어교육학연구』 46.
5) 박병선(2013), 「비판적 담화분석 이론의 응용방안 모색」, 『Journal of Korean Culture』 22.

취 국어교육에 비판적 담화 분석 방법의 도입 원리를 설명하거나, 혹은 이 세 층위에 해당하는 질문 항목을 제시하여 국어교육에 비판적 담화 분석 방법을 도입하고자 한 것이다. 국어교육 분야에는 이외에도 여러 편의 CDA 관련 논문이 있다.

문제는 이런 논의들을 보면서 과연 중등교육에 CDA 이론이 필요한 가라는 의문이 든다는 점이다. 이런 논문들 중에는 비판적 담화 분석 방법을 세부 이론에 관한 세밀한 검토 없이 사회적 문식성 관점이나 비판적 문식성 관점의 필요성 때문에 제기한 것도 많다. 그래서 논문들을 보면 CDA 방법과 비판적 읽기, 비판적 문식성의 방법들이 혼재되어 나타나기도 한다. CDA와 비판적 문식성은 분명히 다른 시각과 관점을 가지고 있는 이론이다. CDA는 이념성이 강한 이론으로 제기된 목적과 방법에서 비판적 문식성 교육과는 분명한 차이가 있다.

다음으로, 더 큰 문제는 모든 이론가들이 지적하는 것이지만 CDA이론 자체가 완성된 이론이 아니라는 점이다. CDA 이론가들 사이에 합의된 CDA 방법이 아직 없을 뿐만 아니라 각 연구자들의 이론들도 다양하여 획일적으로 설명하기가 어렵다. 비판적 담화 분석 방법(Critical Discourse Analysis)을 하나의 이론이나 내용으로 명확히 규정하기는 매우 어렵다. 노만 페어클러프(Norman Fairclough)나 로저 파울러(Roger Fowler), 테운 반 다이크(Teun van Dijk), 루트 보닥(Ruth Bodak) 등 여러 학자들이 참여하고 있고, 이들의 이론이나 방법들도 조금씩 차이가 있다. 그뿐만 아니라 이들 학자의 이론들이 시간이 경과함에 따라 방향이 달라지고 있다. 국어교육에서 주로 접근하는 CDA 방법은 페어클러프의 초기 이론이다. 페어클러프는 CDA의 대표적인 학자일 뿐만 아니라 언어학 교수 출신으로 텍스트 분석에 언어학적 이론들을 접목시키는 것을 선호한다. 앞서 국어교육의 여러 논문들은 주로 페어클러프의 이론을 중심으로, 특히 그 중에서 초기 3단계 분석론을 중심으로 CDA 방법을 설명하고 있다. 이 논문에서도 CDA 이론을 언급할 때는 주로 페어클러프의 초기 이론,

특히 3단계 분석 방법을 지칭하게 된다.[6]

본문에서 언급하겠지만 페어클러프의 3단계 분석 방법은 많이 알려졌음에도 불구하고 이론적인 완결성이나 깊이는 부족하다. 국어교육에서는 첫 번째 단계인 기술(discription) 부분의 언어 분석에 기대고 있지만 그 취지와 방향은 국어교육과 분명히 다르다. 이 글에서는 페어클러프의 담론 분석 방법이 무엇인지, 그 이론에 어떤 문제가 있는지 이론 내부에서 분석해 볼 것이다. 이를 위해서 푸코의 담론 분석 방법과 비교해 보도록 한다. 푸코의 방법과 비교하는 것은 담론[7]을 통해 사회적 권력 관계를 분석하기 위해서 어떤 과정이 필요한가를 살펴보기 위해서이다. 페어클러프나 푸코 역시 담론 분석을 통해 정치적 권력 관계를 비판하고자 했기 때문이다. 그리고 이후 페어클러프의 이론들이 국어교육에 과연 적합한지 여러 면에서 살펴볼 것이다. 논문의 순서는 2장에서 페어클러프의 3단계 이론을 담론 이론의 관점에서 분석하며, 3장에서는 푸코의 담론 해석 방법과 관련하여 페어클러프 3단계 이론의 근본적인 문제점을 제시하고, 마지막 4장에서 페어클러프의 이론을 중등 국어교육에 도입하기에 몇 가지 문제가 있음을 밝히고자 한다.

---

6) 페어클러프는 초기 저작 『언어와 권력(*Language and Power*)』(2001)에서 텍스트, 상호작용, 사회적 맥락 등 3단계 방법을 설정했다. 이후 『담화 분석 방법(*Analysing Discourse*)』(2003)에서 담론과 담화 질서, 장르, 정체성 등을 살펴보는 방법을 취해 이전과 변화를 꾀었으며, 『정치담화분석(*Political Discourse Analysis*)』(2012)에서는 주로 논증의 방식을 통해 정치 담화를 분석하는 방법을 택하고 있다. 페어클러프의 방법은 책마다 차이가 있지만 국내에서는 주로 3단계 분석 방법 위주로 소개되어 있다.

7) 이 논문에서 텍스트, 담화, 담론은 다음과 같은 규정에 따라 사용한다. 먼저 페어클러프는 텍스트(text)는 언어 산출의 결과물, 담화는 사회적 상호작용의 전체과정을 가리키기 위해 담화(discourse)를 사용한다고 했다(페어클러프, 2001: 65). 그런데 여기서 담화는 discourse를 번역한 것으로 국내에서는 담화, 담론으로 모두 번역된다. 이 논문에서 '텍스트'는 앞서 페어클러프의 말처럼 언어적 결과물로 '담화'는 "한 개인이 어떠한 사물에 대하여 그의 의견이나 태도를 분명히 하기 위하여 하는 말"이라고 규정한 국어대사전의 규정에 따라 개인 관계 속에서 나오는 말이나 글로 규정하고, 마지막, '담론'은 "특정한 사회적 이슈에 대한 특정한 시각이나 입장을 담고 있으면서, 사회 내에서 형성되고 유통되는 크고 작은 종류의 이야기나 텍스트 혹은 발화의 집합체"(이기형, 2006: 109~210)를 의미한다.

2. 페어클러프의 분석 방법과 푸코의 방식

CDA 이론을 이해하기 위해 그 근원부터 몇 가지 검토해 보아야 한다. 우선 무엇보다 먼저 알아야 할 것은 CDA가 비판적 담론 이론과 사회과학적 비판 이론으로부터 영향을 받았다는 점이다. CDA는 담론을 분석 대상으로 삼고 있으며, 사회적 권력관계를 분석하는 것을 목표로 하고 있다. 그렇기 때문에 지금까지 논의된 사회과학적인 비판 이론에 상당 부분을 기대고 있다. 페어클러프는 역시 자신의 책에서 CDA의 이론적 배경으로 사회과학적 이론들을 제시하고 있는데, 그 중 하나는 이데올로기에 관한 이론이며, 두 번째는 미셸 푸코의 담론 이론이며, 세 번째는 위르겐 하버마스의 소통 이론이다(김지홍 뒤침, 2011: 43). 이데올로기에 관한 이론은 담화 속에 잠재된 이념성을 밝히는 데 중요하며, 푸코의 담론 이론은 담론과 권력 관계를 밝히는 데 필요하고, 하버마스의 소통 이론은 담론이 다른 담론과 관계 맺는 양상을 이해하는 데 필요하다. 필자가 볼 때 CDA에서 중요한 것은 앞의 두 가지이다. 그 중에서도 단연 중요한 것은 푸코의 담론 이론이며, 그 다음이 이데올로기 이론인데 이 둘은 결국 담론이 권력을 만들어 내며 이데올로기를 통해 이를 생산·유지·발전시킨다는 점에서 맞물려 있다.

페어클러프는 CDA를 현대사회에서 권력의 유지, 변경에 언어가 어떻게 기능하는지, 또 이런 언어를 우리가 어떻게 의식하고, 저항하고, 변경하게 되는지를 다루는 이론이라고 설명했다(김지홍 뒤침, 2011: 2). 언어가 권력의 생산·유지에 기능하는 바를 폭로, 비판하겠다는 것이다. CDA를 이데올로기, 권력, 국가, 제도 등 거시 사회 담론에 주목하는 비판사회학과는 달리 담론, 언어, 텍스트에서 권력이 기능하는 바를 분석하는 학문으로 본 것이다. 그래서 푸코가 담론을 다루더라도 담론에서 파생되는 지식을 더 중시하고, 그 지식이 시대적으로 어떤 권력 구조를 가지는지에 중점을 두었다면 페어클러프는 담론(텍스트)에서 파생되는 권력을 중시하고 그 권력이 담론(텍스트)을 통해 어떻게 만들어지고 감추어지는지를 중시한다. 그러므로 푸코의 관심 대상이 역사와 지식이었다면 페어클러프의 관심 대상은 언어와 텍스트라고 말할 수 있을 것이다. CDA는 푸코의 담론 이론을 배경으로 삼지만 언어의 표현 양식, 언어의 권력과 힘, 언어의 통제와 조정에 더 집중하고 그 효과에 더 집중한다. 페어클러프의 이런 관점은 같은 언어를 다루면서도 기능성과 중립성을 표방하는 기존 언어학, 화용론을 비판하는 근거가 된다.

> 이념은 언어와 긴밀히 관련되어 있다. 왜냐하면 언어사용이 가장 흔한 사회 행위의 형식이기 때문이고, 우리는 대부분 '상식적' 가정을 그런 사회 행위의 형식에 의존하기 때문이다. 그러나 언어에 대한 그런 중요성에도 불구하고 언어학 속에서 언어 및 권력에 대한 토론거리로서 '이념'이란 개념은 제대로 다뤄지지 않았다. 이 사실은 그 자체로 언어학의 한계에 대한 전조가 된다. (김지홍 뒤침, 2011: 20)

CDA에서는 일반 언어학과 달리 언어를 권력의 생성, 은폐, 유지의 핵심적 기제로 본다. 그래서 언어라는 말보다 담론이라는 표현을 쓰고 있다. 여기서 담론이란 말은 "언어를 지식, 행위, 힘(권력)과의 관계 속에서 읽고 쓸 수 있도록 하는 학문적 개념"[8]의 용어를 지칭한다. 언어에 행위, 권력의 의미가 첨가된 것이다. 페어클러프가 언어를 다루는 언어학, 화용론, 담화 분석 역시 권력의 구조화 속에 들어가 있으며, 권력의 속성에 따라 서로 경계를 짓고 지배와 종속의 계층관계를 만드는 권력의 하위 관계를 만들어 내고 있다고 본다. '주류언어학 역시 그런 구조화 질서를 언어 연구에 부과해 왔다'(김지홍 뒤침, 2011: 44)는 것이다. 그래서 '담론'이란 표현은 기존 언어 연구 분야에 관한 저항이

---

8) 서덕희(2011), 「담론분석방법」, 『교육비평』 28, 218쪽.

자 뒤집기에 해당한다고 말할 수 있다.

　담론을 권력과 연계하여 본 대표적인 학자는 푸코이다. 앞서 말했다시피 페어클러프도 비판적 언어연구가 푸코에 의존하고 있다고 말한 바 있다. 그런 점에서 우리는 페어클러프의 담론 이론을 알기 위해 푸코의 담론 이론을 어느 정도 알아 볼 필요가 있다. 우리가 알다시피 푸코는 담론을 통해 사회를 규정하는 역사적 지식 체계를 탐구한 학자이다. 레비스트로스가 인간의 삶을 특정한 방식으로 규정하는 보편적 질서 혹은 보편적 규칙을 친족관계(사회구조)에서 찾은 것처럼 푸코도 사람들의 인식과 지각을 결정하는 사고의 무의식적 근원 기제를 담론에서 찾고자 했다. 푸코가 볼 때 담론은 무의식처럼 깊은 심연에서 사람들로 하여금 일정한 방식으로 생각하고 일정한 방식으로 행동할 수밖에 없게 만드는 지식 체계이다. 담론은 인간이 볼 수 있는 것과 볼 수 없는 것들을 경계 짓는 사고의 한계 틀을 규정하며, 담론 안에서 담론의 형식에 따라 사고하고 행동하도록 만든다.

　예를 들어 푸코는『임상의학의 탄생』에서 담론(discourse)에 의해 18세기의 의학과 19세기 의학을 어떻게 차이가 나게 되는지를 상세하게 설명한다. 18세기 중엽 히스테리 환자를 치료하던 의사는 신경조직이 마르지 않도록 12시간 환자를 목욕시켰으며 세포조직을 '양피지 조직'이란 말로 표현했다. 정신적인 병변의 원인을 뇌가 아닌 다른 곳에서 찾았으며, 객관적인, 학술적인 의학적 접근이 이루어지지 않았다. 19세기에 오면 의사들은 뇌막염의 원인을 직접 뇌를 둘러싸고 있는 외피에서 찾았다. 경뇌막에 있는 지주막에 관한 분석적 논의가 이루어졌으며, 환자의 상태를 질병의 위치에 맞게 객관적인 언어로 표현하고자 했다. 푸코는 히스테리 환자를 목욕으로 고치고자 했던 18세기의 의학과 뇌의 병변 현상을 객관적으로 기록한 19세기의 시각은 엄청난 차이가 있다고 말한다. 18세기에는 환자의 상태를 표현하는 불명확한 용어로 가득 차 있는 반면("물기에 젖은 양피지 조직"), 19세기에는 섬세한 의학적 시선으로 일정한 법칙성을 부여할 수 있을 만한 객관적 표현이 나타난다("뇌주위를 감싸고 있는 황간막"). 푸코는 이와 같은 담론의 변화가 '질병을 보는 방법'과 '질병을 서술하는 방식'에서 이전과 다른 시각의 차이가 있었기 때문이라고 말한다. 언어와 질병의 관계를 이전과 다른 방식으로 인식하고 판단하게 된 것이다. 19세기 객관적인 의료 담론은 '보이는 것'과 '보이지 않는 것'을 나누던 지식의 경계가 변화했고, 이에 관한 언어 표현도 변화했기 때문에 나타났다. 푸코는 이를 '언어와 질병의 관계를 특정한 방법으로 분절하고 구성하는 담론의 법칙'이라고 말했다.9)

　푸코는 "어떤 사회이든 담론의 생산을 통제하고, 선별하고, 조직화하고, 나아가 재분배하는 일련의 과정들"이 존재한다고 보았다. 지배자들은 담론을 통해 위험을 추방하고, 다양한 사건을 지배하고, 위험한 물질들을 피해가는 그런 역할을 하는 과정들을 가진다. 예컨대 성(性) 담론은 금지의 기제를 통해, 또 이성과 광기의 담론은 분할과 배척의 과정을 통해 대중을 내면에서 스스로 억압하고 통제하게 만든다. 그리고 나아가 한 사회에서 지식과 가치를 분배하고 수행하는 방식을 결정하게 된다.10) 말하자면 권력은 강제와 억압보다 지식과 담론을 통해 행사되고, 개인은 이를 자연스러운 현상으로 받아들이게 된다는 것이다. 푸코든 페어클러프든 언어(담화)가 지식(신념)의 원천이자 행위의 실제적인 근원이라는 것을 인식하고 있다.

　당연한 말이지만 언어와 권력을 연계시킨 푸코의 담론 이론은 자연스럽게 일상의 언어, 일상의 텍스트를 주목하여 분석하게 된다. 페어클러프 역시 일상적 담론(텍스트)을 분석 대상으로 삼으며, 이런 담론을 통해 사회적인 실천 관행과 사회적 권력 관계를 분석하고자 했다. 페어

---

9) 미셸 푸코, 홍성민 옮김(2006), 『임상의학의 탄생』 이매진, 14~27쪽; 이진경(1995), 「미셸 푸코와 담론 이론: 표상으로부터의 탈주」, 이진경 외, 『철학의 탈주』, 새길, 208~210쪽.
10) 미셸 푸코, 이정우 해설(1997), 『담론의 질서』, 새길신서33, 13~19쪽.

클러프는 자신의 책 『언어와 권력』 앞부분에 비판적 언어연구가 다루는 것은 '담화'이며, 담화를 "사회구조들에 의해 결정된 사회적 실천관행"이라고 정의한다. 담화의 권력 관계는 사회제도와 연합된 '담론질서'에 의해 유지되며, 결과적으로 담론은 사회구조에 의해 결정되지만 사회구조를 결정하기도 하는 것이다(김지홍 뒤침, 2011: 51~52). 담론이 사회구조의 주요 구성체이며, 주체 형성과 이념 생산의 주요 근원이라는 점을 푸코와 마찬가지로 페어클러프도 인정하고 있다.

그런데 문제는 이런 일상담화를 사회구조(심층적 지식구조)와 어떻게 연관시키느냐 하는 점이다. 일상의 담화에서 사회적 권력의 본질을 유추해내기는 쉽지 않다. 일상의 담화는 복잡하고 다양하며, 그 속에 다양한 맥락을 가진다. 이런 다양한 맥락 속에서 한 두 편의 일상 담화를 통해 어떻게 거시적인 사회체제의 구조를 해석해낼 수 있을까 하는 점은 여전히 문제가 된다. 다 알다시피 푸코는 정신병, 감옥, 범죄, 성(性)과 같은 구체적 사건의 담론을 체계적이고 통시적으로 다양하게 분석하면서 역사적인 거대 담론을 해석해냈다. 푸코는 과학적 탐구자의 자세로 특정 지식이 시대마다 담론을 어떻게 분류하고 규정하여 왔는가를 해석하고 이에 따른 사회적 현상을 추적했다. 그래서 오랜 기간 특정한 담론이 언어 표현 속에서 사물과 사건을 어떻게 규정하고 제약하는지를 찾아낼 수 있었다. 예를 들어 정신병이나 광기는 시대마다 다른 담론적 규정을 가지고 있다. 르네상스 시기에는 광기를 이성을 넘어선 신비스러운 것으로 신성시된 반면, 17세기에 이르면 광기는 거지, 강도와 같이 반사회적인 범죄를 규정되었다. 18세기에 오면 광기는 범죄가 아니라 치료받아야 질병으로 간주된다. 이에 따라 의료제도가 구비되고 정신병원이 제도화되었다. 이와 같이 푸코는 구체적인 일상담론을 역사적으로 추적하였으며(고고학), 이에 따라 시대를 가로지르는 보편적 담론의 이념들을 찾을 수 있었다. 푸코의 연구 방식을 구조적이고, 해석적이면서도 역사적이라 말할 수 있는 것이 이런 연유에서이다.

반면에 CDA에서 페어클러프는 이와 다른 방식을 취한다. 페어클러프는 푸코처럼 담론의 역사적 궤적보다 텍스트의 실제 표현양상과 권력관계에 더 관심을 가지고 있다. 페어클러프는 개별적인 언어 표현들이 어떻게 사회적 맥락 속에 권력을 담지하고, 그것을 작동시키며, 사람들에게 영향을 미치는지를 알고 싶어 한다. 그래서 실제 사회 현실의 담화 속에서 권력이 작동하는 모습들을 살펴보았으며, 이를 통해 사회적 구조나 사회적 체계의 문제가 자연스럽게 밝혀지기를 원했다. 예를 들어 그의 책『담화 분석 방법』을 보면 예문으로 '경영자와의 대담'이란 담화가 나온다. 여기서 구조조정으로 해고당한 종업원에 대해 '누군가 그들을 해고했다'라는 표현을 쓰지 않고 '그들은 직장을 잃어버렸다'라고 쓰고 있다. 이런 표현은 종업원을 누가 해고했는지, 해고한 책임이 누구에게 있는지를 알 수 없게 만드는 방식이다. 해고한 행위주를 배제해 버리는 이런 방식은 텍스트의 의미를 바꾸고 텍스트를 권력자의 편에 서게 만들어 버리는 것이다. 이런 포함과 배제의 방식은 우리 사회의 담화 관례에서 흔히 나타나는 방식이다.[11] 이처럼 페어클러프는 권력의 도구로 작용하는 담화를 분석하고, 그런 텍스트의 표현 양상을 추적하며 담론 권력의 언어적 속성을 밝히고자 한다.

페어클러프의 방식은 한 두 편의 일상 텍스트를 통해 사회적 권력관계를 분석하는 것이다. 이를 위해 그는 텍스트에서 사회구조로 상승하는 3단계 분석 방법을 사용한다. 첫째 텍스트의 어휘적·문법적 분석으로, 텍스트를 분석할 수 있는 여러 형식적 방법을 말한다. 둘째는 텍스트와 텍스트의 관계, 혹은 장르나 담론 관행을 분석하는 것이다. 셋째, 담화 속에 나타난 사회적 권력관계, 사회적 구조를 찾아내고 분석하는 것이다. 페어클러프는 이 세 가지 기능을 '텍스트', '상호작용', '맥락'이라고 지칭하였는데, 실제 담화에서 이 세 가지 기능은 독립적으로

---

11) 페어클러프, 김지홍 뒤침(2012), 『담화 분석 방법』, 경진출판, 334~339쪽.

기능하되, 서로 복잡하게 얽히기도 한다.

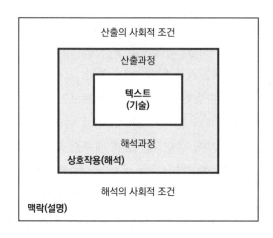

페어클러프는 텍스트를 산출하고 해석하는 근원으로 '기억자원'을 언급한다. 이 기억자원은 사람들의 머릿속에 들어 있다는 의미에서 인지적이지만, 사회적 기원을 지닌다는 측면에서 사회적 속성을 가진다(김지홍 뒤침, 2012: 66). 텍스트 속에는 텍스트를 생산한(혹은 텍스트를 해석하는) '기억자원'들이 존재하며, 이들은 잠재태의 양식으로 사회구조와 권력 관계를 담지한다. 페어클러프는 기억자원의 찾아내고 해석함으로써 텍스트에 나타나는 권력 관계를 파악하고, 사회구조를 해석해낸다. 그가 볼 때 모든 담론(텍스트)은 사회적 기원을 가지며, 사회구조나 사회 권력의 산물이다. 그래서 그가 가장 잘 사용하는 말이 바로 "모든 담론은 사회적 실천관행이다"라는 표현이다. 그가 전통언어학이나 화용론을 비판하는 것도 이들 이론들이 담론 속에 있는 이와 같은 사회적 기능을 읽어 내지 못했다는 점 때문이다.

위의 표를 보면 알겠지만 페어클러프는 담론 분석의 세 가지 차원을 담화가 발생하는 환경(텍스트), 담화 기반이 구성되는 사회제도 차원(상호작용), 하나의 전체로서 사회구조의 차원(맥락)으로 나누고 있다. 이들은 하나의 담론이 지닌 각각 다른 층위의 요소들이다. 페어클러프는 이런 담화의 세 차원에 대응하도록 CDA의 세 가지 분석 차원, 즉 기술 단계와 해석 단계, 설명 단계를 제시하고 있다.

기술(discription) 단계: 해당 텍스트의 형식적 속성
해석(interpretation) 단계: 텍스트 및 상호관계 사이의 관련성
설명(explanation) 단계: 산출 과정과 해석 과정의 사회적 효과12)

여기서 기술단계는 텍스트 분석의 기초단계, 즉 형식적인 속성에 관한 분석으로, 어휘나 문법, 텍스트구조에 관한 분석을 의미한다. 예를 들어 어휘는 이념상의 어휘나, 반복 어휘, 어휘 간 의미관계 등, 문법은 행위주나 명사화, 능동태/수동태, 긍정문/부정문 등을 다루고, 텍스트구조에서는 발언기회, 발언기회의 통제 방식, 거시구조 등의 문제를 다룬다. 여기서 한 가지 알아야 할 것은 어휘나 문법을 분석한다고 하더라도 CDA에서의 분석은 이념의 유지, 생산, 변화에 초점을 두기 때문에 정통적인 언어 분석 방법과는 차이가 있다는 점이다. 흔히 국어교육 연구자들이 오해하는 측면도 이 부분이다. 이 점에 대해서는 다음 장에서 다시 언급하고자 한다.

해석단계에서는 텍스트 산출과 해석에서 해석 주체의 잠재된 사회적 이념과 어떤 상호작용이 이루어지고 있는지를 다룬다. 다시 말해 텍스트에 잠재된 사회적 의미들을 다루기 위해 담화 내의 사회적 권력관계들을 추적하는 것이다. 여기서 추적의 대상은 대상 텍스트와 그 텍스트를 만든 주체이다. 통상 담화를 산출하거나 해석하기 위해서는 담화질서와 사회관례에 의존하게 되는데, 이를 이용하도록 하는 담화 주체의 '기억자원'이다. 텍스트 산출과 해석에서 담화 주체는 자신만의 '기억

---

12) 페어클러프, 김지홍 뒤침(2012: 68).

자원'을 가지고 있다. 이 기억자원은 무의식적이긴 하지만 사회질서, 상황 유형, 담화 유형들에 관한 원천을 제공한다. 달리 말하면 텍스트 해석은 이런 기억자원에 잠재된 사회질서, 상황판단, 담화 유형의 의존에 기인한다. 해석은 텍스트를 통해 이런 것에 관해 "베일을 벗기고 신비를 벗겨 버리는"(김지홍 뒤침, 2012: 272) 일이 된다.

앞서 해석단계가 기억자원을 통해 어떻게 담화를 산출하고 해석하는가에 초점이 있었다면 설명단계는 이런 과정이 기억자원을 어떻게 재생산하고, 이것이 어떻게 사회구조의 변화를 가져오는가를 탐색한다. 사회와 담론의 관계가 변증법적이라면 기존의 사회구조, 담론질서에 의해 담론의 산출과 해석이 이루어진다. 담론은 새로운 담론을 만들고 새롭게 기억자원을 변화시킨다. 그리고 종국에는 이런 담론의 변증법적 순환 과정이 사회구조를 바꾸게 된다. 설명단계는 텍스트 분석에서 이어진 담론 효과가 결국 사회구조의 문제로 환원되는 과정을 보여준다.

그런데 이런 3단계 분석층위를 보면 금방 떠오르는 이론이 있다. 바로 할러데이(Halliday)의 체계기능언어학의 문법 이론들이다. 주지하다시피 할러데이는 언어 사용을 기능적으로 생각했다. 언어의 의미는 외적인 사용맥락에 의해 결정되며 동시에 언어가 사용 맥락의 구성에도 영향을 끼치는 것으로 보았다. 할러데이는 언어의 메타적 기능으로 텍스트적 기능, 상호메타적 기능, 표상적 기능, 세 가지를 지적하고 있는데, 텍스트적 기능은 텍스트 내적 구조와 규칙성과 관련된 기능을 말하며, 상호메타적 기능은 화자와 청자 간의 의사소통에 필요한 기능을, 표상적 기능은 우리의 경험을 반영하여 세상을 해석해내고 구성하는 기능을 말한다.[13] 이런 세 가지 기능은 바로 페어클러프의 기술-해석-설명 단계와 유사하게 대응한다.

---

13) Smirnova, E., & Mortelmans, T., 최지영 옮김(2015), 『기능문법의 개념과 이론』, 한국문화사, 77~78쪽.

페어클러프는 할러데이의 기능문법에 영향을 받은 바는 인정했고(김지홍 뒤침, 2011: 45), 그의 이론에도 할러데이와 유사한 특성들이 나타난다. 대표적으로 언어가 사회적 맥락과 사회구조를 기술할 뿐만 아니라, 사회적 환경과 사회 구조를 언어를 통해 실현할 수 있다고 본 점이다. 할러데이는 언어적인 '상황맥락(상황 유형)' 안에서 인간이 사회화되고, 의미 있는 행위를 수행하게 된다고 말했다. 예를 들어 '물건 주문 상황', '면접 상황' 등 언어 유형은 사회적 유형화를 만들어 낸다.[14] 이처럼 페어클러프가 할러데이 언어학에서 가장 큰 힘을 얻었던 것은 언어가 사회구조의 문제까지 확대될 수 있다고 본 점이다. 앞서 푸코도 결국 사회체제, 권력의 문제가 언어(담론)의 문제와 깊이 관련되어 있다고 보았지만 단 하나의 담론이 그런 힘을 발휘한다고 보지는 않았다. 반면에 할러데이 언어학은 한 문화를 구성하는 '의미의 네트워크'가 담화 체계 안에서 어떻게 유지되는가를 보기 때문에 언어 자체가 바로 사회화의 한 형식이면서 사회 문화를 나타내는 기호가 된다. 체계기능 언어학에서는 언어구조나 언어구성이 사회적 목적과 맥락에 맞게 조직된다고 믿는다(정희모 외 옮김, 2015: 62). 페어클러프가 언어를 과대평가하게 된 근거가 여기에 있다.

페어클러프도 텍스트에서 사회구조를 읽어 낼 방법을 찾았는데, 앞서 말한 할러데이의 언어적 인식들이 영향을 준 것으로 보인다. 페어클러프는 하나의 담론 속에서 사회구조의 모습과 권력 투쟁의 모습들이 담지될 수 있다고 믿었다. 페어클러프는 자신 있게 "간단한 하나의 담화도 전체 사회를 함의하는 것이다"(김지홍 뒤침, 2011: 286)라는 말하는데, 이런 말을 보면 그의 방법이 텍스트에서 시작하여 사회적 구조의 문제까지 상승하고자 하는 의욕을 품고 있음을 알 수 있다. 이는 역사

---

14) Bawarshi, A. S., & Reiff, M. J., 정희모 외 옮김(2015), 『장르: 역사·이론·연구·교육』, 경진 출판, 62~63쪽.

적이며 해석적인 방법으로 담화의 이념, 담화의 권력 관계를 추적하는 푸코의 방법과는 상반된다. 푸코는 담론의 구조가 어떻게 사회적 권력을 통제했는가를 역사적으로 탐색하고 난 후에야 비로소 구체적인 사례로 개별 담화를 분석하였기 때문이다.

3. 담론적 사건의 형성과 텍스트 분석

주지하다시피 푸코의 연구 방법은 고고학(archeology)과 계보학(genealogy)이다. 고고학은 역사적 유물을 탐색하듯 인식의 지층을 밝혀낸다는 의미에서 담론연구에 역사적 연구 방법을 차용한 것을 말한다. 계보학은 고고학의 연장선에서 담론의 형성 배경과 조건에 관심을 둔 연구 방법이다. 고고학이 시대변화와 역사에 따라 담론이 어떻게 지식체계를 형성해 왔는가를 밝히는 데 초점이 있다면, 계보학은 여기에서 한걸음 더 나아가 그런 지식체계의 형성 조건 및 권력과의 역학관계에 초점을 둔 점이 다르다. 예를 들어 광인은 중세기에는 정상인의 반대편에 있는 괴팍한 혹은 신비한 존재로 여겨졌다면 근대 이성의 개념이 등장한 후 비이성적인 범죄, 악과 함께 감금의 대상이 되었고, 18세기 이후 정신의학이 등장하면서 의학적 치료가 필요한 정신병자로 분류되었다.15) 이처럼 푸코의 연구 방법은 담론(지식체계)이 시대마다 변화된 과정과 그것이 개인에게 미친 권력의 역학관계를 다루는 것이다.

일상의 담화에서 역사적 의미를 찾기 위해서는 매우 힘든 과정을 거쳐야 한다. 푸코의 고고학이나 계보학처럼 그 담화가 사회·역사적으로 어떤 의미를 가지는지 오랜 기간 그 담화의 주변들을 면밀하게 추적해

---

15) 궁선혜(2016), 「교육과정연구에서의 푸코방법론 적용과 그 가능성의 탐색」, 『교육과정연구』 34, 207쪽.

야 하기 때문이다. 만약 우리가 이런 힘든 탐구 작업을 통해 어떤 담론의 사회·정치적 의미를 분석했다면 그 의미를 다시 구체적 담화를 통해 설명해 갈 수 있을 것이다. 따라서 부분(담화)은 전체(개념)를 향하지만 전체(개념) 역시 부분(담화)을 통해서 설명될 수밖에 없다 사람들의 인식활동은 대상의 본질을 직관적으로 찾아내는 것이 아니라 여러 혼란스럽고 불명확한 것을 사유 속에서 재구성하고 추상함으로써 비로소 그 본질에 가까이 다가서게 된다. 이런 과정이 없다면 담론연구도, 학문도 불가능할 것이다.16) 담론 연구는 결국 구체적이면서도 전체적인 의미 사이의 변증법적 관계를 읽을 수 없으면 실질적인 연구 성과를 얻기가 어렵다.

예를 들어 푸코의 방법과 페어클러프의 방법을 응용하여 "교실붕괴" 담론을 분석한 사례를 살펴보자. 이 연구는 1999년 조선일보 「무너지는 교실」이라는 기획기사로 시작하여 이후 2002년까지 수많은 보도기사와 사설, 칼럼 등이 나오면서, "교실붕괴" 담론을 만들어 낸 사회적 현상을 분석한 것이다. 연속된 이 담화들의 현상은 학부모들로 하여금 '공교육 부실론'과 '하향평준화'를 비판하고, 자녀조기유학, 홈스쿨링이 가능하게끔 만든 동력이 되었다. 그런데 우리가 여기서 한 가지 알아야 할 사실은 이 논문을 쓴 연구자가 '교실붕괴'란 용어가 포함된 179건의 기사를 모두 훑어보면서 '교실붕괴'담론이 전체적으로 어떻게 형성되는지를 살펴보고 난 후 다시 구체적인 텍스트 분석으로 돌아갔다는 점이다. 필자의 말에 의하면 앞선 기사 분석을 통해 "대체적인 분석

---

16) 이기홍(2003), 「추상화: 비판적 실재론의 해석」, 『사회과학연구』 42, 76쪽. 참고한 이 부분의 원문은 다음과 같다. "사람들의 인식 과정에서, 예외적인 경우가 아니라면, 객체를 직관적으로 통찰해내는 것이 아니다. 사람들은 혼란스럽거나 불분명한 어떤 것으로 주어지는 인식 대상에 대해, 사유 속에서 그것의 여러 구성요소들이나 측면들을 분리시켜 파악해내고, 그렇게 분리된 것들을 종합하여 사유 속에서 객체를 재구성함으로써 인식을 진전시킨다." 이에 대해서는 아래 책과 논문을 참고할 것. Kosik, K., & Hoffmann, M., 박정호 옮김(1985), 『구체성의 변증법』, 거름, 13~56쪽.

의 틀을 가지고, 다시 최초의 '교실 붕괴' 기사들을 텍스트로 바라보고 '어휘', '문법', 및 '결합', '텍스트 구조'의 범주에 따라 분석"했다고 한다.17) 이렇게 본다면 우리는 비판적 담화 분석의 방법에서 몇 편의 텍스트를 분석하기 위해서는 그에 앞서는 여러 추상화 과정, 개념화 과정이 있어야 하며, 이것 없이는 하나의 텍스트를 통해 얻을 수 있는 내용이 극히 적다는 것을 알 수 있다. 페어클러프의 주장했듯이 '간단한 하나의 담화도 전체 사회를 함의한다'는 말은 실제 그렇게 자신 있게 생각할 수 있는 말은 아닌 것이다.

이는 담론이 지닌 의미를 보아도 분명하다. 우리가 알다시피 담론은 사람들의 인식을 변화시키고 이를 통해 행동을 촉진하는 기능을 한다. 사람들은 담론의 잠재된 인식구조에 따라 생각하고 실천한다. 이를테면 '정신병은 어떠하다'란 담론적 규정은 사람을 판단하고 정신병원에 가두는 행위를 수반한다. 아울러 이를 규정한 정신병리학은 강제성과 구속성이 있는 실제적인 힘을 갖게 된다(이진경, 1995: 222). 그렇기 때문에 담론이 사회제도와 행위, 권력과 밀접한 관계를 갖는다. 그런데 푸코는 담론적 실천이 단지 언어만을 통해 이루어지는 것은 아니라고 보았다. 담론이 개인들을 특정한 방식으로 실천할 수밖에 없도록 만드는 표상체계이긴 하지만 그것은 담론 밖의 사물이나 사건과 결합되어야 그 실천도 가능하다고 보는 것이다. 정신병의 담론이 의료체계, 정신병동 같은 사회적 실체와 연관되어야 행위로 전환된다. 앞서 말한 '교실 붕괴' 담론도 교육제도, 교실, 조기유학제도, 홈스쿨링 등 사회적 실체가 있어야만 담론적 실천이 가능하다. 푸코는 이를 담론 밖의 '사건 (événement)'이라고 말하고 담론이 가능하게 하는 '존재 조건'이라고 규정한다. 아울러 푸코는 어떤 담론적 사건이든 담론 하나만으로 이루어

---

17) 서덕희(2003), 「교실붕괴」 기사에 대한 비판적 담론 분석」, 『교육인류학연구』 6(2), 2003, 64쪽.

지지는 않으며, '담론적 사건들의 집합'으로 나타나며, 이를 '비담론적 형성체'라고 말했다(이진경, 1995: 218~222). 앞서 '교실붕괴' 담론에서 보듯이 담론 역시 단일한 담론으로 실천적인 힘을 가지는 것은 아니다. 담화가 연속적으로 이어지며 마침내 그것은 하나의 거대한 '담론적 형성체'를 만들고 이로서 사회적 힘의 실체를 얻게 된다. 그래서 앞서 말한 대로 담론의 힘은 단지 담화 한두 편만으로 구성되는 것은 아닌 것이다.

이를 통해 보면 우리는 비판적 담화 분석에 관한 국내외 논문들이 왜 예외 없이 정치 담론이나 언론 담론만을 분석 대상으로 하는지는 알 수가 있다. 페어클러프는 대처수상과 같은 영국 정치인의 담론이나 영국 신문의 언론 기사만을 분석했으며, 국내 CDA 관련 논문들은 거의 대부분 언론기사를 담론으로 분석했다. 예를 들어 1995년 5.18 특별법 제정에 관한 동아일보와 조선일보를 분석한 것이라든지,[18] 2011년 FTA 비준에 관한 조선일보와 한겨레신문의 기사를 비교한 것,[19] 메르스 보도에 관한 조선일보와 한겨레신문의 사설을 분석한 것,[20] 신문 사설에 나온 '진보'에 관한 담화 분석을 한 것,[21] 언론 담화에서 '사회 지도층'이란 용어가 담긴 기사를 분석한 것,[22] '친박연대'에 관한 정치적 담론을 분석한 것,[23] 언론기사를 통해 '준동하다'라는 용어가 사용

---

[18] 박선희(2002), 「언론의 정치적 현실구성에 대한 담론분석: 5.18 특별법 제정에 관한 동아일보와 조선일보의 사설을 중심으로」, 『정치·정보 연구』 5(1), 209~248쪽.

[19] 박병선(2012), 「비판적 담화분석과 한국어교육: 신문사설을 중심으로」, 『국제 한국어교육학회 학술대회 논문집』, 국제한국어교육학회.

[20] 김병건(2015), 「메르스 보도에 대한 신문 사설의 비판적 담화 분석」, 『한말연구』 38.

[21] 김병건(2016), 「신문의 사설·칼럼에 나타난 '진보'에 대한 비판적 담화 분석」, 『사회언어학』 24(1).

[22] 김해연(2013), 「언론 담화에 나타나는 '사회지도층 인사'에 대한 비판 담화분석적 연구」, 『텍스트언어학』 34.

[23] 이원표(2010), 「'친박연대'의 혼성적 정치 정체성에 대한 비평적 담화분석」, 『담화와 인지』 17(3).

되는 방식에 관한 연구24)들이 있는데, 대체로 대부분의 연구들이 언론 기사 분석을 중심으로 했다. 전체적으로 보면 이보다 훨씬 더 많은 수의 논문들이 정치담화나 언론기사를 대상으로 담론 분석을 했을 것이다.

이런 담론 연구의 특징은 연구자가 이미 대상 텍스트의 내용에 관한 충분한 배경 지식을 가지고 있었다는 점이다. 반복되는 담론을 통해(담론 형성체) 이미 사회적으로 문제가 되었거나(FTA, 메르스, 친박연대 등), 선명한 이념적 대립으로 대중에서 알려진 것들이다(진보/보수). 이런 연구를 통해 우리가 알 수 있는 것은 대체로 이념적 대립과 권력 형성의 내용보다 사용된 언어 기술과 언어 전략들이다. 이런 연구는 몰랐던 사실을 새롭게 발견하는 과정이 아니라 이미 알고 있는 사실을 확인하고 그 언어 전략을 탐색하는 과정이다. 푸코식 담론 연구든 페어클러프의 담론 연구이든 이들 담론 연구는 여러 담론 연속체를 통해 사회·정치적 개념을 인식한 후 접근할 수 있는 방법들이다. 푸코는 고고학적 연구를 통해 광기가 시대별로 규정되어 왔다는 사실을 알고 연구를 서술했으며, FTA에 관해 조선일보와 한겨레신문이 어떤 입장을 보일지 알고 있는 가운데 텍스트를 분석하고 탐색한 것이다. 이런 연구의 특성은 무얼 발견하기 위한 것이라기보다 특정 시각에서 언어적 태도, 언어적 전략이 어떻게 사용되었지 탐색하는 연구 방법이라는 사실을 명료하게 보여준다.

페어클러프는 앞서 말한 대로 '텍스트 → 사회적 상호작용 → 사회·정치적 맥락'으로 상승하는 방법을 택했다. 이는 푸코의 방식과 다를 뿐만 아니라 연구 대상을 한정하고 좁히는 결과를 가져온다. 비판적 담화 분석의 방법에서는 주로 사회적 쟁점이 되는 텍스트만을 연구대

---

24) 김해연(2011), 「비판적 담화분석과 텍스트 분석: '준동하다' 분석을 중심으로」, 『텍스트 언어학』 30.

상으로 삼는다. 그렇지 않고는 한 편의 일상적 텍스트(담론)가 상승하여 사회·정치적 의미를 얻게 되는 경우가 많지 않기 때문이다. 이런 문제는 결국 페어클러프가 세운 세 가지 단계, 즉 텍스트(기술) → 상호작용 (해석) → 맥락(설명)이 실상 단단한 방법론이라기보다 매우 제한적인 연구방법론이라는 것을 증명해주는 것이라 할 수 있다. 많은 연구자들이 페어클러프의 3단계 연구 방법이 세밀하지 않고 방법적인 완성도가 떨어진다는 점을 지적하고 있다. 페어클러프의 3단계 중 "담화 수행과 사회문화적 수행 차원에서는 선언적 성격이 강하고, 수행 방식에 대해서는 실질적인 내용을 찾기 어렵다"나 "CDA는 정교하게 다듬어진 연구방법론이라기보다 관점으로서의 성격이 강하다."[25]는 비판이 이런 사실을 지적하고 있으며, "담론 분석이라는 명칭을 독점할 수 있는 자기완결적인 방법론적 체계는 존재하지 않는다"[26]는 비판과 "드문드문 있는 사회과학의 다양한 모형들로부터 가져온 경쟁적이고 통제가 안 된 방법론들을 사용하는 것은 위험하다(Fowler)"[27]는 비판은 비판적 담화 분석의 방법들이 아직은 미완성의 방법이라는 점을 지적한 것들이다.

이런 미완성의 성격은 기초 단계인 기술 단계보다 해석과 설명 단계에 집중되어 있다. 앞서 설명한 대로 기술 단계는 언어 분석 방법을 사용하여 여러 분석 단계를 설정하기 때문에 나름 분석 방법으로 쓸모가 있다. 그러나 해석 단계는 주로 사회질서와 상황맥락을 내면화한 '기억자원'에 의존하기 때문에 텍스트에서 그 기억자원의 자취를 찾기란 쉽지가 않고, 또 찾았다 하더라도 상식적이어서 창의적인 면이 적다. 페어클러프가 예로 많이 사용하는 것은 제도화된 우리 행정, 노동,

---

25) 최윤선(2014), 『비판적 담화분석』, 한국문화사, 30쪽.
26) 신진욱(2011), 「비판적 담론 분석과 비판적·해방적 학문」, 『경제와 사회』 89, 11쪽.
27) Hart, C., 김동환·이미영 옮김(2017), 『비판적 담화분석과 인지과학』, 로고스라임, 32쪽.

교육 체제에 관한 것인데, 몰랐던 사실을 새롭게 발견한 내용들은 아니다. 『언어와 권력』 앞부분을 보면 경찰서에서 경찰이 무장 강도를 본 목격자와 면담하는 내용이 등장한다. 이 내용 속에는 매우 딱딱하게 질문을 하는 경찰과 수세적 입장에 몰려 대답을 하는 목격자가 나온다. 경찰은 목격자가 제공하는 정보에 관해 고마워하지도 않으며, 중간에 목격자의 말을 끊고 내용을 통제하기도 한다. 페어클러프는 이 내용을 분석하면서 언어가 우리 '사회 구성원 사이에 있는 관계속성'에 의해 결정되며, 이를 당연하다고 믿는 사람들의 사회적 관례들, 다시 말하면 '담화 관례'들에 의한 것이라고 규정한다(김지홍 뒤침, 2011: 52~56). 이런 사회적 제 관계를 상기시켜 준 것은 의미를 가지지만 그렇다고 하여 그것이 새로운 해석 방법이나 새로운 해결 방안을 제시하는 것도 아니다. 페어클러프가 '해석' 단계에서 요구하는 것은 사회 속에서 일반화되어 있는 담화관례들을 찾아내는 것이다. 그러나 이 실제 그 내용들을 보면 그렇게 새로운 것은 아니다.

설명 단계에 오면 이보다 더 추상적인 방법으로 분석된다. 일반적으로 텍스트 속에는 사회 문화적 권력 관계 및 사회적 정체성의 특성들이 잠재되어 있는데 설명 단계에서는 이런 기억자원들을 찾아내어 담론 속에 사회적 권력 관계가 어떻게 유지·변화하는가를 분석하는 것이다. 담론 속에 있는 권력 관계들은 담론에 영향을 미치기도 하지만 역으로 사회의 권력 변동에 영향을 주기도 한다. 설명 단계에서는 이런 영향 관계를 담론 속에 있는 권력의 특성을 통해 분석해낸다. 페어클러프는 설명 단계를 설명할 새로운 이론이나 방법을 도입하지 않고, 주로 거시적 담론 이론이나 이데올로기론에 의존하여 분석한다. 그렇기 때문에 설명 단계에서 CDA의 특유한 방법론을 찾기는 어렵다.

이런 여러 상황들을 보면 페어클러프의 방법을 교육에 적용하기 위해서 두 가지 문제를 먼저 고려해 보아야 한다. 먼저 하나는 교육에 CDA의 방법을 적용하려면 페어클러프의 3가지 중 텍스트 분석의 기술

부분을 중점적으로 다룰 수밖에 없다는 점이다. 앞서 말한 대로 페어클러프의 3가지 분석 층위는 기술, 해석, 설명으로 분류했다. 이 중에서 설명은 사회변동과 이데올로기 층위에서 다루어지는 것이니 단일 텍스트로 다루기 부족하며, 해석은 장르나 담화관습 등을 다루는 것으로 제한적으로 가능할 수 있으나 단일 학습 방법으로 만들기는 쉽지가 않다. 첫 번째 기술 부분은 텍스트 속에 담긴 권력 관계의 언어적 특성(어휘의 선택이나 배제, 인칭대명사의 사용, 수동/능동의 문제, 동사화·명사화 등)을 다루는 것으로 학습 방법으로 선택할 수 있는 여지가 상대적으로 많다고 할 수 있다. 국어교육에서 나온 CDA 관련 논문들도 주로 이 기술 부분에 대해 논의를 하고 있다.

다음 더 중요한 문제로 한 두 편의 텍스트를 교재로 다룰 때 소재나 대상을 매우 신중하게 선택해야 한다는 점이다. 앞서 말한 대로 한 두 편의 텍스트에서 권력적 의미를 뽑기 위해서는 이미 담론적 의미가 규정되어 있는 것을 선택할 수밖에 없다. 정치적으로 선, 악 관계를 구분할 수 없는 것이나 담론적 행위가 진행 중이어서 성격 규명이 불가능한 것, 중등 교육과정에서 다룰 수 없는 것들을 빼면 선택할 수 있는 텍스트의 소재는 매우 제한적일 수밖에 없을 것이다. 예를 들어 다문화 관련 텍스트, 인권이나 평등 문제 관련 텍스트 등이 가능할 수 있을 것이나 학습 과정 선택, 과제 선별 등 매우 섬세한 설계가 필요하다.

4. CDA의 적용, 남은 문제들

국어교육 분야에서 CDA 관련 논문이 등장한 것은 앞서 말한 대로 텍스트 분석을 통해 사회현실의 모순을 비판하고 성찰할 수 있다는 장점이 있었기 때문이다. 특히 CDA가 언어 분석을 방법으로 채택하고 있기 때문에 언어 텍스트를 교육 대상으로 삼고 있는 국어교육의 입장에서 CDA를 매력적인 학술 방법으로 볼 수가 있었을 것이다. 게다가 CDA가 매우 진보적이고 비판적 입장을 가진 이론이기 때문에 보수적이고 정태적인 교육학의 입장에서 보면 긍정적으로 생각할 측면들이 있을 수 있을 것이다. 그렇지만 CDA를 국어교육의 방법으로 도입하기 위해서는 다음과 같은 몇 가지 문제들을 함께 검토해 보아야 한다고 생각한다.

우선 CDA를 다룬 중등 국어교육 분야의 논문들은 대체로 국어교육에서 비판적 관점, 사회적 관점의 도입이 필요하다는 점을 강조하면서 CDA의 도입을 주장한다. 그렇지만 실제로 CDA에 대한 관점이나 적용 방법에 있어 서로 내용이 다른 경우가 많이 있으며, 심지어 같은 논문 속에서도 CDA에 관한 관점이 달리 나타나는 경우도 흔하다. 예를 들어 김효연·김규훈은 관련 논문들을 분석하면서 CDA를 통해 국어교육에서 비판적 읽기 능력과 비판적 사고력을 신장시켜 주며 학습자들에게 국어적 고등사고력을 길러주는 것으로 인식하는 데 반해,[28] 김유미, 심영택은 CDA를 언어 속에 반영된 이데올로기나 권력의 문제, 또는 그 지배관계의 문제를 따지는 것이라고 인식하고 있다.[29] 같은 CDA를 보더라도 시각이 이렇게 다른 것이다. 국어교육에서 CDA를 다룬 논문들은 이처럼 CDA에 대해 다른 시각을 가진 경우가 많다. 이를 테면 CDA 방법을 '필자의 의도 파악'이나 '문맥에 따른 추론'처럼 아주 부드러운 비판적 인식의 문제로 생각하는가 하면, 이와 다르게 '정치적 의도 추론', '권력 행위 주체 파악'등 정치적 분석으로 해석하기도 한다. 아니면 CDA를 정치적 담론 분석으로 이해하지만 실제 분석에서는 부드러운 비판적 인식 수준에 그치는 경우도 있다(김유미, 2014: 448).[30]

---

28) 김효연·김규훈(2016), 「'비판적 담화 분석'의 문법교육적 적용 가능성」, 『국어교육연구』 61, 93쪽.
29) 김유미(2014: 422); 심영택(2013), 「비판적 언어인식 교육 방법 연구」, 『국어교육학연구』 46, 54쪽.

이런 문제는 근본적으로 국어교육에서 CDA를 읽기나 해석에 있어 하나의 방법으로 이용하고자 하는 데 기인하지만, 논문 필자들이 CDA를 정확하게 인식하고 있지 못한 것에도 이유가 있다.

사실 앞서 말한 대로 CDA는 매우 정치적이고 이데올로기적인 담론 분석 방법으로, 텍스트 해석에 있어서 그런 방향으로 특화되어 있다. 페어클러프는 자신의 책에서 자기 이론의 초점이 "현존하는 관례들을 권력 관계 및 권력투쟁의 산물로 설명하려고 노력하는 일"이라고 언급한 바 있다(김지홍 뒤침, 2011: 19). 언어는 정치적 권력을 위한 매우 유용한 도구이며, 이런 도구적인 성격은 매우 쉽게 감추어지고 매우 은밀히 작동하기도 한다. 우리가 '상식적 가정'이라고 부르는 언어의 이데올로기적 성격을 페어클러프는 밝히고 폭로하고자 한 것이다. 그는 이를 "언어에 초점을 모아 … 사회적 착취관계에 대하여 일반적인 자각을 일으키는 것"(김지홍 뒤침, 2011: 26)이라고 말하고 있다. CDA의 모든 분석 방법은 권력의 생산·유지하는 데 언어가 기여하는 바를 폭로하고 비판하는 데 집중하는 것은 애초의 이런 의도 때문이다. 또 이런 점 때문에 학자들은 CDA의 분석 방법을 언급할 때에는 CDA가 중립적인 이론이 아님을 분명히 밝히고 있다.[31]

CDA 텍스트 분석의 이념적 특성은 언어 부분(기술 부분)에서도 확연히 드러난다. 언어 분석 방법의 한 측면인 비유를 예로 들면 영국의 한 지역에서 일어난 폭동에 대해 전국으로 '병이 퍼져간다'란 표현을 사용한 신문 기사를 분석하면서 "질병 비유가 … 피지배적 관심사항(동맹파업, 데모, 폭동)을 그것 자체로 사회의 건강을 쇠퇴시키는 것으로 해석하는 경향"(김지홍 뒤침, 2011: 231)이 있다는 점을 지적한다. 어휘 분석에 있어서도 강자와 약자, 지배자와 피지배자, 고용자와 피고용자 사

---

30) CDA를 이용한 분석이 아님.
31) 조종혁(2011), 「비판적 담론분석(CDA) 방법의 탐구」, 『커뮤니케이션 연구』 19(1), 158쪽.

이의 어떤 단어들이 채택되는지를 조사한다. 수동·피동 분석에서는 행위주가 어떻게 감추어지는지 분석한다. 행위주가 없는 수동태는 원인이나 행위 속성을 불분명하게 만들기 때문이다. 페어클러프가 제시한 "리비아가 공격을 받는다", "공격받은 리비아"가 그런 예이다(김지홍 뒤침, 2011: 241). 페어클러프가 사용하는 언어 분석의 예는 대체로 정치적이며, 이념적인 성향이 강하다. 페어클러프는 "텍스트 분석은 불가피하게 선택적"이며, 자신의 텍스트 분석 방법은 "신자본주의의 변화에 대해 도덕적·정치적 질문을 제기하려고" 하는 것이라는 점을 분명히 하고 있다(김지홍 뒤침, 2011: 49).

앞서 말했듯이 CDA의 이런 이념적 특성을 국어교육 논문들은 상당히 다양하게 받아들이고 있는 것 같다. CDA가 정치적이며, 이데올로기적이라는 점을 인정하고 이를 분석한 논문도 있지만, CDA를 사회적 맥락을 탐구하는 비판적 문식성 정도로 생각한 논문도 있다. 중요한 것은 국어교육에 정치적 텍스트를 대상으로 삼아 CDA처럼 이를 분석한 것은 실제 교육과정에 반영되기는 어렵다는 점이다. 예를 들어 한 논문에서 분석한 정부의 정책 개편에 관한 기사에서 "날치기, 졸속"과 같은 단어를 분석해낸다든지, 3.15부정선거를 다룬 신문기사를 분석하면서 시위학생과 경찰을 지칭하는 용어(군중, 데모대, 실탄사격, 두부, 흉부 등)를 분석한 것이라든지, 서울시 무상급식 정책결정에 관한 기사에서 '독버섯'이란 비유를 분석한 것 등[32]은 현행 국어교육에서 받아들이기 쉽지 않다. 우리나라 헌법과 교육기본법에 교육의 정치적 중립성과 정치적, 파당적 또는 개인적 편견의 전파가 불가능하다고 명시되어 있다.[33] 교과서 검증이 엄격하기 때문에 실제 이런 내용은 교과서에 실릴

---

32) 장성아(2015), 「비판적 담화분석(CDA)을 활용한 국어 교육 내용 연구」, 『국어교육연구』 59, 225~231쪽.

33) 헌법 31조, 교육기본법 5조, 6조. 천경록(2014), 「사회적 독서와 비판적 문식성에 대한 고찰」, 『새국어교육』 101, 29쪽, 각주 11) 참고.

수도 없을 뿐만 아니라 교육과정에 반영되기도 힘들 것이다.

이와 관련하여 혹자는 CDA를 정치적 소재를 제외한 낮은 단계의 차별들, 예를 들면 성 차별, 인종 차별, 학력 차별, 지역 차별 등과 같은 문제들에 적용할 수 있지 않을까 말할 수 있다. CDA를 하나의 방법으로서 이용은 가능하겠지만, 그런 경우 페어클러프가 말한 CDA의 근본 취지는 달라질 것이다. 그래서 이를 비판적 담화 분석이라고 말하기는 어려우며, 비판적 담화 분석을 이용한, 혹은 응용한 방법이라고 말해야 한다. 그러나 이렇다 하더라도 문제는 남는다. 하나의 문제는 페어클러프가 만든 분석 방법은 사용된 예문이나 방법을 보면 이념적이고 이데올로기적이어서 정치적인 해석을 벗어나기가 쉽지 않다는 것이다. 좌우나 빈부, 계급의 입장을 떠나 중립적인 입장에서 위의 소재를 다루는 방법을 찾기가 쉽지 않을 것이다. 그렇다면 굳이 CDA를 도입할 필요가 없이 비판적 읽기나 비판적 문식성의 입장에서 사회·문화적인 문식성의 방법 등을 개발할 수도 있다고 본다.

마지막으로 CDA를 가지고 중등 교육과정을 개발한다고 할 때 앞장에서 다룬 바대로 이미 담론 형성체를 이룬 사건, 소재를 다루어야 하며 그런 경우 매우 정치한 설계 과정이 필요한 데 이것이 쉽지 않을 것이란 점이다. CDA는 텍스트를 통해 사회적 권력구조의 생산, 유지 관계를 폭로하고자 하는 이론이다. 그렇기 때문에 사회 권력구조의 모순을 내포한 텍스트가 필요하며, 이 때문에 대체로 정치적 사건, 정치적 담론이 중심이 된다. 이런 정치적 담론을 배제한다면 앞서 설명한 대로 성차별, 인종차별, 학력 차별 등을 화제로 삼아 CDA 방법을 응용할 수 있을 것이다. 그렇지만 앞서 말한 대로 이런 담론이 가진 내용이나 함의를 이미 잘 알려져 있기 때문에 학생들에게 새롭고 의미 있는 담화 분석의 내용을 만들기는 쉽지 않을 것이다. 분석된 내용들이 이미 우리가 인지하고 있고, 사회에 알려진 내용일 수 있기 때문이다.

이렇게 본다면 페어클러프의 CDA 분석 방법을 국어교육에 도입하는 것은 아직 시기상조이며, 이를 응용할 방법에 관한 연구가 더 필요하다고 보아야 한다. 국내 교육법에 맞게 교과서와 교육과정에 반영될 수 있는 사회 문화적인 텍스트 해석 방법을 찾아야 할 것이다. 새로운 해석 방법을 위해 한 가지 제안을 하자면 페어클러프의 CDA 방법보다 더 세밀한 언어적 분석 과정을 보여주는 할러데이의 방법을 응용해 보라는 것이다. 할러데이 이론에는 개념적, 대인적, 텍스트적 기능에 따른 여러 언어 분석 방법이 있다. 특히 개념적 기능의 동사성 분석과 그 과정의 프로세스 분석은 텍스트를 새롭게 분석해 볼 수 있는 방법을 제공해줄 수 있을 것이다.34) 앞으로 텍스트의 사회적 의미를 살릴 수 있는 다양한 분석 방법이 연구되기를 희망한다.

---

34) 할러데이의 방법을 참고해 볼 수 있는 논문으로 김병건(2015), 「메르스 보도에 대한 신문 사설의 비판적 담화 분석」, 『한말연구』 38; 이승연(2016), 「사회과 텍스트 분석을 위한 비판적 담화 분석방법의 이용: 체계기능언어학을 중심으로」, 『시민사회교육』 48(4)을 들 수 있다.

활동 이론(Activity Theory)을 통한 직업 문식성 교육 방안

1. 서론

최근에 성인 문식성에 관한 논의들이 여럿 있었다.[1] 문식성 능력을 학교 교육의 대상에서 점차 평생 교육(직업 교육)의 대상으로 확대하고자 하는 논의가 늘어나고 있는 것이다. 사실 텍스트를 읽고, 생각을 정리하며, 의견을 표현하는 능력은 학교를 벗어나 직업 활동과 사회 활동에 매우 중요하고 필요하다. 읽고, 생각하고, 쓰는 능력은 사회적 경쟁력의 주요 요소일 뿐만 아니라 삶의 질과 직접 맞닿아 있는 자질이기도

---

[1] 이와 관련하여 최근에 나온 논문으로 다음과 같은 것이 있다. 노명완·이형래(2005), 「직업 문식성 연구」, 『독서연구』 13, 한국독서학회; 이형래(2005), 「문식성 교육의 확장에 관한 연구」, 『국어교육』 118, 한국어교육학회; 이형래(2006), 「직무독자에 대한 탐구」, 『독서연구』 16, 한국독서학회; 옥현진(2013), 「성인문식성 연구 동향 분석」, 『작문연구』 19, 한국작문학회; 옥현진(2014가), 「국제 문식성 평가 분석을 통한 문식성 교육 시사점 탐색: PIRIS, PISA, PIAAC을 중심으로」, 『청람어문교육』 49, 청람어문교육학회; 옥현진(2014나), 「성인문식성 교육과정 개발 방향 탐색」, 『국어교육』 146, 한국어교육학회.

하다. 그렇기 때문에 성인 문식성 교육을 새롭게 인식해야 한다는 요구와 함께, 학교 교육에서도 이에 관한 최소한의 학습이 필요하다는 관점이 제시되고 있다.

성인 문식성의 중요성에도 불구하고 국내 성인의 문식성 능력은 그렇게 높은 것으로 보고되고 있지는 않다. 2008년부터 시작된 OECD 국제성인역량조사(Program for the International Assessment of Adult Competencies, PIAAC)에서 한국은 최저연령대(16~24세)의 문식성 수준은 상대적으로 높지만, 최고 연령대(55~65세)의 문식성 수준은 상대적으로 낮았다. 한국은 모든 참가국(24개국) 중 최고 연령대와 최저 연령대 간의 평균 점수 차이가 가장 큰 나라였다(옥현진, 2013). 우리의 경우 연령대가 높아질수록 급격하게 문식성 능력이 떨어지는 것으로 판명되었다. 국내의 조사 연구도 이와 크게 다르지 않다. 국립국어원이 주관한 〈2013년 국민의 국어능력평가〉에서도 국민의 54.7%가 기초등급 이하인 것으로 조사되었다. 듣기·읽기·문법·말하기·쓰기를 항목으로 한 연구에서 특히 말하기와 쓰기 능력이 부족한 것으로 밝혀졌다. 쓰기 능력의 경우 기초 이하가 73.7%에 달했다. 특히 40~50대 연령대가 올라갈수록 기초와 기초 미달 등급의 비율이 급격히 늘어나는 것으로 밝혀졌다(국립국어원, 2013).

이런 상황을 보면 우리는 학교 교육 현장과 평생 교육 현장에서 성인 문식성에 대한 교육이 무엇보다 필요하다는 사실을 알 수 있다. 특히 고등 교육의 경우, 교육 목표와 교육과정을 설계할 때 성인 문식성과 직업 문식성에 대한 항목을 넣거나 이에 대한 최소한의 교육과정을 고려해야 할 필요성이 있다. 학생들을 가르치면서 교육성과가 다음 단계(사회 영역, 직업 영역)로 이어지지 않는다면 교육의 효과를 얻지 못한 것과 마찬가지일 것이다. 최근 미국 대학에서 신입생 작문 교육(FYC)의 학습 전이에 대한 논쟁이 제기되고 있는 것도 성인 문식성 교육과 연관되어 있다. 만약 신입생 단계에서 배운 문식성 학습 내용들이 다음 단계(전공 학습)이나 그 다음 단계(직업 현장)에 영향을 끼치지 못한다면 아무런 교육적 의미를 얻지 못한 것이 된다. 그래서 대학 작문 교육에서는 문지방 개념(threshold concept)을 통해 학생들의 교육적 역량이 직업 현장에까지 이어질 수 있도록 학습 내용을 조정하고 있다. 이처럼 대학 작문 교육에서도 성인 문식성(직업 문식성)에 관한 교수 항목과 학습 내용들이 필요하며, 이에 대한 학습 방법도 검토해 보아야 한다.

대학 작문 교육에서 성인 문식성, 특히 직업 문식성을 고려하는 방법은 여러 가지가 있다. 우선 대학생이 졸업 후 다양한 직장에 진입한다고 생각하고, 직장 생활에 필요한 기본 문식성 능력을 학습할 수가 있다. 예를 들어 미국의 성인 문식성 교육기관인 EFF(Equipped For the Future)에서는 성인 직업 활동의 핵심적인 항목으로 '이해하면서 읽기, 글쓰기에서 아이디어 생성하기, 이해하면서 말하기, 비판적으로 관찰하기, 문제를 해결하고 결정하기, 계획하기'[2] 등을 제시한 바가 있는데, 이는 대학 작문 교육을 통해 학습할 수 있는 것들이다. 또 학습 전이가 가능한 교수 전략으로 미국 작문 교육에서 소개한 '자료 조사하기', '질문 제기하기', '비판적으로 검토하기', '능동적인 의미 구성', '다양한 관점으로 탐색하기' 등도 직업 문식성을 위해 대학에서 학습할 수가 있을 것이다.[3] 이런 항목들은 결국 직장에서 문식성 활동에 도움이 되도록 기초 체력을 강화하는 것과 맞물려 있다.

그러나 이 논문에서는 성인 문식성(직업 문식성) 교육을 위해 무엇보다 필요한 것이 담화공동체에 관한 교육과 장르에 관한 교육이라고 생각한다. 학생들은 대학을 졸업한 이후 다양한 전문 영역으로 진출하게 된다. 학생들은 이런 다양한 전문 영역 속으로 들어가 다양한 목적으로, 다양한 문서를 작성하게 된다. 그렇기 때문에 무엇보다 문식성 행

---

2) http://eff.cls.utk.edu/fundamentals/eff_standards.htm

3) 이런 교육 내용은 미국 대학 작문 교육에서 전이 가능한 학습 방법으로 Zamel, Harris 등이 주장한 것이다. 정희모(2014나), 「대학 작문 교육과 학술적 글쓰기의 특성」, 『작문 연구』 21, 한국작문학회, 46쪽 참고.

위가 단지 읽고 쓰는 문제만은 아니며 공동체와 이와 관련된 상호 활동의 문제임을 인식할 필요가 있다. 말하자면 직업 영역에서 문식성을 잘 수행할 수 있도록 담화공동체 속에 장르나 텍스트가 생산되고 소통되는 활동에 관한 이해가 필요한 것이다. 단지 문식성에 관한 일반적 지식이나 기술만으로 직업 공동체의 다양한 문식성에 대응할 수 없다. 그렇기 때문에 문서의 목적과 역할, 기능이 함께 포함된 보다 폭넓은 전략화된 방법이 필요한 것이다.

이 논문에서는 직업 문식성을 대비하는 학습 방법으로 활동 이론(Activity Theory)[4]을 제시하고자 한다. 활동 이론은 특정한 공동체 내에서 인간 행위와 관련된 다양한 요소들의 상호 관계를 파악하는 이론이다. 정치학·교육학·사회학·심리학 등에서 다양하게 사용되고 있으며, 문식성 활동을 분석하는 데도 사용되고 있다. 이미 Russell(1995, 1997)에 의해 작문 교육 상황을 분석하는 데 여러 차례 사용된 바가 있다. 활동 이론을 사용하면 특정한 상황에서 담화공동체와 장르, 글쓰기의 주체, 글의 목적 등을 다양하게 분석할 수 있는 방법적인 틀을 얻을 수 있다. 특히 활동 이론은 상황과 맥락을 중시하기 때문에 직업 문식성 교육을 학습 하는 데도 매우 유용하게 사용될 수가 있다. 이미 Kain & Wardle (2004)와 같은 학자들은 직업 문식성 교육에 활동 이론을 사용하기를 제안하고 있다. 이 논문에서는 활동 이론을 통한 성인 문식성 교육 방법을 자세히 구상해 보고자 한다. 아직 활동 이론을 통해 성인 문식성 교육 방법을 실제화한 논문이 국내에는 없기 때문에 이 논문이 성인 문식성 교육과정을 구성하는 데 일정한 도움을 줄 수 있을 것으로 판단한다.

---

4) Activity Theory는 행위 이론, 행동 이론, 활동 이론 등으로 번역되어 왔으나 최근 교육학, 심리학에서는 주로 활동 이론으로 통일되어 번역되고 있다. 이런 경향에 맞추어 이 논문에서는 Activity Theory를 활동 이론으로 번역하고자 한다.

2. 활동 이론의 기본 개념과 연구 논의들

이 장에서는 활동 이론을 통한 직업 문식성 교육을 설명하기에 앞서 활동 이론의 개념과 방법, 연구 논의들에 대해 간략히 살펴보고자 한다. 활동 이론(Activity Theory)은 인간 행동과 인간 의식의 상호 관계를 분석하기 위한 하나의 이론으로, 1970년대 심리학자와 교육학자들에 의해 개발되었다. 원래는 인간 행동의 역동적이고, 구성적인 성격을 강조한 비고츠키의 이론에서 유래했으나, 이후 Marx와 Engel, Leont'ev(러시아 문화역사심리학자)들의 이론들이 접목되어 인간 의식과 행동을 변증법적 시각 속에서 해석하고자 하는 특성을 지니게 된다. 이 때문인지 정치학, 사회학, 심리학, 교육학 등에서 인간 행동을 인간 의식과 다양한 환경과의 관련성 속에서 살펴보는 데 많이 사용된다.

이 논문이 활동 이론(Activity Theory)에 주목하는 것은 특정한 맥락 속에서 이루어지는 문식성 행위를 매우 폭넓게 복합적으로 조망해 볼 수 있다는 점 때문이다. 활동 이론에서는 인간의 행위(문식성 행위)를 주체와 객체, 환경, 도구의 상호 작용에 의한 것으로 본다. 인간의 행동은 인간 내부와 외부의 상호작용, 주변 환경들이 교호 관계, 행위에 미치는 유무형의 조건들의 복합적 상호작용을 통해 이루어진다. 활동 이론에서는 이 요소들의 존재 방식이나 상호 작용이 행위의 과정과 결과를 이끈다고 보아 이를 분석하고 더 나은 대안을 탐색하게 된다. 문식성의 행위에 있어서도 마찬가지이다. 성공적인 문식성 조건들을 탐색해 보기 위해 문식성 행위의 주체 내부를 살펴보고, 환경과의 영향 관계를 추적하여 실패 요인과 성공 조건을 분석한다. 예를 들어 사람들이 글쓰기를 성공적으로 이끌기 위해 맥락과 환경이 중요하다는 말은 많이 하지만 실제 그것의 구체적인 내용과 작용 과정에 대해서 말하기는 어려웠다. 그렇지만 활동 이론에서는 특정한 맥락과 환경에서 사람들이 언어나 장르를 어떻게 사용하는지 분석할 수 있는 도구를 제공하고,

자신의 단점을 치료할 수 있는 방법을 제시해줄 수 있다(Kain & Wardle, 2004). 그뿐만 아니라 학생들에게 사람들이 타 공동체에서 어떻게 문식성 활동을 하는지 살펴볼 수 있는 렌즈를 제공해줄 수 있다.

활동 이론(Activity Theory)을 통한 분석은 활동 시스템(Activity System)을 사용함으로써 이루어진다. 활동 시스템은 행위 분석을 위한 가장 기본적인 단위로서, 여섯 개의 요소들이 상호작용하는 삼각표를 통해 나타난다. 여섯 개의 기본 요소는 주체(subject), 도구(tools), 공동체(community), 규칙(rules), 역할 분배(division of labor), 목표(object)이다. 활동 이론은 이 여섯 요소가 새로운 상황에서 어떤 상호작용을 하는지를 분석하고, 이들의 역학 관계를 살펴보게 된다.

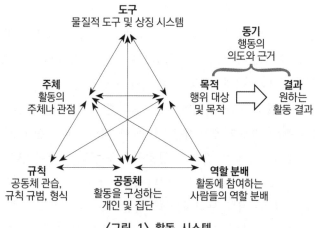

〈그림 1〉 활동 시스템

다음은 활동 시스템의 기본 모형과 각 요소별 내용을 설명한 표이다. 첫 번째 표는 활동 시스템의 기본 모형을, 두 번째 표는 각 세부 요소들의 내용을 설명한 것이다.

활동 이론에서 가장 중요한 목표는 행위가 어떤 요소를 통해 발생하고 진행하는지를 분석하는 것이다. 활동 시스템은 이런 목표를 수행할

	구성요소	개념
1	Tools 도구	도구란 사람들이 활동을 완수하기 위해 사용하는 물리적 실체 혹은 상징들의 체계(systems of symbols)이다. 이 논문에서는 문식성(읽기, 장르, 텍스트, 글쓰기)에 해당하는 요소이다.
2	Subject 주체	활동 시스템에서의 주체란, 활동에 직접적으로 참여하는 사람과 그 연구에서 집중적으로 논의하고자 하는 그들의 행위를 일컫는다.
3	Rules 규칙	규칙은 공동체에서 공식적으로 따라야 할 것들은 물론 규범(norms), 관습(conventions), 가치(values)를 포함한다. 규칙은 주체의 상호작용과 목적에 따른 도구를 형성한다(Russell, 2002).
4	Community 공동체	공동체는 주체들이 참여하는 집단을 의미한다. 공동체는 구성원의 목표와 관심사에 따라 활동을 만들어 낸다. 공동체의 구성원들은 그들의 동기를 성취하기 위해 필수적인 일들을 분배한다.
5	Division of Labor 역할 분배	역할 분배는 활동 시스템에서 과업들이 어떻게 배치되었는가를 기술하는 것이다. 활동 시스템 내의 주된 갈등 요소 중의 하나이다.
6	Object 목적	활동의 목적은, 추구하는 목표, 추구하는 대상을 의미한다. 즉 이루고자 하는 목표와 대상 모두 될 수 있다. 사람들이 동기를 가지고 움직일 때 목적에 의한 행동이 이루어진다.
7	Motives 동기	활동 시스템의 동기는 활동의 목적을 안내하는 것이다. 동기는 행위 뒤에서 행위를 유발하는 원동력(driving force)이다.
8	Outcome 결과	결과는 그것의 의도 여부를 떠나 활동의 실제적 결과이다.

수 있도록 위에서 보듯이 적절한 분석 단위를 제공해준다. 활동 시스템의 각 요소는 다른 요소의 원인이 되기도 하고, 결과가 되기도 한다. 또 상호 작용을 통해 다른 행위를 만들어내기도 한다. 활동 시스템은 이런 복잡한 관계를 분석해서 인간의 행위가 매 순간 실천의 역동적 관계에 있음을 밝히고, 우리가 행할 수 있는 적절한 활동 방식을 제시해준다. 문식성 행위의 입장에서 보자면 활동 시스템은 직업 현장의 복잡한 문식성 활동을 분석할 수 있도록 해줄 뿐만 아니라 적절한 문서 활동을 수행할 수 있도록 도와줄 수 있다.

활동 이론은 매순간 세부적인 인간관계의 양상을 통해 인간 행위를 분석하기 때문에 타 이론과는 다른 특별한 특성을 가지고 있다. 우선 활동 요소는 세부 요소의 변화에 따라 다양한 국면이 나타나기 때문에 동일한 환경을 구성하는 경우가 드물다. 아울러 이런 다양한 국면들이 시간의 흐름에 따라 달라지기 때문에 시간적 흐름에 따른 활동의 다양한 전개 과정도 추정해 볼 수가 있다. 활동 이론에서 보면 이런 특성 때문에 보편화된, 또는 일반화된 사건(event)은 있을 수 없으며, 모든 것은 개별적이고 구체적 사건으로 나타난다.

수사학자 러셀(Russell, 1997: 507~508)은 활동 이론의 성격을 진행 중(ongoing)이고, 목적 지향적이며(object-directed), 역사적으로 조건지어지고(historically conditioned), 변증법적인 구조를 가지며(dialectically structured) 도구 중재적이고(tool-mediated), 인간 상호작용적(human interaction)인 것으로 규정한 바 있다. 역사적으로 전개된 여러 상황을 활동 시스템으로 분석하여 이를 조합하면 어떤 공동체의 역사 흐름을 조망해 볼 수가 있다. 예컨대 Kain & Wardle(2004: 276)은 활동 시스템의 역사적 성격을 대학 교육에 빗대어 설명한 바 있다. 대학은 오랜 기간 지속되었고 지금도 지속되고 있는 활동 시스템이며(ongoing), 대학은 교육(instruction)과 연구(research)의 목적을 가지고 활동을 수행하며(object-directed), 오늘날 대학은 서구의 문화 역사와 관련되어 형성되었고(historically conditioned), 교수, 직원, 학생들의 활동이 복합적으로 이루어진다(dialectically structure). 이와 함께 대학은 교육 커리큘럼, 학습 강의안, 컴퓨터, 학습 기자재 등과 같은 도구를 사용하며(tool-mediated), 교수자, 학생, 행정가, 연구자들이 상호작용함으로써 대학의 활동이 이루어진다(human interaction). 이처럼 활동 시스템은 큰 단위를 분석할 수가 있고, 작은 세부 활동 하나하나를 분석할 수도 있다. 또 같은 대상이라 하더라도 시간에 따라 다른 활동 시스템이 나오기도 한다.

활동 이론을 다루는 학자들은 활동 이론을 특정한 상황에서 인간 행동을 잘 설명해줄 수 있는 하나의 틀(framework), 렌즈(lens), 혹은 도구(tools)로 보고 있다(Jonassen & Murphy, 1999: 62; Kain & Wardle, 2004: 274; Engerström, 2001: 136). 활동 이론이 인간 행동을 둘러싼 여러 요소들의 관계를 분석하기 때문에 행위의 특정한 맥락을 가장 잘 설명해줄 수가 있다는 것이다. 그뿐만 아니라 한 요소의 변화가 다른 요소들을 어떻게 변화시키는지, 또 이로 인해 인간의 의식과 행동이 왜 달라지는지를 설명해줄 수가 있다. 예컨대 텍스트를 작성하기 위해 펜과 종이를 사용하던 때와 컴퓨터를 사용하던 때는 활동 시스템 상의 도구, 규칙, 일의 분담 등에서 차이가 있게 되고, 이에 따라 동기와 목적들이 달라지게 된다. 활동 이론은 이런 변화를 활동 시스템을 통해 구체적으로 설명해준다. 활동 이론은 인간 행동에 대해 우리가 몰랐던 사실을 제공해주고 있는 것이다.

활동 이론을 작문 교육에 적용시켰던 사람은 Russell(1995, 1997)이다. Russell은 활동 이론을 통해 작문 교육의 특성을 설명한 바 있다. 작문 교육은 특정한 활동 시스템 내에서 특정 도구(장르)를 통해 글을 쓰는 것을 배우는 것이다. 그런데 글을 쓸 때마다 활동 시스템 내의 개별적 요소들은 달리 작용되기 때문에 보편적 작문 교육이란 불가능한 것이 된다. 활동 이론에서는 글쓰기는 철저하게 맥락과 내용에 종속된 것으로 보아 일반적인 글쓰기, 보편적인 글쓰기를 부정적으로 본다. Russell이 획일적인 글쓰기 교육을 비판적으로 본 것도 이와 같은 활동 이론의 관점 때문이었다. 다음으로, 활동 이론을 학습 전이의 문제와 직업 문식성 교육의 시각에서 보았던 학자로 Kain & Wardle(2004)이 있다. 이들은 대학의 작문 수업과 의사소통 관련 수업에서 활동 이론을 사용해 직업 문식성 교육을 해야 한다고 주장했다. 그리고 학교 현장에서 직업 현장의 장르를 교육시키기 위해서는 직업 현장의 맥락을 환기시켜 줄 수 있는 활동 시스템을 사용할 것을 제안하고 있다.[5]

Kain & Wardle(2004: 115)은 직업 문식성 교육에 활동 이론을 사용해

---

[5] Kain & Wardle(2004)이 직업 문식성 교육에 활동 이론의 적용을 주장했지만 실제적인 교육 방법을 제시하지는 않았다. 이보다 실험 연구를 통해 행위시스템에 의한 교육의 효용성을 측정해 제시했다.

야 하는 이유로 장르의 본질적인 성격을 들고 있다. 문식성에서 말하는 장르는 고정화된 장르가 아니라 현실의 긴박한 요구에 의해 생성되는 매우 구체적이고 현실적인인 장르이다. Miller가 말했듯이 장르는 '반복되는 상황에 일어나는 전형화된 수사적 행동'으로, 일상에서 흔히 일어날 수 있는 것을 말한다. 문식성 교육에서 장르는 그만큼 구체적인 현실, 실제적인 행위 속에서의 언어 행위를 말하는 것이었다. 그 동안 학교 현장에서 직업 장르를 가르치기 어려워했던 이유는 장르 형성의 이런 현실적인 특성 때문이었다. Bazerman은 장르를 '삶의 양식, 존재의 방식'에 근거하고, '사회적 행동의 틀(frames)'이 되며, '의미가 구축되어지는 장소'라고 규정한 바 있다(Bazerman, 1997: 19). 그래서 공동체가 다르면 다른 장르를 통한 소통 수단을 찾아야 한다. 흥미롭게도 활동 시스템은 타 공동체의 장르 사용과 구체적인 소통 현장을 매우 사실적으로 제시해줄 수가 있다.

3. 활동 시스템과 텍스트 분석

활동 이론을 통해 다양한 직업 문식성 활동을 학습하는 것이 가능하다. 활동 시스템을 통해 다른 이론보다 장르의 실제적인 적용 과정을 입체적으로 살펴볼 수가 있다. 실제 직업 문식성 교육을 학교 현장에서 하는 것은 쉽지가 않다. 그 때문인지 많은 학자들은 직업 문식성을 학교 교육을 통해 배우지 않고 직업 현장에 들어가 비로소 배우게 된다고 말하고 있다(Kain & Wardle, 2004: 115). 실제 학교 교육에서 직업 현장의 문식성 행위를 실현해내기는 쉽지가 않을 것이기 때문이다. 요컨대 글을 쓰는 목적, 맥락, 독자가 학교 교육과 직업 현장에서 서로 달라질 수밖에 없다. 학생들은 무엇(학습 내용)을 설명하기 위해, 또 배운 지식을 보고하기 위해 글을 쓰는 데 반해, 직장인들은 지식을 통해 무엇인가를 실현하기 위해, 또 무엇인가를 설득하기 위해 글을 쓴다. 학생들은 직업 장르가 실제 형성된 상황이나 사용되는 상황과는 너무 동떨어져 있고. 문서의 실제 내용과 수행 상황을 알기가 어렵다. 그래서 교사가 아무리 훌륭하게 모의적인 직업 문식성 현장을 구성하더라도, 학생들은 기대와 달리 교실 문식성에 관한 수사적 반응과 학습적 반응을 보일 수밖에 없다.

활동 이론은 활동 시스템의 세부 요소를 통해 활동의 구체적인 동기와 목적, 진행 과정, 공동체 구성원의 역할, 규범 등을 상호 관계적인 측면에서 살펴볼 수 있다는 장점을 가지고 있다. 그리고 이런 장점 때문에 학생들은 직업 현장의 실제 수사적인 요소들을 구체적으로 경험해 볼 수 있는 계기를 마련할 수 있다. 이를테면 활동 시스템에서 각각의 요소는 직업 공동체 속에서 문식성 행위가 어떤 요소에 의해 작용되는지를 구체적으로 제시해줄 수 있다. 문식성을 이루는 요소들, 주체, 공동체, 규칙, 도구, 목적, 동기, 역할 배분의 기능들이 어떻게 서로에게 영향을 미치고, 상호작용을 하는지 알 수가 있는 것이다. 어느 기업에서 업무 보고서를 쓴다고 가정해 보자. 우선 해당 공동체의 성격과 특성을 파악해야 할 것이다. 그 공동체가 어떤 목표를 추구하는지, 공동체의 구성원은 누구인지, 공동체의 규범과 관습은 어떠한지를 규명해야 한다. 아울러 업무 보고서의 목적이 무엇인지도 살펴 볼 필요가 있다. 상품 개발을 위한 것인지, 영업 실적을 위한 것인지, 아니면 내부 교육용 문서인지 알아야 한다. 아울러 업무 보고서를 작성하는 주체와 공동체 구성원의 역할 구분도 살펴본다. 자신과 타인이 맡는 역할을 알아야 적절한 문서 작성을 할 수가 있다. 이런 요소들 외에 아마 가장 중요한 것은 업무 보고서의 형식과 관련된 관습일 것이다. 업무 보고서에서 강조해야 할 부분, 문체, 전문 기호, 사진, 도표 등을 챙겨 보아야 한다. 이런 점을 알지 못하면 공동체의 문서로 인정받을 수 없을 뿐만 아니라 공동체의 구성원으로도 인정 받지 못하게 된다.

여기서 한 가지 중요한 점은 직업 환경에서 문서 작성은 이런 다양한 요소들이 상호 작용하며 기능하는, 다소 복잡한 상호관계 속에 있다는 사실이다.[6] 새로운 영역에서 문식성 활동에 성공하려면 문서 자체뿐만 아니라 인간의 상호 관계, 주위의 환경들이 어떻게 작용하며, 어떤 효과를 만들어 내는지 전체적인 상황을 파악하는 것이 필요하다. 인간의 행위는 의식과의 상호작용을 통해 형성된다. 또 개인의 행위는 타인의 행위와 깊이 연관되어 있다. 그렇기 때문에 개별 요소를 분리해 보았던 학교 현장과 달리 직업 문식성 교육에서는 모든 환경을 전체적이고, 복합적으로 파악해내는 능력이 요구된다. 장르를 포함한 문식성 행위가 단순히 읽고 쓰는 문제만이 아닌 공동체 삶의 문제이며, 개인과 집단의 관계 문제임을 재인식하는 과정이 필요한 것이다.

활동 이론을 통한 문식성 학습은 학생들이 활동 시스템을 쉽게 사용할 수 있도록 텍스트를 분석해 보는 절차에서 시작한다. 활동 시스템은 도구(장르 하나, 텍스트 하나)에서 주체, 공동체에 이르기까지 다양한 분석 단위를 기초로 작성될 수가 있다. 학생들은 이렇게 다양한 활동 시스템 분석을 통해 미래의 복합적인 문식성 활동과 상황을 대비할 수가 있다. 예를 들어 학생들이 작문 수업과 다른 공동체에서 텍스트를 쓴 경험이 있다면 그 텍스트(도구)를 가지고 활동 시스템으로 분석해 볼 수가 있다. 공동체가 다르면 도구나 역할 분담, 목적(동기)들도 달라질 것이다. 학생들은 이런 학습을 통해 미래 직업 현장에서 특정한 장르에 부딪쳤을 때 자신이 처한 환경의 전체적인 모습을 추정해 볼 수 있게 된다. 또 직업 공동체 속에서 자신이 어떤 텍스트를 써야 할지 알 수 있게 된다. 학생들에게 활동 시스템을 통해 텍스트 분석 훈련을 하는 것도 이런 효과를 위해서이다.

---

6) Kain & Wardle(2004: 278)은 이를 "인지의 분배(distribution of cognition)", "지식과 활동의 공유(a sharing of knowledge and work)"라고 설명하고 있다.

앞서 보았듯이 활동 시스템에는 여섯 가지의 주요 요소[주체, 도구, 목적(동기, 결과), 공동체, 역할 배분, 규칙]들이 있다. 또 이 요소들 속에 다양한 하위 요소들이 있을 수 있다. 학생들이 이런 요소들에 대해 던질 수 있는 질문들은 매우 다양하다. 예를 들어 텍스트(도구)와 관련된 질문들로 다음과 같은 것들이 있을 수 있다.

- 도구(텍스트)를 사용하는 직, 간접적인 주체는 누구인가?
- 이러한 도구(텍스트)를 사용하는 목적은 무엇인가? 동기는 무엇이며, 얻고자 하는 결과는 어떠한 것인가?
- 이러한 도구(텍스트)는 어떤 공동체에서 사용되는가? 그 공동체의 성격은 어떠한가?
- 공동체의 구성원은 누구이며 어떠한 성격을 지니고 있는가? 또 공동체의 규범과 관습은 어떠한가?
- 공동체 구성원의 역할 분담은 어떠한가? 도구(텍스트) 사용과 어떤 관계가 있는가?

이러한 질문들은 텍스트가 사용되는 환경의 정신적, 물질적 관계를 나타낸다. 학생들은 이런 정신적, 물질적 환경의 상호 작용을 통해 텍스트가 놓인 위치를 알게 된다. 아울러 텍스트를 어떻게 써야 할지를 추정하게 된다. 활동 시스템이 주체, 목적, 텍스트, 독자의 관계를 명료하게 밝혀 주고 있기 때문이다.

행위 시스템을 통해 텍스트 분석을 한 사례를 살펴보기 위해 아래의 경우를 한번 보도록 하자. 아래는 대학 졸업을 앞둔 학생이 인턴사원으로 경제 관련 연구소에서 근무하면서 작성한 문서를 활동 시스템으로 분석한 것이다. 이 학생은 경제정책연구소(가칭)의 홍보실에 인턴사원으로 근무하면서 대학생 경제 포럼 행사를 안내하는 문서를 작성하게 되었다.

〈표 2〉 정책 연구소 문서 작성 행위 시스템 내용

	구성요소	개념
1	Tools 도구	컴퓨터 워드 프로세스, 홈페이지 notice 글 양식(장르), 전문 용어집
2	Subject 주체	경제정책연구소에 인턴으로 근무하는 필자. 필자가 속한 경제정책연구소 교육 홍보부 실장 및 직원. 이 글은 경제정책연구소에서 시행하는 대학생 교육 프로그램 "학생 경제 포럼"에 참가하고 이 행사를 소개하고 보고하는 내용임.
3	Rules 규칙	경제정책연구소의 조직적인 규범이나 관습은 대체로 경직되어 있다. 보고서나 다른 텍스트를 작성하면 상사에게 보여주고 추인을 받아야 한다. 보고서 형식이나 내용은 전통적이며 보수적이다. 텍스트의 양식이 고정되어 있어 이를 지켜야 하며, 워드는 신명조 10포인트, 단락과 단락 사이에 사진과 도표가 들어간다. notice의 경우 윗 단락에 행사 개요와 규모, 아랫 단락에 차례에 따른 내용, 마무리로 추가 정보 사항과 마무리 멘트가 들어감.
4	Community 공동체	구성원은 연구소 소장, 부소장, 사무총장 및 실무 과정 등은 주로 기업에서 활동해 온 사람들이며, 정책 실장, 연구 실장, 교육 실장 및 연구원들은 대체로 대학에서 경제학이나 경영학, 정치학, 행정학 등을 전공한 학자들이다. 이들은 국가의 개입보다 시장의 자율이 경제적 효율성과 경쟁력을 강화시킬 수 있다는 기본적인 생각을 공유하고 있다. 특히 연구소의 구성원들은 세계화와 자유화에 대해 매우 긍정적이며, 연구 대상도 이와 관련된 것이 많다. 연구소의 행사나 문서도 이런 가치를 관습적으로 반영한다.
5	Division of Labor 역할 분배	문서와 관련된 역할 분배는 다음과 같다. 교육 실장: 문서의 내용을 검토하고 최종 결재를 한다. 교육 팀장: 문서 작성의 1차적 책임자, 문서 작성을 지시하고 검토한다. 홍보 담당자: 인턴인 필자와 함께 문서를 작성한다.
6	Object 목적	활동의 목적은 학생 경제 포럼을 홍보하는 것이다. 대학생들이 경제에 관심을 갖고 다음 행사에도 적극적으로 참여해주기를 바란다. 특히 차기 행사 안내는 매우 중요하다. 행사 참여 인원에 따라 기업으로부터 협찬을 받기 때문이다.
7	Motives 동기	공식적 동기는 좋은 홍보 안내 문서를 만들어 교육 실장으로부터 인정받는 것이다. 비공식적 동기는 졸업 후 이 연구소에 취업이 되기 위해 지식과 문장 능력에서 인정을 받는 것이다. 그렇기 때문에 공동체의 관점을 수용해서 글을 작성해야 한다.
8	Outcome 결과	공식적인 결과는 홍보 문서가 홈페이지에 실려 "학생 경제 포럼"이 많은 대학생들로부터 지속적인 관심을 얻는 것이다. 비공식적인 결과는 필자(주체)의 내적인 욕망으로 경제정책연구소에 취업이 되는 것이다.

〈표 2〉에서 보듯이 이 학생에게 중요한 것은 경제정책연구소가 추구하는 경제 방향이다. 경제정책연구소는 기업이 출자하여 세운 연구소로 주로 보수적 입장에서 자유경제를 추구하는 정책 방향을 가지고 있다. 그렇기 때문에 학생 포럼 행사를 안내할 때도 이런 관점을 염두에 두고 내용을 작성해야 한다. 뿐만 아니라 참여 인원에 따라 기업의 협찬이 있기 때문에 학생들이 많이 참석할 수 있도록 유도하는 것이 필요하다. 가장 중요한 것은 학생이 이 연구소에 취업할 생각을 가지고 있기 때문에 관련 부서의 상사들에게 좋은 인상을 주어야 한다는 점이다. 이를 위해 연구소의 운영 방향에 대한 깊은 인식이 필요하고, 연구소에서 우수하게 판단하는 문서 작성에 관한 관습이나 규범을 익혀야 한다. 홍보 안내문의 경우 윗 단락에 행사 개요와 규모, 아래 단락에 내용 서술, 마무리로 추가 정보 사항과 마무리 멘트(연구소의 전형적 문구)가 들어간다. 경제 관련 연구소이니 사진과 안내 도표를 많이 사용해야 한다. 문제는 이런 관습을 따르면서도 새로운 아이디어가 첨가되어야 한다는 점이다. 게다가 그런 아이디어들은 홍보 담당자 및 교육 팀장의 검토를 거쳐 교육 국장의 결재까지 올라가게 되니 부담을 가질 수밖에 없다. 다시 말해 문서 작업이 나만의 작업이 아니라 같은 일에 관여하는 다른 사람의 판단 견해까지 얻어야 하는 문제를 안고 있는 것이다. 활동 이론은 이처럼 문서 작성과 관련된 복합적인 상황까지 분석 대상으로 삼기 때문에 문식성 교육에 무엇보다 효과적인 측면을 가지고 있다.

활동 시스템 텍스트 분석은 학생들로 하여금 직업 현장에서 텍스트를 작성해야 할 때 내용과 구성을 어떻게 해야 할지 자세한 정보를 제공해줄 수 있다. 학생들은 학교와 다른 공동체의 텍스트를 분석하면서 직업 문식성에 대한 대비를 할 수 있다. 학교 현장에서 활동 시스템에 대한 분석 절차를 보면 다음과 같다.

분석 대상의 설정(주로 텍스트, 장르, 프리젠테이션)

텍스트가 생산되는 공간의 공동체, 규칙의 검토

텍스트의 동기/목적에 대한 검토

역할의 배분, 기능 탐색

　활동 시스템을 통해 텍스트를 분석하려면 먼저 분석하고자 하는 텍스트 혹은 장르를 선택해야 한다. 활동 시스템에 대한 분석은 주체나 공동체 분석도 가능하지만 직업 문식성 교육에서는 대체로 한 편의 텍스트를 설정하는 것이 일반적이다. 여기서 작성하고자 하는 텍스트는 활동 시스템에서 보면 어떤 동기, 목적을 지닌 수단, 도구(tools)에 해당한다.

　다음으로, 텍스트가 생산되는 공동체, 규범, 규칙, 관습 등을 분석한다. 다시 말해 텍스트가 작성되는 시공간의 맥락을 살펴보는 것이다. 여기서 규범이나 규칙은 글을 쓰는 주체와 공동체 사이의 관계를 중재하고, 텍스트가 공동체 속에서 기능하도록 만들어 준다. 일차적으로 텍스트가 공동체의 성격을 반영하지 못하고, 규범과 규칙, 관습을 벗어날 때 텍스트의 목적을 획득하지 못할 가능성이 많아진다.

　마지막으로 텍스트의 목적·동기를 검토한다. 직업 현장에서 모든 문서는 특정한 목적을 지니고 있다. 텍스트를 작성하는 일차적 동기는 그 목적을 수행하기 위한 것일 것이다. 그러나 외적인 목적 이외에 다양한 목적·동기가 있을 수 있다. 예컨대 〈영업 기획서〉를 작성하는 이유는 판매를 촉진시키고자 하는 동기를 가지고 있지만, 실제 다른 영업 부서와의 경쟁에서 이겨야 한다는 실제 동기를 숨기고 있을 수 있다. 이런 경우 문서를 작성할 때 다른 영업 부서의 판매 기획을 참고하게 된다. 마지막으로 역할 분배를 검토해 보아야 한다. 문서를 작성할 때 자신과 동료의 역할이 무엇인지, 최종 결재자가 누구인지, 다른 부서의 역할을 침해하고는 있지 않는지, 또 문서의 내용대로 추진할 때 관련 부서의 협조가 가능한지 등등을 살펴보아야 한다. 직업 문식성은 인간관계의 상호작용이 주요한 배경 요소로 작용하기 때문에 여기서 텍스트 맥락의 모순(contradiction)이 생길 가능성이 있다. 텍스트의 맥락은 단지 텍스트를 작성할 때 주위에 존재하는 외적인 용기나 그릇이 아니며, 사람들이 자신의 목적에 따라 의식적으로 만들어 내는 것이다(Jonassen & Murphy, 1999: 75). 만약 역할 분배의 요소에서 모순이 발생한다면 텍스트 맥락은 다시 수정될지도 모른다. 이런 현상이 발생하면 공동체의 규범, 가치, 관습은 다시 검토되어야 할 것이다.

4. 모순의 발견과 극복: 정체성과 권위

활동 이론의 장점은 앞서 말한 대로 복합성과 역사성을 가진다는 점이다. 활동 이론은 주체·도구·목적·동기의 한 국면에 따라 얼마든지 다양한 분석이 가능하기 때문에 최근에 와서 활동 이론가들은 인간의 상호 행동이 충돌하는 상황, 복합적인 시각들을 입체적으로 분석하는 데 많은 관심을 쏟고 있다(Engestrom, 2001). 여기서 입체적 분석이 가능하다는 말은 개인 내부의 심리적 충돌, 개인과 개인의 관계적 충돌, 그뿐만 아니라 장르 자체의 충돌까지 다룰 수 있으며, 이런 충돌 과정을 시간 변화에 따라 기록할 수 있다는 뜻이다. 또한 필자(주체) 내부나 외부에서 생기는 모순 현상에 대해 구체적으로 인식할 수가 있고, 이와 관련된 역학 관계, 또 해결해야 할 방법 등을 살펴볼 수 있다.

활동 이론에서 모순(contradiction)은 활동 시스템의 핵심 요소로서, 개인의 문식성 실천과 적응, 발전 등을 다룰 때 반드시 수반되는 개념이다. 예를 들어 어떤 사람이 새롭게 맡은 역할이 자신이 생각한 것과 실제가 다르다면 모순이 발생한다. 또 어떤 사람은 행위에서 꼭 필요하다고 믿는 것과 실제 그렇게 수행하는 것 사이에는 차이가 있을 수 있다. 새로운 공동체에 적응하기 위해 이런 모순은 어떤 식으로든 해결되어야 한다. 이렇게 개인의 내부 혹은 외부에서 생기는 모순은 새로운 집단에서 개인의 적응 여부를 판단할 중요한 근거가 된다.

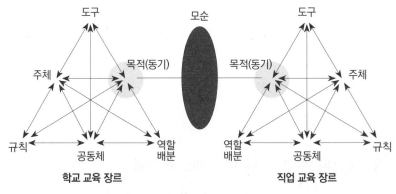

〈그림 2〉 활동 시스템 내 모순 1

학생들이 신입자로서 직업 환경에 진입했을 때 가장 많이 겪게 되는 모순이 바로 목적(동기)의 모순이다. 이런 모순은 학교 교육과 직업 현장의 목표가 다른 데서 오는 근원적인 차이에서 기인하는 바가 많다. 장르로서 학교 텍스트와 업무 텍스트는 여러 면에서 차이가 있다. 학교 텍스트는 실제 독자로서 유일하게 교수자를 대상으로 하지만 업무 텍스트는 직업 관계망 속에 포함된 다양한 독자를 대상으로 한다. 학교 글쓰기의 목표가 학습인 데 반해 업무 글쓰기의 목표는 정책 결정과 이에 따른 행동이다. 또 학교 텍스트의 목표가 보고와 설명을 통한 평가인 데 반해, 직업 텍스트의 목표는 설득과 실행을 위한 업무 추진의 성격이 강하다(Kain & Wardle, 2004). 이런 텍스트의 목적 차이는 결국 신입자들이 직장에 새롭게 진입하면서 겪을 수밖에 없는 필연적인 요소라 할 수 있다.

앞의 표를 보면 모순이 어디에서 발생하는지 알 수 있다. 직업 장르에 관해 학생이 생각한 장르 목적은 실제 직업 현장의 장르 목적과 다를 수 있다. 여기서 목적(동기)에서 서로 상충되는 지점이 바로 모순의 장(場)이다. 모순의 장에서 신입자들은 장르 동기나 목적에 관한 두 개의 다른 가치를 경험하게 된다. 하나는 텍스트(장르)에 관한 학교 장르의 목적이며, 다른 하나는 직업 장르의 목적이다. 직업 영역에 처음 들어온 신입자들은 누구나 학교 장르의 목적을 직업 장르의 목적처럼 생각한다. 마치 학교의 과제, 보고서처럼 직업 장르를 판단하는 것이다. 여기에서 신입자는 자신에게 익숙한 가치를 선택할 것인지, 새로운 공간의 낯선 가치를 선택할 것인지 고민해야 한다. 새로운 가치에 쉽게 적응할 수 있는 신입자들은 이런 모순을 인지하고 공동체의 장르, 규범, 형식 등을 새롭게 받아들이면서 새로운 공동체의 일원으로 성장하게 된다. 그렇지만 대체로 많은 신입자들이 이런 모순조차도 인지하지 못할 가능성이 많다. 많은 신입자들이 새로운 직업 현장에서 자기 정체성과 자신의 위치 설정에 실패하는 것도 이와 연관되어 있다.

활동 시스템 상의 모순은 활동 시스템이 각각의 장르나 주체, 공동체에 적용될 수 있기 때문에 확장되고 발전할 수 있다. 예컨대 활동 시스템에서 목적(동기)의 모순은 도구(장르)나 역할 분배의 모순으로 쉽게 이어질 수가 있다. 신입자들은 처음 업무 장르가 익숙하지 않아 당황하지만 곧 업무 장르를 학교 장르처럼 인식하기 시작한다(목적의 모순). 이런 모순은 쉽게 도구(장르)의 모순으로 이어진다. 신입자들은 업무 장르를 학교 장르처럼 인식하고 그 방법과 절차에 따라 문서를 작성하게 된다. 또 이런 인식이 앞서면 업무 장르의 관습, 규범, 형식도 도외시하기 쉽다. 신입자가 직업 장르에 쉽게 적응하지 못하는 양상이 발생하는 것이다.

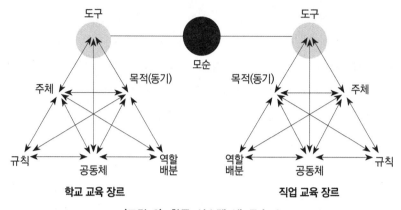

학교 교육 장르 **직업 교육 장르**

〈그림 3〉 활동 시스템 내 모순 2

직업 문식성 활동은 학생들로 하여금 새로운 공동체에 적응하게 하는 것뿐만 아니라 새로운 자기 가치, 새로운 정체성을 성립시키게 하는 과정을 의미한다. 목적(의도)이나 도구(장르)의 모순은 학생들로 하여금 공동체 속에서 자신을 새로운 투쟁의 장으로 투입시키는 것을 의미하며, 궁극적으로 이는 새롭게 자기 정체성을 구축해야 하는 것과 연결될 수 있다. 개인이 장르를 구성하고, 장르를 산출하면, 장르 역시 개인의 정체성을 형성하게 한다. 신입자는 이런 모순 과정을 거치면서 직업 현장 속에서 새롭게 자기 정체성을 형성하는 것이다. 그런 점에서 활동 시스템은 필자로서 주체가 어떻게 형성되는지, 주체가 어떻게 공동체의 구성원으로 문화화되는지를 볼 수 있게 해준다. 직업 문식성에서 신입생들이 주로 겪는 모순은 목적(의도)나 도구(장르) 외에 역할 분배에 관한 모순도 있다.

활동 시스템에서 역할 분배는 직업에서 과업이 어떻게 분배되는지와 관계가 있다. 과업의 분배는 일을 담당할 역할뿐만 아니라 일에 관한 권한과 책임이 수반된다. 그 역할이 그 사람에게 적합해야 할 뿐만 아니라 그 역할에 대한 업무 능력도 있어야 한다. 그래야 공동체에서 한 구성원으로 자기 역할, 자기 가치를 확인할 수 있게 되는 것이다. 이처럼 역할의 배분은 공동체 내에서 신입자의 정체성을 형성하는 것과 밀접하게 관련된다. 앞서 목적(의도)나 도구(장르)의 모순이 신입자 의식 내부의 문제였다면 역할 배분의 모순은 다른 구성원들과의 관계 정립에서 발생한다. 만약 어떤 신입자가 영업 사원으로 배정받았다면 거기에 합당한 업무와 역할이 주어질 것이다. 그런데 이런 업무와 역할에 대해 신입자가 달리 생각하거나, 다른 구성원이 이를 인정하지 않는다면 일의 역할 배분에 따른 모순이 발생하게 된다. 만약 여기서 신입자가 자기 역할에 대한 조정과 협상에 성공하지 못한다면 정체성을 형성하는 일과 권한을 부여받는 일도 실패할게 될 것이다.

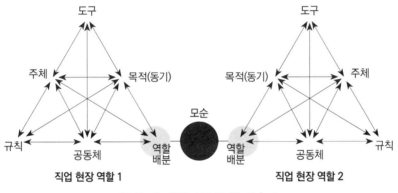

〈그림 4〉 활동 시스템 내 모순 3

활동 시스템에서 역할 배분의 모순은 목적(의도)나 도구(장르)의 모순으로 쉽게 이어진다. 그리고 이런 모순들은 결국 직장 내에서 문식성 실천에도 실패하게 만들게 된다. Wardle(2004)은 한 논문에서 역할 배분의 모순이 어떻게 문식성 실패로 이어지는지 사례를 보여준바 있다. 한 대학에 컴퓨터 지원 관리자로 임명된 Alan은 자신이 매우 중요한 역할을 담당하고 있다고 생각했다. 반면에 대학의 다른 구성원들은 그의 역할을 업무를 도와주는 보조자 역할로 생각했다. Alan은 공동체가 적절하게 생각하는 방법으로 글을 쓰지 않았고, 그들의 관습도 채택하지 않았다. 메일의 제목을 바꾸었으며, 내용 제시 절차와 방법도 바꾸었다. 반면에 다른 구성원들은 이런 문식성 행위를 인정하지 않았으며, 이에 따라 그가 생각하는 만큼 업무 권한도 부여하지 않았다. 결국 Alan은 직업 현장을 떠날 수밖에 없었다. Alan의 경우 역할 배분의 모순은 도구(장르)의 모순까지 이어진 것이다.

위의 사례에서 보듯 목적(의도), 도구, 역할 배분, 규범의 모순은 상호 호환적으로 활동 시스템 내에서 폭넓게 나타난다. 이들 모순은 어느 것이 우선이라고 규정할 수 없을 정도로 다양하게 일어나며, 서로 깊은 영향을 끼치고 있다. 그리고 이런 영향은 결국 활동 주체에 대한 모순으로 이어지게 된다. 그리고 주체의 모순은 목적(동기)의 모순으로 이어져 다시 활동 시스템의 다양한 모순으로 반복하게 된다.

〈그림 5〉 활동 시스템 내 모순의 연쇄

마지막으로 우리는 이런 활동 시스템의 모순들이 직업 문식성 교육에서 어떤 기능을 할 수 있을까를 살펴보아야 한다. 활동 시스템을 이용한 직업 문식성 교육은 학생들이 미래 자신의 직업 영역에서 활동 이론을 사용할 것을 전제로 시행한다. 학생들은 앞장에서 언급한 대로 활동 시스템을 사용해 텍스트를 분석해 볼 수 있다. 그리고 학생들은 직업 영역에 적응하는 과정에서 다양한 모순들이 일어날 수 있음을 알고 이에 대응할 수 있는 훈련을 해야 한다. 활동 시스템의 다양한 모순을 접해 보는 것이 이런 교육과정의 한 방안이 될 것이다.

학생들이 직업 현장에서 문식성 적응에 실패할 때 대응할 수 있는 방안으로는 다음과 같은 것이 있다. 첫째, 문제가 발생할 때 그 문제가 어떤 종류의 모순에서 발생하는가를 검토하는 것이다. 앞서 직업 문식성에서 모순이 발생할 가능성은 활동 시스템의 여러 요소에 걸쳐 있다. 주체 내부의 모순도 있으며, 도구(장르), 규범, 역할 배분, 목적(동기) 모든 부분에서 모순이 발생할 가능성이 있다. 그뿐만 아니라 이런 모순은 서로 긴밀히 연관되어 있으며 하나가 다른 하나의 원인이나 결과가 될 수 있다. 그렇기 때문에 활동 시스템 내에서 모순에 얽힌 다양한 관계를 검토할 필요가 있다.

둘째, 활동 시스템 내에서 모순이나 모순 관계가 발견되면 이런 모순이 정체성(identity)의 문제에서 유래하는지 아니면 권한(authority)의 문제에서 유래하는지를 밝혀야 한다. 정체성의 문제는 새로운 직업 현장에서 신입자가 자신의 역할과 존재에 어떤 가치를 부여하는가와 관련이 있으며, 권한의 문제는 직장의 제도나 동료들이 그를 어떻게 평가하고, 어느 정도의 역할을 배분하는가와 연관이 있다. 이런 두 가지 요소는 직업 현장에서 모순의 원인과 결과를 생산하는 주요 요인으로 판단할 수 있다. 학생들이 신입자로 직업 현장에 진입할 때 개인 내, 외적인 문제를 겪게 된다. 자기 자신이 직업 공동체에 저항하거나 적응하지 못할 가능성이 있는 반면, 직업 공동체가 신입자를 거부하거나 경계할 가능성도 있다. 학생들은 활동 시스템 내의 모순이 어떤 원인을 가지는지 분명히 밝혀야 한다.

셋째, 활동 시스템 내의 모순에 대한 해결책을 찾는 단계이다. 벵거(Wenger, 1998: 149)는 직업 현장의 신입자가 겪는 정체성의 문제를 '협상하는 경험(negotiated experience)'의 문제라고 말하고 있다. 모순의 문제는 결국 주체가 실천 경험을 통해 협상과 타협을 하면서 해결할 수밖에 없다는 것이다. 새로운 직업 공동체가 신입자를 위해 활동 시스템의 조건들을 바꾸지는 않을 것이다. 그렇기 때문에 신입자는 공동체 구성원이 활동하는 작업(문식성, 글쓰기 등)에 참여할 방법을 찾아야 한다. 그리고 이런 경험적 실천을 통해 새롭게 자기 역할과 자기 방법을 찾아야 하며, 자기 가치를 정립해야 한다. 이처럼 새로운 공동체 속에서의 갈등은 정체성의 문제에서 일어날 확률이 높다. 따라서 정체성의 문제를 해결함으로써 권한의 문제도 함께 해결해야 한다. 목적(의도)의 모순은 새로운 직장 내에서 자기 정체성을 찾지 못함으로써 생기는 문제이다. 자기 정체성의 확보는 결국 자기 역할과 자기 책임을 가져오고, 문식성(도구)의 모순, 역할 배분의 모순도 극복하게 해줄 것이다.

5. 결론

국내 성인문식성 교육 현황을 조사한 논문(옥현진, 2014나)에 의하면 성인 대상 작문 교육이 대체로 문학적 작문 활동에 중점을 두고 있으며, 상대적으로 직무와 관련된 작문 활동, 이직에 필요한 작문 활동, 디지털 매체 환경에서의 작문 활동을 중심으로 한 성인 교육 프로그램은 찾아보기가 어렵다고 한다. 국내에서는 성인 문식성에 대한 교육 수요나 요구가 차츰 늘어나고 있지만 그에 따르는 교육 방법은 준비되어 있지 않은 것 같다(옥현진, 2013). 성인 문식성, 직업 문식성에 대한 현황이나 연구동향을 분석한 논문들은 많이 있지만, 실제 성인 문식성에 관한 프로그램이나 구체적인 학습 방법을 강구한 논문은 많지가 않다.

이 논문에서는 활동 이론을 이용한 직업 문식성 교육 방법을 강구해 보았다. 활동 이론은 다양한 전공에서 인간 행동을 분석하기 위해 사용하는 이론이지만 특정한 맥락(직업 현장)에서 문식성 활동을 분석하기에 더 없이 좋은 방법이다. 이 이론에서는 활동 시스템을 활용하여 맥락이나 주변 환경이 글쓰기에 어떤 영향을 미치는지 분석해 볼 수가 있기 때문이다. 특히 학교 현장과는 달리 직업 현장에서 문식성 활동에는 다양한 매개 요소가 영향을 미치기 때문에 활동 시스템을 통한 분석 교육은 좋은 교수 방법이 될 수 있다. 직장의 직무 교육에서뿐만 아니라 학교 교육에서도 활동 시스템 분석을 통해 직업 장르들의 활동 양상들을 분석해 볼 수가 있다. 차후 세밀한 연구를 통해 활동 시스템을 통한 다양한 교수 방법(프로그램과 자료)들이 만들어진다면 졸업을 앞둔 대학생들에게 좋은 문식성 교육 프로그램이 될 수가 있을 것이다.

마지막으로 한 가지 언급하고 싶은 것은 활동 이론이 필자와 독자, 환경의 상호관계를 중시하기 때문에 여러 문식성 교육에 사용되어질 수가 있다는 점이다. 활동 이론은 문식성 행위를 개인의 인지적 행위로만 보고 않고, 개인과 사회의 복합적인 사회적 실천 행위로 규정한다. 최근 문식성 개념도 단지 개인으로서 읽기, 쓰기 능력을 의미하지 않고, 사회 활동에 부응하고, 적응하는 능력, 나아가 사회를 변화시키기 위한 능력으로 바뀌고 있다(이형래, 2005). 문식성을 개인의 활동으로 보지 않고 사회적 활동으로 보는 것이다.

이렇게 본다면 활동 이론은 학교 교육에서 다양한 문식성 학습에 응용될 수 있다. 지금까지 대체로 문식성 교육이 개인 화자나 개인 필자의 능력 개발에 초점이 맞추어져 있었다면 앞으로는 개인을 넘어서 교실, 공동체, 사회와의 소통 능력을 개발하는 데 초점이 모아질 수 있다. 활동 이론은 이런 확장된 문식성 학습을 위해 유용한 틀을 제공해줄 수 있을 것이다. 예를 들어 작문 학습의 경우를 본다면 활동 이론은 쓰기 과정의 범위와 기능을 확장시켜 작문 현상을 개인과 집단, 공동체의 문제로 확장시킬 수가 있다. 장르, 독자, 수정에 관한 문제들도 활동 시스템을 통해 다룰 수 있다. 활동 시스템을 이용하면 읽기와 작문 수업을 풍요롭게 하는 데 얼마든지 기여할 수가 있는 것이다.

미국의 한 논문을 보면 2000년도 이후 활동 이론(Activity Theory)과 관련된 논문들이 양적으로 매우 크게 증가하고 있다고 한다(Roth & Lee, 2007). 인간 삶과 행위를 다루는 모든 학문에서 활동 이론을 방법론으로 다룰 수 있다. 문식성 교육 분야에서도 미국의 많은 학자들이 활동 이론을 다양하게 이용하고 있다. 국내 국어교육 분야에서도 읽기, 쓰기 교육의 교수 방법을 확장하는 데 활동 이론은 유용하게 사용될 수 있을 것으로 믿는다. 앞으로 활동 이론을 응용한 다양한 논문들이 나오기를 기대해 본다.

제4부 글쓰기 텍스트의 분석과 평가

대학생 쓰기 교육을 위한 텍스트 특성 비교

: 대학생 필자와 전문 필자의 텍스트를 중심으로

1. 서론

이 논문은 대학생 필자의 텍스트 특징을 규명해 보기 위해 작성되었다. 이를 위해 이 논문에서는 대학 1학년의 텍스트를 상호 비교하고, 나아가 전문 필자의 텍스트와 비교해 보고자 한다. 대학 1학년의 텍스트를 검토하는 것은 대학생 필자의 쓰기 특성을 이해하고 이를 대학 글쓰기 교육에 반영하기 위한 것이다. 그간 대학생 필자의 텍스트를 유능한 필자와 미숙한 필자로 나누어 비교하는 논문들이 간혹 있었다. 그러나 Bizzell의 말처럼 대학 신입생은 학술 공동체의 관점에서 보았을 때 대부분 초보 필자(novice)에 해당하기 때문에 정확한 특성을 비교하기가 어려웠다. 대학 1학년의 글과 전문적인 필자의 글을 비교해 보는 것은 학생들의 부족한 텍스트 특성을 보다 정확하게 진단해 볼 수 있기 때문이다. 이런 특성을 찾을 수 있다면 차후에 이에 맞는 교수 학습 방법을 강구해 볼 수 있을 것이다.

이 논문에서 먼저 관심을 가지는 것은 텍스트 분석 준거들이다. 특히 텍스트 분석 준거들 중에서도 텍스트 구성이나 분석을 위한 준거들보다 텍스트의 자질에 대한 준거들에 주목한다. 텍스트 자질에 대한 분석 준거들은 좋은 텍스트가 어떤 특성을 지니고 있는가를 판명해줄 뿐만 아니라, 좋은 텍스트를 작성하기 위해 어떤 점에 주의를 기울여야 한다는 사실을 지적해준다. 텍스트 자질에 대한 분석 준거들을 사용하면 교수자들은 좋은 텍스트가 어떤 속성을 품고 있는지를 알게 되고, 학생들은 좋은 텍스트를 작성하기 위해 무엇에 주의해야 하는가를 깨닫게 된다. 따라서 좋은 텍스트의 자질을 분별하고자 하는 노력은 글쓰기 교육에 도움이 될 수 있다.

그런데 중요한 점은 텍스트 구성을 파악하거나 텍스트를 분석하기 위한 준거들은 많아도, 텍스트 자질에 대한 분석 준거들이 많지 않다는 점이다. 또 텍스트 자질에 관한 분석 준거라 하더라도 주로 외국의 것이라 실제 한국어 텍스트 자질을 변별하는 데 도움이 되지 않는 것도 많다. 따라서 이 논문에서는 선행 연구 결과를 통해 한국어 텍스트 자질에 도움이 될 만한 분석 준거를 찾는 데 주의를 기울였다. 외국 문헌에 소개된 분석 준거라 하더라도 한국어 텍스트에 실제 적용하여 텍스트 자질을 판명하는 데 유의미한 결과를 산출했거나, 주목해야 할 것을 찾고자 했고, 이를 실제 분석 도구로 삼았다.

이 논문에서 다루고자 한 것은 대학 1학년 학생의 글에서 나타난 텍스트 특성들이다. 이를 위해 이 논문은 두 단계의 비교 절차를 거치고자 한다. 우선 대학생 필자 사이에서 미숙한 필자와 유능한 필자를 비교한다. 이를 통해 학생 텍스트 사이에 어떤 차이가 있는지를 살펴보고자 했다. 다음으로 유능한 학생 필자와 전문 필자의 텍스트를 비교해 본다. 특히 전문 필자와 대학생 필자의 텍스트 비교는 좋은 글이 지니고 있는 본질적인 속성들을 비교해 볼 수 있는 잣대를 제공해줄 것이다. 대학생 필자와 전문 필자와의 비교는 대학 글쓰기 교육을 받는 신입생들이 좋은 글을 쓰기 위해 어떤 점에 주의해야 하는지에 대한 여러 지침을 제공해줄 수 있다.

2. 이론적 배경 및 도구

1) 선행 연구 검토

텍스트의 질에 대한 분석 연구는 텍스트 구조를 분석하고자 하는 논문보다 훨씬 적다. 특히 이에 관한 쓰기 분야의 논문은 매우 드문 편이다. 텍스트 분석 도구를 가지고 학생 텍스트의 질을 검토한 논문으로 정희모·김성희(2008), 박소희(2009), 이윤빈·정희모(2010), 이윤빈(2010)이 있다. 정희모·김성희(2008)의 논문은 59명의 학생을 대상으로 상위 그룹과 하위 그룹을 나누고 텍스트 분석 도구를 이용하여 이들 텍스트의 특성을 분석한 것이다.[1] 논문에서 사용한 분석 도구는 비문 수, 문장 수, T-unit 수, 문장 화제 수, 응집성 연결요소 수, Lautamatti의 병렬적 화제 진행, 순차적 화제진행, 확장된 병렬적 화제 진행 등이다. 이 논문에서는 이런 분석 도구를 통해 우수한 필자의 텍스트와 미숙한 필자의 텍스트를 비교했다.

정희모·김성희(2008)의 논문에서 얻을 수 있는 학술적인 의미는 문장 속에 풍부한 정보를 담은 글이 더 좋은 평가를 받았다는 점이다. 이 논문을 보면 '어휘 수 / T-unit 수'와 'T-unit 수 / 화제 수'가 높은 학생이 더 좋은 평가를 받았다. 이는 하나의 의미 단위(T-unit)나 화제에 보다 많은 정보를 담은 것, 또한 논제에 대해 보다 상세하고 자세한 설명

---

[1] 구체적인 내용은 정희모·김성희(2008), 「대학생 글쓰기의 텍스트 비교 분석 연구」, 『국어교육학연구』 32, 국어교육학회, 411~421쪽 참고할 것.

을 한 것이 더 좋은 점수를 받았다는 뜻으로, 지식이 많은 학생이 좋은 텍스트 평가를 받았다는 의미 해석이 가능하다.

이 연구에서 확인할 수 있는 또 다른 사실은 대학생 글쓰기 경우 응집성 연결요소(cohesive-ties)가 좋은 평가를 받는 데 별 도움이 되지 않았다는 점이다. Halliday & Hasan(1976)의 연구를 보면 영어권에서는 응집성 연결요소가 많은 글일수록 높은 평가를 받았다고 한다. 그러나 정희모·김성희(2008)의 연구 결과를 보면 그렇지 않았다. 여기서는 우수한 필자나 미숙한 필자의 텍스트에서 응집성 연결요소에 관해서는 차이가 없었다. 이는 뜻밖의 연구 결과로서, 국내 글쓰기 교육에서 응집성 요소를 어떻게 다루어야 할지 검토해 보아야 할 측면이다. 또 이와 함께 학자마다 응집성 연결 요소(cohesive ties)에 대한 규정이 다르기 때문에 쓰기 분야에서 분석 도구로 사용하기 위해서는 이에 대한 검토가 있어야 한다는 사실도 알 수 있었다. Haliday & Hasan이나 기타 국내 학자들이 규정한 응집성 연결요소들은 너무 세밀하고 복잡하여 막상 텍스트의 질을 구별하는 데는 별 도움이 되지 않았다.

다음으로 이윤빈(2010)의 연구는 텍스트 질을 판단하기 위한 연구이기는 하지만 기본적으로 담화 통합을 통한 연구이기 때문에 앞의 논문(정희모·김성희: 2008)과는 차이가 있다. 이 논문에서는 학생들에게 읽기 자료를 제공하고 이에 대한 반응으로 비평문을 쓰게 하여, 그것을 분석 텍스트로 삼았다. 이를 통해 학생들이 어떻게 자료를 통합하는지, 그 결과로 나타난 텍스트의 특성이 어떠한지를 분석했다. 이 논문에서 사용한 분석 도구는 텍스트의 길이, 조직긴밀도, 부정적 논평의 비율, 영역 지식적 근거의 비율, 텍스트의 배열 유형이다. 논문에서는 이 도구를 사용하여 상위 평가의 글과 하위 평가의 글을 분석했다.

분석의 결과를 살펴보면,2) 먼저 텍스트의 길이와 텍스트 배열 유형

---

2) 구체적인 내용은 이윤빈(2010), 「대학생의 학술적 비평문 쓰기수행에 대한 연구: 비평문

은 텍스트의 질과 아무런 상관이 없는 것으로 나타났다. 이는 텍스트의 길이나 배열 유형보다 텍스트에 담긴 내용이나 조직이 중요할 것으로 예측할 수 있는 측면이다. 반면에 조직긴밀도와 영역 지식적 근거의 비율은 텍스트의 평가 점수와 매우 높은 상관이 있는 것으로 나타났다. 여기서 조직긴밀도는 Spivey(1984)나 Mathison(1993, 1996)이 사용한 방법으로 필자가 하나의 화제를 얼마나 깊이 있게 다루었는가를 측정하는 방법이다. 조직긴밀도가 높은 학생은 한 화제를 피상적으로 다루지 않고, 깊이 있게 다루었다는 것을 의미한다. 학생들이 좋은 점수를 받기 위해서는 다양한 화제를 폭넓게 다루는 것보다 적은 화제를 깊이 있고, 충실하게 다루는 것이 필요하다.

다음으로 영역 지식별 근거 비율을 살펴보면 대상 텍스트 주제에 관한 학생들의 지식이 텍스트의 평가에 영향을 미쳤다는 것을 알 수 있다. 학생들은 읽기 자료에 대한 비평문을 작성해야 했기 때문에 읽기 자료에 관한 영역 지식적 배경을 가진 학생들이 텍스트를 훨씬 더 잘 구성했다. 이를 볼 때 영역지식별 내용은 텍스트 질의 향상에 영향을 미친 것으로 보인다. 읽기 자료에 대한 긍정, 부정적 논평의 비율은 통계적으로 유의미하나 높은 상관을 가진 것은 아니었다. 읽기 자료에 대해 어떤 관점(긍정적, 혹은 부정적)을 취하느냐보다 그에 대한 근거를 어떻게 제시하는가가 더 중요하다는 사실을 확인할 수 있었다.

이윤빈(2010)의 연구에서 주목해 볼만 한 것은 텍스트의 질과 조직긴밀도의 상관관계이다. 텍스트의 질과 조직긴밀도의 상관은 Mathison (1996)의 논문에서도 확인된 바 있다. Mathison(1996)은 우수한 논문일수록 화제를 설명하는 논평의 내용 단위 개수가 더 많았다고 보고한 바 있다. 앞의 연구와 마찬가지로 이윤빈(2010)의 연구에서도 화제를 깊이

텍스트의 질과 필자·텍스트 변인들의 상관 분석을 중심으로」,『국어교육』133, 한국어교육학회. 이하 275~283쪽 참고할 것.

있게 다룬 텍스트가 더 좋은 평가를 받았다. 본 논문에서도 조직긴밀도를 면밀히 살펴볼 예정이다. 본 논문에서는 특히 Mathison(1996)이나 이윤빈(2010)과 달리 읽기-쓰기 과제 텍스트가 아닌 일반적인 텍스트에도 이 기준이 적용되는가를 검토해 보고자 한다. 조직긴밀도를 일반화할 수 있다면 학생들의 글을 향상시킬 좋은 교육 방법을 구성해낼 수 있을 것이다.

박소희(2009), 이윤빈·정희모(2010)의 연구는 담화 통합과 과제 표상에 대한 논문이기 때문에 텍스트 분석 도구를 통해 텍스트 질을 판단하는 본 논문과는 차이가 있다. 그러나 두 논문 모두 실험을 통해 텍스트의 질에 대한 결과를 제시하고 있어 이에 대한 검토가 필요하다. 박소희(2009)의 연구에서는 학생들이 단일한 화제에 대한 반응으로 보고서를 썼을 때 어떻게 자료를 수집하여 이를 텍스트로 통합하는지를 분석했다. 이윤빈·정희모(2010)의 연구도 대학생들이 주어진 과제 표상에 따라 자료텍스트를 어떻게 통합하여 텍스트를 만들어 내는지를 연구했다. 두 논문 모두 텍스트에 대한 통합, 변형에 관심을 쏟지만 텍스트 자질에 대한 분석도 제시하고 있어, 여기서는 그 부분만 지적하도록 한다. 박소희(2000)의 논문에서는 한 화제에 대해 더 많은 내용 단위를 연결하여 글을 쓴 학생들이 더 좋은 평가를 받았다. 상위 집단의 학생들은 하위 집단의 학생보다 하나의 화제를 더 깊게 다루고 있다는 것이다(박소희, 2000: 98~99). 이는 앞서 다룬 정희모·김성희(2008)와 이윤빈(2010)의 연구의 결과와 유사하다. 이윤빈·정희모(2010)의 연구에서는 자료를 단순 요약하여 작성한 글보다 자기 견해와 수사적 목적을 종합한 글이 높은 평가를 받았다. 이는 화제를 단순히 나열하기보다 자기견해와 비판, 분석을 섞어 복합적으로 제시하는 것이 좋은 점수를 받았다는 뜻이 된다(이윤빈·정희모, 2010: 489~490).

이 논문에서는 이런 선행 연구의 결과에 따라 〈문장 길이〉, 〈T-unit 수〉, 〈문장화제 수〉, 〈전체 글자 수 / 전체 문장 수〉, 〈비문 수 / 전체 문장 수), 〈응집성 연결요소 수 / 전체 문장 수〉, 〈화제 덩이 수〉, 〈어휘 수 / T-unit 수〉, 〈T-unit 수 / 화제 수〉, 〈화제덩이 수 / 화제 수〉를 분석 도구로 사용한다. 이 도구들은 선행 연구를 통해 한국어 텍스트의 질을 판단하는 데 유용했거나, 차후 다시 한 번 검토가 필요하다고 판단된 것들 중에서 뽑았다. 이 논문에서는 이러한 분석 도구를 사용하여 그동안 선행 논문에서 나타난 분석들이 사실인지, 또 어떠한 변화나 새로운 사실이 있는지를 판단하고, 전문 필자와 비교해 대학생 필자들의 텍스트 특성을 찾아보고자 한다.

2) 분석 도구에 대한 이론적 검토

(1) 문장 길이(전체 글자 수 / 전체 문장 수), T-unit 수

먼저 우수한 필자와 미숙한 필자의 텍스트에서 질적인 차이를 볼 수 있는 지표로 문장 길이를 들 수 있다. 문장의 길이에 대해서는 외국어의 경우와 한국어와 차이가 있다. 외국어의 경우 문장의 길이는 대체로 글의 성숙도나 유창성을 판단하는 지표가 되었다. 예컨대 영어의 경우 실험연구를 통해 쓰기 능력이 향상될수록 문장이 길어지는 것으로 보고되었다. 또 절의 길이도 쓰기 능력에 따라 길어지는 것으로 알려졌다(유재임, 2005: 265~267). 영어에서는 다양한 절을 사용하여 문장의 다양성과 복합성을 높인 것을 더 좋은 문장으로 파악하고, 이를 문장의 성숙도 (maturity)나 유창성(fluency)을 판단하는 기준으로 삼고 있다. Mellon(1969) 은 영어에서 명사적인 절이나 구 혹은 관계절 등이 많이 들어 있고, 문장 형태가 다양한 것을 "유창한(facility), 편안한(ease), 혹은 세련된 (grace) 문장"으로 규정한 바 있다. 이처럼 영어에서는 문장이 정교해지면 종속절이 많아지고, 문장에 삽입되는 부분도 많아진다고 판단한다(유재임, 2005: 271).

이런 특성은 불어의 경우에도 마찬가지이다. T-unit을 이용하여 불어의 유창성을 연구한 논문을 보면 언어 능력이 향상될수록 문장의 길이는 늘어난다고 보고했다. 예컨대 학습 시간이 늘어남에 따라 T-unit 당 평균 단어 수가 증가했으며, 문장 당 평균 단어 수도 늘어났다. 이에 따라 언어 능력의 향상도를 측정할 때 절 당 평균 단어 수가 가장 변별력 있는 측도가 되었다. 다시 말해 절의 길이가 늘어나는 것을 언어능력이 향상된다는 증거로 본 것이다. 절의 길이가 늘어나는 것은 하나의 절 속에 여러 개의 문장들이 들어가기 때문이다. 당연히 문장 수는 상대적으로 줄어들게 된다. 실제로 Monroe(1975)의 연구에 의하면 절 당 평균 단어 수가 대학 1학년, 2학년, 3~4학년, 대학원으로 올라감에 따라 5.64, 5.79, 6.21, 7.28로 늘어났다고 한다.[3]

그런데 한국어의 경우는 이와 다른 것 같다. 선행 연구를 통해 볼 때 한국어의 경우 절의 수가 많거나, 문장이 길다고 해서 좋은 평가를 받지 않았다. 글쓰기 평가에서 문장 점수가 우수한 학생과 그렇지 않은 학생을 비교한 한 실험에서 문장의 길이는 평가에 영향을 미치지 않았다. 또 절의 수도 2~4개 정도로 적절하게 배분한 학생이 우수한 평가를 받았다. 다시 말하면 한국어의 경우 절의 수가 중요한 것이 아니라 적절한 절의 배분이 중요하며, 문장에 따라 절의 변화(1~10개)가 많은 것은 좋은 평가를 받지 못했다(이재성, 2009: 31). 이런 면을 볼 때 문장의 길이는 한국어 텍스트에서 큰 평가의 도구가 되지 못 했다.

문제는 'T-unit'이다. 일반적으로 T-unit은 의미를 이루는 최소 단위를 의미하는 데, 통상 영어에서는 종속절이나 삽입절이 내포된 하나의 주절로 이루어진다(유재임, 2005: 264). 예컨대 "I think he is very smart"

---

3) 이 결과는 Monroe, J. H. (1975), *Measuring and Enhancing Syntactics Writing Fluency in French*, The French Review, p. 1025에서 언급된 것으로 여기서는 장한업(2008), 「한국 대학생들의 불어 쓰기 유창성 연구」, 『불어불문학연구』 74, 한국불어불문학회, 486~490쪽에서 재인용하였다.

라는 문장이 있다면, 이는 종속절이 있는 하나의 주절로 전체가 한 의미 단위가 된다. "I went the library and she went a theater"란 문장은 서로 대등적으로 연결되어 있는 것으로, 문장은 하나이지만 T-unit은 두 개가 된다. T-unit은 양적(量的)으로 영어 문장의 능숙도를 측정하기 위해 K. W. Hunt(1965)에 의해 개발된 것이다. 한국어의 경우에도 문장에서 의미의 최소 단위를 측정할 때 이 방법을 사용하기도 한다.[4] 예를 들어 "나는 그가 참 멋있다고 생각한다"란 예문은 종속절이 포함된 한 문장으로 하나의 의미 단위이다. 반면에 "그는 테니스를 잘 하고, 나는 배구를 잘 한다"란 예문은 문장은 하나이지만 T-unit은 두 개이다. T-unit을 사용하면 문장의 개수와는 달리 실제 전체 텍스트에서 의미 단위가 몇 개인가를 파악할 수가 있다.

(2) 응집성 연결요소(cohesive ties)

이 논문에서 살펴보고자 하는 주요 분석 도구 중 하나는 응집성 연결요소(cohesive ties)이다. 응집성 연결요소에 관심을 가지는 것은 외국의 문헌에서 텍스트의 질을 판단하는 주요 도구로 이를 규정하고 있기 때문이다. 영어권 논문에서 응집성 연결요소를 통해 텍스트의 질을 판단할 수 있다고 본 것은 Halliday & Hasan(1976)과 Witte & Faigly(1981)의 연구이다. Halliday & Hasan은 텍스트를 분별하는 요소로 응집성을 강조했다. 텍스트는 분명히 통일된 연결성을 가져야 하는데, 형식적 차원에서 그것을 볼 수 있는 방법으로 응집성(cohesion)을 꼽았다. 좋은 텍스트가 되기 위해서 응집성이 높아 문장 결속력이 좋아야 한다.

Halliday & Hasan이 응집성을 중요하게 보는 것은 텍스트를 문법 단

---

4) 국내의 경우 다음의 논문에서 사용된 바 있다. 정희모·김성희(2008), 「대학생 글쓰기의 텍스트 비교 분석 연구」, 『국어교육학연구』 32, 국어교육학회.

위가 아니라 의미 단위로 본 것과 관련이 있다(Halliday & Hasan, 1976: 1~30). 텍스트에서 단어나 구절, 문장들은 의미를 해석하고 재현하는 기호적 관계로서 기능하지, 문법적 관계로서 기능하는 것만은 아니다. 다시 말해 어떤 텍스트의 의미를 읽을 때 이해나 해석이 중요하지 문법이나 기능적 관계가 중요한 것은 아니라는 것이다. 따라서 텍스트의 통일성이나 구조성을 파악하기 위해서는 어휘나 문장이 어떤 의미론적인 관계를 맺고 있느냐가 중요해진다. 응집성(cohesion)은 다른 의미소들과 마찬가지로 어휘, 문장적인 차원에서 이루어지는 의미론적 관계를 의미한다. 텍스트의 의미적 통일성은 텍스트를 '응집'하는 구조 속에서 어휘나 구절, 문장을 통해 드러난다. 응집성 연결요소(cohesive ties)는 문장 단위에서 이런 의미적 연결 관계가 이루어지는 요소이다.

텍스트의 응집성을 통해 우수한 텍스트와 미숙한 텍스트의 차이를 분석한 것은 Witte & Faigly(1981)이다. 이들은 Halliday & Hasan의 이론에 근거하여 응집성 연결요소들을 분류하고, 이를 유능한 필자와 미숙한 필자의 텍스트에 적용하여 분석을 하였다. 이들의 연구에서 응집성 연결요소는 텍스트 질을 판단하는 데 매우 긍정적인 기능을 한 것으로 나왔다. 예컨대 우수한 필자의 텍스트에는 미숙한 필자의 텍스트보다 두 배 이상의 응집성 연결요소가 있었다. 우수한 필자의 텍스트에서 3.2개의 단어마다 한 번씩 응집성 연결요소가 등장한 반면, 미숙한 필자의 텍스트에서는 4.9개의 단어마다 한 번씩 응집성 연결요소가 있었다. T-unit당 응집성 연결요소의 수는 이보다 차이가 더 컸다. 한 개의 T-unit당 응집성 연결요소의 수는 우수한 필자의 텍스트가 5.2개, 미숙한 필자의 텍스트가 2.4개로 두 배 이상의 차이를 보였다(Witte & Faigly, 1981: 195). 이는 하나의 의미 단위 당 응집성 연결요소의 수가 많은 텍스트가 훨씬 우수하다는 것을 의미한다.

Witte & Faigly의 연구를 보면 응집성 연결요소의 양(量)뿐만 아니라 내용 면에서도 차이가 있었다. 문장과 문장을 직접적으로 연결하는

immediate ties(직접적 연결)의 비율은 우수한 필자의 텍스트가 전체 응집성 연결요소의 41.6%를, 미숙한 필자의 텍스트가 32.8%를 사용하여 서로 차이가 컸다. 이는 글쓰기 능력이 뛰어날수록 개별 T-unit 사이의 언어적 연결을 훨씬 잘 성립시킨다는 사실을 보여준다. 응집성 연결요소의 구성 성분에도 차이가 있다. 우수한 필자의 텍스트에서는 미숙한 필자의 텍스트보다 지시적 연결요소, 접속사 연결요소, 어휘적 연결요소가 모두 사용 비율이 높았다. 지시어의 사용에서 가장 차이가 큰 부분이 3인칭 대명사였는데, 미숙한 필자들이 불분명한 지시어의 사용으로 인한 오류를 줄이기 위해 이를 잘 사용하지 않는 반면, 우수한 필자들은 앞에 나온 어휘를 지시하기 위해 지시어를 빈번하게 사용했다.

접속사 연결의 경우도 비슷하다. Witte & Faigly는 훌륭한 작가일수록 개별 T-unit을 연결시키기 위하여 접속사를 많이 사용한다고 한다. Witte & Faigly는 접속사의 사용이 immediate ties(직접적 연결)의 비율을 증가시킨다고 보고 있다. 즉 문장과 문장을 직접 연결시키는 데 접속사를 많이 사용했다는 것이다. 이와 함께 우수한 텍스트와 미숙한 텍스트에서 가장 많은 차이를 보인 것이 어휘적 연결요소이다. 미숙한 텍스트에서는 어휘적 연결요소의 가장 많은 부분을 차지하는 것이 동일 단어의 반복이었다. 반면에 우수한 텍스트는 동일 단어 반복 사용 비율이 낮고, 같은 항목의 하위 범주에 해당하는 단어 비율이 높았다. 우수한 필자일수록 다양한 어휘를 통해 문장과 문장의 연결을 매우 능숙하게 처리하고 있었다(Witte & Faigly, 1981: 196).

Witte & Faigly의 이런 연구 결과는 국내의 연구와 차이가 있다. 국내에서 텍스트 응집 관계를 연구한 정희모·김성희(2008)의 연구에 의하면, 우수한 필자의 텍스트와 미숙한 필자의 텍스트 사이에 응집성 연결요소에 의한 유의미한 차이는 없었다. 우수한 필자의 텍스트에서 나온 응집성 연결요소의 수는 15.35로, 미숙한 필자의 텍스트에서 나온 13.86보다 많았지만 통계적으로 유효하지 않았다(t=1.01, p>.05). 다시 말해 한국어의 경우 응집성 연결요소의 수가 텍스트의 질을 판단하는 유의미한 기준이 될 수 없었다는 것이다(정희모·김성희, 2008: 415). 한국어의 경우 접속사나 지시대명사를 많이 사용하면, 문장의 응집성은 높아지겠지만 그것이 문장의 세련성이나 깊이 있는 내용을 보장해주지는 않는다. 오히려 지시사나 접속사의 빈번한 사용은 글의 긴장감을 떨어뜨리고 내용을 이해하는 데도 방해가 될 수 있다.

외국어와 한국어의 이러한 차이를 일반화할 수 있는지에 대해서 면밀한 검토가 필요하다. 이 논문에서는 한국어에서도 응집성 연결요소가 텍스트의 질을 판단하는 주요한 기준이 될 수 있는가를 다시 한번 파악하고자 한다. 통계적인 결과에 의해 만약 한국어에서 응집성 연결요소가 텍스트의 질을 판단하는 기준이 될 수 없다면 이는 Halliday & Hasan(1976)이나 Witte & Faigly(1981)의 연구 결과와는 다른 것이다. 응집성 연결요소가 가진 이런 차이를 구분해야 하는 것은 이 방법이 글쓰기 교육에 유용하게 쓰일 수 있기 때문이다. 만약 응집성 연결요소가 한국어 텍스트의 질을 판단하는 주요 요소로 작용한다면 학생들에게 이를 교육시킬 필요가 있다. 현재 중등교육에서는 7차 교육과정에 응집성 요소가 포함되어 있다. 초등에서도 이를 이용한 글쓰기 교육이 이루어지고 있다(서승아, 2008: 163~178; 이재승, 2003: 92). 초등이나 중등이 아닌 대학, 일반 글쓰기의 경우 응집성 요소가 텍스트의 질에 어떻게 작용하는가를 보는 것이 이 논문의 주요 목적 중 하나이다.

응집성(cohesion) 연결요소를 나누는 방식 역시 학자마다 천차만별이다. 우선 응집성(cohesion)과 통일성(coherence)에 대한 용어 통일도 이루어져 있지 않을 뿐만 아니라5) 응집성 연결요소의 하위 요소에 대한 합의도

---

5) 7차 교육과정에서는 cohesion을 응집성으로, coherence를 통일성이란 용어로 통일하고 있다. 그러나 이에 대해서는 학자마다 견해가 다르다. 이재승은 cohesion을 결속구조로 coherence를 응집성으로 부르고 있다. 반면에 김정남(2004)은 cohesion을 응결성, coherence를 응집성이라고 부른다. 이와 달리 이성영(2005)은 cohesion을 일관성, coherence를 통일성

없다. 응집성 연결요소의 하위 요소에 대해 Halliday & Hasan(1976)은 지시(reference), 대체(substitution), 생략(ellipsis), 접속(conjunction), 어휘적 요소(lexical elements)로 나누었다.[6] 이에 반해 Witte & Faigly(1981)는 실험 연구의 복잡성을 피하기 위해 응집성의 주요 요소인 지시(reference)와 접속(conjunction), 어휘적 요소(lexical elements)만을 비교 대상으로 삼아 연구를 했다. 이 논문에서도 전체 응집성 연결요소의 수와 세부적으로 지시, 접속, 어휘 요소의 수를 비교했다. 응집성 연결요소를 너무 세분화 하면 비교가 불가능할 정도로 세밀해지고 복잡해지기 때문에 응집성 연결요소의 80% 이상을 차지하는 세 요소를 중심 비교 대상으로 삼았다. 이에 대한 비교 결과는 다음 장에서 상세히 다룬다.

(3) 조직긴밀도

다음으로 이 논문에서 텍스트 질을 파악하기 위해 주요 도구로 사용 하는 것은 화제를 이용한 조직긴밀도 측정 방법이다. 이 방법은 학생들 이 한 화제를 얼마나 조직적으로 깊이 있게 다루었는가를 측정하는 것 으로, Spivey & King(1989)나 Mathison(1993, 1996)이 이 방법을 사용했 고, 국내에서는 이윤빈(2010)이 응용하여 사용한 바 있다. 이윤빈의 실 험 결과에 따르면 조직긴밀도 측정 방법은 학생들의 텍스트 질을 판단 하는 데 매우 유용한 것으로 나타났다(이윤빈, 2000: 20~27). 대체로 좋은 평가를 받은 텍스트가 조직긴밀도의 점수가 높았다. 좋은 텍스트의 경 우 학생들이 한 화제에 대해 더 깊이 있게 다루었다는 것을 증명해주었

이라고 불렀다. 이 논문에서는 7차 교육과정의 용어를 따른다.
김정남(2004), 「대학 작문 교육에서 텍스트 이론의 적용 가능성에 대한 검토」, 『텍스트 언어학』 17, 한국텍스트언어학회, 152쪽; 이재승(2003), 93~95쪽.
6) 응집성의 하위 요소 분류에 대해서는 이재승(2003), 98~100쪽; 조영돈(2006), 『논술문 생산의 텍스트 언어학적 책략』, 태학사, 40~75쪽; 한국텍스트언어학회(2004), 『텍스트 언어학의 이해』, 박이정, 44~65쪽 참고할 것.

다. 앞서 Spivey & King(1989)이나 Mathison(1993, 1996)의 연구 결과에서도 조직긴밀도가 높은 학생이 우수했고, 이윤빈(2010)의 연구도 그런 결과를 보였다.

조직긴밀도는 하나의 화제를 얼마나 많은 의미단위로 설명했는지를 측정하는 방법이다. 학생들은 텍스트를 작성하면서 화제를 간략하게 다룰 수도 있고, 자세히 다룰 수도 있다. 텍스트의 분량이 일정하다면 많은 화제를 두는 것보다 적은 화제를 두어 자세하고 깊게 다루는 것이 더 좋은 결과를 가져올 수가 있다. 이는 앞서 말했듯이 실험 결과로도 증명되었다. 대체로 학생들의 텍스트에서 적은 화제에 많은 의미 단위가 있는 것이 좋은 평가를 받았다. 조직긴밀도를 측정하는 원리는 간단하다. 텍스트에서 화제덩이와 의미단위를 측정하고 이를 점수로 환산하여 텍스트의 질을 판단하는 것이다. 이를 도식으로 설명하면 조직긴밀도는 내용단위 수를 화제 덩이 수로 나눈 값을 의미한다.[7]

$$\frac{\text{화제 덩이 수(number of thematic chunks)}}{\text{내용 단위 수(number of content units included)}}$$

조직긴밀도를 측정하기 위해 텍스트의 내용 단위와 화제 덩이를 먼저 찾아야 한다. 내용 단위는 하나의 '문장 화제'와 '코멘트'로 이루어진 하나의 의미 단위를 지칭한다. 여기서 문장 화제란 문장에서 말하고자 하는 중심 대상으로서 통상 주어가 이에 해당하나 주어 이외도 가능하다. 예컨대 "사람들은 좋은 글이란 좋은 주제, 간결한 문장, 적합한 구성이 잘 조화된 것이라고 말한다"라는 문장이 있다면, 여기서 문장 화제는 '좋은 글'이다. 이 문장은 '좋은 글'이 무엇인가에 대해 말한 것이

---

7) 조직긴밀도에 대해서는 다음 두 논문을 참고하기 바람.
  Spivey, N. N. and King, J. R. (1989), "Readers as Writers Composing from Sources", *Technical Report* No. 18, p. 10; 이윤빈(2010: 266~269).

기 때문이다. 이 예문에서 코멘트에 해당하는 부분은 '좋은 주제, 간결한 문장, 적합한 구성이 잘 조화된 것'이다.

화제 덩이는 이런 내용 단위들이 유사한 화제로 묶어져 있는 것을 의미한다. 예컨대 문장화제가 '지식인', '지식인의 개념 규정', '지식인의 사명', '지식인의 종류' 등이 이어진다면 이는 하나의 화제 덩이이다. 만약 여기에서 '문화의 의미', '문화의 기능' 등과 같이 다른 문장 화제가 나온다면 이는 화제 덩이가 다른 것을 의미한다. 이처럼 조직긴밀도는 하나의 화제를 얼마나 깊이 있게 다루고 있는가를 수치로 드러내준다.

3. 실험 절차와 방법

1) 텍스트 표집과 집단의 설정

이 논문의 실험은 대학생 필자가 쓴 우수한 텍스트와 미숙한 텍스트, 그리고 전문 필자가 쓴 텍스트에 대해 각각의 자질과 특성을 비교해 보기 위해 고안되었다. 상위 집단의 학생 텍스트는 A대학교 1학년 학생 중 8개 분반에서 평가가 끝난 상위 20%의 텍스트를 담당교수의 추천을 통해 수집한 후 이 중에서 무작위로 20편을 표집했고, 하위 집단의 학생 텍스트 역시 하위 20%에 해당하는 텍스트를 동일한 방법으로 수집하여 20편을 표집했다. 또 8개 분반의 학생들이 추천한 우수 전문가의 글을 수집했고, 이 중에서 순위대로 20편을 표집했다.[8] 이 표집 방법은 학생

---

8) 전문가 텍스트는 학생들에 의해 전문가의 칼럼에서 선정되었고, 이에 해당하는 전문 저술가는 다음과 같다.
  윤평중, 복거일, 도종환, 고종석, 김용석, 홍세화, 신경림, 이원복, 유종호, 정혜신, 김우창, 김성연, 양성희, 김광일, 이어령, 김용택, 이광호, 박경철, 도정일, 장영희.

모집단 속에 하위 집단으로서 우수한 텍스트를 쓰는 집단, 미숙한 텍스트를 쓰는 집단이 있다는 것을 가정하고 이들 집단에서 단선 무선 표집을 한 층화표집(stratified sampling)에 해당한다. 또 전문가의 텍스트를 학생 텍스트와 비교하기 위해 표집한 것은 목적 표집(purposeful sampling)에 해당한다(성태제·시기자, 2009: 93~100). 우리가 관심을 두는 것은 이렇게 차이가 있는 집단들의 텍스트가 지닌 특징들이다.

〈표 1〉 실험 대상 텍스트

집단	텍스트
학생-하위(집단A)	2 0
학생-상위(집단B)	2 0
전문가(집단C)	2 0

대학생들과 전문 필자의 텍스트는 모두 1900자 내외의 칼럼으로 주제는 다양하지만 형식은 동일하다. 다시 말해 두 집단의 실험 텍스트는 서두와 결말을 가진 완결된 형식의 칼럼과 에세이로 동일한 형식을 가지고 있다. 각 텍스트의 분량은 1500자에서 2900자까지 걸쳐 있으나 대체로 1700~2100자 남짓이며, 평균은 약 1900자 정도이다.

〈표 2〉 각 집단의 글자 수, 어휘 수, 문장 수

	N	평균		표준편차	분산
	통계량	통계량	표준오차	통계량	통계량
미숙자 글자	20	1890.60	76.05	340.11	115671.93
능숙자 글자	20	2096.75	67.68	302.67	91611.25
전문가 글자	20	1967.15	117.88	527.21	277957.18
미숙자 어휘	20	446.50	17.76	79.44	6311.31
능숙자 어휘	20	500.80	16.68	74.61	5568.06
전문가 어휘	20	477.20	31.32	140.08	19624.69
미숙자 문장	20	33.35	1.74	7.80	60.87
능숙자 문장	20	35.35	1.92	8.59	73.92
전문가 문장	20	38.20	2.30	10.30	106.16

각 집단의 글자 수, 어휘 수, 문장 수의 평균은 위의 표에서 보듯 비슷한 수치를 보여준다. 이는 각 실험 대상의 텍스트가 유사한 양적(量的) 성격을 지니고 있음을 나타낸다. 또 각각의 텍스트들이 다양한 주제(낙태, 사이버 공간, 언어의 다양성, 사회적 소수자, 미국 문화의 성격 등)를 가지고 있는 것이 텍스트의 특성을 일반화하는 데 도움이 될 것으로 생각한다.

2) 분석 변수의 설정

특정한 집단의 텍스트를 목적 표집을 한 것은 집단 간의 텍스트 속성을 보다 분명하게 알기 위해서였다. 이 논문에서는 선행 연구(정희모·김성희, 2008)에서 사용한 지표를 참고로 했다. 유효하거나, 유효하지 않더라도 중요한 것은 상당수 포함했고, 새롭게 문장긴밀도에 관한 분석 도구를 첨가했다. 이는 이전 연구와의 비교를 통해 대학 신입생 텍스트의 속성을 보다 정확히 알고자 하는 목적 때문이다. 이 논문에서 사용하는 분석 도구로서 변수는 다음과 같다.

X1: T-unit 수
X2: 문장 화제 수
X3: 전체 글자 수 / 전체 문장 수
X4: 비문 수 / 전체 문장 수
X5: 응집성 연결요소 수 / 전체 문장 수
X6: 화제 덩이 수
X7: 어휘 수 / T-unit 수
X8: T-unit 수 / 화제 수
X9: 화제덩이 수 / 화제 수

여기서 이 변수들의 의미들을 검토해 보겠다. 먼저 X1, X2를 살펴보자. 'T-unit'은 앞서 설명한 대로 '의미의 최소 단위'를 가리킨다. T-unit 수는 텍스트에서 사용된 의미 단위의 수를 말하는데, 이것이 텍스트의 질을 판단하는 것은 아니다. 문장의 의미 단위가 많다는 것은 내용이 풍부하다는 뜻도 되고, 복잡하다는 뜻도 된다. 전체 텍스트의 주제와 관련하여 화제를 어떻게 엮어 가는가가 텍스트의 질을 판단하기 때문에 이 변수는 다른 변수를 판단하는 데 기초 자료가 된다. '문장 화제'도 역시 텍스트의 질을 판단하는 기초 자료로 기능한다. Mathesius는 한 문장에는 테마와 레마가 결합되어 있다고 말했는데, 여기서 테마가 문장 화제에 해당한다. 테마는 문장에서 설명하고자 하는 대상을 말하며 레마는 이에 대한 설명 부분이다(한국텍스트언어학회, 2004: 68). 문장 화제가 많다는 것은 텍스트가 그 만큼 복잡하다는 뜻도 되지만 내용이 풍부하다는 뜻도 된다.

X3, X4는 우수한 텍스트와 미숙한 텍스트 사이에 어느 정도 차이를 보여줄 것으로 기대되는 변수이다. X3은 '글자 수 / 문장 수'로 문장의 길이를 재는 지표이다. 한국어의 경우 통상 문장을 짧게 쓰는 것이 좋다고 알려져 있기 때문에 실제 그러한지를 확인해 볼 수 있는 중요한 지표이다. 이 변수를 통해 문장 길이가 텍스트 질의 판단에 유의미한 차이가 있는지를 판명해 볼 것이다. '비문 수(X4)'는 유능한 필자와 미숙한 필자 사이에 차이가 분명히 드러날 것으로 기대되는 변수이나, 선행 연구(정희모·김성희, 2008)에서는 유효한 차이가 나타나지 않았다. 그러나 이번 연구에는 전문가 집단이 포함되기 때문에 대학생 필자와의 이들 사이에서 유의미한 차이가 나올 수도 있을 것이다. 학생들에게 흔히 보이는 비문들은 전문 필자들에게는 잘 보이지 않는다.

변수 X5는 '응집성 연결요소'이다. 이는 앞서 분석 도구에서 설명한 대로 영어의 경우 텍스트 질을 판단하는 주요한 변수로 상정했다. 그러나 한국어를 다룬 선행 연구(정희모·김성희, 2008)에서는 유효한 차이가 나타나지 않았다. 대학 신입생 필자와 전문 필자 사이에 어떤 결과가 나올지 주목되는 측면이다. '화제덩이 수(X6)'도 대학생 필자, 전문 필자 사이에 차이가 있는지 궁금한 분야이다. 화제덩이의 수만으로 텍스트의 질을 판단하는 데는 큰 도움이 안 될 수 있다. 화제덩이는 유사한 화제의 묶음인데 이것이 너무 많으면 글이 산만하다는 뜻도 되지만 너무 적으면 내용이 단조롭다는 뜻도 된다. 따라서 화제덩이는 적절한 수가 필요한데, 대학생 필자와 전문 필자 사이에 어떤 차이가 있을지는 실험 결과를 살펴볼 필요가 있다.

선행 연구를 통해 대학생 필자와 전문 필자 사이에 큰 차이가 있을 것으로 기대되는 변수는 X7, X8이다. X7은 '어휘 수 / T-unit 수'로 선행 연구에서 텍스트 질의 판단에 실제 영향을 끼치는 것으로 판명된 바 있다. 'T-unit 당 어휘 수'가 많으면 하나의 의미 단위를 더 길게 설명하고 있다는 뜻이 된다. 특히 설득적인 글에서는 한 의미 단위 당 설명이 많은 것이 더 좋은 평가를 받을 가능성이 있다. 전문 필자의 경우에도 이런 결과가 적용될 수 있는지 알아보는 것이 이 실험의 또 다른 목적이다. X8은 '화제 당 T-unit의 수'를 살펴보는 항목이다. 화제 당 T-unit의 수가 많으면 한 화제를 매우 상세하고 자세하게 설명했다는 의미가 된다. 이 항목은 선행연구(정희모·김성희, 2008)에서 우수한 필자와 미숙한 필자의 텍스트를 비교해 본 결과 유효한 차이가 있었다. 다시 말해 하나의 화제를 자세하게 설명한 학생들이 더 좋은 평가를 받았던 것이다. 본 논문에서는 이 변수가 대학생 필자와 전문 필자 사이에서도 유효한지를 검증해 볼 것이다.

X9는 '화제 수 / 화제 덩이 수'로 텍스트의 화제가 얼마나 일관성과 통일성을 가지고 서술되었는지를 측정하는 조직긴밀도 변수이다. 이에 관해서는 앞 장에서 자세히 설명한 바 있다. 영어권의 연구에서는 이 변수가 텍스트의 질을 판단하는 데 유의미하다는 것이 판명된 바 있다. 이 실험에서는 대학생 필자와 전문 필자를 섞어 이 변수의 유효성을

검증해 볼 예정이다. 조직긴밀도가 텍스트의 질을 판단하는 데 유효하다면 이를 적절하게 작문 교육에 응용할 필요가 있다.

4. 실험 결과 및 검토

1) 실험 결과

이전의 집단 비교 연구에 비해 이번 실험이 어려운 것은 전문가 집단을 포함해 독립변수가 많아진 점이다. 통상 학생 집단에 대한 비교 연구는 우수한 필자 집단과 열등한 필자 집단 사이에서 많이 이루어진다. 반면에 이번 실험은 세 집단(학생 우수, 학생 열등, 전문 집필자)을 설정했고, 이들의 차이를 비교하고자 했다. 그리고 문제는 독립변수에 따라 다루어야 할 종속변수가 12개(글자, 어휘 수 포함)나 되기 때문에 이를 통계적으로 처리하기가 어려웠다는 점이다. 특히 연구 목적에 따라 특정 대상을 목적 표집하였기 때문에 모집단에 대한 등분산 가정이 되지 않는 변수가 있어서 문제였다. 상관 분석을 통해 Levene의 등분산검정을 시도해보니 대다수 데이터가 유의확률 0.05 이상으로 등분산의 영가설을 기각하지 않아 등분산 가정을 어느 정도 충족시켰지만 비문과 화제덩이 / 화제는 등분산을 이루지 않는다는 사실을 알 수 있었다 (.031, 0.04). 따라서 이번 실험 연구에서는 무엇보다 기술통계량을 잘 사용해야 할 필요성이 생겼다. 실험을 통해 나타난 기술통계량은 다음과 같다.

〈표 3〉 Kruskal Wallis 검정 결과 기술통계량

		N	평균	표준오차편차	표준오차오류	평균에 대한 95% 신뢰구간 하한값	상한값
X1	A집단	20	43.55	7.11	1.59	40.22	46.88
	B집단	20	41.10	7.58	1.69	37.55	44.65
	C집단	20	46.60	14.02	3.13	40.03	53.17
	합계	60	43.75	10.16	1.31	41.12	46.38
X2	A집단	20	36.55	6.90	1.54	33.32	39.78
	B집단	20	35.85	6.89	1.54	32.62	39.08
	C집단	20	37.75	12.51	2.79	31.89	43.61
	합계	60	36.72	9.04	1.16	34.38	39.05
X3	A집단	20	58.65	13.60	3.04	52.29	65.02
	B집단	20	61.68	13.85	3.09	55.19	68.16
	C집단	20	52.33	8.70	1.94	48.25	56.40
	합계	60	57.55	12.69	1.63	54.27	60.83
X4	A집단	20	.13	.14	.032	.069	.20
	B집단	20	.06	.05	.012	.039	.09
	C집단	20	.00	.00	.001	−.001	.00
	합계	60	.06	.10	.013	.042	.09
X5	A집단	20	2.50	.48	.10	2.27	2.73
	B집단	20	2.70	.75	.16	2.35	3.05
	C집단	20	2.27	.46	.10	2.06	2.49
	합계	60	2.49	.59	.07	2.34	2.65
X6	A집단	20	21.40	3.84	.85	19.60	23.19
	B집단	20	19.75	6.18	1.38	16.85	22.64
	C집단	20	9.50	3.06	.68	8.06	10.93
	합계	60	16.88	6.94	.89	15.08	18.67
X7	A집단	20	10.40	1.86	.41	9.53	11.27
	B집단	20	12.44	2.14	.47	11.43	13.44
	C집단	20	10.44	1.80	.40	9.59	11.28
	합계	60	11.09	2.13	.27	10.54	11.64
X8	A집단	20	1.20	.15	.03	1.13	1.27
	B집단	20	1.15	.13	.02	1.09	1.21
	C집단	20	1.25	.16	.03	1.17	1.33
	합계	60	1.20	.15	.01	1.16	1.24
X9	A집단	20	.59	.11	.02	.54	.65
	B집단	20	.55	.15	.03	.48	.62
	C집단	20	.25	.07	.01	.22	.29
	합계	60	.469	.19	.02	.42	.51

이와 함께 집단 간의 유의미한 차이도 분석해 볼 필요가 있었다. 앞서 말한 대로 이 실험은 다변량분산분석(MANOVA)을 사용할 수 없었다. 샘플 수가 적고 정규분포 등분산 가정을 충족시키지 못하는 변수가 있었기 때문이다. 따라서 SPSS 비모수검정의 독립 K 표본 검증 방법을 사용하여 집단 간의 통계적 차이를 분석해 보았다. Kruskal Wallis 검정 결과 종속변수 X3, X4, X5, X6, X7, X9에서 집단 간에 차이가 있는 것으로 판명되었다.

검정 통계량[a,b]

	X1	X2	X3	X4	X5	X6	X7	X8	X9
카이제곱	1.629	.503	6.543	30.536	8.278	35.812	11.371	4.257	38.757
자유도	2	2	2	2	2	2	2	2	2
근사 유의확률	.443	.778	.038	.000	.016	.000	.003	.119	.000

a. Kruskal Wallis 검정
b. 집단변수: 그룹

〈그림 1〉 Kruskal Wallis 검정 결과

〈그림 1〉를 보면 X1(T-unit 수), X2(문장 화제 수), X8(T-unit 수 / 화제 수)에서 세 집단 간에 차이가 없는 것으로 나타났다. X1(T-unit 수)와 X2(문장 화제 수)는 텍스트의 길이에 따라 차이가 달라질 수 있기 때문에 이해할 수 있는 결과이나 X8(T-unit 수 / 화제 수)은 매우 뜻밖의 결과였다. 이 변수에 관해 선행 연구에서 우수 학생과 미숙 학생 사이에 질적 차이가 분명히 있었기 때문이다. 이런 점에 대한 분석은 다음 절에서 자세히 다루기로 한다.

Kruskal Wallis 검정 결과를 통해 X3, X4, X5, X6, X7, X9에 유의미한 차이가 있었기 때문에 이를 다시 SPSS 비모수검정의 독립 2 표본 검증 방법을 사용해 어떤 집단 사이에 어떤 차이가 발생하는지를 검증해 보았다. 비모수검정의 독립 2 표본 검증은 집단 A와 집단 B, 집단 B와 집단 C 사이를 나누어 검정해 보았다.

검정 통계량[a,b]

	X1	X2	X3	X4	X5	X6	X7	X8	X9
카이제곱	1.629	.503	6.543	30.536	8.278	35.812	11.371	4.257	38.757
자유도	2	2	2	2	2	2	2	2	2
근사 유의확률	.443	.778	.038	.000	.016	.000	.003	.119	.000

a. Kruskal Wallis 검정
b. 집단변수: 그룹

〈그림 2〉 집단 A와 집단 B에 대한 비모수검정의 독립 2 표본 검증 결과

대학생 필자들 사이(집단 A와 집단 B)에서 유효한 차이가 있었던 것은 X7(어휘 수 / T-unit 수)뿐이었다. 기술 통계량을 보면 T-unit당 어휘 수는 우수 집단의 학생들이 훨씬 높았다. 비모수 검정에 의하면 그밖에 지표는 기술통계량으로는 차이가 있으나 통계적으로 유효한 것들은 아니었다. 이에 대한 의미는 다음 절에서 다시 살펴본다.

다음으로 집단 B(상위 학생 필자)와 집단 C(전문 필자) 사이의 차이를 검정해 보았다. 이 두 집단 차이에 대한 비모수검정 결과는 차이는 매우 컸다. 〈그림 3〉에서 보듯 모든 지표에서 상위 학생 필자와 전문 필자 사이에 통계적인 유의미한 차이가 있었다.

검정 통계량[a,b]

	X1	X2	X3	X4	X5	X6	X7	X8	X9
카이제곱	1.629	.503	6.543	30.536	8.278	35.812	11.371	4.257	38.757
자유도	2	2	2	2	2	2	2	2	2
근사 유의확률	.443	.778	.038	.000	.016	.000	.003	.119	.000

a. Kruskal Wallis 검정
b. 집단변수: 그룹

〈그림 3〉 집단 B와 집단 C에 대한 비모수검정의 독립 2 표본 검정 결과

상위 학생 필자와 전문 필자 사이의 비모수검정의 통계 결과는 모든 면에서 유효한 차이가 있었다. 이런 통계 결과는 결국 대학생 필자 사이의 텍스트 질 차이보다 전문가와 대학생 필자 사이에 텍스트 질 차이가 훨씬 크다는 사실을 증명해준다.

비모수검정의 결과는 차이의 통계적 유효성만을 증명해주기 때문에

실제적으로 대학생 필자와 전문 필자 사이에 양적 차이는 기술통계량을 살펴볼 필요가 있다. 특히 기술통계량을 통해 볼 때 대학생 필자 사이에서 각 지표 사이에 특이한 측면들이 발견되기 때문에 이를 면밀히 검토해 볼 필요가 있다. 이를테면 전문 필자의 문장 길이가 짧아 상위 학생 필자도 그럴 것 같았지만, 실제 상위 학생 필자의 문장 길이는 짧지 않았다. 상위 학생 필자의 문장이 하위 학생 필자의 문장보다 더 길었다. 응집성 연결요소의 경우는 상위 학생 필자가 하위 학생 필자보다 높았지만 전문 필자는 오히려 하위 학생 필자에 가까웠다. 이처럼 기술통계량이 보여주는 결과는 변수에 따라 차이가 있기 때문에 다음 장에서는 이런 변수들의 상호 관계들을 하나씩 풀어 설명해 보고자 한다.

2) 실험 결과 분석

(1) T-unit 수(X1), 비문의 수 / 전체 문장 수(X4)

앞선 Kruskal Wallis 검정의 결과를 보면 이 세 집단 사이에서 유효한 차이를 보인 것은 'T-unit의 수(X1)', '비문의 수 / 전체 문장 수(X4)', '응집성 연결요소 수(X5)', '화제덩이 수(X6)', '어휘 수 / T-unit 수(X7)', '문장 화제 수 / 화제덩이 수(X9)'였다. 그러나 실제 이들의 차이를 보다 자세히 관찰해 볼 수 있는 것은 기술통계량이다.

〈표 3〉의 기술 통계량을 보면 '글자 수', '어휘 수', '문장 수'가 나와 있다. 각 집단 별로 전체 글자 및 문장 수는 차이가 있지만 큰 편은 아니다(하위 집단 1894자, 상위 집단 2096자, 전문가 집단 1967자). 상위 학생 집단들의 텍스트는 하위 학생 집단이나 전문가 집단의 텍스트보다 길었다. 그런데 문장 길이와 달리 'T-unit 수'는 상위 학생 집단이 가장 적었다(41.10). 이는 한 편의 텍스트에서 의미 단위 수가 더 적었다는

뜻으로, 다른 집단에 비해 의미 단위 당 글자 수가 많았다는 것을 의미한다.

하나의 텍스트에서 'T-unit 수'가 많고 적음은 여러 가지 각도에서 해석할 수 있다. 우선 의미 단위가 많기 때문에 글이 복잡해질 수 있다. 이런 경우 각각의 의미 단위들이 서로 관련을 맺지 않는다면 매우 혼란스러운 텍스트가 될 것이다. 그러나 의미 단위가 많으면서 서로 긴밀하게 관련되어 있다면 이는 자세하고 상세한 글이 된다. 따라서 'T-unit'은 측정 숫자만 단순히 볼 것이 아니라 이들이 어떤 연결 관계를 맺고 있는가를 함께 살펴보아야 한다.

'T-unit'이 서로 맺고 있는 관계는 '조직긴밀도'를 통해 쉽게 드러난다. 〈표 3〉에 있는 조직긴밀도 측정 수치를 보면 전문가 집단의 경우 대학생 집단보다 매우 우수한 수치를 보여준다. 다시 말해 조직긴밀도는 전문가 집단이 가장 우수하고, 상위 학생 집단, 하위 학생 집단 순으로 분명한 차이를 보인다. 그렇다면 하위 학생 집단과 전문가 집단의 'T-unit 수'가 상위 학생 집단보다 높게 나온 것은 서로 상반된 해석이 가능하다. 하위 학생 집단의 경우 'T-unit 수'가 높은 것은 텍스트가 혼란스러우며 복잡하다는 해석이 가능하다. 이 점은 조직긴밀도 측정 수치가 나쁘게 나온 것을 볼 때 유추가 가능하다. 반면에 전문가 집단의 경우 'T-unit 수'가 높은 것은 텍스트가 통일성이 있고, 세밀하며 상세하다는 것을 의미한다. 조직긴밀도 측정 수치가 좋은 것이 이런 가능성을 증명해준다. 뿐만 아니라 전문가 집단의 경우 '화제 덩이 수'가 가장 작은 것도 글의 통일성이 얼마나 높은가를 알 수 있게 해주는 측면이다.

비문의 수에서도 상위 학생 집단과 하위 학생 집단 사이에는 차이가 있었다. 하위 학생 집단의 텍스트에는 평균 3.79개의 비문이 있었고, 상위 학생 집단은 2.05였다. 평균값이 1.5 이상 난다는 것은 어느 정도 차이가 있다는 뜻이다. 하위 집단의 학생이건 상위 집단의 학생이든 대체로 주술 관계나 연결 문장의 오류를 흔하게 범했다. 주술 관계 외에도 학생들이 흔히 범하는 오류는 조사를 빼거나 잘못 사용하는 경우, 부사를 잘못 사용하는 경우도 있었다. 그러나 학생들이 쉽게 범하는 가장 큰 오류는 연결 문장의 오류이다. 연결 문장을 사용할 때는 대등적으로 연결하거나 인과 관계 등 논리적으로 연결시켜 주는 것이 중요하다. 그런데 학생 필자의 경우 손쉽게 이런 오류를 어기는 경우가 많았다.

이와 달리 전문가 집단의 경우 비문이 거의 없었다. 앞의 〈표 3〉를 보면 전체 텍스트에서 비문의 수는 0.10에 불과하다. 이는 거의 비문이 없다는 것과 같다. 전체적인 텍스트를 살펴보았을 때 전문 필자는 대학생 필자보다 매우 정확한 문장을 사용하고 있었다. 학생들은 대체로 문장을 길게 쓰며, 연결 문장을 많이 사용하고, 독자가 어떻게 그 문장을 읽을지 고려하지 않았다. 반면에 전문 필자들은 문장을 대체로 짧게 쓰고, 독자가 의미를 쉽게 파악할 수 있도록 고려했다. 이런 점을 보면 교수자들은 대학생들에게 문장을 짧게 쓰며, 독자를 고려한 문장을 사용하라고 교육시킬 필요가 있다.

비문과 관련하여 문장 길이도 유의할 필요가 있다. 비록 통계적으로는 유의하지 않았지만 기초통계량을 보면 각 집단 간에 문장 길이에서 차이가 있었다. 하위 학생 집단이 평균 56.68자이며, 상위 학생 집단이 59.31자, 전문가 집단이 51.49자였다. 전문 필자들은 대학생 필자보다 훨씬 짧은 문장을 쓰고 있었다.

(2) 응집성 연결요소 수 / 문장 수(X5), 어휘 / T-unit(X7), T-unit / 문장 화제(X8)

이제 '응집성 연결요소 수 / 문장 수(X5)'와 '어휘 수 / T-unit 수(X7)', 'T-unit 수 / 문장화제 수(X8)'를 살펴보자. 응집성 연결요소는 하위 학생 집단이 문장 당 평균 2.50개, 상위 학생 집단이 2.70개, 전문가 집단이 2.27개였다. 문장 당 응집성 지표는 상위 학생 집단이 가장 높았다. 그러나 전문가 집단의 수치가 가장 낮은 것을 볼 때 응집성 연결요소가 많다고 좋은 텍스트가 되는 것은 아닌 것이 분명하다. 이는 선행 연구(정희모·김성희, 2008)와 거의 동일한 결과이다. 한국어의 경우 응집성 요소는 텍스트의 질을 측정하는 유효한 도구가 되지 못한다는 사실이 이 실험에서도 증명되었다.

이번 실험에서는 응집성 연결요소 중 가장 많이 사용되는 지시성 응집, 접속성 응집, 어휘성 응집을 함께 분석해서 살펴보았다. 미국의 연구에서 유능한 필자와 미숙한 필자 사이에서 이들 요소에 관해 유의미한 차이가 있었다. Witte & Faigley(1981)는 영어권의 실험을 통해 유능한 필자일수록 지시어 응집관계가 미숙한 필자에 비해 2배 정도 많았다고 보고했다. 미숙한 필자들이 불분명한 지시어의 사용으로 인한 오류를 피하기 위해 3인칭 지시어를 잘 사용하지 않는 데 반해 유능한 필자들은 3인칭 지시어를 자주 사용했다는 것이다(Witte & Faigley, 1981: 196). 또 Witte & Faigley(1981)는 3인칭 대명사가 T-unit 안에서 대개 앞에 나온 사람이나 사물을 지시하고 있기 때문에, 전체 문장의 연결성과 일관성에 기여한다고 믿고 있다.

그러나 우리의 실험의 경우 결과는 이와 전혀 상반되게 나타났다. 전문 필자는 지시어 응집요소를 다른 필자들보다 훨씬 적게 사용했다. 한국어의 경우 '이, 그, 저'와 같은 지시어의 사용이 내용의 정확성을 떨어뜨릴 가능성이 있다.

〈표 4〉 주요 응집성 요소의 사용 빈도

속 성	집 단	평 균	비율
지시적 응집성	하위 학생집단	18.57	23%
	상위 학생집단	16.76	19%
	전문가 집단	5.86	7%
접속성 응집성	하위 학생집단	9.29	11%
	상위 학생집단	8.24	9%
	전문가 집단	6.71	8%
어휘적 응집성	하위 학생집단	49.71	64%
	상위 학생집단	61.71	71%
	전문가 집단	64.43	83%

다음으로 접속성 응집성의 경우이다. Witte & Faigley(1981)는 유능한 작가일수록 앞뒤 문장을 직접 연결시키기 위해(immediate cohesive ties) 접속사를 많이 사용한다고 한다. 그래서 영어 실험에서는 상위 평가 텍스트가 하위 평가 텍스트보다 접속사 연결고리가 세 배나 많았다 (Witte & Faigley, 1981: 196). 〈표 4〉에서 보듯 한국어의 경우 오히려 유능한 집단의 필자일수록 접속성 응집성은 더 떨어졌다(11%→9%→8%). 우리말의 경우 접속사를 빈번하게 사용하면 글이 자연스럽지 않게 되고, 세련미도 떨어지는 것 같다.

응집성 연결요소 중 가장 많이 사용하는 것이 어휘적 응집성이다. 어휘적 응집성은 앞의 문장과 뒤의 문장을 어휘를 통해 연결시킨다. 보통 응집성 연결요소의 2/3 이상이 어휘적 응집성 요소이다. Witte & Faigley(1981)의 실험이나 우리의 실험에서도 어휘적 응집성 요소가 압도적으로 많았다. 특히 유능한 필자일수록 어휘적 응집성 요소를 많이 사용했다. 그런데 중요한 것은 어휘적 응집성 요소의 실제적인 내용이다. Witte & Faigley(1981)의 실험을 보면 낮은 평가를 받은 에세이는 대부분 동일 단어를 반복(65%)했다고 한다. 그러나 높은 평가를 받은 에세이는 동일 단어의 사용 비율이 낮았고, 같은 어휘의 하위 범주에 해당하는 것을 많이 사용했다(52%). 뿐만 아니라 동일 계열의 유사어 (lexical collocation)에 대한 사용 비율도 높았다(Witte & Faigley, 1981: 196). 한국어의 경우도 우수한 필자(상위 학생 집단, 전문가 집단)일수록 동일한 단어를 반복하는 것보다 유사어나 상위, 하위 범주의 단어를 많이 사용했다.

다음으로 '어휘 수 / T-unit 수(X7)', 'T-unit 수 / 문장 화제 수(X8)'의 경우이다. 이 변수는 선행연구(정희모·김성희, 2008)에서 유능한 필자와 미숙한 필자를 가르는 유의미한 변수였다. 이번 실험에서도 이런 경향이 지속될 것으로 기대했다. 그러나 결과는 뜻밖에 전혀 달랐다. 우선 '어휘 수 / T-unit 수'는 대학생 필자의 경우, 상위 집단이 하위 집단보다 높았다(12.44 : 10.49). 그러나 문제는 전문가 집단의 수치가 대학생 필자(상위, 하위)보다 더 낮게 나왔다는 점이다(10.44). '어휘 수 / T-unit 수'가 높다는 것은 하나의 의미 단위가 길다는 뜻이다. 다시 말해 어떤 의미를 보다 길게 설명했다는 것이다. 한국어의 경우 짧고 간결해도 명확한 의미를 담을 수 있다. 문장이 길어야 많은 내용을 꼭 전달하는 것은 아니다. 따라서 이전의 연구 결과는 그 논문(정희모·김성희, 2008)에서도 밝혔듯이[9] 실험 텍스트가 설득형의 과제 제시형이었기에, 의미를 상세하게 설명하는 것이 더 유리했던 때문으로 판단된다. 따라서 이번 실험 결과에 따르면 '어휘 수 / T-unit 수'는, 즉 하나의 의미 단위를 길게 쓰느냐, 짧게 쓰느냐는 텍스트의 질을 변화시키지 않는 것으로 생각된다. 전문 필자들은 의미 단위를 짧게 쓰면서도 풍부한 내용을 담았다.

'T-unit 수 / 문장 화제 수(X8)'의 실험 결과도 선행 연구 결과(정희모· 김성희, 2008)와 매우 달랐다. 특히 주목할 만한 것은 이 변수는 하위

---

9) 이에 대한 내용은 다음을 참고할 것. 정희모·김성희(2008), 「대학생 글쓰기의 텍스트 비교 분석 연구」, 『국어교육학연구』 32, 국어교육학회, 413쪽.

학생 집단, 상위 학생 집단, 전문가 집단 사이에 큰 차이가 없었다는
점이다. 이전의 연구에서는 하나의 화제를 길게 설명한 것이 좋은 평가
를 받았다. 그러나 이번 연구 결과는 이와 달랐다. 세 집단 사이에 통계
적인 변별성이 없었던 것이다(기술통계량으로 보면 전문가 집단이 미비하
나마 조금 측정치가 높다). 'T-unit 수 / 문장 화제 수'는 하나의 테마(화제)
에 레마(설명)가 얼마나 많은가를 설명해주는 변수이다. '그 영화는 재
미있다'보다 '그 영화는 재미있을 뿐만 아니라 큰 영화제에서 상을 받
은 작품이기도 하다'가 레마가 더 길다. 그리고 'T-unit'도 두 개다. 그
런데 이렇게 한 문장화제에 'T-unit'이 많다고 해서 텍스트의 질이 꼭
나아진다고 판단하기는 어려울 것이다. 사실상 이것은 상황과 맥락의
문제지, 양적으로 규정할 문제는 아닌 것으로 보인다. 선행 연구(정희
모·김성희, 2008)는 과제 제시형의 답안이었다. 반면에 이번 실험은 학술
에세이에 해당하는 텍스트였다. 따라서 'T-unit 수 / 문장 화제 수'의
경우 앞으로 좀 더 깊이 연구해 볼 필요가 있다고 본다.

(3) 화제덩이 수(X6), 화제덩이 수 / 화제 수(X9)

실험 결과 텍스트 질을 판단할 변수로 가장 유효한 값을 보여준 것은
'화제덩이 수(X6)'와 '화제덩이 수 / 의미단위 수(X9)'였다. 앞의 2.에서
설명했듯이 이 변수는 필자들이 하나의 화제에 대해 얼마나 깊이 있게
다루었는가를 설명해주는 값이다. 하나의 텍스트가 주제에 대한 통일
성과 서술의 일관성이 있으려면 아무래도 화제덩이는 적은 것이 좋다.
화제덩이란 일관된 문장 화제들이 서로 연결되어 있는 묶음으로 중심
주제를 향해 문장들이 이어지는 징표가 된다. 따라서 텍스트의 길이가
일정하다면 화제덩이는 많은 것보다 적은 것이 좋다. 화제덩이가 많으
면 그만큼 글이 복잡하고 집중력과 일관성이 떨어지기 때문이다. 물론
화제덩이가 아주 적다고 무조건 좋은 것만은 아니다. 화제덩이가 너무

적으면 단조롭고, 무미건조한 글이 되기 쉽다. 따라서 화제덩이는 많으면 좋지 않으며, 적절한 것이 가장 좋다.

기술통계량을 보면 하위 학생 집단의 화제덩이 평균이 21.40, 상위 학생 집단의 화제덩이 평균이 19.75, 전문가 집단의 화제덩이 평균이 9.50이었다. 대학생 필자인 상위, 하위 집단에 비해 전문가 집단의 화제덩이 평균이 훨씬 적었다. 그리고 이 값은 통계적으로 유효한 것으로 나타났다. 즉 대학생 필자들(하위, 상위)의 차이는 통계적으로 유의미한 것이 아니었으나, 대학생 필자(상위)와 전문 필자의 차이는 유의미했다. 이를 통해 볼 때 하나의 텍스트에서 적은 화제덩이를 통해 글의 일관성과 통일성을 지켜나가는 것이 얼마나 중요한가를 알 수가 있다.

이런 점은 '화제덩이 수 / 화제 수'를 측정한 조직긴밀도 수치에서도 명확히 드러난다. 하위 학생 집단과 상위 학생 집단의 화제긴밀도 수치는 0.598, 0.551인 데 비해, 전문 필자 의 수치는 0.258이었다. 조직긴밀도의 측면에서 대학생 필자와 전문 필자 사이에는 약 두 배가량의 수치 차이가 있다. 전문 필자의 조직긴밀도가 대학생 필자보다 훨씬 뛰어난 것이다. 대학생 필자와 전문 필자를 나누는 주요 원인이 바로 여기에 있다. 아래 예문을 한 번 살펴보자.

A

(혼혈아 차별에서) 가장 크게 들 수 있는 원인은 ①한국의 배타적 민족주의가 가장 크게 작용하였을 것이라 생각된다. 과거 우리는 ②여러 국가와 부족의 침략을 받아 왔다. 구한말 병인양요와 신미양요를 거치고, 일본의 국권침탈까지 이르러, 그야말로 ③외세에 엄청난 압박을 받아왔었다. 이러한 배경들은 우리를 ④배타적 민족주의라는 틀 안에 가둬버리게 만들었다. 언제나 ⑤우리는 우리와 신체적으로 다른 사람을 경계하며 바라보거나, 신기한 듯이 쳐다본다. 이런 경계심이 지나쳤던 탓인지, 1866년 미국이 통상을 요구하기 위해 보낸 ⑥제너럴셔먼호는 평양군민들의 의해 침몰당하고 만다. 정부의

군대가 아닌, ⑦민간인이 다른 국가의 배를 부숴버린 것이다. 이는 나중에 신미양요를 발발하는 원인이 되고, 우리가 더욱 외세에 대해서 ⑧배척하는 문화를 암묵적으로 만들어 버렸다. (괄호 필자, 그룹A 대학생 글)

B

①만주어가 곧 사라질 운명을 맞았다는 신문 보도가 나왔다. 지금 중국 만주에 남은 얼마 되지 않는 원어민 세대가 사라지면 만주 땅에서도 ②만주어를 쓰는 사람들이 사라지리라는 얘기다. ③만주어는 퉁구스어의 한 갈래로 여진이라 불린 민족이 써온 언어다. ④만주어는 만주문자로 표기되는데, 만주문자는 청 초기 17세기에 몽골 문자를 약간 개량한 음소문자다. ⑤만주문자는 청의 공식 언어로 300년 동안 널리 쓰였다. ⑥그처럼 번창했던 언어가 이제 사라지는 것이다. (집단C 복거일, 「언어의 죽음」)

A 예문을 보면 문장 화제는 총 8개이다. 그런데 여기서 제시된 문장 화제를 보면 서로 화제가 같아 묶일 수 있는 내용은 '②여러 국가와 부족의 침략', ③의 '외세에 엄청난 압박'정도이다. 따라서 이 단락의 화제덩이 총수는 7개에 해당한다. 화제덩이는 화제가 연이어 나오면서 덩이를 형성하는 것인데, ②③을 빼면 나머지의 화제는 각각 독립적이다. 따라서 조직긴밀도(화제덩이 수 / 화제 수 : 7/8)를 측정하면 0.875가 된다. 반면에 B예문의 문장 화제를 보면 6개이다. 그런데 이 중에 화제덩이로 묶일 수 있는 것은 ③, ④, ⑤, ⑥으로 모두 만주어에 포함될 수 있는 화제들이다. 따라서 예문 B의 경우 조직긴밀도(화제덩이 수 / 화제 수 : 3/6)는 0.5에 해당한다.

조직긴밀도와 관련하여 흥미로운 것은 어떤 주제를 향해 문장을 사용하는 방식이다. A의 필자는 한국에서 배타적 민족주의가 등장하게 되는 원인을 밝히고자 했다. 그러나 ②, ③, ⑤, ⑥, ⑦문장들은 이와 같은 주제를 향해 집중된 문장 형식이 아니라서 필자의 의도를 충분히 살릴 수가 없다. "과거 우리는 여러 국가와 부족의 침략을 받아 왔다", "정부의 군대가 아닌, 민간인이 다른 국가의 배를 부숴버린 것이다"와 같은 단일 문장들은 너무 주제와 동떨어져 보이기 때문에 어떻게든 단락 화제인 '혼혈아 문제-배타적 민족주의'와 관련을 맺는 문장으로 고쳐야 한다.

단락 주제와 관련하여 이런 긴박한 관계는 B의 예문이 잘 보여준다. 예문 B단락은 '만주어-소멸'이란 주제와 관련하여 모든 문장들이 긴밀하게 연관되어 있다. 하나의 문장도 따로 독립된 것처럼 보이지 않으며 주제로부터 벗어나지도 않는다. 모든 문장은 '만주어-만주문자-만주어를 쓰는 사람'과 긴밀하게 연관되어 있다. 따라서 단락 주제가 분명할지라도 개별 문장을 어떻게 쓰느냐에 따라 텍스트의 질은 달라질 수 있다. 조직긴밀도는 주제와 관련하여 어떻게 문장을 사용하는지, 그런 특성을 잘 보여준다.

기술통계량에서 보듯이 하위 학생 집단, 상위 학생 집단보다 전문가 집단의 조직긴밀도가 두 배 가량 우수하다(0.598, 0.551↔0.258). 그리고 이 수치는 화제덩이 수와 함께 통계적으로 매우 유효했다. 따라서 좋은 텍스트를 쓰기 위해 단락 주제를 향해 각각의 문장들을 긴밀하게 연결시키는 것이 매우 중요하다는 사실이 검증되었다.

5. 결론

그 동안 텍스트를 분석하는 논문들은 주로 대학생 필자들의 텍스트를 대상으로 삼았다. 그러나 이 논문은 전문 필자 집단을 추가하여 상호 비교해 봄으로써 실제 유능한 필자와 대학생 필자 사이에는 어떤 차이가 있는지를 검증해 보고자 했다. 그리고 이 연구는 선행 연구 결과(정희모·김성희, 2008)를 새롭게 검증해 본다는 의미도 가지고 있다.

그 결과는 예상한 것과 달랐다. 이번 실험에서 선행 연구와 차이가 있는 부분도 있었으며, 유사한 부분도 있었다. 예컨대 'T-unit 수 / 화제 수'는 이전의 연구와 달랐지만, '응집성 연결요소 수 / 전체 문장 수'에서는 유사한 결론을 얻었다. 이보다 흥미로웠던 것은 대학생 필자와 전문 필자 사이의 차이이다. 이번 실험에서 대학생 필자 사이에는 변수들 사이에 큰 차이가 없었으나, 대학생 필자와 전문 필자 사이에는 차이가 컸다. 이 점을 잘 해석하여 글쓰기 교육에 반영해야 하는 것이 남은 과제이다. 이 논문을 통해 얻을 수 있는 측면을 정리하면 다음과 같다.

첫째, 대학생 필자 사이(상위 집단, 하위 집단)보다 대학생 필자와 전문 필자 사이의 차이가 컸다. 이는 좋은 평가를 받든, 나쁜 평가를 받든, 대학 신입생의 경우 글쓰기의 초보자(novice)임을 확연히 보여준다. 다시 말해 글쓰기 초보자 입장에 맞는 교육 방법이 필요하다.

둘째, 대학생 필자의 경우 상위 집단과 하위 집단의 차이가 뚜렷하지 않았다. 이는 선행 연구(정희모·김성희, 2008)와는 다른 특징이다. 전문 필자와 비교해 볼 때 상위 학생 집단의 측정 수치가 하위 학생 집단보다 안 좋게 나온 경우도 있었다. 예컨대 문장 길이의 경우 전문가는 짧은 문장을 쓰고 있었지만 상위 집단은 하위 집단보다 더 긴 문장을 사용하고 있었다.

셋째, 선행 연구과 달리 유효하지 않은 이론적 도구도 있었다. 'T-unit 수 / 화제 수(X8)'이 그렇다. 선행 연구에서 이 변수는 텍스트의 질을 판단하는 유효한 도구였다. 그러나 이번 연구에서는 그렇지 않았다. '화제 당 T-unit 수'는 각 집단 간에 큰 차이가 없었다. 한국어의 경우 장르에 따라 화제를 길게 설명해야 할 경우도 있겠으나, 전반적으로 그것이 텍스트의 질을 보장한다고 말하기는 어려울 것으로 보인다.

넷째, 응집성 연결요소는 선행 연구 결과와 같이 한국어 텍스트의 질을 비교하는 데 유효하지 않는 것으로 판명되었다. 영어권의 연구와 달리 한국어의 경우 지시성 응집성과 접속성 응집성은 유능한 필자일수록 더 떨어졌으며, 어휘적 응집성만 다른 집단보다 우수했다. 이런 연구 결과는 Witte & Faigley(1981)의 연구 결과와 차이가 있다. 초등과 중등 교과서에서 응집성에 관한 언급이 있는 것을 고려해 보면 이에 대한 연구가 더 진전되기를 기대한다.

다섯째, Kruskal Wallis 검정과 비모수검정의 독립 2 표본 검정 결과를 볼 때 세 집단의 차이를 가장 극명하게 드러내 주는 변수는 X4(비문 수 / 전체 문장 수)와 X6(화제 덩이 수), X9(화제덩이 수 / 화제 수)였다. 이 변수는 두 통계 방법, 즉 Kruskal Wallis 검정과 비모수검정의 독립 2 표본 검정에서 모두 유의 확률이 .00으로 통계적으로 매우 유효했다. 대학생 필자의 경우 상위 집단은 하위 집단보다 비문의 비율이 절반 정도 적었다(0.13 : 0.6). 반면에 전문가 집단은 거의 비문이 없었다 (0.006). 화제덩이의 경우 상위 집단이 하위 집단보다 적었지만 차이는 근소했다. 반면에 전문가 집단은 대학생 집단의 절반보다 더 적었다 (21.40 : 19.75 : 9.50). 조직긴밀도를 나타내는 '화제덩이 수 / 화제 수'도 학생 필자와 전문 필자의 차이는 매우 컸다(0.59: 0.55: 0.25). 전문 필자들이 문장을 더 일관성 있게, 또 통일성 있게 작성하고 있었던 것이다.

여섯째, 실험 결과를 대학 글쓰기 교육에 반영하기 위해서는 대학생들이 정확한 문장을 사용하도록 하고, 각각의 문장들이 화제로 깊이 연결되도록 교육시키는 것이 중요하다. 조직긴밀도가 높은 글을 쓰기 위해서는 주제를 잘 정하고, 주제의 성격에 따라 동일 화제로 문장의 연결성을 높이는 과정도 필요하다. 학생들은 동일한 화제로 내용이 점점 깊어지는 문장을 잘 쓸 줄 모른다. 교수자는 이에 대한 적절한 샘플을 가지고 학생들을 숙지시켜야 할 뿐만 아니라 학생의 글을 이에 맞게 고쳐주어야 한다. 실험을 보면 특정한 주제를 향해 일관되고 깊이 있게 전개하는 글이 좋은 텍스트였음을 알 수 있다. 전문 필자의 글은 이런 특성을 보여준다.

대학생 텍스트와 전문가 텍스트를 비교해 본 것은 글쓰기 교육에 매우 중요한 의미가 있다. 좋은 글을 쓰기 위해 학생들이 무엇을 유의해야 할지를 명확히 보여주기 때문이다. 교수자들은 전문가들이 사용하는 문장의 전개 방식을 교수·학습 방법에 적용시켜 볼 필요가 있다고 생각한다.

대학 글쓰기 교재의 분석 및 평가 준거 연구

1. 서론

국내 대학에서 대학국어를 글쓰기 관련 강좌로 바꾸어 간 지 꽤 오래 되었다. 많은 대학들이 〈대학 작문〉 혹은 〈대학 글쓰기〉 관련 과목을 교양 필수 또는 선택 과목을 채택하여 운영하고 있다. 또 이에 따라 각 대학들은 자신들의 강좌 운영에 맞는 글쓰기 교육 프로그램을 만들어 사용하고 있다. 뿐만 아니라 이에 따른 교재 개발도 매우 활발하게 이루어지고 있다.1) 이는 〈작문〉이나 〈글쓰기〉 과목이 단일 교과목으로 자리매김하게 됨에 따라 교육과정을 새롭게 설계해야 할 입장에서는

---

1) 통상 교재(teaching material)는 교과서(textbook)보다 넓은 의미로 사용된다. 교재는 교과서 외 학습자료, 유인물 등을 모두 포괄한 개념이다(이재승(1999), 「과정 중심의 쓰기 교재 구성에 관한 연구: 초등학교를 중심으로」, 한국교원대학교 박사논문, 2쪽). 이 논문에서 분석 대상은 교과서로 사용되는 대학 교재이다. 정확한 의미로는 대학 글쓰기 교과서가 되겠으나 잘 사용하지 않는 말이므로, 일반적 표현인 대학 글쓰기 교재라는 용어를 그대로 사용한다.

당연한 조치로 이해된다. 글쓰기 교재는 교수자와 학습자를 매개하여 글쓰기 교육과정을 구현할 실체적인 대상이 되기 때문이다. 그래서 대부분의 대학들은 글쓰기 과목을 개설하는 것과 동시에 교재 개발에 착수한다.

그러나 2000년도 이후에 개발된 글쓰기 교재는 많지만, 대학 글쓰기 교육의 전문성을 살린 내실 있는 교재는 많지가 않다. 이런 판단이 가능한 것은 대학 글쓰기 교재가 어떤 일관된 교육 원리에 의해 구성되어 있지 않으며, 기존의 학습 방법을 답습하거나 아니면 다른 교재를 변용한 것이 많아 보이기 때문이다. 여러 대학들은 교재 개발에 충분한 시간을 투자하지 못하고 서둘러 책을 내는 데 급급하다. 많은 대학은 준비도 없이 자신들이 만든 교재만을 가지고 수업하기를 원한다. 대학 글쓰기 교재가 다양성과 창의성을 가지지 못하는 것이 어쩌면 당연하게 보인다.

대학 글쓰기 교재는 대학생이 배워야 할 쓰기 교육의 목표에 따라 쓰기 교육의 내용을 구체화시켜 놓은 것으로, 실제 교육현장에서 교수자와 학습자의 상호활동을 매개하여 수업을 가능케 하는 자료이다. 체계화된 쓰기 목표에 따라 일정한 기간을 두고 단계적인 학습이 가능한 초등·중등 글쓰기 교육과 달리 대학 글쓰기 교육은 대부분 한 학기 또는 두 학기에 이루어지는 단일 강좌적인 속성이 강하다. 그런 만큼 글쓰기 교재 역시 초, 중등과 다른 성격과 체제를 지녀야 한다.

대학 글쓰기 교재는 첫째, 기초적인 쓰기 교육보다 고급적인 표현과 사고 능력에 관한 학습에 중점을 둔다. 대학 신입생들은 문장으로 구성된 다양한 정보를 조절하고 통제하며 표현하는 능력을 배워야 한다. 프린스턴 대학의 ⟨Freshman Writing Seminar⟩는 학생들에게 쓰기 능력 함양과 함께 독창적 사고의 생성, 복잡한 사고의 정리, 다양한 자료의 통합, 추론의 적절함과 명료함을 획득하는 것을 배우게 된다고 말하고 있다.[2] 이는 대학 글쓰기 교육의 특성이 무엇인가를 알게 해준다.

둘째, 대학마다 교양교육의 과정과 글쓰기 교육의 목표가 다르기 때문에 대학 글쓰기 교재는 동일하지 않고, 일정한 관점과 철학에 따라 차이가 있다. 다시 말해 대학 글쓰기 교재는 교육 목표, 학습자 수준과 교수자의 관점에 따라 각기 독특한 성격과 방법, 체제를 지니게 된다.

셋째, 대학 글쓰기 교육은 짧은 기간 동안 높은 수준의 표현력과 사고력을 학습하는 과정이기 때문에 주로 활동(Activity) 위주의 학습 과정을 중시한다. Wells(1990)는 학습자가 교재를 어떻게 활용하느냐에 따라 수행형·기능형·정보형·재창조형·인식론형으로 분류하였다.3) 대학 글쓰기 교재는 인식론형에 가깝다. 대학 글쓰기 교재는 교재의 내용을 정해진 의미로 보지 않고, 학습자가 의미를 다양하게 해석하고 수정할 수 있는 열린 공간의 장(場)이 되어야 한다. 좋은 대학 글쓰기 교재는 학습자가 다양한 쓰기 전략을 통해 자신만의 구성적 지식을 만드는 데 도움을 주어야 한다.

각 대학 교수자나 학습자의 요구 수준에 따라 대학 교재가 각각 다르겠지만 전체적인 시각에서 총평을 한다면 대부분의 대학 글쓰기 교재들은 이런 특성을 반영한다고 보기에 부족하다. 많은 교재들은 어떤 일관된 체제나 내용도 없이 교육 항목들을 나열하는 데 급급하며 절차(단계)와 방법(전략)을 구별하지도 못한다. 교재 내 일관된 교육 모형이 보이지 않으며, 교육 관점이나 방향, 목적도 눈에 띄지 않는다.

이 논문은 국내 대학 글쓰기 교재의 이러한 문제점들을 진단하기 위한 목적으로 서술되었다. 이를 위해서 이 논문은 대학 글쓰기 교재의 분석 준거를 설정하고, 이에 바탕을 둔 평가 모형을 만드는 것을 목표로 삼는다. 교재에 대한 평가모형은 교재 개발은 물론 대학 글쓰기 교

---

2) 성균관대학교 교수학습개발센터(2003), 『미국대학의 교양교육과정 비교 분석』, 2003.2, 5쪽.
3) 김정호 외(1998), 『교과서 모형 개발 연구』, 한국교육과정평가원 연구보고 RRC 98, 37쪽에서 재인용.

육 자체에 일정한 기여를 할 수가 있다. 예를 들어 평가 모형을 통한 교수 항목이나 단원 구성, 단원 전개에 대한 분석은 대학 글쓰기 교육의 교수·학습 분야에도 적잖은 기여를 할 것으로 생각한다.[4]

교과서 평가 모형을 개발하는 방법으로는 일반적으로 논리적 구성법, 수렴적 구성법, 요구 분석법이 있다.[5] 이 논문에서는 이상적인 교과서 모형에 따라 필요한 평가 기준을 설정하는 논리적 구성법(연역법)과 기존의 평가 연구를 종합하여 평가 기준을 세우는 수렴적 구성법(귀납법)을 함께 사용하고자 한다. 글쓰기 과목도 대학 교양교육이 요구하는 교육과정을 맞출 필요가 있다. '학술적 표현' 영역을 설정하는 것이나 '읽기와 쓰기'를 결합하는 모형을 찾는 것이 바로 이와 연관된다. 반면에 교과서에 대한 기존 연구도 참고해야 한다. 이 논문에서는 대학 글쓰기 교재 평가 모형에 관한 기존 연구가 없기 때문에 교과서 일반에 대한 분석 및 평가 논문들을 검토할 것이다. 논문 2장에서 이에 관한 검토를 하고 3장부터 큰 항목부터 작은 항목까지 평가 준거를 찾도록 한다.

---

4) 대학 글쓰기 교재에 관한 연구는 매우 드물다. 몇몇 연구가 있지만 대체로 단편적인 사항이나 일반적인 특징을 설명하는 데 그치고 있다. 이중 살펴볼 만한 것으로 이주섭(2006)과 전은주(2006)의 논문이 있다. 이주섭의 논문은 국내 대학교재 9권, 국외 대학교재 7권을 가지고 교재단원의 구성과 형식을 살펴본 것으로, 시간은 지났지만 대학교재의 일반적인 특성을 파악하는 데 많은 도움을 주고 있다. 전은주의 논문은 최근에 발간된 네 개 대학의 교재를 중심으로 구성과 내용의 특징을 설명하고 있다. 각 대학 교재의 내용을 자세히 설명은 하고 있으나 비교 연구가 아니기 때문에 분석적 의미가 약하다. 이밖에 대학이 아니라 초·중등 글쓰기 교재에 관한 연구들은 많다. 김국태(2003)는 초등학교 쓰기 교재에 관한 구성 원리를 제시하고 있으며, 이은경(2000)은 시중에 판매되고 있는 고등학교 작문 교재를 전체 단원, 단원의 구성단위, 예문, 연습 문제 등을 자세히 다루고 있다. 이주섭 외(2006)는 미국과 프랑스, 일본의 초등 국어교과서를 상호 분석하여 각각의 교재가 지닌 형식 및 내용의 특성을 분석하고 있다.

5) 정혜승(2004다), 「교과서 평가 방안 연구」, 『국어교육학연구』 21, 국어교육학회, 459쪽.

2. 대학 글쓰기 교재의 분석 준거 설정

교재를 분석하고 평가하기 위해서는 여러 차원에서 여러 방법을 통해 많은 항목을 검토해야 한다. 교재 속에는 교수·학습 행위와 관련된 풍부하고 다양한 정보들이 들어 있기 때문이다. 대학 글쓰기 교재에 관한 분석 준거를 설정하기 위해서는 이런 복잡한 요소들을 폭넓게 반영해야 한다. 이런 요소들에는 눈에 보이는 것뿐만 아니라 눈에 보이지 않는 것도 있다. 또 층위를 달리하거나 성격을 달리해 적용해야 할 요소들도 있다. 따라서 분석과 평가 준거를 설정하기 위해 정해진 해답은 없다고 볼 수 있다.

교재의 분석 준거는 항목의 층위나 그 성격에 따라 여러 경우로 나눌 수 있다. 교육의 목적이나 목표와 같은 추상적 성격의 항목이 있는가 하면, 교재의 판형, 전체 쪽수, 표지의 제목과 같은 물리적 형식에 관한 항목이 있고, 목차, 단원 구성 방식, 단원 전개 방식과 같은 세부 내용에 관한 항목도 있다. 이런 항목들을 연관성과 계열성을 따져 층위별로 분류하는 것이 분석 및 평가 준거 설정의 첫 번째 과제이다.

이 논문에서는 분석 준거의 층위 분류 항목으로 차원·영역·요소를 선정한다. '차원'은 교재 분석에서 가장 상위의 분류 항목으로, 주로 교재의 외적 형식과 내부 내용을 나누는 기능을 한다. '영역'과 '요소'는 상위에서 하위로 내려가면서 분석 준거를 설명하는 기능을 한다. 교재 분석 준거로서 세부적인 항목을 지칭하는 것은 '요소'로서, 이하 항목을 여기서는 다루지 않는다.

대학 글쓰기 분석 준거를 설정하기 위해 교과서 일반에 대한 분석 준거를 검토해 볼 필요성이 있다. 이는 교재 분석 준거를 설정하기 위해 기존 분석 준거를 따져보고자 하는 목적과 함께, 국내 대학 교재에 관한 분석 기준 및 평가 기준이 없기 때문에 이에 대한 기준을 세우기 위해서이다.

국내에서 발표된 교과서 일반에 대한 평가 준거 연구로는 장언효 (1990)와 이순옥(2006)이 있다. 이 두 논문은 서로 상반된 두 관점을 보여준다. 하나는 통시적 관점이며, 다른 하나는 공시적 관점이다. 통시적 관점은 교과서를 개발할 시점부터 교과서가 완성되어 적용되는 시점까지 활동과 내용을 모두 평가 대상으로 삼는 방법이다. 반면에 공시적 관점은 교과서 평가에서 개발 과정과 적용 과정을 평가 대상에 포함하지 않고 교과서 체제와 내용만을 평가 대상으로 삼는 방법이다.

통시적 관점을 취한 장언효(1990)에서는 교과서 개발 단계를 세 가지 과정으로 나누고, 각 항목에 해당하는 평가 항목을 부여하고 있다. 첫 번째 단계는 교과서 개발 단계에 대한 평가이다. 여기에는 교육목적의 설정과 편찬기구와 조직, 기초 연구 등이 평가의 관심 대상이다. 둘째 단계는 교과서 개발 이후 교과서 자체에 대한 자체 평가이다. 여기서는 교과 내용의 타당성과 교과 내용의 조직, 교과서 체제 등을 평가한다. 셋째 단계는 교과서의 적용 단계로서, 교과서가 완성된 후 학교 현장에 대한 활용도를 평가한다. 실제 수업이 이루어지는 과정을 평가하는 교수·학습 과정과 교실, 교육 자료, 교육 재정과 같은 지원 체제까지 평가 대상이 된다.6)

반면에 이순옥(2006)은 완성된 교과서를 하나의 대상으로 해서, 그 체제와 내용을 분석 및 평가 기준으로 삼고 있다.7) 이순옥의 논문에서 교과서 개발에 대한 항목이 없지는 않으나 이는 아주 지엽적으로 것으로 어디까지나 주된 내용은 교과서 자체를 독립된 하나의 대상으로 삼아 그 형식과 내용을 평가하고자 하는 것이었다. 이순옥의 논문은 교과

---

6) 장언효(1990), 「교과서 분석 및 평가 모형」, 『교육논총』 9, 국민대학교 교육연구소, 32~38쪽.
7) 이순옥은 이 논문에서 교과서 분석의 준거를 설정한다고 말하고 있으나, 교과서 분석을 '교과서의 질을 가치 판단하는 활동'으로 규정하고 교과서 분석의 준거 설정 방식이 교과서 평가 유형과 유사한 형태를 지니고 있다고 말하고 있다. 이 논문에서는 분석 준거를 평가 항목을 설정하기 위한 전(前) 단계의 개념으로 사용한다.

서 평가 준거로 크게 체제 면과 내용 면으로 나누었다. 교과서 체제(출판, 체제, 개발) 면에서는 12항목의 평가 준거를 제시하고 있으며, 교과서 내용(구성, 수준, 타당성, 신뢰성, 학습지도, 학습과제 등) 면에서는 21항목을 제시하고 있다.[8]

교과서 평가를 교과서 개발 과정이나 교과서 지원 체제와 결부시키는 것이 과연 가능한가에 대해서는 논란의 여지가 있다. 교과서 평가를 교과서 개발이나 지원 체제와 결부시키는 것은 교과서만을 위한 평가와는 차이가 있다. 교과서 평가에 교과서 개발 사항을 결합시킬 때 이것은 교과서만의 문제가 아니라 교육과정과 관련이 되기 때문이다. 교과서 평가를 교과서 개발과 지원 체제로 확장하면 교육목적에 따라 교수·학습을 수행하는 일반적인 교육과정의 전체 체제 속에 들어가게 된다. 이런 경우 교과서는 전체 교육과정 속에서 부분적인 기능만을 담당하게 된다. 이 논문에서는 교과서가 교육과정을 수행하는 중요한 도구이자 실체라는 점을 분명히 인정하고, 교과서 자체를 분석하고 평가하는 데 중점을 두도록 한다. 교과서 평가를 교과서 개발과 지원 체제로 확장하는 것과 교과서에 자체에 중점을 두는 것은 분명히 다른 의미를 띠고 있다.

대학 글쓰기 교육은 현재 합의된 교육과정을 가지고 있지 않다. 그렇기 때문에 교과서는 교육과정을 대신하는 기능을 하고 있다. 따라서 대학 글쓰기 교재에 관한 평가 준거를 확보하기 위해서는 교재의 내부 기능에 중점을 둘 수밖에 없을 것이다. 장언효의 논문에서처럼 교과서 개발 단계와 지원체제와 같이 교과서 외부의 기능에 대해서는 평가 준거가 될 수는 없다.

다음으로 교과서 자체 분석과 평가에 관한 일반적인 준거를 살펴보자. 이순옥의 논문처럼 교과서 연구에서 교과서를 '체제'와 '내용'으로

---

8) 이순옥(2006), 「교과서 분석의 준거 설정」, 『교육학논총』 27(1), 대경교육학회, 75쪽.

크게 대분류하여 연구하는 것이 일반적인 분류 방법이다. 여기서 '체제'는 출판 및 관리와 교재의 외적 형식을 총괄한 것으로, 이순옥의 경우 삽화, 표지, 제목과 같은 외적 체제뿐만 아니라 저자, 가격, 출판사와 같은 출판 사항까지 포함한 것이 특징이다. '내용'은 교재를 구성하고 있는 세부 내용을 말하는 것인데, 이순옥(2006: 75)은 이를 다시 학습 관계와 학습 내용으로 나누었다.

교과서를 '체제'와 '내용'으로 나누는 것은 다른 연구에서도 마찬가지이다. 교육개발연구원에서 발간한 교과서 연구보고서를 보면 역시 외형적 체제와 내용적 측면으로 나누고 있다. 또 이에 따른 하위 항목을 두고 있다. 외형적 체제의 하위 항목으로 판형, 글자 크기, 최대 줄 수, 자간, 지질, 전체 쪽수, 두께, 화보, 색도, 여백처리 등이 있고, 내용에 관한 하위 항목으로 교육과정과 교과서 관계, 내용조직 방식, 내용 제시 방식, 질문 방식, 난이도 수준, 학습량, 화보 처리 방식 등이 있다.9)

외국의 교과서 분석 준거에서도 이는 마찬가지이다. 교과서 연구로 알려진 Gall의 분석 준거를 보면 크게 네 가지 차원(dimension)에서 구분하고 있다. 첫째는 출판 및 비용(publication and cost)이며, 둘째는 물리적 속성(physical properties)이며, 셋째는 내용(content)이며, 넷째는 교육 속성(instructional properties)이다. 그리고 각각의 항목 아래 6~14개의 하위 항목을 두었다. 앞의 논문과 비교했을 때 이 중 첫째와 둘째는 '체제'와 가까우며, 셋째와 넷째는 '내용'과 가깝다.10)

이 논문에서는 대학 글쓰기 교재 분석 준거의 첫 번째 분류 항목(차원)으로 '형식' 차원과 '내용' 차원을 두고자 한다. '체제'란 용어는 교재

---

9) 한국교육개발원(1995), 『교과서 정책과 내용구성방식 국제비교연구』, 한국교육개발원 연구보고 RR 95-17, 103쪽.

10) Gall, M. D. (2001), *Handbook For Evaluating and Selecting Curriculum Materials*, Allyn and Bacon, p. 43.

의 외적 형식에 치중한 용어이기 때문에, 여기서는 출판 영역까지 포함하여 이를 '형식' 차원으로 부르고자 한다. 이 논문에서 '형식' 차원은 체제 영역과 출판 영역으로 나눌 수 있다.

다음으로 '내용' 차원은 '교수 항목' 영역, '단원 구성 및 전개' 영역, '교수·학습' 영역으로 나누었다. '교수 항목' 영역은 교육 목표에 비추어 가르쳐야 할 항목이 옳은가를 분석하는 부분이며, '단원 구성 및 전개' 영역은 교재의 단원과 이에 속한 학습 내용이 어떻게 조직되고 제시되는지를 살피는 부분이며, '교수·학습' 영역은 교재가 원활한 학습 활동에 어떻게 기여하는지를 점검하는 부분이다.

〈표 1〉 대학 글쓰기 교재 분석 및 평가 준거

형식 차원	• 체제 영역: 장정의 꾸밈새, 편집 디자인의 적합성, 적절한 색도, 적절한 목차, 적절한 판형, 제목의 적절성, 전체 쪽수, 책의 견고성 • 출판 영역: 저자의 전문성, 가격의 적절성, 출판사의 명성
내용 차원	• 교수 항목 영역 • 단원 구성 및 전개 영역 • 교수·학습 영역

형식 차원의 체제 영역에서는 대학 교재의 내부와 외부를 꾸미는 형식을 준거로 뽑았다. 우선 교재 외부 면에서 보면 판형과 장정, 그리고 적절한 제목이 있어야 한다. 대학 교재의 경우 초·중등의 교과서처럼 일정하게 규정된 형식이 전혀 없기 때문에 미적 장정, 편집 디자인, 견고성 등을 잘 검토해 보아야 한다. 특히 주의해서 보아야 할 부분은 목차이다. 국내 대학교재의 경우 대체로 대분류 항목과 제1 소분류 항목만을 제시하는 것이 일반적이다. 그러나 미국의 대학 글쓰기교재들은 대부분 아주 세밀한 하위 항목까지 목차에서 제시하는 경우가 많다. 어떤 경우에는 목차만 20~30쪽을 차지하는 경우까지 있다.[11] 목차를

---

11) 일례로 미국 대학 교재 중 Ilona Leki(1998)의 책에서는 목차만 21쪽을 할애하고 있으며,

상세하게 제시해주는 것은 본문 내용에 대한 정보를 자세히 제시해주기 위함이다. 대학생들은 목차를 통해 자신이 공부할 항목을 검토하고 계획을 세운다. 형식 차원의 출판 영역에서는 저자의 전문성과 출판사의 명성, 가격 등을 적절하게 평가한다.

내용 차원에 들어갈 항목들은 다음 장에서 자세히 살펴보도록 한다. 대학 글쓰기 교재의 경우 분석 준거들이 주로 내용 차원의 각 영역 속에 들어가 있다. 이 부분은 교재의 성격과 수준을 좌우할 수 있는 항목들로 세밀한 분석 준거를 요구한다. 또 각 영역마다 분석 대상과 분석 준거에 의존하여 교재 평가 항목을 마련하도록 하겠다. 마지막 결론 부분에서 각 영역의 평가 항목을 모아 대학 글쓰기 교재의 전체 평가 항목을 완성하도록 하겠다. 따라서 내용 차원에서 세 영역으로 나눈 각각의 부분들에서는 대학 교재의 사례와 함께 보다 자세한 검토 과정을 거친다.

3. 교육과정과 교수 항목 영역

일반적으로 교육목표는 특정한 교육 행위를 통해 얻게 되는 효과와 결과를 의미한다. 교육과정은 교육목표를 획득하기 위해 수행하게 되는 교육 행위의 과정을 명시적으로 표현한 것이다. 교육과정 속에는 교과의 성격, 교수 방법, 학습 방법, 평가 방법 등이 모두 포함된다. 일반적으로 교재는 이런 교육과정을 실체화, 구체화하여 놓은 것이다. 학교 현장에서의 수업이 대체로 교과서 위주로 이루어지기 때문에 교육과정은 교재를 통해서 가장 잘 볼 수 있다.

McDonald & Salomone(2000)의 책에서는 목차와 읽기 자료 목록에 14쪽을 할애하고 있다. Leki, I. (1998), *Academic Writing*, Cambridge University Press; McDonald, S. and Salomone, W. (2000), *The Writer's Response*, Wadsworth.

그런데 대학 글쓰기 교육에는 초·중등교육과 다르게 특별하게 규정된 교육과정이 없다. 특별히 규정된 교육과정이 없다는 뜻은 개별 대학마다 글쓰기 교육의 기능과 성격에 대해 다른 관점을 가질 수 있으며, 이에 따라 교육목표와 교육과정이 달라질 수도 있다는 것을 의미한다. 글쓰기 교육에 대한 각 대학의 관점은 각 대학교재에 반영된다. 다시 말해 대학 글쓰기 교재는 각 대학별 교육과정을 제각각 반영한다고 볼 수 있다.

대학 글쓰기 교육에서는 무엇을 가르쳐야 할까? 먼저 이를 논하기 전에 대학 글쓰기 교육의 목표를 무엇으로 잡아야 할지 따져보아야 한다. 고등학교 작문의 교육목표는 고등학교 교육과정 해설에 비교적 선명하게 설명되어 있다. 고등학교 교육과정 해설에는 "작문의 이론을 이해하고, 작문의 기능을 체계적으로 습득하"여 "자신의 사상과 감정을 글로 표현하는 능력"을 갖추는 것을 교육 목표로 삼고 있다.[12]

그러나 대학 글쓰기 교육의 목표는 뚜렷하지 않다. 대학에서 글쓰기 교육은 기초교육으로 인정받지만 대체로 전문 과목을 위한 도구과목의 성격이 강하다. 다시 말해 쓰기를 위한 학습(learning to write)이 아니라, 학습을 위한 쓰기(writing to learn)의 성격이 강한 것이다. 뿐만 아니라 교양과목의 강좌 수를 고려하여 쓰기와 함께 읽기와 말하기까지 병행하기를 원하기도 한다. 대학 글쓰기 교육의 목표는 대학이 글쓰기 과목을 통해 무엇을 원하느냐에 따라 달라진다.

현재 대학 글쓰기 교육에서는 다음과 같은 잠재적이고 포괄적인 목표를 설정하고 있다. 첫째 교양적이고 창의적인 인간 계발이라는 교양교육의 정신에 따라 폭넓게 인문학적 교양의 함양을 목표로 삼는 경우

---

12) 교육부에서 고시한 고등학교 작문과목의 목표는 다음과 같다. "작문의 이론을 이해하고 작문 기능을 체계적으로 학습하며 글을 쓰는 목적, 대상, 내용 등을 고려하여 자신의 사상과 감정을 글로 표현하는 능력과 작문에 대한 바람직한 태도를 가진다."(교육인적자원부(2001), 『고등학교 교육과정 해설』, 교육부 고시 1997-15호, 224쪽)

가 있다. 이는 쓰기 능력에 집중하기보다 다양한 주제에 관한 독서 활동과 토론 활동, 자기 반성적 글쓰기를 위주로 한다. 둘째, 글쓰기 수업을 통해 사고 기능을 향상하고자 하는 것을 하나의 목표로 삼기도 한다. 최근 대학교육에서 논리적 사고, 비판적 사고, 창의적 사고를 중시하면서 글쓰기 학습에서 쓰기 활동과 함께 사고 기능 활동을 강조하는 프로그램이 나오기 시작했다. 그러나 글쓰기 수업에서 쓰기 능력보다 사고 능력을 우선할 경우 과목의 정체성을 위협할 수가 있다.

셋째, 대학 글쓰기 교육이 학생들의 표현 능력 향상에 목표를 둘 수 있다. 이런 목적 설정은 글쓰기 과목의 정체성에 잘 부합하는 것으로 볼 수 있지만, 이 속에도 대학 상황에 따라 여러 경우가 있다. 우선 글쓰기 교육을 기술적인 측면에서 어법과 맞춤법 학습, 문장고치기, 단락쓰기 등을 통해 순수하게 학생들의 문장 실력을 높이는 데 초점을 맞출수 있다. 다음으로 다양한 읽기 과제와 함께 쓰기 능력을 함양하고자 하는 경우가 있다. 이와 함께 또 다른 경우는 글쓰기 교육을 통해 다양한 언어 기능 교육을 포괄하고자 하는 경우도 있다. 읽기·듣기·말하기·쓰기를 모두 하나의 과목을 통해 성취하고자 하는 것이다. 그러나 한 학기 강의가 대부분인 대학 교양교육에서 얼마나 이런 목적을 달성할수 있을지 의문스럽다. 이 외에도 위의 경우와 비슷비슷하게 변형된 많은 목적이 있을 수 있다.

지금까지 나온 대학 글쓰기 교육 목적을 참고로 하여 국내 대학의 글쓰기 교육과정을 분류해 보면 다음과 같다.

〈표 2〉 대학 글쓰기 교육과정 모형

a. 텍스트 중심 모형	어법, 문장, 단락, 교정, 문형, 진술 방식
b. 과정 중심 모형	구상, 제재, 주제, 구성, 교정 등 쓰기 과정 중심
c. 주제 중심 모형	주제별 자료읽기와 쓰기, 주제학습을 통한 텍스트 학습과 과정 학습
d. 읽기·쓰기 모형	쓰기를 위한 읽기(reading to write) 학습을 위한 쓰기(writing to learn)
e. 종합적 문식성 모형	읽기, 쓰기, 말하기·듣기(토론), 한자
f. 사고력 중심 모형	읽기, 쓰기를 이용한 다양한 사고 교육 프로그램

현재 가장 많은 대학에서 실시하는 글쓰기 교육 방법은 a와 b형을 병행하는 것이다. 많은 대학들이 텍스트에 관한 학습과 글쓰기 과정 학습을 병행하고 있다. c형은 특정한 주제를 가지고 글쓰기 과정 학습을 진행하는 경우이다. 하나의 주제를 내세우고 참고자료와 토론, 학습지를 이용하여 글을 쓰게 한다. d형은 c와 비슷하나 책읽기를 보다 강조한다는 점이 다르다. c가 글을 쓰기 위해 자료를 읽도록 하는 것이라면 여기서는 쓰기와 읽기가 대등한 수준에서 결합된다. 쓰기를 결합한 교육 형태로 고전읽기와 함께 쓰기를 수행하는 〈쓰기와 읽기〉 결합모형이 여기에 해당한다. d형은 글쓰기 교육과정을 통해 읽기, 말하기, 한자 교육까지 포함하는 종합적 문식력을 익히게 하는 것이다. 한국 대학들이 좋아하는 모형 중 하나이다. e형은 글쓰기 교육을 하되, 사고력 교육과 결합한 경우가 이에 해당한다.

이 논문에서 분석 대상으로 특별히 관심을 가지는 것은 주로 a와 b, c와 d이다. e와 f는 전문적인 글쓰기 교육과정으로 볼 수 없기 때문에 일단 이 논문에서는 분석 대상에서 제외한다.[13] 대학 글쓰기 교육과정을 보면 대체로 과정 중심 영역과 텍스트 영역, 그리고 주제별 영역, 아울러 위의 사항에는 없지만 학술적 표현 영역이 많이 포함된다. 이런

---

13) 이에 대해서는 정희모(2005나), 「대학 글쓰기 교육의 현황과 방향」, 『작문연구』 1, 한국 작문학회를 참고할 것.

점은 국내 대학출판부에서 간행된 대학 글쓰기 교재를 보면 분명히 알 수 있다. 우선 국내 주요 대학 글쓰기 교재가 다루고 있는 주요 학습 항목을 영역별로 분석해 보자. 분석 대상은 서울시내 8개 대학의 교재이며[14] 영역 항목 뒤에 이를 수록한 교재 수를 기록했다.

〈표 3〉 대학 글쓰기 교재의 학습 영역과 수록 교재 수

영역	교재 수(8)	다루고 있는 주요 분야 및 요소
글쓰기의 원론	7	글쓰기의 이해, 개념, 필요성, 글쓰기와 사고력, 생각과 표현
글쓰기 과정	5	주제설정, 자료수집, 개요작성, 퇴고
문장 및 진술 방식	6	어문규정, 한글 맞춤법, 띄어쓰기, 바른 문장쓰기, 서술 방식
읽기와 쓰기	1	읽기, 쓰기 요소 설명, 과제
학술적 표현	4	논문 작성법, 리포트작성법, 인용, 주석, 요약
주제	1	대학문화, 현대사회와 지식인, 약호의 세계와 문화읽기 등등
장르별 글쓰기	4	이력서, 자기소개서, 독후감상문, 에세이 쓰기, 인터넷 글쓰기, 서평, 시론과 칼럼, 문화비평문 등

〈표 3〉을 살펴보면 국내 대학 글쓰기에서 주로 다루고 있는 영역은 '글쓰기의 원론', '글쓰기 과정', '문장 및 진술 방식', '학술적 표현' 등이다. 위의 분류 기준은 '학술적 표현' 영역이 추가되었을 뿐 앞에서 다룬 대학 글쓰기 교육과정과 비슷하다. '학술적 표현' 영역은 대학에서 강조하는 논리적 표현, 비판적 표현을 중점적으로 배우는 영역이다. 여기서는 주로 논리적 사유, 논리적 구성, 논리적 표현을 학습하고 논문이나 보고서 쓰는 방법을 배우게 된다. 대학 글쓰기 교재에서 '글쓰기 과정'이나 '문장 및 진술 방식', '학술적 표현'을 중시하는 점은 미국 대학 글쓰기 교재도 비슷하다. 아래는 미국 대학 글쓰기 교재 6권을 조사하

---

14) 시중에 나와 있는 서울대학교, 연세대학교, 고려대학교, 서강대학교, 이화여자대학교, 성균관대학교, 한양대학교, 경희대학교 교재를 분석 대상으로 사용했다. 이 중 서울대학교 교재 『대학국어』는 책의 제목과 달리 책의 내용은 글쓰기 교육 위주로 되어 있기 때문에 글쓰기 교재에 포함했다. 자세한 서지 사항은 참고문헌에 수록했다.

여 각 학습 영역을 수록하고 있는 교재의 숫자를 기록한 것이다.[15]

〈표 4〉 미국 대학 글쓰기 교육 영역 및 수록 교재 수

	글쓰기 원론	쓰기 과정	문장 및 진술 방식	읽기와 쓰기	학술적 표현	주제	장르별 글쓰기
교재(6)	0	4	5	4	3	1	2

〈표 4〉를 보면 국내 대학 글쓰기 교재와 비슷한 측면은 '쓰기 과정'과 '문장 및 진술 방식', '읽기와 쓰기', '학술적 표현' 부분을 중시한다는 것이다. 반면에 국내 교재에 많이 포함되어 있는 '글쓰기 원론' 부분을 포함한 교재는 없으며, 반면에 '읽기와 쓰기'는 국내 교재보다 더 많이 반영되어 있다. 이는 미국 교재가 실용적인 학습과 실습 위주로 짜여 있고, 효과적인 글쓰기 능력 향상에 더 치중하기 때문일 것이다.

국내와 미국의 대학 교재에서 겹치는 부분들을 보면 대체로 국내외 대학 교육과정이 어떤 학습 항목을 원하고 있는지를 알 수 있다. 글쓰기 능력을 함양한다는 측면에서 '쓰기 과정'과 '문장 및 진술 방식'을 국내 대학이나 미국 대학 모두 중시하고 있다. 또, '읽기와 쓰기', '학술적 표현'은 고등학교 작문과 다르게 대학에서 반드시 학습해야 할 항목이다. WAC(Writing Across Curriculum) 과정이 없는 국내 대학에서는 글쓰기가 전공과목에 앞서 배우는 도구과목의 성격이 강하기 때문에 '쓰기 과정'과 '문장 및 진술 방식' 외에 '읽기와 쓰기', '학술적 표현' 영역이 필요하다. 대학 글쓰기 과목이 지닐 수 있는 정체성도 바로 이런 측면에 있다.

이제 위와 같은 점을 고려하여 대분류(영역)로서 대학 글쓰기 교재의

---

15) 미국교재는 아마존에서 사용빈도가 높고 평가가 좋은 것을 우선적으로 선택했다. 미국교재 6권은 Ilona Leki(1998), Jeanette Harris & Ann Moseley(2004), John Langan(2006), Kathleen T. McWhorter(2006), Pamela Arlov(2004), Stephen McDonald & William Salomone (2000)이다. 자세한 서지 사항은 참고문헌에 수록했다.

분석 준거를 설정해 보도록 하겠다. 대학 글쓰기에 필요한 주요 학습 영역으로는 아래 〈표 5〉에서 보인 것과 같이 여섯 가지를 선택했다.

〈표 5〉 대학 글쓰기 교재의 학습 영역 분류

글쓰기 과정	글의 목적, 독자, 주제, 자료탐색, 구성하기, 초고작성, 수정하기
문장과 단락	어법, 어휘, 바른 문장, 단문과 복문, 단락, 중심 문장과 뒷받침 문장, 통일성과 연결성, 일관성
글의 진술 방식	묘사, 서사, 논증, 설명, 과정, 예시, 비교, 대조, 분류, 인과
학술적 표현	발표 및 토론, 자료요약, 자료종합, 주장과 논거, 쟁점 및 반론 분석, 논문·보고서 작성 방법, 논문·보고서 쓰기, 인용과 주석, 표절 방지
읽기와 쓰기	읽기 자료, 관련된 학습 문항, 연관된 쓰기 문항, 관련 자료 찾기, 발표와 토론, 관련된 협력학습 방법
장르별 글쓰기	자기소개서, 서평, 문화비평문, 학술에세이, 인터넷 글쓰기

앞서 설명한 대로 '글쓰기 원론'은 대학 글쓰기 교재에 꼭 필요한 영역이 아니라는 생각에 삭제했다. '주제별 글쓰기'도 '읽기와 쓰기' 부분과 겹치는 점이 많다는 점에서 뺐다. 위의 여섯 영역은 대학 글쓰기 교재를 편찬하고자 할 때 반드시 고려해야 할 항목들이다. 물론 이 영역 모두를 교재에 반영해야 하는 것은 아니다. 교재 편찬자는 대학의 교육목표에 따라 이 중에서 몇몇을 적절하게 선택할 것이다. 그러나 어쨌든 대학 글쓰기 교재를 작성할 때 대단원 항목으로 위의 여섯 영역은 항상 고려하는 것이 필요하다. 또 될 수 있는 대로 많은 영역을 교재에 포함시켜 교수자가 학습 영역을 선택하도록 하는 것이 좋다.

학습 영역 아래의 교수 항목들은 반드시 필요하다고 생각되는 것들로 뽑았다. 아래 항목 외에 필요한 것이 더 있을 수 있다. 그러나 중요한 것은 이런 항목들을 어떤 방식으로, 어떻게 제시하느냐가 훨씬 중요하다. 위의 하위 항목에 대한 필요성이나 당위성은 다음 장의 단원 구성 방식과 단원 전개 방식을 살펴보는 데서 보다 분명히 규명될 것이다.

이제 다음으로 대학 글쓰기에서 〈교육과정과 교수 항목〉 영역의 분석 준거와 평가 항목을 설정해 보자. 분석 대상은 대학 글쓰기의 교육목표와 교육과정, 교수 항목 등이다. 교재 분석은 이들 대상들의 명확성, 적합성, 다양성을 중심으로 시행한다. 그리고 이런 분석 준거를 중심으로 〈교육과정과 교수 항목〉 영역의 교재 평가 항목을 아래와 같이 설정한다.

〈표 6〉 대학 글쓰기 교육과정과 교수 항목 평가표

분석 대상	대학 글쓰기 교육목표, 대학 글쓰기 교육과정, 대학 글쓰기 교수 항목
분석 준거	대학 글쓰기 교육목표의 적합성, 대학 글쓰기 교육목표의 명확성, 대학 글쓰기 교육과정의 적합성, 대학 글쓰기 교육과정의 구체성, 교수 항목의 적합성, 교수 항목의 다양성. 부록 및 참고 목록
평가 항목	(적합)…(보통)…(부적합) 대학 글쓰기 교육목표를 수행하는데 교재가 적합한가? - 5 4 3 2 1 대학 글쓰기 교육목표가 명확히 교재에 기술되어 있는가? - 5 4 3 2 1 교재를 통해 나타난 교육과정이 적절하고 적합한가? - 5 4 3 2 1 대단원과 중(소)단원의 교수 항목이 적합한가?------ - 5 4 3 2 1 대단원의 중(소)단원의 교수 항목이 다양한가?------ - 5 4 3 2 1 대학 글쓰기의 특성을 살릴 만한 교수 항목이 있는가?-- - 5 4 3 2 1 부록이나 참고목록의 항목이 다양한가?---------- - 5 4 3 2 1

4. 단원 구성 및 전개 영역

〈표 5〉의 학습 영역에 나오는 교수 항목은 대학 글쓰기 교재를 구성할 때 주로 들어가는 것들이다. 그런데 이런 항목들은 교재에서는 다양한 위계 체계를 가지고 결합하고 연결된다. 교재는 학습 항목들을 횡으로 병렬시키고 종으로 위계화하면서 체제를 구성하게 된다. 〈표 5〉에서 횡과 종의 영역들은 대학 글쓰기 교재에서 학습 항목들이 어떻게 상호 연결되는지를 잘 보여준다. 교재는 이렇게 대분류와 소분류로 항목들을 분류하고 구분하면서 학습 내용을 전개한다.

〈표 5〉에서 대분류와 소분류에 해당하는 학습 항목들은 교재에서 학

습 단원에 해당한다. 일단 이 논문에서는 앞의 것을 대단원, 뒤의 것을 소(중)단원으로 규정한다. 교재 구성에서 대단원과 소(중)단원은 저자의 선택에 의해 규정되고 배열된다. 교재를 구성할 때 학습 단원은 일정한 교육목표를 수행하기 위해 선택되고 배열된다. 다시 말해 학습의 성격과 교육과정의 내용, 저자의 교육관 등에 의해 단원(내용)이 선택되고 배열되는 것이다.

앞 장에서 말한 대로 대학 글쓰기 교재에서 필수적인 대분류의 영역은 여섯 가지(글쓰기 과정, 문장과 단락, 글의 진술 방식, 학술적 사고와 표현, 읽기와 쓰기, 장르별 글쓰기)로 규정했다. 실제 교재에서는 저자의 교육목표에 따라 이 외에도 여러 영역이 더 포함될 수 있다. 그러나 대표적인 것은 이 여섯 가지 영역 안에서 대체로 결정된다. 대학 글쓰기 교재는 통상 위의 영역 중에서 필요에 따라 2~4영역들이 선택하여 대단원을 구성한다. 하나의 영역 속에 포함되는 하위 단원이 많기 때문이고, 또 각 영역의 성격이 달라 같이 결합하기 힘든 것도 있기 때문이다.

실제 교재 단원을 구성하는 경우의 수는 매우 복잡하다. 교재에서 대단원은 〈표 5〉의 여섯 가지의 대단원 영역뿐만 아니라 소(중)단원에서도 뽑을 수 있기 때문이다. 교재 편찬자에 따라 소단원 항목을 대단원으로 규정하고, 그 아래에 또 다른 하위 단원을 두기도 한다. 필요에 따라 이 밖의 다양한 단원 항목을 새롭게 끌어올 수도 있다.

〈표 7〉 대학 글쓰기 교재 차례의 예

1. 글쓰기의 이해	1.1 글쓰기 개념 1.2 사고와 글쓰기
2. 어문 규정과 바른 표기	2.1 한글맞춤법 따라가기 2.2 띄어쓸까, 붙여쓸까? 2.3 외래어 및 로마자 표기법 2.4 문장 부호
3. 올바른 문장쓰기	3.1 문장고치기 3.2 비판적 읽기와 고쳐쓰기
4. 글쓰기와 절차	4.1 주제설정 및 자료수집 4.2 구상및 개요작성 4.3 초고 작성 4.4 퇴고
5. 논문 및 리포트 작성	5.1 논문 작성법 5.2 리포트 작성법 5.3 인용, 주석, 참고문헌 작성법

〈표 7〉은 어느 대학 교재[16]의 단원 차례이다. 위의 차례에서 첫 번째 대단원, '글쓰기의 이해'는 국내 교재에 흔히 보이는 글쓰기의 원론에 해당하는 영역이다. 반면에 네 번째(글쓰기의 절차), 다섯 번째(논문 및 리포트 작성) 대단원은 〈표 5〉의 대단원 영역에 들어 있는 항목이다. 두 번째(어문 규정과 바른 표기), 네 번째(올바른 문장쓰기) 대단원은 〈표 5〉에서 하위 분류 항목에 들어 있던 것들이다. 사실 두 번째(어문 규정과 바른 표기) 대단원의 하위 단원(한글맞춤법, 외래어 표기법, 문장부호)들은 통상 〈부록〉에 속하던 것이다. 그런데 편찬자는 이를 단원으로 내세웠다. 이 교재가 문장이나 어법을 중시한다는 측면을 보여준 것이다.

글쓰기 교재에서 단원의 선택은 교육의 목표, 방법, 효과를 고려하면서 결정된다. 특히 각 대학의 목표가 무엇인가에 의해 대단원들이 선택되고 이에 따라 소(중)단원들도 결정된다. 문장 교육에 치중하는 대학들은 문장이나 어법과 관련된 단원들을 주로 배치할 것이며, 또 논문쓰기를 중요하게 생각하면 논문작성법과 관련된 단원들을 배치할 것이다. 글쓰기 교재는 대학의 글쓰기 교육 목표에 따라 필요한 단원이 배치되며, 단원 분량도 결정된다. 최근 대학들이 좋아하는 대단원 영역으로는 '글쓰기 과정', '학술적 표현'이다. 최근에 나온 교재들에는 주로

---

16) 김경훤 외(2007), 『창조적 사고, 개성적 글쓰기』, 성균관대학교 출판부.

이와 관련된 단원들이 자리를 많이 잡고 있다.

통상 교재에서 단원을 구성하는 유형으로는 목표 중심형, 활동 중심형, 제재 중심형, 문종 중심형, 상황 중심형 등을 내세운다.[17] 이런 분류는 초등과 중등의 교과서를 염두에 두고 설정한 것으로 대학 교재와는 맞지 않다. 세부 전략이나 기능에 초점을 두는 목표 중심형이 글쓰기 과정 영역과 유사한 것을 빼면 나머지는 대학 교재에서는 잘 볼 수가 없다. '봄날'과 같이 특정한 제재 구성을 내세우기도 그렇고, 설명문과 논설문 같은 문종 구성을 내세우기도 곤란하다. 상황 중심형은 특정한 상황을 설정하여 복합적인 언어 기능을 학습하게 하는 것으로 총체적 언어교육이나 장르 중심주의와 흡사하다. 그러나 국내 교재에서는 보기 힘들며 미국 교재에서 가끔 보이는 유형이다.[18]

대학 글쓰기 교재의 단원 구성 방법은 지금까지 나온 초·중등의 방법과는 분명히 차이가 있다. 예컨대 단원을 조직하는 계열성의 원리로 ① 부분에서 전체로, ② 선행 필수요건 학습 우선, ③ 전체에서 부분으로, ④ 연대순을 내세우고 있지만,[19] ①, ③을 제외한 나머지의 것은 대학 글쓰기 교재에서 적합한 원리로 생각되지 않는다. 대학 교육과정은 초등이나 중등처럼 연속성이 없을 뿐만 아니라 교육과정이 정해져 있지 않기 때문이다.

대학 글쓰기 교재에서 대단원의 전개에서는 대학생이 학습해야 할 항목을 제시하되, 교재의 특성에 따라 일관성이 유지되도록 하는 것이

---

17) 이재승(1999), 「과정 중심의 쓰기 교재 구성에 관한 연구: 초등학교를 중심으로」, 한국교원대학교 박사논문, 116쪽.

18) 이와 같은 구성 방식을 잘 보여주는 미국교재로는 『From Cases to Composition』가 있다. 이 교재는 학생들이 직면할 수 있는 46가지 실제 상황 사례를 중심으로 메모, 편지, 에세이를 작성할 수 있는 연습을 하도록 구성되어 있다. Hayes, Christopher G. (1983), "A Classification and Review of Basic Writing Rhetorics", ERIC Clearinghouse on Reading and Communication Skills Bloomington IN., ED.254846, p. 10.

19) 한국교육개발원(1995), 『교과서 정책과 내용구성 방식 국제비교연구』, 한국교육개발원 연구보고 RR 95-17, 103쪽.

좋다. 소단원의 구성은 대단원의 성격에 따라 규정되는 경우가 많다. 예컨대 '글쓰기 과정' 영역의 소단원이라면 계획하기부터 작성하기, 수정하기의 요소들을 따라 갈 것이다. '문장'에 관한 소단원이라면 단어부터 문장, 단락까지 작은 단위에서 큰 단위로 확장해 가는 구성 방법을 쓸 수 있다. 반면에 '글의 진술 방식'의 전개 방식은 하위 항목(묘사, 서사, 논증, 설명 등)을 병렬적으로 나열해 가는 방법을 쓸 것이다.

따라서 대학 글쓰기 단원 구성은 특정한 규칙보다 다음과 같은 원리에 의해 진행하게 된다. 첫째, 단원 구성은 지식 학습이나 개념 학습보다 기능 학습, 활동 학습으로 구성한다. 둘째, 획일화되거나 천편일률적인 단원 구성보다 중심되는 단원을 핵심적으로 제시하도록 한다. 셋째, 많은 단원에 적은 지면보다 적은 단원에 많은 지면을 사용하도록 한다. 넷째, 쓰기 기능 측면에서 반복학습이 가능하도록 단원을 구성한다. 다섯째, 탐구식 학습과 문제해결식 학습이 가능한 단원을 많이 설정한다. 여섯째, 개별적인 기능이나 전략이 많이 포함되어 있는 단원을 선택한다. 일곱째, 소(중)단원 구성은 필요에 따라 부분 → 전체, 전체 → 부분의 방법을 적절히 활용한다.

다음으로 단원 구성 방법과 함께 중요한 것은 단원 전개 방법이다. 단원 전개 방식은 하나의 단원(소단원) 아래 학습 내용을 어떻게 구성하여 전개하는가를 보여주는 방식이다. 교육부 6차 교육과정에서는 도입학습 → 원리학습 → 적용학습 → 심화학습으로 되어 있다. 도입학습 이후 전략이나 방법, 원리 등을 학습하고 이를 적용하여 더 높은 단계로 나가거나, 다른 학습에 응용한다는 것이다. 그러나 이런 방법은 쓰기 과정이나 언어 상황이 강조되는 학습에는 적용하기가 어렵다(이재승, 1999: 141~142). 언어 기능을 익히는 학습이 도입·원리·적용·심화 순으로 전개되는 것은 아니기 때문이다.

이밖에 단원 전개 방법을 '제목 → 목표 및 아이디어 → 도입 → 본문 학습 활동 → 평가 → 선택·보충내용 → 배경 정보 → 참고자료'로 규정한 것도 있다(김정호 외, 1998: 68~69). 이런 분류는 단원이 전개되는 형식적인 요소를 나열한 것이며, 실제 학습 활동과는 차이가 있다. 위에서 핵심은 본문 학습활동과 평가, 선택·보충내용인데 이것이 실제 무엇인지를 말해주지 않으면 별 도움이 되지 않는다.

　대학 글쓰기 교재에서 단원 전개 방법은 단원의 성격에 따라 매우 다양하고 풍부하다. 개념 설명 위주로 전개되어야 할 단원도 있지만, 기능이나 전략 중심으로 전개될 단원도 있다. 또 과정 항목 중심으로 전개되어야 할 단원도 있고, 때에 따라 읽기나 예문 중심으로 단원을 전개해야 할 수도 있다. 대체로 단원의 항목 성격에 따라 단원 전개 방식이 달라지는 경우가 많다. 예컨대 문장을 다루는 단원과 글쓰기 과정을 다루는 단원은 내용 전개 방식이 다르다. 문장 단원은 어법에 따라 틀린 문장을 고치는 실습이 위주가 되지만, 글쓰기 과정 단원은 전략과 기능 중심으로 전개가 이루어진다. 따라서 단원 전개 방법은 단원의 특성에 따라 다양한 전개 방법이 사용된다고 보는 것이 옳다.

　단원 전개 방식의 다양성은 미국의 교재에서도 잘 나타난다. 미국교재 『Academic Writing』를 보면 '글쓰기 과정' 영역에서 글을 시작하는 착상 단계의 단원(2장)에서는 아이디어를 얻기 위한 다양한 전략(자유롭게 쓰기, 열거하기, 다발짓기 등 7가지)을 학습하는 것으로 단원을 전개한다. 그러나 글을 시작하게 되는 다음 단원(3장)에서는 쓰기에 필요한 개념과 기능(독자와 목적, 주제)을 학습하는 것으로 진행된다. 반면에 '학술적 글쓰기' 영역에 속하는 논점 분석하기(12장) 단원에서는 활동과 기능(대립되는 견해 분석하기, 문제설명하기, 자기 분석·동료점검·수정하기 등) 중심으로 단원 내용이 전개된다.

　단원을 전개하는 원리가 획일적이 되어서는 안 된다. 국내 교재들은 대부분 '개념설명 → 예시 → 연습문제' 형태를 처음부터 끝까지 유지한다. 각 장마다 자신에게 적합한 학습 모형과 단원 전개 원리가 전혀 반영되어 있지 않다. 대체로 개념이나 원리에 대한 설명에 치중하고 있고, 기능 활동이나 심화 활동은 적은 편이다. 한마디로 그냥 개념을 설명을 하고 이에 대한 연습문제를 풀어보는 단순한 전개 방식이 처음부터 끝까지 반복되고 있는 것이다. 개념이나 원리를 설명하는 것도 필요하지만 스스로 이런 개념과 원리를 발견하고 깨우치도록 하는 전개 방식이 필요하다.

단원 내용을 전개하는 방법으로 알려진 것은 설명형과 발견형이다. 설명형은 개념이나 원리를 설명하고 자료를 제시한다면, 발견형은 자료를 내세우고 학습자가 이에 대한 원리를 발견하도록 하는 것이다. 설명형이 강의식 학습 방법이라면 발견형은 기능과 활동 중심의 학습 방법이다(김정호 외, 1998: 71). 대학 글쓰기 교육에 필요한 것은 발견형이다. 글쓰기 교육은 기능과 활동 중심으로 진행되는 학습 방법이 중요하다. 자기 스스로 과제를 인식하고 자료를 찾아 글을 쓰는 자기 주도적 학습이 가능하기 때문이다.

단원 전개 방법으로 귀납형이라고 부르는 것도 이와 비슷하다.[20] 이것은 학생들에게 다양한 자료나 보기를 제시하되 이에 대한 개념이나 원리를 설명하지 않고 학생들로 하여금 스스로 답을 찾도록 내용을 전개하는 것을 말한다. 이런 방식은 먼저 원리나 개념을 설명하고 학생들로 하여금 연습 문제를 풀게 하는 방식과는 다르다. 오히려 이런 방식은 문제 상황을 학생들에게 제시하고 학생들이 스스로 그 문제를 풀어 해답을 얻게 하는 탐구학습 방법과 이어진다. 대학 글쓰기 교육에서는 '글쓰기 과정', '학술적 표현', '읽기와 쓰기', '장르별 글쓰기'에서 이런 탐구학습이 가능하다. '문장과 단락'이나 '글의 진술 방식'과 같은 단원에서도 부분적으로 이런 탐구 학습 요소를 첨가할 수 있다.

이밖에 대학 글쓰기 교육에서 단원 전개에 필요한 일반적인 요소는

---

20) 한국교육개발원(1995), 『교과서 정책과 내용구성방식 국제비교연구』, 한국교육개발원 연구보고 RR 95-17, 36쪽.

적합성, 통일성, 반복성, 일관성, 의미 구성성 등을 들 수 있다. 적합성은 단원 전개가 교육목표와 적합해야 한다는 것을 의미하며, 통일성은 단원 전개가 단원의 목표로 결집되어야 한다는 것을 말하고, 반복성은 주요 학습내용은 반복적으로 구현되어야 함을 의미하며, 일관성은 내용 전개의 흐름에 통일성이 있어야 하는 것을 말한다. 마지막으로 구성성은 단원 전개가 학생으로 하여금 스스로 의미를 생산하도록 구성되어야 하는 것을 의미한다.

이와 같은 내용에 근거하여 대학 글쓰기 교재에서 〈단원 구성과 전개〉 영역의 분석 준거와 평가 항목을 제시하면 〈표 8〉과 같다.

〈표 8〉 단원 구성 및 전개 영역 평가표

분석 대상	대단원 항목, 대단원 구성, 소(중)단원 항목, 소(중)단원 전개					
분석 준거	단원 항목의 적절성, 단원 항목의 부합성, 단원 성격의 일치성, 단원 내용의 활동성, 단원 내용의 풍부성, 단원 전개의 다양성, 단원 전개의 통일성, 단원 전개의 학습성					
평가 항목		(적합) … (보통) … (부적합)				
	대학 교육에 맞는 적절한 대단원 항목을 가지고 있는가? –	5	4	3	2	1
	교재의 대단원이 필요 항목으로 구성되어 있는가? –	5	4	3	2	1
	교육목표에 맞게 일관된 방향의 대단원 설정이 이루어졌는가? ------	5	4	3	2	1
	하나의 대단원과 내부의 소단원이 성격상 합치하는가? –	5	4	3	2	1
	지식이나 개념 학습보다 기능 학습, 활동 학습 중심으로 구성된 대단원이 많은가? ------	5	4	3	2	1
	하나하나의 대단원 안에 많은 지면을 할애하고 있는가? –	5	4	3	2	1
	탐구식 학습과 문제해결학습이 가능한 대단원이 많이 설정되어 있는가? ------	5	4	3	2	1
	개별적인 기능이나 전략이 포함된 대단원이 많은가? –	5	4	3	2	1
	단원의 목표를 수행하기 위해 소(중)단원 전개가 적절하게 이루어지고 있는가? ------	5	4	3	2	1
	대단원의 성격과 소(중)단원 전개의 성격이 서로 부합하는가? ------	5	4	3	2	1
	소(중)단원 전개가 전체적으로 획일적이지 않고 다양한가? ------	5	4	3	2	1
	소(중)단원 전개가 발견학습, 자기주도학습이 가능하도록 구성되어 있는가? ------	5	4	3	2	1
	소(중)단원 전개 내에서 주요 학습내용은 반복적으로 구현되고 있는가? ------	5	4	3	2	1
	하나의 소(중)단원 내에서 전개 흐름에는 통일성이 있는가? ------	5	4	3	2	1

5. 교수·학습 영역

글쓰기 교육은 일반적인 설명식 수업과는 달리 학생들이 자신이 주장하는 내용을 스스로 구성하여 작성하는 구성주의 수업과 유사하다. 학생 스스로 자신의 생각을 자신의 언어로 글을 써야 하기 때문이다. 개념이나 이론, 방법을 많이 알아도 결국 자기 자신이 스스로 좋은 글을 쓸 수 없으면 아무 소용이 없다. 대학 글쓰기 교육에서 기능 중심,

활동 중심의 수업을 추구해야 하는 것도 이와 관련이 있다.

앞장에서 살펴본 단원 구성과 전개 방식과는 달리 교수·학습 영역은 실제 교실 현장에서 일어나는 교수 활동을 대상으로 삼는다. 다시 말해 실제 수업 활동에 교재 내용이 어떤 역할과 기능을 담당하는가를 분석하여 교재 평가를 위한 분석 준거로 설정한다. 학교 현장의 교수 활동, 학습 활동은 교재 내용의 구성요소가 학습 활동을 어떻게 촉진하느냐에 의해 결정된다.

실제 교수·학습 활동의 분석 및 평가 준거는 교재의 세부 내용과 밀접하게 관련된다. 이는 교수·학습 행위의 주요 변인을 '교수자, 학습자, 학습상호활동'으로 규정하고 이 변인들과 관련된 교재의 내용 요소를 뽑아보면 쉽게 알 수 있다. 이 세 변인들의 활동은 교재의 세부 내용과 결합되어 있으며, 교재의 세부내용이 변인들의 학습활동을 어떻게 유도하느냐에 따라 결과가 달라진다. 따라서 교재의 세부내용과 교수·학습 활동은 분리하기 어렵다고 말할 수 있다.

〈표 9〉 교재·학습 변인에 영향을 주는 교재 요소

• 교수자에게 영향을 주는 교재요소	교재 활용 방법, 학습 목표, 학습 내용, 수업 기법, 학습 활용 편의성
• 학습자에게 영향을 주는 교재요소	연습문제, 학습과제, 평가 방법, 자기진단 요소, 예시 자료, 학습 시간, 질문 형식, 학습 내용의 흥미성
• 학습활동에 영향을 주는 교재요소	토론과제, 모둠학습 방법, 동료도움 방법, 피드백 방법, 자기점검 방법

위에서 〈교수자〉 변인의 '학습 목표', '학습 내용', '수업 기법' 등은 교재에 기재되는 세부 내용의 항목들이다. 또 〈학습자〉 변인의 '연습 문제', '학습 과제', '평가 방법' 등도 교재의 세부 내용에 해당한다. 그런데 이들 내용 요소들은 교수·학습 활동을 촉진하는 데 매우 중요하다. 예컨대 '학습 목표', '학습 내용', '수업 기법' 등은 교수자가 강의의 효

율성을 확보하기 위해 반드시 알아야 할 항목이다.[21] '연습 문제', '학습 과제', '평가 방법' 등은 학습자가 교재를 통해 학습 활동을 하게 되는 핵심적인 내용들이다.

이렇게 본다면 교수·학습 영역에 사용되는 여러 요소들을 교재의 세부 내용과 분리하는 것은 매우 어려워 보인다. 이순옥(2006: 75)은 전체 분석 준거를 '체제'와 '내용'으로 나누고 내용 속에 교수·학습 요소를 넣었으며, 장언효(1990: 40~41)는 아예 내용 영역과 교수·학습 영역을 같이 섞어 분류하고 있다. 이런 점은 교재 분석에서 교재의 세부 내용들과 교수·학습 영역을 구분하는 것이 얼마나 어려운가를 보여준다.

이 논문에서는 교수·학습 영역에 교재 세부 내용과 교재 학습 활용의 측면을 함께 포괄하고자 한다. 또 이와 관련된 어떤 특정한 분석 준거가 내용 구성 및 전개 영역이나 교수·학습 영역 모두에 해당되더라도 이를 인정하기로 한다. 앞서 말한 대로 같은 요소라 하더라도 내용 구성 방식 측면에서 분석하는 것과 학습 활용 측면에서 분석하는 것은 다를 수 있기 때문이다. 교수·학습 영역의 분석 준거는 대학 글쓰기 교육이 일회성의 기능 중심의 수업이라는 점을 감안하여 쓰기 능력 함양을 위한 수업 활동에 중점을 두어 선정한다. 그리고 이와 같은 원리에 따라 교재 평가의 항목도 설정한다.

이 논문에서 설정한 대학 글쓰기의 교수·학습 원리는 첫째, 책임 이양의 원리, 둘째, 상호 작용의 원리, 셋째, 자기 구성의 원리이다. '책임 이양의 원리'는 교수·학습의 행위가 교수 중심에서 점차 학습자 중심으로 옮겨 가는 것을 말한다. 다시 말해 글쓰기 수업이 교수 주도의 수업에서 상호작용을 통해 점차 학생 주도의 수업으로 이행하는 것이다.[22] 책임 이양의 원리는 초등이나 중등에서도 당연히 중요시된다.

---

21) 게리 보리츠, 박승배 외 옮김(2011), 『효과적인 교수법』, 아카데미프레스, 10~11쪽.
22) 김국태(2003), 「초등학교 쓰기 교재 구성의 원리」, 『학습자중심교과교육연구』 3(1), 245~271쪽.

그러나 이들과 대학의 차이점은 학습자 중심의 수업이 훨씬 강화된다는 점이다. 대학의 글쓰기 교육 수업은 단원이나 차시 수업의 앞부분을 제외한다면 대부분 학생 중심으로 이루어진다.

다음으로 대학 글쓰기 교육은 지식 중심의 수업과 다르게 활동 중심의 수업, 능력 함양 중심의 수업을 지향한다. 지식 전수 수업은 이해나 축적을 중시하지만 능력 함양 수업은 특정 기능의 수행력을 중시한다. 다양한 협력 학습 방법을 사용해야 하며, 활발한 피드백 활동을 전개해야 한다. 교수자와 학습자는 글쓰기 능력 함양을 위해 학습의 장을 함께 해야 한다. 따라서 대학 글쓰기 교육에서 '상호작용의 원리'란 교수와 학생이 다양한 협력학습과 피드백을 통해 근접발달 영역 내에서 기능 학습을 수행하는 것을 말한다.

'자기 구성의 원리'는 대학 글쓰기 수업이 고정된 지식을 주입식으로 전수받는 것이 아니라 학습자 의식 속에 스스로 지식을 구성하고, 생산하는 것을 의미한다. 대학 글쓰기 학습은 학생들이 교양 있고, 수준 높은 지식을 구성하여 스스로 표현할 수 있을 때 완성된다. 글쓰기 교육은 개념이나 원리를 아무리 많이 알아도 좋은 글을 직접 쓸 수 없다면 아무 의미가 없다.

교재 분석의 준거 설정에서 이런 특성을 어떻게 반영할 것인가가 매우 중요하다. 이와 관련된 교재 요소들을 설정하면 다음과 같다.

〈표 10〉 교수·학습 원리에 따른 분석 준거

책임 이양의 원리	평가 방법의 다양성, 교재 활용지침의 소개, 학습 과제의 다양성, 토론 자료의 다양성, 예시 자료의 명확성, 학습 내용과 학습 시간의 적합성
상호 작용의 원리	동료 도움 방법 명시, 피드백 방법 명시, 토론 과제 명시
자기 구성의 원리	예문의 적합성, 교재 활동 방법의 명시, 학습 시간 명시, 학습 활용시의 편리성, 학습내용의 흥미성, 학습자 수준의 적합성, 학습 내용의 가독성, 수정 방법 제시, 점검표와 진단표 제공, 보충 자료 제공.

교수·학습 방법의 기본 원리에 따라 교재의 분석 준거와 평가 준거를 설정해 보면 위와 같다. 그런데 여기서 한 가지 알아야 할 것은 각각의 원리에 따른 준거들이 서로 명확하게 구분되는 것은 아니라는 점이다. 예컨대 책임 이양의 원리에 있는 '학습 과제의 다양성'은 자기 구성의 원리에도 작용할 수 있다. 또 자기구성의 원리에 있는 '예문의 적합성'은 책임 이양의 원리에도 작용한다. 어떤 준거가 다양한 원리로 작용할 때 가장 적합하다고 생각되는 원리 속에 귀속시켰다. 그렇기 때문에 위의 준거를 너무 분리하여 생각할 필요는 없다.

　　대학 글쓰기 학습 원리는 명백하게 하나의 일관된 방향을 지향한다. 그 방향은 바로 학습자 중심의 자기주도 수업이다. 글쓰기 교육에서는 교수로부터 학생이 기능을 전수받지만 그 기능을 숙련시키지 않으면 의미가 없다. 글을 잘 쓸 수 있는 능력을 갖추는 것은 분명 학생 스스로의 몫이다. 따라서 글쓰기 학습은 학습자 중심 수업, 학습자 주도 수업이 될 수밖에 없다. 대학 글쓰기 수업이나 대학 글쓰기 교재는 이런 방향을 지향해야 한다.

　　한국과 미국의 대학 글쓰기 교재가 큰 차이를 보이는 점도 이와 관련된 부분이다. 미국의 대학 글쓰기 교재들은 대부분 학생의 시각에서 교재의 내용과 예시, 문제를 형성한다. 예컨대 글쓰기 저널(writing journal)이나 예시, 샘플 글 등은 학생의 글을 주로 많이 사용한다. 또 과제의 문답은 마치 동료학생이 질문을 하듯이 꾸미는 것이 대부분이다. 교재를 읽어 보면 마치 글쓰기 수업에 직접 들어와 있는 기분이 든다. 반면에 국내 대학의 글쓰기 교재는 개념이나 원리를 반드시 앞에 사용하고 어려운 예문을 싣기 좋아한다. 학습자보다 교수자의 시각이 우선되고 있기 때문이다. 좋은 교재인가를 분별하기 위해 교수·학습 영역의 분석 및 평가 항목에 학생 시각으로 설명과 예문이 구성되어 있는지 살펴보아야 한다.

　　대학 글쓰기 교재의 교수·학습 영역의 분석 준거 및 평가 항목은 〈표

11〉과 같다.

〈표 11〉 교수·학습 영역의 평가표

분석 대상	예시자료, 연습문제, 학습과제, 교재 활용 방법, 평가 방법, 협력학습 방법, 피드백 방법, 자기점검 항목
분석 준거	예시자료의 적절성 및 다양성, 연습문제의 적절성 및 다양성, 학습과제의 적절성 및 다양성, 교재 활용 방법 명시, 토론 자료의 다양성, 읽기 자료의 명시, 내용과 시간의 부합성, 평가 방법 명시, 동료도움 방법 명시, 피드백 방법 명시, 교재활용의 편리성, 학습내용의 흥미성, 학습자 수준의 적합성, 학습내용의 가독성, 점검표와 진단표 제공, 보충자료 제공.
평가 항목	(적합) … (보통) … (부적합) 본문 내용에 맞춰 예시자료가 적절한가? --------- - 5 4 3 2 1 예시자료가 다양하게 구비되어 있는가? ----------- - 5 4 3 2 1 학습 내용에 맞춰 연습 문제가 적절한가? -------- - 5 4 3 2 1 연습 문제가 다양하게 구비되어 있는가? --------- - 5 4 3 2 1 학습 내용에 맞춰 학습 과제가 적절한가? -------- - 5 4 3 2 1 단원 말미에 학습 과제가 다양하게 구비되어 있는가? - 5 4 3 2 1 교재에 교재 활용 방법과 지침이 명시되어 있는가? - - 5 4 3 2 1 단원마다 다양한 토론 자료가 구비되어 있는가? --- - 5 4 3 2 1 단원마다 다양한 읽기 자료가 명시되어 있는가? --- - 5 4 3 2 1 학습 내용과 학습 시간이 서로 부합되는가? ------ - 5 4 3 2 1 교재에 평가 방법에 관한 제시가 있는가? -------- - 5 4 3 2 1 동료 협력 방법에 관한 명시가 있는가? --------- - 5 4 3 2 1 교재에 피드백에 관한 명시가 있는가? ---------- - 5 4 3 2 1 교재를 학습에 활용하기에 편리한가? ----------- - 5 4 3 2 1 학습자가 흥미로워할 내용이 많은가? ----------- - 5 4 3 2 1 학습 내용을 대학 1학년 학생들이 쉽게 읽을 수 있는가? - 5 4 3 2 1 교재 단원에 점검표와 진단표가 제공되고 있는가? - - 5 4 3 2 1 다양한 보충 자료가 제공되고 있는가? ---------- - 5 4 3 2 1

6. 결론

지금까지 대학 글쓰기 교재에 대한 분석 준거와 평가 항목을 살펴보았다. 그리고 〈표 12〉와 같이 각 영역의 평가 항목을 모아 전체적인 대학 글쓰기 교재 평가표를 만들어 보았다. 교재 분석 준거 및 평가 항목을 설정할 때 힘든 점은 분석 및 평가 항목의 층위를 맞추기가 어렵다는 것이다. 예를 들어 '교재 내용의 참신성'처럼 매우 폭넓은 항목을 쓸 수도 있고, '예문 주제의 참신성'처럼 보다 좁은 항목을 쓸 수도 있다. 전자는 다양한 교재를 포괄하여 평가할 수 있다는 장점은 있지만 구체성이 없어 평가 기능이 약하다는 점이 단점이다. 반면에 후자는 전자보다 구체적인 점이 장점이지만 평가 항목이 많아져 평가의 효율성이 떨어진다는 단점이 있다. 따라서 교과서 평가 항목을 만들 때는 평가 항목의 층위와 수준을 적절히 조화할 필요가 있다. 또 그것이 실제적으로 효과를 발휘할지도 고려해 봐야 한다.

이 논문에서는 이런 점을 감안하여 평가의 구체성과 평가의 효과성을 적절하게 반영하도록 노력했다. 아울러 분석 단위를 차원과 영역, 요소로 나누어 다양한 층위에서 평가가 이루어지도록 했다. 〈교육과정과 교수 항목〉 영역과 〈단원 구성 및 전개〉 영역, 〈교수·학습〉 영역을 구분하여 제시한 것은 큰 단위에서 작은 단위로 범위를 좁혀가며 평가하도록 하기 위해서였다. 이를 통해 평가 요소가 반복된 층위에서 검토되도록 배치했다. 국내 대학 글쓰기에 관한 분석 준거와 평가 기준이 전혀 없는 현실을 감안하면 이런 분석 준거와 평가 항목들이 차후 보다 나은 평가 항목을 만드는 데 기여를 할 수 있을 것으로 믿는다. 또 대학 교재의 질을 좀 더 나은 방향으로 향상시키는 데 도움을 줄 것으로 생각한다.

앞에서 나온 분류 항목들을 종합하여 전체 평가 항목을 제시하면 〈표 12〉와 같다.

〈표 12〉 대학 글쓰기 교재 평가표

〈대학 글쓰기 교재 평가표〉

대상 교재:
평 가 자:

영역		평가 항목
형식		(적합)… (보통) …(부적합) 교재 장정이 아름답고 견고한가? ---------- - 5 4 3 2 1 내부 편집 디자인이 적절한가? ------------ - 5 4 3 2 1 판형과 헤이지수는 적절한가? ------------ - 5 4 3 2 1 저자의 전문성은 어떠한가? ------------- - 5 4 3 2 1 교재의 가격은 적절한가? ------------- - 5 4 3 2 1
내용	교수 항목	대학 글쓰기 교육목표를 수행하는데 교재가 적합한 가? ----------------------------- - 5 4 3 2 1 대학 글쓰기 교육목표가 명확히 교재에 기술되어 있는가? ---------------------------- - 5 4 3 2 1 교재를 통해 나타난 교육과정이 적절하고 적합한 가? ----------------------------- - 5 4 3 2 1 대단원과 중(소)단원의 교수 항목이 적합한가? -- - 5 4 3 2 1 대단원의 중(소)단원의 교수 항목이 다양한가? - - 5 4 3 2 1 대학 글쓰기의 특성을 살릴 만한 교수 항목이 있는 가? ----------------------------- - 5 4 3 2 1 부록이나 참고자료의 항목이 다양한가? ------- - 5 4 3 2 1
	내용 구성 및 전개	대학 교육에 맞는 적절한 대단원 항목을 가지고 있는가? ---------------------------- - 5 4 3 2 1 교재의 대단원이 필요 항목으로 구성되어 있는가? - 5 4 3 2 1 교육목표에 맞게 일관된 방향의 대단원 설정이 이 루어졌는가? ------------------------- - 5 4 3 2 1 하나의 대단원과 내부의 소단원이 성격상 합치하 는가? ----------------------------- - 5 4 3 2 1 지식이나 개념 학습보다 기능 학습, 활동 학습 중심 으로 구성된 대단원이 많은가? ------------ - 5 4 3 2 1 하나하나의 대단원 안에 많은 지면을 할애하고 있 는가? ----------------------------- - 5 4 3 2 1 탐구식 학습과 문제해결학습이 가능한 대단원이 많이 설정되어 있는가? ------------------ - 5 4 3 2 1 개별적인 기능이나 전략이 포함된 대단원이 많은 가? ----------------------------- - 5 4 3 2 1 단원의 목표를 수행하기 위해 소(중)단원 전개가 적절하게 이루어지고 있는가? ------------ - 5 4 3 2 1 대단원의 성격과 소(중)단원 전개의 성격이 서로 부합하는가? ------------------------ - 5 4 3 2 1 소(중)단원 전개가 전체적으로 획일적이지 않고 다양한가? ------------------------- - 5 4 3 2 1 소(중)단원 전개가 발견학습, 자기주도학습이 가능

	하도록 구성되어 있는가? ---------------- -	5	4	3	2	1
	소(중)단원 전개 내에서 주요 학습내용은 반복적으로 구현되고 있는가? ------------------- -	5	4	3	2	1
	하나의 소(중)단원 내에서 전개 흐름에는 통일성이 있는가? ------------------------- -	5	4	3	2	1
교수·학습	본문 내용에 맞춰 예시자료가 적절한가? ---- -	5	4	3	2	1
	예시자료가 다양하게 구비되어 있는가? ----- -	5	4	3	2	1
	학습 내용에 맞춰 연습 문제가 적절한가? --- -	5	4	3	2	1
	연습 문제가 다양하게 구비되어 있는가? ---- -	5	4	3	2	1
	단원 말미에 학습 과제가 다양하게 구비되어 있는 가? --------------------------- -	5	4	3	2	1
	학습 내용에 맞춰 학습 과제가 적절한가? --- -	5	4	3	2	1
	교재에 교재 활용 방법과 지침이 명시되어 있는가?	5	4	3	2	1
	단원마다 다양한 토론 자료가 구비되어 있는가?	5	4	3	2	1
	단원마다 다양한 읽기 자료가 명시되어 있는가?	5	4	3	2	1
	학습 내용과 학습 시간이 서로 부합되는가? -- -	5	4	3	2	1
	교재에 평가 방법에 관한 제시가 있는가? ---- -	5	4	3	2	1
	동료 협력 방법에 관한 명시가 있는가? ----- -	5	4	3	2	1
	교재에 피드백에 관한 명시가 있는가? ------ -	5	4	3	2	1
	교재를 학습에 활용하기에 편리한가? ------- -	5	4	3	2	1
	학습자가 흥미로워할 내용이 많은가? ------- -	5	4	3	2	1
	학습 내용을 대학 1학년 학생들이 쉽게 읽을 수 있는가? ------------------------- -	5	4	3	2	1
	교재 단원에 점검표와 진단표가 제공되고 있는가?	5	4	3	2	1
	다양한 보충 자료가 제공되고 있는가? ------ -	5	4	3	2	1

글쓰기 평가에서 객관·주관주의 대립과 그 함의

1. 들어가기

글쓰기 평가의 대상이 무엇인지에 대해서는 여러 가지 답이 가능하다. 많은 사람들은 학생이 쓴 텍스트의 질(quality)이라고 말을 한다. 또 어떤 사람들은 학생들의 쓰기 능력(writing ability)이라고 말하기도 하며, 한 학기 동안 성장한 글쓰기의 성취도라고 말하기도 한다. 또 글쓰기 평가가 얼마나 공정하고 정확한가에 대해서도 많은 질문들이 가능하다. 이처럼 우리가 글쓰기 수업에서 무심코 행하는 평가의 이면에는 상당히 복잡한 질문들이 숨어 있다. 우리가 행하는 글쓰기 평가가 무엇을 의미하는지를 알지 못하면 글쓰기 교육의 중요한 한 측면을 잃어버리게 될 것이다. 글쓰기 교육에서 평가가 차지하는 위치가 그만큼 크기 때문이다.

글쓰기 연구가 활발했던 1980년대를 넘어 새로운 연대가 시작되는 1991년 Belanoff는 글쓰기 평가에 대해 냉정한 비판을 시도한 바 있다.

그는 그 동안 글쓰기 평가가 잘못된 추론에 바탕을 두고 있었다면서, 그것을 네 가지의 신화(myth)로 지칭했다. 그것은 "첫째, 우리가 무엇을 위해 평가하는지를 알고 있다고 믿는 신화, 둘째, 우리가 무엇을 평가하는지 알고 있다고 믿는 신화, 셋째, 우리가 동의한 평가 기준을 다른 것에 적용할 수 있다고 믿는 신화, 넷째, 절대적인 평가 기준이 가능하며 이를 일관되게 적용할 수 있다고 믿는 신화"[1]이다. 그가 말하고자 하는 것은 우리가 학생의 글을 평가하더라도 사실상 많은 것을 알 수 없으며, 그 결과를 필요 이상으로 과장하여 일반화하고 있다는 것이다. Belanoff는 글쓰기 평가를 통해 우리가 알 수 있는 것은 같은 등급의 수업을 다시 듣지 않아도 된다는 사실뿐이라고 말했다(Belanoff, 1991: 55~57).

글쓰기 수업에서 학생들은 나쁜 점수를 받고 글을 잘 쓰지 못한다고 실망한다. 이런 반응이 틀린 것은 아니지만 그 함의는 다를 수 있다. 많은 사람들은 평정척도(rating scale)에 의해 수집된 자료를 마치 물리적인 척도(cm, kg, 자, 말, 되)에 의해 측정된 것처럼 그 결과를 절대적인 점수로 취급한다. 평정 척도를 사용한 측정은 물리적인 대상에 대한 측정과 달리 상당 부분 오차가 차지한다.[2] 따라서 그 점수에 절대적인 의미를 부여할 필요는 없다. 물론 점수가 낮으면 남들보다 글을 못 쓴다고 판단할 수는 있지만 그렇다고 그것이 절대적인 함의를 지니는 것은 아니다. 우리의 걱정은 사람들이 너무 광범위하게 이 평정 점수를 절대 점수로 판단한다는 것이다.

글쓰기 평가 점수를 절대적 척도로 취급하는 것은 글쓰기 평가가

---

1) 원문은 다음과 같다. "1) We know what we're testing for, 2) We know what we're testing, 3)Once we've agreed on criteria, we can agree on whether individual papers meet those criteria, 4) And the strongest myth of all, that it's possible to have an absolute standard and apply it uniformly."(Belanoff, P. (1991), "The Myths of Assessment", *Journal of Basic Writing*, Vol. 10, No. 1, pp. 55)

2) 이순묵(2002가), 『사회과학을 위한 측정의 원리』, 학지사, 35~36쪽.

'true score(진점수)'3)를 중시하는 전통적인 측정 방법에 기초하고 있기 때문이다. 미국에서 글쓰기 평가는 초기부터 심리측정학의 영향을 받아왔으며, 이에 따라 객관성과 신뢰성을 중시했다. 글쓰기 이론 분야가 지금처럼 왕성하지 않았던 초기에는 합리적인 측정 방법이 개발되지 않았기 때문에 심리측정학의 측정 방식을 차용할 수밖에 없었다. 그래서 글쓰기 평가에서도 객관적 척도가 중요한 산출 근거나 배경으로 기능하게 되었다. 이와 함께 글쓰기 평가 분야에서는 고전적인 측정 방식이 담고 있는 정신과 개념, 절차도 그대로 받아들일 수밖에 없었다.

초기 글쓰기 평가의 이런 관점을 Huot(1996)는 실증주의적 가치관이라고 비판한 바 있다. 초기 글쓰기 평가는 사물의 진리가 불변의 자연적 법칙에 의해 현실 저 밖에 존재한다는 실증주의 철학에 바탕을 두고 있으며, 이에 따라 학생들의 쓰기 능력은 고정되고 불변의 것으로 보게 만들었다. 그는 이런 관점이 전통적인 심리측정학에서 비롯되었으며, 변할 수 없는 'true score'가 존재한다는 믿음에서 나왔다고 판단했다.4)

한편 이런 실증주의적 입장에 대한 반대 견해는 글쓰기 내부에서 조금씩 제시되었다. 심리측정학의 전통적인 측정 방법과 글쓰기 평가의 측정 방법은 달라야 하며, 글쓰기의 성격에 맞는 새로운 평가 방법이 있어야 한다는 것이다. 쓰기 교육 전문가들은 신뢰도나 타당도와 같은 측정학적 개념을 중요하게 여기지 않으며, 객관성과 공정성에 대해서도 다른 견해를 내놓는다. 반면에 평가 전문가들은 쓰기 교육 전문가들의 이런 견해에 대해 측정학의 기본 원리를 모르며, 비과학적이라고 비판한다.5)

---

3) 일반적으로 한국에서는 'true score'를 진점수로 번역하나, 이 번역 용어가 실제적인 의미를 다 담고 있지 않다고 보아서 이 논문에서는 원어 'true score'를 그대로 사용한다.

4) Huot, B. (1996), "Toward a New Theory of Writing Assessment", *College Composition and Communication*, Vol. 47, No. 4 (December 1996), p. 549.

5) 서수현(2008), 「요인분석을 통한 쓰기 평가의 준거 설정에 대한 연구」, 고려대학교 박사 논문, 3~4쪽.

이런 양 측의 대립은 서로 다른 가치관과 철학을 가지고 있기 때문에 발생한다.6) 측정의 정확성이 중요하다는 입장과 쓰기의 특성에 대한 고려가 필요하다는 입장은 각각 평가의 객관주의와 주관주의를 대변한다. 그리고 이 두 관점은 신뢰도를 중시하는 입장과 타당도를 중시하는 입장으로 대립하게 된다. Yancey(1999)는 글쓰기 평가의 역사를 신뢰도와 타당도가 경쟁하는 과정으로 파악했고, 또한 측정 전문가와 글쓰기 연구자 사이의 힘겨루기로 규정했다. 글쓰기 평가는 초기에는(1950~70)에는 객관식 시험이 우세한 양상을 보였고, 이후에는 에세이에 대한 총체적 평가 시기(1970~86)가 있었으며, 최근(1986~)에는 포토폴리오 평가와 프로그램에 입각한 평가가 중심을 이루고 있다.7) 이는 차츰 글쓰기 평가가 평가의 객관성을 강조하는 측정 전문가로부터 평가의 주관성을 강조하는 글쓰기 연구자 및 교수자로 옮겨가고 있음을 보여준다.

글쓰기 평가 연구에서 측정 전문가와 글쓰기 연구자의 대립을 살펴보는 것은 보다 나은 글쓰기 평가 방법을 개발하기 위해 반드시 필요하다. 양측의 입장은 나름대로 근거를 가지고 있으며 지금까지 중요하고 다양한 평가 방법을 만들어 실시해 왔다. 글쓰기 교육에 대한 연구가 일천한 우리의 입장에서는 이런 평가 논쟁을 통해서 우리 교육 현장에 필요한 평가 방법을 찾아볼 필요가 있다. 특히 최근에는 평가 연구가 교실 현장을 중시하는 경향으로 바뀌고 있기 때문에 이런 대립되는 견해들을 통해서 우리 글쓰기 교육 현장에서 평가 방법을 개선하는데 도

---

6) 일반적으로 교육 평가 영역에서 이런 특성을 객관주의와 주관주의의 대립으로 지칭한다. 객관주의는 평가의 객관성, 신뢰성, 효율성을 강조하여 평가의 표준화를 지향한다면, 주관주의는 평가대상인 학습자의 특성이나 성취과정, 과목의 특성 등을 고려하여 다면적인 평가를 선호한다. 평가 이론의 역사는 객관주의에서 주관주의로 이행하고 있다고 한다. 글쓰기 평가 역사도 그러하다. 이기종(2000), 「교육평가의 또 다른 틀: 주관주의 접근의 가능성 모색」, 황정규 편, 『한국 교육평가의 쟁점과 대안』, 교육과학사, 63쪽.

7) Yancey, K. B. (1999), "Looking Back As We Look Forward: Hitoriciing Writing Assessment", *The Norton Book of Composition Studies*, Norton, p. 1187.

움이 될 수가 있을 것이다. 이를 위해 이 논문의 2절에서는 전통적 측정 방법의 특성을 살펴보고, 3절에서는 객관적 평가가 불가능한 이유를 검토하며, 그리고 4절에서는 전통적인 평가 방법을 비판하고 새로운 대안을 주장하는 이론적 논의들을 살펴보도록 한다.

2. 글쓰기 평가와 전통적인 측정 방식

앞서 말한 대로 글쓰기 평가의 기본 원리는 심리측정학의 고전적인 측정 이론에 바탕을 둔다. 글쓰기 교육의 초기에는 평가 이론가가 없었기 때문에 심리측정학의 측정 이론을 차용했다. 글쓰기 평가의 검사에서 측정 이론은 초기부터 중심적인 위치를 차지하고 있었다. 예컨대 척도 산출, true score, 객관성, 공정성, 신뢰도 등의 개념들이 도입되고, 글쓰기 평가에서도 이는 매우 중요한 개념으로 판단되었다. 반면에 글쓰기의 개성적 특성이나 구조적인 자질은 자연스럽게 약화되었다.

Hout는 전통적 쓰기평가 방식의 특징으로 쓰기 질(quality)에 대한 가능한 정의, 측정 점수의 수치화, 평가의 합의화, 평가 방법의 표준화를 꼽은 바 있다(Hout, 1996: 551). 전통적인 쓰기평가에서는 텍스트의 질(quality)과 쓰기 능력이 무엇인지 정의가 가능하고, 이를 수치로 측정할 수 있으며, 또 평가자가 이에 대한 일치된 결과를 만들어 낼 수 있다고 믿고 있다. 전통적인 쓰기 평가자들은 글쓰기도 다른 과목처럼 경험세계에 존재하는 모든 것을 수량화할 수 있고, 측정 가능하며, 표준화할 수 있다고 생각한다.

측정 이론의 신념은 진리와 현상을 고정적으로 보는 근대적인 가치관과 연관된다. 세계를 구성하는 모든 실재들, 외적 물질이든 내적 정신이건 고정성이나 안정성, 불변성을 가지고 있다. 내적이든 외적이든 이런 실재들은 객관적으로 존재하기 때문에 비록 오차가 있지만 측정

가능하다고 믿는다. 전통적인 쓰기평가 방법을 뒷받침하는 것은 바로 이와 같은 물질주의적이고 계량주의적인 사고 논리들이다. 인식의 대상을 경험적으로 주어진 사실로 한정하고자 했던 이런 관점 덕분에 학생들의 쓰기 능력은 고정되고 불변의 것으로 여겨졌다. 초기 글쓰기 평가가 평가의 객관주의를 지향한 것은 이런 측정 이론의 영향 때문이었다. 이제 전통적인 글쓰기 평가 방식의 특성을 하나씩 검토해 보자.

먼저 전통적 글쓰기 평가에서는 'true score' 개념을 매우 중요시한다. White(1990)는 'true score'의 개념이 전통적인 글쓰기 평가에서도 측정 원리의 배경으로 핵심적 기능을 담당한다고 보았다. 교육평가 용어사전에서 'true score(진점수)'란 '피험자가 측정 오차 없이 검사에서 얻을 수 있는 이론적 점수'를 의미한다고 되어 있다.[8] 측정 오차 없는 점수란 개인이 얻을 수 있는 절대적 점수, 완전한 점수를 의미한다. 그러나 측정 오차 없는 순수한 검사는 불가능하기 때문에, 실제 이 점수는 '가상적 점수', '이론적 점수'에 해당한다.

전통적인 교육 평가에서 'true score'의 개념은 매우 다양한 기능을 한다. 'true score'는 기능적인 측면에서 목표 수치로서 작용하고, 이념적인 측면에서 이상적 가치로서 작용한다. 예컨대 측정 과정에서 우리가 얻는 관찰 점수는 'true score'에 'error score'가 합산된 것이다(관찰 점수 =true score +error score).[9] 현실에서 측정(검사)을 오류 없이, 완전무결하게 할 수 있는 방법이 없기 때문에 항상 측정 오차를 염두에 두면서 'true score'를 추정하게 된다. 또 이와 함께 'true score'는 신뢰도를 산출할 때 사용되기도 한다. 동일 측정 대상을 무한히 반복 측정했을 때 'true score'의 분산과 오차 점수의 분산을 비교해 신뢰도를 계산한다.

그런데 이보다 더 중요한 것은 'true score'의 상징적 기능이다. 교육

---

8) 한국교육평가학회(2004), 『교육평가용어사전』, 학지사, 345쪽.

9) White, E. M. (1990), "Language and Reality in Writing Assessment", *College Composition and Communication*, Vol. 41, No. 2, p. 191.

측정에서 'true score'는 측정의 순수성(purity)이나, 객관성(objectivity)을 보장하는 상징적인 의미를 지닌다(White, 1990: 191). 'true score'는 측정이 순수해야, 또 객관적이어야 도달할 수 있는 점수이고, 모든 측정이 이에 근접하기 위해 노력해야 하는 이상적인 점수이다. 그래서 모든 측정은 말할 필요도 없이 오차 점수를 줄이면서 'true score'에 가까이 가야 한다. 또한 모든 검사나 측정은 'true score'를 기준으로 내세워 객관성과 정확성을 추구했다는 것을 상징적으로 보여준다. White(1990) 도 'true score'란 개념이 검사(테스트)와 검사의 가치에 심오한 믿음을 부여하며, 매우 주관적이고 복합적인 시험도 '객관적'으로 믿게끔 만든다고 비판한 바 있다(White, 1990: 191).

'true score'가 글쓰기 평가에 끼친 영향은 평가자들에게 모든 텍스트에는 그것에 알맞은 절대적인 점수가 있다고 믿게 한 것이다. 많은 글쓰기 교사들은 'true score'를 찾기 위해 평가 방법을 고안하고, 평가 훈련을 받는다. 또 교사들은 절대적인 점수를 찾기 위해 검사 형식을 통일하고, 평가 준거를 단일화하며, 평가 절차를 획일화한다. 교육과 연구의 분야에서도 'true score'는 막강한 영향력을 발휘한다. 평가에 관한 연구에서 빠지지 않는 것이 검사의 신뢰도이며, 검사의 신뢰도가 낮게 나온 연구는 연구의 공정성과 객관성을 인정받지 못한다. 글쓰기 평가에서 고전적인 이론이 끼친 가장 큰 영향은 'true score'가 끼친 절대주의와 객관주의에 대한 가치일 것이다.

다음으로 'true score'와 함께 전통적인 글쓰기 평가의 특징으로 살펴보아야 할 것은 신뢰도를 중시하는 경향이다. 신뢰도를 중시하는 경향은 'true score'를 중시하는 관점과 밀접한 관련이 있다. 예컨대 절대 점수(true score)를 측정하기 위해서는 매우 엄정하고 객관적인 측정 도구가 필요하다. 검사를 할 때마다 측정값이 다르다면 그 도구로는 절대 점수에 도달하지 못한다. 전통적인 글쓰기 평가에서는 측정 도구의 일관성과 평가자의 일치성을 중요시한다. 그리고 이런 일관성과 객관성은 신뢰도를 통해 검증된다. 일반적으로 전통적 글쓰기 평가에서 신뢰도가 떨어진다면 타당한 측정이라도 무의미한 것으로 간주되는 경우가 많다. 좋은 측정 도구라도 측정 오차가 크다면 채택할 수가 없다고 보는 것이다. 따라서 초기 글쓰기 평가에서는 신뢰도를 높이기 위해 타당도가 떨어지더라도 간접적인 측정 방법을 사용하기도 했다. 당시 글쓰기 평가가 주로 객관식 문항이 위주였던 것도 이와 같은 관점과 관련이 있다. 직접적인 글쓰기 평가에서는 평가자 간 신뢰도가 낮게 나왔기 때문에 통제 가능한 맞춤법, 어법, 문장을 평가하여 신뢰도를 높이고자 한 것이다. 평가 도구도 통계적인 측정 이론에 의해 개발되었으며, 이에 따라 표준화된 검사가 많았다. 미국에서는 1952년 조사에서 100개의 학교 기관 중 90%가 신입생 글쓰기 배치고사를 보았는데, 그 시험의 84%가 외부의 기관이 만든 객관식의 표준화된 평가시험이었다고 한다.[10]

초기 이론가인 Diederich(1974)의 주장은 글쓰기 평가에서 신뢰도가 얼마나 중시되었는지를 극명하게 보여준다. 그는 대학생의 입학 사정을 위해 쓰기 능력을 측정하고자 할 때 직접적인 글쓰기 시험보다 긴 지문의 읽기시험을 치라고 권유했다. 긴 지문의 읽기시험과 학생들의 실제 쓰기능력은 .65의 상관도를 보이는 데 반해, 객관식 쓰기시험과 쓰기능력은 .60의 상관도를, 그리고 단일 주제로 된 직접적인 글쓰기 시험의 상관도는 .45에서 .50에 불과했다. 따라서 그는 쓰기 능력을 측정하기 위해 좋은 시험은 읽기 시험이나 객관식 시험이며, 안 좋은 시험은 두 시간 동안 단일 주제로 글을 쓰게 하는 글쓰기 시험이라고 말했다.[11]

---

10) Yancey, K. B. (1999), "Looking Back As We Look Forward: Hitoriciing Writing Assessment", *The Norton Book of Composition Studies*, Norton, p. 1190.

11) Diederich, C. R. Measuring growth in English, IL: NCTE. 여기서는 , K. B. (1999), "Looking Back As We Look Forward: Hitoriciing Writing Assessment", *The Norton Book of Composition Studies*, Norton, p. 1190에서 재인용함.

Diederich가 주장한 방법은 쓰기 능력을 파악하기 위해 긴 지문의 읽기 시험(a long, unspeeded reading test)을 보는 것이다. 이 시험 방식에서 나온 점수가 고등학교 시절의 글쓰기 점수와 비교했을 때 가장 유사했다고 보고되었다. 상관계수를 통해 본 신뢰도는 당시나 지금이나 매우 중요한 객관성 검증 방법이다. 그러나 흥미로운 사실은 신뢰도가 높다고 'true score'에 가까이 가는 것은 아니라는 점이다. 평가자 간 상관성은 평가자가 내린 판단이 얼마나 유사한가를 설명해주지, 그 판단이 정확하고 타당한지를 설명해주지 않는다.

마지막으로 전통적인 글쓰기 평가의 특징으로 살펴볼 것은 수리적인 측정을 선호한다는 점이다. 앞서 말한 대로 측정은 사물의 특성에 어떤 원리에 따라 일관된 숫자를 부여하는 행위이다. 인간의 능력이나 기능에도 숫자를 부여하여 그 정도를 측정한다. 교육에서 측정 수치화는 불가피한 측면이 있으나, 이를 너무 강조하면 문제가 된다. 교육 측정은 학생들을 능력별로 나누고 성공과 실패를 결정하기 위해 이용되어서는 안 된다. 교육 측정도 학생들의 학습차를 줄이고 교육과정과 교수 방법을 개선하는 데 사용될 수가 있기 때문이다. 그러나 지금까지 글쓰기 평가에서는 학생 능력을 진단하고 등급을 나누는 데 치중하여, 평가 결과로 주로 수리적 점수나 등급을 부여했다.

그런데 문제는 교육 평가를 학생의 학습차를 구별하는 데 사용한다면, 평가의 객관성과 신뢰성을 강조하기 위해 획일화를 지향해야 한다는 점이다. 좋은 측정 도구는 시간과 장소에 관계없이 동일한 방법으로 동일한 값을 측정해야 한다. 개인적인 특성이나 개별적인 요소는 객관성이나 신뢰성을 방해하는 요인이 된다. 이런 경우 글쓰기 수업에서 환경이나 맥락은 측정을 방해하는 요인으로, 오차 변인에 해당한다. 측정을 강조하면 특수한 환경이나 맥락은 살아남기가 어렵다.

전통적인 쓰기평가에서는 교육 측정을 수치로 나타난 측정 결과를 중시하고 'true score'를 찾기 위해 모든 노력을 기울인다. 측정의 의미나 가치에 대해 무관심하며 신뢰도를 높이는 측정 기술 개발을 중시한다. 글쓰기 평가 방법에 대한 이런 잘못된 관점은 이후 글쓰기 평가를 왜곡되게 만드는 주요한 요인이 되었다. 글쓰기 평가는 글쓰기라는 특수한 측면 때문에 다양한 방법과 해석이 필요함에도 불구하고 그런 점은 무시되었다.

3. 전통적 글쓰기 평가의 문제와 한계

전통적인 글쓰기 평가에서는 'true score'를 찾기 위해 객관적인 측정을 중시하고, 타당도보다 신뢰도를 높이며, 객관성과 표준화를 추구한다. 지금도 교육이나 연구 현장에서는 이런 평가 방식을 많이 사용한다. 여러 글쓰기 교수자들은 평가의 객관성을 높이기 위해 획일화된 시험 방법을 사용하며, 석차 중심의 총체적 평가 방식을 선호한다. 또 등급화된 수치로 학생들의 쓰기 능력을 재단하는 경향도 뚜렷하다. 이 장에서는 글쓰기 평가의 경우, 총량화, 객관화, 수량화가 왜 올바르지 못한가를 여러 학자들의 견해를 종합하여 살펴보고자 한다. 여기에서는 해석학적 관점에서부터 측정 원론적인 방법에까지 다양한 관점에서 전통적인 글쓰기 평가의 문제를 검토하고 한계를 점검하도록 한다.

우선 문자로 된 텍스트는 구어적 상황과는 달리 필자의 생각을 근원적으로 이해하기 힘들다는 해석학적 관점부터 살펴보도록 하자. 해석학적 입장에서 글쓰기 평가의 문제를 다룬 것이 이광모의 논문(2005)이다.12) 이광모의 논문은 해석학적 입장에서 글쓰기의 평가 규준이 무엇인지를 문제 삼고 있다. 그는 이 논문에서 글쓰기를 평가할 수 있기 위해 평가 규준을 가져야 하는데, 해석학이나 해체론에서 말하듯 텍스

---

12) 이광모(2005), 「글쓰기 평가규범의 해석학적 근거」, 『해석학 연구』 15, 한국해석학회.

트에서 필자의 의도를 읽을 수 없다면 이런 규준을 어디서 찾아야 할지를 묻고 있다. 글쓰기에서 타당한 평가규준을 찾기 위해서는 무엇보다 텍스트에 고정된 의미가 존재한다는 것을 전제로 해야 한다. 만약 해석학이나 해체론의 주장대로 텍스트에 고정된 의미를 부여할 수 없다면, 이는 필자의 관점을 독자에게 전달할 수 없다는 뜻이 되며, 이에 따라 텍스트를 평가하는 것도 불가능해진다. 이광모는 이 논문을 통해 데리다나 리오타르처럼 글(텍스트)에 고정적인 의미 부여가 불가능하다는 해체론적인 관점을 비판하고 텍스트가 해석 가능하며 평가 가능하다는 관점을 설정하여 글쓰기에 대한 평가 준거를 마련하고자 한다.

주지하다시피 데리다는 한 편의 글(텍스트)에서 필자의 고정된 의미를 찾는 것은 불가능하다고 말하고 있다. 데리다가 주장하는 것은 필자가 글을 쓰는 순간, 필자의 생각은 타자화되고 외재화된다는 것이다. 구술문화에서와 같이 화자-청자가 동시에 존재하지 않는 이상 텍스트에서 필자의 주장이 온전히 살아 있기는 힘들다. 그래서 데리다는 글이 일단 쓰이고 나면 글은 필자의 현존과 그 의미의 현재적 사실성, 그리고 그의 삶과 단절된다고 말하고 있다. 따라서 텍스트는 해석 가능하지만 하나의 고정된 의미를 갖지 않고 기표의 사슬에 따라 매번 다르게 이해된다.13)

데리다가 말한 이런 관점을 받아드리면 글쓰기 평가는 매우 어려워진다. 이광모도 만일 씌어진 텍스트가 필자의 상황적 맥락과 완전히 단절되어 의미가 고정될 수 없고, 다르게 읽힐 수밖에 없다면 텍스트를 규범적으로 해석하는 것은 불가능해진다고 말하고 있다. 그래서 그가 제안한 것이 리쾨르의 '설명'과 '이해'의 개념이다. '설명'이란 텍스트의 객관적 의미를 분석하고 그 논리적 구조를 해명하는 것이다. '이해'는 텍스트의 내재적 구조를 넘어 텍스트가 지시하는 세계를 파악하는 것

---

13) 이광모(2005: 165~168).

을 말한다. 이런 개념을 도입하면 텍스트의 해석 가능성을 인정하면서도 그것을 넘어 가치나 비판의 세계로 나아가는 것이 가능해진다. 이광모는 리쾨르의 개념에 기대어 텍스트 평가의 규준을 마련할 수 있다고 보았다. 자신이 생각한 평가 규준은 첫째, 그 글의 논리적 구조를 분석하고 종합하는 것이며, 둘째, 그 글의 의미가 함축하는 사회 문화적 의미를 반성하고 비판하는 것이다(이광모, 2005: 168~181).

이광모의 이런 주장은 텍스트(글)가 고정된 의미를 담을 수 없다는 데리다의 관점에 대한 대응으로 보인다. 텍스트에 대한 데리다 식의 판단은 텍스트 평가뿐만 아니라, 텍스트 이해, 텍스트 소통도 불가능해진다. 따라서 그는 텍스트의 소통 불가능성을 극복하기 위해 텍스트의 의미론적 자율성을 인정하면서도 저자의 지시체계를 부정하지 않는 리쾨르의 관점을 도입하고자 한 것이다. 데리다나 폴 리쾨르의 논의 대상은 저자와 독자의 일회적 만남을 초월한 메타적 텍스트이긴 하지만[14] 텍스트(글)의 불안정성에 대한 그의 우려는 경청할 만한 것으로 보인다.

리쾨르가 말한 바 있듯이 글쓰기에는 독자가 부재한다.[15] 구어적 상황처럼 필자와 독자는 대화를 나눌 수 없다. 그래서 리쾨르는 글쓰기를

---

14) 데리다와 리쾨르를 비롯한 해석학자들의 견해들은 근원적으로 저자와 독자의 만남, 즉 구어적 상황을 벗어난 텍스트의 의미에 관한 운명을 다루고 있다. 독자가 글쓰기에 부재하는 상황, 작가가 읽기에 부재하는 상황에서 담화의 의미가 저자의 주관적 의도나 의미 부여로부터 분리하게 되어 독자적 의미 실체를 띄게 된다. 데리다나 리쾨르는 의미 소통에 관한 차이를 드러내지만 근본적으로 이런 상황을 염두에 두고 논의를 진행하고 있다. 글쓰기 평가의 경우 근본적으로 교사와 학생이라는 소통과 맥락의 공간을 확보하고 있기 때문에 이런 메타적 텍스트에 관한 논의와 차이가 있다. 다시 말해 이광모나 이 논문에서 다루고 있는 글쓰기 평가는 교육 평가로서 교육적인 상황을 중심으로 일정한 과업(task)을 향해 맥락화되어 있다. 따라서 이광모의 논의가 구체성을 얻기 위해서는 메타담론과 교육 텍스트 간의 매개 과정이 필요하다.

15) 물론 우리는 글을 쓴다는 행위에서 끊임없이 독자를 의식한다. 그 독자는 필자의 주관적 의식에서 형성된 개념으로서 여러 성격을 띄게 된다. 분명한 것은 청중과 같은 소통적인 독자는 글쓰기에 존재할 수 없다는 것이다. 따라서 여기서 독자가 부재한다는 것은 소통적 독자의 부재를 의미한다. 정희모(2008), 「글쓰기에서 독자의 의미와 기능」, 『새국어교육』 79, 한국국어교육학회 참고

통한 의미의 고정화는 저자와 독자의 만남, 일회적 사건을 탈피하여 읽는 사람이 저자의 주관적 의미를 벗어나 다른 의미를 얻는 것이 가능할 수 있다고 말하고 있다.16) 데리다 역시 '텍스트란 기의 없는 기표들이 직물처럼 엮어가는 언어 세계'란 말을 통해, 일의적인 의미가 고착되는 전통적인 텍스트관을 비판한다. 데리다는 텍스트가 구성하는 모든 지시대상을 거부하며, 의미는 독자에 의해 새롭게 재구성된다는 관점을 취하고 있다.17)

글쓰기에서 주체가 자신의 의미를 고정시킬 수 없다면 대상을 평가하기는 매우 어렵다. 비록 데리나나 리쾨르의 논의가 의미의 정전화를 비판적으로 바라보는 메타 담론에 해당하지만 교실 현장의 텍스트도 그렇게 완전한 것은 아닐 것이다. 텍스트를 저자의 의도와 무관한 일탈적 의미 작용이 일어나는 공간, 다양한 언어와 문화가 함께 엮이는 공간으로 규정한다면(김상환, 2008: 100~101) 교실 현장의 텍스트도 의미를 고정화하는 완전한 정전(正殿)으로 보기는 힘들다. 교육 현장의 텍스트에도 필자(writer)와 독자(reader)의 거리는 분명히 존재한다. 글쓰기 평가에서 교사가 학생들이 쓴 텍스트를 모두 이해한다고 말할 수는 없다.

글쓰기 평가와 관련된 어려운 문제는 평가 내부의 속성에도 존재한다. 글쓰기 평가의 정확한 대상이 무엇인지, 또 그것의 준거가 무엇인지를 살펴보면 글쓰기 평가에서 'true score'를 설정하는 것이 얼마나 어려운가를 알 수 있다. 우리가 텍스트를 평가할 때 어떤 속성을, 어떤 기준으로 평가해야 할지 알 수 없으며, 이런 속성에 따라 평가의 결과는 얼마든지 달라질 수가 있다.

일반적으로 평가의 속성을 결정하는 것을 구인(構因)이라고 한다. 평

---

16) 윤성우(2002), 「텍스트란 무엇인가?: 리쾨르의 해석학을 중심으로」, 『한국프랑스학논집』 23, 한국프랑스학회. 491쪽.

17) 김상환(1996), 『해체론 시대의 철학』, 문학과지성사, 388쪽; 김상환(2008), 「데리다의 텍스트」, 『철학사상』 27, 서울대학교 철학사상연구소, 97~98쪽.

가에서는 구인타당도를 통해 조작적으로 정의되지 않는 인간의 특성이나 자질을 분석하여, 각 요소에 조작적인 정의를 부여한 후 이를 통계적으로 검증한다. 예컨대 창의력을 측정할 때 그 요소를 민감성·이해성·도전성·개방성·자발성 등으로 구인하여 이를 검사한다.[18] 텍스트의 속성에는 매우 다양한 요소가 있다. 문제는 이런 요소의 어떤 측면을 평가해야 하는가에 있다. 인간의 능력이나 특성을 평가하는 다른 영역과 같이 글쓰기 평가는 텍스트의 무엇을 평가해야 하는데, 이를 개념화하고 측정 이론적으로 구인하는 것이 어렵다.

일반적으로 측정 이론에서 측정 대상으로 삼는 요소들은 매우 다양하다. 예컨대 사물이나 현상의 특질(trait), 구성(construct), 속성(attribute), 관계(relation), 기능(function) 등이 대상이 될 수 있다.[19] 그런데 글쓰기와 같이 복합적인 수행 과정은 무엇을 측정 대상으로 삼아야 할지 알 수가 없다. 글쓰기 평가에서 대표적인 것은 학생의 쓰기 능력이나 쓰기 기능을 측정하여 평가하는 것이다. 예컨대 박태호(2003)는 쓰기 평가를 학생들의 쓰기 능력을 평가하는 것으로 규정하고 있다. 쓰기 능력이란 쓰기 평가가 평가하고자 하는 대상이자 내용이다.[20] 다시 말해 교사가 글만을 평가하는 것이 아니라, 그 글을 통해 학생 필자가 쓰기 능력을 얼마나 가지고 있는가를 추정하는 것을 글쓰기 평가로 보는 것이다.

다음으로 글쓰기 평가가 학생들의 쓰기 능력을 평가한다고 규정하더라도 쓰기 능력을 어떻게 설명해야 할지 명확하지가 않다. 쓰기 능력이 무엇이며, 학생들의 쓰기 능력을 어떻게 측정할 수 있는가? 능력이란 특정 문제를 해결할 수 있는 지식이나 기능, 전략의 존재, 또는 부재 여부를 말한다. 쓰기 능력이란 글을 쓸 수 있는 지식이나 기능, 전략이

---

18) 성태제·시가자(2008), 『연구방법론』, 학지사, 169쪽.

19) 이순묵(2002가), 『사회과학을 위한 측정의 원리』, 학지사, 21쪽.

20) 박태호(2003), 『초등학교 글쓰기 실태 조사와 능력신장 방안 연구』, 국립국어원 2003-1-10.

얼마나, 어떻게 존재하는가를 의미한다. 그런데 이와 같은 지식·기능·
전략은 우리의 정신 속에 잠재된 것으로 물리적으로 직접 측정하기는
어렵다. 우리는 글쓰기와 관련된 이런 정신능력(지식·기능·전략)이 구체
적으로 발현되는 현상만을 볼 수 있다.

따라서 학자들이 주장하는 쓰기 능력은 매우 외재적 양태로 표현된
다. Bereiter(1980)는 쓰기능력으로 '언어 표현의 유창성', '작문규칙과 관
습에의 통달', '예상되는 독자와 주제', '상황과의 연결', '우수한 글에
대한 감상력과 비판력', '언어조직과 표현에 필요한 사고력과 통찰력'
을 들고 있다.[21] 반면에 박태호는 쓰기 능력은 크게 작문(composing) 능
력과 전사(transcribing) 능력으로 구분하고, 작문 능력을 상황에 맞게 아
이디어를 생성 및 조직하여 다양한 목적으로 언어를 사용할 수 있는
능력으로 규정하며, 전사(轉寫) 능력을 생각이나 정보를 쓰기 규범에 맞
게 문자로 드러내는 능력으로 규정했다.[22] 박태호의 말에 의하면 쓰기
능력이란 사고를 잘 조직하고, 이를 문자로 드러낼 수 있는 능력이 된
다. 이밖에도 많은 사람들이 쓰기능력을 규정하고 있다. 쓰기 능력은
단정적으로 정의할 수 없을 만큼 다양하고 복잡하다.

글쓰기 평가에서 쓰기 능력이 무엇인가를 판단하는 것은 결국 평가
준거이다. 평가 준거를 보면 평가자가 평가 대상인 쓰기 능력을 무엇으
로 규정하는지 알 수 있다. 국내외를 막론하고 글쓰기에 관한 평가 준
거를 설정한 논문들은 아주 많다.[23] 그런데 이런 평가 준거들을 살펴보
면 대분류에서는 대체로 주제(내용), 구성(조직), 표현(문장) 등으로 합의
되나 중분류·소분류로 내려가면 합의하기가 힘들 정도로 서로 다양한

---

21) 박영목(1999), 「작문 능력 평가 방법과 절차」, 『국어교육』 99, 한국어교육학회, 4쪽.

22) 박태호(2003, 국립국어원 보고서).

23) 국내로는 윤상덕(1984), 이영관(1986), 노창수(1987), 김정자(1999), 박영목(1999), 박영민
(2000), 서수현(2004, 2008) 등이 있으며, 외국의 연구로는 Diederich(1974), Cooper &
Odell(1977), Purves(1984), IEA(1988), SSQS(1994), Spandel & Stiggins(1994) 등이 있다.
서수현(2008: 45~64); 박영목(1999: 19~22) 참고.

준거들을 내세우고 있다. 이런 준거들은 대체로 연구자 개인 기준에 의해 설정된 것이 많아 타당성을 확보하기가 어렵다. 때에 따라 전문가의 검증을 거치고 요인 분석을 통해 평가 준거를 마련하기도 하지만, 많은 경우 개인적인 분석이나 판단을 통해 준거를 마련한다.

글쓰기 평가에서 'true score'가 가능하기 위해서는 어떤 준거가 모든 텍스트에서 보편타당한 측정 기준으로 작용해야 한다. 그리고 동일한 방법으로 동일한 결과를 산출할 수 있어야 한다. 그러나 이처럼 다양한 평가 준거들을 보면 이것이 쓰기 능력의 구성 요소를 측정하기 위한 객관적 도구라기보다 평가자의 주관이 평가구성체(the construct)에 반영된 것으로 보는 것이 더 옳다. 이런 점은 평가 준거 설정에 연구자의 주관적 관점과 가치적 판단이 개입되며, 따라서 평가 준거에서도 모든 사람의 합의를 끌어내기는 힘들다는 사실을 보여 준다.

이와 함께 평가 준거가 학문의 이론적 변화에 의해, 또 주변 학문의 동향에 의해 쉽게 바뀌고 있음도 눈여겨 볼 필요가 있다. 쓰기 평가 준거는 쓰기 이론의 동향뿐만 아니라, 언어학·문학·철학·인지 심리학 등 주변 학문의 동향에도 영향을 받아 왔다(서수현, 2008: 13~17). 이런 영향에 따라 쓰기 이론이 바뀌면 평가 준거도 달라졌다. 형식주의 쓰기 이론은 신비평, 구조주의 언어학, 행동주의 심리학 등의 영향을 받아 객관적으로 검증 가능한 평가 준거를 중시했다. 예컨대 맞춤법, 어휘, 문단 구조, 문장 표현 등 문법적, 형식적인 준거가 많았다. 이런 경우 좋은 글은 문법적으로 오류가 없고, 형식적으로 잘 구성된 글을 의미한다. 인지구성주의 쓰기 이론의 입장에서는 쓰기 과정의 인지 전략을 평가 준거로 중시한다. 사회구성주의 쓰기 이론에서는 독자, 담화공동체 등과 같은 사회적 환경을 평가 준거에 반영한다. 이처럼 평가 준거들이 쓰기 이론 동향이나 학술적 환경에 좌우된다는 것은 쓰기 준거가 개인의 주관적 요소뿐만 아니라 사회 환경적 요소로부터 자유로울 수 없음을 보여주고 있다.

평가 준거 외에 평가 측정에도 생각해 볼 문제가 있다. 앞서 말한 대로 측정이란 우리가 경험하는 실재에 대해 일관성 있게 숫자를 배정하는 행위이다. 글쓰기 평가는 자연 현상에 대한 측정과 달리 사물의 속성을 수량적 크기로 환산하기가 어렵다. 산의 높이나 날씨의 기온과 같은 측정 수치는 실재의 경험 속에서 해석이 가능하지만, 글쓰기 평가의 측정 점수는 그 능력과 속성을 정확히 가늠하기 어렵다. 글쓰기 평가에서 측정 수치는 높이나 온도처럼 사물의 속성을 바로 설명해주는 잣대는 아니다. 80점의 학생이 40점의 학생보다 두 배로 글을 잘 쓴다는 의미가 아니며, 100점을 받은 학생은 완전무결한 글을 쓴다는 뜻도 아니다. 글쓰기 평가의 점수(서열값)는 '누구의 글이 누구보다 낫다'라는 순서(order)에 관한 해석만을 가능하게 한다.

전통적인 쓰기 평가는 글쓰기 검사의 수치를 과학적인 수량 자료처럼 사용하여 왔다. 마치 그것이 쓰기 능력의 절대적인 가치를 대변해주는 것처럼 취급했다. 평가 점수는 해석과 판단에 여지가 있음에도 불구하고 과학적 자료처럼 통계 처리를 하고 질적 분석을 했다. 그러나 글쓰기 평가의 척도는 순서 척도나 평정 척도(rating scale)에 가깝다. 이런 척도를 물리적인 척도처럼 사용할 수는 없다. 글쓰기의 평정척도는 단순히 표집되는 자료를 측정 논리에 의해 순위대로 나열한 것이기 때문에 물리적 척도(등간척도나 비율척도)에 비해 상당한 오차나 오류가 있다는 점을 인정해야 한다. A^+와 $A^°$의 차이는 B^+와 $B^°$의 차이와 같지 않다. 물리적 척도에 비해 이와 같은 측정수치는 임의적이며, 가상적이고, 추상적이다.

마지막으로 측정 수치가 현실적 경험이나 현실적 실재를 반영하고 있는 것이 아니라는 점도 인정할 필요가 있다. 바람직한 측정은 수치를 산출할 때 그것이 현실적 경험이나 실재를 반영하는 한도 내에서 수리 체계로 표현되는 것이다. 어떤 측정 점수들이 타당성을 인정받기 위해서는 그 숫자들이 경험체계 내에서 특정한 속성을 반영한다는 '증거'를 가져야 한다. 측정 이론에서는 공리 체계를 세워 이런 증거를 찾는다. 엄격한 측정 이론의 입장에서는 현실을 반영하지 않는 척도는 사실상 임의적이고 가상적인 것에 불과하다고 본다.[24] 글쓰기에서 사용하는 Likert 척도는 순서와 정도를 표시하는 것이기 때문에 현실의 실재 체계를 대변하는 것은 아니다. 그것은 결국 학생의 쓰기 능력이 집단 전체에서, 또 평가자의 입장에서 어느 정도 위치에 있다는 것을 추정해줄 뿐이다. 그것은 객관적이지도 않을 뿐 아니라 정확하지도 않다.

4. 전통적인 글쓰기 평가에 대한 대안

전통적인 평가 방식에 대한 대안은 두 가지 방향에서 논의를 진행할 수 있다. 하나는 전통적 평가 방식의 객관성과 신뢰성을 비판하고 이를 새롭게 해석하는 것이며, 다른 하나는 글쓰기 과목에 대한 특성을 반영하는 새로운 평가 방식을 모색해 보는 것이다. 전통적인 글쓰기 평가 방식은 객관성과 공정성을 확보하는 데 큰 기여를 했으나, 글쓰기의 특성을 도외시하여 교수·학습에는 큰 도움을 주지는 못했다. 따라서 새로운 평가 방식은 전통적인 글쓰기 방식의 개량적 접근을 비판하고 글쓰기의 특수성을 반영하는 면으로 진행되어야 한다.

먼저 전통적인 글쓰기 평가 방식에서 '신뢰도'를 중시하는 경향에 대해 다시 한번 생각해 볼 필요가 있다. '신뢰도 없이 타당도 없다'[25]란 언급에서 보듯 신뢰도는 전통적인 평가 방식에서 모든 평가의 척도였다. 평가에서 객관성과 공정성을 무엇보다 중요한 것으로 보았고, 그에

---

24) 이에 관해서는 이순묵(2002나), 『측정의 원리』, 학지사, 21쪽.

25) Moss, P. A. (1994), "Can There be Validity without Reliability?", *Educational Researcher* 23(4); in B. Huot, and P. O'Nell (eds.) (2009), *Assessing Writing*, A Critical Sourcebook, Bedford/ST. Martin's, p. 83.

대한 수리적 표현이 신뢰도였다. 그래서 신뢰도가 없으면 시험이 무가치하고 의미가 없는 것으로 간주되었다. 문제는 글쓰기 시험과 같이 신뢰도를 쉽게 산출할 수 없는 경우이다.

앞 장에서 언급한 대로 전통적인 글쓰기 평가에서는 평가자간 신뢰도를 중요시한다. 그런데 평가자간 신뢰도는 평가 결과의 일치도를 측정하는 것이기 때문에 엄밀하게 말해 '평가 과정'의 공정성이나 객관성은 알 수가 없다(Moss, 1994: 90). 평가자간 신뢰도는 단지 평가자 간의 결과 일치성만을 보여주는 것이기 때문에 학생·테스트·채점 등 평가 전반에 걸친 객관성을 보장해주지는 않는다.26) 예를 들어 평가자 간 신뢰도는 학생에게 같은 시험을 반복했을 때, 또 과제를 바꾸어 글을 썼을 때 유사한 점수를 받을 수 있다는 것을 확인해주지 않는다. 그리고 시험 절차가 공정했는지에 관해서도 말해주지 않는다. Huot(1996)는 이와 관련하여 현재 객관성을 강조하는 글쓰기 평가절차가 잘못된 인식론에 바탕을 두고 있다고 비판한 바 있다. 평가자 간 신뢰도는 평가자의 판단에 대한 통계적인 조화, 일관성을 설명해주는 것으로, 공정함의 한 측면만을 말해준다는 것이다(Huot, 1996: 557~558). 신뢰도에 대한 지나친 강조는 표준화를 위해 검사 일치도를 맞추고자 한 심리측정학의 영향 때문이다. 그리고 그 밑바탕에 객관식 문항처럼 글쓰기 평가도 'true score'를 가진다는 잘못된 인식론이 깔려 있다.

---

26) Cherry와 Meyer는 글쓰기 평가에서 평가자 간 신뢰도만을 사용하는 것에 대해 다음과 같은 문제가 있다고 비판했다. 첫째, 글쓰기 평가에서 다양한 신뢰도 측정 방식 대신 오로지 평가자 간 신뢰도 계수만으로 제한하여 왔다는 점, 둘째, 많은 연구자와 연구기관이 신뢰도와 타당도에 관한 혼란을 불러오고 있다는 점, 셋째, 평가자 간 신뢰도 산출 방식이 다양해서 이에 대한 통계학적 동의가 부재하다는 점, 넷째, 총체적 평가에서 평가자 간 신뢰도 때문에 논란이 될 만한 방법들을 사용한다는 점, 예컨대 평가자 간 점수가 일치하지 않으면 제3자에게 합의를 보게 하는 것을 말한다. 이런 이유 때문에 그들은 글쓰기 평가에서 평가자 간 신뢰도는 문제가 있는 것으로 판단했다. Cherry, R. D. and Meyer, P. R. (2009), "Reliability Issues in Holistic Assessment", B. Huot, and P. O'Nell (ed.), *Assessing Writing*, A Critical Sourcebook, Bedford/ST. Martin's, p. 35.

평가가 간 신뢰도의 문제를 해결하기 위해서는 신뢰도에 대한 개념을 다시 재정립할 필요가 있다. Moss는 신뢰도가 '특정 표본의 평가 결과를 일반화할 수 있는 정도'를 의미한다고 말한 바 있다(Moss, 1994: 83). 다시 말해 신뢰도는 어떤 학생의 평가점수를 얼마나 많은 사람들이 동의할 수 있느냐의 문제로 정의된다. 그런데 많은 사람으로부터 동의를 얻을 수 있는 방법은 매우 다양할 수 있다. 만약 평가자간 신뢰도가 아니라 다른 방법으로 이런 목표를 수행할 수 있다면 그런 방법을 사용할 필요가 있다. 예컨대 객관성을 높이기 위해서 통상 제한된 정보 상황에서 학생에 대한 평가를 하는 것이 일반적이었다. 그런데 그것보다 관련 자료를 종합하여 통합적인 해석을 할 수 있다면 일반화 가능성을 높일 수가 있을 것이다. 학생에 대한 관찰 정보를 아는 사람이 평가에 직접 참여하여 종합적인 판단을 하는 것도 독립변수(학생, 과제, 평가자 등)의 신뢰도를 높이는 방법이다(Moss, 1994: 83~90). 이렇게 보면 글쓰기 평가에서 신뢰도를 측정하기 위해 평가자 간 신뢰도만을 우선시하는 전통적인 견해를 바꿀 필요가 있다. 객관적인 수치의 객관도보다 사람들의 합당한 동의를 얻을 수 있는 종합적인 판단이 필요할 수도 있는 것이다.

다음으로 전통적인 평가 방식을 극복하기 위해 글쓰기의 특성과 성격을 평가에 적극 반영할 필요가 있다. 글쓰기는 정답을 산출할 수 없다. 또 평가자 간의 결과 일치도도 높지 않다. 언어적 소통을 목적으로 하기 때문에 상황이나 맥락이 의미 생산과 해석에 중요한 역할을 한다. 따라서 이런 점을 고려하면 상황과 맥락을 차단하고 객관성과 신뢰도를 높이기 위해 결과 일치도를 측정하는 것은 큰 의미가 없다. 잘못하면 한 사람을 평가하기 위한 종합적인 판단 기회를 놓칠 수가 있는 것이다. 글쓰기 평가에서 상황과 맥락을 삭제하면 의미를 생산하는 개인의 능력을 왜곡하게 될 가능성이 많다. Huot(1996)도 Diederich의 연구를 예로 들어 이런 현상을 설명한 바 있다. Diederich의 연구에서 300편의 글 90%가 7개 평가 척도에 걸쳐 있었는데, 이는 상황과 맥락을 모르는 상태에서 평가했기 때문이라고 그는 생각했다. 평가자들이 서로 동의하지 않는 것도 결국 맥락에 대한 정보가 부재하기 때문이라고 보았다(Huot, 1996: 557). 이처럼 글쓰기 평가에서는 상황과 맥락을 아는 것이 평가의 신뢰도도 높이고 정확도도 높일 수가 있다.

물론 상황과 맥락을 포함하고자 하는 주장은 고전적인 평가 이론과는 차이가 있을 수 있다. 고전적인 평가 이론에서는 평가의 객관성과 신뢰도를 높이기 위해 상황과 맥락을 오류 변인으로 취급하여 배제하는 것이 일반적이다. 반면에 글쓰기에서는 이와 달라질 수 있다. 글쓰기 평가의 경우 상황과 맥락은 텍스트를 종합적으로 판단하는 데 중요한 역할을 할 수 있다. 또 상황과 맥락을 통해 텍스트의 생산과 텍스트 해석에 대한 복잡한 판단 정보를 얻을 수 있다. 그렇기 때문에 글쓰기 평가에서는 글쓰기라는 특성 때문에 신뢰도만을 중시할 것이 아니라 타당도도 더 고려할 필요가 있다. 사실 글쓰기 평가의 경우 신뢰도와 타당도는 상반된 가치로 작용하는 경우가 많다. 다른 과목만큼 이 둘을 조화시키기가 쉽지 않다.[27] 측정 전문가와 다르게 글쓰기 연구자들은 대체로 타당도를 더 중시한다.[28] 그것은 글쓰기가 의사소통적 맥락 속에 존재하며, 필자와 텍스트, 독자가 각각 자율적인 영역 속에서 생산적인 기능을 하기 때문에 이를 복합적으로 따져보아야 할 필요성이 있기 때문이다.

이제 마지막으로 전통적인 글쓰기 평가 방식을 대신할 새로운 평가 방식을 강구해 보자. 신뢰도를 중시하는 전통적인 글쓰기 평가 방식은 단일 표본에 의한 총체적 평가 방식을 즐겨 쓰겠지만 새로운 평가 방식

---

27) 정희모(2009가), 「대학 글쓰기 평가의 신뢰도와 타당도 향상을 위한 한 방안」, 『작문연구』 9, 한국작문학회, 284쪽.

28) Moss, Cherry & Meyer, Huot, Elbow, White 모두 글쓰기 평가의 경우 신뢰도보다 타당도가 더 중요하다는 입장을 취하고 있다.

에서는 그렇지 않다. 새로운 평가 방식은 글쓰기가 지닌 의사소통적이고 언어적인 맥락을 충분히 반영한 것이 되어야 한다. 뿐만 아니라 획일화나 표준화를 지향하기보다 구체적인 상황과 맥락을 존중하는 평가 방식이 되어야 한다. 평가의 객관성이나 적절성에 대한 새로운 관점도 필요하다. 평가에서 자신에 대한 이해를 최적화할 수 환경을 학생이 만들 수 있도록 허용해야 하고 그것이 형평성에 맞는 것임을 인정해야 한다.

Hout(1996)는 전통적인 글쓰기 평가 방법에 대응하여 새로운 평가 방법이 가져야 할 기본적 원리를 다섯 가지로 설명한 바 있다. 그것은 첫째, 현장에 근거할 것(site-based), 둘째, 지역적인 통제를 중시할 것(locally-controlled), 셋째, 맥락을 충분히 반영할 것(context-sensitive), 넷째, 수사적인 것에 근거할 것(rhetorically-based), 다섯째, 평가 과정에 접근하기 쉬울 것(accessibility)이다.[29] 이 원리를 보면 새로운 평가 방식을 위해 평가 권력을 중앙집권적인 중심에서 현장과 개인이 중시되는 지역 중심으로 바꾸어야 함을 알 수 있다. 평가를 지역 중심으로 바꾼다는 말은 획일적인 평가보다 구체적인 상황과 맥락에 근거한 평가, 수사적 맥락을 중시한 평가를 하겠다는 뜻이다. 평가 과정에 접근하기 쉽도록 한 것도 객관성과 타당성을 개별적인 상황 검증을 통해 마련하겠다는 의미이다. 다시 말해 평가에서 신뢰도보다 타당도를 더 중시하겠다는 뜻이 된다. Huot는 이런 현장 중심, 맥락 중심, 지역 중심의 평가가 언어 평가와 문어적 의사소통(written communication) 평가에 적합한 것으로 보고 있다.

지역적인 현장 중심과 수사적 맥락을 중시하는 글쓰기 평가 방법으로는 해석학적인 평가를 생각해 볼 수 있다. 특히 글쓰기와 같이 평가

---

29) Huot, B. (1996), "Toward a New Theory of Writing Assessment", *College Composition and Communication*, Vol. 47, No. 4 (December 1996), p. 562.

상황이 유동적이고 상호작용성이 강한 경우 계량화된 측정보다 해석학적 평가가 더 나을 수 있다. 해석학적 평가는 평가 상황의 맥락을 평가에 반영하며, 평가대상과 평가자, 평가자 간 대화와 협의를 통해 텍스트에 대한 복합적인 진단을 가능하게 하는 평가 방식이다. 이는 단일 표본이 아니라 복합적인 과제수행과 자료수집, 쓰기 산출물에 대한 대화와 해석 등을 수반하여 개인의 쓰기능력을 총체적으로 파악하고자 하는 평가 태도이다.

Moss도 이와 같은 평가 방식에 대해 "보다 대화적이고 맥락적인 평가 형식(more dialogic and contextualized forms)"(Moss, 1994: 88)이라고 말한 바 있다. 그는 글쓰기 평가가 폭넓은 맥락을 반영하기 위해서 독자의 선이해와 선입견, 텍스트가 지닌 의미의 불확정성, 텍스트에 대한 사회나 문화적 영향 관계를 폭넓게 반영해야 한다고 주장한다. 그래서 그는 과제 맥락을 중시하고, 학생 사정에 익숙한 평가자를 평가 과정에 참여시키며, 학생과 평가자, 평가자와 평가자 간의 대화를 적극적으로 권장한다. 심지어 평가자가 내린 해석과 판단에 대한 오독이나 차이에 대한 논쟁도 적극 지지하고 있다. 예컨대 위스콘신의 한 초등학교에서는 학생들의 글과 작품을 교사위원회와 학부모, 다른 학생들, 마을 위원회가 같이 평가한다고 한다. 버몬트의 한 초등학교는 교사들이 사례 연구처럼 개별 학생의 작품을 평가하기 위해 회의를 한다고 한다(Moss, 1994: 86~88). Moss는 이런 복합적 평가 방식이 전통적인 글쓰기 평가보다 더 신뢰도와 타당도를 높일 수 있을 것으로 믿고 있다. 객관성과 일반화는 생각에 따라 달리 해석될 수 있으며, 도달하는 방법도 달라질 수 있다.

이와 같이 해석학적 평가를 시도하면 전통적인 글쓰기 평가에서 강조했던 여러 가지 요소들, 즉 평가의 객관성, 평가의 표준화, 평가자간 일치성, 평가자 훈련 등은 큰 의미가 없다. 그리고 그 자리에 쓰기 맥락, 쓰기의 수사적 상황 등을 반영할 수 있다. 또 평가 과정도 목적, 장르에 맞게 다양하게 변형할 수 있다. 예컨대 영화 평론이나 실험보고서처럼 상황과 목적에 따라 평가 방법이 달라질 수 있다. 또 학생이 스스로 평가 과제를 설정하거나 평가 대화에 참여할 수도 있다. 글쓰기 평가에서 가장 중요한 것은 수사적이면서도 교육적 요구를 반영하는 것이다.

마지막으로 새로운 글쓰기 평가 방식으로 측정을 목적으로 삼는 것이 아니라 교육을 목적으로 삼는 평가 방법을 강구해야 한다. 글쓰기 연구자들은 평가(evaluation)와 사정(assessment)을 구분하여 본다. 사정(assessment)이 학생에게 점수를 매겨 성공과 실패를 나누는 데 초점을 둔다면, 평가(evaluation)는 교수학습을 개선하고 학생의 성장에 도움을 주려는 데 초점을 둔다(서수현, 2008: 20~21). 글쓰기 연구자들은 평정 점수나 등급을 매기는 것보다 학생들의 장점과 단점, 특성을 설명해주는 방법을 찾아야 한다고 말한다. 그리고 이를 '보다 덜 등급화하고, 보다 더 평가해주는 것(less ranking, more evaluation)'이라고 지칭하고 있다.30) 평정 과정이 오히려 글쓰기 교육을 후퇴시키고 있는 것이다. 그래서 등급을 부여하는 것(ranking, grading)보다 텍스트의 질이나 특성을 구별하여 학생들에게 글이나 말로 설명해주는 것을 더 나은 방법으로 보고 있다.31)

글쓰기 평가 방법을 평정 과정(ranking, grading)으로 보지 않는다면 수행 목표를 중심으로 평가를 구상해 볼 수도 있다(Elbow, 1993: 195~196). 학기 초에 학생들에게 학습 리스트를 제공하고 어떤 목표를 수행하면 어떤 등급을 주겠다는 약속을 하는 것이다. 그리고 학생들이 수행한

---

30) Elbow, P. (1993), "Ranking, Evaluation, and Liking: Sorting Out There Forms of Judgment", *College English*, Vol. 55. No. 2 (February 1993), p. 188.

31) Elbow는 평정화(ranking, grading)가 글쓰기 교육에 도움이 되지 않는다고 보는데 그 이유로는 평정이 정확하지 않기 때문이며(inaccurate), 또 신뢰할 수도 없고(unreliable), 피드백도 불가능하기 때문이라고 설명하고 있다(no feedback). 글쓰기에서 성적을 등급화하여 제공하는 것은 정확하지도 않을 뿐 아니라, 신뢰성도 없으며, 교육적 대화도 불가능해진다. 단순한 평정 과정은 피드백이 없는 경쟁의 산물에 불과하다. Elbow(1993: 188, 191~192).

질과 양을 평가하여 약속한 등급을 준다. 이 방법은 평가를 경쟁이나 차별화로만 생각하는 잘못된 사고를 고칠 수 있을 뿐만 아니라 교육적 효과도 얻을 수 있다.

평가를 최소화하는 것도 교육적 목적을 위해서 좋은 방법이다. 학생들은 평가를 의식하지 않고 자유로운 글을 쓸 때 글쓰기의 능력이 향상된다고 한다. 또 평가 상황이 지속되면 학생들은 진취적이고 모험적인 글보다 교사에 순응하는 글을 쓰게 된다고 한다. 그래서 Elbow는 글쓰기 교육에는 평가 없는 수업을 반드시 두라고 이야기한다. 그는 교사들에게 한 학기 최소한 2~3주 만이라도 평가로부터 자유로운 시간을 학생들에게 주기를 권고하고 있다(evaluation-free-zone)(Elbow, 1993: 197). 평가로부터 자유로운 시간을 주는 것은 학생들의 창의성을 살릴 수 있는 좋은 방법이다. 또 다음 글쓰기 평가의 타당성을 확보하기 위해서도 좋은 방법이 된다.

5. 마무리

전통적으로 평가나 측정에서 중요하게 여겨왔던 것은 검사 결과의 일관성과 안정성, 그리고 정확성이다. 물론 여기서 말하는 정확성은 측정점수가 'true score'에 얼마나 가까이 가는가로 결정될 것이다.[32] 앞서 나온 여러 논의들을 살펴보면 글쓰기에서 이런 관점은 타당하지 않다는 점이 분명하다. 무엇보다 글쓰기에서는 검사의 일관성을 유지하기가 어렵다. 글쓰기 평가는 학생이 지닌 수많은 글 중에 한 편을, 수많은 주제 중에 하나를, 수많은 교사 중에 한 명이, 특정한 자신의 평가 준거

---

32) 김성숙(2000), 「타당도와 신뢰도에 대한 새로운 의미」, 황정규 편, 『한국 교육평가의 쟁점과 대안』, 교육과학사, 123쪽.

에 따라 평가하게 된다. 글쓰기 평가는 교사, 학생, 시간, 주제, 평가 준거 등 수많은 오차 변인을 가지고 있어 학생의 쓰기 능력에 대한 'true score'를 산정한다는 것이 어렵다.

따라서 전통적인 평가 방식이나 측정 도구는 글쓰기에는 적합한 것이 아닌 것으로 보인다. 사실 평가자 간 신뢰도가 평가의 공정성을 대변한다는 것은 타당하지 않을 뿐 아니라 합리적이지도 않다. 중요한 것은 이를 대신할 객관성의 지표가 마땅하지 않다는 점이다. 신뢰도를 산출하는 방법으로 평가자 간 신뢰도 외에 동일 검사를 여러 번 반복하여 일치도를 보거나(재검사 신뢰도), 유사한 검사를 실시해 점수를 상호 비교하는 방법(동형검사 신뢰도)이 있지만[33] 글쓰기에 적용하기에는 적당하지 않다. Cherry & Meyer(1996)는 신뢰도를 제대로 산출하기 위해 학생의 쓰기 일관성, 테스트의 객관성, 평가의 정확성을 측정할 수 있어야 한다고 말한다.[34] 그런데 글쓰기 시험에서 이 세 가지 요소를 모두 고려하기란 어렵다.

이런 점에서 본다면 글쓰기 평가에 관한 여러 관점들을 수정할 필요가 있다. 신뢰도나 일반화 가능성 모두 어떤 평가에 대한 다른 사람들의 동의 가능성을 염두에 둔 것이다. 그런 동의를 얻기 위해 가장 중요한 것은 공정성(fairness)에 대한 확보이다. 그런데 공정성을 생각하면 우리는 항상 평등을 먼저 생각한다. 시험 문제도 동일하고, 평가 과정도 일치해야 하며, 결과에 대한 대응도 동등해야 한다. Lam(1995)은 공정성은 채점 과정의 공정성도 의미하지만 과제나 학습기회의 평등함도 보장되어야 한다고 말했다(김성숙, 2000: 136). 따라서 공정성(fairness)은 평등(equality) 못지않게 형평성(equity)도 중요하다. 대화와 맥락을 중시

---

33) 성태제·시가자(2009), 『연구방법론』, 학지사, 185~186쪽.

34) Cherry, R. D. and Meyer, P. R. (1996), "Reliability Issues in Holistic Assessment", in E. D. White, W. D. Lutz, S. Kamusikiri (ed.), *Assessment of Writing*, The Modern Language Association of America, pp. 31~33.

하는 방법은 이런 형평성을 높일 수 있는 좋은 방법이 된다. 다만 평가 결과를 검증하기 위한 장치는 반드시 필요할 것이다. 또 주관적 입장에서 객관성을 최대한 확보할 수 있는 방법을 찾기 위한 노력도 필요할 것이다.

글쓰기 시험을 선발시험으로 자주 이용하는 우리 교육의 입장에서는 여전히 객관성이나 신뢰도는 매우 중요한 가치로 여긴다. 교수자는 학생들에게 객관적인 문제를 제공하기 위해, 또 신뢰성 있는 평가를 위해 애를 쓴다. 학생들은 객관적인 채점에 신경을 곤두세운다. 높은 객관성이나 신뢰성은 바람직한 현상이지만 그것만을 절대적인 것으로 여기는 것은 여전하다. 교수자나 학습자나 모두 'true score'에 대한 인식을 여전히 가지고 있다.

이런 상황에서 가장 문제적인 것은 이에 대한 비판과 연구가 드물다는 점이다. 미국에서는 포스트모더니즘의 등장 이후 모든 분야에서 교육 방법과 연구 방법에 대한 재검토가 이루어지고 있다. 이런 논의들 속에서 다양한 평가 방법들이 소개되고 검토된다. 우리는 논술 시장까지 포함하면 글쓰기 교육에 들어가는 고비용 구조를 가지고 있으면서 평가 방법과 평가 결과에 대한 검증이 드물다. 이 논문이 이런 논의를 좀 더 활성화하는 데 기여할 수 있기를 기대한다.

대학 글쓰기 평가의
신뢰도와 타당도 향상을 위한 한 방안

1. 서론

현재 많은 대학에서 글쓰기를 교양과목으로 선정하여 강좌를 개설하고 있다. 그러나 이에 관한 이론적 연구는 드물어 글쓰기 교육 프로그램을 개선하고 개발하는 데 어려움이 많다. 글쓰기 교육에 관한 이론적 뒷받침이 없다면 더 좋은 강좌를 만드는 일은 불가능할 것이다. 대학 글쓰기 교육 분야에서 교육 방법에 관한 연구는 몇몇 있지만 평가에 관한 연구는 보기가 어렵다.

이 논문은 대학 글쓰기 교육에서 평가 문제를 다룬다. 대학 글쓰기 교육에서 평가 문제는 매우 논란이 많은 영역이다. 학생들은 학점에 민감하기 때문에 성적이 객관적으로 산출되는지 주목한다. 담당 교수자는 객관적이고 타당하게 성적을 산출하기 위하여 많은 고심을 하지만 좋은 방법을 찾기가 어렵다. 특히 검증된 표준화 방법이 존재하기 않기 때문에 대부분 교수자의 주관적 판단에 의존하는 경우가 많다.

따라서 국내 환경에서 무엇보다 따져보아야 할 것이 바로 평가의 신뢰도와 타당도이다.

대학에서 글쓰기 평가로 많이 사용하는 방법이 총체적 평가 방법1)이다. 그런데 외국의 연구 사례에서 총체적 평가 방법에 대한 신뢰성과 타당성에 대해 믿을 수 없다는 보고가 많다. 대학 글쓰기의 총체적 평가가 정확하고 객관적인지 의문스러울 뿐만 아니라 평가 자체가 글쓰기 성격에 맞게 수행되고 있는지에 대해서도 비판적이다. 한국 대학의 경우, 글쓰기 평가가 담당 교수자 1인에 의해 이루어지고, 그 방법도 개괄적 평가, 인상적 평가가 많은 것을 감안하면 평가의 신뢰도나 타당도는 높지 않을 것이다. 이는 곧 대학 글쓰기 평가의 신뢰도와 타당도에 점검과 검토가 필요한 이유이다.

대학 글쓰기 교육에서 평가의 신뢰도와 타당도를 높이기 위한 방안을 찾는 일은 매우 어렵다. 글쓰기 평가에서 신뢰도와 타당도를 높이기 위해서는 여러 장치가 필요한데 이런 노력들 모두가 글쓰기 교수자의 업무 과중으로 전환되기 때문이다. 예컨대 신뢰도를 높이기 위해 2인 이상의 평가자를 둔다면 글쓰기 교수자는 평소보다 몇 배나 많은 시간과 노력을 투자해야 할 것이다.

이와 함께 신뢰도와 타당도가 상호 배타적인 기능을 할 때가 많다는 점도 문제이다. 대학 글쓰기 평가에서 신뢰도·타당도와 효율성은 상반

---

1) 총체적 평가는 '한 편의 글에 대해 평가자 한 명이 단일한 결정으로 하나의 점수(single score)를 주는 것'을 말한다. 미국에서 총체적 평가의 시작은 간접적 평가의 폐단을 막기 위해 시작되었다. 초기에는 매우 경제적인 개괄적 인상평가(general impression scoring)가 중심이 되었으나 Diederich의 연구에서 보듯 신뢰도에 문제가 있었다. 이후 NAEP와 ETS는 개괄적 인상평가에 평가자 훈련과 같은 강제성을 부여하여 신뢰도를 높이는 방법을 강구하였다. 그럼에도 불구하고 평가자 한 명의 단일한 결정이란 점에서 총체적 평가의 신뢰도는 자주 문제가 되었다. 한국의 대학 글쓰기 평가에서 총체적 평가는 개괄적 인상평가에 가깝다. 한국의 대학 글쓰기 평가의 경우 평가자 훈련을 하는 경우는 매우 드물기 때문이다. Huot, B. (1990), "Reliability, Validity, and Holistic Scoring: What we know and What we need to know", *College Composition and Communication*, Vol. 41, No. 2 (May 1990), p. 202.

된 가치로 작용할 때가 많다. 일반적으로 신뢰도를 높이기 위해 객관성을 높이면 글쓰기 평가의 타당도는 낮아진다. 이런 상반된 가치는 글쓰기 평가를 개선하는 데 하나의 딜레마로 작용한다.

이 논문에서는 이런 딜레마를 개선하기 위하여 신뢰도 및 타당도[2]와 관련된 문제를 살펴보고자 한다. 대학 글쓰기 평가에서 신뢰도와 타당도의 문제가 어떤 의미인지를 따져보고, 대학 글쓰기의 평가에서 신뢰도 및 타당도와 관련하여 고려해야 할 여러 원칙들을 검토할 것이다. 그리고 신뢰도와 타당도를 만족할 만한 가능한 평가 방법을 외국의 연구사례를 통해 찾아보도록 한다. 국내에서는 글쓰기 평가의 신뢰도나 타당도에 관한 논문이 많지 않기 때문에, 앞으로 탐구해야 할 연구 과제도 함께 살펴보고자 한다.

2. 총체적 평가 방법과 신뢰도

임천택은 쓰기 평가의 내용 범주를 쓰기 학업성취도 평가, 쓰기 능력 평가, 쓰기 발달 평가로 나누었다. 학업성취도 평가는 학생들이 일정한 기간 동안, 특정한 단원의 학습목표를 얼마만큼 잘 수행했는가를 보기 위해 학습한 내용을 평가하는 것을 말한다. 쓰기 능력 평가는 주어진 상황 속에서 학생들이 과제를 얼마나 잘 해결할 수 있는가를 보기 위해 쓰기 결과물을 평가하는 것이며, 쓰기 발달 평가는 쓰기 발달에 관한 평가척도표를 중심으로 학생 개인의 쓰기 발달 상황을 측정하는 것을 의미한다.[3]

---

2) 신뢰도는 측정하려는 것을 얼마나 안정적으로, 일관성 있게 측정하였는가를 의미하며, 타당도는 검사 도구가 측정하고자 하는 것을 얼마나 충실하게 측정하였는가를 의미한다. 성태제·시가자(2008), 『연구방법론』, 학지사, 163·185쪽.

3) 임천택(2006), 「국어과 쓰기 평가 문항 작성의 실태와 개선 방안」, 『어문학교육』 33, 부산

대학에서 쓰기 평가는 주로 성취도 평가와 쓰기 능력 평가를 중심으로 한다. 엄밀하게 말해 대학의 평가는 쓰기 능력을 평가하되, 이를 학업성취도 평가로 이용한다. 대학의 쓰기 평가는 한 학기 수업 내용에 대한 학습 정도를 평가해야 함에도 불구하고 이와 상관없이 종합적인 쓰기 능력을 진단하고 이를 학점으로 부여한다. 이는 대학의 글쓰기 강좌에 표준화된 교육과정이 존재하지 않으며, 학생들의 쓰기 학습 내용을 평가할 프로그램도 개발되어 있지 않기 때문이다.

대학 글쓰기 평가에서 총체적 평가 방법이 많은 이유도 이와 연관이 있다. 대학 교육에 적합한 쓰기 평가 방법이 없어 종합적인 쓰기 능력으로 평가를 대신하는데, 이때 주로 사용하는 방법이 총체적 평가 방법이다. 학생들은 수업 과정과 상관없이 초등학교부터 배워 온 쓰기 능력을 종합적으로 평가받게 된다. 여기서 한 편의 글은 학생의 쓰기능력을 총체적으로 드러낸다.

대학에서 총체적 평가 방법이 우세한 또 다른 이유는 효율성과 밀접한 관련이 있다. 대학 글쓰기 교수자는 한 학기 많은 학생들의 글을 첨삭하고 평가해야 한다. 한 사람의 평가에 소비되는 시간을 15~20분으로 생각하면 30명의 학생을 평가하기 위해 450~600분의 시간이 필요하다. 그나마 총체적 평가 방법을 사용하기 때문에 이 정도의 시간에 많은 학생의 글을 평가할 수가 있다. 그뿐만 아니라 총체적 평가는 텍스트 한 편에, 한 번의 측정만 하면 되기 때문에 분석적 평가처럼 복잡하게 세부요소를 평가할 필요가 없어 경제적 비용을 절약할 수 있다.

앞서 선다형 평가의 폐단을 없애기 위해 총체적 평가 방법을 개발한 바 있는 미국도 총체적 평가의 가치를 경제성과 효율성에 두었다. 미국 ETS(Eeducational Testing Service)는 1960년대에 선다형인 대학 입학자격 쓰기시험을 직접적 평가로 바꾸면서 총체적 평가 방법을 개발했는데,

---

교육학회, 155~158쪽.

이를 신뢰도와 경제성을 충족시키는 방법으로 보았다. 미국에서는 1960년대 이후 총체적 평가 방법이 개별 학급과 대규모 평가에서 주요한 평가 방법이 되었다. CCCC에 따르면 자신들이 조사한 영문과의 90%가 총체적 평가 방법을 사용하고 있었다고 한다.4) 그뿐만 아니라 대규모 쓰기 평가에 관한 연구에서도 타당도, 신뢰도, 경제성을 함께 충족시키고자 한다면 총체적 평가 방법을 사용하라고 권하고 있다5) 미국의 많은 연구자(Baurer; Spandel & Stiggins; Scherer; Veal & Hudson)들도 직접 글쓰기 평가 방법으로 총체적 평가 방법이 가장 경제적이며, 유연하고, 적용 가능한 방법이라고 말하고 있다.6)

그런데 중요한 문제는 최근의 연구에서 나타났듯이 총체적 평가 방법이 신뢰도와 타당도 면에서 그렇게 뛰어난 것은 아니라는 사실이다. 선다형의 간접적인 글쓰기 시험보다야 낫겠지만 총체적 평가 방법은 타당도와 신뢰도에서 그렇게 좋은 평가를 받지 못했다. 총체적 평가 방법은 평가자 주관에 의해 좌지우지되는 경향이 많아 신뢰도에 문제가 있었을 뿐만 아니라 획일적인 시험 운영으로 타당도도 훼손하는 경우가 많았다.

Huot(1990)는 객관적으로 총체적 평가의 신뢰도를 확신할 수 없기 때문에 그 점수를 일반화하기 어렵다고 말한 바 있다. 그는 총체적 평가 방법의 신뢰도가 낮음에도 불구하고 많은 사람들이 이를 과장하고 있다고 보았다. 실례로 객관적인 실험 연구에서 신뢰도가 낮게 나온 경우가 많았다. 예컨대 Diederich(1961)는 300편의 에세이를 53명의 평가자가

---

4) White, E. M. (2009), "Holisticism", in B. Huot, and P. O'Nell (eds.), *Assessing Writing*, A Critical Sourcebook, Bedford/ST. Martin's, p. 20.

5) Veal, L. R. and Hudson, S. A. (2009), "Direct and Indirect Measures for Large-Scale Evaluation of Writing", in B. Huot, and P. O'Nell (eds.), *Assessing Writing*, A Critical Sourcebook, Bedford/ST. Martin's, p. 18.

6) Huot, B. (1990), "Reliability, Validity, and Holistic Scoring: What we know and What we need to know", *College Composition and Communication*, Vol. 41, No. 2 (May 1990), p. 201.

9개의 등급으로 평가한 결과 전체 에세이의 94%가 최소한 7개 등급에 걸쳐 평가를 받았다. 평가자들 간의 신뢰도도 .31에 불과하였다(Huot, 1990: 202).

총체적 평가 방법의 옹호론자인 White도 총체적 평가의 낮은 신뢰도에 대해 예를 들어 언급한 바가 있다. 캘리포니아 주립대학은 영어 시험에 대한 신뢰도를 조사 보고한 바 있는데, 699명의 학생이 쓴 에세이를 두 명의 평가자가 여섯 개의 평가척도로 평가한 뒤, 일 년 뒤 비슷한 조건하에서 다시 평가했다. 그 결과 어떤 에세이든 다시 읽기를 하면 처음의 평가가 어떤 것은 조금, 어떤 것은 아주 크게 바뀐다는 사실을 발견했다(White, 2009: 26). White도 총체적 평가 방법이 안고 있는 신뢰도의 문제를 인식하고 있었다. 그럼에도 그는 직접적 글쓰기 평가로 총체적 평가 방법만큼 경제적이고 효율적인 것이 없다고 보았다. 뿐만 아니라 총체적 평가 방법은 한 편의 글을 부분이 아니라 전체로 읽어야 한다는 철학적 관점도 가지고 있다. 그는 총체적 평가 방법이 텍스트 읽기와 평가에 대한 분석주의나 형식주의, 환원주의를 막을 수 있는 대안으로 생각했다(White, 2009: 20).

총체적 평가 방법의 낮은 신뢰도에 대해서 국내 논문에서도 간략히 언급된 바가 있다. 한 논문에서는 평가자 훈련을 거친 총체적 평가와 평가자 훈련을 거치지 않은 총체적 평가(인상적 평가)를 나누어 신뢰도를 비교했는데, 평가자 훈련을 거친 총체적 평가의 신뢰도는 높았으나,[7] 평가자 훈련을 하지 않은 총체적 평가(인상적 평가)는 신뢰도가 낮게 나왔다. 다른 논문에서도 평가자 훈련을 거치지 않은 교사 집단의 총체적 평가(인상적 평가)에서 점수 분포가 넓어 높은 신뢰도를 얻을 수 없음을 암시하고 있다.[8]

---

7) 배향란(1995), 「쓰기의 총체적 평가방법 연구」, 『청람어문학』 13, 청람어문교육학회, 307~308쪽.

8) 김라연(2007), 「총체적 쓰기 평가와 분석적 쓰기 평가의 상관 연구」, 『이중언어학』 35,

White나 그밖에 총체적 평가 방법을 옹호하는 입장의 연구자들은 평가자 훈련을 통해 총체적 평가의 신뢰도와 타당도를 만족할 만한 수준으로 올릴 수 있다고 말하고 있다(배향란, 1995: 282~283). White는 총체적 평가 방법을 위해 여섯 단계의 평가자 훈련을 소개하면서 이런 과정을 잘 지키면 평가의 불일치를 10% 미만으로 줄일 수 있다고 말했다(White, 2009: 4~5). 그러나 평가자 훈련이나 평가자의 점수 합의 자체가 쓰기 능력 평가의 본질을 왜곡할 수도 있다는 비판도 있기 때문에[9] 그것의 옳고 그름을 쉽게 판단할 수가 없다. 글쓰기의 본질을 생각하면 평가자 간의 차이를 인정하는 것이 오히려 자연스러운 결과로 생각될 수 있다. 한 편의 글은 다양한 질적 요소가 총체적으로 모인 집합물이기 때문에 평가 역시 다양한 것이 정상이다.

그러나 평가자 훈련을 통해 신뢰도를 높이려는 사람들의 생각은 이와는 다를 것이다. 총체적 평가 점수가 학생의 쓰기 능력을 상대적으로 순서화해 놓은 것에 불과할지라도 교육평가의 실제성과 효율성을 감안하면 이를 섣불리 무시하기가 어렵다. 평가자 간 신뢰도는 평가자 사이의 점수 일치도를 의미하는데, 이는 성적을 중시하는 교육현장에서 중요한 의미를 가진다. 평가자 간 신뢰도가 낮다는 것은 교수자에 따라 점수가 달라질 수 있다는 것을 의미하는데, 이런 경우 평가에 대한 믿음과 신뢰를 확보할 수 없다. 실제 교육현장에서 평가자 간 신뢰도가 낮은 것은 교수 학습상 문제가 될 수 있다. 교육학적 입장에서 보았을 때 평가의 신뢰도를 올리는 것은 여전히 중요한 문제라 할 수 있다.

이중언어학회, 114쪽.

9) Elbow, P. (1996), "Writing Assessment: Do It Better, Do It Less", in E. D. White, W. D. Lutz and S. Kamusikiri (eds.), *Assessment of Writing, Politics, Policies, Practices*, The Modern Language Association of America, pp. 121~122.

3. 신뢰도와 타당도의 문제

총체적 평가 방법에 관한 또 다른 문제는 신뢰도와 타당도의 문제이다. 일반적으로 총체적 평가 방법에 관한 문헌에서 신뢰도는 중시하지만 타당도에 대해서는 그렇지 않다. 특히 신뢰도에 대한 강조는 상대적으로 타당도를 약하게 만든 원인이 되기도 했다. 신뢰도에 대한 수치를 높이려다보니 상대적으로 평가의 타당성을 무시하는 경우가 종종 발생한다. Hout는 타당도에 대한 경시가 총체적 평가를 약하게 만드는 주된 원인이라고 말한 바 있다. 그는 신뢰도가 높더라도 타당도에 대한 보장이 없으면 그 평가가 정말 정확한지에 대해 알 수 없다고 말하며, 총체적 평가 연구에서 신뢰도만 강조하지 타당도를 설명해줄 어떤 정보도 제공해주지 않는다고 주장했다(Huot, 1990: 202).

타당도는 평가 방법이 평가 목적에 적합한지를 판단하는 것을 의미한다. 어떤 과제가 제출되었다면 과제가 무엇을 측정하는 데 적합한지를 증명해야 한다. 타당성에 대한 증명이 없으면 평가 자체가 무의미하게 된다. 마치 문장실력을 평가하고자 한 것이 엉뚱하게 어휘실력만 평가한 것과 같다. 총체적 평가 방법은 이와 같은 평가의 적합성, 평가의 타당성에 대해서 큰 관심을 보이지 않는다.

사실 신뢰도와 타당도는 평가에서 종종 상반된 가치로 작용한다. 그래서 이 둘을 조화롭게 일치시키기가 쉽지 않다. 신뢰도는 어떤 내용을 측정했을 때 그 측정이 지닌 정확성(객관성)을 의미한다. 따라서 측정 방법을 객관화하고 측정 내용들을 수치로 환산할 때 신뢰도의 정확성이 늘어난다. 반면에 타당도는 측정하고자 하는 대상을 제대로 측정했느냐의 문제로, 측정 대상의 성격이나 특성과 밀접한 관련을 맺는다. 글쓰기 교육에서는 측정 방법의 효율성과 객관성을 높이고자 할 때 글쓰기의 본질적 성격을 훼손할 가능성이 많다.

평가의 측면에서 글쓰기는 암기 과목이나 수리 과목과 다르게 그 능력을 수치로 환산하기가 어렵다. 아울러 글쓰기의 인지 과정은 매우 복합적이고, 다층적이어서 명확하게 질적 판단을 내리기도 힘들다. 글을 쓰기 위해 과제 하나를 이해하는 데도 수많은 변이성이 따르고, 작성된 텍스트를 해석하는 데도 일관된 법칙이 없다. 따라서 글쓰기에서 객관성, 정확성, 공정성을 따지는 방법은 다른 과목과 다르게 매우 어려울 수밖에 없다.

AERA(미국교육학회), APA(미국심리학회)에서는 신뢰도를 '학생들에게 동일한 검사를 반복할 때 측정이 일치하는 정도'라고 정의한다.10) 그런데 글쓰기 평가에서 동일한 검사가 일관된 수치를 얻으려면 몇 가지 조건이 일치해야 한다. 첫째, 과제가 동일하거나 유사해야 한다. 글쓰기는 쓰기 과제의 종류에 따라 쓰기 능력의 차이가 크다. 일관된 수치를 얻으려면 과제 내용이 동일해야 한다. 둘째, 채점자 내 혹은 채점자 간의 평가에 일관성이 있어야 한다. 채점자가 처음 평가할 때와 마지막 평가할 때의 측정이 일관되어야 하며, 또 평가자 간에도 일관성이 유지되어야 한다. 셋째, 평가 기준이 동일해야 한다. 처음 실시한 검사와 마지막 검사의 평가 기준이 다르다면 신뢰성이 있다고 할 수 없다.11)

그런데 글쓰기의 특징상 이런 세 가지 변수를 통제하기가 무척 어렵다. 쓰기 평가가 일관성 있고 객관적이 되기 위해서는 이와 같은 요소가 모두 일치되어야 하지만 실제 현실에서는 그렇게 될 수가 없다. 쓰기와 관련된 요소들은 주체와 상황에 따라 매우 다층적이고 가변적으로 나타날 수밖에 없다.

글쓰기 평가에서 신뢰도를 측정하는 방법에도 문제가 있다. 신뢰도를 측정하는 방법으로 동일 검사를 여러 번 반복하거나(재검사 신뢰도),

---

10) 성태제·시가자(2008), 『연구방법론』, 학지사, 185쪽.

11) 조재윤(2009), 「일반화가능도 이론을 이용한 쓰기 평가의 오차원 분석 및 신뢰도 추정 연구」, 『국어교육』 128, 한국어교육학회, 328~331쪽.

유사한 검사를 실시해 점수를 상호 비교해 보는 방법이 있지만(동형검사 신뢰도)(성태제·시가자, 2008: 185~186) 이 두 방법 모두 글쓰기 시험에 사용하기에는 힘든 점이 많다. 글쓰기에서는 같은 시험을 반복해 볼 수 없을 뿐만 아니라, 실시한다고 하더라도 시간과 상황에 따라 실제 쓰기 내용이 여러 가지로 달라지게 된다. 따라서 글쓰기에서 이와 같은 신뢰도 검사 방법을 사용하기가 매우 어렵다. 글쓰기 평가에서 많이 사용하는 방법은 평가자 간 신뢰도이다. 앞서 말한 대로 평가자 간 신뢰도는 한 개인의 측정이 다른 사람과 얼마나 일치하는가를 보는 것인데, 일치도가 높은 것이 신뢰도가 높을 것이라는 가설에 바탕을 둔다.

측정 일치도, 혹은 신뢰도가 높다고 하여 글쓰기 평가가 공정하고 타당하다고 말할 수 있을까? 그렇지는 않을 것이다. 글쓰기의 측정일치도(신뢰도)를 높이기 위한 손쉬운 방법은 평가자 간 평가훈련을 실시하고 평가지침표(scoring guide)를 사용하는 것이다. 평가자 훈련을 실시하면 기대하는 만큼의 신뢰도를 얻을 수가 있다. 그러나 이런 방법을 통해 얻은 점수가 쓰기 능력에 대한 진점수(true score)인가에 대해서는 생각해 볼 점이 많다. 예컨대 Elbow는 평가자 훈련이 글쓰기 평가와 관련된 복잡한 문제를 숨긴다고 말한다. 사실 유능한 평가자들이라면 텍스트의 의미나 가치에 대해 서로 동의할 가능성이 적을 것이다. Elbow는 평가자 훈련이 강제된 룰과 조건 속에 평가자를 몰아넣어 학생 글에 대한 진정한 가치를 오히려 떨어뜨리는 결과를 가져온다고 말하고 있다.[12]

글쓰기 평가에서 신뢰도만 중시하는 것에 대한 비판은 외국학자들 사이에 상당히 많다. 글쓰기 연구가 신뢰도를 높이기 위한 수단으로 가득 차 있다고 비판한다거나(Huot, 1990: 204), 평가자 간 높은 신뢰도를 거론하는 고정관념을 수정하고, 다른 지표를 모색해야 한다는 주장

---

12) Elbow, P. (1996), "Writing Assessment: Do It Better, Do It Less", in E. D. White, W. D. Lutz and S. Kamusikiri (eds.), *Assessment of Writing, Politics, Policies, Practices*, The Modern Language Association of America, pp. 121~122.

도 있다.13) 또 신뢰도 대신에 타당도의 개념을 새롭게 설정하고 타당도 중심으로 평가를 개편해야 한다는 주장도 있다.

타당도는 평가 형식보다 평가 내용, 평가 적합성을 중요하게 고려하는 관점으로, 최근에는 평가의 사회적 결과나 영향까지 고려하는 방향으로 확대되고 있다.14) 특히 타당도를 중시하고자 하는 입장은 평가 상황에 글쓰기의 본질이나 글쓰기의 특성을 다양하게 반영해야 한다는 생각을 가지고 있다. 신뢰도는 평가의 객관성을 검증하기 위해 표준화된 표본과 획일화된 검증치를 요구하지만, 글쓰기 평가는 매우 복합적이고 다면적이어서 이런 단순한 표본의 검증치보다 실제 평가의 내용과 결과를 살펴보아야 한다고 보는 것이 이런 관점이다.

예컨대 Camp(1993)는 특정한 시간에, 일정한 공간에서 함께 시험을 보는 것은 글쓰기 절차를 무시하는 부자연스러운 것이라고 비판하고, 글쓰기 시험에는 타인과의 접촉, 대화를 허용하는 것이 자연스럽다고 주장했다. 평등한 접근, 획일주의, 표준화 상황에서 신뢰도는 향상되겠지만, 글쓰기의 참다운 특징은 사라진다. 그는 글쓰기 표본의 신뢰도를 향상시키기 위해 해 왔던 노력들(능률화, 획일화)이 오히려 글쓰기 평가를 제한하는 것이 되었다고 주장했다.15) 글쓰기라는 복합적인 행위에 대한 획일적인 방법으로 평가를 수행하는 것은 결코 올바른 판단이라 할 수 없다.

---

13) Moss, P. A. (1994), "Can There be Validity without Reliability?", *Educational Researcher* 23(4); in B. Huot, and P. O'Nell (eds.) (2009), *Assessing Writing*, A Critical Sourcebook, Bedford/ST. Martin's, p. 85.

14) 이에 대해서는 아래 논문을 참고할 것.
성태제(1999), 「교육평가방법의 변화와 결과타당도에 대한 고려」, 『교육학연구』 37(1), 한국교육학회; 성태제(2003), 「검사나 평가활동에 대한 메타평가적 관점에서의 결과 타당도」, 『교육학연구』 41(1), 한국교육학회.

15) Camp, R. (1993), "Changing the Model for the Direct Assessment of Writing", in B. Huot and P. O'Nell (eds.) (2009), *Assessing Writing*, A Critical Sourcebook, Bedford/ST. Martin's, pp. 106~110.

Moss(1994)도 타당도를 높이기 위해 학생 글에 대한 교수자와 학생들의 토론 내용, 수행 활동에 관한 교수자와 학생의 담화 내용을 평가에 반영해야 한다고 말하고 있다. 학생에 관한 다양한 정보들은 매일매일 학생의 수행에 대한 교수자의 관심과 지식에서 비롯된 것으로 평가의 근거가 될 수 있다. 그래서 그는 글쓰기 평가에서는 객관적 평가를 위해 학생에 대한 평가자의 주관적 판단을 포함해야 한다고 주장한다.16) Michell을 비롯한 많은 학자들은 평가가 실제 우리 현실에 기반을 두는 복잡하고 의미 있는 과제를 통해 수행되어야 한다고 주장했다. 또 과제는 보다 유연한 시간 속에서 동료들과 충분히 협력하여 수행할 수 있도록 해야 한다고 말하고 있다.17)

사실 한두 번의 시험을 통해 글쓰기 능력을 수치로 환산하여 평가하는 것은 신뢰성도 없고 타당성도 부족하다. 학생에게 전혀 모르는 과제가 나올 수도 있고, 시험 환경이 나쁠 수도 있다. 이보다 정확한 평가는 여러 차례 시험을 반복하여 여기서 나온 측정치의 일관성을 따져보는 것이다. 시험 방식도 일상생활의 글쓰기 환경과 유사하게 개방적이어야 한다. 가능하다면 Moss가 말한 대로 해석학적이고, 맥락적인 평가 방법의 도입도 필요할 것이다. 굳이 점수화해야 할 경우가 아니라면, 단일한 점수로 평가를 대신하지 말고 질적인 묘사(qualitative descriptions)로 평가를 대신해야 한다(Camp, 1996: 146). 글쓰기 교육에서 좋은 평가 방법은 평가 표본을 확장하고, 복합적 평가를 지향하며, 질적인 묘사적 평가로 나아가는 것이다.

---

16) Moss의 관점은 평가의 객관성보다 평가의 적절성, 타당성에 더 관심을 두어야 한다는 뜻으로 해석할 수 있다. 평가자의 관점을 더 많이 반영하겠다는 Moss의 관점이 지금 당장 글쓰기 평가 현장에 받아들이기는 힘들겠지만 평가의 표준화, 획일화를 벗어나야 한다는 관점으로 수용할 필요가 있다. Moss(1994: 85~89).

17) Camp, R. (1996), "New View of Measurement and New Models for Writing Assessment", in E. White, William M., Lutz D., and Sandra Kamusikiri (eds.), *Assessment of Writing, Politics, Policies, Practices*, The Modern Language Association of America, pp. 139~140.

4. 대학 글쓰기의 평가 원칙

한국의 대학 글쓰기 평가에서는 총체적 평가 방법을 많이 사용한다. 분석적 평가 방법을 쓰는 경우도 있지만 대체로 한 명의 교수자가 평가 준거를 나누고 주관적으로 채점하여, 총점을 이용한다는 점에서 총체적 평가 방법과 크게 다를 바 없다. 총체적 평가에서는 모든 것을 평가자 1인의 판단에 의존하기 때문에 신뢰도와 타당도가 항상 문제가 된다.

지금과 같은 현실에서 대학 글쓰기 평가의 신뢰도와 타당도를 향상시킬 수 있는 적절한 대안은 무엇일까? 주관적인 인상 평가가 불가능하도록 엄격하게 분석적 평가(analytic scoring)나 주요 특성 평가(primary trait scoring)를 사용하면 좋겠지만, 한 학급에 30~50명 되는 인원을 모두 그런 방법으로 평가하기에는 경제적, 시간적 자원이 턱없이 모자란다. 그렇다고 수업 중간 중간에 실시할 수 있는 과정 평가나 수행 평가를 도입하는 것은 대학 강의의 교수·학습상 어려운 일이다. 우리의 현실에서 시급한 것은 효율성·경제성의 문제를 고려해야 하는 점과 동시에 신뢰도·타당도의 문제를 향상시키는 일이다. 즉 높은 효율성이나 경제성을 지니면서 신뢰도와 타당도가 높은 방법을 찾아야만 하는 것이다. 특히 신뢰도와 타당도는 서로 상충되는 경우가 많기 때문에 효율성을 살리면서도 이 둘을 어떻게 조화시키는가가 대학 글쓰기 평가의 중요한 과제가 된다.

한국 대학의 현실에서 효율성이나 경제성의 필요성을 감안하면 총체적 평가 방법 외에 다른 대안을 찾기가 어렵다. 교수자 1인이 여러 학급을 맡아 빠르게 평가할 수 있는 방법은 총체적 평가 방법밖에 없기 때문이다. 따라서 총체적 평가 방법을 유지하되 이에 대한 보완책을 찾는 것이 훨씬 현명한 판단일 것이다. 앞장에서 보았듯이 총체적 평가 방법의 단점들은 단일 평가표본이 만들어 내는 단순성과 복잡하고 풍부한 성격의 글쓰기 본질 사이의 불일치에서 발생한다. 단일한 표본은 글쓰기 능력에 대한 본질적인 풍부성을 인식하지 못하게 할 뿐만 아니라 다양한 글쓰기 상황에서 생성되는 쓰기 전략에 대한 역동적인 정보도 제공해주지 않는다. 그렇기 때문에 단일 표본에서 뽑은 평가 지표는 학생의 능력을 객관적으로 측정한 것이 아니라 일회적이고 우연적인 양적 수치를 생산한 것으로 그 신뢰성을 보장받기가 어렵다. 이처럼 총체적 평가 방법의 단점을 극복하기 위해서는 먼저 단일 표본에 의한 평가를 지양해야 할 필요가 있다.

다음으로 생각할 문제는 글쓰기 평가가 갖고 있는 신뢰도의 문제이다. 총체적 평가 방법의 단점 중 낮은 신뢰도가 항상 문제가 되었다. 그러나 이를 심리측정학에서 말하는 평가자 간 낮은 일치도만을 문제 삼아서는 안 된다. 문헌에 따르면 신뢰도는 '평가 점수가 측정의 오류로부터 자유로운 정도'나 '특정 독자에 의해 평가된 특정 표본 실험의 결과를 일반화할 수 있는 정도'로 표현하고 있다(Moss, 1994: 83~85). 여기서 관심의 대상은 '일반화의 가능성'의 표현과 정도(程度)이다. 우리가 알아야 할 것은 '실험의 결과를 일반화한다'는 것이 어떤 진리에 대한 근사치를 향해 간다는 뜻이 아니라는 것이다. 또 진점수(true score)에 가깝게 간다는 뜻도 아니다. 사실상 글쓰기 평가에서 진점수를 알기는 어려우며, 실제 존재하는지도 알 수 없다. 오히려 일반화 가능성의 문제는 특정 평가자의 판단을 다른 독자가 얼마나 받아들일 수가 있는가의 문제이며, 평가 집단의 구성원이 납득할 수 있는 합리성의 정도를 의미한다고 보는 것이 옳다.

따라서 글쓰기 평가에서 객관성은 보편 독자를 대상으로 한 보편타당성의 문제가 아니며, 평가 대상 집단의 특수성에 기반한 합의와 소통의 문제에 가깝다. 평가객관성은 평가 대상 집단이 어떻게 평가 방법과 기준에 합의하고 인정하는가에 관한 문제로, 인식적이고 윤리적인 문제에 해당한다. 다시 말해 신뢰도나 객관성이란 학생들이 평가에 대해 어떻게 인식하고, 얼마나 공정한가를 받아들이는 문제로 환원할 수가 있다. 신뢰도가 낮다는 것은 평가에 대해 합리성과 공정성의 차원에서 구성원들이 동의하지 못한다는 의미와 같은 것이다. 물론 이런 측면들이 과연 양적(量的)인 수치로 환산할 수 있느냐의 문제와 통계학상의 평가자 간 신뢰도와 어떻게 다른가의 문제에 대해서는 앞으로 연구해야 할 과제로 생각된다.

분명한 것은 대학 글쓰기 평가에서는 신뢰도의 문제를 단순히 수량적인 평가측정 문제로 돌리지 않아야 글쓰기 평가의 타당도를 고려할수 있다는 점이다. 계량적인 신뢰도 측정에서는 모든 학생에게 동일한 과제를 부여하는 것이 일반적이겠지만, 글쓰기 평가에서는 학생마다 과제가 달라도 평가의 신뢰도를 얻을 수 있는 가능성이 있다. 위에서 보듯 좋은 글과 미숙한 글에 대한 학생들의 합의가 있다면 수량적인 신뢰도를 높이기 위해 동일 과제, 동일 시험의 장치를 굳이 사용할 필요가 없다. Moss도 과제 선정을 완전히 학생 자율에 맡겼을 때 어떤 환경에서는 타당도와 공정성이 훨씬 향상되었다고 검증한 바 있다 (Moss, 1994: 89). 따라서 신뢰도나 객관성에 관한 양적 개념을 조금만 양보한다면 해석적 평가와 맥락적 평가가 활동할 수 있는 여지를 마련할 수가 있을 것이다.

이제 그렇다면 현재 대학 글쓰기 평가가 효율성과 신뢰성, 타당성을 모두 만족하기 위해 최소한 고려해야 할 원칙들을 점검해 보자. 우선 총체적 평가 방법을 고수한다면 가능한 평가 표본의 수를 늘리는 것이 중요하다. 총체적 평가 방법에서 평가 표본의 수는 평가자 간 신뢰도를 높이 올리는 것보다 훨씬 중요하다. 단일 표본에 의한 평가는 총체적 평가의 신뢰도를 개괄적 인상 평가 수준으로 떨어뜨릴 우려가 있기 때문이다. 단일 표본에 의한 평가를 벗어나기 위해 포트폴리오 평가를 권장하는 데 가능한 다양한 장르의 글을 여러 편 모아 하나의 포트폴리오를 만들면 좋다.

다음으로 신뢰도와 타당도에 관한 적절한 조절과 통합이 필요하다.

대학 글쓰기 평가는 주로 대단위 평가보다 단일학급의 평가를 위주로 하기 때문에 평가자 간 신뢰도보다 평가 대상 집단 내의 평가 합의성을 더 중요시할 필요가 있다. 글쓰기와 같은 복합적인 능력을 측정할 때나 학습 과정을 평가하는 수행 평가의 경우는 평가자 간 신뢰도를 지나치게 강조하는 것은 바람직하지 않다. Moss의 연구를 보면 수행평가와 같은 덜 표준화된 평가에서 평가자 간 신뢰도는 수용 가능한 수준 이하로 낮아진다고 한다. 단일 표본이라면 평가자 훈련을 통해 강제적으로 수치를 높일 수 있지만, 이를 진정한 평가의 객관성으로 볼 수는 없다 (Moss, 1994: 83).

평가의 신뢰도를 높이기 위해서 구성원 사이의 평가 합의를 위한 장치를 마련해야 한다. 학기 초에 학생들과 평가 기준과 평가 표본을 마련하는 것이 하나의 방법이 될 것이다. 또 학기의 과정에도 평가에 대해 학생들과 끊임없는 대화가 필요하다. 평가 객관성의 확보는 학생들이 자신의 평가 점수에 대한 합리적 수긍이 있을 때 가능하다. 그리고 평가 신뢰도를 높이기 위한 이런 방법은 평가 타당성을 높이는 데도 일정한 기여를 하게 된다.

평가자 훈련이 필요하지만 단일 표본의 신뢰도를 높이기 위해서 사용할 필요는 없다. 평가자 훈련은 학기 초 교수자와 교수자, 교수자와 학생 간의 평가 합의성과 평가 숙련성을 높이기 위한 장치로 사용하는 것이 좋다. 평가 방법을 개선하고, 평가의 타당성을 향상시키기 위해 평가자 훈련이 필요한 것이다. 평가자 훈련은 평가자만 할 것이 아니라 평가 대상 학생과 함께 하는 것이 신뢰도와 타당도를 높이는 데 도움이 된다.

평가 타당성을 높이기 위해 획일적인 과제 선별과 교실 현장의 시험 방식을 피하도록 한다. 학생들이 세부 과제를 선택하고 자료를 탐색하면서 정해진 기간 내에 협력적으로 글을 쓸 수 있도록 한다. 실생활의 과제를 부여하여 쓰기 동기를 강화하고 다양한 장르의 글을 쓸 수 있도록 유도한다. 학생의 쓰기 능력을 측정하기 위해서 다양한 장르로 다양한 분량의 글이 포함되어 있는 포토폴리오를 이용한다. 대학 글쓰기 평가에서 신뢰도와 타당도는 분리해서 생각하면 좋은 쓰기 평가 방법을 개발할 수 없다.

5. 대안적 평가 프로그램

앞서 말한 대로 대학 글쓰기 평가 방법의 원칙은 효율성을 높이면서 신뢰성과 타당성을 확보하는 것이다. 좋은 평가프로그램을 만들기 위해서는 어떻게든 세 가지 상반된 가치를 조화시킬 필요가 있다. 효율성을 높이기 위해서 교수자 1인이 평가하는 총체적 평가 방법을 수용한다. 그런 다음 수용하는 범위 내에서 신뢰성과 타당성을 확보할 수 있는 방법을 모색한다.

이 장에서는 Elbow의 방법과 ETS의 방법을 이용하여 우리 현실에서 수용 가능한 평가 모형을 살펴보고자 한다.[18] 먼저 효율성을 위해 총체적 평가 방법을 수용한다면 다음으로 신뢰성과 타당성을 확보하는 방법을 찾는다. 신뢰성은 평가의 객관성과 공정성을 말하는 것이다. 쉽게 말해 우수한 필자의 글을 우수하게 평가하고, 미숙한 필자의 글은 미숙하다고 정확하게 평가할 수 있어야 한다.

평가의 신뢰도를 확보하기 위해 두 가지 가능한 방법을 생각해 볼

---

18) 이 장에서 평가 모델로 제시한 것은 Elbow와 Willimams의 논문을 참고로 했다. 평가척도를 단순화한 포토폴리오 평가는 Elbow의 논문을, 학생 참여 평가 방식에 대해서는 Willimams의 논문을 참고로 했다. 그리고 특성 평가에 대해서 역시 Elbow의 논문을 참고로 했다.

Elbow, P. (1996), "Writing Assessment: Do It Better, Do It Less", in E. D. White, W. D. Lutz and S. Kamusikiri (eds.), *Assessment of Writing, Politics, Policies, Practices*, The Modern Language Association of America, pp. 123~129; Willimams, J. D. (2003), *Preparing to Teach Writing, Research, Theory, and Practice*, Lawrence Erlbaum Associates, pp. 317~344.

수 있다. 하나는 평가의 표본 수를 늘리는 것이고, 다른 하나는 평가 척도를 줄이는 것이다. 평가 표본의 수를 늘리는 것은 단일 표본이 가지는 오류를 줄일 수 있는 방법이다. 학생들은 주제가 무엇이냐에 따라 글을 잘 쓰기도 하고 못 쓰기도 한다. 또 한 편의 글에도 주제는 좋지만 논거가 불충분하다거나, 구성은 좋지만 문장이 좋지 않거나 한다. 이처럼 글은 상황에 따라 달라지기도 하며, 좋은 요소와 나쁜 요소가 섞여 있기도 한다. 단일 표본으로 글쓰기 평가를 할 수 없는 이유가 글쓰기가 지닌 이런 다양한 측면 때문이다.

단일 표본의 문제를 극복하기 위해 가장 좋은 방법은 포토폴리오 평가를 강화하는 것이다. 한 편의 포토폴리오 속에는 다양한 장르의, 다양한 주제의 글을 포함할 수 있다. 이와 같이 포토폴리오를 평가하면 다양한 쓰기 상황에 대한 학생들의 다양한 쓰기 능력을 평가할 수 있다. 이를 위해 대학 글쓰기 평가에서는 최소한 세 개 장르 이상, 그리고 세 개 주제 이상의 글을 평가할 수 있어야 한다.

다음으로 평가척도에 의한 오류를 줄이는 것이다. 평가척도에 의한 오류를 줄이기 위해서는 평가 간 척도를 단순화할 필요가 있다. 이 점에 대해서는 Elbow의 견해를 받아들일 필요가 있다. Elbow는 평가의 신뢰도를 높이기 위해 점수 척도를 모두가 동의할 수 있는 세 가지로 줄이라고 권고했다. 그가 제시하는 평가척도는 우수(excellent)·중간(middle)·약함(weak), 세 가지이다. 다시 말해 평가에서 성공·중간·실패 여부만 판단하는 것이다(Elbow, 1996: 123~124).

Elbow가 제시한 이 방법은 평가척도의 경계선 상에서 생기는 오류를 줄이기 위한 방법이다. 통상 6~7단계로 나누져 있던 평가척도를 2~3단계로 단순화하면 미세한 척도 분류에 의해 생기는 착오를 해결할 수 있다. 글쓰기에서 한 등급의 차이는 교수자의 주관에 의해 얼마든지 달라질 수 있다. 글쓰기 평가에서 A⁻와 B⁺의 점수는 평가는 도대체 어떤 차이 때문에 생기게 되는 것일까? 글쓰기 평가에서 미세한 편차는 누구도 검증할 수 없다. 그래서 Elbow는 글쓰기에서 가장 정확한 평가는 대다수의 사람들이 동의할 수 있는, 글의 성공과 실패 여부라고 주장한다.

평가척도를 단순화하는 것은 평가의 효율성 면에도 매우 뛰어난 방법이다. 평가 기준과 평가 샘플을 세밀하게 나누는 작업이 필요 없으며, 교수자 1인이 성공과 실패 여부만 판단하기 때문에 평가 시간도 대폭 줄일 수 있다. 평가 표본의 수를 늘리면 변별적 기능도 충분히 가질 수가 있다. 교수자 1인이 강좌의 모든 것을 책임지는 우리 대학의 입장에서 이 방법은 매우 전략적이고 매력적이다.

다음으로 글쓰기 평가의 타당성을 높이기 위한 전략을 생각해 보아야 한다. 앞서 말했듯이 학생들이 주제를 선택하고 협력적 분위기에서 쓰기 작업을 진행하는 것도 하나의 방법이다. 가장 교육적 효과가 높은 방법은 글쓰기 평가에 학생을 참여시키는 것이다.[19] 글쓰기 평가에 학생을 참여시키면 평가 기준이나 평가 방법에 대해 학생들의 동의를 얻을 수 있고 평가 대상자의 쓰기 맥락을 반영하는 효과가 있기 때문에 평가 타당도를 높일 수 있다.

쓰기 평가에서 학생 참여는 평가 기준 설정에 대한 참여와 평가 측정에 대한 참여로 나눌 수 있다. 평가 기준 설정에 대한 참여는 통상 학기 초에 실시한다. 평가 기준 설정에 학생들을 참여시키기 위해서 다양한 준비 과정이 요구된다. 우선 교수자는 학기가 시작하기 전 일반적인 평가기준표(general rubrics guideline)와 샘플 글을 준비한다. 평가기준표에는 우수한 글에서 미숙한 글까지 단계별로 세부 사항이 기록되어 있어야 한다. 그리고 평가 기준에 적합한 샘플 글을 각각 두 개 이상 준비한다. 교수자는 학기 초에 자신이 설정한 평가 기준에 대해 학생들과

---

19) 학생을 평가에 참여시키는 방법은 1980년대 ETS에서 과제의 신뢰성이 높아짐에 따라 교수자의 수고를 덜기 위해 다양하게 개발되었다. 여기서는 이에 대해 소개한 Willimams의 책을 응용한다. Willimams(2003: 317~328) 참조.

상의하고 수정과 보완의 작업을 거친 후에 이를 확정한다. 이렇게 학생들과 합의된 평가기준표는 한 학기 학생의 글을 평가하는 기준이 된다.

학생이 교수자와 함께 학기 초에 평가 기준을 마련하는 것은 매우 설득력 높은 방법이다. 학생들은 교수자가 제시한 평가 기준과 샘플 글을 살펴보면서 글의 구성 요소에 대한 인식을 높이고, 우수하거나 미숙한 글에 대한 판단력을 높일 수 있다. 또 평가 기준에 학생들의 의견을 반영시킬 수 있기 때문에 평가의 타당도도 높일 수 있다.

다음으로 학생을 직접 평가에 참여시키는 방법이 있다. 모든 과제에 대해서는 불가능하겠지만 몇몇 과제에 대해서는 학생들을 평가에 참여시켜 타당도를 높일 수가 있다. 이런 방법은 학생들과 교수자가 함께 특정한 주제의 글에 대해 평가 기준을 만들고, 평가 과정을 경험하게 함으로써 평가의 공정성과 타당성을 확보하게 만드는 효과를 가진다. 평가의 주체를 교수자에서 학생에게까지 확장함으로써 학생들의 쓰기 맥락을 평가에 반영하는 것이다.

학생들을 평가에 참여시키기 위해서는 사전에 평가자 훈련을 해야 한다. 평가 훈련 없이 학생들을 평가에 참여시킬 경우 객관성과 공정성에 문제가 생길 염려가 있기 때문에 사전에 평가자 훈련을 실시하는 것이 필요하다. 평가자 훈련을 통해 학생들은 다른 학생의 글에 대해 객관적이고 일관성 있는 평가를 할 수 있도록 연습하게 된다. 평가자 훈련은 학생들과 교수자가 평가 기준을 설정하는 것에서 시작한다. 교수자와 학생은 서로 협의하여 해당 주제에 관한 평가 기준(scoring rubrics)을 만들어야 하며, 이를 위해 교수자는 사전에 기준이 되는 평가기준표를 준비해 와야 한다.

또 교수자와 학생은 평가기준표에 따라 최소한 3~4회 이상 평가자 훈련을 실시한다. 학생들은 모둠을 형성하여 3~4개의 표본 글에 대해 빠르게 글의 특성을 판단하고 등급을 부여하는 훈련을 시행한다. 학생들은 이와 같은 훈련을 3~4회 반복하여 서로 비교한다. 그리고 서로의

기준에 어떤 차이가 있는지를 확인하고 판단한다.[20]

교수자는 평가 연습을 위해 해당 주제에 관한 샘플 글을 준비해야한다. 학생 평가는 한 편의 글에 대해 복수(2~3인)의 평가자를 두어 평가의 객관성을 높이도록 한다. 학생 평가자 간에 점수 차이가 크면 교수자가 개입하여 점수를 판정해주는 과정도 필요하다. 이런 경우 왜 그런차이가 나는지 교수자와 학생이 토의하는 것이 학습에 도움이 된다.

ETS는 학생 참여 평가 방식이 지닌 특별한 교육적인 효과에 대해강조한 바 있다. 그것은 바로 학생들이 교수자와 함께 평가 기준과 평가 방법을 만들어 가는 '사회화(socialization) 과정'이다. 학생들은 이와같은 사회화 과정을 통해 평가 방법을 이해하게 될 뿐만 아니라 좋은글에 대한 감각까지 익히게 된다(Willimams, 2003: 319). 학생참여 평가방식은 대화와 합의를 중시한다는 점에서 글쓰기 평가의 타당도도 높이고, 교육적 효과도 살릴 수 있는 방법이다.

글쓰기 평가에서 학생 참여 방식이 맥락적 평가를 강조한 것이라면해석적 평가를 강조하기 위해 특성평가표(trait scoring guideline)를 사용할 수 있다. 일반적으로 대학 글쓰기 평가에서는 학생들에게 등급만을제시해준다. 그런데 만약 평가에 관한 묘사적인 정보를 제공해주기를원한다면 특성 평가를 함께 사용하는 것이 가능하다. 해석적인 평가학자들은 수치만을 제공하는 수량적 평가나 분석적 평가를 긍정적으로보지 않는다. 그래서 수량적 평가를 대신하거나 보완할 해석학적 평가를 사용할 것을 권유한다(Moss, 1994: 81~82).

여기서 제시하는 특성 평가는 어렵고 복잡한 것이 아니다. 간략하게말해 글을 읽으면서 특별히 강하거나 약한 요소가 있으면 이에 대해지적하고 설명해주는 방법이다. 글을 읽을 때 우리는 특별히 글 속에

---

20) 이런 경우 평가자 훈련은 평가자 간 신뢰도를 높이기 위한 것이 아니라 최소한의 평가 공정성과 평가 숙련성을 위한 훈련으로 보아야 한다.

담겨 있는 어떤 특성은 발견한다(예컨대 창의적 주제, 빈약한 주제, 뛰어난 구성, 빈약한 논거…). 어떤 특성은 매우 강하나, 어떤 특성은 매우 약할 수가 있다. 또 모든 요소가 약할 수도 있으며, 모든 요소가 강할 수도 있다. 특별히 눈에 띄지 않는 요소도 있을 수 있다. 중요한 것은 특성에 관한 점검표를 만들어 이런 요소를 기록하여 학생에게 제공하는 것이다.

특성 평가를 총체적 평가와 함께 사용하면 매우 효율적인 기능을 발휘할 수 있다. 총체적 평가를 사용할 때 모든 글에 대해 특성 평가를 해줄 필요는 없다. 특성 평가는 특별히 글쓰기에 특이한 요소가 있을 때만 기록을 하여 제공할 수 있다. 예컨대 우리는 글을 읽으면서 특별히 어떤 요소가 강하거나 약한 것이 느낄 수가 있다. 이럴 때 이를 점검표에 기록하면 된다. 특성이 나열되어 있는 점검표에 간단하게 표시만 하면 되는 것이다. 평가자는 총체적 평가를 진행하면서 특성 평가를 수행할 수 있다.21) 특성 평가 요소들은 총체적 평가 점수에 반영될 수도 있고, 안 될 수도 있다. 특성 평가 요소가 점수에 반영되지 않더라도 기록지에 남은 것은 학생에게 묘사적 정보로 제공될 수 있다. 묘사적이고 해석적인 평가 요소를 학생들에게 제공해주는 것은 평가의 타당성을 위해 매우 중요한 요소이다.

6. 결론

지금까지 살펴본 대안적인 평가 방법은 대학 글쓰기에서 신뢰도와 타당도를 높이기 위해 적용 가능한 방법이다. 신뢰도를 높이기 위해서

---

21) 이런 특성 평가를 잘 설명한 것이 Elbow이다. Elbow는 포토폴리오 평가에 덧붙여 학생들의 쓰기 특성을 간략하게 점검해 주는 이와 같은 특성 평가를 병행할 것을 권유하고 있다. Elbow(1996: 125).

는 평가 대상 표본수를 늘리고, 또 평가 오류를 만들 수 있는 세밀한 평가척도도 줄이는 것이 바람직하다. 가능할지 모르지만 교수자 1인의 평가보다 교수자 2인이 상호 교차하여 평가하는 것도 고려해 볼 만하다.

학생들이 참여하는 총체적 평가 방법의 경우는 평가 오류를 줄일 수 있는 세심한 주의가 필요하다. 유사한 과제가 있다면 옆 반의 학생과 바꾸어 평가하는 것도 좋은 방안이 된다. 교수자자 수준의 객관적 평가가 되도록 학생들에 대한 '사회적 과정'에 신경을 써야 한다. 학생 평가는 평가 훈련을 잘 실시하면 평가의 효율성도 높이고, 평가의 타당성도 높일 수 있는 좋은 방법이다.

대학 글쓰기에서는 글쓰기의 특성을 고려한 수준 높은 타당성을 받아들이기는 힘들 것이다. 특히 해석적 평가나 맥락적 평가를 한국 현실에서 전면적으로 받아들이기 매우 힘들다. 그러나 대학 글쓰기 평가에서는 이런 요소들을 반영하기 위해 노력해야 한다. 특히 평가에 글쓰기 특성을 반영하는 것은 매우 중요하다. 글쓰기 평가에 복합적이며, 다양하고 풍부한 글쓰기의 특성을 반영하도록 노력해야 장기적으로 타당도도 높일 수 있고, 학습 효과도 살릴 수 있다. 대학 글쓰기 평가의 경우 학생의 글을 수치로 등급화하더라도 그것으로 나타낼 수 없는 여분의 것이 있음을 알아야 한다.

우리 대학 글쓰기의 평가 연구는 아직 초기 단계로서, 신뢰도와 타당도에 대해 깊이 있게 연구한 바가 없다. 많은 대학들의 글쓰기 강좌에서 글쓰기 평가가 이루어지지만 그것이 얼마나 타당하고 공정하게 이루어지는 알 수 없다. 구체적으로 대학 글쓰기 평가의 신뢰도와 타당도를 검증하는 연구가 있어야 한다. 이런 객관적인 검증이 있어야 평가 방법을 개선할 수 있는 방안을 찾을 수 있다. 또 글쓰기 평가에서 타당도와 신뢰도를 새롭게 정립하고, 이를 측정할 방법도 강구해 보아야 한다.

글쓰기 평가 방법은 연구할 분야가 많은 영역이다. 매우 구체적이고 실전적이며, 중요한 분야임에도 불구하고 지금까지 평가 분야에 대해 연구가 소홀했다. 특히 대학 글쓰기 평가에 대해서는 연구가 매우 부족하다. 앞으로 이에 관한 보다 많은 연구가 있기를 기대한다. 이는 대학 글쓰기 교육의 발전을 위해서 꼭 필요한 부분이다.

교육인적자원부(2001), 『고등학교 교육과정 해설』, 교육부 고시 1997-15호.

가은아(2014), 「핵심 역량 기반 국어과 교육과정의 구상」, 『작문연구』 20, 한국작문학회.

강내희(2009), 「유비쿼터스 시대 글쓰기와 주체형성, 그리고 인문학」, 『인문연구』 57, 440쪽.

강대구(1991), 「실업교과의 교재 구조와 평가 모형에 관한 연구」, 서울대학교 박사논문.

강민건(2010), 「창조적 글쓰기와 문화 생태주의」, 『인문과학』 46, 성균관대학교 인문과학연구소.

고인환(2011), 『나를 위한 글쓰기』, 경희대학교출판문화원.

고려대학교 사고와 표현 편찬위원회(2007), 『글쓰기의 기초』, 고려대학교출판부.

구본관(2009), 「패러다임의 변화와 문법 교육의 방향」, 『어문학』 103, 한국어문학회.

구자황(2012), 「대학 글쓰기 교재의 분기와 신경향」, 『반교어문연구』 32, 반교어문학회.

국립국어원(2013), 『2013 국민의 국어능력 평가』, 국립국어원.

궁선혜(2016), 「교육과정연구에서의 푸코방법론 적용과 그 가능성의 탐색」, 『교육과정연구』 34, 197~222쪽.

글쓰기 교재편찬위원회(2004), 『글쓰기의 이론과 실제』, 경희대학교 출판국.

김경자(2001), 「국어 쓰기 영역 수행 평가의 신뢰도 분석과 개선 방안」, 『수련어문논집』 26·27합집, 수련어문학회.

김경훤 외(2007), 『창조적 사고, 개성적 글쓰기』, 성균관대학교 출판부.

김공하(1999), 「비판적 사고의 교과적 접근」, 『교육사상연구』 8, 한국교육사상연구회.

김국태(2003), 「초등학교 쓰기 교재 구성의 원리」, 『학습자중심교과교육연구』 3(1), 학습자중심교과교육학회.

김기중(2015), 「대학구조개혁을 보는 불편한 시선」, 『전남일보』, 2015.4.21.

김누리(2015), 「비판적 담화분석을 활용한 읽기 전략과 텍스트 분석」, 『독서연구』 35, 319~342쪽.

김대행 외(2008), 『고등학교 작문』, 천재교육.

김도남(2004), 「독자의 의미 표상 방법 고찰」, 『한국초등국어교육』 25, 한국초등국어교육학회.

김동계(2000), 「'동감'과 문학행위이론의 재구성: 문학 텍스트와 독자의 관계를 중심으로」, 연세대학교 석사논문.

김동환(2002), 『개념적 혼성 이론』, 박이정.

김라연(2007), 「총체적 쓰기 평가와 분석적 쓰기 평가의 상관 연구」, 『이중언어학』 35, 이중언어학회.

김미란(2009), 「대학의 글쓰기 교육과 장르 선정의 문제」, 『작문연구』 9, 한국작문학회.

김미란(2013), 「표현주의 쓰기 이론과 대학의 글쓰기 교육」, 『반교어문문학』 35, 반교어문학회.

김미혜(2004), 「국어적 창의성의 구성 요소에 관한 연구」, 『국어교육학연구』 20, 국어교육학회.

김병건(2015), 「메르스 보도에 대한 신문 사설의 비판적 담화 분석」, 『한말연구』 38, 47~76쪽.

김병건(2016), 「신문의 사설·칼럼에 나타난 '진보'에 대한 비판적 담화 분석」, 『사회언어학』 24(1), 65~90쪽.

김병홍(2012), 「대중매체 언어 분석 방법론」, 『우리말연구』 30, 우리말학회, 5~39쪽.

김상환(1996), 『해체론 시대의 철학』, 문학과지성사.

김상환(2008), 「데리다의 텍스트」, 『철학사상』 27, 서울대학교 철학사상연구소.

김상희(2008), 「법적 정의와 보편청중」, 『수사학』 9, 한국수사학회.

김성수(2009), 「창의적 글쓰기 교육의 구성 방안 연구」, 『현대문학의 이해』 38, 한국문학연구학회.

김성숙(2000), 「타당도와 신뢰도에 대한 새로운 의미」, 황정규 편, 『한국 교육평가의 쟁점과 대안』, 교육과학사.

김성숙(2008), 「미국의 대학 글쓰기 교육과정과 평가」, 『작문연구』 6, 한국작문학회.

김성원 외(2012), 「융합인재교육(STEAM)을 위한 이론적 모형의 제안」, 『한국과학교육학회지』 32(2), 한국과학교육학회.

김성준 외(2010), 『교과교육에서 창의성의 이론과 실제』, 학지사.

김성철(2012), 「자기 성찰적 글쓰기 교육의 방법과 운영 사례 연구」, 『우리어문연구』 42, 우리어문학회.

김승종(2003), 「한국 대학 작문 교육의 실태와 발전 방향」, 명지대 인문과학연구소 편, 『인간은 어떻게 말하고 쓰는가』, 월인.

김영채(1998), 『사고력: 이론개발과 수업』, 교육과학사.

김옥영(2011), 「학술적 글쓰기를 위한 대학에서의 글쓰기 교육」, 『어문학교육』 42, 부산교육학회.

김왕동(2012), 「창의적 융합인재에 관한 개념 틀 정립: 과학기술과 예술 융합 관점」, 『영재와 영재교육』 11(1), 한국영재교육학회.

김유미(2014), 「비판적 담화분석을 활용한 읽기 교육 연구」, 『독서연구』

33, 421~457쪽.

김은성(2003), 「국어과 창의성 교육의 관점」, 『국어교육학연구』 18, 국어교육
학회.

김은성(2013), 「비판적 언어인식과 국어교육」, 『국어교육학연구』 46, 139~
182쪽.

김정남(2004), 「대학 작문 교육에서 텍스트 이론의 적용 가능성에 대한 검토」,
『텍스트 언어학』 17, 한국텍스트언어학회.

김정자(1999), 「글쓰기의 관습과 창의성」, 『문학교육학』 3, 한국문학교육학회.

김정현(2012), 「철학의 글쓰기와 글쓰기의 철학」, 『열린정신 인문학연구』
13(2), 원광대학교 인문학연구소.

김정호 외(1998), 『교과서 모형 개발 연구』, 한국교육과정평가원 연구보고
RRC 98.

김주언(2014), 「인문학적 실천을 모색하는 대학 글쓰기 교육 방안 연구」,
『한국문학이론과 비평』 64, 한국문학이론과비평학회.

김진우(2008), 『언어와 사고』, 한국문화사.

김창원(2015), 「문·이과 통합형 교육과정 논의와 국어과 교육과정의 시계열
적 구조화」, 『국어교육』 148, 한국어교육학회.

김철(2006), 「대학이념의 역사적 변천과정과 21세기 대학이념에 관한 고찰」,
『교육의 이론과 실천』 11(2), 한독교육학회.

김해연(2011), 「비판적 담화분석과 텍스트 분석: '준동하다' 분석을 중심으
로」, 『텍스트언어학』 30, 17~44쪽.

김현강(2014), 「인문 언어학의 방향 탐색을 위한 비판적 언어 연구」, 『언어사
실과 관점』 34, 27~53쪽.

김혜숙(2004), 「변증법적 논증이론과 수사학: 페럴만의 '신 수사학'을 중심으
로」, 『독일어문학』 27, 한국독일어문학회.

김혜연(2014), 「쓰기 과정 연구의 이론적 재검토」, 『국어교육학연구』 49(1),
330~359쪽.

김혜연(2015), 「쓰기 과정 연구의 이론적 경향과 다원적 관점의 가능성」, 『작문연구』 24, 51~88쪽.

김혜정(2015), 「문식성 발달 이론과 국어교육 내용 관련 문식성 유형 검토」, 『국어교육연구』 36, 463~493쪽.

김효연·김규훈(2016), 「'비판적 담화분석'의 문법교육적 적용 가능성」, 『국어교육연구』 61, 85~114쪽.

나은미(2008), 「대학에서의 글쓰기 교육 현황 분석」, 『우리어문연구』 32, 우리어문학회.

나은미(2010), 「장르의 전형성과 글쓰기 교육의 한 방향」, 『작문연구』 14, 한국작문학회.

나은미(2013), 「대학 글쓰기 교육의 비판적 검토 및 지식 기반 사회에서의 대학 글쓰기 교육」, 『한성어문학』 32, 한성어문학회.

노명완·박영목(2008), 『문식성 교육 연구』, 한국문화사.

노명완·이형래(2005), 「직업 문식성 연구」, 『독서연구』 13, 한국독서학회.

박규준(2010), 「담화 공동체 관점에서의 대학 글쓰기 교육」, 『우리말글』 50, 우리말글학회.

박나리(2009), 「학술논문에 나타난 응집성(coherence)과 응결성(cohesion)의 사상 양상」, 『국어학』 56, 국어학회.

박민비(2006), 「대학의 글쓰기 교재 비교 연구」, 『경기대학교 인문논총』 14, 경기대학교 인문과학연구소.

박병선(2012), 「비판적 담화분석과 한국어교육: 신문사설을 중심으로」, 『국제 한국어교육학회 학술대회 논문집』, 국제한국어교육학회.

박병선(2013), 「비판적 담화분석 이론의 응용방안 모색: 한국어 교육을 중심으로」, 『Journal of Korean Culture』 22, 293~317쪽.

박선환(1999), 「비판적 사고교육의 현황과 방향 모색」, 『사회과학연구』 3, 숙명여자대학교 사회·교육과학연구소.

박선희(2002), 「언론의 정치적 현실구성에 대한 담론분석: 5.18 특별법 제정에 관한 동아일보와 조선일보의 사설을 중심으로」, 『정치·정보 연구』
5(1), 209~248쪽.

박성창(2000), 『수사학』, 문학과지성사.

박소희(2009), 「중학생들의 담화 종합 과제 수행에서 나타나는 텍스트 변형
양상에 관한 연구」, 고려대학교 석사논문.

박영목 외(1997), 『쓰기 영역 교육과정 내용의 체계화 연구』, 연구보고 97-2,
서울대학교 국어교육연구소.

박영목(1999), 「작문 능력 평가 방법과 절차」, 『국어교육』 99, 한국어교육학회.

박영목(2008), 「쓰기 평가 연구의 주요 과제」, 『작문연구』 5, 한국작문학회.

박영민(2001), 「작문 이론과 작문 교육의 대응」, 『한국어문교육』 9권, 고려대
학교 한국어문교육연구소.

박영민(2003), 「과학영역의 작문에서 예상독자 유형과 은유의 전략」, 『국어교
육학연구』 16, 국어교육학회.

박영민(2004), 「작문 교육에서 예상독자의 인식과 처리」, 『청람어문교육』
29, 청람어문교육학회.

박영민(2005가), 「다중적 예상독자의 개념과 작문교육의 방법」, 『국어교육학
연구』 20, 국어교육학회.

박영민(2005나), 「학생 작문의 다니엘 효과와 예상독자 인식의 방법」, 『새국어
교육』 70, 한국국어교육학회.

박영민(2006), 「반성적 쓰기를 활용한 작문 평가 방안」, 『새국어교육』 73,
한국국어교육학회.

박영민(2008), 「작문 교육 이론의 구성 요인과 과제」, 『학습자중심교과교육연
구』 8(1), 학습자중심교과교육학회.

박영민(2009), 「논술 평가자의 주관적 경험 분석」, 『우리어문연구』 33, 우리어
문학회.

박영민(2014가), 「미래 핵심역량과 중등 작문교육」, 『작문연구』 20, 한국작문
학회.

박영민(2014나), 「중학교 통합 국어과 교육과정 및 교과서 개발 방안」, 『청람어문교육』 51, 청람어문교육학회.

박인기(2014), 「글쓰기의 미래적 가치」, 『작문연구』 20, 한국작문학회.

박정하(2006), 「학술적 글쓰기, 어떻게 가르칠 것인가」, 『교양논총』 1, 중앙대학교 교양교육연구소.

박태호(2000), 『장르중심 작문교수 학습론』, 박이정.

박태호(1999), 「장르 중심 작문 교육의 내용 체계」, 『국어교육학연구』 9, 국어교육학회.

박태호(2003), 『초등학교 글쓰기 실태 조사와 능력신장 방안 연구』, 국립국어원 2003-1-10.

박해광(2007), 「문화 연구와 담론 분석」, 『문화와사회』 2(1), 83~116쪽.

배향란(1995), 「쓰기의 총체적 평가방법 연구」, 『청람어문학』 13, 청람어문교육학회.

서강대학교 교양국어 교재편찬위원회(2007), 『움직이는 글쓰기』, 서강대학교 출판부.

서덕희(2003), 「'교실붕괴' 기사에 대한 비판적 담론 분석: 조선일보를 중심으로」, 『교육인류학연구』 6(2), 55~89쪽.

서덕희(2010), 「교육학에서 담론적 접근의 의미」, 『교육사회학 연구』 20(4), 111~137쪽.

서덕희(2011), 「담론분석방법」, 『교육비평』 28, 218~239쪽.

서명희·김종철(2014), 「창의적 문제 발견 능력 함양을 위한 문학·경제 융합교육」, 『학습자중심교과교육연구』 14(7), 학습자중심교과교육학회.

서수현(2004), 「쓰기 평가의 기준 설정에 관한 연구」, 고려대학교 석사논문.

서수현(2008), 「요인분석을 통한 쓰기 평가의 준거 설정에 대한 연구」, 고려대학교 박사논문.

서승아(2008), 「7학년 쓰기 능력의 응집성 발달 특성 추출: 설득적 텍스트의 응집성에 대한 학생 상호 첨삭방법의 활용」, 『국어교육』 126, 한국어교육학회.

서영식(2012), 「융복합 교육을 위한 철학적 고찰」, 『철학논총』 67(1), 새한철학회.

서울시 교육연구원(1993), 『사고력 교육의 이론과 실제』, 서울특별시교육위원회.

서울대학교 대학국어편찬위원회(2005), 『대학국어』, 서울대학교 출판부.

서혁(2005), 「국어과 교수·학습 방법 구성의 원리」, 『국어교육학연구』 24, 국어교육학회.

서혁(2006), 「국어과 수업 설계와 교수·학습 모형 적용의 원리」, 『국어교육학연구』 26, 서울대학교 국어교육연구소.

성균관대학교 대학교육개발센터(2003), 『미국대학의 교양교육과정 비교분석』; 한신일 외(2003), 「미국대학의 교양교육과정 비교 분석」, 『비교교육연구』 13(1), 한국비교교육학회, 91~119쪽.

성태제(1999), 「교육평가방법의 변화와 결과타당도에 대한 고려」, 『교육학연구』 37(1), 한국교육학회.

성태제(2003), 「검사나 평가활동에 대한 메타평가적 관점에서의 결과 타당도」, 『교육학연구』 41(1), 한국교육학회.

성태제·시가자(2007), 『연구방법론』, 학지사.

성태제·시가자(2008), 『연구방법론』, 학지사.

성태제·시가자(2009), 『연구방법론』, 학지사.

성태제·시가자(2014), 『연구방법론』, 학지사.

손동현(2006), 「교양교육으로서의 '학술적 글쓰기' 교육」, 『철학논총』 42, 새한철학회.

손장권·안호용(2006), 「수사학과 변증법의 위상변화에 관한 연구」, 『민족문화연구』 44, 고려대학교 민족문화연구원.

손정우(2012), 「창의성 증진을 위한 융합적 접근의 현주소」, 2012년 한국창의력교육학회 춘계학술대회 및 교사를 위한 STEAM 워크샵 자료집.

송진웅·나지연(2014),「창의융합의 과학교육적 의미와 과학 교실문화의 방향」,『교과교육학연구』18(3), 이화여자대학교 교과교육연구소.

신경숙(2000),「교과통합 사고교육모형에 의한 비판적 사고력 증진 수업 개발 및 적용」, 부산대학교 박사논문.

신명선(2006),「통합적 문법 교육에 관한 담론 분석」,『한국어학』31, 한국어학회.

신명선(2008),『의미, 텍스트, 교육』, 한국문화사.

신명선(2009),「국어적 창의성 개념 정립에 대한 연구」,『국어교육학연구』35, 국어교육학회.

신명선(2010),「인지 의미론의 연구 성과를 활용한 문법 교육 내용 개선 방안 연구」,『한국어 의미학』31, 한국어의미학회.

신진욱(2011),「비판적 담론 분석과 비판적·해방적 학문」,『경제와 사회』89, 10~45쪽.

신헌재(1990),「국어과 교육과 사고력 계발」,『교육한글』3, 한글학회.

신현규(2010),「글쓰기 교양 과목 교수 방법」,『교양논총』3, 중앙대학교 교양교육연구소.

신현정(2000),『개념과 범주화』, 아카넷.

신형기 외(2004),『글쓰기』, 연세대학교 출판부.

심영택(2013),「비판적 언어인식 교육 방법 연구」,『국어교육학연구』46, 45~76쪽.

양일호 외 3명(1994),「내용요소제시이론에 대한 소개」,『한국과학교육학회지』14(2), 한국과학교육학회.

양현정·박치완(2008),「신수사학에서의 보편청중과 논증의 문제」,『철학탐구』23, 중앙대학교 중앙철학연구소.

연세대학교 학부기초과목 연구위원회(1999),「교양국어체제 개편을 위한 연구보고서」.

오형엽(2008),「글쓰기 교육과 논증의 수사학」,『기전어문학』18, 수원대학교 국어국문학회.

옥현진(2011), 「작문 연구의 국제 동향 분석과 대학작문교육을 위한 시사점」, 『반교어문연구』 31, 반교어문학회.

옥현진(2013), 「성인문식성 연구 동향 분석」, 『작문연구』 19, 한국작문학회.

옥현진(2014가), 「국제 문식성 평가 분석을 통한 문식성 교육 시사점 탐색: PIRIS, PISA, PIAAC을 중심으로」, 『청람어문교육』 49, 청람어문교육학회.

옥현진(2014나), 「성인문식성 교육과정 개발 방향 탐색」, 『국어교육』 146, 한국어교육학회.

원만희(2005), 「대학에서의 글쓰기 교육의 위상과 학술적 글쓰기 모델」, 『철학과 현실』 65, 철학문화연구소.

원진숙(2005), 「대학생들의 학술적 글쓰기 능력 신장을 위한 작문 교육 방법」, 『어문논집』 51, 민족어문학회.

유재봉·정철민(2010), 「대학 이념으로서 자유교육: 뉴먼(Newman)의 '총체적 지식' 개념을 중심으로」, 『교육철학』 49, 한국교육철학회.

유재임(2001), 「T-unit analysis를 이용한 영작문 평가」, 『영어교육연구』 22, 한국영어교육연구학회.

유재임(2005), 「T-unit 분석 방법과 문장합성연습」, 『신영어영문학』 31, 신영어영문학회.

유혜령(2010), 「문법 영역의 성격과 교육 내용에 대한 연구」, 『국제어문』 49, 국제어문학회.

유혜령(2011가), 「문법 능력과 작문능력 간의 상관성 고찰」, 『청람어문교육』 44, 청람어문교육학회.

유혜령(2011나), 「작문 교육에서 문장 쓰기 지도의 방향」, 『문법 교육』 14, 문법교육학회.

유혜령·김성숙(2011), 「문법 능력과 작문 능력 간의 상관성 고찰」, 『청람어문교육』 44, 청람어문교육학회.

윤성우(2002), 「텍스트란 무엇인가?: 리쾨르의 해석학을 중심으로」, 『한국프랑스학논집』 23, 한국프랑스학회.

이경민·최일선(2009), 『통합교육과정의 효과적 운영』, 학지사.

이경화(2003), 「창의성 신장을 위한 국어과 교수학습분석」, 『청람어문교육』 26, 청람어문학회.

이광모(2005), 「글쓰기 평가규범의 해석학적 근거」, 『해석학 연구』 15, 한국해석학회.

이광모(2008), 「논술교육을 위한 어법적 글쓰기」, 『철학과 현실』 78, 철학문화연구소.

이광우(2009), 『미래 한국인의 핵심 역량 증진을 위한 초·중등학교 교육과정 설계 방안 연구』, 한국교육과정평가원.

이국환(2008), 「전통적 교양과 대학 교양 교육으로서의 글쓰기 연구」, 『석당논총』 42, 동아대학교 석당학술원.

이근호 외(2013), 『미래 사회 대비 핵심역량 함양을 위한 국가 교육과정 구상』, 한국교육과정평가원.

이기종(2000), 「교육평가의 또 다른 틀: 주관주의 접근의 가능성 모색」, 황정규 편, 『한국 교육평가의 쟁점과 대안』, 교육과학사.

이기형(2006), 「담론분석과 담론의 정치학」, 『언론과 사회』 14(3), 106~145쪽.

이동성(2009), 「권력과 지식, 그리고 주체: 푸코의 주체사상을 중심으로」, 『정치커뮤니케이션연구』 15, 277~317쪽.

이명숙(2012), 「STEAM 교육을 위한 수업적용 방법 연구」, 『2012년 한국컴퓨터교육학회 하계 학술발표논문지』 16(2).

이명실(2004), 「학제적 교양교육의 의의, 한계 그리고 가능성」, 『학제적 교양교육의 이념과 교육현장』(가톨릭 대학 주체 학술 심포지움 자료집), 2004.11.27.

이병민(2013), 「창의성 및 언어의 창의성 개념과 외국어 교육에서의 함의」, 『국어교육연구』 31, 서울대학교 국어교육연구소.

이성영(2005), 「국어과 교사의 쓰기 영역 평가 전문성 기준과 모형」, 『국어교육』 117, 한국어교육학회.

이수진(2001), 「후기 과정중심 작문교육이론 연구」, 한국교원대학교 석사논문.

이수진(2008), 「쓰기 평가 결과의 해석과 활용 방안 연구」, 『작문연구』 6, 한국작문학회.

이순묵(2002가), 『사회과학을 위한 측정의 원리』, 학지사.

이순묵(2002나), 『측정의 원리』, 학지사.

이순옥(2006), 「교과서 분석의 준거 설정」, 『교육학논총』 27(1), 대경교육학회.

이승연(2016), 「사회과 텍스트 분석을 위한 비판적 담화 분석방법의 이용: 체계기능언어학을 중심으로」, 『시민사회교육』 48(4), 173~224쪽.

이아라(2008), 「글쓰기 과정의 '숨은 독자(Hidden Reader)'」, 『국어교육학연구』 31, 국어교육학회.

이용숙(2005), 「제7차 중학교 국어과 교과서와 미국 교과서 내용구성 체계 비교 분석」, 『교육과정연구』 23(2), 한국교육과정학회.

이용환 외(2004), 「정교화이론에 의한 제7차 교육과정 실과(기술) 교과서 내용분석」, 『한국농업교육학회지』 36(2), 한국농산업교육학회.

이원지(2017), 「〈대한뉴스〉 선전정책의 언어적 전략 연구」, 연세대학교 석사논문.

이원표(2010), 「'친박연대'의 혼성적 정치 정체성에 대한 비평적 담화분석」, 『담화와 인지』 17(3), 163~200쪽.

이유선(2009), 「글쓰기와 철학적 담론」, 『인문학 연구』 37, 조선대 인문학연구원.

이유선(2011), 「글쓰기와 민주주의 교육」, 『사회와 철학』 21, 사회와철학연구회.

이윤빈(2010), 「대학생의 학술적 비평문 쓰기수행에 대한 연구: 비평문 텍스트의 질과 필자·텍스트 변인들의 상관 분석을 중심으로」, 『국어교육』

133, 한국어교육학회.

이윤빈(2012), 「대학 신입생 대상 학술적 글쓰기의 장르적 의미와 성격」, 『작문연구』 14, 한국작문학회.

이윤빈(2013), 「과제 표상 교육에 의한 대학생 필자의 담화 종합 수행 변화 양상」, 『국어교육학연구』 48, 국어교육학회.

이윤빈(2014), 「미국 대학 신입생 글쓰기(FYC) 교육의 새로운 방안 모색」, 『국어교육학연구』 49(2), 국어교육학회.

이윤빈·정희모(2010), 「과제 표상 교육이 대학생의 학술적 글쓰기 수행에 미치는 효과」, 『국어교육』 131, 한국어교육학회.

이은숙·황혜영(2013), 「융합성 토대로서 창의성」, 『교양교육연구』 7(2), 한국교양교육학회.

이재기(2005), 「문식성 교육 담론과 주체 형성에 관한 연구」, 한국교원대학교 박사논문.

이재기(2006), 「사회구성주의 관점에서의 독자」, 『독서연구』 16, 한국독서학회.

이재기(2008), 「작문 연구의 동향과 과제」, 『청람어문교육』 38, 청람어문교육학회.

이재성(2009), 「문장 능숙도에 따른 대학생 글의 문장 특성 연구」, 『작문연구』 9, 한국작문학회.

이재성·이윤빈(2008), 「구조문장을 활용한 대학 글쓰기 교육 프로그램 개발 및 적용」, 『겨레어문학』 41, 겨레어문학회.

이재성·이윤빈(2010), 「문장교육이 글쓰기 능력에 미치는 효과」, 『문법 교육』 13, 문법교육학회.

이재승(1997), 「쓰기 과정에서의 자동성과 통제성」, 『국어교육』 95, 한국어교육학회.

이재승(1998가), 「과정 중심 쓰기 교육의 구현 방안」, 『청람어문학』 20, 청람어문학회.

이재승(1998나), 「국어교육: 쓰기 과정 연구의 전개 양상과 지향점」, 『새국어
교육』 56, 한국국어교육학회.

이재승(1998다), 「쓰기 과정에서 교정의 의미와 양상」, 『국어교육』 97, 한국어
교육학회.

이재승(1999), 「과정 중심의 쓰기 교재 구성에 관한 연구: 초등학교를 중심으
로」, 한국교원대학교 박사논문.

이재승(2000가), 「과정 중심의 작문 교육 프로그램 개발 및 적용」, 『새국어교
육』 62, 93~116쪽.

이재승(2000나), 「쓰기 과정 평가의 개념과 교육적 의미」, 『한국어문교육』
9권, 고려대학교 한국어문교육연구소.

이재승(2001), 「과정 중심의 작문 교육 프로그램 개발 및 적용」, 『새국어교육』
62, 한국국어교육학회.

이재승(2002), 『글쓰기 교육의 원리와 방법』, 교육과학사.

이재승(2003), 「읽기와 쓰기 행위에서 결속 구조의 의미와 지도」, 『국어교육』
110, 한국국어교육학회.

이재승(2005), 「작문 교육의 현황과 발전 과제」, 『작문연구』 창간호, 한국작문
학회.

이재승(2007), 「과정 중심 글쓰기 교육의 허점과 보완」, 『한국초등국어교육』
33, 144~168쪽.

이재승(2010), 「작문 이론의 변화와 작문 교육에서의 수용」, 『국어교육』
131, 한국국어교육학회.

이정모(2010), 「'체화된 인지(Embodied Cognition)' 접근과 학문간 통합」,
『철학사상』 38, 38~54쪽.

이주섭(2006), 「대학 작문 교재 구성의 양상」, 『한국어문교육』 9권, 고려대학
교 한국어문교육연구소.

이주섭 외(2004), 『국어과 창의성 신장 방안』, 박이정.

이주섭 외(2006), 「외국 초등국어과 교과서의 특징과 시사점」, 『학습자중심교

과교육연구』 6(2), 학습자중심교과교육학회.

이지양(2009), 「대학 글쓰기의 역동성 높이기를 위한 시론」, 『존재론 연구』 21, 한국하이데거학회.

이진경(1995), 「미셸 푸코와 담론 이론: 표상으로부터의 탈주」, 이진경 외, 『철학의 탈주』, 새길신서44.

이창수 외(2014), 「자유교육의 개념에 대한 고찰」, 『비교교육연구』 24(6), 한국비교교육학회.

이춘근(2001), 「문장교육의 필요성」, 『문창어문논집』 38, 문창어문학회.

이충우(2004), 「국어 문법 교육의 개선 방향」, 『이중언어학』 26, 이중언어학회.

이태수(1994), 「대학교육의 이념과 교양교육」, 『현대비평과 이론』 8, 한신문화사.

이형래(2005), 「문식성 교육의 확장에 관한 연구」, 『국어교육』 118, 한국어교육학회.

이형래(2006), 「직무독자에 대한 탐구」, 『독서연구』 16, 한국독서학회.

이화여자대학교 교양국어 편찬위원회(2006), 『우리말·글·생각』, 이화여자대학교 출판부.

이효녕 외(2013), 『STEM/STEAM 교육의 이해와 적용』, 북스힐.

임지룡(2006), 「인지언어학적 관점에서 본 의미의 본질」, 『한국어 의미학』 21, 한국어의미학회.

임천택(2002), 『학습자 중심의 국어과 평가』, 박이정.

임천택(2006), 「국어과 쓰기 평가 문항 작성의 실태와 개선 방안」, 『어문학교육』 33, 부산교육학회.

임한영(1987), 『듀이철학』, 법문사.

장성아(2015), 「비판적 담화분석(CDA)을 활용한 국어 교육 내용 연구」, 『국어교육연구』 59, 513~244쪽.

장언효(1990), 「교과서 분석 및 평가 모형」, 『교육논총』 9, 국민대학교 교육연구소.

장한업(2008), 「한국 대학생들의 불어 쓰기 유창성 연구」, 『불어불문학연구』 74, 한국불어불문학회.

전성기 외(2004), 『텍스트 분석방법으로서의 수사학』, 유로서적.

전은아(1998), 「대화주의 작문이론 연구: Bakhtin의 대화주의를 적용하여」, 한국교원대학교 석사논문.

전제응(2010), 「과정 중심 쓰기 교육의 한계 양상과 극복 방안(1)」, 『교육과학연구』 12(2), 329~344쪽.

전은주(2005), 「대학 작문 교재의 동향과 개선 방향」, 『새국어교육』 71, 한국국어교육학회.

정경원(2006), 『창의성 교육의 이론과 실제』, 창지사.

정기철(2006), 「해석학적 관점에서의 독자」, 『독서연구』 16, 한국작문학회.

정병철(2011), 「수사학적 문법의 인지적 토대」, 『청람어문교육』 44, 청람어문교육학회.

정영진(2013), 「대학 기초교양에서의 '창의적 글쓰기' 인식 연구」, 『작문연구』 18, 한국작문학회.

정영진(2014), 「글쓰기와 윤리」, 『작문연구』 21, 한국작문학회.

정정호(2004), 「언어, 담론, 그리고 교육: 전지구화 복합문화시대의 '비판적' 언어교육을 위한 예비적 논의」, 『국어교육』 115, 한국어교육학회.

정종진(2003), 「창의성의 본질과 교육」, 『초등교육연구논총』 19(1), 대구교육대학교 초등교육연구원.

정종진(2011), 「〈인문학 글쓰기〉 교과목에서의 학제성 제고 방안」, 『사고와 표현』 4(1), 한국사고와표현학회.

정혜승(2003), 「국어 교과서 연구의 현황과 반성」, 『국어교육학연구』 16, 국어교육학회.

정혜승(2004가), 「국어 교과서 평가 방안 연구」, 『국어교육학연구』 21, 국어교육학회.

정혜승(2004나), 「국어적 창의성 계발을 위한 교재 구성 방안」, 『한국초등국어

교육』 24, 한국초등국어교육학회.

정혜승(2004다), 「교과서 평가 방안 연구」, 『국어교육학연구』 21, 국어교육
학회.

정희모(2001), 「글쓰기 과목의 목표 설정과 학습 방안」, 『현대문학의 연구』
17, 한국문학연구학회.

정희모(2004), 「MIT 대학 글쓰기 교육 시스템에 관한 연구」, 『독서연구』
11, 한국작문학회.

정희모(2005가), 「대학 글쓰기 교육과 사고력 학습에 관한 연구」, 『현대문학의
연구』 25, 한국문학연구학회.

정희모(2005나), 「대학 글쓰기 교육의 현황과 방향」, 『작문연구』 1, 한국작문
학회.

정희모(2008), 「글쓰기에서 독자의 의미와 기능」, 『새국어교육』 79, 한국국어
교육학회.

정희모(2009가), 「대학 글쓰기 평가의 신뢰도와 타당도 향상을 위한 한 방안」,
『작문연구』 9, 한국작문학회.

정희모(2009나), 「대학생 글에 대한 총체적 평가와 분석적 평가에 대한 결과
비교」, 『청람어문교육』 39, 청람어문교육학회.

정희모(2010), 「글쓰기 평가에서 객관-주관주의 대립과 그 함의」, 『우리어문
연구』 37, 우리어문학회.

정희모(2011가), 「대학 글쓰기 교육과 연구과제」, 『대학작문』 2, 대학작문
학회.

정희모(2011나), 「작문 이론의 구체성과 실천성」, 『한국어문교육』 10권, 고려
대학교 한국어문교육연구소.

정희모(2013가), 「작문에서 문법의 기능과 역할」, 『청람어문교육』 47, 청람어
문학회.

정희모(2013나), 「작문 연구의 방향과 전망: 대학 작문에서 인지적 연구의
필요성과 방향」, 『작문연구』 18, 9~33쪽.

정희모(2014가), 「대학 글쓰기 교육에서 학습 전이의 문제와 교수 전략」, 『국어교육』 146, 한국어교육학회.

정희모(2014나), 「대학 작문 교육과 학술적 글쓰기의 특성」, 『작문연구』 21, 한국작문학회.

정희모(2014다), 「대학 작문 교육의 특성과 학술적 글쓰기」, 한국화법학회·한국작문학회 연합학술대회 자료집, 2014.3.22.

정희모(2015), 「창의 융합 과정으로서 작문과 작문교육」, 『독서연구』 35, 한국작문학회.

정희모 외(2008), 『대학글쓰기』, 삼인.

정희모·김성희(2008), 「대학생 글쓰기의 텍스트 비교 분석 연구」, 『국어교육학연구』 32, 국어교육학회.

정희모·유혜령(2010), 「대학생 글쓰기 텍스트에 나타난 오류 양상」, 『중앙어문』 52, 중앙어문학회.

조영돈(2006), 『논술문 생산의 텍스트 언어학적 책략』, 태학사.

조재윤(2009), 「일반화가능도 이론을 이용한 쓰기 평가의 오차원 분석 및 신뢰도 추정 연구」, 『국어교육』 128, 한국어교육학회.

조종혁(2011), 「비판적 담론분석(CDA) 방법의 탐구: 기든스, 부르디외, 하버마스의 분석모형」, 『커뮤니케이션 연구』 19(1), 157~173쪽.

주세형(2005가), 「문법 교육 내용의 설계를 위한 기능 중심성 원리에 대한 연구」, 『한국어학』 26, 한국어학회.

주세형(2005나), 「쓰기 교육을 위한 대안적 문장 개념」, 『어문연구』 33(4), 어문연구학회.

주세형(2005다), 「통합적 문법 교육 내용 설계」, 『이중언어학』 27, 이중언어학회.

주세형(2006), 『문법 교육론과 국어학적 지식의 지평 확장』, 박이정.

주세형(2007가), 「문법 교육내용 설계를 위한 기능 중심성 원리에 대한 연구」, 『한국어학』 26, 한국어학회.

주세형(2007나), 「쓰기 능력 향상을 위한 문법 교육 방안」, 『청람어문교육』 36, 청람어문교육학회.

주세형(2007다), 「텍스트 속 문장 쓰기와 문법」, 『한국초등국어교육』 34, 한국초등국어교육학회.

주세형(2008), 「쓰기 교육과 문법」, 『문식성 교육연구』, 한국문화사.

주세형(2010), 「작문의 언어학(1)」, 『작문연구』 10, 한국작문학회.

지은림(2000), 「교육측정의 본질과 대안」, 황정규 편, 『한국 교육평가의 쟁점과 대안』, 교육과학사.

차윤경 외(2014), 『융복합교육의 이론과 실제』, 학지사.

차호일(2008), 「작문이론의 교육적 접근」, 『한국초등국어교육』 21, 한국초등국어교육학회.

채사장(2015), 『지적 대화를 위한 넓고 얕은 지식』, 한빛비즈.

천경록(2014), 「사회적 독서와 비판적 문식성에 대한 고찰」, 『새국어교육』 101, 7~35쪽.

최상덕(2011), 『21세기 창의적 인재 양성을 위한 교육의 미래전략 연구』, 한국교육개발원.

최상덕(2013), 『미래 인재 양성을 위한 핵심역량 교육 및 혁신적 학습생태계 구축』, 한국교육개발원.

최석민(1997), 「비판적 사고 개념의 분석과 그 교육적 정당화」, 경북대학교 박사논문.

최시한(2009), 「대학 글쓰기 교육의 방향」, 『시학과 언어학』 16, 시학과 언어학회.

최윤선(2014), 『비판적 담화분석』, 한국문화사.

최인자(2001가), 「대화주의 이론과 작문교육의 '문화생산' 모델」, 『국어교육연구』 7, 서울대 국어교육연구소.

최인자(2001나), 「문식성 교육의 사회·문화적 접근」, 『국어교육연구』 8, 191~220쪽.

최현섭 외(2000), 『구성주의 작문 교수 학습론』, 박이정.

하병학(2004가), 「'보편 교양학'으로서의 수사학 재정립」, 『철학탐구』 16, 중앙대학교 중앙철학연구소.

하병학(2004나), 「CAP능력계발 중심의 학제적 교양교육」, 『학제적 교양교육의 이념과 교육현장』(가톨릭 대학 주체 학술 심포지움 자료집), 2004. 11.27.

하병학(2005), 「논증과 권위」, 『철학탐구』 18, 중앙대학교 중앙철학연구소.

한계전 외(2008), 『고등학교 작문』, 중앙교육진흥연구소.

한국교원대학교 초등교육연구소 편(2002), 『구성주의와 교과교육』, 문음사.

한국교육개발원(1991), 『사고력 신장을 위한 프로그램 개발 연구(V)』, 한국교육개발원.

한국교육개발원(1995), 『교과서 정책과 내용구성방식 국제비교연구』, 한국교육개발원 연구보고 RR 95-17.

한국교육평가학회(2004), 『교육평가용어사전』, 학지사.

한국직업능력개발원(2011), 『국제 성인역량 조사(PIAAC) 기술 표준 및 안내』, 한국직업능력개발원.

한국텍스트언어학회(2004), 『텍스트 언어학의 이해』, 박이정.

한양대학교 국어교육위원회(2004), 『창조적 사고와 글쓰기』, 한양대학교 출판부.

허경철 외(1991), 『사고력 신장을 위한 프로그램 개발 연구』, 한국교육개발원.

허경철 외(1993), 『사고력 교육의 이론과 실제』, 서울특별시 교육연구원.

현남숙(2013), 「창의적 문제 해결로서의 인문학 글쓰기」, 『작문연구』 19, 한국작문학회.

황미향(2007), 「과정 중심 쓰기 교육에 대한 비판적 고찰」, 『국어교육』 123, 243~278쪽.

황선욱 외(2013), 『국어와 수학 통합 교수·학습 자료 개발』, 한국과학창의재단 연구보고서.

황재웅(2007), 「쓰기 능력 향상을 위한 문법 교육 방안 연구」, 『청람어문교육』 36, 청람어문교육학회.

황희숙(2000), 「비판적 사고력 증진을 위한 교과통합적 사고력 훈련의 효과」, 『교육학연구』 39(3), 한국교육학회.

황희숙·신경숙(2000), 「사고교육을 위한 수업모형의 비판적 고찰」, 『교육학연구』 38, 한국교육학회.

게리 보리츠, 박승배 외 옮김(2011), 『효과적인 교수법』, 아카데미프레스.

나이즐 스피비, 신헌재 외 옮김(2004), 『구성주의와 읽기·쓰기』, 박이정.

데이빗코즌스 호이, 이경순 옮김(1988/1994), 『해석학과 문학비평』, 문학과지성사.

로린 앤더슨 외 지음, 강현석 외 옮김(2015), 『교육과정 수업평가를 위한 새로운 분류학』, 아카데미프레스.

로버트 가니(2000), 전성연·김수동 옮김, 『교수-학습이론』, 학지사.

루스 아모시, 장인봉 외 옮김(2003), 『담화 속의 논증』, 동문선.

마이클 머카씨, 김지홍 옮김(2010), 『입말, 그리고 담화 중심의 언어교육』, 경진출판.

미에치슬라브 마넬리, 김상희·손장권 옮김(2006), 『페럴만의 신수사학』, 고려대학교 출판부.

벤자민 브룸, 임의도 외 옮김(1968), 『교육목표분류학』, 배영사.

브루스 맥코미스키, 김미란 역(2012), 『사회 과정 중심 글쓰기: 작문교육 패러다임의 전환』, 경진출판.

비비안 에반스·멜라니 그린, 임지룡·김동환 옮김(2008), 『인지언어학 기초』, 한국문화사.

아드리아나 벨레티·루이지 리찌 편집, 이두원 옮김(2003), 『촘스키-자연과 언어에 관하여』, 박이정.

아리스토텔레스, 이종오 옮김(2007), 『수사학 II』, 리젬.

아리스토텔레스, 이종오 옮김(2008), 『수사학 III』, 리젬.

아리스토텔레스, 이종오 옮김(2009), 『수사학 I』, 리젬.

올리비에 르불, 박인철 옮김(1999), 『수사학』, 한길사.

월터 딕 외 지음, 최수영 외 옮김(2003), 『체계적 교수 설계』, 아카데미프레스

웰레스 체이프, 김병원·성기철 옮김(2006), 『담화와 의식과 시간: 언어의식론』, 한국문화사.

윌리엄 그레이브·로버트 카플란, 허선익 옮김(2008), 『쓰기 이론과 실천 사례』, 박이정.

재클린 브룩스, 추병완 옮김(1999), 『구성주의 교수·학습론』, 백의.

제임스 크로스화이트, 오형엽 옮김(2001), 『이성의 수사학』, 고려대학교 출판부.

카임 페를만, 심헌섭 외 옮김(1989), 『법과 정의의 철학』, 종로서적.

크리스티앙 플랑탱, 장인봉 옮김(1996/2003), 『논증연구: 논증발언 연구의 언어학적 입문』, 고려대학교 출판부.

티모시 보셔서, 이희복 외 옮김, 『수사학 이론』, 커뮤니케이션북스, 2007.

허버트 클락, 김지홍 옮김(2009), 『언어사용 밑바닥에 깔린 원리』, 경진출판.

헨리 뉴먼, 지방훈 옮김(1985), 『대학이란 무엇인가』, 김문당.

Bawarshi, A. S., & Reiff, M. J. (2005), *Genre: An introduction to history, theory, research, and pedagogy*, West Lafayette, IN: Parlor Press; 정희모 외 옮김(2015), 『장르: 역사·이론·연구·교육』, 경진출판.

Chafe, W. (1994), *Discourse, consciousness, and time*, The University of Chicage Press; 김병원·성기철 옮김(2006), 『담화와 의식과 시간: 언어의식론』, 한국문화사.

Crosswhite, J., 오형협 옮김(2001), 『이성의 수사학』, 고려대학교출판부.

Dreyfus, H. L., & Rabinow, P. (2014), *Michel Foucault: Beyond structuralism and hermeneutics*, University of Chicago Press; 서우석 옮김(1996), 『미셸 푸코: 구조주의와 해석학을 넘어서』, 나남출판.

Fairclough, N. (2001), *Language and power*(2nd ed.). Pearson Education; 김지홍 뒤침(2011), 『언어와 권력』, 경진출판.

Fairclough, N. (2003), *Analysing discourse: Textual analysis for social research*, Psychology Press; 김지홍 뒤침(2012), 『담화 분석 방법: 사회조사 연구를 위한 텍스트 분석』, 경진출판.

Foucault, M., 이정우 옮김(1996), 『지식의 고고학』, 민음사.

Foucault, M., 이정우 해설(1997), 『담론의 질서』, 새길신서33.

Foucault, M., 홍성민 옮김(2006), 『임상의학의 탄생』, 이매진.

Gagné, R. M., 전성연·김수동 옮김(1998), 『교수-학습 이론』, 학지사.

Hart, C. (2010), *Critical discourse analysis and cognitive science: New perspectives on immigration discourse*, Springer 2010; 김동환·이미영 옮김(2017), 『비판적 담화분석과 인지과학』, 로고스라임.

Kosik, K., & Hoffmann, M. (1967), *Die dialektik des konkreten*. Suhrkamp; 박정호 옮김(1985), 『구체성의 변증법』, 거름.

Smirnova, E., & Mortelmans, T. (2010), *Funktionale Grammatik: Konzepte und Theorien*, Walter de Gruyter; 최지영 옮김(2015), 『기능문법의 개념과 이론』, 한국문화사.

Vygotsky, L. S. V. (1962), *Thought and Language*, M.I.T. Press, Massachusetts Institute of Technology; 신현정 옮김(1985), 『사고와 언어』, 성원사.

Applebee, N. (1982), "Writing and Learning in School Settings", Martin Nystrand, *What Writers Know: The language, process, and structure of written discourse*, New York (etc.): Academic Press, Inc.

Arlov, P. (2004), *Wordsmith A Guide to College Writing*, Pearson Prentice Hall.

Baron, J. (1994), *Thinking and Deciding*, Cambridge university press.

Bartholomae, D. (1985), "Inventing the University", Mike Rose (ed.), *When a Writer Can't Write: Studies in Writer's Block and Other Composing-Process Problems*, New York: Guilford.

Bartholomae, D.(2009), "Inventing the University", in Susan Miller (ed.), *The Norton Book of Composition Studies*, W. W. Norton and Company, Inc.

Bawarshi, A. and Reiff, M. J. (2010), *Genre: An Introduction to History, Theory, Research and Pedagogy*, Parlor Press.

Bazerman, Charles (1997), "The Life of Genre, the Life in the Classroom", Wendy Bishop and Hans Ostrom (ed.), *Genre and Writing: Issues, Arguments, Alternatives*, Portsmouth: Boynton/Cook.

Beaufort, A. (2007), *College Writing and Beyond*, Utah State University Press.

Beaufort, A. (2012), *College Writing and Beyond*, Five Years Later, Composition Forum 26, http://compositionforum.com/issue/18/.

Belanoff, P. (1991), "The Myths of Assessment", *Journal of Basic Writing*, Vol. 10, No. 1.

Berlin, J. (1988), "Rhetoric and ideology in the writing class", *College English*, Vol. 50, No. 5, pp. 477~494.

Berryman, S. E. and Baily, T. (1992), *The Double Helix of Education and the Economy, Teacher College*, Columbia University.

Berryman, S. E. and Baily, T. (2007), *The Double Helix of Education and the Economy, Teacher College*, Columbia University.

Bizzell, P. (1982), "Cognition, Convention, and Certainty: What We Need to Know About Writing", *PRE/TEXT* 3.3.

Bizzell, P. (1992a), "Cognition, Convention, and Certainty", *Academic Discourse and Critical Consciousness*, University of Pittsburgh Press.

Bizzell, P. (1992b), "What is a Discourse Community?", in *Academic Discourse and Critical Consciousness*, University of Fittsburg Press.

Bruffee, K. A. (1984), "Collaborative Learning and the 'Conversation of

Mankind'", *College English*, Vol. 46, No. 7.

Camp, R. (1993), "Changing the Model for the Direct Assessment of Writing", in B. Huot and P. O'Nell (eds.) (2009), *Assessing Writing*, A Critical Sourcebook, Bedford/ST. Martin's.

Camp, R. (1996), "New View of Measurement and New Models for Writing Assessment", in E. White, William M., Lutz D., and Sandra Kamusikiri (eds.), *Assessment of Writing, Politics, Policies, Practices*, The Modern Language Association of America.

Carol Berienkotter (1981), "Understanding a writer's Awareness of Audience", *College Composition and Communication*, Vol. 32, No. 4.

Cherry, R. D. and Meyer, P. R. (1996), "Reliability Issues in Holistic Assessment", in E. D. White, W. D. Lutz, S. Kamusikiri (ed.), *Assessment of Writing*, The Modern Language Association of America.

Cherry, R. D. and Meyer, P. R. (2009), "Reliability Issues in Holistic Assessment", B. Huot, and P. O'Nell (ed.), *Assessing Writing*, A Critical Sourcebook, Bedford / ST. Martin's.

Connor, U. (1988), "Research frontiers in writing analysis", *TESOL Quarterly*, Vol. 21, No. 4, pp. 677~696.

Connors, R. J. (2000), "The Erasure of the Sentence", *College Composition and Communication*, Vol. 52, No. 1. (Sep., 2000).

Crosswhite, James (1996), *The Rhetoric of Reason*, The University of Wisconsin Press.

Dobrin, S. I. (1997), *Constructing Knowledge: The Politics of Theory-Building and Pedagogy in Composition*, State University of NewYork Press, Albany.

Downs, D. and Wardle, E. (2007), "Teaching about Writing, Righting Misconceptions: (Re)Envisioning 'First-Year Composition' as 'Introduction to Writing Studies'", *College Composition and Communication*, Vol. 58.

Driscoll D. L. and Wells J. (2012), "Beyond Knowledge and Skills: Writing Transfer and the Role of Student Disposition", *Composition Forum* 26, Association of Teachers of Advanced Composition (http://compositionforum.com/issue/18/).

Driscoll, D. L. (2011), "Connected, Disconnected, or Uncertain: Student Attitudes about Future Writing Contexts and Perceptions of Transfer from First Year Writing to the Disciplines", *Across the Disciplines*, Vol. 8.

Ede, L. (1984), "Audience: An Introduction to Research", *College Composition and Communication*, Vol. 35, No. 2.

Ede, L. and Lunsford A. (1984), "Audience Addressed/Audience Invoked: The Role of Audience in Composition Theory and Pedagogy", *College Composition and Communication*, Vol. 35, No. 2 (May 1984).

Edward de Bono (1976), *Teaching Thinking*, Maurrice Temple Smith.

Edward P. J. Corbett (1990), *Classical Rhetoric for the Modern Student*, Oxford University Press.

Elbow, P. (1973), *Writing without Teachers*, Oxford University Press.

Elbow, P. (1991), "Reflection on Academic Discourse: How It Relate to Freshmen and Colleagues", *College English*, Vol. 53, No. 2 (February 1991).

Elbow, P. (1993), "Ranking, Evaluation, and Liking: Sorting Out There Forms of Judgment", *College English*, Vol. 55, No. 2 (February 1993).

Elbow, P. (1996), "Writing Assessment: Do It Better, Do It Less", in E. D. White, W. D. Lutz and S. Kamusikiri (eds.), *Assessment of Writing, Politics, Policies, Practices*, The Modern Language Association of America.

Elbow, P. (2005), "Closing my eye as I speak: An Argument for ignoring audience", in T. R. Johnson (ed.), *Teaching Composition*, Bedford/St. Martin's.

Engestrom, Y. (2000), "Activity theory as a framework for analyzing and redesigning work", *Ergonomics*, Vol. 43, No. 7.

Engestrom, Y. (2001), "Expansive Learning at Work: toward an activity theoretical reconceptualization", *Journal of Education and Work*, Vol. 14, No. 1.

Faigley, L. (1986), "Competing theories of process: A critique and a prpposal", *College English*, Vol. 48, No. 6, pp. 527~542.

Faigley, L. and Witte, S. (1981), "Analyzing Revision", *College Composition and Communication*, Vol. 32, No. 4.

Fairclaugh, N. (2001), *Language and Power*, Person Education Limited.

Fishman, J. and Reiff, M. J. (2008), "Taking the High Road: Teaching for Transfer in an FYC Program", *Composition Forum* 18, http://compositionforum.com/issue/18/.

Flower, L. S. (1979), "Writer-based prose: A cognitive basis for problems in writing", *College English*, Vol. 41, No. 1, pp. 19~37.

Flower, L. S. (1989), "Cognition, context, and theory building", *College composition and communication*, Vol. 40, No. 3, pp. 282~311.

Flower, L. S. (1990), "Negotiating academic discourse", In L. Flower et al., *Reading to write: Exploring a cognitive and social process* (pp. 221~252). Oxford University Press.

Flower, L. S., & Hayes, J. R. (1981), "A cognitive process theory of writing", *College composition and communication*, Vol. 32, No. 4, pp. 365~387.

Flower, L. S., & Hayes, J. R. (1984), "Images, plans, and prose: The representation of meaning in writing", *Written communication*, Vol. 1, No. 1, pp. 120~160.

Flower, L. S., et al. (1989), "The Cognition of a Constructive Process", *NWP Technical Report* No. 34.

Flower, L. S., et al. (1986), "Detection, Diagnosis, and Strategies of Revision", *College Composition and Communication*, Vol. 37, No. 1.

Flower, L. S., et al. (1990), *Reading-To-Write*, Oxford University Press.

Flower, L. S. and Hayes, J. R. (1977), "Problem-Solving Strategies and the Writing Process", *College English*, Vol. 39, No. 4 (Dec. 1977).

Flower, L. S. and Hayes, J. R. (1980), "The dynamics of composing: Making plans and juggling constraints", In Gregg and Steinberg (eds.), *Cognitive processes in writing*, Lawrence Erlbaum.

Flower, L. S. and Hayes, J. R. (1981), "A Cognitive Process Theory of Writing", *College Composition and Communication*, Vol. 32, No. 4 (Dec. 1981).

Freedman, S. W., et al. (1987), "Research in Writing: Past, Present, and Future", *Technical Report* No. 1, National Center for The Study of Writing.

Fulkerson, R. (1988), "Technical Logic, Comp-Logic and Teaching of Writing", *College Composition and Communication*, Vol. 39, pp. 436~452.

Fulkerson, R. (2005), "Composition at the Turn of the Twenty-First Century", *College Composition and Communication*, Vol. 56, No. 4.

Fulkerson, R. (2005), "Summary and Critique, Composition at the Turn of the Twenty-First Century", *College Composition and Communication*, Vol. 56, No. 4.

Galbraith, D. (1996), "Self-monitoring, discovery through writing and individual differences in drafting strategy", Rijlarsdam, G., *Theories, Models and Methodology in Writing Research*, Amsterdam University Press.

Galbraith, D. (1999), "Writing as a Knowledge-Constituting Process", *Knowing What to Write*, Amsterdam University Press.

Gall, M. D. (2001), *Handbook For Evaluating and Selecting Curriculum Materials*, Allyn and Bacon.

Goldman, S. R. and Wiley, N. (2004), "Discourse analysis: Written Text", in Nell K. Duke and Marla H. Mallette (eds.), *Literacy research methodologies*, GP.

Greene, S. (1995), "Making Sense of My Own Ideas: The Problem of Authorship in a Beginning Writing Classroom", *Written Communication*, Vol. 12, No. 2.

Gross, A. (2002), "A Theory of the Rhetorical Audience: Reflections on Chaim Perelman", in Timothy Barnett, *Teaching Argument in The Composition Course*, Bedford/St Martin's.

Haas, C., & Flower, L. (1988), "Rhetorical reading strategies and the construction of meaning", *College Composition and Communication*, Vol. 39, No. 2, pp. 167~183.

Hairston, M. (1982), "The winds of change: Thomas Kuhn and the revolution in the teaching of writing", *College composition and communication*, Vol. 33, No. 1, pp. 76~88.

Halasek, K. (1999), *A Pedagogy of Possibility*, Southern Illinois University Press.

Halliday, M. A. K., and Hasan, R. (1976), *Cohesion in English*, Longman.

Harris, J. (1989), "The idea of community in the study of writing", *College Composition and Communication*, Vol. 40, No. 1.

Harris, J. and Moseley, A.(2004), *Strategies for College Writing*, Pearson Longman.

Hayes, Christopher G. (1983), "A Classification and Review of Basic Writing Rhetorics", ERIC Clearinghouse on Reading and Communication Skills Bloomington IN., ED.254846.

Hayes, J. R. (1996), "A New Framework for Understanding Cognition and Affect in Writing", In C.M. Levy & S. Ransdell (Eds.), *The science of writing: theories, methods*, individual differences, and applications, Mahwah, NJ: Erlbaum.

Hayes, J. R. (2000), "A New Framework for Understanding Cognition and Affect in Writing", Roselmina Indrisano and James R. Squire (eds.), *Perspectives on Writing: Research, Theory, and Practice*, Information

Reading Association.

Hines, E. (2004). *High quality and low quality college-level academic writing: Its discursive features*, Doctorial dissertation of University of Colorado at Boulder.

Huot, B. (1990), "Reliability, Validity, and Holistic Scoring: What we know and What we need to know", *College Composition and Communication*, Vol. 41, No. 2 (May 1990).

Huot, B. (1996), "Toward a New Theory of Writing Assessment", *College Composition and Communication*, Vol. 47, No. 4 (December 1996), pp. 549~562.

Hyland, K. (2003), "Genre-based pedagogies: A social response to process", *Journal of Second Language Writing* 12.

James, O. Carry and Lou, M. (1980), "Materials, Using formative evaluation for the selection of instructional Materials", *Journal of instructional development*, Vol. 3, No. 3.

Jonassen, D. and Murphy L. (1999), "Activity Theory as a Framework for Designing Constructivist Learning Environments", *Educational Technology Research and Development*, Vol. 47, No. 1.

Joseph, B. (1988), "The Collective Concept of Audience in Nonacademic Setting", ERIC Clearinghouse on Reading and Communication Skills Bloomington IN., ED293150.

Jurkiewicz, K. (1975), "How to Begin to Win Friends and Influence People: The Role of Audience in the Pre-Writing Process", *College Composition and Communication*, Vol. 26, No. 2.

Kain, D. and Wardle, E. (2004), "Activity Theory: An Introduction for the Writing Classroom", in E. Wardle and D. Downs (eds.), *Writing About Writing: A College Reader*, Bedford/St. Martin's.

Kellogg, R. T. (1994), *The Psychology of Writing*, Oxford University Press.

Kellogg, R. T. (1996), "A Model of Working Memory in Writing", in C. M. Levy, and S. Ransdell (eds.), *The Science of Writing, Theories, Methods, Individual Differences and Applications*, Lawrence Erbaum Associates.

Kent, T. (1989), "Beyond System: The Rhetoric of Paralogy", *College English*, Vol. 51, No. 5.

Kitzhaber, A. R. (1960), "Death, Or transfiguration?", *College English* 21.

Langan, J. (2006), *College Writing Skills with Readings*, McGrawHill.

Leki, I. (1998), *Academic Writing*, Cambridge University Press.

Long, C. R. (1980), "Writer-Audience Relationships: Analysis or Invention?", *College Composition and Communication*, Vol. 31, No. 2.

Mahala, D. and Swilky, J. (1996), "Academic discourse", In P. Heilker, and P. Vandenberg (eds.), *Keywords in Composition Studies*, NH: Boynton/ Cook Publishers.

Marro, V. (2012), "The Genre of Chi Omega: An Activity Analysis", *A Journal of First-Year Writing*, Vol. 3, No. 1.

Mathison, M.A.,(1993), *Authoring the critique: Taking critical stances on disciplinary texts*, Unpublished doctorial dissertation, Camegie Mellon university.

Mathison, M. A. (1996), "Writing the critique, a text about a text", *Written Communication* 13, pp. 314~354.

McDonald, S. and Salomone, W. (2000), *The Writer's Response*, Wadsworth.

McPeck, J. E. (1981), *Critical Thinking and Education*, Martin Robertson· Oxford.

McWhorter, K. T. (2006), *Successful college Writing*, Bedford/St. Martin's.

MeComiskey, B. (2000), *Teaching Composition as a Social Process*, Utah State University Press.

Merrill, D. M. (1983), "Component Display Theory", In Charles M. Reigeluth (ed.), *Instructional-Design Theories and Models: An Overview of their Current Status*, Lawrence Erlbaum Associates.

Miles, L., et al. (2008), "Commenting on Douglas Downs and Elizabeth Wardle's 'Teaching about Writing, Righting Misconceptions'", *College Composition and Communication*, Vol. 59, No. 3.

Monroe, J. H. (1975), *Measuring and Enhancing Syntactics Writing Fluency in French*, The French Review.

Moss, P. A. (1994), "Can There be Validity without Reliability?", *Educational Researcher* 23(4); in B. Huot, and P. O'Nell (eds.) (2009), *Assessing Writing*, A Critical Sourcebook, Bedford/ST. Martin's.

Moss, P. A. (1998), "Testing the Test of Test: A Response to 'Multiple Inquiry in the Validation of Writing Test'", *Assessing Writing* 5; in B. Huot, and P. O'Nell (eds.) (2009), *Assessing Writing*, A Critical Sourcebook, Bedford/ST. Martin's.

Noguchi, Rei R. (1992), "Grammar and the Teaching of Writing: Limits and Possibilities", *College Composition and Communication*, Vol. 43, No. 2, National Council of Teachers of English.

Nystrand, M. (1989), "A Social-Interactive Model of Writing", *Written Communication*, Vol. 6, No. 1.

Ong, W. (1975), "The Writer's Audience is Always a Fiction", *PMLA*, Vol. 90, No. 1.

Park, B. D. (1982), "The Meaning of 'Audience'", *College English*, Vol. 44, No. 3.

Patrick, H. (1985), "Grammar, Grammars, and Teaching of Grammar", *College English*, Vol. 47, No. 2 (Feb. 1985).

Perelman, CH. and Olbrechts-Tyteca, L. (1969), *New Rhetoric*, University of

Notre Dame Press.

Pfister, F. R. and Petrick, J. F. (1980), "A Heuristic Model for Creating a Writer's Audience", *College Composition and Communication*, Vol. 31, No. 2.

Pittard, V. (1999), "Knowledge, Ideas and Social Situation of Writing", In Torrance M.,& Galbraith, d. (eds.), *Knowledge What to Write*, Amsterdam University Press.

Porter, J. E. (1992), *Audience and Rhetoric*, Prentice-Hall, Inc.

Rafoth, B. A. (1988), "Discourse Community: Where Writer, Readers, and Texts come together", in Bennett A. Rafoth and Donald L. Rubin (ed.), *The Social Construction Written Communication*, Ablex Publishing Corporation.

Reigeluth, C. M. (eds.) (1984), *Instructional-Design Theories and Models: An Overview of Their Current Status*, Taylor & Francis, Inc. (January 1, 1984).

Reigeluth, C. M. and Moore, J. (1999), "Cognitive Education and the Cognitive Domain", In Charles M. Reigeluth (ed.), *Instructional-Design Theories and Models: A New Paradigm of Instructional Theory*, Lawrence Erlbaum Associates.

Reinking, J. A., et al. (2002), *Strategies for Successful Writing*, Prentice Hall.

Roth, G. R. (1987), "The Evolving Audience: Alternative to Audience Accommodation", *College Composition and Communication*, Vol. 38, No. 1 (Feb. 1987).

Roth, W. and Lee, Y. (2007), "'Vygotsky's Neglected Legacy': Cultural-Historical Activity Theory", *Review of Educational Research*, Vol. 77, No. 2.

Russell, D. R. (1988), "Romantics on rhetoric: Liberal culture and the abolition of composition courses", *Rhetoric Review* 6.

Russell, D. R. (1995), "Activity theory and its implications for writing instruction", In J. Petraglia (ed.), *Reconceiving writing, rethinking writing instruction*, Lawrence Erlbaum Associates, Inc.

Russell, D. R. (1997), "Rethinking Genre in School and Society: An Activity Theory Analysis", *Written Communication*, Vol. 14, No. 4.

Sari, I. F. and Reigeluth, C. M. (1982), "Writing and Evaluating Textbooks: Contributions from Instructional Theory", In David H. Jonassen (ed.), *The Technology of Text*, Educational Technology Publication.

Schindler, K. (2001), "Invent an Audience: Create a Context", *How Writers area Referring to readers*, ERIC Clearinghouse on Reading and Communication Skills Bloomington IN., ED455519.

Schopenhauer, A. (1986), "Parerga und Paralipomena II", in A. Schopenhauer, Sämtliche Werke, Bd.V, hrsg. von Frhr. von Löhneysen, Frankfurt a.M.

Spear, K. I. (1987), "Thinking and Writing: A Sequential Curriculum for Composition", *Journal of advanced composition*, Vol. IV.

Spivey, N. N. (1997), *Constructivist Metaphor, Reading, Writing and The Making Meaning*, Academic Press.

Spivey, N. N. and King, J. R. (1989), "Readers as Writers Composing from Sources", *Technical Report* No. 18.

Strange, R. L. (1988), "Audience Awareness: When and How Does It Develop?", ERIC Clearinghouse on Reading and Communication Skills Bloomington IN., ED296347.

Torrance, M. and Galbraith, D. (2006), "The Processing Demands of Writing", In Charles A. MacArthur, Steve Graham, and Jill Fitzgerald (eds.), *Handbook of Writing Research*, New York: The Guilford Press.

VanderMay, R., et al. (2007), *The College Writer*, Houghton Mifflin.

Veal, L. R. and Hudson, S. A. (2009), "Direct and Indirect Measures for

Large-Scale Evaluation of Writing", in B. Huot, and P. O'Nell (eds.), *Assessing Writing*, A Critical Sourcebook, Bedford/ST. Martin's.

Walzer, E. (1985), "Articles from the 'California Divorce Project': A Case Study of the Concept of Audience", *College Composition and Communication*, Vol 36, No. 2.

Wardle, E. (2004a), "Can Cross-Disciplinary Links Help us Teach 'Academic Discourse' in FYC?", *Across the Discipline*, Vol. 1, No. 1.

Wardle, E. (2004b), "Identity, Authority, and Learning to Write in New Workplaces", *Enculturation*, Vol. 5, No. 2.

Wardle, E. (2008), "Continuing the Dialogue: Follow-up Comments on 'Teaching about Writing, Righting Misconceptions'", *College Composition and Communication*, Vol. 60, No. 1.

Wardle, E. (2009), "'Mutt Genres' and Goal of FYC: Can We Help Students Write the Genres of the University?", *College Composition and Communication*, Vol. 60, No. 4 (June 2009), pp. 771~775.

Wardle, E. (2013), "Intractable Writing Program Problem, Kairos, and Writing about Writing: A Profile of the University of Centerral Florida's First-Year Composition Program", *Composition Forum* 27, Spring 2013.

Wardle, E., and Downs, D. (2011), *Writinf About Wrotong*, Bedford/St. Martin's.

Wardle, E., & Downs, D. (2013), "Reflecting Back and Looking Forward; Revisiting 'Teaching about Writing, Righting Misconceptions' Five Years On", *Composition Forum* 27, Spring 2013.

Wells, G. (1990), "Talk about Text Where Literacy is Learned and Taught", *Curriculum Inquiry* 20(4), pp. 369~405.

Wenger, E. (1998), *Communities of Practice, Meaning, and Identity*, Cambridge UP.

White, E. M. (1990), "Language and Reality in Writing Assessment", *College*

Composition and Communication, Vol. 41, No. 2.

White, E. M. (1996), "Power and Agenda Setting in Writing Assessment", in E. M. White, D. Lutz William, and Sandra Kamusikiri (eds.), *Assessment of Writing, Politics, Policies, Practices*, The Modern Language Association of America.

White, E. M. (2009), "Holisticism", in B. Huot, and P. O'Nell (eds.), *Assessing Writing*, A Critical Sourcebook, Bedford/ST. Martin's.

White, E. M., Lutz, W., Samusikiri, S., and Kamusikiri S. (1996), *Assessment of Writing*, The Modern Language Association of America.

Williamson, M. (2009), "The Worship of Efficiency: Understanding Theoretical and Practical Considerations in Writing Assessment", in B. Huot, and P. O'Nell (eds.), *Assessing Writing*, A Critical Sourcebook, Bedford/ST. Martin's.

Willimams, J. D. (2003), *Preparing to Teach Writing, Research, Theory, and Practice*, Lawrence Erlbaum Associates.

Witte, S. and Faigley, L. (1981), "Coherence, Cohesion, and Writing Quality", *College Composition and Communication*, Vol. 32, No. 3, National Council of Teachers of English, pp. 189~204.

Wolcott, W. and Legg, S. M. (1988), *An Overview of Writing Assessment*, Urbana, NCTE.

Yancey, K. B. (1999), "Looking Back As We Look Forward: Hitoriciing Writing Assessment", *The Norton Book of Composition Studies*, Norton.

Zamel, V. (1993), "Questioning academic discourse", in V. Zamel, and R. Spack (1998), *Negotiating academic literacies: Teaching and learning across languages and cultures*, Routledge.

Zamel, V. and Spack, R. (1998), *Negotiating academic literacies: Teaching and learning across languages and cultures*, Routledge.

지은이 정희모

연세대학교 국어국문학과의 교수로 한국 현대문학, 글쓰기 이론을 전공했다. 한국 작문학회, 대학작문학회, 한국리터러시학회 회장을 역임했으며, 연세대학교 교육 대학원장을 역임했다. 텍스트 읽기, 쓰기 이론에 관심이 많으며, 글을 쓰는 과정을 인지적으로 설명해 줄 이론을 연구 중이다. 주요 저서로는 『한국근대비평의 담론』, 『글쓰기 교육과 협력학습』, 『글쓰기의 전략』(공저)이 있으며, 역서로 『비판적 사고 와 과학글쓰기』(공역), 『장르: 역사·이론·연구·교육』(공역), 『쓰기 평가』(공역) 등 이 있다.

글쓰기 교육의 이론적 탐색

© 정희모, 2020

1판 1쇄 인쇄_2020년 02월 15일
1판 1쇄 발행_2020년 02월 25일

지은이_정희모
펴낸이_양정섭

펴낸곳_경진출판
　　　등록_제2010-000004호
　　　이메일_mykyungjin@daum.net
　　　사업장주소_서울특별시 금천구 시흥대로 57길(시흥동) 영광빌딩 203호
　　　전화_070-7550-7776　**팩스**_02-806-7282

값 30,000원
ISBN 978-89-5996-724-7 93370